KB176104

지중해문명교류사전

(Mediterranean Civilization-Exchanges Dictionary)

지중해문명교류사전

초판인쇄 2020년 11월 24일
초판발행 2020년 11월 24일

편저자 최춘식
발행인 지중해지역원
펴낸이 채종준
기획 · 편집 이아연
디자인 서혜선
마케팅 문선영 전예리

펴낸곳 한국학술정보(주)
주 소 경기도 파주시 회동길 230(문발동)
전 화 031-908-3181(대표)
팩 스 031-908-3189
홈페이지 http://ebook.kstudy.com
E-mail 출판사업부 publish@kstudy.com
등 록 제일산-115호(2000. 6. 19)

ISBN 979-11-6603-223-3 93920

이 저서는 2018년 대한민국 교육부와 한국연구재단의 지원을 받아 수행된 연구임(NRF-2018S1A6A3A02022221)

지 중 해 지 역 원 인 문 총 서 시 리 즈

지중해문명교류사전

(Mediterranean Civilization-Exchanges Dictionary)

대표편저자 **최춘식**

이담
Books

윤용수(부산외국어대학교 지중해지역원장)

　지난 1997년 부산외국어대학교 지중해연구소가 설립된 지 20여년이 지났습니다. 지방의 소규모 대학연구소지만, 지중해 지역에 대한 특화된 연구를 해보겠다는 각오와 열정이 맺은 결실이었다.

　개소 후 줄 곳 지중해 지역에 대한 연구를 수행하면서 지중해가 인류 문명의 요람인 동시에 화학적 복합체라는 사실에 확신하게 되었다. 시간의 흐름 속에서 명멸했던 지중해 지역문명들은 그동안 개별적이고 독립적인 연구단위로 간주되었던 것이 사실이다. 하지만 관점을 달리해 드러난 역사의 그 이면에는 선대(先代) 문명들 간 다양한 유형의 교류와 그 유기적인 관계의 흔적들이 고스란히 담겨 있었다.

　고대 그리스 도시국가들의 문명은 오리엔트 문명과의 문명교류로 가능했으며 로마문명은 헬레니즘 문명의 확장판이었습니다. 또한 이슬람문명은 로마와 비잔틴문명이 있었기에 가능했고, 같은 맥락에서 지중해 문명의 르네상스는 7세기 이후 유럽기독교문명권과 이슬람문명권의 오랜 동반자 관계를 통해 성립되었다.

부산외국어대학교 지중해연구소의 지중해 문명교류 연구는 이러한 실증적 토대와 가치에 대한 확신 위에서 시작되었다. 2007년 교육부의 인문한국지원사업(HK사업)은 지중해연구소가 지중해 문명교류학 연구를 본격적으로 추진하는데 실질적인 동력을 제공해 주었다. 동년 인문한국지원사업 해외지역연구분야 연구소로 선정된 지중해연구소는 지중해지역원으로 명칭과 체제를 개편하고 지중해 문명교류학 연구를 본격적으로 출범시켰다. 지중해 문명교류학은 1970년대 커뮤니케이션학의 한 분야에서 비롯된 비교적 신생 학문이었다. 21세기 지구촌 문명의 주요 키워드 중 한 가지가 상생과 교류 그리고 공존인 점을 고려할 때, 지중해 문명교류학은 초보단계이지만 현대의 문명 패러다임에 있어 무한한 발전 가능성을 내포하고 있다.

　지중해는 문명교류학 연구에 최고(最古), 최적(最適)의 역사와 방대한 콘텐츠를 제공한다. 지중해는 인류 최초 문명의 발원을 품고 있으며, 21세기 인류 보편 종교들의 탄생지이기도 하다. 인류 최초의 문자가 만들어졌고 동시에 역사상 가장 강력한 제국들의 땅과 바다였다. 이들 제국과 문명은 조금씩 시공(時空)을 달리하면서 각각의 문화적 성취를 지향했고, 이를 주변의 지역들로 전파함으로서 지중해 문명 전체의 흐름과 확산을 이끌었다. 헬레니즘(Hellenism)과 헤브라이즘(Hebraism) 그리고 이슬람문명도 바로 이 지중해의 바다와 그 주변의 지역들에서 공존과 대립, 갈등과 화해의 역사를 미래의 시공간으로 견인했다. 영원한 제국이 없듯이, 시간의 흐름과 함께 지중해의 지역단위 문명들은 과거로 흘러갔지만 그 영향력은 인종과 언어, 문화와 종교를 달리하는 사람들에 의해 그리고 다양한 교류의 유형들을 통해 변형, 계승되었는데 그 집합체가 지중해문명이었다.

지중해 문명권은 지중해의 바다를 중심으로 지중해 주변의 국가들이 기존의 문명을 수용하여 발전시킨 후 주변 국가들에 재확산시키는 과정을 반복적으로 거치면서, 지속적으로 발전해 온 복합문명공동체였다. 그리고 이러한 지중해문명의 핵심 키워드는 교류와 상생이었다.

그럼에도 불구하고 21세기 인류는 여전히 왜곡된 지식, 자기중심적인 역사 해석과 인식에 집착한다. "역사는 승자의 기록이다."라는 말처럼, 지중해의 시대별 패권자들은 자기중심적 역사해석을 하는데 주저하지 않았다. 고대 로마인들이 그러했고, 중세 아랍무슬림이 그러했으며 근대 이후 유럽인들의 인식도 별반 다르지 않았다.

21세기 인류의 문화와 문명은 특정 민족이나 국가의 소유가 아닌 인류 전체의 공공재로서 지속적인 교류를 통해 상속된 것이 사실이다. 지중해의 기독교문명과 이슬람문명은 서로에게 그 기원을 두고 있음에도 이를 부정하는 자기모순에 직면하고 있다. 서구 문명의 원류인 고대 그리스 문명도 오리엔트 문명의 성취로 자양했으며, 인류 최초의 글로벌 문명이라 할 수 있는 헬레니즘 문명도 동서양 문명 간 혼종의 과정이자 결과였다.

지중해 기원의 다양한 문명권과 국가들의 역사, 문화적인 성취에 대한 연구와 출판물은 수없이 많으며 대부분의 성과들은 자기중심의 해석에서 벗어나지 못하고 있다. 『지중해문명교류사전』은 이런 한계를 극복해 보려는 학술적 노력이다. 『지중해문명교류사전』은 자기중심적 역사 해석과 인식의 오류를 수정하고 개선하기 위한 먼 여정의 첫걸음이다. 또한 문명교류의 시각에서 지중해문명을 재해석하기 위한 학문적 토대이기도 하다. 본 사전에서는 상기와 같은 인식 하에 지중해의 다양한 문화유산, 학문적 성취와 업적들이 인류 문명의 공공재임을 밝히고자 합니다.

『지중해문명교류사전』의 출판은 관련 학문들의 성과를 포괄적으로 담아내는 방대한 작업이다. 더구나 지중해 문명교류학이라는 새로운 학문분야를 개척하고, 탈(脫)자기중심적 시각에서 지중해 역사의 사상(事象)을 사전의 키워드로 정리하는 작업에는 많은 시간과 고민이 필요했다. 제한된 시간과 인력으로 문명교류의 지중해 역사를 모두 담아낼 수 없다는 현실적 한계를 감안할 때 이 사전은 지중해 문명교류학 분야의 예시이자 표본이다.

지중해 문명교류학 자체가 신생의 학문이다 보니 교류의 측면에서 역사를 기술한 성과 자체가 거의 전무하며, 역사인식과 이해관계에서 자유롭지 못한 당사자(국)들은 그 인식에 한계를 가질 수밖에 없다.

　부산외국어대학교 지중해지역원의『지중해문명교류사전』은 그 출판의 주체가 지중해 문명권에 속하지 않은 제3의 중립적 위치에 있다는 점에서, 역사 해석의 편견과 과도한 쏠림에서 자유로울 수 있을 것이라 생각한다. 문명교류의 연구방법론을 중심으로 역사를 재해석하고 집대성한 기존의 연구가 없는 상황에서, 본 사전의 출판은 문명교류의 지중해 역사를 재조명하는 세계 최초의 시도이다.

　『지중해문명교류사전』의 객관성과 전문성을 담보하기 위해, 본 사전의 출판 작업에는 지중해지역원의 연구인력과 국내의 관련 연구자 및 해외 연구자들이 함께 참여했다. 지중해지역원과 10여년이 넘도록 공동 연구를 수행하고 있는 몰타대학교 지중해연구소(Mediterranean Institute), 교토대학교 Center for Islamic Area Studies, Asia Federation of Mediterranean Institute의 연구 인력들과 더불어, 그 동안 지중해지역원이 구축해 온 지중해글로벌네트워크를 통해 지속적으로 학술교류를 하고 있는 전 세계의 지중해 지역 연구자들이 본 사전 출판에 참여하여 힘을 실어 주었다.

　지중해지역원의 책임자로서 2년여의 걸친 작업 끝에 학계에 소개된『지중해문명교류사전』의 출판을 축하하고, 집필에 참여해 주신 모든 교수님과 연구자분들께 머리 숙여 깊은 감사를 드린다. 특히, 본 사전 작업을 총지휘해 주신

최춘식 교수님께 감사의 마음을 전하고 싶다. 사전의 출판을 위해 무한한 헌신과 노력을 아끼지 않으신 김정하 교수님께도 그리고 실무 진행을 맡아 주신 이동열 선생님께도 깊은 감사를 드린다.

이번에 출판된 『지중해문명교류사전』은 지중해지역원이 주도하고 있는 지중해 문명교류학 연구에 있어 의미있는 전환의 계기가 되리라 확신한다. 또한 첫 종료의 시점에서 또 다른 시작의 명분과 움직임이 시작되었음을 느낀다. 『지중해문명교류사전』은 지속적인 보완을 통해 날로 새로워질 것이며, 지중해지역원 글로벌 네트워크 차원에서 외국어 판본의 출판도 이어질 것이다.

사전 출판에 참여해 주신 모든 분들께 다시 한 번 깊은 감사를 드리고, 이 사전이 향후 지중해지역원의 연구뿐만 아니라, 지중해 문명교류학 연구의 소중한 자산이 되기를 바란다. 감사합니다.

2020년 8월
남산동 연구실에서
지중해지역원장 윤용수

최춘식

한국의 지중해 연구는 2000년대 들어 정수일 선생이 촉발한 소위 '지중해학'에 대한 진지한 논의에 근거한다. 이후 2007년에는 부산외국어대학교의 지중해연구소(Institute for Mediterranean Studies)가 "지중해지역 문명 간 교류유형 연구"의 아젠다로 한국연구재단의 인문한국지원사업(HK, 2007~2017)을 시작하면서 활성화되었다고 해도 과언이 아니다. 당시 국내학계의 지중해 연구는 황무지를 개간하는 것과 다름없었다. 하지만 10여년의 연구와 현지조사 그리고 관련 국제학회 참여 등을 꾸준히 지속한 결과, 한국의 지중해 연구는 '지중해 문명교류학'이라는 구체적이고 전문적인 연구영역을 개척하고 있다. 부산외국어대학교 지중해지역원은 지난 HK사업에서 문명 간 교류의 이론 및 연구방법론인 '관계균형론(Relation Balance Theory)'을 구축하고 『지중해 문명교류학』(2017)의 출판을 계기로, 지중해를 다문화 공존의 학문적 패러다임을 통찰하는 고유한 관점과 견해의 근원으로 설정하였다.

대한민국의 유일한 지중해연구기관인 부산외국어대학교 지중해지역원은 인문한국플러스사업(HK+사업, 2018~2025)에서 지난 10년의 지중해연구를 계승하면서 '지중해 문명교류학의 글로벌 허브 구축'을 위해 노력하고 있다. 이에 근거해 지중해지역원은 구체적인 지중해 문명교류의 유형들을 정의한데 이어 학문의 사회 환원과 현대적 함의의 정책적 담론 구축을 지향하고 있다. 작금의 지중해 문명교류에 대한 연구는 인문한국지원사업의 지속적인 지원과 관심이 없었다면 결코 실현되지 못했을 것이며, 소수 연구자의 개별적이고 부분적인 연구담론의 수준에 머물렀을 것이다.

그럼에도 국내 지중해 관련 연구의 현주소를 들여다 볼 때, 유라시아-아프리카 대륙에 걸쳐있는 지중해와 이 바다의 주변지역들에서 잉태된 여러 지역 문명들에 대한 연구는 서양사 중심의 국내 학술 풍토상 주로 유럽중심의 관점에서 행해지거나, 그것도 중세 후반부에 국한된 시대적 편협성과 재해석의 빈곤함을 여전히 답습하고 있다. 여기에는 이슬람이나 북아프리카 전공자가 상대적으로 턱없이 부족하며 이들 지역에 대한 문명교류 연구가 아예 기피되거나 소외되고 있는 현상도 한 몫을 하고 있을 것이다. 이 지점에서 정수일 선생이 제창한 "지중해 일원에서의 다원적인 여러 문명의 융합에 의해 생성 발달된 복합적 해양문명"에 대한 담론 생산은 여전히 제한적 수준에 머물러 있음을 인정하지 않을 수 없다.

이런 맥락에서 『지중해문명교류사전』은 국내 지중해 문명교류 담론의 빈곤성을 넘어서 지중해학의 가능성까지도 모색하는 귀중한 시도라 할 수 있다. 더욱이 이 사전은 지중해지역원이 HK사업을 추진하면서 지중해 문명교류의 이론적 토대를 구축한 것으로 평가되는 『지중해 문명교류학』의 연장선 위에 위치할 뿐만 아니라, 지중해 문명교류의 사상(事象)을 위한 토대구축 차원에서 기획된 것이기에 더욱 그 의미가 깊다 할 것이다. 늘 그랬듯이 유럽중심주의적 시각을 경계하고 오히려 글로벌한 관점에 입각한 지중해 문명교류 담론 생산에 진력해 왔던 바, 그간의 결과물 중 하나가 바로 이 『지중해문명교류사전』이라는 점에서 여러 동학들의 학문적 사명감과 자부심은 더욱 커질 것으로 확신한다.

지중해는 이미 고대부터 다문화 다종교 다인종의 글로벌 문명권이었으며, 순종이 아닌 혼종의 공존과, 관계 간 균형을 지향하는 역사를 가지고 있다. 따라서 지중해 문명교류 연구는 궁극적으로 다인종 다문화 다종교 글로벌 사회의 공존과 균형에 대한 연구이며 지중해 문명교류 연구는 지중해 역사에 대한 재해석을 통해 글로벌 공존과 다문화 요인들 간의 균형을 찾아가는 길일 것이다. 이런 맥락에서 『지중해문명교류사전』은 18~19세기의 계몽주의시대의 백과사전식 지적 전통에 근거한 서구중심주의 역사연구 전통에 대한 대안적 의미의 사전이며, 관계구도의 성립과 변천이라는 글로벌 관점 위에서 지중해문명 연구의 나침판 역할을 할 것이다.

『지중해문명교류사전』을 집필함에 있어 문명교류 관점의 지중해 연구에 필요한 표제어를 선정하고 그것을 개념화하는데 집중하였다. 이를 위해 지중해 문명 연구자들을 중심으로 '지중해문명교류사전 편찬위원회'를 구성했으며, 해외 네트워크 연구진과도 소통하면서 이들의 직, 간접적인 참여를 유도하였다. 또한 편찬위원회 내에 '표제어선정소위원회'를 두어 선정기준을 설정하고 이를 세부적으로 범주화 하는 등의 작업을 추진했다. 다른 한 편으로는 기존의 용어사전이나 역사사전과 같은 백과사전식의 나열이나 설명을 지양하고, 하나의 표제어에 그 역사적 배경이나 내용을 약술하고 문명교류 차원의 흐름과 영향 또는 결과 등을 기술하는 서술방식을 확정했다. 지중해문명의 교류와 융합 그리고 그 흐름의 다양성을 하나의 표제어 안에서 드러내는 나름의 효율적인 방식이라고 판단했기 때문이다.

물유본말 物有本末
사유종시 事有終始
지소선후 知所先後
즉근도야 則近道矣

명명덕(明明德)의 대학(大學) 경문(經文)에 나오는 구절이다. 본 간행사의 끝맺음을 지중해지역원의 지중해 문명교류 연구를 돌아보며 공부(工夫)의 순서를 살핌에 있어 현명해야 한다는 순리(順理)의 마음으로 대신한다.

치지(致知)는 재격물(在格物)이라 했다. 지식을 구함이 사물의 이치(理致)를 궁리함에 있다는 말이다. 본『지중해문명교류사전』은 문명교류의 개념인식을 체계화하기 위한 기본이며 동시에 지중해 문명교류 연구의 큰 틀에서는 새로운 시작의 밑거름이기도 하다.

이제『지중해문명교류사전』은 보완과 확장 그리고 건강한 질책과 수정의 긴 여정을 앞두고 있다. 이 첫걸음이 한국의 지중해문명연구에 작은 족적이 되기를 희망하면서, 향후 해외 지중해연구소들과의 협업을 통해 공동출판의 기회를 열고 나아가 지중해 문명교류학의 글로벌화를 이루는 귀중한 모멘텀이 되기를 바란다.

무엇보다『지중해문명교류사전』의 출판을 위해 소중한 원고를 보내주신 국내외 집필자들께 깊은 감사를 드린다. 또한 이 사전의 기획과 교열 그리고 통일성과 전문성을 살려내시느라 오래 동안 후반부 작업에 매달려 오신 김정하 교수님께 마음에서 우러나는 존경과 감사의 뜻을 표한다. 더불어 편찬의 실무를 담당했던 이동열 선생님과 원고의 교열을 보조하면서 오랜 시간 출판 업무에 함께 해준 지중해지역원의 전지은, 이진, 백송이, 백지원에게도 고마움을 전한다. 본 사전이 출판되기 까지 온갖 잡다한 요청과 수고를 마다하지 않은 한국학술정보 출판사와 이아연 선생님께도 마음의 감사를 드린다.

2020년 11월
『지중해문명교류사전』 편찬위원회
위원장 최춘식

편찬위원장: 최춘식(부산외대 프랑스어과)

편찬　위원: 윤용수(부산외대 지중해지역원)

　　　　　　하병주(부산외대 아랍지역학과)

　　　　　　문상호(부산외대 컴퓨터공학과)

　　　　　　권미란(부산외대 스페인어과)

　　　　　　김정하(부산외대 지중해지역원)

편찬　실무: 이동열(부산외대 지중해지역원)

교　　　열: 전지은(지중해지역원)

　　　　　　이　진(지중해지역원)

　　　　　　백송이(지중해지역원)

　　　　　　백지원(지중해지역원)

표제어선정소위원회: 최춘식(부산외대 프랑스어과)

　　　　　　　　　윤용수(부산외대 지중해지역원)

　　　　　　　　　권미란(부산외대 스페인어과)

　　　　　　　　　문상호(부산외대 컴퓨터공학과)

　　　　　　　　　김정하(부산외대 지중해지역원)

　　　　　　　　　김희정(부산외대 이탈리아어과)

■　집필자(가나다順)

　강지훈(부산외대 지중해지역원)

　권미란(부산외대 스페인어과)

　김수정(부산외대 아랍지역학과)

　김요한(전북대학교 철학과)

　김정하(부산외대 지중해지역원)

김차규(명지대학교 사학과)

김혜진(한국외대 그리스-불가리아학과)

김희정(부산외대 이탈리아어과)

남종국(이화여자대학교 사학과)

리앙(Yuen-Gen Liang, 대만 중앙연구원)

모나 파루크 M. 아흐메드(Mona Farouk Mohamed Ahm, 부산외대 지중해지역원)

모자파리 모함마드 하산(Mozafari Mohammad Hassan, 부산외대 지중해지역원)

무라트 아르슬란(Murat Arslan, 아크데니즈 대학교, 터키)

문상호(부산외대 컴퓨터공학과)

박효영(부산외대 스페인어과)

세바스티안 뮐러(Sebastian Müller, 부산외대 지중해지역원)

신성윤(한국외대 미네르바교양대학)

양민지(부산외대 지중해지역원)

윤용수(부산외대 지중해지역원)

이강호(육군사관학교)

이노우에 키에(Kie Inoue, 동경대학교)

이동은(한국외대)

임기대(부산외대 지중해지역원)

임병필(한국교육과정평가원)

임주인(서울대학교 서어서문학과)

장훈태(백석대학교 선교학과)

조수정(대구 가톨릭대학교)

존 키르코프(John Chircop, 몰타국립대학교)

최춘식(부산외대 프랑스어과)

최혜영(전남대학교 사학과)

하병주(부산외대 아랍지역학과)

홍미정(단국대학교 아시아중동학부)

황병하(조선대학교 아랍어과)

▶ 문명교류 표제어의 선정 및 분류 기준

1. 『지중해문명교류사전』의 표제어는 지중해의 역사를 배경으로 이 바다와
   그 주변지역에서 전개된 문명교류의 흐름이나 다양한 교류유형들 그리
   고 이에 직, 간접적으로 관련이 있는 사건, 에피소드, 지명, 유적, 현상, 물
   품 등을 기준으로 선정하였다.

2. 문명교류의 표제어는, 순차적으로, 대분류 그룹(전쟁, 음식, 예술과 건축, 사회
   제도와 규범, 기록, 발명과 교역, 민족지와 이주, 지식, 문자, 종교, 문화, 해양도시)과 이를
   세분류한 중분류 그룹(해적, 해전, 건축, 음악, 회화, 에티켓, 노예, 권력, 계급, 문서, 사
   상, 학파, 항구, 섬) 그리고 최종 표제어의 소분류로 구성되었다.

▶ 문명교류 표제어 서술 및 배치 순서

1. 대분류의 문명교류 표제어는 A4용지(글자크기 10, 장평 160) 5장 이내로, 중
   분류 및 소분류의 표제어는 A4 3-4장 이내의 분량으로 서술하였다.

2. 각 문명교류 표제어는 가나다 순(順)으로 배열하였다.

2. 각 표제어는 제목, 요약내용, 개념이나 문명교류의 가치, (필요한 경우 소제목
   을 활용한) 역사적 전개나 특징, 문명교류 관점의 평가, 키워드, 집필자 성

명, 참고문헌의 순서에 따라 집필하였다.

▶ 문명교류 표제어 표기 원칙

1. 외래어 표제어는 국립국어원의 '외래어 표기법' 원칙에 따라 표기하였다.
2. 외래어 표기법에 근거하지 않는 경우에는 해당 학문영역에서 보편적으로 사용되는 표기방식을 채택하였다.

▶ 본문

1. 일반적으로 잘 알려진 외국어 및 외국인 성명은 한글로만 표기했으며, 병기가 불가피한 경우에는 '한글표기(원어)'의 표기원칙을 따랐다.
    예) 콜로세움(Colosseum)
2. 연도는 서력에 기준하였다.
    예) 기원전 또는 기원후

▶ 집필자 및 참고문헌

1. 모든 문명교류 표제어의 본문 및 표제어 직후에 집필자의 이름을 기록하여, 해당 표제어의 저자가 누구인가를 밝혔다.
2. 참고문헌은 문명교류 표제어 작성에 필수적으로 참고된 연구 자료를 중심으로 작성하였다.
3. 참고문헌은 기본적으로, 지중해지역원이 발행하는 『지중해지역연구』의 참고문헌 표기방식에 따랐다.
3. 참고문헌의 기술은 국내와 국외의 순서로 정렬했으며, 이들 모두 저서, 논문, 인터넷 자료의 순서로 표기하였다.

01

게르만의 이동
(Migration Period)

지중해 지역은 인류역사의 시작부터 민족들의 이동으로 유명한 장소였다. 그러나 이 지역의 오랜 역사에서 '게르만족의 대이동'이나 좀 더 극적인 표현으로 '이방인의 침략'과 같이 구체적으로 언급된 기간이 있었다. 375년부터 유목민족인 훈족이 흑해 북쪽의 게르만종족인 고트족의 정착지로 침입하면서, 전통적인 연대결정방식에 따라 산출한 568년이 될 때까지 민족 대이동이 오랫동안 지속되었다. 376년 고대 로마의 역사가 아미아누스 마르켈리누스 (330년~395년경)의 역사기록에 따르면, 다뉴브강 어귀 근처에 살던 고트족이 안디옥 (현재 지중해 동쪽 해안 근처에 있는 터키의 도시 안타키아)에 있던 동로마 황제 발렌티아누스를 찾아왔다. 이들은 중앙아시아에서 온 유목민족 훈족이 흑해 북쪽의 고트족을 내몰고 서부 흑해 연안과 배후지역의 주민들에게 심각한 위협이 되고 있다고 했다. 그들은 제국 내 피난처를 요청했고 황제는 결국 받아주었다. 그러나 얼마 지나지 않아 유입되는 인구를 통제할 수 없게 되었고, 로마의 관리들과 상인들은 난민들의 어려운 상황을 이용하여 음식과 기타 생필품에 대해 엄청난 돈을 요구했다. 결국 난민들은 필요한 것을 강제로 가져가기 시작했다. 이미 제국 내에 살고 있던 다른 게르만 부족들은 이 약탈자 무리에 합류하게 되었고 결과적으로 국경지역에서 제국의 권력을 침식해 갔다. 378년 발렌티니아누스 황제는 아드리아노플 (현재 에디르네) 인근에 머물고 있었던 고트족의 군대를 물리치겠다고 결심했다. 잘못된 정보와 불운, 로마군대의 전투능력에 대한 과대평가로 인해 로마군대는 전멸되었고, 황제도 전투 중에 사망하였다. 제국은 국경의 통제권을 되찾지 못했기 때문에 더 많은 외부사람들이 제국으로 유입되었다. 그 후 몇 년 동안 고트족은 발칸반도에 사는 로마인들을 끊임없이 위협했다. 이들을 추방할 수 없다는 것을 깨달은 제국은 공식적으로 거주할 권리를 주고 이들을 제국에 편입시켰다. 그리고 나서도 상황은 여전히 불안정했는데, 그 이유는 주로 로마 권력구조 내부의 투쟁과 권력을 찬탈하려는 자들 때문이었다. 훈족과 알라니족의 위협과 국경에 대한 압박으로 인해 주민들이 이주했다. 제국이 통제력을 잃고 국경의 여러 지역에서 충돌이 발생해, 다뉴브 강을 통한 침입이 늘어났고, 406년부터는 굳건하게 지키고 있던 라인 강변의 국경에서도 침입이 발생했다. 알라니족, 수에비족, 반달족 등 제국으로 유입되는 부족들은 제국의 질서를 어지럽혔으며, 결국 제국은 부족들의 이동으로 영향을 받은 지역을 포기하게 되었다. 일부 부족은 제국 안으로 들어온 이후로도 아주 먼 거리를 이동했는데, 라인강을 건너 한동안 갈리아 지방에 머물렀던 반달족은 409년에는 이베리아 반도로 이동했다가, 거기서 지브롤터 해협을 건너 튀니지로 이동한 후, 다시 지중해를 건너 이탈리아로 이동해 455년에는 로마를 약탈하기에 이르렀다. 그러나 410년, 이미 서고트족이 3일 동안 도시를 강탈한 적이 있었기 때문에 이 시대에 일어난 사건 중에 영원의 도시(로마)를 습격한 것은 반달족이 처음이 아니었다. 이후 2세기 동안, 로마제국의 역사는 내부적인 투쟁에 더하여 이주 과정에서 형성된 다양한 부족집단과 관련된 사건으로 특징지어진다. 동로마제국이 안정을 유지하는 동안 서로마제국은 점점 쇠약해졌다. 로물루스 아우구스툴루스라는 인상적인 이름의 마지막 서로마 황제는 476년 16세의 나이로 퇴위되었다. 이 시기는 종종 고대의 종말로 언급된다. 그 후 수년간 이탈리아는 여러 게르만 왕국으로 나뉘어 졌으며, 서로마제국의 대부분은 비잔티움 황제 유스티니아누스의 통치하에서 짧은 기간 동안 재통일되기도 하였다. 전통적으로 대이동 기간은 롬바르드족으로 알려진 랑고바르드족이 북부 이탈리아를 정복한 568년에 끝난 것으로 보고 있다.

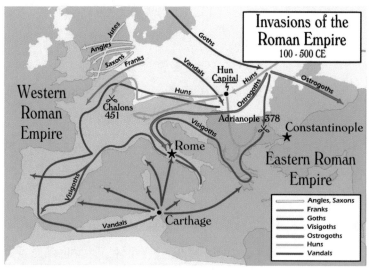

[지도 1] 게르만족의 대이동 시 몇몇 부족의 이동경로(374년~568년).[1]

---

1 출처: https://en.wikipedia.org/wiki/File:Invasions_of_the_Roman_Empire_1.png.

논의

대이동 시기에 대한 과거와 현재의 개념을 살펴보면, 게르만 부족들의 이주는 '이방인의 침략'으로 정의되었고 문명화된 로마인들과 북동부의 미개한 집단 사이의 종말론적인 전투로 인식되어왔다. 외부인의 대대적인 유입을 서로마제국 몰락의 주된 원인으로 보았다. 그러나 이런 개념은 최근 학술적 논의에서 비판받고 있다. 외부인들의 유입이 실제 원인이 된 것이 아니라, 로마제국이 내적 투쟁의 결과로 몰락했다는 것이다. 아드리아노플 전투의 불행한 결과는 이런 상황을 몰고온 것으로 볼 수 있다. 서로마 황제 그라티아누스가 지원군을 데리고 오고 있었고, 발렌티아누스가 그를 기다렸다면 승리했을 수도 있었다. 그러나 발렌티아누스는 승리를 독차지하고 싶어했었다. 이후 그라티아누스도 더 이상 지위를 유지할 수 없었고 같은 해 자신의 군대에 의해 축출되었다. 정부 내의 반대의견과 점점 심각해지는 문제들로 인해 제국의 여러 곳에서 권력이 쇠퇴했던 것으로 보인다. 따라서 로마인 이외의 인구가 계속 증가한 것은 이런 사건에 따른 결과였고 국경이 무너진 이유는 아니었다.

자주 잘못 해석되는 또 다른 측면은 게르만부족과 로마인의 관계이다. 소위 야만인들은 로마인들에게 알려지지 않은 지역에서 살던 낯선 사람들이 아니었다. 게르만 부족들은 몇 세기 동안 로마제국과 긴밀한 관계를 유지하며 살아왔다. 그들은 군대에서 군인으로 복무하고 사회에서 여러 가지 역할을 수행했다.

게르만 부족 출신의 사람들은 제국 내에서 살았으며, 다수가 국경지대에 살았고 침입하는 적에 대한 완충역할을 했다. 로마제국이 국경 밖의 게르만족들에게 영향을 주고 관심을 불러일으킨 만큼, 많은 로마사람들도 제국 밖의 부족들에게 매료되기도 하고 무서워하기도 했다. 심브리아 전쟁 (기원전

113~101)은 이후에도 반복적으로 언급된 충격적인 사건이었다. 심브리아족과 튜턴족은 로마 국경을 넘어 새로운 정착 지역을 찾아 전쟁과 파괴를 불러온 최초의 게르만족과 켈트족이었다. 로마인들은 결국 승리했지만, 제국의 국경 내에서 게르만 부족과의 대치에 대한 두려움이 만연하게 되었다. 자주 간과하거나 고려하지 않는 또 다른 측면은, 이주민의 집단이 하나의 민족집단이 아니었다는 것이다. 게르만 부족들은 이동하면서 작은 무리들을 흡수했으며 일반적으로 종족 관계변화에 대한 유연성이 높았던 것으로 이해되고 있다. 지역 주민들도 이주민 집단에 합류했을 수도 있고 이동하던 부족의 작은 무리가 큰 집단에서 분리되어 지역에 정착했을 수도 있다.

상호작용이 대부분 충돌이었던 것처럼 보이지만, 대이동 시기의 상황은 매우 복잡했다는 것이 분명하다. 물질문화에서 볼 수 있듯이, 유목 전통, 게르만, 로마문화 요소가 섞였다는 것에 대해서는 의심의 여지가 없다. 대이동 시기에 있었던 일종의 글로벌 문화 외에도, 어떤 부족은 물질문화의 독특한 요소를 가지고 구분할 수도 있었다. 다른 부족은 빠르게 형성되었고 그들만의 물질적 요소들을 개발하지 않았다. 한 부족과 다른 부족 사이의 결혼과 작은 무리들의 변화는 일반적으로 문화교류를 촉진했다. 이 같은 특징은 당연히 제국을 거쳐간 다른 문화적 배경을 가진 더 큰 집단의 사람들에게도 마찬가지였다.

역사에 대한 후속영향

지중해와 유럽의 대이동 시기는 고대 후기와 중세 초기를 잇는 전환기였다. 서로마제국의 쇠퇴는 오늘날 유럽 행정구역의 기초를 부분적으로 형성하는 국가들의 발달을 가능하게 했다. 로마제국의 쇠퇴로 문화적, 사회적, 기술적 업적이 상당히 상실되었다는 것에는 의심의 여지가 없다. 이후 몇 세기 동안 고전시대와 그 문화적 발전에 대한 기억이 유럽과 지중해의 정체성에 강력한 요소로 남아있었다. 대이동 시기에 서로마제국의 붕괴는 예방할 수 있는 문제였던 것으로 보이지만, 그럼에도 불구하고, 지중해와 유럽을 정치, 문화적으로 지배했던 제국의 소멸을 통해 새로운 것과 다양성이 발전할 수 있는 기회가 생겨났다.

⌐ 키워드 ⌐

아우구스툴루스, 이방인의 침략, 로마제국, 훈족, 지중해, 롬바르드족, 심브리아족과 튜턴족, 로마, 다뉴브강

집필자: 세바스티안 뮐러(Sebastian Müller)

참고문헌

Matthias Knaut and Dieter Quast (ed). 2005. *Die Völkerwanderung. Europa zwischen Antike und Mittelalter.* Stuttgart: Konrad Theiss Verlag.

Jochen Martin. 2001. *Spätantike und Völkerwanderung.* München: R. Oldenbourg Verlag.

Klaus Rosen. 2002. Die *Völkerwanderung.* München: Verlag C. H. Beck.

Ludwig Schmidt. 1969. *Die Ostgermanen.* München: Verlag C. H. Beck.

Ludwig Schmidt. 1970. *Die Westgermanen.* München: Verlag C. H. Beck.

Roland Steinacher. 2017. "A Never Ending Story? Römische Antike und die Prophezeiung des Untergangs." *Die Politische Meinung* Nr. 547. pp. 89-95.

02

결혼제도
(Marriage)

    고대부터 현대까지 시대의 흐름에 따라 삶의 방식에는 많은 변화가 일어났다. 이러한 변화 속에서도 가족, 부족, 국가를 유지, 발전시킬 수 있었던 기반 중 하나는 결혼제도였다. 결혼은 중요한 사회규범이고 보편적인 제도이지만 모든 사회에서 똑같은 형태로 나타난 것은 아니다. 결혼의 성립과 이에 따르는 의무와 권리 등은 시대와 지역에 따라 다양했다.

    지중해의 역사와 그 변천에 있어 그리스 문명, 로마 문명 그리고 이슬람 문명은 지리, 문화적으로 접해 있었고 오랜 기간의 지속적인 교류덕분에 다양성과 차이가 공존하는 여러 제도들을 공유하고 있었다. 지중해 문명권의 결혼제도에 대한 연구는 고, 중세의 지중해 지역 문명들에서 여성이 누렸던 지위와 역할의 한 단면을 잘 보여준다.

고대 그리스의 결혼

    고대 그리스의 도시국가들에서 여성의 인권과 권리는 남성과 비교했을 때 상대적으로 큰 차이를 드러냈다. 이는 '서구 민주주의의 발원지'로 불리는 고대 그리스 사회에 대한 보편적인 이미지와는 대조적이다. 아테네 사회에서는 남녀 간의 개인적인 만남을 엄격하게 제한하였으며 결혼에 있어서도 여성은 행사의 주체가 되지 못했다. 결혼 당사자인 여성은 자신의 배우자를 선택하거나 동의조차 할 수 없었는데, 그 권한은 오직 여성의 법적 후견인인 부친에게 있었다.

고대 그리스어에서 결혼과 관련된 용어는 상업적 또는 형식적인 행위를 나타내는 '보증(Engue)' '짝짓기(Gamos)' '동거하다(Synoikein)' 등이었다. 고대 그리스의 결혼은 한 남성과 한 여성 간의 사랑이나 만족을 위한 것보다는 양가에 의한 합의, 즉 남편의 가계(家系)를 유지하고 남편의 재산을 상속할 상속자의 합법성을 규정하는 일종의 사회적 제도였다. 다시 말해, 고대 그리스의 결혼은 사적으로는 가부장의 영향이 지배적인 가정의 형태인 오이코스(Oikos)의 보존을 위해, 공적으로는 폴리스의 생존을 위해 필요한 수단이라고 해도 과언이 아니었다.

아테네 시민의 결혼은 '합법적으로 보증된' 결혼과 그렇지 못한 경우로 구분되었다. '합법적으로 보증된' 결혼은 계약으로 체결된 결혼을 의미하며, 그것을 증명하기 위한 수단은 지참금이었다. 결혼은 엥귀에의 절차에 따라 진행되었다. 엥귀에는 여성의 법적후견인이 예비신랑에게 서약을 통해 정식으로 신부를 주겠다는 계약, 즉 신부의 법적후견인과 신랑 간에 체결된 사적인 계약으로써 이는 공적인 결혼 등록을 하지 않아도 법률적으로 유효했다. 그렇지만 엥귀에는 일차적으로 자녀 출산이 목적인 계약이었으며 그 자체로 공식적인 결혼이 성립된 것은 아니었기 때문에 절차상 엑도시스(Ekdosis)와 가머스(Gamos)의 행위가 동반되었다.

엑도시스는 한 사람이 다른 사람에게 권리를 넘겨주는 행위 또는 특별한 목적을 위해 어떤 대상을 넘겨주는 행위를 의미했다. 다시 말해 여성의 법적후견인인 부친이 딸에 대한 권리를 예비신랑에게 양도하는 절차였다. 이 권리는 결혼이 해소되었을 경우, 법적후견인인 신부의 부친에게 다시 양도된다는 의미까지도 포함한 것으로 해석되었다. 엑도시스의 절차에서는 신부의 부친으로부터 예비신랑에게 딸에 대한 권리가 이전됨과 함께 지참금도 전달되었다.

엥귀에의 절차에서 결혼 서약과 계약이 공식적으로 인정되기 위해서는 증인이 필요했다. 이는 신부의 부친이 딸을 예비 신랑에게 위임하겠다는 서약 여부의 확인과 지참금 제공으로 인해 상속문제가 발생하거나 결혼 후 합법적인 자식에 관한 법정 소송이 제기될 때를 대비하기 위한 조치였다. 또한 공식적인 결혼의 완전한 성립을 위해서는 결혼 계약의 체결 그 자체, 혹은 남녀의 육체적 결합을 의미하는 가머스 절차가 필요했다. 이 절차의 효력은 아내가 남편의 집으로 이동한 후에 비로소 발생했다.

상기의 절차들에서 살펴보았듯이 결혼은 계약의 사실적 여부, 지참금 소지 여부, 증인의 여부에 따라 합법적인 결혼과 비합법적인 결혼으로 나뉘었다. 그 중 지참금은 결혼의 성립에 있어 가장 중요한 의미를 가지고 있었다. 왜냐하면 지참금은 합법적인 결혼의 증거였으며 결혼의 절차에 따라 출생한 자식만이 적자로 인정받는 기준이었기 때문이다. 즉 적자인지 서자인지에 따라 상속 문제와 재산 분쟁이 발생할 수 있었으며 이 경우 오이코스의 상속과 시민권 획득에 있어 차별이 발생해 신분에 영향을 줄 수 있었기 때문이다. 엥귀에에 따른 결혼은 자식의 적통(嫡統)을 결정하는 기준이 되었으며, 아테네인들은 이에 근거해 적자와 서자를 구분하고 권리에 차별을 두었다.

여성에 대한 권리는 결혼을 통해 법적후견인이 된 남편에게 예속되었고, 이와 함께 지참금도 남편의 재산에 귀속되었다. 그럼에도 남편은 지참금을 관리는 하지만 완전히 소유할 수는 없었다. 지참금으로 재산을 증식시키는 것 등은 가능했지만 아내의 동의를 생략한 채 남편이 독단적으로 지참금을 사용할 수는 없었다. 즉 남편의 지참금 소유는 결혼생활이 유지되는 동안에만 가능했다.

고대 로마의 결혼

고대 로마인들에게 결혼은 두 가문의 결합이라는 차원에서 전략적 수단으로 이용되는 한편, 국가에 의해 통제되기도 했다. 여성은 결혼을 통해 두 집안을 연결하는 매개체 혹은 담보물의 역할을 했다. 따라서 고대 로마사회의 결혼은 사랑이 전제조건은 아니었다. 결혼의 목적은 오직 자손번식이었으며 이것은 가문과 국가에 유익한 일로 여겨졌다.

여성은 결혼을 통해 법적, 종교적 권리의 완전한 전환을 맞게 된다. 즉, 고대 로마사회의 결혼은 여성의 주거지 이동 이외에도 여성에 대한 통제권의 본질적인 변화를 의미했다. 역사적으로 로마에는 기원전 5세기에 일반적이었던 수권(手權, 남편의 손아귀로 들어가는 결혼) 결혼과 기원전 3세기 말부터 점차 확대된 비수권(非手權) 결혼이 있었다. 수권결혼은 결혼과 동시에 여성이 부친의 가부장권에서 벗어나 시댁 가부장의 손안으로 들어감으로써, 법적으로도 완전한 시댁의 한 일원이 되었다. 이에 따르면 여성은 결혼과 함께 친정의 조상숭배나 친족집단과의 모든 인연을 끊고 시댁 가부장권의 통제와 보호 하에서 새로운 삶을 시작해야 했다.

반면, 비수권 결혼의 경우 시댁 가부장권에 예속되었음에도 불구하고, 신부에 대한 권리는 여전히 부친의 가부장권에 속해 있었다. 여성은 시댁에서 행해지는 제례나 종교의식에 참여하지 않고, 친정의 모든 의식이나 예식에 참가했다. 이러한 결혼 방식의 차이는 여성의 경제적 지위와도 연관되어 있었다.

고대 로마사회에서 수권결혼이던 비수권결혼이던 간에 지참금은 합법적인 결혼의 증거였다. 그러나 지참금이 결혼을 합법적으로 보증하는데 필수조건이었던 고대 그리스의 관습과는 달리, 이를 반드시 신부의 부친이 마련해야 하는 것이 아니라 오히려 사회적 책무로 간주되었다. 고대 로마사회에서 여성들이 결혼하면서 가져온 지참금이 신부를 위해 사용되어야 한다는 법적인 의무는 존재하지 않았다. 아내를 부양할 기본 책임이 남편에게 있으므로 남편이 이를 소유하고 그 수익을 사용하는 것은 당연시 되었다. 이와 관련해 수권 결혼과 비수권 결혼 방식에 따른 차이도 없었다. 수권 결혼에서는 여성이 시댁의 가부장권에 속하고 시댁의 일원이 되었으므로 지참금은 신랑 가문의 재산으로 간주되었고 남편의 소유로 인정되었다. 비수권 결혼에서도 수권 결혼과 마찬가지로 지참금이 남편의 소유라는 원칙에는 아무런 변화가 없었다. 결혼의 형식을 막론하고 지참금은 결혼생활이 이어지는 동안 시댁 가문의 재산이었던 것이다.

아랍 · 이슬람사회의 결혼

이슬람의 출현은 아라비아반도에서 종교를 비롯해 정치, 문화, 사회 등 대부분의 영역에서 일대 전환점이 되었다. 이슬람 이전의 자힐리야(Jahiliyyah) 시대에 여성은 대개 결혼의 주체가 될 수 없었다. 여성이 배우자를 선택하는 경우가 있기는 했지만 이는 지극히 드문 현상이었고, 배우자 선택은 보편적으로 남성의 특권이었다.

이슬람 이전 결혼의 형태는 하나의 사회 제도로 정착된 것이 아니라, 남성이나 집안의 필요성에 의해 불규칙하고 다양하게 이루어졌다. 따라서 이슬람 이전 시대의 결혼제도를 정형화된 형태로 규정짓기는 힘들다. 이 시기에 행해졌던 결혼의 형태로는 계약 결혼, 아내대여동거(Istibadā), 일시결혼(Mut'ah), 애인과 비밀동거(Akkdāh), 교환결혼, 매매결혼, 상속결혼, 마끄트 결혼(Maqt), 고용결혼, 입양결혼, 실험동거(Sifāh), 첩 결혼 등이 있었다.

자힐리야 시대에 결혼은 남성에게 유리한 제도였지만, 결혼 시 고대 그리스-로마 사회의 그것과는 반대로 남성이 지참금을 준비해야 했다. 그리고 지참금에 대한 권리는 여성 개인이 아니라 여성의 후견인 즉, 부친이나 친척 등에 있었다. 지참금은 여성이 결혼함으로써 여성 집안에 끼친 경제적 손실에 대한 보상과 함께 딸의 부재로 인한 자손 번식의 부재에 대한 대가로 간주되었다. 물론 신부가 지참금을 소유하는 경우도 없지는 않았는데, 이는 지극히 예외적이었다.

이슬람의 출현 이후 무슬림공동체에서 가족은 이를 구성하는 수단이었는데, 이는 인간의 행동을 규제하고 무질서한 성행위를 억제하기 위한 제도나 다름없었다. 코란에 따르면, 이슬람 사회에서 결혼은 사회적 의무인 동시에 종교적 의무로 간주되었다. 특히 다른 문명권에 비해 이슬람은 여성들에게 많은 권한을 부여했다. 경제적 독립을 할 수 없었던 당시 여성들에게 결혼은 경제적인 이유로도 필수적인 것이었고 결혼을 통해 남편으로부터 부양받을 수 있는 권리를 누릴 수 있었다.

코란에서 결혼을 의미하는 용어는 '니카흐(nikāh, 결합)'와 '아끄드('aqd, 계약)'이었다. 즉 이슬람 사회에서 결혼은 집안과 남녀의 결합일 뿐만 아니라 당사자 간의 계약이기도 했다. 결혼 계약이 원만히 이루어지기 위해서는 증인과 결혼계약서 그리고 지참금이 반드시 포함되어야 했다. 결혼 시 여성이 받은 지참금은 오직 여성의 재산이었으며, 남편은 지참금에 대한 그 어떠한 권리도 행사하지 못했다. 즉 지참금은 아내가 원하는 대로 처분할 수 있는 개인의 고유 재산이었다. 남편이 아내의 노동력과 성의 제공에 대한 배타적인 권리를 가진다는 인식과 이에 대한 보상으로 지참금의 의미를 해석하는 것은 잘못된 인식이었다. 이슬람 사회의 지참금은 아내에 대한 존경과 감사의 표시인 동시에 결혼기간 또는 그 이후 아내의 경제적 안정을 보장하기 위한 일종의 사회보험의 의미를 가지고 있었다.

결혼과 관련해 고대 그리스와 로마 그리고 아랍 이슬람 사회가 가지는 공통점은 '결혼은 계약이다'라는 인식이었으며 가족을 구성하는 합법적인 방법이라는 점 또한 공유되고 있었다. 또한 결혼지참금은 결혼의 필수적인 조건이라는 점도 공감되었다. 그럼에도 결혼지참금의 지급 주체가 서로 대조되는 점, 지참금에 대한 해석의 부분적인 차이 등은 각 문명권의 변별적 다양성, 즉 지중해 문명 간 교류 차원에서 차별과 다양성 차원의 복합적인 차이로 이해할 수 있다.

┌ 키워드 ┐

고대 그리스 결혼, 고대 로마 결혼, 이슬람 결혼, 엑도시스(Ekdosis), 가머스(Gamos), cum manu, sine manu, 니카흐, 아끄드

집필자: 김수정

참고문헌

김수정. 2010. 『동지중해권의 결혼 지참금 제도』. 부산. 부산외국어대학교.

공일주. 1996. 『아랍문화의 이해』. 서울: 대한교과서주식회사.

김경희. 1998. "로마의 지참금 제도에 관한 연구". 『서양고대사연구』. 6권. 한국서양고대역사문화학회. pp. 71-103.

문혜경. 2005. "고전기 아테나이 여성과 결혼". 『서양사론』. 제85호. 한국서양사학회.

pp. 5-32.

윤용수. 2006. "이슬람의 결혼관행". 『한국이슬람학회논총』. 제16-1집. 한국이슬람학회.

조은래. 2009. "로마법상의 혼인제도". 『법학연구』. 제35권. 한국법학회. pp. 117-141.

조희선. 2009. 『이슬람 여성의 이해: 오해와 편견을 넘어서』. 서울: 세창출판사.

최자영. 2007. 『고대 그리스 법제사』. 서울: 아카넷.

Fustel de Coulanges. 1935. *The Ancient City*. New York.

Hartford Hedaya & Ashraf Muneeb. 2001. *Your Islamic Marriage Contact*. Dar Al Firk.

H. F. Jolowicz. 1967. *A Historical Introduction to the Study of Roman Law*. Cambridge: Cambridge University Press.

MacDowell. 1978. *The Law in Classical Athens*. Cournell University Press.

Richard C. Martin. 2004. *Encyclopedia of Islam and the Muslim world*. Thomson Gale.

03

고대 그리스 문자
(Ancient Greek Letters)

고대 그리스 문자는 최초의 대중적 학문어라 할 정도로 인류 역사에 심대한 영향을 끼쳤다. 그리스 자모를 가리키는 알파벳이 오늘날 음소 문자를 가리키는 대명사로 쓰이는 데서도 이를 엿볼 수 있다. 그리스 문자의 최대 특징은 기존에 없던 모음을 사용함으로써 1자 1음의 순수한 표음 문자가 될 수 있었다는 데 있다. 이로 인한 문자 사회의 도래는 논리성을 바탕으로 한 철학 등 여러 학문의 발달, 성문법의 시대, 민주주의의 발달 등에 큰 영향을 끼쳤으며, 오늘날까지도 그리스어는 언어의 보물 창고 역할을 하고 있다. 그런데 그리스 문자는 지중해 문명교류를 통해 전파된 페니키아 문자를 응용하여 만들어진 것이다. 페니키아는 기존의 상형문자, 설형문자 등을 토대로 배우기도 쉽고 실용성도 뛰어난 22개의 문자를 사용했다. 이 페니키아 문자가 그들의 무역 활동 무대였던 지중해 연안으로 확산되었고 기원전 9세기~8세기경 그리스인들은 이를 차용하여 모음을 첨가한 알파벳 24자를 만들어 사용했다.

그리스어는 정확하고 섬세한 개념을 표현할 수 있는 풍부한 어휘를 갖춘 언어, 고도의 학문과 추상적 개념을 표현할 수 있는 언어, 세계 최초의 학문어라 해도 무리가 없을 것이다. 수학에서 쓰이는 π (파이)를 비롯해 오늘날 수많은 신조어들이 그리스어에서 차용되었다. 최첨단 유전공학의 '게놈' 지도라는 단어도 그리스어를 조합해서 만든 것이다. 무엇보다 우리가 흔히 쓰는 알파벳[1]이라는 말 자체가 그리스 문자의 첫 두 글자인 '알파'(ἄλφα)와 '베타'(βῆτα)에서 유래되었다. 알파벳은 오늘날 음소 문자를 전반적으로 가리키는 용어로 쓰이는데, 한글도 알파벳의 일종에 속한다.

물론 그리스도 처음부터 알파벳을 사용했던 것은 아니다. 오리엔트의 페니키아 문자를 받아들여 여러 변천 과정을 거치면서 결국 고도로 발전된 알파벳 문자를 만들었다. 그리스 문명의 탄생지라 할 수 있는 청동기 시대 크레타 섬에서는 미노스 상형문자(기원전 20세기~기원전 17세기) 및 선형문자 A (Linear A, 기원전 17세기~16세기)가 사용된 것으로 보이는데 아직도 해독되지 않고 있다. 이어서 사용된 선형문자 B(기원전 15세기경)는 해독은 되었으나 후대에 계승되지 못하였고, 오늘날의 그리스 알파벳은 페니키아 문자를 이용해 만든 것이다.

기존의 이집트 상형문자나 메소포타미아의 설형문자는 복잡해서 배우기도 어렵고 실용성도 떨어졌기 때문에, 페니키아인들은 이들 문자를 토대로 상업과 무역 활동에 편리한 표음 문자 알파벳을 만들었다. 즉, 기원전 12세기경 페니키아인들은 메소포타미아의 몇 천자 혹은 몇 백자나 되는 글자 대신 22개의 문자로 된 알파벳을 사용하기에 이르렀다. 페니키아 문자는 곧 이들의 무역 활동 무대였던 지중해 연안 지역으로 확산되었는데, 기원전 9세기~8세기경 그리스인들이 이를 차용하기에 이르렀다. 그런데 페니키아 알파벳은 자음

---

1 문자에는 단어 문자(이집트 상형 문자), 음절 문자(페니키아어), 음소 문자(그리스 알파벳 등) 등이 있다. 대표적 음소 문자인 알파벳(alphabet)은 하나의 문자가 하나의 자음 또는 모음의 음소(音素)를 나타내는 문자로 표음 문자의 일종이다. 설형 문자나 상형 문자와 같이 그림에 기원을 둔 글자와는 달리 알파벳은 단순화된 상징들을 통해 소릿값을 재연한다.

밖에 표기할 수 없었는데, 그리스인들이 모음을 사용함으로써 혁신적인 변화를 가져왔다. 즉 A (알파), E (엡실론), O (오미크론), Y (입실론), I (이요타) 등이 모음으로 만들어지고, 이후 여러 변천 과정을 거치면서 기원전 5세기경 24개(자음 17, 모음 7)의 알파벳이 완성되기에 이르렀다. 페니키아 문자가 음절 문자였다면, 그리스 문자는 모음의 도입을 통하여 1자 1음의 순수한 표음 문자, 최초의 기호체계가 된 것이다.

알파벳은 적은 수의 글자로 비교적 정확히 언어를 묘사할 수 있어서 문자로서는 최고의 발달 단계를 보이고 있다. 문자를 연구하는 학자들은 알파벳의 발명을 지식의 대중화를 가져온 혁명적인 사건이라고 평가한다. 이집트 상형문자나 메소포타미아 설형문자 등이 성직자나 귀족 등 전문적 엘리트 집단의 전유물이었다면, 알파벳은 지식의 대중화를 가져와서 이제 24자의 알파벳만 알고 있으면 사물은 물론 추상적 개념까지 자유자재로 표현할 수 있게 된 것이다.

그리스 알파벳의 세계사적 의미

그리스 알파벳의 상용화는 여러 면에서 놀라운 변화를 가져왔다. 음성 알파벳 문자의 사용으로 구술 문화가 문자 문화로 넘어오게 되면서 사고방식 자체가 전환되어 고도의 논리성, 합리성, 추상성의 세계로 근접하게 되었던 것이다. 이로 인한 학문과 예술의 발달, 성문 법전의 출현, 지식의 대중화로 인한 민주정의 발전 등은 이후의 인류 문화에 큰 영향을 주게 되었다. 이를 좀 더 구체적으로 살펴본다면 다음과 같다.

Alpha, Beta, Gamma, Delta, Epsilon, Zeta, Eta, Theta, Iota, Kappa, Lambda, Mu, Nu, Xi, Omicron, Pi, Rho, Sigma, Tau, Upsilon, Phi, Chi, Psi, Omega

Α Alpha (al-fah)	Β Beta (bay-tah)	Γ Gamma (gam-mah)	Δ Delta (del-tah)	Ε Epsilon (ep-si-lon)	Ζ Zeta (zay-tah)
Η Eta (ay-tay)	Θ Theta (thay-tay)	Ι Iota (eye-o-tah)	Κ Kappa (cap-ah)	Λ Lambda (lam-dah)	Μ Mu (mew)
Ν Nu (new)	Ξ Xi (zz-eye)	Ο Omicron (ome-cron)	Π Pi (pie)	Ρ Rho (roe)	Σ Sigma (sig-mah)
Τ Tau (taw)	Υ op-silon (op-silon)	Φ Fie (fie)	Χ Chi (k-eye)	Ψ Psi (sigh)	Ω Omega (o-me-gah)

[그림 1]

그리스인들의 분석적, 논리적, 이론적인 사유방식은 그리스 알파벳의 분석적 특징에 기인한다고 보는 이들이 많다. 하벨록(Eric Alfred Havelock)은 알파벳 문자 정신으로부터 철학이 탄생할 수 있었다고 지적한다. 그리스인들이 모음을 도입하여 음성이라고 하는 붙잡기 어려운 세계를 코드화하는 새로운 단계에 도달하게 됨으로써 분석적 사고가 우세하게 되었기 때문이라는 것이다.

무엇보다도 알파벳의 사용은 문자 문화의 대중화로 이어졌는데, 일부 언어학자들(J. Goody와 I. Watt 등)은 문화학적 관점에서 볼 때 문자 사회라고 규정할 수 있는 첫 사회는 기원전 6세기~5세기경 그리스였다고 보고 있다. 이러한 문자 문화의 대중화는 인간의 사고방식에 혁신을 가져왔다. 구술 문화 속 사람은 추상적인 개념이 아니라 구체적인 물건에 익숙하였으므로,[2] 추상명사의 사용은 알파벳의 출현 이후부터 본격화되었다고 할 수 있다. 즉 그리스 철학자들은 알파벳의 사용으로 구체적인 사물로부터 사물의 속성을 유추하고, 그 속성이 독립적으로 존재하는 것처럼 사유하기 시작했다는 것이다. 이러한 추상명사의 사용은 나아가 형이상학적 사유의 전개를 가져왔다. 즉, 그리스인들의 철학, 형이상학 발달은 음성알파벳에 크게 기인한다고 볼 수 있다. 알파벳이 가져온 이러한 사고의 혁신은 자소(字素), 즉 낱글자를 일컫는 'stoicheion' 개념에서도 엿볼 수 있다. 'stoicheion'은 원소(元素), 혹은 영어의 'element' 개념으로 번역되었는데, 기본적 물질인 원소가 자연 세계를 형성하듯이, 기본적 자소는 언어의 추상 세계를 형성하게 되었다는 의미가 된다. 이로써 그리스어는 철학 논리학 분야에서 뛰어난 업적을 남겼으며 또한 과학적, 의학적, 예술적인 영감을 주는 단어, 학문적 세계어로 오늘날까지도 살아남게 되었다고 할 수 있다.

알파벳 사용은 학문, 과학, 예술 영역에서 뿐만 아니라 정치적 면에서도 큰 영향을 주었다. 무엇보다도 법의 지배 및 민주정 사회를 촉진했다고 할 수 있다. 고대 사회에서의 법은 대체로 종교적 기원을 가진 것으로 일부 계층의 전유물처럼 내려왔다. 그러나 알파벳의 사용으로 법이 성문화되기 시작하면서 법은 공공의 자산으로 모든 이에게 공평하게 적용될 수 있는 일반적 규칙이

---

2 옹(W. J. Ong)은 구술문화 사회의 사람들이 차가움이나 뜨거움 같은 추상적 개념을 이해하지 못하고 '차가운 물'이나 '뜨거운 불'로 이해하였으며, 원, 사각형 등의 추상적인 명사 대신 원은 접시나 달, 사각형은 문이나 집 등으로 불렸다고 하면서, 문자 문화 이전 사람들이 추상명사 단독으로 언어를 사용하는 데 익숙하지 않았음을 지적했다.

되었다. 일부 계급만이 기록하고 알 수 있는 단계를 지나 누구나 읽을 수 있고 말할 수 있게 된 것이다. 알파벳으로 법을 기록하게 된 것은 법의 연속성과 안정성을 보장하고 지배자의 사적 권위로부터 법을 떼어놓기 시작한 것을 뜻한다. 솔론의 개혁 입법의 예에서 보듯이 시민 권리가 점차 커지게 되었던 것이다. 솔론의 입법이 성문화되자 시민들은 솔론의 집에 와서 이에 대한 자신의 의견을 이야기했다고 전한다. 법률이 문자로 쓰임으로써 모든 사람들의 것이 되었던 것이다. 솔론이 아테네 민주정의 아버지라 불리고 있는 데에서 알 수 있듯이, 성문법의 시작은 민주정 사회로 나가는 지름길이 되었다. 물론 여기서 알파벳의 사용이 민주정 사회로 자동적으로 이어지지는 않는다는 점을 유의할 필요가 있다. 스파르타도 알파벳 사회이기는 하였지만, 민주정 사회를 이루지는 않았기 때문이다.

그리스 알파벳과 지중해 문명 교류

그리스 알파벳의 기원에 대해서는 앞에서 잠시 언급되었듯이 북 셈 어군에 속하는 페니키아 차용설이 압도적이다. 페니키아 문자가 페니키아인의 식민·무역활동에 의해 지중해 연안지방에 전파된 후, 이오니아를 경유하여 그리스 본토에 전해짐으로써 그리스 알파벳의 모체가 되었다는 것이다. 이견이 없지는 않아서 고대 에게 해 문명의 산물이라고 주장하는 사람도 있기는 하다. 하지만 그리스 자모의 이름인 알파·베타·감마·델타 등의 이름 자체가, 당시 그리스 문명권에서는 무의미하였던 반면, 페니키아어가 속한 셈 어의 aleph(황소), beth(집), gimel(낙타), daleth(문)을 의미하였다는 것이 명확하므로, 페니키아를 경유하여 그리스로 전해진 것이라 볼 수 있다. 더 멀리는 메소포타미아의 설형 문자나 이집트 문자까지 거슬러 올라가며, 시나이 문자-우가리트 문자 등을 거쳐서 페니키아 문자가 나타났고, 이것이 그리스로 전해진 것으로 보인다.

그리스 신화적 전승도 이를 말한다. 기원전 5세기 역사가 헤로도토스는 페니키아 출신 왕자 카드모스가 그리스에 와서 그리스인들에게 문자와 문명을 가르쳐주었다고 이야기하는데, 그리스 문자가 페니키아 영향을 받았다는 것을 그리스인 스스로 인정하고 있었던 셈이다. 다만 이 신화적 전승에서 문제가 되는 것은 시기이다. 카드모스가 그리스로 온 시기를 헤로도토스는 자기보다 1,600년 앞선 것으로 보았다. 그렇다면 기원전 20세기경이 되는데, 그리스에서 페니키아어가 사용된 시기는 그보다 훨씬 늦은 기원전 9세기~8세기경으로 추정되기 때문이다. 페니키아 문자가 사용되기 이전 그리스에서 쓰인 문자는 선문자 A, B이며, 그 가운데 기원전 16세기부터 12세기까지의 미케네 시대에 사용된 선문자 B는 미케네 그리스어로 불리는데, 이들 문자들은 페니키아어에서 발전한 그리스 알파벳과는 다른 시스템이다.

현존하는 가장 오래된 페니키아 문자는 기원전 13세기~11세기경으로 추정되는 비블로스의 아히람 왕의 석관에 새겨진 각문(刻文)이다. 약 76개의 자형이 이 석관에서 발견되었는데, 이들 자형은 알파벳 체계와 같은 단음식(單音式)은 아니지만 공통성을 보여주는 문자가 포함되어 있다. 그리스어는 페니키아의 22개 글자를 차용하면서 그 중 5개를 모음으로 만들었다. 또 페니키아어의 3개 자음(M, Q, F)이 사라지게 되고, 세 개의 새로운 자음 글자가 만들어졌다(Φ, X, Ψ). 그리스어는 페니키아어처럼 원래는 오른쪽에서 왼쪽으로 썼다가 다음으로는 오른쪽에서 왼쪽으로, 또 왼쪽에서 오른쪽으로 바꾸어 썼다(이는 소 쟁기가 방향을 돌리는 것과 비슷하다 해서 boustrophedon, 즉 좌우 교대 서식이라고 불린다). 그러다가 고전기에 왼쪽에서 오른쪽으로 쓰는 기술이 정형화되었다.

aleph	beth	gimel	daleth	he	waw		zayin		heth	teth
'	b	g	d	h	w		z		h	t

yod		kaph		lamed		mem			nun	samekh
y		k		l		m			n	s

ayin	pe	sade		qoph	resh	shin		taw	
'	p	s		q	r	sh/s		t	

[그림 2] 페니키아 문자

상고기와 고전기 초 그리스 알파벳은 이오니아, 아이올리아, 도리스 등 여러 방언이 있었으나, 이오니아 방언에 속하는 아티케 방언이 중심이 되어 기원전 4세기 말부터 24개의 철자를 가진 소위 에우클레이데스 알파벳[3]으로 정착되었다(A α, B β, Γ γ, Δ δ, E ε, Z ζ, H η, Θ θ, I ι, K κ, Λ λ, M μ, N ν, Ξ ξ, O o, Π π, P ρ, Σ σ/ς, T τ, Y υ, Φ φ, X χ, Ψ ψ, and Ω ω). 이를 4세기경 보이오티아와 마케도니아의 필립포스 2세가 공식어로 채택하면서 전 그리스의 표준어가 되었다. 특히 알렉산더로스 대왕이 이를 토대로 보다 단순화 및 대중화시킨 코이네를 헬레니즘 시대 왕국 전체의 공식 언어로 지정하면서 다른 언어권에서도 제2외국어 혹은 공식 언어로 사용되기에 이르렀다. 다른 방언들 대신 아티케, 즉 이오니아 알파벳이 표준어가 되게 된 것은 고대 아테네의 뛰어난 학문과 문학이 큰 역할을 했다고 할 것이다. 고대 그리스인들은 표준 맞춤법과 표준어를 최초로 제정한

---

3 기원전 403년 아르콘 에우클레이데스(Eucleides)가 민주적 개혁의 일환으로 옛 알파벳 대신 이오니아 알파벳을 채택할 것을 제안하여 통과되었다.

이들로도 알려져 있는데, 헬레니즘 시대 알렉산드리아의 그리스 학자들은 이미 기원전 3세기에 70여만 권에 이르는 방대한 책을 대상으로 정리, 분류, 맞춤법, 구두점, 띄어쓰기, 대소문자 구분 등 여러 방법을 생각해 내었다. 그 결과 그리스어는 세계적 학문어로 발돋움했다.

그리스 자모가 페니키아의 영향을 받으면서 발전하였듯이, 그리스 자모 역시 다른 언어 발달에 영향을 끼쳤다. 서쪽으로는 이탈리아 남부의 식민지 마그마 그라키아 및 에트루리아를 통해서 라틴어에 영향을 주었으며, 동쪽으로는 후일 러시아 자모의 선조가 되었다.

키워드

그리스 알파벳, 페니키아 문자, 모음, 표음 문자, 문자 문화, 학문어, 민주정, 성문법 발달

집필자: 최혜영

참고문헌

F. Coulmas. 1996. *The Blackwell Encyclopedia of Writing Systems*. Oxford: Blackwell

P.T. Daniels & W. Bright. *1996. The World's Writing Systems*. Oxford: Oxford University Press.

E.A. Havelock. 1976. *Origins of Western Literacy*. Toronto: Ontario Institute for Studies in Education.

G. Horrocks. 2006. *Ellinika: Istoria tis Glossas kai ton Omiliton tis*. Athens: Estia.

G. Horrocks. 2010. *Greek: A History of the Language and its Speakers*. Hoboken: Wiley-Blackwell.

W.J. Ong. 2002. *Orality and Literacy: The Technologizing of the Word* (2nd ed.). NY: Routledge.

A. Panayotou. 2007. *A History of Ancient Greek: From the Beginnings to Late Antiquity*. Cambridge, England: Cambridge University Press.

R.D. Woodard. 2010. *A Companion to the Ancient Greek Language*. Oxford: Wiley-Blackwell.

04

고대 지중해 세계의 내세관
(The Future Life after Death of Ancient Mediterranean World)

고대 그리스인의 생사관과 내세관은 오랜 기간에 걸쳐 변화해온 것으로 다양성과 다중적인 면을 가지고 있다. 호메로스 시대에 죽은 사람들은 하데스를 떠다니는 허깨비와 같이 저승 세계에서 힘없이 살아간다고 생각했는가 하면, 플라톤 같은 철학자는 육신을 영혼의 감옥으로 생각하여 죽은 다음에 영혼이 자유와 불멸의 삶을 누린다고 생각했다. 대다수의 사람들은 죽은 사람의 영혼이 사람들 가까이 머무르며 땅 밑에서 계속 살아간다고 믿었다. 그런 의미에서 죽은 자에 대한 제의, 특히 영혼을 무덤 속에 모시는 매장 의식은 매우 중요했다. 이러한 그리스 세계의 내세관은 지중해-오리엔트의 여러 지역에서 비슷한 형태로 발전했다. 그럼에도 고대 그리스인들은 다른 지중해-오리엔트 주변 지역의 내세관과 비교해보았을 때, 내세보다는 현세의 삶에 큰 의미를 두었다고 할 수 있다.

고대 그리스의 내세관

기본적으로 고대 그리스인들은 인간이 죽는 것은 당연한 것이며, 이것이야말로 인간이란 존재가 불멸의 신과 다른 점이라고 생각했다. 고대 그리스인들의 내세관을 이해하기 위해서는 프시케(psyche)의 개념을 이해하는 것이 중요하다. 호메로스에게 죽음이란 프시케가 몸을 떠나는 것을 의미했다. 프시케가 '입을 통해서 떠났다'는 말은 프시케의 어원이 *psyo*, 혹은 *psychein*, 즉 '숨쉬다', '바람이 분다'라는 동사에서 나왔다는 말과 통한다. 이는 라틴어의 아니마(anima)의 의미와도 일치한다. 호메로스에게 인간은 몸(소마, soma), 프시케(psyche), 티모스(thymos)로 구성되어 있는데, 살아있는 동안은 티모스가 중요하지만, 죽게 되면 티모스는 사라지고 프시케만 남는다. 죽은 다음, 프시케는 에이돌론(eidolon, 환영, 혹은 그림자)으로 떠돌게 되는데, 오늘날 의미의 'soul'로 볼 수는 없고 생명력이나 의식이 결여된 존재에 가까웠다. 그러다가 자연철학자들에 의해 프시케는 물질적인 것, 약간의 지적 기능을 가진 것으로 인식되기 시작했다. 아낙시메네스, 아낙시만드로스, 아낙사고라스 등이 프시케를 사람을 지탱하고 제어하는 공기 같은 것으로 보았다면, 헤라클레이토스는 불과 같은 것으로 이해했다. 헤라클레이토스는 가장 완전한 프시케는 빛으로 몸을 떠나서 날아가는 반면, 불완전한 프시케는 눅눅하여 불이 잘 붙지 않아 위로 올라가지도 않는다고 보았다.

프시케를 그림자 혹은 물질적인 것으로 보았던 호메로스나 자연철학자 등과는 달리, 프시케에게서 신적인 불멸성을 보았던 이들도 있었는데, 오르페우스, 피타고라스, 플라톤 등이 그들이다. 오르페우스는 영혼전이(metempsychosis)를 주장하면서 형벌 아래 있는 인간의 육신은 윤회를 거듭한다고 보았다. 이때 프시케는 인간 내면의 주체가 되고, 몸은 프시케의 무덤(soma sema, *Kratylos*, 400b)이 된다. 피타고라스가 보기에 죽음과 함께 프시케는 육체를 벗어나게 되는데, 순수한 프시케는 하늘 왕국으로, 부패한 프시케는 지하의 복수의 여신들이 사는 곳으로 가고, 보통의 프시케는 공기 중에서 살면서 윤회의 굴레에 머문다고 보았다. 피타고라스 인생의 최종 목표는 프시케가 신과 연합하는 것이었다. 플라톤은 『파에톤』에서 죽음에 관한 여러 문답을 통해 죽음이란 프시케가 육체로부터 분리되는 것과 완전한 자유를 의미하며, 따라서 환희 속에 맞이해야 할 것이라는 결론에 도달했다. 플라톤에 따르면, 신들은 프시케를 죄가 깨끗해 질 때까지 육체 속에 가두지만, 영혼의 무덤 혹은 감옥인 육체의 죽음과 더불어 영혼은 자유와 불멸의 생명력을 가지는 독자적 존재가 되었다. 사후 세계에 대한 플라톤의 생각은 『국가론』의 마지막 부분(10-614b-621d)에서 잘 드러난다. 죽었다가 장례 화장 더미 위에서 되살아난 에르라는 사람의 입을 통해서 저승이야기, 사후의 삶의 모습이 흥미롭게 그려져 있다.[1]

그런데 플라톤과 같은 철학자들도 있었지만, 보통 사람들은 죽은 사람의 영

---

1 에르의 프시케는 육신을 벗어난 다음, 다른 프시케들과 한 신비로운 장소에 도착한다. 오른편과 왼편에 두 개의 큰 구멍이 나있었는데, 심판자들이 중앙에 앉아 옳은 일을 한 사람들은 오른쪽의 하늘로 난 구멍으로 가게하고, 올바르지 못했던 자들은 왼쪽의 아랫길로 가도록 심판한다. 이들은 모두 1000년 동안의 여행을 하는데, 지옥을 통과한 이들은 오물과 먼지를 뒤집어쓰고 나오며(그동안 자신이 저지른 악행의 10배를 갚는다), 하늘 쪽에서는 순수한 혼들이 내려와서 서로 만나 초원으로 가서 이야기를 나눈다. 그 뒤에 각자는 새로 태어날 다이몬(daimon)을 결정한다. 흥미로운 것은 이때 하늘 여행을 마친 이들이 자신의 다이몬을 경솔하게 선택하여 고생길로 가는 경향이 큰 반면, 지옥을 경험한 사람은 조심스럽게 선택한다는 점이다. 전생의 경험에 따라 자신의 다이몬을 선택하는데, 오르페우스의 혼은 여성에 대한 미움 때문에 여성에게서 태어나지 않도록 백조의 삶을 선택하고, 아이아스의 혼은 사자의 혼을, 아가멤논은 독수리의 혼을, 오디세우스는 편안한 凡人의 혼을 각각 선택했다. 그 후 이들은 운명의 세 여신 모이라이(moirai, 즉 라케시스, 클로토, 아트로포스)를 만난다. 먼저 라케시스에게 가면 각자의 다이몬을 수호자로 부쳐준다. 각 다이몬이 자기가 맡은 혼을 클로토와 아트로포스에게 인도하여, 이들이 끈 운명의 실을 되돌릴 수 없도록 한다. 마지막으로 아낭케의 옥좌를 통과하여 레테 평야(lethes pedion)의 망각의 강(ameletes potamos)을 마셔 모든 기억을 지운 후, 각자 태어날 곳으로 간다. 여기서 소박하고 순수한 신적인 사람은 깨끗하게 하데스로 가는 반면, 쾌락과 고통에 얽매인 사람은 다른 육체 속으로 빠져 들어가게 된다. 평소의 습관과 경향을 따라서 어울리는 데로 가는데, 폭식을 즐겨하던 자는 당나귀로, 포악한 자는 매 등으로 태어나는 식이다. 이들 가운데 가장 행복한 사람은 철학자들이며, 철학적 이성은 없지만 공공의 덕을 실천한 이들은 꿀벌이나 개미가 되고 이들이 다시 사람이 되어서 나온다. 죄가 있는 자들은 타르타로스에 던져지는데, 죄가 너무 큰 자는 다시는 나올 수 없는 반면, 개과천선의 가능성이 있는 사람은 1년만 타르타로스에서 고행을 겪은 후 나온다.

혼이 산 사람들 가까이 머무르며 땅 밑에서 계속 살아간다고 믿었다. 즉 영혼과 육체는 함께 태어나서 늘 함께 하는 것으로, 죽은 다음의 사람은 제 2의 집인 무덤에서 살며, 영혼도 유골이 묻혀있는 땅을 떠나지 않는다는 것이다. 죽음을 삶의 단순한 변화로 바라본 것이다. 그런 의미에서 죽은 자에 대한 제의, 특히 영혼을 무덤 속에 모시는 매장의식은 매우 중요했다. 죽은 자의 영혼을 불러오는 의식(nekyia)에서 중요한 행위는 포도주, 물, 우유, 꿀 등의 제주(祭酒)를 죽은 자에게 붓는 것이다. 『오디세이아』에서 지하 세계에 있던 어머니 안티클레이아는 '검은 피를 마신 이후'에야 아들 오디세우스를 알아보고 대화를 나눌 수 있었다. 따라서 무엇보다도 매장 의식이 중요시되었던 것이다. 매장되지 못한 시신은 사후 세계에서 비참한 삶을 산다고 생각하였으므로 죽는 것보다 매장되지 못하는 것을 더 두려워했다. 그리스 비극에서 나오듯이 매장 금지령으로 빚어진 안티고네와 클레온 사이의 갈등이나, 펠로폰네소스 전쟁 당시 적군에 승리하고도 시체를 수습하여 가져오지 못했다는 죄목으로 사형에 처해진 아테네 장군들의 예는 이를 잘 보여준다. 산 사람과 죽은 사람은 서로 공생관계로 맺어져 있다고 생각했으며, 특히 조상 숭배를 통하여 강력한 유대관계를 맺었다. 보통 무덤은 거주지에서 그리 멀지 않아 죽은 조상을 쉽게 만나고 기도를 드릴 수 있도록 했다. 조상들은 일종의 신으로 가족의 구성원으로 간주되었던 것이다. 로마 시대에 이는 특히 두드러지게 되는데 로마 시대 최대의 문필가 키케로는 "우리 조상들은 이승을 떠난 사람들이 신으로 여겨지기 바랐다."고 언급했다. 죽은 자의 혼이 해를 끼칠 때는 원령이, 좋은 일을 할 때는 수호신(Lares, Genius 등)이 되는 경우도 있었다.

고대 그리스인들에게 내세에 대한 기대감은 두드러지지 않지만, 막연하게나마 하데스(저승세계), 타르타로스(지옥에 가까운), 혹은 엘리시온(천국에 가까운) 같은 개념이 존재하였던 것을 알 수 있다. 그 외 축복받은 자들의 섬들(makaron *nesoi, Politeia* 7.519a; 7. 539b)에 대한 언급이라든가, 복수의 여신인 에리니에스가 거짓 맹세를 한 자들을 지하 세계에서 처벌한다든가, 제우스의 아들 미노스 왕이 황금 홀을 쥐고 죽은 자를 심판한다고 하는 언급 등은 이러한 관념을 보여준다(*Odysseia* 11. 568-571). 특히 저승 세계는 하데스라 불렸는데, 그 단어의 뜻인 '보이지 않는 곳'이란 의미답게 그 위치 등 불분명한 점이 많다. 『일리아스』나 『오디세이아』 등에서 "영혼이 땅 밑으로 사라진다." 혹은 "하데스의 집으로 내려갔다."는 등의 말로 미루어 봤을 때 하데스는 지하에 위치하고 있는 것으로 인식되었다. 한편 『오디세이아』에서 오디세우스는 배를 타고 하데스로 가고 있으므로, 이를 종합하여 상상해본다면 서쪽 끝 바다 오케아노스를 건너서 닿을 수 있는 땅 밑이 된다. 저승의 왕 하데스는 왕비 페르세포네, 뱃사공 카론, 지옥의 개 케르베로스, 히프노스(잠), 타나토스(죽음) 등과 함께 거주한다. 사람이 죽음에 이르면 먼저 죽음의 신 타나토스가 죽은 자를 맞이하고, 이어서 영혼의 안내자(psychopompos) 헤르메스가 나타나 죽은 자를 카론에게 인도한다.[2]

그리스 신화에서 죽음 타나토스는 아버지 없이 닉스(밤)를 어머니로

---

2 지하 세계인 하데스에 대한 설명은 호메로스의 『오디세이아』 및 그 영향을 받은 베르길리우스의 『아이네이스』에 잘 나타나 있다. 『아이네이스』에서 아이네이스는 무녀 시빌레의 인도로 지하 세계의 통행증인 '황금가지'를 가지고 스틱스 강을 건넌다. 그 주변으로 매장당하지 못한 영혼이 지하 세계로 들어가지 못하고 100년 동안 서성이고 있는 한편, 지하 세계 입구 바깥쪽에는 한탄, 근심, 질병, 노년, 공포, 기아, 죽음, 원한, 잠 등이 포진하고 있다. 입구 안쪽에는 복수의 여신들과 분쟁의 신 에리스가, 문 가까이에는 켄타우로스, 고르곤, 키마이라, 하르피아이 등이 있다. 카론에게 뱃삯으로 1~2 오볼로스를 주고, 머리 셋 달린 저승의 개 케르베로스를 지나치면 아스포델로스의 넓은 뜰에 이르게 된다. 이곳은 무고로 죽거나 자살한 영혼들이 배회하는 곳이다. 이를 지나면 오른쪽과 왼쪽으로 두 개의 큰 길이 나오는데, 왼쪽은 지옥 타르타로스로 통하며, 오른쪽은 하데스의 궁전을 지나 축복받은 천국 엘리시온에 이른다. 이 가운데 어디로 갈 것인가는 제우스의 아들이자 저승의 왕인 미노스가 결정한다. 하데스 궁전을 지나 레테 강가에 가면 앞으로 새로 태어나기 위해서 기다리고 있는 많은 사람들을 보게된다.

(*Theogonia* 212; *Ilias*, 14.250) 해서 태어났다고 한다. 그의 쌍둥이 형제는 히프노스 (잠)와 누이 케르(急死의 신)이다. 타나토스가 남성형으로 '아름다운 죽음', 혹은 '이상적인 영웅의 죽음'을 의미한다면, 또 다른 고통스러운 죽음, 두려운 죽음, 갑자기 들이닥쳐 인간을 파괴하는 죽음은 타나토스의 누이 케르의 몫이다. 자연스럽고 아름다운 죽음을 의미하는 타나토스가 남성격인데 비해서, 검고 악하고 무서운 존재인 케르가 여성격이라는 점은 흥미롭다. 타나토스는 날개를 단 채 무장한 남성으로 나타나거나 아래로 향한 횃불과 나비(프시케를 상징)를 잡고 있는 젊은이로 묘사되었다. 헤시오도스는 타나토스가 강철의 심장과 청동의 혼을 가졌다(*Theogonia* 763)고 묘사하고 있는데, 그의 역할은 죽이는 것이라기보다 죽은 자를 환영하고 옮기는 것에 가까웠다. 아이스킬로스 등의 그리스 작가는 신들 가운데 타나토스에게만 아무런 헌물, 헌주, 제물도 제공되지 않으며, 그는 언제나 정해진 약속 시간에 나타난다고 말한다.

고대 그리스의 작가 헤시오도스가 이야기하는 일종의 지옥 비슷한 곳은 타르타로스인데, 이곳은 청동 모루를 떨어뜨리면 열흘이 지난 후에야 닿는 아주 깊은 곳에 자리잡은 곳이다. 삼중울타리의 청동 문으로 둘러싸여서 이곳에 한 번 들어가면 누구도 나오지 못한다. 여기에서 신들을 속이거나 분노케 한 사람들인 탄탈로스나 시지포스, 남편들을 죽인 다나오스의 딸들이 고통 받고 있다. 그런데 타르타로스는 아비규환 같은 무서운 고통보다도 밑 빠진 독에 물을 붓는다든가, 결국은 떨어질 돌들을 정상으로 끊임없이 굴려 올린다든가하는 식의 '정신적이고 심리적인' 고통을 받는 곳으로 묘사되어 있는 점은 흥미롭다. 타르타로스와는 반대되는, 천국같은 엘리시온에 대해서 호메로스는 이곳이 지하가 아니라 서쪽 끝에 있으며, 눈이나 추위, 비도 없고 항상 산들산들 서풍이 부는 행복한 곳이라고 묘사한다. 헤시오도스는 엘리시온이 오케아노스 서쪽 끝에 있다고 보았다.

그리스인들이 대체적으로 내세보다는 현세에 보다 많은 의미를 두었던 것은 확실해 보인다. 호메로스의 작품에서 알 수 있듯이 죽은 자는 지하 암흑 속에서 힘도 기억도 상실한 채 그림자처럼 우울하게 존재하는 것에 불과한 반면, 현세의 삶에 종교적 가치를 부여하는 경향이 우세했다. 죽은 아킬레우스의 프시케는 하데스에서 만난 오디세우스에게 '모든 죽은 자들 위에 군림하느니 가난한 인간의 노예가 되어 지상에 사는 것을 선택할 것(Od. 11. 489-491)'이라 단언한다. 물론 고상한 죽음이야말로 행복의 기준이 된다고 설파했던 아테네의 정치가 솔론이라든가, 죽음을 영혼이 육신이라는 감옥을 벗어나 천상에 이르는 길로 보았던 플라톤 같은 인물도 없지 않았지만 대부분은 현세의 삶을 선호하였던 것으로 보인다. 그리스 신화에 의하면 저승 세계를 둘러싼 강, 산 자와 죽은 자의 사이에는 다섯 개의 강이 있는데, 각 강의 이름은 스틱스(Styx), 레테(Lethe), 아케론(Acheron), 코키토스(Kokytos), 플레게톤(Phlegeton)이다. 그 뜻은 각각 미움, 망각, 번민, 슬픔, 불타는 강이라는 뜻인데, 이름부터 그리스인들의 암담한 사후세계관, 현세적인 것을 선호하는 측면을 잘 보여준다.

지중해 세계를 둘러싼 오리엔트 지역의 내세관

이집트인들의 사후 세계에 대한 관심, 최후의 심판, 부활, 영혼 불멸 사상은 잘 알려져 있다. 헤로도토스는 『역사』 제 2권에서 '영혼 불멸설 및 육체가 죽으면 차례로 다른 동물의 몸 안에 들어가 머문다는 것'을 최초로 주장한 사람은 이집트인이며 영혼이 여러 동물의 몸을 거친 후 다시 인간의 몸으로 돌아오는데 삼천년이 걸린다고 말했다. 이집트인들은 죽음을 카(Ka)[3] 가 육체를 떠

---

3 고대 이집트인들은 인간을 구성하는 요소는 몸, 혼인 바(ba), 정신인 카(ka), 이름, 그림자의 5개 요소로 보았다. 그 가운데서 가장 중요한 것은 바(ba)와 카(ka)이다.

나는 것이라 보았다. 가끔 두 팔을 양쪽으로 들어 올린 모양의 상형문자 카는 사람이 태어나면서 만들어져서 활력을 주는 것이며, 사람이 죽은 뒤에는 카가 몸을 대신하여 살면서 음식 등을 제공받는다. 바(Ba)는 일종의 혼적 존재로, 개인의 특성 같은 것을 나타내는데, 예컨대 대기의 신 슈(Shu)의 바는 바람이라는 식이다. 바는 태양의 배를 타고 하늘을 가로질러 다니다가 무덤의 미라와 다시 결합한다고 믿어졌는데, 미라의 가슴에 그려진 바는 주로 사람 얼굴을 한 새의 모습으로 그려져 있다. 죽은 자를 위한 가이드 북인『사자의 서』에서는 바와 카를 창조한 이는 저승의 신 오시리스라고 말한다. 죽은 자에게 사후 여러 날 계속되는 여정의 심판에서 가장 중요한 지식은 죽은 다음 통과해야 하는 각 문의 이름과 뜻을 배우는 것이다.『사자의 서』를 분석해보면, 저승길에는 일곱 개의 문과 두 개의 행로가 있다고 믿었음을 알 수 있다.『사자의 서』가운데 가장 잘 알려진 125에서는 "나는 이러저러한 나쁜 일을 하지 않았다." 는 수십 번의 고백과 함께, 42명의 신들 및 지하 세계의 신들에게 자기를 도와줄 것을 요청하고 있다. 죽은 자가 거치는 여정의 절정은 오시리스 신 앞에서 마아트(maat)의 정의의 저울로 심판을 받는 것이다. 심판의 결과 그토록 소원하던 부활에 이르기도 하고, 반대의 경우 아무트(ammut: 악어의 머리에 표범의 몸통, 하마의 꼬리를 한 괴물)에게 삼킴을 당한다. 이집트 왕들의 무덤이라 알려진 피라미드에 대해서는 너무나 잘 알려져 있으므로 여기서 더 언급할 필요는 없을 것이다.

메소포타미아인들 역시 사후의 삶이 있다고 믿었다. 저승을 쿠르누기라고 불렀는데, 쿠르는 산, 지방, 저승을 의미한다. 우리가 무덤을 나타낼 때 쓰는 '산소'라는 말과 비슷하다. 수메르 사람들은 수메르 북동쪽 산 너머, 달이 뜨는 곳이 바로 저승 입구라고 보았다. 수메르의 「이난나 여신의 지하 세계 하강 이

[그림 1] 사자의 서: 후네퍼Hunefer의 사후 세계로의 여행을 담은 이미지.

야기」에 보면 하늘의 여신 이난나가 저승으로 가기 위해서 일곱 개의 문을 통과하는 것으로 그려진다. 저승은 입구에 빗장과 문기둥이 세워져 있고, 어둡고 침울하고 회색빛을 띤 무서운 곳이다.

죽은 자의 혼은 에체무(etemmu)라 불리기도 했는데, 이는 신성화되고 사람들에게 두려움을 주는 존재이다. 만약 죽은 자들이 돌봄을 받지 못하면, 땅을 돌아다니면서 산 자에게 따라 붙는다. 아시리아에서 발견된 한 편지에는 "신과 죽은 자들의 혼을 달래서 내가 망함을 당하지 않으려 한다."고 쓰여 있다. 죽은 혼을 돌보는 책임을 가진 사람은 파키두(paqidu)로 불리는데, 주로 죽은 자들의 친척이 담당했다. 특히 비운에 간 사람들은 악한 귀신으로 변해서 밤마다 땅 위로 올라와 산 사람을 괴롭히고 병들게 한다고 믿었으므로 죽은 자들의 혼을 달래주는 마술이 발달했다. 특히 원혼을 달래주는 날을 정하여 매달 거룩한 언덕에 올라가 제사상을 차리고 곡을 하였는데, 이곳을 아라리라고 불렀다. 인류 최초의 서사시로 알려진 「길가메시 서사시」의 마지막 부분에는 아무도 돌보아 줄 자 없는 죽은 자의 혼의 비참한 상태가 그려지고 있다. '불행한 자는 음식과 술을 받아먹지 못하는 자'라는 아시리아 토판 기록이 있고, 실제로 천장에 구멍이 있는 무덤이 발견되기도 한다.

페니키아인들 역시 죽은 다음에도 영이 계속 존재한다고 믿었다. 무덤 방, 석관, 비석에 새겨져 있는 많은 장례 비문을 통해서 이를 엿볼 수 있는데, 무덤을 침범하는 자들에 대한 저주가 많이 적혀 있다. 예를 들어 에슈문아자르 비문에는 "네가 통치자이든 평민이든 누구든지 내 위에 있는 것을 열거나 나를 이 휴식의 장소에서부터 옮기지 말기를! … 그들의 씨가 영원히 멸망당하지 않기를!(KAI 14 20-22)"이라고 새겨져 있다. 기원전 12세기~기원전 11세기경으로 추정되는 비블로스의 아히람 석관 부조에는 후손 등에게 문안을 받는 죽은 왕의 모습이 그려져 있다.

페니키아 북쪽에 위치한 우가릿[4]이나 가나안의 여러 지역에서는 천장에 구멍이 있는 무덤이 많이 발견되었다. 제주를 붓기 위한 것으로 보이는데, 술이나 피를 마셔야 기운을 차린다고 믿었던 고대 그리스인들과 비슷한 인식을 엿볼 수 있다. 이는 무덤 부장품을 통해서도 알 수 있는데, 고인이 죽은 다음에 쓸 수 있도록 항아리, 부적, 구슬 등 기타 여러 물품을 함께 매장했다. 한편 호메로스의 영웅들은 주로 화장의 관행을 가진 것으로 나오는데, 이들 가운데서는 화장과 함께 매장의 흔적이 보여서 사후 세계에 대한 다양한 인식을 보여준다.

유대인들의 경전인 구약에서는 아담을 창조할 때 하나님이 흙(adamah)에 생

4　우가릿 텍스트에서 죽음의 신은 모트이다. 죽음의 신 모트는 엘의 아들이자 명계를 다스리는 신인데, 그리스의 타나토스처럼 죽음이 인격화되고 신격화된 예이다. 모트는 오물로 뒤덮인 땅 위의 진흙 가운데 놓인 왕좌에 앉아있는데, 너무 가까이가면 그의 거대한 목구멍 안으로 빨려갈 것이다. 하지만 여신 아나트는 죽음의 신 모트를 사로잡아 칼로 자르고 체로 거르고 불로 태우고 맷돌로 갈아 밭에 뿌리고 새들이 와서 조각들을 다 먹는다. 여기서 모트는 곡물의 일생을 연상시키며, 그의 죽음은 새로운 수확, 생명을 낳는다. 생명이 우가릿에 돌아오게 하기 위해서는 '죽음이 죽어야만' 하는 것이다.

기를 불어 넣으니 생령, 네페쉬(nephesh)가 되었다고 하는데, 네페쉬는 육체적 삶, 감정적 경험을 동시에 의미하는 단어로 '피'와 긴밀한 관계를 가지고 있었다. 살아있는 사람은 몸과 네페쉬로 이루어져 있고, 죽는다는 것은 이 복합체가 무너지는 것이었다. 시체는 페게르라 불리는데, 가끔 네페쉬는 죽은 사람을 가리키는 용도로도 사용되었다. 죽은 자의 혼을 라파, 레파임이라 부르는데, 인근 우가릿 비문에서 러파임은 여러 가지 뜻 -신, 그림자, 신성화 된 죽은 자, 제단에서 일하는 자 등- 을 가지고 있는 것으로 해석된다. 대체로 구약에서는 인간을 혼과 몸의 유기적 결합체로 보는 경향이 강하며, 산 자와 죽은 자를 함께 보는 사고도 나타난다.

이란-페르시아 지역에서 전해지는 사후 세계에 관한 대표적 이야기는 '아르다 비라프의 환상'이다. 오랫동안 구전되던 것을 3세기~7세기 사산 왕조기에 채록한 것이다. 이 환상의 주인공 아르다 비라프는 일시적으로 죽은 상태에서 여러 죽은 이들을 만나는 체험을 한다. 그는 먼저 대기권에 사는 영혼들을 만나는데, 이들은 이 세상에서 선한 일과 나쁜 죄를 같은 정도로 지은 이들로서, 대기의 순환에서 오는 추위와 더위 등의 벌을 받지만 다른 고통은 당하지 않았다. 여기에서 첫걸음을 떼면 별의 영역에 도달하는데, 이곳은 선한 생각이 보상 받는 곳이다. 두 번째 걸음을 떼면 달의 영역에 도달하며 이곳은 선한 말이 보상을 받는 곳이다. 세 번째 걸음을 떼면 해의 영역으로 들어가며 이곳은 선한 행위가 상을 받는 곳이다. 네 번째는 모든 영광이라는 곳, 빛으로 이루어진 순수한 곳인데, 진실한 말을 하고 세상에서 훌륭한 일을 한 통치자 등이 여기에 산다. 죽은 자는 마지막으로 아후라 마즈다 신이 창조한 친바트 다리에 도달하여 자신의 영혼을 만나게 된다. 선한 삶을 살았던 자의 영혼은 아름답고 매혹적인 처녀의 모습을 한 프라바시(다른 세상에 존재하는 다른 자아)와 만나는 반면, 나쁜 일을 행한 이들 앞에는 더럽고 늙은 노파가 나타나며, 더위,

[그림 2] 미라의 석굴분묘군

추위, 가뭄, 악취 속에서 형벌을 받으며 고통을 당한다. 예를 들어서 진실하지 않았던 사람은 거꾸로 매달린 채 몸의 모든 구멍으로 개구리, 전갈, 뱀, 개미 등이 들락달락하는 형벌을, 동성애자들은 들보만한 뱀 한 마리가 엉덩이로 들어가 입으로 나오고 다른 뱀들이 그의 사지를 붙들고 있는 형벌을 받고 있는 식이다. 이를 그리스의 저승 세계인 하데스 혹은 타르타로스나 엘리시온과 비교해본다면 비슷한 면도 있으면서 다른 특징이 있음을 알 수 있다.

　마지막으로, 문헌자료는 거의 남아있지 않지만 고고학적으로 사후 세계에 대한 관심이 아주 잘 드러나면서 특징적인 사후 세계관을 보여주는 것으로는 에트루리아 문명과 리키아 문명이 있다. 먼저 소아시아에서 발원하여 이탈리아반도에 정착했다고 여겨지는 에트루리아인들의 분묘에서는 페니키아나 메소포타미아 등 오리엔트적인 성격이 강하게 드러난다. 화려하고 독특한 분묘 문화를 자랑하는 에트루리아의 무덤은 '죽은 자의 집'이라는 성격이 특히 강하게 드러나는데, 그들의 세련된 벽화, 부장품, 분묘의 규모 등은 어마어마하고 화려해서 지상 가옥을 그대로 옮겨놓은 듯하다. 특히 남녀가 어우러져서 식사, 음악과 춤, 체육 경기 등의 향연을 즐기는 모습의 벽화에서 이들의 행복한 사후 세계관을 읽을 수 있다.

이와 함께 사후 세계에 대한 관심이 크게 드러나는 곳으로는 고대 리키아 지역(현재 터키 서남부 해안 지역)의 분묘를 들 수 있다. 이들은 산이나 암벽을 깎아서 무덤을 만들었는데, 신분이 높을수록 보다 높은 곳에 자신들의 분묘를 만들었다. 살아서 자신들이 거주하는 집들은 나무로 만든 반면 무덤을 가장 튼튼한 바위를 파고 조각하여 만들었다는 점에서 사후 세계를 더욱 중시하였음을 알 수 있다. 오늘날 미라(Myra)에 남아있는 분묘군이라든가 아민타스 석굴 무덤이 그 대표적인 사례이다.

키워드

프시케, 타나토스, 하데스, 타르타로스, 엘리시온, 사자의 서, 쿠르누기, 아르다 비라프의 환상, 에트루리아 분묘, 리키아 분묘

집필자: 최혜영

참고문헌

호메로스. 『일리아스』

호메로스. 『오디세이아』

플라톤. 『국가론』

베르길리우스. 『아이네이스』

최혜영. 2010. 「고대 그리스의 생사관」 『동아시아의 생사관』. 전남대학교 출판부. pp. 400-421.

J.E. Harrison. 1922. *Prolegomena to the Study of Greek Religion*. Cambridge: Cambridge University Press.

S.I. Johnston ed. 2004. *Religions of the Ancient World*. London: The Belknap Press of Harvard University Press.

Watson, P.L. 1972. "The Death of Death in the Ugaritic Text", *Journal of the American Oriental Society*. Vol. 92. pp. 60-64.

05

그리스 건축
(Greek Architecture)

그리스 건축의 중심은 신전이며, 그 역사도 신전 형식의 발전에 기초했다. 가장 오래된 것은 기하학 양식의 시대에 미케네의 메가론에서 성립했다. 이 건축 양식은 기원전 7세기에 급속도로 발전하면서 기원전 6세기에 도리스 양식, 이오이아 양식으로 발전되었다. 그리스 건축은 회화, 조각과 더불어 고전기에 최고조에 달했다. 그리스 건축은 발전된 조형예술을 바탕으로 조화와 균형을 중시했다. 단순히 사실적인 것에 그치지 않고 이상적인 미를 추구하는 방향으로 발전했다. 그리스 건축문화는 그리스 후기에 과학적 요소를 추가하면서 로마 건축문화의 발전에 기여했으며 세계 건축문화사에서 중요한 고전 건축의 이념과 문화에 큰 영향을 주었다.

배경

기원전 1200년경 그리스 본토의 북부지방에 거주하던 고산족 도리스(Dōrieis, 산림지대 또는 고산지대)인이 기후와 지리적 조건이 좋은 그리스 본토로 남하했다. 이 과정에서 도리스인은 미케네인과 지중해 지역의 패권을 놓고 100여 년간 전쟁을 벌였고 이 충돌에서 도리스인들이 승리했다. 미케네인

(Mycenaean)은 청동기 문화였던 반면 도리스인은 철기 문화의 종족이었다. 기원전 1200년~기원전 1000년에 그리스 본토에서 발생한 두 종족의 갈등을 통해서 청동기 문화는 철기 문화로 전환되었다.

철기 문화의 등장은 에게 해 건축에 영향을 주었던 청동기 문명을 종식시켰다. 미노아 문명에서 미케네 문명을 거치며 드러났던 대륙문화 대 해양문화, 전체주의 대 개인주의, 자유정신 대 규범과 같은 상반 개념의 통합 현상덕분에 그리스 본토에 철기 문화가 정착되면서 그리스 문화가 성립했다. 한편 기원전 1100년경 그리스반도의 동부지역에 진출한 이오니아인은 밀레토스와 에페소스를 중심으로 터키의 이오니아 지방에서 활동했다. 이들은 터키에 근거지를 두고 에게 해를 넘어서 그리스반도의 동부와 중부지방으로 진출했다. 이오니아 문명이 정착되면서 그리스반도-에게 해-터키라는 삼각형구도의 그리스 문명이 성립되었다. 그리고 이 지중해 벨트에 후일 개척된 이탈리아 식민지들이 추가되면서 그리스 세계(Greek World)가 형성되었다.

도리스인은 대륙 북부지역의 부족으로 전쟁과 규범을 중시하는 전체주의 문명을 가지고 있었다. 반면 이오니아인들은 에게 해의 해양 지역에서 발원한 민족으로 자유주의와 개인주의 같은 해양 문명을 가지고 있었다. 도리스인은 펠로폰네소스반도, 크레타 섬, 터키의 서남부해안 일부지역을 통치했고 이오니아인은 그리스반도 동부, 크레타 섬 위쪽에 위치한 에게 해 중앙부, 터키 서부지역을 지배했다.

그리스 세계를 양분하여 지배하고 있던 도리스인과 이오니아인은 서로 충돌하기보다는 각자의 지역에서 자신들의 문화를 발전시키는 데 주력했다. 두 민족의 개별적인 노력은 기원전 800년까지 계속 되다가 그 이후에는 그리스 본토를 중심으로 하나로 융합되었다. 이때부터 그리스 문화의 새로운 역사가 시작되었다. 도리스인, 이오니아인과 다른 소수 부족들을 중심으로 한 부족을

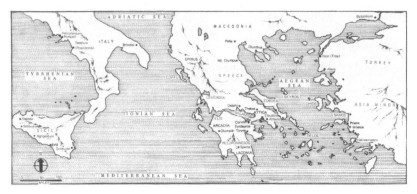

[그림 1] 남부 이탈리아, 그리스 및 소아시아, 기원전 400년경

헬레네스(Hellenes)라고 불렀다. 이들 헬레네스는 이후 약 400년~500년 동안 그리스 문화의 전성기를 구가했다.

도리스 문화는 남성적이고 이성적인 것으로, 이오니아 문화는 여성적이고 감성적인 것으로 간주된다. 도리스 문화는 전쟁, 규범, 전체주의, 대륙문화로, 그리고 이오니아 문화는 상업, 자유주의, 개인주의, 해양문화로 발전했다. 이런 상호 이질적인 두 특성이 하나의 문화로 통합되면서 창조적인 힘을 발휘하게 된다. 또한 도리스인과 이오니아인의 대조적인 특성은 스파르타와 아테네 도시 간의 특성으로 대변된다. 도리스인은 펠로폰네소스를 지배했고 그 중심 도시인 스파르타를 세웠다. 스파르타는 전체주의 규범과 엄격한 군사주의 문화를 가지고 있었다. 반면 이오니아는 그리스반도의 중심으로 진출해서 아테네를 세웠다. 아테네는 개인주의와 민주주의를 꽃피우게 된다. 스파르타와 아테네의 경쟁적 관계는 파괴적인 소모로 이어지지 않고 창조적 발전의 원동력으로 기능했다. 두 도시의 상반된 특성이 시너지 효과를 내면서 그리스 문화가 찬란하게 꽃피우게 된다.

진행과정 및 결과물

고대 그리스 시대는 일반적으로 다음과 같이 구분된다.

I. 암흑기(Dark Ages): 기원전 1100년경~기원전 700년경. 에게문명이 소멸한 기원전 12세기부터 기원전 8세기까지 약 400년간의 시기로, 문자 기록이나 고고학적 유물이 전혀 남아 있지 않기 때문에 암흑기라고 불린다.

II. 아르카이오스기(Archaic Greece): 기원전 700년경~기원전 480년. 그리스어로 아르카이오스는 시원, 태고를 의미하는 아르케(archē)로부터 유래되었다. 이 시기는 기하학 양식의 이전, 고전기 이후의 시기로 새로운 창조의 시기이다.

III. 고전기 그리스(Classical Greece): 기원전 480년경~기원전 323년. 고대 로마와 서구 세계 전반에 모범이 된다고 평가되는 예술 양식들이 성립된 시기이다.

IV. 헬레니즘 시대(Hellenistic Greece): 기원전 323년~기원전 146년. 알렉산드로스 대왕이 제국을 건설한 이후에 고대 그리스 문화가 중동으로 퍼져나가면서 그리스 문화와 오리엔트 문화가 서로 영향을 주고받아 새로운 문화가 형성된 시기이다.

그리스 문화에서 가장 두드러진 분야는 조형예술이었다. 그리스 문화의 조형예술은 조화와 균형을 매우 중요시하였으며 사실적 묘사와 함께 이상적인 미를 추구했다. 특별히 그리스 건축문화는 건축양식상 서양 건축의 모델이 되었으며, 건축이념은 현대 산업사회에도 여전히 영향을 미치고 있다.

그리스 건축은 철기 문명의 산물이었다. 청동기 문명인 고대 오리엔트 건축과 비교해 거석 구조는 사라졌지만 건물이 작아진 대신 부재의 수가 많아졌다. 디테일도 섬세해지고 조합도 복잡해졌다. 건축기술과 관련해서는 강도가 높은 철제 도구 때문에 석재에도 섬세한 가공이 가능해졌다. 문화적 관점에서 철제 무기는 전쟁에서 압도적인 승리를 가져다주었고 전리품이나 노예의 획득

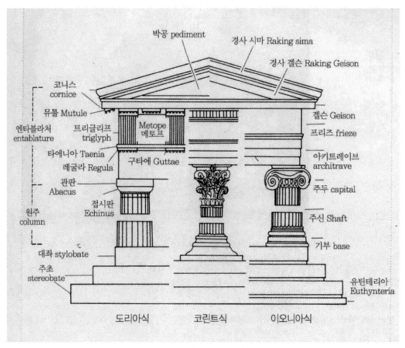

박공 pediment
경사 시마 Raking sima
경사 겔슨 Raking Geison

코니스 cornice
무틀 Mutule
엔타블라처 entablature
트리글리프 triglyph
Metope 메토프
타에니아 Taenia
레굴라 Regula
구타에 Guttae
관판 Abacus
접시판 Echinus
원주 column
대좌 stylobate
주초 stereobate

겔슨 Geison
프리즈 frieze
아키트레이브 architrave
주두 capital
주신 Shaft
기부 base
유틴테리아 Euthynteria

도리아식　　코린트식　　이오니아식

[그림 2]

으로 이어져 부의 축적과 생산성 향상을 가능하게 했다. 따라서 중산층 이상의 남성들은 여가 시간(Scholē)을 이용해 전문직을 가지게 되었는데, 그 결과는 건축과 예술의 섬세함으로 나타났다.

　고대 그리스는 도시국가(Polis)의 역사라고 할 수 있다. 그리스 귀족들인 수호자 계급들은 폴리스에 모여 살았고, 평민과 노예들은 주로 폴리스 주변의 농경지에 거주했다. 그리스인들은 폴리스의 중심에 위치한 아크로폴리스(Acropolis)라고 하는 언덕에 신전을 세우고 수호신을 숭배했다. 그 아래의 커다란 광장(Agora)에서는 회의나 재판이 열렸고 시장이나 그리스극장(Theatron)이들어서면서 공공생활의 중심이 되었다. 또한 근처에 체육관인 팔라이스트라 (Palaestra)와 시의회인 불레우테리온(Bouleutērion)이 들어섰다. 신전(Naos)은 일반인에게는 제한 구역이었고 종교의식과 행사는 신전 앞의 제단(Bēma)에서 거행되었다.

그리스 건축에서 신전은 가장 중요했다. 왜냐하면 그리스 종교는 민족의 결집과 단결에서 매우 중요한 역할을 했기 때문이다. 호메로스의 『오디세이아』나 『일리아스』를 보면 그리스인들은 사후 세계를 믿었고 영혼의 지하 생활을 위해 헌금을 바쳤으며 가족과 친지의 보호와 축복을 위해서 제사를 지냈다. 이처럼 그리스인들은 현세에서 더 많은 축복과 행복을 기원하면서 신을 섬겼다. 이들은 신을 초월적인 존재가 아니라 인간과 유사한 존재로 인식했기 때문에 각 그리스 도시는 자신의 고유한 수호신을 숭배했다. 그리고 오늘날의 올림픽 경기는 종교 제전 중 하나로 4년마다 거행되었으며 문화, 예술에 지대한 영향을 미쳤다.

신전을 비롯해서 대부분의 그리스 건축물은 석조로 제작되었다. 그리스의 풍부한 건축용 석재들은 석조 건축문화의 발전을 가능하게 만든 가장 중요한 요인이었다. 초기에는 석회석을 이용하다가 기원전 500년경부터는 질 좋은 대리석을 사용했다. 석조건축술이 발달했지만 대부분의 그리스인은 진흙벽돌과 나무로 지어진 평범한 가옥에서 생활했다. 일반적인 그리스 가옥들은 대게 단층으로 식당과 거실 역할을 하는 안뜰을 가지고 있었고 그 주위는 여러 개의 방들이 둘러싸고 있었다. 그리스 종교에서는 영생을 누린다는 점을 제외한다면 신과 인간을 모두 비슷한 존재로 간주했다. 그리스 신전은 신이 거주한다는 발상의 영향으로 주거지의 기능을 가지고 있었다.

[그림 3] 파르테논 신전

그리스 건축은 구조가 가옥식이며 평면은 매우 단순하고 외관은 좌우대칭을 이룬다. 그리스 신전을 탄생시킨 종교적 상황을 신전양식이라는 건축적 매력으로 구체화 시킨 것은 오더(Order)이다. 오더가 갖는 가장 그리스적인 특징은 열주 효과인데, 이는 오더가 집합적으로 어울려 만들어낸 것이다. 열주는 안과 밖 사이의 개방적 상호교류를 표현하기에 가장 적합한 건축부재였다. 열주는 열림과 닫힘 사이의 중간상태를 만들어냈다. 따라서 그리스 건축의 특이점은 오더의 완성이었다. 그리스 신전의 오더는 나무의 모습을 따온 것으로 그리스 오더의 주신에 새겨진 수직 홈은 나무 기둥의 결을 본떠서 만든 것이다. 주두와 주초 역시 나무의 모습을 모방했다. 또한 그리스 신전의 여러 부재들은 목구조의 접합 방식을 따왔는데, 목구조 자체가 나무의 구조 원리를 모방하고 있다. 그리스 건축문화는 후기에 과학적 요소가 덧붙여지면서 로마 건축문화의 발전을 촉진했다.

그리스 건축과 문명이 신전을 통해서 진행되었다는 점은 특이할 만한 사실이다. 고대 오리엔트 건축은 5가지 건축물, 즉 성채, 무덤, 왕궁, 신전, 탑으로 구성되었지만 그리스에서는 신전이 중심적인 역할을 맡았다. 신전은 이처럼 제일 중요한 건축물일 뿐만 아니라 사회 전체의 중심과 같은 역할을 담당했다. 신전은 예배와 제사뿐만 아니라 정치 집회, 시민활동, 축제, 법령 반포 등 중요한 사회 활동의 배경이 되었다. 그리스 신전은 신이 사는 곳이며 신상을 모시는 장소였기 때문에 그 안에 사람들이 모여서 제례의식을 드리지 않았다. 다른 종교적 건물과는 달리 내부 공간을 꾸미기보다는 외형적인 모습을 아름답게 장식했다. 그리스 신전은 다음 세 가지 측면에서 기본골격을 갖추고 있다.

첫째, 지붕체계의 형성이다. 그리스 신전의 지붕 윤곽은 두 방향에서 나타난다. 하나는 지붕에 타일 마감이 쓰이면서 시각적 효과가 중요하게 고려되기 시작한다는 점이다. 다른 한 가지는 지붕이 경사지기 시작하면서 페디먼트가 나타나고 이곳에 돋을새김 형식의 조각상이 추가되기 시작했다.

둘째, 석구조의 완성이다. 목구조의 구성원리가 석구조로 바뀌는 작업이 이 시기에 완벽하게 정착함으로써 석구조 양식이 완성된 상태를 이루게 된다. 오더에서 석구조의 완성이 나타나는 시점은 그리스 조각 작품의 대형화가 이루어지는 시기와 겹친다. 석구조의 완성은 단순한 재료 사용의 차원을 넘어서 석재를 이용한 기념비적인 대작의 표현이라는 석재 문명의 완성을 의미한다.

셋째, 오더의 형성이다. 오더는 그리스 문명의 정수가 총집합된 것이다. 오더는 가장 그리스적인 방식으로 기념비적 대작을 표현하고 있다. 오더의 건축학적 의미는 도리스와 이오니아의 두 양식을 구성하는 원리와 오더가 줄지어 서 있는 장면을 만들어 내는 열주효과에서 찾아볼 수 있다. 구성 원리는 오더를 단독요소로 파악했을 때의 의미이며 열주효과는 오더가 만들어 내는 집합적 의미이다. 구성 원리는 신전의 축조적 질서가 체계화된 수준에 이르렀음을 보여준다. 열주효과는 그리스 신전다운 이미지가 형성되기 시작했음을 보여주는 증거라고 할 수 있다.

그리스 기둥 양식인 오더는 도리스식, 이오니아식, 코린트식으로 구분된다. 도리스식 오더는 가장 오래된 양식으로, 주로 도리스인이 살던 펠로폰네소스 반도에서 시작되었다. 이 양식의 특징은 기둥이 굵고 주초가 없으며 주도는 사발 모양 위에 네모진 모양이 얹혀 있는 구조이다. 이 도리스 양식은 장중하고 강인한 남성의 느낌을 불러일으킨다. 이오니아식 오더는 소아시아의 에게해 연안에 거주하던 이오니아인 사이에서 발달해서 기원전 6세기 무렵 그리스에 전파된 것으로 기둥이 얇으며 주초에는 주춧돌이 얹혀 있고 주두에는 소용돌이 문양이 있다. 이는 경쾌하고 우아하며 여성적인 느낌을 준다. 코린트식 오더는 가장 늦게 발달한 양식으로 주두 부분이 아카서스 잎을 묶은 듯한 모양이 특징이다. 이 양식은 우아하고 화려한 장식을 보여준다. 이 때문에 화려한 것을 즐기는 로마인들에게 계승되었다.

그리스 신전은 직사각형의 3면이 벽에 둘러싸여 셀라(Cella) 혹은 나오스를 만든다. 커다란 나오스 내부에는 기둥이 1열 또는 2열로 세워져 보를 지지한다. 신전은 오더가 셀라를 둘러싼 상태에 따라서 분류된다. 오더가 신전의 정면에만 쓰일 경우 프로스틸로스(Prostylos), 정면과 후면에 쓰이는 경우 엠피프로스틸로스(Amphiprostylos), 네면에 모두 쓰일 경우 페리스틸(Peristylos) 혹은 페립테로스(Peripteros)라고 부른다. 네 면 모두에 열주가 두 겹으로 서는 경우는 딥테로스(Dipteros)라고 한다. 그리스 신전의 표준형은 페립테로스이다. 이때 측면의 오더 개수는 14개가 표준형이 된다. 그리스 신전은 다음과 같은 다섯 가지 사항에 따라 명칭을 갖는다. 도리스나 이오니아 등 양식 명칭 가운데 한 가지, 오더 개수, 오더가 셀라를 둘러싼 상태, 봉헌대상의 신, 지어진 도시의 이름이다. 그리스 신전은 봉헌 대상이 되는 신 이름에 따라 고유 명칭을 갖는다(예: 파르테논[Parthenon, 아테네 여신에게 봉헌]과 바실리카[Basilica, 헤라 여신에 봉헌]).

그리스 신전은 본당과 익랑(翼廊)으로 구성되며 보통 이것은 세 개의 단을 사방으로 두른 기단 위에 세워진다. 지붕의 구조는 나무로 만들어지고 지붕면은 테라코타 또는 얇은 대리석 판으로 이어지며 처마의 끝은 당초문양으로 장식되었다. 건물의 양단과 처마의 4개 모서리에는 아크로테리오(Akroterion)라는 장식이 있다. 맞배지붕의 합각머리부분은 낮은 이등변 삼각형이 생겨나는데 이곳을 팀파논(Tympanon) 또는 페디먼트(Pediment)라고 부르며 조각상으로 채워진다. 신전 건축에는 대부분 대리석이 사용되었고 벽면은 흰색으로 장식되었다. 신전의 지붕 부분은 빨강색과 청색을 주요색으로 삼고 황토나 검은색을 섞은 모습으로 채색되었다.

기원전 5세기에 접어들면서 그리스 신전은 한층 더 세련된 모습을 보이기 시작하는데 기원전 6세기 때 있었던 발전을 발판으로 신전양식의 절정이 이루어졌다. 비례체계가 정리되면서 신전의 균형이 잡히고 전체적 모양새가 다듬어지고 세부 부재들은 적절한 크기를 찾아가게 되었다. 부재들 사이의 관계가 이상적 규범에 접근하면서 조화로운 안정감이 확보되었다. 비례체계의 정리는 철학과 수학이 발달한 결과였다. 그리스 신전에서 비례는 단순히 수치상의 문제에 국한되지 않았다. 비례의 궁극적 목표는 자연의 구성 원리를 추상화하고 축약하여 표현하려는 것이었다.

문명교류 영향

그리스 건축은 기원전 800년을 전후한 서양문명의 중요한 성과였다. 이때 도리스인과 이오니아인이 하나로 통합되어 그리스 문화가 창출되기 시작한다. 동시에 이 시기는 오리엔트 지역의 고대 문명이 서유럽으로 넘어오는 중요한 시기였다. 이 기간 서유럽으로 가는 길목에 위치한 이탈리아반도에서도 문명이 등장하기 시작했다. 이탈리아 남부에서는 그리스 식민지가 개척되었고 북부에서는 독자적인 에트루리아(Etruscan)문명이 등장했다. 당시 오리엔트 지역의 대표적 문명은 페르시아였다. 이로써 기원전 800년을 전후해 페르시아-그리스-에트루리아로 이어진 동서 문명 벨트가 형성되었다.

그리스 건축은 서양 문명사의 흐름을 구성하는 복수의 상반된 개념들이 하나로 통합되면서 탄생했다. 이러한 복수의 상반된 개념들은 자연과 인공, 정신과 육체, 전체주의와 개인주의, 규범과 자유정신, 이상주의와 현실주의, 단순성과 다양성, 원형성과 가변성, 남방문화와 북방문화, 전쟁문화와 상업문화였다. 그리스 건축 중에 신전은 이러한 개념들이 서로 종합적인 조화를 이루어 제작된 것이다. 이런 의미에서 그리스 건축은 종합화와 최적의 조화라는 특성을 갖는다. 그리스 문명은 이전 여러 문명들의 종합화였다. 여러 문화들이 함께 뒤섞여 있음에도 불구하고 그리스 건축의 장점은 균형 감각이었다. 그리스 건축은 많은 요소들이 서로 중첩되어 있지만 혼란스럽지 않고 극단으로 흐르지도 않으며 중용의 미를 가진 여러 구성요소들을 종합하지만 이것들을 단순하게 더하는 것이 아니라 공통 분모를 찾아내서 그 안에서 최적화를 만들었기 때문이다. 여러 요소들을 종합하는 과정에서 불필요한 중복 요소들은 제거되고 가장 근원적인 요소들로 종합화가 이루어졌다.

이처럼 그리스 신전은 종합화와 최적 조화의 결과물이다. 그리스 신전은 그리스에서 완전히 새롭게 창조된 것이 아니다. 신전은 고대 문명에서 아주 중요한 건축물이었다. 그리스 신전의 전신에 해당하는 요소들은 이전 시대의 다양한 문명권에서 이미 나타났었다. 이집트 건축에서 오더의 사용, 에게 해 건축에서 전체 구성의 모습을 찾아 볼 수 있다. 그리스 사람들은 앞선 오리엔트 문화의 선례들을 이어받아서 자신들만의 독특한 신전 건축을 발전시켰다. 그리스 신전은 이전 문명권의 신전들과 다른 철학적 기반을 가진다. 그 차이는 두 가지로 나눠볼 수 있다.

첫째, 그리스에서 신전은 문명 전체의 중심 건물이 되었다는 점이다. 이전 문명에서 신전은 도시의 건축물보다 더 중요한 건축물의 일부였다. 이집트에서는 피라미드라는 복합 건물의 한 부분이었고, 오리엔트에서는 궁궐의 부속 건물에 속했다. 그러나 그리스에서는 신전이 가장 중요한 건축물로 자리매김했고, 이에 따라 사회의 중심역할을 수행하고 문명을 대표하게 되었다.

둘째, 그리스 신전이 이전 신전에 비해 체계화되고 복합적인 구성을 갖는다는 점이다. 그리스 신전에서 종합화와 최적 조화의 개념은 자연과의 관계를 통해서 잘 드러난다. 그리스 신전은 자연을 구성하는 법칙을 건축물 안에 잘 구현하고 있다. 그것은 자연과 인간 사이의 대립 관계가 제3의 상태로 통합되어져감을 의미한다.

⌐ 키워드 ⌐

파르테논, 바실리카, 도리스, 이오니아, 코린트, 미케네, 일리아스

집필자: 김요한

참고문헌

C.A. Doxiadis, 허병이 역. 2012. 『고대그리스의 건축 공간』. 대건사.

김석철. 1997. 『김석철의 세계건축 기행』. 창작과 비평사.

사토 다쓰기, 조민경 역. 2015. 『서양건축의 역사』. 에이케이커뮤니케이션즈.

서현. 2009. 『건축을 묻다』. 효형출판.

양용기. 2016. 『철학이 있는 건축』. 평단.

임석재. 2003. 『땅과 인간: 그리스 로마 건축』. 북하우스.

코우다 미노르, 사이토 시게사부로, 조민경 역. 2016. 『일러스트 자료 세계의 건축』. 에이케이커뮤니케이션즈.

06

그리스-로마 신과 신화
(Greek-Roman God and Myth)

신화를 뜻하는 그리스어 미토스(Mythos)가 모든 종류의 이야기를 의미하듯이, 그리스 신화는 인간 정신의 다양한 면모를 이야기 속에 담아내었다. 이러한 그리스 신들과 신화는 로마로 그대로 이어져 로마 제국의 세계화와 더불어 오늘날까지도 큰 영향을 끼치는 신화로 살아남았다. 지구상의 모든 민족과 나라가 저 나름의 아름다운 신화를 가지고 있지만, 그리스 로마의 신들과 신화는 자체의 재미 다양성, 깊이뿐만 아니라, 수천 년에 걸쳐 유럽의 문화와 문학 그리고 예술적 상상력의 보고가 되어왔다. 그런데 이러한 그리스 신들과 신화 역시 지중해 문명 교류를 통한 오리엔트 문화의 영향 아래서 발전해왔다고 할 수 있다. 우라노스-크로노스- 제우스 신으로 이어지는 그리스 최고신들의 계보마저도 오리엔트 지역 신화에서 그대로 발견되기 때문이다.

신과 신화

그리스인들에게 신화는 집단적 정체성을 보여주는 중요한 문화적 코드였다. 삶 자체를 신과의 관계 속에서 생각하는 경향이 강하였기 때문에 자연의 근원, 자연 현상, 계절의 주기, 동식물 등도 신화로 설명하였다. 의식주 자체,

[그림 1] 아테네 파르테논 신전 박공 프리즈

천둥과 번개, 바다, 강, 땅, 곡물, 포도주, 무지개 등 온갖 자연물이나 자연 현상
뿐만 아니라, 사후 세계, 조화, 아름다움, 분쟁, 용기 등 추상적인 것에도 신의
이름을 사용했다. 빵은 데메테르 여신의 선물, 포도주는 디오니소스 신의 선물
이고, 벼락이나 천둥은 제우스의 힘이 표출되는 것이었다. 아폴론과 아르테미
스가 해와 달로서 그들을 비추며, 바다에 나가면 포세이돈 신이 다른 많은 바
다의 신들과 함께 자리 잡고 있다. 또 지하세계에는 지하의 왕과 왕비인 하데
스와 페르세포네가 왕좌에 앉아있고, 저승의 강을 건너기 위해서는 뱃사공 케
이론에게 노잣돈을 건네주어야 무사히 건널 수 있다고 생각했다. 매일 사용하
는 컵, 접시, 항아리에도 친숙한 신화 내용이 그려져 있는가 하면, 주화에도 신
의 모습이나 그 상징물이 새겨져 있었다. 길모퉁이나 사거리 등에는 성기가
돌출된 헤르메스 석상이 장식되어 있었으며, 아고라의 공공건물과 신전 등의
건축물도 신들의 이야기로 장식되어 있었다. 젖먹이 때부터 자장가와 같이 들
려주는 신화 이야기를 들으면서 자라나 글을 읽을 즈음이면 호메로스 이야기
를 줄줄 외울 정도가 된다. 정치가들도 신화를 국가와 가문의 위상을 확립하
는 수단으로 이용하여 국가나 가문의 시조를 이름난 영웅과 결부시켰다. 신화
는 그들 최대의 공통된 담론이자 생활양식 그 자체였던 것이다. 이처럼 신화

는 그리스인들의 일상적 삶 그 자체와 더불어 있었으므로, 신화를 이야기하지 않고 고대 그리스인을 논할 수 없을 것이다.

　로마 시대의 문필가 알렉산드리아의 클레멘스는 수많은 신들의 기원이나 종류에 대해서 하늘, 해, 달, 번개 등의 천체신이 신격화된 경우, 디오니소스의 포도주나 데메테르의 곡물처럼 땅의 소산물이 신격화된 경우, 호메로스나 헤시오도스 등의 문학 속에서 나오는 여러 신들, 운명이나 분노 같은 악의 처벌자가 신격화된 경우, 희망이나 사랑 같은 감정의 신격화, 승리의 신격화, 헤라클레스나 아스클레피오스 같은 구원자의 신격화, 왕이나 장군 등 정치나 전쟁 혹은 예술 등 특정 분야에서 뛰어난 사람들의 신격화 등으로 나누었다. 과거 왕 등의 강력한 인간이 신이 되었다는 관점은 특별히 에우헤메로스적인 관점이라 칭한다.

　그리스 신들 가운데는 올림포스 열두명의 신들 이외에도 크고 작은 수많은 신들이 있었다. 또한 통일되고 일관성 있는 신화가 아니라 수많은 버전의 다양한 스토리가 존재하였다. 고대 그리스에 오리엔트처럼 통일된 전제국가가 나타나지 않고 많은 폴리스 국가가 있었던 것이 이런 현상을 부추겼을 것이다. 그리스 신이나 영웅들은 각자 총애하는 나라가 있고, 또한 각 나라는 저마다의 수호신을 가지고 있었으므로 신들과 국가는 일종의 공생관계를 이루고 있었다. 전쟁이 일어나면 관련 신들도 함께 싸운다고 생각했기 때문에 유력한 신의 도움을 요청하거나 공격하는 관행도 있었다. 필요할 때마다 각자 자기 측에 유리하게 신화를 만들어 내거나 각색하는 경우가 많았으므로, 그때마다 다양한 버전의 신화가 생겨났다고 할 수 있다.

이러한 그리스 신들과 신화는 로마인들에게 그대로 스며들었다. 자체의 고유한 신들에다가 에트루리아의 신들을 받아들였던 로마인들이 그리스 신들을 공식적으로 들어온 것은 한니발 전쟁 당시였는데, 당시 한니발의 공세에 시달리던 로마인들이 그리스 신들의 도움으로 한니발과의 전쟁에서 승리하고자 그리스 열두 신을 공식적으로 영입하였던 것이다. 이후로 비슷한 기능과 성격을 가진 신들 사이의 계속적 통합 과정을 거쳐서 로마의 열두 신이 공식적으로 성립되었다. 유피테르(그리스 명 제우스), 유노(헤라), 넵투누스(포세이돈), 플루토(하데스), 베스타(헤스티아), 케레스(데메테르), 아폴로, 베누스(아프로디테), 불카누스(헤파이스토스), 디아나(아르테미스), 미네르바(아테네), 마르스(아레스), 메르쿠리우스(헤르메스) 등이 그들이다. 그 외에 바쿠스(디오니소스 혹은 리베르), 헤라클레스, 큐피드 등의 신들도 인기가 있었다.

그와 함께 소아시아를 비롯한 아시아 계통의 신들이 로마로 유입되었다. 이들 중에는 역시 포에니 전쟁 당시 시빌리나 신탁의 예언에 의해 수입된 소아시아 프리기아 출신의 키벨레 여신이 있다. 신들의 어머니라는 별명을 가진 키벨레 여신은 로마에서 공식적으로 인정받은 최초의 오리엔트 출신의 신으로서 한니발을 축출하고 로마인을 위기에서 구원한 구세주 혹은 국가적 여신으로 제정 말까지도 계속 추앙되었다. 그 외 이집트 출신 이시스, 세라피스 신, 페르시아의 미트라 신 등 수많은 종교들이 오리엔트로부터 로마 사회에 유입되었는데 이들 오리엔트에서 들어온 종교들 중 세계사적으로 가장 많은 영향을 끼친 종교는 기독교였다.

세계 제국으로 팽창하면서 로마는 다른 지역의 신들과 종교적 관행들을 수용하고, 한편으로 동화되면서 또 다른 한편으로는 동화시켜 나갔다. 예컨대 로마의 최고신 유피테르가 그리스의 최고신 제우스와 동일시되었던 것과 마찬가지로 오리엔트 지역에서의 각 최고신들도 유피테르 신과 동일시되었다.

[그림 2] 아르테미스 여신
브라우로니아 박물관 소재.

그리스-로마의 신들은 둘 다 다신교로 비슷한 점이 많은 가운데, 차이점도 없지 않다. 원래 로마의 신들은 그리스 신들과 비교해볼 때 인간으로의 형상화 과정이 덜 되어 각 신들은 개별적인 특성이나 개성을 별로 가지고 있지 않았고 남성과 여성의 구별조차 모호했다. 그리고 로마 고유한 신화라든가 우주에 관한 창조론, 종말론 혹은 이와 관련한 인간의 역할, 기원에 관한 신학도 별로 발달하지 못했다. 그 이유에 대해서 어떤 이들은 로마인들의 종교적 원시성, 그들의 상상력과 감성의 부족, 혹은 그들의 현실적이고 실제적인 성격 때문으로 설명하고 있다. 그런 가운데 로마인들의 종교나 신관은 특히 국가적 성격을 강하게 가지면서 발달하게 되었다.

로마인들이 자신의 국가 종교에 관하여 자부심을 가지고 있었던 점은 흥미롭다. 키케로는 로마인들이 다른 민족들과 비교해 볼 때 다른 점에서는 비슷하거나 열등하다고도 볼 수 있지만, '종교(Religio), 즉 신들에 대한 숭배(Cultu deorum)에 관한 한' 훨씬 우수하다고 말했다. 기원전 1세기에 살았던 로마의 시인 바로(Varro)는 종교를 세 가지 범주로 나누었는데, 신화적 종교(Theologia fabulosa), 자연적 종교(Theologia naturalis), 그리고 시민적 종교(Theologia civilis)가 그것이었다. 그는 "이들 중 시민적 종교가 국가적 목적을 위해 가장 잘 어울리는 종교이며, 나머지 두 범주의 종교는 적게 말해질수록 더욱 좋다"고 했다. 그러면서 적들의 공격에 의해서가 아니라 로마인들 자신들의 무관심 때문에 신들이 소멸될지 모른다고 걱정했다. 제국을 이룩했던 로마인들은 그리스인들보다 종교의 정치적, 통제적 기능에 관심이 더욱 많았던 것처럼 보인다.

그리스-로마 신, 신화의 특징과 지중해 문명 교류

그리스-로마 신화의 뿌리가 아시아였다는 점은 흥미롭다. 헤시오도스의 『신통기』에는 카오스에 이어서 최초의 신, 대지의 여신 가이아가 나온다. 가이아는 혼자서 아들 우라노스를 낳았다. 하늘의 신 우라노스는 어머니인 가이아와 연인 관계가 되어 자식을 둔다. 하지만 우라노스가 태어난 아이들을 자꾸 대지 속에 밀어 넣자 화가 난 가이아는 아들 크로노스를 부추겨서 우라노스의 성기를 베어 축출시킨다. 크로노스는 자기도 쫓겨날 것을 두려워하여 아이들이 태어나면 삼키곤 하였지만, 결국 막내 제우스가 아버지를 몰아내고 신들의 왕이 되었다.

이상이 그리스 신들의 가계와 관련된 대표적인 신화이다. 그런데 똑같은 구조의 신화가 소아시아를 지배했던 히타이트 문헌에서 발견되었다. 19세기~20세기 초 고고학 발굴로 모습을 드러낸 히타이트 문명의 신들의 계보는 하늘의

[그림 3] 소로 변한 제우스에게 크레타 섬으로 납치되어가는 페니키아 공주 에우로페.
나폴리 국립박물관 소재.

신 아누, 알랄루, 쿠마르비로 이어진다. 아누가 알랄루에게 쫓겨나고, 알랄루
는 다시 쿠마르비에 의하여 성기가 물어뜯긴 채 쫓겨난다. 여기서 그리스 신
화나 히타이트 신화에서 나오는 이름은 서로 다르지만, 아버지의 성기를 물어
뜯고 신들의 왕이 되었다는 모티브는 거의 똑같은데, 이를 우연이라고 보기는
힘들다.

우리가 알고 있는 그리스 신화는 오리엔트 신화와 그 뿌리가 닿아있음을 알
수 있다. 이는 마치 유럽이라는 단어의 어원이 오리엔트 지역의 공주 이름에
서 유래되었다는 점과 맥락을 같이 한다. 많은 고대 그리스인들이 흰 소로 변
한 제우스가 페니키아(지금의 레바논)의 아름다운 공주인 에우로페를 크레타 섬

으로 납치하였고 이 공주의 이름 에우로페에서 유럽이라는 단어가 나왔다고 생각했던 것이다. 또한 에우로페의 오라버니 카드모스 왕자는 아버지의 명으로 에우로페를 찾으러 다니다가 못 찾고 결국 그리스 본토의 테베에 정착하여 그들에게 문화와 문자를 가르쳐주었다고 전한다. 이는 지중해를 사이에 두고 펼쳐진 그리스 문명과 오리엔트 문명의 교류와 친연성을 상징적으로 보여주는 신화라 할 수 있다.

『블랙 아테나』라는 책이 2차 세계 대전 이후 서양고전학 분야에서 성서 다음으로 많이 팔렸다고 광고된 적이 있다. 한글로도 번역이 된 이 책은 미국 코넬 대학에 몸담았던 버널(Martin Gardiner Bernal)이란 학자가 쓴 책이다. 이 제목이 말하고자 하는 바는 늘씬하고 아름다운 흰 피부의 여신으로 우리에게 각인되어있는 아테나 여신은 원래는 흑인이라는 것, 즉 유럽 신화, 나아가서 유럽 문명의 기원은 아프리카, 아시아에서 나왔다는 것이다. '역사학의 아버지'라는 별명을 가진 그리스의 역사가 헤로도토스도 아테나 여신은 원래 이집트 여신이었다고 말한 바 있다.

아프로디테 여신도 마찬가지일 것이다. 오늘날 아프로디테 여신의 기원에 대해서는 페니키아설, 키프로스설, 그리스 본토설 등이 서로 다투고 있는 중이다. 그런데 그리스 신화에서 아프로디테 여신의 탄생지로 알려진 키프로스 섬은 페니키아와 그리스 사이에서 많은 인종과 문화가 만나는 지중해 지역의 대표적인 문화적 용광로(melting pot), 혹은 샐러드 볼(salad bawl)의 성격이 강하던 지역이었다. 아마도 페니키아, 즉 오리엔트 지역으로부터 아프로디테 숭배를 받아들인 키프로스가 키프로스 고유의 토착 여신 숭배와 더불어 아프로디테 숭배를 새롭게 발전시키고 이를 그리스로 전파해주었던 것으로 보면 좋을 듯하다.

이처럼 그리스 신화로 알려진 것들은 실제로는 오리엔트에서 지중해를 매개로 유래되었을 가능성이 크다. '인간은 누구도 섬이 아닌' 것처럼, 인간의 문명 역시 어느 것도 '섬이 아닌' 것이다. 다만 아시아에서 그 뿌리를 찾을 수 있는 그리스 신화지만, 그리스에 들어와서 그리스적 자연과 인간과 만나면서 훨씬 다양하고 풍성하고 아름답게 발전하게 되었다는 점은 틀림없다. 마치 신들의 계보에서 신들의 왕이 아버지 살해를 통해서 탄생하게 되었듯이, 아들 격인 그리스 신화가 아버지 신화들을 추월하게 되었던 것과 같다. 그럼 다른 지역의 여러 신화와 비교하여 그리스 신화는 어떤 특징을 갖게 되었을까? 무엇보다도 오리엔트의 전반적 신화가 신비적이고, 내세적이며, 주술적 성격이 강한 데 비해서, 그리스 신화는 합리적이고 현세적인 면이 강하다. 물론 그리스에도 엘레우시스 의식처럼 비밀스런 종교 의식, 내세적인 종교나 신화가 존재한다는 점도 잊으면 안되겠다.

같은 지중해 세계에서 탄생한 그리스도교와 비교한다면 여호와 하나님은 천지를 창조한 절대적이며 전지전능한 유일한 존재이지만, 그리스-로마 신화에는 수많은 신들이 존재한다. 이들 신들은 각자에게 부여된 영역의 권한을 가지며, 인간보다는 강하지만 자연을 초월할 만큼 절대적인 힘을 가진 것은 아니어서, 신들의 왕인 제우스도 때로 운명의 여신에 복종하는 모습을 보인다. 그리스의 신들은 대부분이 최고의 미남미녀이며, 불멸의 존재이면서도 결혼하고, 아이를 낳는 등 인간 가족처럼 혈연적 관계를 맺고 있다. 인간처럼 명예욕, 자존심, 시기, 미움, 분노, 애정, 질투 등의 감정이 들끓으며, 각기 독특한 기질과 개성을 가지고 있다. 또한 그리스도교에서 하나님은 하나님, 인간은 인간, 동물은 동물, 자연은 자연으로 뚜렷이 구별된다. 딱 한 번 하나님의 아들이 인간의 몸을 입고 온 성육신 사건만이 예외적으로 기록되고 있다. 하지만 로마 시대의 시인 오비디우스의 신화집 『변신(*Metamorphosis*)』이라는 책 제목에서도 보여주듯이 그리스 신화 속 주인공들은 항상 변신한다. 신들이 황금 소나기로, 흰 황소로, 비둘기로, 백조로, 구름으로 변신하며, 인간은 나무로, 강으로, 수선화로, 암소로, 곰으로 변한다. 즉 신과 인간과 동물과 자연이 서로 경계 없이 '변신'한다.[1]

이상에서 그리스의 신화와 종교, 오리엔트의 신화와 종교는 지중해를 매개로 서로 만나 교류하는 가운데 각 문명권에 따라서 독특한 모습으로 발전해나갔음을 알 수 있다.

⌐키워드⌐

그리스신화, 집단정체성, 올림포스 12신, 로마신, 다신교, 신통기, 변신, 오리엔트 신화, 에우로페, 그리스도교

집필자: 최혜영

---

1 중국 신화와 비교해본다면, 그리스 신화에서는 변신하는 가운데서도 인간적 모습이 주를 이루는 데 비해서, 중국 등의 동양 신화는 자연 중심적인 성격이 강하며, 무서운 괴물들도 보다 많이 등장한다. 그리스의 신들은 각기 총애하는 인간이 있어서 그들을 도와주면서도 가끔 인간들에게 그리 우호적이라고 볼 수 없는 데 비해서, 중국의 신들은 인간을 도와주고자 애쓰며 노력하는 점이 재미있는 특징이다. 중국에서도 반고나 여와의 창세 신화로부터 시작하여 다양하고 풍부한 신화가 있었지만, 차츰 '괴력난신은 이야기하지 말라'는 유가 등의 영향으로 그리스처럼 다양하게 담론화되거나 전승되지 못한 면이 있다.

참고문헌

최혜영. 2018. 『그리스 비극 깊이 읽기』. 푸른 역사.

호메로스. 『일리아스』. 호메로스. 『오디세이아』.

헤시오도스. 『신통기』.

헤로도토스. 『역사』.

오비디우스. 『변신(메타모포시스)』.

마틴 버날, 오홍식 역. 2006. 『블랙 아테나』. 소나무.

R.J. Lenardon. 1999. *Classical Mythology*. NY. Oxford University Press.

J.E. Harrison. 1992. *Prolegomena to the Study of Greek Religion*. Cambridge. Cambridge University Press.

07

그리스 민족지
(Greek Ethnography)

　고대 그리스인들은 자유와 평등, 이성과 같은 서구적 사고의 틀을 발명하였고, 문학과 철학, 역사학, 정치학, 미술과 건축, 의학, 수학 등의 학문적 기반을 마련했다는 점에서 유럽 문명의 시조로 여겨진다. 그리스인들의 문화는 로마제국으로 이어졌고 그리스와 로마의 문명은 서구의 '고전' 문화가 되었다. 유럽 최초의 서사시인 호메로스(Homer)의 『일리아스(*Iliad*)』와 『오디세이아(*Odyssey*)를 비롯하여 아이스킬로스(Aeschylus)와 소포클레스(Sophocles), 에우리피데스(Euripides)와 같은 비극 작가의 작품들과 소크라테스(Socrates)와 플라톤(Plato), 아리스토텔레스(Aristoteles)로 이어지는 서양철학의 전통, 히포크라테스(Hippocrates)에서 발원된 서양 의학의 전통이 바로 유럽의 정신적 근간이 되었다. 그리고 『신약』 성서가 그리스어로 기록되면서, 그리스도교는 그리스 문화라는 렌즈를 통하여 로마 제국과 유럽에 전파될 수 있었다. 그리스의 문화와 역사가 그리스인들만의 것이 아니라, 유럽인들과 서구인들의 것이라는 생각이 널리 퍼지게 된 것은 이러한 까닭 때문이다.

　세계적으로는 '그리스'라는 이름으로 알려져 있지만, 그리스인들은 이 명칭을 대신하여 '헬라스 공화국(Hellenic Republic)'이라는 이름을 공식적으로 사용한다. 본래 그리스라는 명칭은 그리스 북부 지역에 거주하던 그리스인을 가리키는 '그레코스(Graikos)'에서 온 말이다. 후에 로마인들이 라틴어로 그리스인들을 '그라이쿠스(Graecus)'라고 부르던 것이 오늘날 '그리스'라는 이름으로 전해진 것이다. 다시 말하면, 그리스라는 이름은 외지인들이 그리스인들을 가리키던 명칭이고 그들 스스로가 사용한 이름이 아니었다. 그리스인들은 고대에서부터 현재까지 스스로를 '헬레네스(Hellenes)'라고 부른다. 이것은 그리스인들이 신화상의 선조로 여기는 '헬렌(Hellen)'이라는 이름에서 유래한 것으로, 고대 그리스 문화를 가리키는 '헬레니즘(Hellenism)'이라는 용어도 이 말에서 나온 것이다. 국명에서도 잘 드러나듯이, 현대그리스인들은 고대 그리스인과 자신을 동떨어진 존재로 여기지 않는다. 그들은 현대까지도 고대 그리스의 언어적, 문화적 전통의 연장선상에서 존재하기 때문이다.

기후와 지리

그리스는 유럽의 남동쪽 발칸반도의 남단, 지중해의 북동쪽에 면해 있다. 동쪽으로는 에게 해(Aegean Sea), 서쪽으로는 이오니아 해(Ionian Sea)가 있고, 그 바다에는 크레타 섬을 비롯하여 6,000여 개의 크고 작은 섬이 위치해 있다. 전통적으로 그리스인들은 해양에서 활발히 활동하였는데, 동쪽의 아시아 대륙과 남쪽의 아프리카 대륙, 북쪽의 유럽 대륙을 육로와 해상으로 이어주었다. 여러 문명을 융합할 수 있는 이러한 그리스의 지정학적 위치는 유럽 문명의 발원지가 되는 데에 중요한 요인으로 작용하였다.

본토 내륙의 북쪽에는 북-남을 가르는 핀도스(Pindos) 산맥이 자리하고 있고 내륙 대부분이 산악지대를 형성하고 있어서 농경지가 충분하지 않았다. 그래서 고대부터 그리스인들은 식량의 자급이 어려웠고, 주요한 식량 자원은 수입에 의존하였다. 내륙의 남쪽에 위치한 펠로폰네소스 반도는 코린토스(Corinth)를 통해 육로로 연결되고, 내륙도 대부분의 지역이 산악지대라서 폴리스 간의 교류는 주로 해상을 통해서 이루어졌다.

지질학적으로 그리스는 화산활동과 지진이 잦은 곳이다. 기원전 1500년대에 일어난 테라(또는 산토리니) 섬에서의 화산 폭발을 비롯하여 크고 작은 지진 활동들이 있었다. 기후적으로는 겨울에 비가 많이 오고 여름에 건조하며 일조량이 많아서, 북쪽의 고산 지대를 제외한 해안지역과 섬들은 전형적인 지중해성 기후를 보인다.

역사

고대 그리스로 알려진 시대는 그리스의 문자로 기록된 문헌이 존재하는 고전 그리스(Classical Greece)의 시대를 일컫는다. 시기적으로는 대략 서기전 1000년경부터 서기전 1세기까지이다. 일반적으로 그리스에 관하여 알려진 많은 지식과 정보는 바로 이 고전 그리스 시대에 벌어진 것들이 대부분이라 할 수 있다. 하지만 고전 그리스가 존재하기 훨씬 이전부터 그리스의 땅에는 서기전 3,000년경부터 서기전 1,000년까지를 아우르는 이천년 동안 그리스 문화의 여명기인 '청동기'가 있었다.

[그림 1] 그리스 연표

청동기가 끝나고 '암흑기'를 거치면서 고전 그리스 시대가 등장한다. 이 시기에 고대 그리스어 알파벳이 만들어졌고, 시인, 극작가, 역사가, 철학가 등이 그리스어로 글을 남김으로써 서양 고전(Classic)의 토대를 형성하였다. 고대 그리스 사회는 다양한 정치 체제를 지닌 여럿의 폴리스(Polis)가 독립적으로 공존하였으나, 거대한 제국이었던 페르시아를 상대로 페르시아 전쟁(기원전 490년~기원전 479년)을 치르고 승리를 거두면서 큰 변화를 맞았다. 특히 전쟁에서 주요한 공을 세운 폴리스인 아테네가 그리스의 폴리스들 가운데 맹주로 떠올랐고, 페르시아의 잠재적인 위협에 대비하여 델로스동맹(Delian Legue)을 이끌었다. 아테네의 제국주의적인 정책으로 입지가 좁아진 스파르타는 아테네와 펠로폰네소스 전쟁(기원전 431년~기원전 404년)을 치름으로써 한동안 그리스의 맹주가 되었으나, 이 역시도 오래가지 못하여 테바이(Thebai)에게 자리를 내어 주었다.

그리스의 북쪽에 위치한 마케도니아 왕국의 필립포스 2세(Philippos Ⅱ)가 카이로네이아 전투(기원전 338년)에서 아테네와 테바이의 군대를 상대로 대결하여 승리를 거둠으로써 마케도니아는 그리스에서 주도권을 잡았다. 왕위를 이은 알렉산드로스 대왕(Alexander the Great)이 페르시아와 이집트, 인더스강에 이르는 광범위한 지역을 정복하고 그리스 문화와 언어를 전파하였다. 그의 사후에서부터 로마제국에 정복되기까지의 시기를 '헬레니즘 시대(Hellenistic Era)'라고 일컫는다.

고전시대 그리스인들의 종교, 철학, 문학, 예술적 유산은 로마제국에 고스란히 전달되었다. 콘스탄티누스 대제가 제국의 수도를 비잔티움(Byzantion)으로 옮기고 그 곳을 콘스탄티노플(Konstantinopolis)이라고 명명하면서 제국의 동부에서 로마의 역사가 이어졌다. 비잔티움 제국은 천년 여간 지속되었지만, 15세기 중엽 투르크족의 침입으로 멸망하면서 그리스인들은 오스만제국의 지배를 받게 되었다. 그 지배는 300여 년간 지속되었고, 그리스의 존재는 유럽인들의 기억 속에서 사라져 갔다. 그러던 중에 프랑스의 시민혁명을 필두로 한 19세기 전반 유럽에 민족국가에 대한 열망이 일면서 그리스의 안팎에서 독립에 대한 의지가 커졌다. 결국 그리스인들은 1821년 3월 25일, 그리스의 성 라브라(Ag. Lavra) 수도원에서 오스만 제국의 300여 년간의 지배에 저항해 독립을 선포했다. 이 사건은 두말할 나위 없이 근대 그리스의 상징적인 출발점이 되었다. 정치적으로 보면 현대 그리스는 200년의 역사를 지닌 신생 국가이지만, 고대 이래로 비잔티움 제국을 거쳐 그리스의 언어와 문화적 전통을 유지한 까닭으로 고중세의 그리스와 문화적으로 연결되어 있다.

청동기 문화

에게 해는 여럿의 그리스 청동기 문화가 꽃피운 곳이다. 에게 해 청동기 문화의 중심이었던 미노스 문명, 키클라데스 문명, 미케네 문명은 각기 다른 문화적 색채를 지녔지만, 이들 모두는 서기전 3,000년경부터 대략 이천년 동안 지속하며 후대에 고전 그리스 문화를 형성하는 토대가 되었다.

가장 먼저 등장한 키클라데스(Kikladhes) 문명은 에게 해의 중심부에 자리한 낙소스(Naxos), 밀로스(Milos), 테라(Thera) 등의 여러 섬이 원형(kyklos)을 이루는 지역에서 발생하였다. 이 지역은 여러 섬들이 징검다리처럼 촘촘히 위치해 있어서 바다를 여행하는 그리스인들이 꼭 거치는 곳이었다. 여기에서는 규모가 작은 공동체들의 흔적이 발견되었으나, 중앙집권화된 사회로 발전하지는 못했다. 이곳에서 발견된 특징적인 유물로 대리석을 사용한 인물상을 꼽을 수 있다. 이들 인물상들은 인체를 정교하게 표현하기보다는 도식적이고 추상적으로 형상화하여, 흰 대리석으로 얼굴에 코를 도드라지게 조각하고 몸통과 팔, 다리를 간결하게 조각한 것이 특징이다.

에게 해

미케네 문명

키클라데스 문명

미노스 문명

[그림 2] 그리스의 청동기 문명

기원전 1500년대에 키클라데스의 테라 섬에서 발생한 큰 화산폭발로 이 섬의 지형은 현재와 같은 모습으로 완전히 바뀌었고, 섬에 있던 청동기 시대의 마을은 화산재에 완전히 덮여 사라졌다. 이 마을은 섬의 남단에 위치한 아크로티리(Akrotiri)에서 발견되었는데, 1960년대에 그리스 고고학자 스피리돈 마리나토스(Spyridon Marinatos)가 발굴하였다. 화산재 속에서 발견된 마을에는 지상으로 이층 내지 삼층의 복층 구조물과 지하실을 갖춘 가옥이 즐비했고, 가옥의 내부는 이 섬 거주자들의 일상과 자연 풍경을 담은 화려한 채색의 벽화로 가득했다. 벽화에는 섬에서 벌어진 해상 교역이나 낚시를 하는 어부, 격투기를 하는 선수들을 비롯하여 섬 주변의 자연환경과 동식물이 밝고 경쾌한 색상으로 표현되어 있었다. 특히 꽃을 채집하는 젊은 여성들을 그린 벽화에서는 당시의 복식문화를 엿볼 수 있는 화려한 옷과 장신구가 인상적이고, 인물들의 인체와 표정은 자연주의적으로 세련되게 표현되었다.

테라 섬에서의 화산 폭발은 남쪽으로 100킬로미터 떨어진 크레타(Crete) 섬에도 영향을 미쳤다. 이 폭발은 크레타의 북단에 위치한 청동기시대의 가장 큰 궁전, 크노소스(Knossos)도 파괴할 정도였다는 사실이 고고학적으로 확인되었다. 크노소스 궁전은 20세기 초반 영국의 고고학자 아서 에반스 경(Sir Arthur Evans)이 발굴하여 세상에 드러난 청동기 시대의 대표적인 유적으로 평가받았다. 그가 발견한 크노소스 궁전은 크레타의 청동기에 축조된 여러 궁전 가운데 가장 큰 규모의 것으로, 신화상에 등장하는 미노스 왕과 같은 강력한 통치력을 지닌 지도자가 이 섬에 존재했음을 보이는 증거이다. 크노소스 궁전에는 예배를 위한 신전을 비롯해 극장, 왕의 집무실, 창고, 화장실에 이르는 수십 개의 방과 복도, 계단이 여러 층에 걸쳐 위치했고 그 각각이 미로처럼 얽혀 있었다. 청동기 중반에 크레타의 세력은 에게 해를 장악하고 아테네까지 미쳤는데, 신화상에서는 크레타의 미노스 왕이 아테네에서 망명한 발명가이자 예술가였던 다이달로스(Daedalus)에게 미궁을 하나 짓도록 명하였다고 한다. 이 미궁에는 황소 머리에 사람의 몸을 지닌 미노타우로스(Minotauros)를 가두고 그곳을 '라비린토스(Labyrinthos, 미로)'라고 불렀다. 크레타의 세력이 아테네까지 미쳤을 정도로 강력하였다는 것은 테세우스 신화에서 잘 드러난다. 청동기 말기에 테라 섬의 화산 폭발 이후로도 크노소스의 기능은 유지되었지만 곧 이어지는 외세의 침략으로 완전히 파괴되었다. 궁전에서는 미케네 문명의 도시들에서 발견되는 것과 동일한 선형문자B가 발견되어 그 외부 세력이 미케네인들이었을 것이라는 주장이 설득력을 얻는다.

미케네(Mycenae) 문명은 앞선 두 문명에 비하여 상대적으로 늦게 발달하였으나, 에게 해의 청동기시대에 벌어진 유명한 역사적 사건과의 관련성으로 유명하다. 바로 '트로이 전쟁'에 참여한 그리스 진영의 수장인 아가멤논 (Agamemnon)이 미케네의 왕이었기 때문이다. 19세기 후반 독일의 고고학자 하인리히 슐리만(Heinrich Schliemann)이 발견하면서 세상에 드러난 미케네의 성채는 그리스와 유럽의 역사를 바꾼 사건으로 기억된다. 이미 트로이(Troy)에서의 발굴에 성공한 슐리만은 이어서 미케네를 발굴함으로써 신화와 문학에만 존재한다고 믿겨지던 트로이 전쟁이라는 사건을 역사의 반열에 올려놓았다. 그의 발견은 그리스의 역사를 한층 더 오랜 과거로 거슬러 올라가게 하였다. 미케네 성채의 중앙 출입구를 장식한 '사자 문(Lion Gate)'과 거대한 거석으로 둘러 싸여있는 성채는 미케네의 지배자가 누렸던 강력한 세력을 단적으로 보여준다. 미케네 문명에서 축조된 성채 내부는 청동기 시대 다른 지역의 건축물들과 마찬가지로 벽화로 장식되었는데, 미케네의 벽화는 주로 전쟁이나 사냥과 관련된 주제가 많이 그려졌다는 점에서 키클라데스나 크레타에서 발견된 벽화와 차이가 있다. 이는 호메로스의 『일리아스』에서 미케네의 왕 아가멤논이 지닌 호전적인 성격을 그대로 드러낸다. 미케네의 왕족이 지녔던 상무적인 성향은 금과 은으로 정교하게 장식한 청동 칼과 무구들을 통해서도 드러난다.

문자와 기록문화

선상문자, 선형문자A와 B의 흔적을 통하여 청동기 그리스 사회에서 문자가 사용된 것을 알 수 있다. 선상문자와 선형문자A는 아직 해독되지 않았으나, 선형문자B는 1950년대에 해독되었고 그 내용은 궁전에 보관된 재화의 목록과 행정과 관련된 명단으로 알려져 있다. 선사시대의 문자는 그 분량이 적어서 당대의 사회상을 이해하는 데에 한계가 있다.

유사 시대 그리스에서 그리스어는 그리스인들의 정체성을 규정하는 가장 기본이 되는 요소였다. 그리스인들은 그리스어를 사용하지 않는 외국인들을 바르바로스(Barbaros)라고 불렀다. 그리고 그리스의 폴리스들이 서로 다른 정체와 관습을 지녔음에도 그리스인(Hellenes)라고 인식될 수 이었던 배경은 바로 그들이 신들을 섬기고 같은 언어를 사용하였기 때문이었다. 고대 그리스의 문자는 24개의 알파벳으로 구성된다. 본래 '알파벳'이라는 단어는 그리스 문자의 첫 두 글자인 '알파(α)'와 '베타(β)'를 지칭하던 말에서 유래한 것이다. 페니키아의 알파벳에 모음을 더해 만든 그리스 알파벳은 서기전 8세기 중반부터 사용되었고, 이는 유럽 최초의 표음문자로 평가된다.

Αα(알파) Ββ(베타) Γγ(감마) Δδ(델타) Εε(엡실론) Ζζ(지타) Ηη(이타) Θθ(테타) Ιι(요타) Κκ(카파) Λλ(람다) Μμ(미) Νν(니) Ξξ(크시) Οο(오미크론) Ππ(피) Ρρ(로) Σσς(시그마) Ττ(타프) Υυ(입실론) Φφ(피) Χχ(키) Ψψ(프시) Ωω(오메가)

[그림 3] 그리스 알파벳의 대문자와 소문자

문자는 구술적 사고를 시각적 공간에 배치한 것으로, 음성 중심의 사고를 시각 중심의 사고로 바꾸어 놓았다. 그리스에서 '문자(γράμμα)'를 뜻하는 단어가 '(글을) 쓰다'와 '(그림을) 그리다'라는 두 가지 의미를 함께 지니는 단어(γράφω)에서 유래하였다는 점은 이러한 변화를 반영한 것이다. 또한 그리스의 알파벳이 등장한 애초부터 그리스의 문학과 미술의 영역에서 문자가 사용되었다는 사실은 그리스인들이 문자가 지닌 조형적 특징과 의미론적인 특징을 함께 인지하였음을 드러낸다.

알파벳이 도입되고도 한동안은 그리스인 사이에서 문자의 사용은 제한적이었고, 그 전파 속도도 결코 빠르지 않았다. 전통적으로 그리스에서는 구술 문화(Oral culture)가 강하게 유지되고 있었다. 기원전 8세기 후반에 호메로스의

『일리아스』와『오디세이아』, 헤시오도스의『신들의 계보』와 같은 서사시를 시작으로 서정시, 산문, 비극, 역사, 철학 등의 다양한 장르와 주제의 글들이 작성되었다. 그 외에도 금석문이나 낙서, 도기에 새겨진 명문 등에서도 그리스 문자가 사용되었다.

가장 발달된 도시 문화를 꽃피웠던 아테네에서도 문자의 사용이 확대되고 일상에서 읽기와 쓰기의 쓰임새가 커진 것은 알파벳이 생성되고 300년 정도가 지나서였다. 표음문자의 특성상 해당 언어를 말로 구사할 수 있는 사람이라면, 알파벳만 습득하고 그것을 표기하는 일에 특출한 지적 능력이 필요한 것은 아니었다. 표음 문자의 이러한 특징을 '민주적'이라고 평가한 것은 지식과 기록의 보편화를 가능하게 한 고대 그리스인들의 업적과도 동떨어져 생각할 수 없을 것이다. 헬레니즘 시대에 들어서 코이네(Koine) 그리스어는 그리스 세계의 공용어로 사용되었고, 비잔티움 제국과 현대 그리스에 이르기까지 그 명맥을 이었다.

신화와 종교, 성역

그리스는 출생과 성장, 결혼, 질병과 죽음으로 이어지는 개인적 영역은 물론이거니와 도시의 축제나 외교, 전쟁과 같은 사회적 영역까지도 종교와 밀접하게 관련이 있었다. 고대 그리스는 여러 신들을 섬기는 다신교(Polytheism) 사회로, 토착신앙을 대신하여 청동기 후반에 유입된 외래 신들이 유입되어 올림포스의 신들(Olympian Gods)에 대한 믿음을 형성하였다. 고대 그리스인들이 신성에 대한 개념 혹은 신성과 인간의 관계를 명확히 규정하거나 구체적인 종교적 행위의 실제를 다루는 경전을 남기지 않았다는 이유로 고대 그리스인의 신앙을 '종교(Religion)'라는 용어를 대신하여 '숭배(Cult)'라는 명칭으로 부르기도 한다. 호메로스와 헤시오도스와 같은 시인들은 신들은 영생을 누리고 초월적인 힘과 권위를 소유하지만 인간처럼 실수하고 어리석은 행동을 범하는 불완전한 존재로 묘사한다. 신들은 영생을 누리는 초인적인 존재였지만, 그들의 행동이나 사고는 윤리적으로 완전하지는 못했다. 인간사의 매 순간이 신들의 간섭을 받을 수는 있었지만, 그리스인들은 스스로를 신들에게 온전히 종속된 존재로 인식하지 않았다. 그리고 신들에 관한 이러한 유연한 인식은 그리스 예술에서 신들을 좀 더 인간의 영역 가까이로 이끄는 단초가 되었다.

초기 그리스의 철학자 탈레스의 '모든 것이 신으로 가득하다'라는 진술처럼 고대 그리스인들의 종교는 다신주의를 그 기반으로 한다. 인간의 외형과 개별적인 인성을 갖는 그리스 다신은 초월적 존재로서의 하나의 신이 아닌, 각기 다른 성격과 행동을 보이는 여러 신들로 동시에 숭배되었다. 이들은 각자 정해진 영역에서 영향력을 발휘하고, 그리스인들은 이들 모두를 숭배했다. 그리스인들은 범그리스적으로 추앙된 올림포스의 신들이나 영웅과 같은 주요 신들을 제외하고도, 개별 도시나 지역별로 다양한 신들을 섬겼다. 또한 자연물이나 추상적인 개념을 의인화해서 새로운 신성으로 만들어 내거나, 외국의 신성을 수용해서 기존의 그리스 종교에 편입시킴으로써 다신주의적 성격을 유지했다. 그리스인들은 효과적으로 신성을 각인하기 위해서 각 신성을 특징화하고 구분하였고, 눈에 보이지 않는 신들의 존재를 인간이 감지할 수 있는 수준의 영역으로 구체화하였다. 즉, 신의 모습을 인간의 모습과 동일한 것으로 여긴 신인동형설(Anthropomorphism), 신과 인간들의 관계가 상호적이고 호혜주의(reciprocity)적이라고 여긴 점은 그리스 다신교의 특징이다.

숭배자들은 신들에게 희생제, 봉헌, 축제, 헌주, 신탁 등과 같은 다양한 형식의 의례(Rituals)를 통해서 신과 소통하였다. 그 가운데 '봉헌(ἀνάθημα)'은 본래 '세우다, 놓다'라는 의미에서 유래한 것으로 성소나 신전, 사당과 같은 종교적 공간에서 신에게 선물을 바치는 행위를 뜻한다. 숭배자들은 신을 기쁘게 할 만한 제물이나 봉헌물을 제공하고 신은 이에 상응하는 '호의(χάρις)'를 베풀어 그들의 요구를 들어준다고 믿었다. 고대 그리스에서는 누군가로부터 호의와 친절을 받았다면 그것을 기억하고 잊지 않고 보답하는 것이 '고귀한(εὐγενής)' 사람으로서 지켜야 할 기본적인 소양이라고 여겼다(소포클레스, 『아이아스』, 522). 인간이 신들에게 선물을 바치는 것은 이러한 의미의 연장선에서 이해될 수 있다. 신들에게 바친 봉헌물은 인간과 신의 지속적인 상호작용을 담보하고 보증하는 것이었다. 동시에 그 둘 사이에 오가는 호의를 명시적으로 드러내는 일종의 '계약서'와 같은 것이었다. 그리고 신과 인간이 원하는 것을 주고받는 종교적 교류를 통해 둘의 관계가 쌍방향적이고 호혜적인 관계로 발전된다는 측면에서, 그리스 종교에서 목도되는 신과 인간의 친밀하고도 개별적인 종교적 소통의 방식은 신 중심적이라기보다는 인간 중심적이라고 평가될 수 있다.

자연철학자인 크세노파네스는 신인동형설을 비판하고 프로타고라스는 신의 존재에 관한 불가지론적 입장을 피력하기도 했으며, 플라톤도 다신을 비유적으로 인식할 것을 주상하였다. 그렇지만, 이러한 일부 철학자들의 비판에도 불구하고 일반적으로 볼 때 그리스인들이 스스로를 무신론자로 규정하는 일은 거의 없었고 대다수의 그리스인들에게 신에 대한 믿음이 보편적이었다는 점에는 의심의 여지가 없어 보인다. 분명히 신들은 초월적인 존재였고 인간을 파괴할 수도 있는 위험한 존재였기 때문에 신들에 대한 경외심을 결코 소홀히 해서는 안되었다.

신들의 영역인 성소는 근본적으로 종교적인 공간이었지만, 김나지움(Gymnasium)과 같은 교육의 공간, 연극이 상연되는 극장과 운동 경기가 벌어지는 스타디움(Stadium)을 비롯한 다양한 용도의 건축물이 들어서면서 시민을 위한 다목적의 공적 공간으로 발전하였다. 범그리스적인 성소로 알려진 제우스

를 위한 올림피아(Olympia), 아폴론을 위한 델피(Delphi)와 델로스(Delos)는 그러
한 대표적인 공간이었다.

그리스 세계(Greek World)의 확장

기원전 8세기부터는 그리스인들이 이스키아(Ischia), 쿠마에(Cumae, Kumai), 타
라스(Taras), 낙소스(Naxos), 사라쿠사(Silaqusa)와 같은 남부 이탈리아와 시칠리아
지역에 식민도시(Apoikia)를 건설하였다. 식민도시는 그리스의 본토와 섬에 위
치한 모도시(Metropolis)에서 개인적 사정이나 폴리스의 결정에 의해 새로운 정
착지로 이주한 주민들이 세운 도시이다. 그리스인들은 점차 지중해와 흑연 지
역으로 확장하여 식민도시를 건설하였고 본토 그리스에 곡물이나 광물을 수
출하고 그리스 물자를 수입하였다. 지중해 연안에서 그리스 식민도시가 건설
되자 그 주변의 이민족들도 그리스인들과 교류하면서 그리스 문화의 영향을
흡수하였다. 이탈리아 본토에 자리했던 에트루리아인 귀족들은 그리스 문화
와 그리스에서 생산된 제품에 대한 애호가 있었던 것으로 여겨진다. 고대 그
리스 도기의 대표적인 작품으로 꼽히는 '프랑수아 화병(François Vase)'과 같은
그리스 도기의 명작들 가운데 상당수는 에트루리아인들의 무덤에서 발굴된
것이어서 그리스인들과 에트루리아인들의 교류가 활발하였음을 뒷받침한다.

식민지 건설기 이후에 지중해에서 그리스의 문화적 영향력이 커진 것은
마케도니아 왕국의 필립포스 2세의 아들인 알렉산드로스 대왕의 동방 원정
을 통해서였다. 그는 이소스전투(기원전 333년)에서 다리우스 3세(Darius III)가
이끄는 페르시아 군대를 무찌르고, 지중해 남쪽의 페르시아 세력을 축출하
기 위해서 이집트로 향했다. 알렉산드로스는 당시 이집트의 수도였던 멤피스
(Memphis)의 총독으로부터 지배권을 넘겨받아 이집트의 전통에 따라 파라오

에 즉위했다. 그리고 나일 강의 지류가 흐르는 서쪽, 지중해와 면한 지점에 자신의 이름을 딴 도시 '알렉산드리아(Alexandria)'의 건설을 명령했다. 알렉산드로스 대왕의 사후에 그의 후계자 중 하나였던 프톨레마이오스 1세(Ptolemy I)가 이집트 지역을 통치하고, 알렉산드리아에 大도서관(Alexandrian Library)과 무세이온(Mouseion)을 건설하여 그리스 문화를 중심으로 지중해의 다양한 지역의 사람들이 학문적으로 교류하고 연구할 수 있는 기반을 마련하였다. 서기 2세기경의 의사 갈레노스(Galenos)에 따르면, 알렉산드리아의 대도서관이 방대한 양의 서적을 소장하게 된 것은 이 항구도시를 찾는 많은 선박에서 발견된 책들을 전부 수거하여 대도서관에 원본을 보관하고 원래 주인에게는 파피루스 필사본을 주었기 때문이라고 한다. 대도서관에 소장된 책은 곧바로 그리스어로 번역되었고, 이곳을 이용하던 학자들 대부분 그리스어를 사용하는 지식인이었고 코이네 그리스어는 사실상 그리스인들이 지식과 정보를 독점하면서 헬레니즘 시대의 공용어가 되었다.

알렉산드리아의 대도서관과 무세이온은 그리스 문화의 영향력을 동시대의 지중해를 넘어서 후대로 전하는 중요한 역할을 하였다. 이곳에서는 기존의 지식이나 학문적 성과를 분류하고 체계화하는 것을 비롯하여 수학, 역학, 지리학, 천문학, 식물학, 의학 등이 발달했다. 알렉산드리아의 학자들은 고대 그리스 문헌의 보관과 엄격한 비평 및 검증을 통해 정본을 제작하거나 번역하는 등의 작업을 수행하였다. 알렉산드리아에서 제노도토스가 호메로스의 『일리아스』와 『오디세이아』를 현재와 같은 24장의 구성으로 편집하였다. 또한 아폴로니오스는 그리스의 신화를 정리하였고, 구약을 그리스어로 번역(Septuagint)하여 유대교 사상을 최초로 유럽에 알렸다.

┌ 키워드 ┐

청동기문명 고대 그리스, 헬레니즘, 비잔티움 제국, 다신교, 역사, 문자

집필자: 김혜진

참고문헌

김혜진. 2012. 「고전기 아티카 예술에서의 신성의 시각화: 신과 신상, 인간의 이미지」
    『미술사와 시각문화』. 11호. pp. 8-37.
_____. 2018. 「'기억'의 딸들을 위한 전당, 알렉산드리아의 무세이온」『박물관 미술관
    에서 보는 유럽사 – 유럽의 현재와 과거, 미래가 공존하는 기억의 장소들』. 통합유
    럽연구회 편저. 책과함께. pp. 19-34.
_____. 2018. 「초기 그리스 조각상과 금석문에 드러난 종교적 상호성, 서기전 7세기
    와 6세기의 델로스와 사모스의 봉헌조각을 중심으로」『서양고대사연구』. 52. pp.
    145-175.
_____. 2020. 「그리스 고고학. 역사 이전의 역사를 캐다」『세계로 떠나는 인문학』. 공
    저. 한국외대지식출판원.
_____. 2020. 「아테네의 공공 기록 속 문자와 형상」『문자와 예술』. 공저. 한국문화사.
김혜진, 윤희두. 2019. 「20세기 그리스의 사회문화사」『20세기 서양의 일상과 풍경』.
    공저. 도서출판 선인.
국립중앙박물관 편. 2019. 『로마 이전, 에트루리아』. 중앙국립박물관.

08

그리스-페르시아 전쟁
(Greek-Persian War)

그리스-페르시아 전쟁은 오늘날까지도 그 해석을 둘러싼 논쟁의 중심에 위치한다. 18세기~19세기 유럽의 지적전통이 주도했던 유럽 중심의 역사 인식은 이 주제에 대한 해석을 전쟁의 승패를 넘어 해당 문명들에 대한 생물학적 우열의 연구로 확대했다.

이 전쟁에 대한 역사 해석은 과거의 어느 한 사건에 대한 해석의 차원을 벗어나 세계 각지에서 벌어지고 있는 문명 간 충돌에 대한 현재의 인식과 궤를 같이 하고 있다. 그럼에도 이 전쟁은 영토 정복과 정치적 지배의 단면에 가려져 있던, 문화 정체성을 달리하는 고대 지중해의 대표적인 두 문명권 간 문화 접변의 사례이기도 했다.

페르시아의 침공과 그리스 도시국가들의 항전

기원전 499년~기원전 449년, 페르시아 제국의 아케메네스 왕조는 고대 그리스 도시국가들에 대한 공격을 개시했다. 전쟁 발단의 주된 원인은 기원전 547년 페르시아가 그리스 상인들이 다수 거주하는 이오니아 지역을 정복한 후 참주(Tyrants)를 파견하여 통치를 강화하려는 것이었다. 하지만 페르시아 제

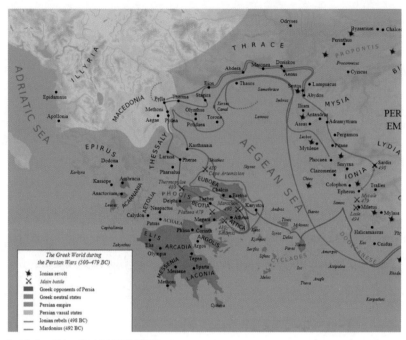

[그림 1] 그리스-페르시아 전쟁 상황도

국의 중앙정부에서 파견된 참주는 이 지역의 그리스인과 페르시아인 모두의 극심한 불만을 야기했다. 당시 이오니아 연안에서는 양측의 상인들 간 교역이 매우 활발했는데, 페르시아 중앙정부의 간섭으로 교역이 위축되었기 때문이다.

긴장관계는 기원전 499년 밀레토스(Miletos)의 참주인 아리스타고라스(Aristagoras)가 페르시아 제국의 지원하에 낙소스 섬 정복을 시도한 것을 계기로 그리스 도시국가들과 페르시아 제국 간 무력 충돌로 확대되었다. 군사원정이 실패하자 아리스타고라스는 제국의 책임 추궁이 두려운 나머지 소아시아 헬라스 지역의 도시들을 선동하여 페르시아에 대항하는 이오니아 반란을 일으켰다. 참주는 아테네와 에레트리아(Eretria)의 지원을 기대하면서 기원전 499년 사르디스(Sardis)에 위치한 페르시아 제국의 행정수도를 기습하여 파괴했다. 반란은 이오니아의 전 지역으로 확대되고 있었다. 하지만 정작 그리스 도시국가들이나 비(非)그리스인들의 가담은 기대에 미치지 못했다. 결국 기원전 494년 페르시아 제국의 군대는 라데 해전의 승리를 계기로 반란군의 주요 근거지인 밀레토스를 점령함으로써 반란 세력에 결정적인 패배를 안겨주었다.

아리스타고라스의 반란이 좌절되면서 이오니아 해에서는 전운이 고조되었다. 정치적 이유보다는 자신들의 교역과 무역의 이해관계를 더 중시했던 이오니아 지역의 그리스인들과 비(非)그리스인들을 설득하는 데 실패했기 때문이다. 결과적으로 그리스 본토의 도시국가들과 페르시아 제국의 이해관계는 에게 해에서 직접 충돌하면서 그리스-페르시아 전쟁이 발발했다.

기원전 492년 페르시아 제국의 다리우스는 반란을 지원했던 아테네와 에레트리아를 징벌하기 위해 그리스 본토에 대한 원정을 결정했다. 이는 그리스-페르시아 전쟁의 서막이었다. 페르시아 제국이 파견한 마르도니우스(Mardonius) 장군은 트라케와 마케도니아를 복속시키는데 성공했다. 하지만 페르시아 해군은 아토스 산의 해안지역에서 풍랑을 만나 심각한 피해를 입었고, 마르도니우스 역시 트라케인들과의 격렬한 전투에서 부상을 당해 소아시아로 퇴각했다. 당시 페르시아 군사원정의 성격에 대한 학자들의 해석은 다양하다. 헤로도토스는 이 전쟁이 그리스 본토, 특히 아테네를 공격하기 위한 것이었다고 기술했다. 반면 오늘날 대부분의 학자들은 아리스타고라스의 반란에 가담했던 이오니아 지역에 대한 징벌이었다는 사실을 지적하고 있다.

기원전 490년 다리우스는 600여척의 갤리선으로 구성된 함대를 이끌고 그리스 본토를 침공했다. 낙소스에 상륙한 페르시아 원정군은 에레트리아를 손쉽게 정복했지만 아테네 공략은 마라톤(Marathon)전투의 패배와 해군의 참패로 좌절되었다. 수적으로 절대 우세에 있던 페르시아 군대의 패배는 그리스 본토의 도시국가들은 물론 이오니아 지역의 도시국가들을 친(親)그리스 세력으로 돌아서게 함으로써 그리스-페르시아 전쟁의 향방에 지대한 영향을 주었다.

테르모필레 전투와 살라미스 해전

마라톤 전투 이후 제2차 페르시아의 침공이 있었던 기원전 480년까지는 10여 년의 불안한 평화가 유지되었다. 이 기간에 그리스 본토와 마케도니아에서는 일련의 정치적 변화가 감지되었다. 아테네는 488년 자주국방을 주장하던 테미스토클레스가 도편추방제를 이용해 정적인 아리스티데스를 제거했다. 스파르타에서는 레오니다스가 권좌에 올랐고 마케도니아의 알렉산드로스 1세는 정치적 독립을 표방하면서 친(親)그리스의 정치 성향을 공식화했다. 페르시아는 이집트와 바빌로니아의 반란에 직면했다. 다리우스 1세가 사망하자 권력을 계승한 그의 아들 크세르크세스 1세는 그리스에 대한 군사 원정의 의지를 드러냈다.

기원전 480년 크세르크세스의 지휘하에 페르시아의 대규모 군사 원정이 시작되었다. 아테네와 스파르타가 주축이 된 그리스 도시국가들의 연합군은 바다와 육지에서 적을 맞이했다. 육지에서는 스파르타의 레오니다스가 약 3,400명의 연합군을 이끌고 테르모필레(Thermopylae)의 좁고 험한 협곡에서 페르시아 대군에 맞서 이틀 동안 치열하게 저항했지만 끝내 모두 전사했다. 이 전투의 승리로 페르시아는 보이오티아와 아티카를 함락시킨 데 이어 아테네를 약탈했다. 한편 페르시아의 거대한 함선들은 기동력을 발휘할 수 없는 좁은 살라미스(Salamis)해협에서 그리스 갤리선들에 우위를 내주어야만 했다.

플라타이아이(Plataea) 전투

크세르크세스는 전쟁에서의 패배보다는 칼키디키의 반란으로 자신이 그리스에 고립되는 것을 우려했다. 그는 마르도니우스 장군의 지휘하에 페르시아 군대를 그리스에 남겨두고 본토로 돌아갔다. 마르도니우스는 그리스 도시국가들과 치열한 전투를 벌였지만 바다에서는 아테네 해군에, 육지에서는 스파르타와 테게아의 연합군에 의해 플라타이아이(Plataea) 전투(기원전 479)에서 패배를 당했다. 기원전 465년 크세르크세스가 측근인 아르타바노스에게 암살된 이후에도 페르시아는 아테네를 주축으로 하는 그리스 연합군과 칼리아스 평화조약(기원전 448년)을 체결하기 전까지 크고 작은 전투를 지속했다. 하지만 어느 쪽의 결정적인 우세 없이 지루한 소모전의 양상이 계속되었다.

그리스 도시국가들의 분열과 몰락

페르시아 제국의 침공을 막아낸 그리스 도시국가들은 정치적으로 새로운 국면을 맞이했다. 그리스 도시국가들은 페르시아 제국의 재침에 대비할 목적으로 아테네의 주도하에 델로스 동맹을 결성했다. 아테네는 델로스 동맹의 맹주로서 독주와 전횡을 일삼으며 페르시아와의 전쟁에서 어깨를 함께했던 다른 그리스 도시국가들의 불신을 초래했다. 결국 그리스 세계는 아테네를 추종하는 델로스 동맹과 스파르타의 펠로폰네소스 동맹으로 양분되었다. 두 동맹이 벌인 펠로폰네소스 전쟁은 사실상 그리스 도시국가들 간의 내분이었다. 그리고 그리스 도시국가들의 문명이 쇠퇴하는 결정적인 계기로 작용했다. 그리스 도시국가들은 거대한 페르시아 제국의 공격을 막아내는 데 성공했지만, 그 과정에서 발생한 내부 불신의 틈새는 막지 못했다. 그리스-페르시아 전쟁에서 페르시아가 그리스 도시국가들과의 전쟁을 계기로 멸망했다면 그리스 도시국가들은 스스로의 몰락을 자초했다. 그리스 도시국가들, 특히 아테네는 도시국가의 형태로 출발해 문명의 전성기에 도달했지만 제국의 모습으로 몰락했다.

특히 기원전 479년~기원전 449년에 아테네의 페리클레스는 델로스 동맹을 명분으로 다른 도시국가들과의 관계에 있어 군사력과 경제력에 의존하는 강력한 전제적 지도력을 발휘했다. 학자들에 따르면 당시 아테네는 제국이었으며(Athenian Empire), 사실상 페르시아 제국의 그것과 별반 다르지 않았다. 기원전 461년, 아테네는 페르시아와 바다에서 일진일퇴를 거듭하던 상황에서 스파르타를 중심으로 결성된 펠로폰네소스 동맹과도 전쟁을 벌였다. 이는 사실상 그리스 도시국가들 간의 내전이었다. 기원전 404년 아테네가 페르시아의 지원을 받은 스파르타에 패배하자, 델로스 동맹은 와해되었다. 하지만 이후에도 에게 해에서는 아테네와 스파르타가 각각 자신들을 지원하는 그리스 도시국가들과 함께 끝없는 소모전을 이어갔다. 페르시아는 그리스 도시국가들의 극심한 혼란을 이용해 소아시아 지역을 손쉽게 차지했다.

지중해 대-소(小)문명 간 교류

전쟁과 폭력, 승리와 패배 또는 지배-피지배의 단순비교 논리로 역사를 해석하는 것은 겉으로 드러난 부분만으로 이를 포함하는 전체를 이해하려는 것과 다르지 않다. 논리와 이성 그리고 합리성의 논리에 어긋난다. 그리스-페르시아 전쟁에 대한 지난 18세기~19세기의 역사해석이 이러한 맥락과 크게 다르지 않았다. 역사인식을 달리하여 해당 주제나 사건의 전체적인 상황을 상반된 관계의 균형 지향적 변천으로 직시하면서 전후 관계의 맥락과 흐름으로 이해한다면 그리스-페르시아 전쟁은 새로운 역사 해석의 지평을 제공한다. 이는 하늘의 달이 그 이면의 보이지 않는 부분과 함께 고려될 때 실제의 온전한 모습을 드러내는 이치이다.

역사는 삶의 차이들이 서로 대면(對面)하고 다양한 양태의 접변을 거치면서 이전의 차원들과는 다른 시간대의 변화를 지향하는 과정과 같다. 전쟁과 교류가 '역사 관계'라는 동전의 양면인 점을 고려하면 그리스-페르시아 전쟁은 그리스 도시국가들로 상징되는 소(小)문명권과 페르시아 제국의 대(大)문명권 간 관계와 작용이었다. 더불어 이러한 문명 간 충돌은 이미 고대 초기부터 동지중해를 중심으로 그리스 세계와 중동-아프리카 간 문화접촉을 지중해 문명의 차원으로 크게 확대하는 결정적인 계기였다.

두 상이한 문명권 간 관계에서 교류는 전쟁을 자극하고, 전쟁은 교류를 촉진하는 요인으로 작용한다. 전쟁의 이면에서 그리스 도시국가들과 페르시아 제국은 서로의 문명 간 차이로 인해 문명 접변을 경험했다. 문명 간 우열의 지난 역사 해석은 이러한 차이를 차별의 의미로 해석한 결과였다. 고대 그리스인들의 '문명과 야만의 이분법적 구도(Hellenes & Barbaroi)'가 지난 18세기~19세기 유럽의 문명 인식에 인용된 것은 이러한 맥락과 관련이 깊다.

유럽 중심의 역사 해석은 두 문명 간 차이를 다양성 요인들 간의 교류로 이해하는 역사 인식을 통해 보다 온전한 의미로 보완될 수 있다. 기원전 479년 페르시아의 장군 마르도니우스에 의해 파괴되었던 아테네는 살라미스, 플라타이아이, 에우리메돈(Eurymedon) 등에서 승리한 이후 새롭게 재건되었다. 예를 들어 헤로도토스에 따르면 플라타이

[그림 2] 페르시아 술잔(Rhyton)을 모방한 그리스 도기

아 전투 이후 그리스는 페르시아의 진영에서 수많은 전리품을 획득했다. 이후 그리스 세계에는 페르시아의 리톤(Rhyton)이라는 술잔과 매우 흡사한 그리스 도기([그림 2])가 출현했다. 기원전 472년에는 아이스킬로스의 『페르시아인들』(기원전 472)에 페르시아 왕의 파빌리언이 등장했는데, 페리클레스는 이를 모방해 오데온(Odeon)의 건축을 지시했다고 한다. 아테네 아크로폴리스의 여상주(카리아티드, Caryatid)는 펠로폰네소스 내전 당시 페르시아를 위해 아테네를 배신했던 도시국가 카리아에 대한 응징의 의지를 상징한다. 배신의 교훈을 보여주는 여상주의 사례는 이미 기원전 6세기 후반, 자신이 정복한 지역에 복종의 메시지를 남기는 페르시아 전통에서 찾아볼 수 있었다. 문명 간 접변과 이에 따른 변화는 통치의 형태와 권력의 형태에서도 나타났다. 델로스 동맹의 맹주인 아테네는 낙소스(Naxos, 기원전 470)와 타소스(Thasos, 기원전 465)의 사례에서 보듯이, 강력한 해군력과 경제력이 필요하다는 명분하에 다른 도시국가들의 복종이나 선박유지 비용을 강제하는 등 내정에 간섭한 바 있다. 당시 아테네는 -눈으로 본다는 의미의- 감독관(Episkopos)을 파견하였는데, 이것의 선례는 페르시아가 이미 이전부터 '왕의 눈(The Eye of The King)'으로 불리는 관리를 각 지방에 보내 강력한 통제력을 행사했던 것에서 찾아볼 수 있다.

키워드

크세르크세스, 테르모필레, 마라톤, 페르시아, 플라타이아이, 밀레토스, 살라미스, 아테네, 스파르타, 델로스 동맹, 펠로폰네소스 전쟁

집필자: 김정하

참고문헌

정수일. 2001. 『고대문명교류사』, 사계절.

Peter N. Stearns, 문명식(역). 2003. 『지도로 읽은 문화 교류의 세계사, 문화는 흐른다』. 궁리.

마틴 버날, 오흥식(역). 2006. 『블랙 아테나』, 소나무.

마틴 버날, 오흥식(역). 2017. 『블랙 아테나의 반론』. 소나무.

톰 홀랜드, 이순호(역). 2006. 『페르시아 전쟁』.책과 함께.

최혜영. 2010. "그리스 문화에 끼친 오리엔트 문화의 영향과 그 변용 -지하 세계와 관련된 신화적 여성을 중심으로-". 『지중해지역연구』 12권 1호. pp. 133-136.

김봉철. 1996.「고전기 그리스인의 민족 정체성의 실제 -페르시아전쟁 이후 그리스인의 이민족에 대한 행동 사례들을 중심으로-」. 『서양사론』5. 5호. pp. 1-31.

Walter Burkert. 1992. The Orientalizing Revolution: Near Eastern Influence on Greek Culture in the Early Archaic Age. Cambridge. Mass.

Peter Green. 1993. *Hellenistic History and Culture*. Berkeley.

Peter Green. 1996. *The Greco-Persian Wars*. University of California Press.

09

길가메시 서사시
(Epic of Gilgamesh)

길가메시 서사시는 역사적으로 가장 극적인 최초의 서사시로 꼽힌다. 이 서사시가 쓰인 지 3,500년이 지난 오늘날에도 우정과 상실, 죽음과 공포라는 주제는 우리의 마음에 공감대를 만든다. 인류 최초의 문명이 건설된 수메르 시대에 이 서사시는 낭송을 통해 사람들의 마음을 감동시켰을 것이 틀림없다. 길가메시는 반신반인의 영웅이지만 섹스와 폭력, 사랑과 죽음, 우정과 이별을 겪으며 자아를 인식하고 성숙해진다. 우리는 길가메시를 통해 운명을 극복하고 영생을 추구하지만 결국에는 죽음을 피하지 못하는 인간의 모습을 발견하게 된다. 길가메시는 "인생은 짧다. 인간이 무엇을 이룬다 해도 그것은 한 줄기 바람일 뿐"이라고 말한다.

길가메시 서사시의 역사적 배경

길가메시 서사시는 문학적 허구가 아니다. 서사시의 주인공인 길가메시는 메소포타미아의 영웅들 중 가장 걸출한 인물로서, 기원전 2천 년경 우룩 제1왕조의 다섯 번째 왕으로 기록되고 있다. 길가메시는 3분의 2는 신이고 3분의 1은 인간이었다.

길가메시 서사시는 기원전 1600년경에 아카드어로 기록되었다. 단편적으로 발굴된 다양한 고고학적 자료들이 수집되어 조립되었는데, 일부는 니네베에 있는 아슈르바니팔 왕의 서고에서 발견된 공식 서사시 사본이었고 또 다른 일부는 메소포타미아의 필경사 양성 학교들에서 발견된 유물이었다. 현존하는 판본은 기원전 1100년경에 바빌로니아의 한 필경사가 12개의 점토판에 기록한 것이다. 점토판들은 대부분 심하게 훼손되어 있었지만 같은 부분이 동일하게 손상된 경우는 드물었기 때문에, 나머지 부분을 짜 맞추면 원문의 대부분을 복원할 수 있었다. 그리고 길가메시 서사시 사본이 영국의 조지 스미스에 의해 발견되면서 널리 알려지게 되었다. 길가메시 서사시는 에게와 미케네를 거쳐 호메로스의 서사시와 그리스 시로 이어진다는 주장이 제기되기도 한다.

길가메시의 모험

길가메시는 키가 5m나 되는 힘센 전사였다. 길가메시는 완벽했지만 여자라면 사족을 못 쓰는 게 탈이었다. 그는 젊은 처녀들, 전사의 딸들, 젊은 갓 결혼한 새색시들을 가만 내버려 두지 않았다. 이에 사람들은 길가메시의 정력을 빼앗을 경쟁자를 만들어 우룩에 평화를 가져다 달라고 여신에게 빌었다. 여신은 진흙 한 덩어리로 길가메시와 꼭 닮은 털투성이 거인 엔키두를 만들었다. 엔키두는 동물들과 어울려 살았고 우룩의 사냥꾼들이 놓은 덫에서 야생동물들을 구해주었다. 엔키두의 방해로 짐승을 잡을 수 없게 되자 한 사냥꾼이 길가메시에게 도움을 요청했다.

길가메시는 창녀 샴하트를 이용해 미인계로 엔키두를 유혹했다. 사냥꾼은 짐승들이 물을 마시러 오는 샘가에서 엔키두를 기다렸고, 사흘 뒤 그가 나타났다. 샴하트는 가슴을 풀어 헤쳐 엔키두를 유혹하였고 엔키두와 여섯 날 일곱 밤 동안 관계를 가졌다. 이후 동물들은 순결을 잃은 엔키두를 피했다. 하지

[그림 1] 길가메시

만 그는 성인의 쾌락을 알게 되었고 성숙해지는 보상을 얻었다. 창녀 샴하트는 즐거운 축제, 젊고 아름다운 처녀들, 길가메시와의 우정을 미끼로 엔키두를 우룩으로 데려간다. 우룩으로 가는 길에 엔키두는 길가메시가 갓 결혼한 신부에게 군주의 초야권을 행사한다는 이야기를 듣고는 격분해 결혼식장으로 달려갔다. 결혼식장에서 마주친 엔키두와 길가메시는 격렬히 싸웠고 엔키두의 승리로 끝났다. 엔키두가 길가메시를 일으켜 세우고 둘은 서로 입을 맞추고 친구가 되었다. 이후 길가메시는 엔키두에게 매료되어 여자들에게는 관심을 두지 않았다.

하지만 얼마 후 엔키두가 수척해지기 시작했다. 도시 생활이 그에게 맞지 않는 듯했다. 엔키두는 분노와 좌절감에 사로잡혀 눈물을 흘렸고, 기력이 쇠약해지기 시작했다. 길가메시는 친구인 엔키두에게 모험이 필요하다는 것을 알아차렸다. 길가메시는 서쪽 먼 곳의 후와와 숲속에 사는 난폭한 거인 훔바바를 찾아가 죽이자고 엔키두에게 제안했다. 두 영웅은 후와와 숲으로 가서 훔바바와 싸워 이겼고, 훔바바가 길가메시의 발치에 엎드려 자비를 청했지만 그를 죽였다.

승리 후 우룩으로 돌아온 길가메시에게 많은 여자들이 매료되었고, 전쟁과 사랑의 여신 이시타르도 길가메시에게 반해 그를 유혹했다. 길가메시는 오만하게 이시타르 여신을 거부하였고, 화가 난 여신은 하늘로 올라가 아버지인 아누에게 길가메시에게 복수를 할 수 있도록 하늘의 황소를 내어 줄 것을 청했다. 황소가 우룩 강 근처에 이르러 콧김을 내뿜자 땅이 갈라지면서 수백 명의 젊은이들이 죽고, 엔키두도 갈라진 틈새로 빠졌다. 하지만 틈새에서 뛰어오른 엔키두가 황소의 뿔을 움켜잡았고, 길가메시가 칼로 내리쳐 황소를 죽였다. 두 영웅을 위한 잔치가 끝난 후 엔키두는 오만방자함에 대한 처벌로 둘 중 하나가 죽는 꿈을 꾼다. 엔키두는 서서히 쇠약해져 스무날 째 되는 밤에 숨을 거두게 되고, 길가메시는 여섯 날 일곱 밤 동안 통곡하며 친구의 죽음을 애도했다.

길가메시는 죽은 뒤 이름만 남기면 충분하다고 생각했다. 하지만 엔키두의 죽음에 직면한 길가메시는 그런 영웅적 태도가 무의미하다는 것을 깨닫는다. 자신도 엔키두처럼 죽음을 면할 수 없다는 사실을 깨달은 것이다. 죽음의 두려움에 사로잡힌 길가메시는 광야를 헤매다가 죽음을 이길 방법을 찾을 수도 있다는 생각에 먼 조상인 우투나피시팀을 찾았다. 우투나피시팀은 불사신이된 유일한 인간이었다. 길가메시는 우투나피시팀의 불사의 비밀을 알아내기로 결심하고는 지구 끝에 살고 있는 그를 찾기 위해 밤마다 태양을 맞아들이기 위해 열리는 거대한 문을 향해 출발했다.

저승으로 통하는 문을 통과해 한 치 앞도 보이지 않는 어둠 속에서 오랜 시간을 보낸 뒤, 길가메시는 바닷가에서 포도로 술을 만드는 여인 시두리를 만났다. 길가메시는 시두리에게 간청해 바다 건너에 살고 있는 우투나피시팀에게로 인도하는 뱃사공 우르샤나비를 만났고, 그와 함께 우투나피시팀을 찾아갔다. 우투나피시팀은 엄청나게 나이가 많은데도 여전히 정정한 모습이었다. 길가메시는 영생을 얻은 유일한 인간인 우투나피시팀에게 영생의 비밀을 알려달라고 간청했고, 그로부터 창세기에 나오는 노아의 홍수 이야기와 놀랄 만큼 비슷한 대홍수 이야기를 들었다.

이에 따르면, 먼 옛날 우투나피시팀이 슈르루팍이라는 도시에 살고 있을 때, 홍수를 일으켜 인구를 줄이겠다는 신들의 계획을 엔키(에아) 신으로부터 듣고 집을 허물어 배를 만들었다. 그는 정육면체의 거대한 방주를 만들어 일가친척과 모든 생물의 씨를 실었다. 그 후 여섯 낮과 일곱 밤 동안 사나운 비바람이 세상을 휩쓸었고, 인간은 모두 진흙에 묻혔다. 물이 빠진 후 우투나피시팀은 방주 밖으로 나가 신들에게 제물을 바쳤고, 신들로부터 영생을 받았다.

그러나 우투나피시팀이 들려준 놀라운 홍수 이야기도 길가메시에게 아무런 희망을 주지 못했다. 우투나피시팀이 제안한 잠과의 싸움에서 패배하고 절망한 길가메시는 죽음의 바다를 건너 돌아가는 배를 탔지만, 불로초가 있다는 말을 듣고 되돌아와 물속에서 약초를 구하는데 성공했다. 하지만 길가메시는 불로초를 가지고 우룩으로 돌아오는 길에 웅덩이에서 목욕을 하는 도중에, 향기를 맡은 뱀에게 불로초를 빼앗겼다. 이에 낙담한 길가메시는 통곡하며 영생의 희망을 포기하게 된다. 하지만 실패를 통해 길가메시는 엔키두가 죽은 뒤 줄곧 그를 괴롭힌 두려움을 극복하고, 죽음을 면할 수 없는 인간의 운명에 순종하게 된다.

길가메시의 여행은 우룩 성벽 밑에서 시작되어 같은 곳에서 끝난다. 그는 우룩 시를 아름답게 만들면서 말년을 보냈다. 끝내 영생을 얻지는 못했지만, 그는 사람들의 기억 속에 오랫동안 살아남았다. "먼 옛날 길가메시는 운명했도다. 왕이며 닌순의 아들이며 인간 중엔 당할 자가 없을 만큼 뛰어났던 그는 자신의 주인 엔릴을 잊은 적이 없었노라. 오, 길가메시여, 쿨랍의 주여, 당신의 이름이 영원할지어다."

신이 보낸 꿈

메소포타미아에서는 꿈을 진지하게 생각했다. 꿈은 언제나 미래를 예시한 다고 여겼고, 때로는 신의 직접적인 의사 전달로 여겨지기도 했다. 메소포타미아 영웅담이 대부분 그렇듯이 길가메시 서사시에서도 꿈은 이야기 전개에 결정적인 역할을 했다. 엔키두와의 만남, 훔바바와 싸워서 이긴 것, 엔키두의 죽음, 길가메시가 영생을 찾아 떠난 여행과 같은 서사시의 주요 사건들은 거의 다 꿈속에서 예시되었다.

또한 꿈은 서사시의 흐름을 촉진하는 추진력이었다. 꿈은 메소포타미아의 보통 사람들이 위인이나 전설적인 인물들과 공유할 수 있는 몇 가지 경험 가운데 하나였다. 거의 모든 사람이 꿈을 통해 미래를 잠깐 엿볼 수 있지만, 꿈의 진짜 의미를 해명하는 것은 전문가의 일이었다. 해몽은 특별한 훈련을 받은 사제 계급의 임무였다. 그들은 무지몽매한 사람들에게 꿈의 의미를 설명해주고 꿈을 분석한 뒤 적절한 조언을 해주었다.

수메르 문명은 서양 문명의 모체

기원전 4000년경 메소포타미아에서 일어나 약 3000년 동안 지속된 수메르 문명은 소아시아(터키), 시리아, 이집트 등지로 전파되었다. 이집트 문명은 수메르보다 약 500년 뒤에 번성하기 시작했고 건축, 기술, 문자 등을 수메르에서 받아들였다. 수메르 문명은 서쪽으로는 그리스 남부의 크레타 섬으로 전파되었다. 크레타인들은 교역을 위해 지중해를 왕래하면서 수메르 문명과 이집트 문명으로부터 문자, 건축, 천문학, 수학 등의 다양한 문화를 수용했다. 이를 밑거름으로 하여 유럽 최초의 문명인 미노아 문명이 탄생되었고, 이 문명은 그리스 본토로 전파되어 그리스 문명을 낳았다. 서양문명이 그리스-로마 문명에서 기원된 것을 볼 때, 수메르 문명은 서양 문명의 모체라 해도 과언이 아니다.

⌐ 키워드 ¬

메소포타미아 신화, 길가메시 서사시, 길가메시, 엔키두, 이시타르, 우룩, 우투나피시팀, 메소포타미아 문명, 수메르 문명

집필자: 임병필

참고문헌

사무엘 헨리 후크. 박화중 역. 2001. 『중동 신화』. 서울: 범우사.
새뮤얼 노아 크레이머. 박성식 역. 2018. 『역사는 수메르에서 시작되었다』. 서울: 가람기획.
이희수. 2009. 『처음 만나는 세계 문명』. 서울: 주니어김영사.

타임라이프북스. 2008. 『초창기 문명의 서사시: 메소포타미아 신화』. 서울: 이레.

황보종우 편저. 2005. 『세계사사전』. 서울: 청아출판사.

홍익히. 2014. 『세 종교 이야기』. 행성B.

N.K. 샌다즈. 이현주 역. 1989. 『길가메시 서사시』. 서울: 범우사.

10

나침반
(Compass)

나침반(羅針盤)은 자성을 지닌 바늘이 북쪽을 향하는 원리를 이용하여 항공, 항해, 길 찾기 등에서 방향을 알기 위해 사용하는 도구이다. 원을 방위로 분할한다는 의미에서 영어로는 컴퍼스(compass)라고 한다. 이는 지구의 자성과 반응하여 N극은 북쪽을, S극은 남쪽을 지속적으로 가리키는 성질을 이용한 장치이다. 주요 용도는 현재 위치 확인, 진행 방향 파악, 거리 측정, 실제 지형 및 지도와의 대조 등이다. 특히, 지도를 활용할 때 나침반이 없으면 제대로 된 기준을 잡을 수 없기 때문에 이들은 서로에게 필수불가결하다. 나침반의 종류로는 자석이 지구의 자기장에 정렬되는 자기(磁氣)를 이용하여 자침(磁針)으로 방위를 지시하는 자기 나침반과 지구의 자전축을 검출하는 자이로스코프를 이용한 전륜 나침반 그리고 인공위성의 무선전파를 이용하는 GPS 나침반이 있다. 과거에는 렌즈 방식의 군대용 나침반이 많이 사용되었으나 오늘날에는 가볍고 기능이 뛰어난 실바 나침반(silva compass)이 주로 이용된다.

나침반의 역사

나침반을 누가, 언제 발명했는지 정확히 알려진 바는 없지만 중국에서 나침반을 사용한 시기는 기원전 4세기로 거슬러 올라간다. 중국인들은 쇠붙이나 바늘, 숟가락을 자석 돌에 붙였다가 평행으로 놓으면 언제나 같은 방향을 가리킨다는 사실을 발견했다. 중국에서 방향을 알아내기 위해 본격적으로 나침반을 사용한 시기는 11세기 초반 송나라 시대로 추정된다. 당시에는 자침을 가벼운 갈대나 나뭇가지 등에 붙인 후 물에 띄워 주택의 방향, 즉 남향인가 아니면 서향인가를 알아내는 데 사용했다. 11세기 중엽 북송의 심괄(沈括)은 명주실에 자침을 매달아 사용하는 방법을 고안했으며, 방향을 상세히 알기 위하여 24방위로 분할했다. 또한 나무로 만든 물고기의 뱃속에 자석을 넣고 물에 띄워 남쪽을 가리키게 하는 지남어, 수레 앞에 지남철로 만든 인형을 붙여 손가락이 항상 남쪽을 가리키게 하는 지남거, 지푸라기나 작은 나뭇가지를 이용해 물에 띄우거나 가는 실에 매달아 남쪽을 가리키게 하는 지남침 등 여러 형태의 나침반이 사용됐다는 기록도 있었다.

지남침은 항해에 사용돼 항해 기술의 대변혁을 가져왔다. 최초의 지남침은 자연산 자석으로 만들어졌고, 숟가락 모양으로 그 하단이 매끄러워 수평으로 된 나무판이나 동판의 지판 위에서 자유롭게 회전할 수 있었다. 지남침은 회전이 끝나 숟가락 자루가 향하는 방향이 남쪽이어서 사남으로 불리기도 했다. 중국에서는 11세기 말에 지남침이 항해에 사용하기 시작했다. 남송 때는 지남침의 바늘과 방위획분 장치를 함께 사용했는데 이것이 바로 지남판이었다. 원나라 때는 지남침의 바늘을 수직으로 한 지남거부니와 지남물고기 등 새로운 장치들도 등장했다.

나침반의 발명은 군사, 일상생활, 지형 측량뿐만 아니라 항해에도 응용되었다. 항해에 사용할 수 있도록 24방위(북쪽이 자 방향, 남쪽이 오 방향)가 표시된 나침반은 12세기 초에 사용되기 시작했다. 그리고 원나라 때 비로소 나침반은 항해 활동에서 가장 중요한 도구가 되었다. 중국에서 나침반을 활용한 역사적

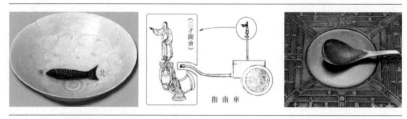

지남어(指南魚)　　　　지남거(指南車)　　　　지남침(指南針)

사례는 명나라 장군 정화의 대항해에서 찾을 수 있다. 정화가 인도, 아프리카까지 일곱 차례에 걸쳐 총 18만 5천 킬로미터의 원거리 항해를 할 수 있었던 것은 나침반 덕분이었다.

나침반의 전파

중국에서 발명된 나침반이 유럽으로 전파된 것에 대해서는 다양한 학설이 존재한다. 중국에서 아랍으로, 다시 십자군 전쟁을 통해 유럽으로 전해졌다는 설, 인도양 무역을 통해 아랍과 유럽으로 전해졌다는 설, 유럽에서 12세기를 전후해 독자적으로 발명되었다는 설 등이 있다. 이 중에서 가장 유력한 주장에 따르면 나침반은 약 12세기 말에서 13세기 초 아랍을 통해서 유럽으로 전해졌다. 주된 활동 무대가 사막인 아랍인들에게 지상에서 방위를 찾는 것은 생존에 직결된 문제였다. 아랍인들에게 전해진 나침판은 십자군 전쟁 기간에 유럽지역으로 퍼지게 되었다. 12세기 말 프랑스의 시(詩)를 나침반이 최초로 언급된 사실로 미루어 볼 때 그 이전에 이미 프랑스에 전해진 것으로 보인다.

유럽의 한 기록에 따르면 약 12세기경에 아랍인들은 바늘같이 생긴 자석을 밀짚에 꽂아 물 위에 띄워서 북쪽의 방위를 알아냈다고 한다. 이렇게 지푸라기를 띄우고 그 위에 자기를 띤 바늘을 올려놓는 단순한 형태의 나침반은 갈라미트였다. 갈라미트는 바늘과 바늘을 받치고 있는 지푸라기가 그릇 안쪽에 쉽게 부딪쳐 사용하기 불편했다. 이러한 단점을 보완한 것이 360도 자유자재로 돌아가는 건조 나침반이었다. 1300년에는 아랍에서 건식 나침반이 메카의 방향을 알기 위한 용도로 사용되었다. 또한 14세기에 시리아의 천문학자가 해시계와 자기 나침반을 포함하는 시간 기록 장치를 발명하였고, 이 시기에 아랍 항해사들은 32방향 나침반을 도입했다.

무슬림 선원들은 자침을 항해에 사용하는 기술을 유럽에 전달하였다. 15세기에 이르러 나침반은 공식적인 항해도구가 되었고, 오늘날과 같은 의미의 나침반으로 불리게 되었다. 중국에서 아랍으로, 다시 아랍에서 유럽으로 전해진 나침반은 유럽에서 발전을 거듭한 끝에 현대적으로 개량되었다. 이렇게 서양으로 전해진 나침반은 서양문명의 발전에 큰 영향을 미쳤다. 콜럼버스가 아메리카 대륙에 도착한 것을 시작으로 마젤란의 인류 최초 지구 일주 항해에 이르기까지 나침반은 지중해 문명교류의 중요한 매개체였으며 근대 이후에는 무역경제와 자본주의의 발전에 없어서는 안 될 중요한 수단이었다.

유럽의 나침반

나침반이 아시아 또는 아랍으로부터 유럽지역으로 유입된 시기가 12세기~13세기였다는 주장이 제기된 것은 서양에서 나침반에 대한 문서나 기록이 발견되었기 때문이다. 그러나 일부 학자들은 이보다 무려 1세기가 빠른 11세기경 바이킹이 천연자석을 활용해 나침반과 유사한 역할을 하는 도구를 사용했고 이것이 나침반으로 발전했다고 주장했다.

문명의 발전 요인은 다양하다. 한 예로 십자군 전쟁은 지중해 항해술을 발전시키는 계기가 되었는데 예루살렘 수복을 명분으로 약 200년 동안 지속되었다. 십자군 원정대는 예루살렘을 향한 경로로 육로와 해로를 모두 이용했으며 이 과정에서 이탈리아의 제노바, 베네치아 등 지중해 권역의 해양 도시들을 중심으로 항해술이 급속히 발달하였다. 특히 이 시기에는 자침이 방위판의 중심 축에 위치하는 나침반이 개발되어 항해에 활용된 것으로 알려졌다.

유럽 최초의 항해용 나침반은 이미 중국에서 9세기~11세기에 사용되고 있었던 것으로 알려져 있다. 반면 알려진 것보다 이른 시기에 유럽에서 나침반이 사용되었을 것이라는 견해도 있는데, 이러한 주장은 서양학자들의 저서를 통해 제기되었다. 영국의 과학자 알렉산더 네캄은 1187년 자신의 저서에 나침반에 대한 내용을 언급했으며 프랑스 학자 피터 페레그리누스 또한 1269년에 쓴 저서에서 피벗나침반에 대해 기술했다.

13세기 이후부터는 나침반이 본격적으로 활용되었고 덕분에 지중해부터 영국 해협까지의 상업적 항해들이 증가했다. 지중해와 북유럽간의 교통이 편리해지면서 인적 및 물적 교류도 활발해졌다. 14세기 유럽에서 사용되고 있던 나침반은 오늘날의 32방위 나침반과 매우 흡사했다. 이후 16세기에 유럽에서는 현재까지도 사용 중인 32방위 나침반이 등장했으며 17세기에는 나침반이 부착된 소형 해시계가 발명되어 휴대용 시계에 적용됐다는 기록이 있다.

14세기경 이탈리아에서 제작된 나침반에는 자침과 방위표가 포함되어 있었으며 사람에 의해 휴대가 가능했다. 관련하여 19세기 영국의 물리학자 윌리엄 톰슨은 오늘날 사용되는 나침반을 발명했고 윌리엄 길버트는 나침반의 자침이 항상 지구의 남쪽과 북쪽을 가리키고 있는 원인을 분석하여 지구가 하나의 자석과 같은 성질을 가지고 있다는 사실을 밝혀냈다. 18세기 중반 이후에는 나침반과 속력 측정기를 이용해 배의 위치를 계산할 수 있었다. 17세기~18세기에는 많은 사람들이 나침반이 달린 해시계를 가지고 다녔을 정도로 나침반이 대중화되기 시작했다.

| 지남어(指南魚) | 지남거(指南車) | 지남침(指南針) |

나침반, 전륜 나침반, 항법 계기, 방위, 지남침, 자침, 아랍무슬림, 중국

집필자: 문상호

참고문헌

이재운, 박숙희, 유동숙. 2008. 『뜻도 모르고 자주 쓰는 우리말 어원 500가지』. 예담.

길미향 역. 2005. 『나침반 – 북쪽을 가리키는 길잡이 자석』. 길벗.

Schmidl, Petra G. 1997. "Two Early Arabic Sources On The Magnetic Compass". 『Journal of Arabic and Islamic Studies』. Vol. 1. pp. 81–132.

G. R. Tibbetts. 1973. "Comparisons between Arab and Chinese Navigational Techniques". 『Bulletin of the School of Oriental and African Studies』. Vol. 36. No. 1. pp. 97–108.

11

네오 티피나그
(Neo-Tifinagh)

오늘날 북아프리카 지역에서 언급되고 있는 네오-티피나그(Neo-Tifinagh)는 사하라 암벽화에 벽화미술 형태로 나타난 티피나그(Tifinagh) 문자를 개량해 현대화 시킨 문자 체계이다. 네오-티피나그는 베르베르어를 표기하는 문자 중 하나로, 모로코에서는 2003년에 문자로 도입하여 사용하기 시작했고, 2011년에는 공용어로 지정했다. 알제리에서는 네오 티피나그 문자를 다소 늦은 2016년에 공용어로 지정하였지만, 모로코에 비해 훨씬 광범위하게 사용되고 있다. 네오 티피나그 문자는 향후 리비아, 말리, 니제르 등과 같이 베르베르어가 국어로 지정된 국가는 물론 이민자가 많은 프랑스 등의 유럽에서도 사용 폭이 더 증가할 것으로 예상된다.

북아프리카에서 베르베르어는 단일어이면서 동시에 다수어이다라는 말이 있다. 이는 베르베르어가 워낙 방대한 면적에 걸쳐 분포해 있고, 지형이나 사막에 의한 분리, 다양한 기후 조건과 생활방식의 영향 그리고 역사적 과정에서 수많은 변화를 겪었기 때문이다. 이 모든 것은 베르베르어의 기원이나 언어적 통일성을 찾기 힘들게 하는 요소들이기도 하다. 베르베르인 공동체의 구어체 전통이 강한 점을 고려한다면 통일된 문자를 갖추기란 쉽지 않았을 것이다. 그럼에도 불구하고 자의적이든 외부 환경에 의해서든 베르베르의 정체성 찾기 운동이 본격화되면서 문자를 갖춰야 한다는 의견이 모아졌다. 단지 아랍어로 표기할 것인가, 알파벳으로 표기할 것인가의 문제가 알제리와 모로코에서 늘 중요한 화두였다. 이런 와중에서 '네오-티피나그'는 전 세계 베르베르인을 하나로 묶어주는 구심체 역할을 하며 중요한 문자로 등장했다.

공식 언어로의 진행과정 및 상황

2003년 모로코에서 '네오-티피나그' 문자가 채택된 것을 계기로, 마그레브에서는 베르베르어 사용을 공식화 하자는 주장이 본격화 되었다. 모로코와 알제리에서 국어로 지정된 이후 공용어의 위상을 확보한 베르베르어는 역사적으로 다양한 형태의 문자 표기를 어떻게 통일하고 표기해나갈 것인지의 문제에 봉착했었다. 먼저 고대 베르베르 문자인 리비크(Libyc) 문자와 사하라 티피나그, 그리고 여러 형태로 존재하던 투아레그 티피나그와의 관련성을 비교하면서 통일시켜갔다. 오늘날의 네오-티피나그 문자는 투아레그 티피나그, 즉 사하라에서 사용되고 있던 문자 표기를 토대로 〈베르베르 아카데미(Berber's Academy, 원어:Agraw Imazighen)〉가 발전시킨 것이다. 덕분에 네오-티피나그 문자는 오늘날 알제리와 모로코에서 광범위하게 사용할 수 있게 되었다. 리비아, 니제르, 말리 일부에서도 네오-티피나그 문자가 일부 사용되고 있으며 베르베르어가 가장 취약한 마그레브 국가 튀니지에서도 네오-티피나그 문자의 사용 흔적을 곳곳에서 확인할 수 있다.

오늘날 네오-티피나그 문자의 확산은 〈베르베르 아카데미〉의 노력으로 가능했다. 〈베르베르 아카데미〉는 1966년 설립되어 1978년에 해산된 단체로 비록 역사는 길지 않지만, 2,500년 이상 명맥을 유지해 온 베르베르 문자를 되살리고 표준 문자를 제시했다는 점에서 그 공이 상당히 크다. 〈베르베르 아카데미〉는 오늘날 마그레브 지역에서 쉽게 볼 수 있는 베르베르 깃발(아래 사진)을 디자인 하기도 했다. 1980년 알제리에서 〈베르베르의 봄〉이 일면서 베르베르 문화의 정체성에 대한 강한 욕구가 군중 시위를 통해 분출되었다. 결국 공권력에 의해 진압되었지만, 1998년 베르베르인 가수 마투브 루네스(Matoub Lounès)가 암살당하면서 베르베르 운동은 보다 과격한 양상으로 전개되었고, 이후 자연스럽게 베르베르어와 문화를 일정 부분 수용할 수밖에 없게 되었다. 마투브 루네스는 죽은 후 베르베르 문화를 상징하는 인물로 기억되었다.

문명 교류 영향

베르베르어의 표기문자인 네오-티피나그는 고대 '리비크어(Lybic)'라는 이름으로 불렸다. '리비크어'는 '동부 리비크어', '서부 리비크어'로 구분되며, 오늘날 남아 있는 티피나그의 고대 문자는 주로 '동부 리비크어'로써, 주로 튀니지, 리비아, 알제리 동부 지역의 오레스(Aurès) 지역에 그 흔적이 남아 있다. 모로코와 스페인의 카나리 제도에까지 걸쳐 있는 베르베르어 문자 체계는 바로 '동부 리비크어'의 흔적이다. 반면 서부 리비크어에 대해서는 남아 있는 자료는 거의 없다. 네오-티피나그는 사하라 투아레그족의 언어와 상당히 유사하다. 자음 체계가 없었던 리비크어에 모음 체계를 갖출 수 있게 해주었고, 이를 근거로 오늘날의 '네오-티피나그'가 만들어졌다. 고대 리비크어의 표기 방식은 비문을 통해 확인되는데, 아주 간결하게 쓰인 게 특징이다. 쓰기 방식은 수평이나 수직 모양으로 배열되었으며 경우에 따라서는 이 두가지가 함께 사용되었다. 아주 드물긴 하지만 부스트로피돈(Boustrophedon) 방식으로 왼쪽에서 오른쪽으로 혹은 오른쪽에서 왼쪽으로가 아닌 양방향으로 진행되는 텍스트

| 동부 리비크어문자 비석 | '네오-티피나그, 아랍어, 프랑스어 안내표시판 | 마투브 루네스와 베르베르 깃발 |

[그림 1] 네오-티피나그와 베르베르 깃발 사진

모양의 기입 형태를 보이기도 했다. 예를 들어 오른쪽에서 시작하여 왼쪽으로 진행되는 행이 있다면 그 다음 행은 왼쪽에서 시작하여 오른쪽으로 진행하는 방식을 일컫는다.

　네오-티피나그가 마그레브 지역민의 동질성을 찾게 해주고 있다는 것은 주지의 사실이다. 함·셈어족(Hamito-Semitic languages)에 속하면서도 아랍어와는 다른 독창적인 언어로 고유의 음운 법칙과 문법 구조를 갖고 있다. 현재 지역별로 큰 차이를 보이는 베르베르 방언은 모로코, 알제리의 베르베르어와 사하라-사헬 지대에 사는 투아레그족의 베르베르 방언이다. 이들 간의 차이는 대개 어휘, 억양, 발음뿐만 아니라 서로 간에 이해하는 데서도 문제가 있다. 이들 지역에 흩어진 베르베르어는 오늘날에 각기 서로 다른 이름으로 불린다. 모로코 미들 아틀라스 산맥의 언어는 '타마지그트(Tamazight)', 카빌리는 '카빌' 혹은 '타크바일리트(Taqbaylit)', 모로코 리프 산맥의 방언은 '타마지그트' 혹은 '타리피트(Tarifit)', 모로코 수스와 남부의 슐뢰흐는 '타셀히트(Tacelhit)', 말리는 '타마체크(Tamacheq)'라는 별도의 명칭을 가지고 있다. 이외에도 여러 소수 방언이 있는데, 예를 들어 니제르 타마체크의 계열어인 테트세레트어(Tetseret)와 같은 방언이 여러 개 존재한다. 이 모든 방언의 이름은 모두 't'로 시작된다는 점이

127

흥미롭다. 베르베르어의 여성형은 남성형에 't'를 사용해서 표기한다. 이는 문법상 몇몇 변이형이 존재하지만, 통일된 형태를 보인다는 예시가 될 수 있다.

이렇듯 같은 언어를 지칭하는 명칭은 지역별로 다르게 나타난다. 아랍의 유입으로 곳곳에 흩어진 베르베르인은 여러 변화를 겪게 된다. 아랍과 밀접한 지역은 아랍화가 되어 문자 사용이 희미하고, 아랍과 대립적인 지역에서는 반대로 베르베르어 사용이 확연히 드러난다. 프랑스의 식민지배로 인해 프랑스어를 많이 사용하는 지역인 카빌리아와 같은 곳은 알파벳으로 베르베르어를 표기하기도 한다. 알파벳 표기가 단순히 프랑스나 유럽에 대한 선호도를 의미하는 것은 아니다. 그들은 무슬림이면서 아랍 이전에 자신들이 사용했던 문자 표기를 더 선호하고 사용하려고 하는데, 이는 정체성과 맞물린 투쟁의 산물로 보인다. 반면에 또 다른 베르베르어권인 음자브 지역은 베르베르어를 아랍어와 약간의 네오-티피나그로 표기하는 경향을 보인다. 즉 이 지역의 주민들은 아랍무슬림의 정체성을 더 보이기에 언어 표기에 있어서도 네오-티피나그 문자를 선호하지 않는다.

베르베르인은 같은 언어를 사용하면서도 문자를 통일시키지 못했다. 게다가 디아스포라에 직면한 베르베르인들의 처지를 고려한다면 문자의 통일은 상호 교류와 통합이라는 측면에서 상당히 중요해 보인다. 최근 결실을 보고 있는 네오-티피나그로의 문자 통일이 어떤 파급 효과를 가져올지 아직은 예단할 수 없지만, 이것이 지역의 정체성과 관련하여 중요한 역할을 할 것임은 분명해 보인다. 최근 모로코와 알제리에서 일기 시작하는 '히락(Hirak)', 즉 민중운동을 비롯하여 튀니지의 '아랍의 봄' 이후 제기되는 다양한 요구는 베르베르인의 문자와 언어 사용과도 일정 부분 관련이 있다.

베르베르, 티피나그, 네오-티피나그, 마그레브, 고대문자, 리비크어, 정체성 운동

집필자: 임기대

참고문헌

Basset, A. 2017. *La langue Berbère*. Routledge.

Camps, G. 2007. *Les Berbères : Mémoire et identité*, Arles, Actes Sud.

Lacoste, C & Y etc. 2004. *Maghreb, peuples et civilisations*. Paris. Éditions la Découverte.

Quinot, M. 1997. *Grammair Berbère*. Paris. Éditions L'Harmattan.

권명식. 2011. 『아프리카사회언어학』. 서울: 한국외국어대학교 출판부.

임기대. 2013. "베르베르어의 기원과 '네오-티피나그(Neo-Tifinagh) 문자에 나타난
몇 가지 특성 연구". 『프랑스문화연구』 제26집. 한국프랑스문화학회. pp. 417-441.

임기대. 2015. "베르베르어의 자모음 체계 및 특성에 관한 연구 -카빌어를 중심으로-".
『프랑스문화연구』. 제 31집. 한국프랑스문화학회. pp. 119-147.

임기대. 2016. "'상태 명사' 개념을 중심으로 본 베르베르어 명사 체계에 관한 연구".
『한국아프리카학회집』. 제 49집. 한국아프리카학회. pp. 133-162.

임기대. 2017. "명사 체계를 통해 본 베르베르어의 형태론적 체계와 변이형에 관한 연
구". 『한국아프리카학회지』 제 52집. 한국아프리카학회. pp. 89-116.

12

노르만족의 시칠리아 정복
(Norman Conquest of Sicily)

노르만족의 시칠리아 정복의 역사는 멀게는 바이킹족의 이동부터 시작된다. 911년 바이킹 전사들의 지도자 롤로는 서프랑크 왕인 단순왕 샤를 3세와 생-클레르-쉬르-엡트(Saint-Clair-sur-Epte) 조약을 맺고 국왕으로부터 노르망디 지역을 봉토로 받은 동시에 노르망디 공작의 작위도 수여 받았다. 그 후 노르망디에 정착한 바이킹들은 가톨릭으로 개종하고 프랑스어를 사용하게 되었다.

노르만의 지중해 진출

10세기~11세기경 노르만 사회에서는 특유의 종교적 열정으로 성지순례를 떠나는 것이 유행이었다. 1015년 무렵 노르망디에 살던 노르만족들 중 40명 가량의 모험심 많은 젊은이들이 이탈리아 남부 아풀리아 지방으로 순례를 떠나 그 지방의 북부에 위치한 몬테 가르가노에 있는 대천사 미카엘의 동굴 사당을 방문하게 된다. 이들 순례자들은 인구가 적고 황량한 이 지역을 도전해볼 만한 기회로 여기고 현지 롬바르드족 지도자들의 제안을 받아 용병으로 고용되어 비잔티움 제국의 군대와 싸우게 되었다.

이 소식이 노르망디에 전해지자 집 없고 할 일 없는 젊은이들이 스스로 모험가가 되어서 하나둘씩 부(富)의 모험을 찾아 남부 이탈리아로 모여들었고, 그 이후에도 노르만인들의 이주는 꾸준히 이어졌다. 이렇게 모여 들었던 노르만인들은 고용주가 롬바르드족이든 비잔티움인이든 가리지 않고 용병으로 활약하였고 용병으로 고용된 지 얼마 지나지 않아 이내 급료를 금이 아니라 자신들의 정착을 위한 토지로 요구했다. 이에 나폴리 공작 세르기우스는 1030년 용병 대장 라이눌프에게 감사의 표시로 아베르사 지역을 내주었다. 그 후 노르만인의 진출은 본격화되었다. 그들은 1053년에 아풀리아의 치비타테에서 교황 레오 9세가 직접 양성하여 거느리고 온 대군을 거뜬히 물리쳤다.

그 무렵 노르만 족장들 중 최고 권력자는 노르망디 공작의 지휘하에 있던 탕크레드 드 오트빌이라는 자의 집안 출신들이었다. 탕크레드의 열두 아들 중 여덟 명이 이탈리아로 새로운 기회를 찾아 이주해 왔는데, 그중 다섯은 일급 지도자가 되었다. 이주해 온 여덟 명 중 맏형인 로베르 기스카르(프랑스어: Robert Guiscard, 1015년경~1085년, 시칠리아어: Rubbertu lu Guiscardu)는 특히 뛰어난 자질을 갖춘 인물이었다. '기스카르'는 라틴어 비스카르두스(Viscardus)에서 유래한 말로써 프랑스어로 '교활하다', '영리하다', '여우같다'는 의미이다. 기스카르는 치비타테 전투 승리 이후인 1057년부터 1059년까지 아풀리아와 칼라브리아의 백작이 되었다.

그 당시 교황청은 1058년 교황선출을 앞두고 대립 교황 베네딕투스 10세와 니콜라우스 2세가 대립했다. 교황선출에 따른 갈등은 중세 내내 있어왔다. 부르고뉴 출신인 니콜라우스 2세는 로마로 가던 길에 시노드(Synod, 주교 대표, 즉 대의원들이 교회 문제를 해결하기 위해 모였던 교회 회의)를 소집하여 베네딕투스 10세를 대립 교황으로 선언하고 동시에 파문했다. 그 후 로마에 당도하여 노르만인들의 지원을 받아 대립 교황 베네딕투스 10세와 그를 지지하는 세력과 전투를 벌였다. 첫 번째 전투는 1059년 초 캄파냐에서 일어났는데, 이 전투에서 니콜라우스 2세는 온전한 승리를 거두지 못한다. 하지만 같은 해 하반기에 니콜라우스 2세의 군대는 프라에네스테와 투스쿨룸, 누멘타눔을 정복했다. 그 후 갈레리아 공략에 나서 베네딕투스 10세에게 항복과 더불어 교황좌에 대한 권리 철회를 강요했다.

또한 니콜라우스 2세는 자신의 지위를 확고히 하기 위해 노르만족과 우호적인 관계를 맺을 필요가 있었다. 이슬람교도들에게 정복당한 시칠리아를 탈환하기를 원하고 있던 교황은 노르만인들이 이를 추진하기에 알맞은 세력이라고 판단했다. 당시 노르만인들은 이탈리아 남부를 완전히 자신들의 세력권에 편입시킨 상태였다. 1059년 멜피에서 로마 교황청과 노르만인들 사이에 새로운 동맹이 맺어졌다. 니콜라우스 2세는 훗날 그레고리우스 7세가 되는 일데브란도와 훔베르투스 추기경, 몬테카시노 수도원의 수도원장 데시데리우스를 대동하고 아풀리아, 칼라브리아, 시칠리아를 새로운 공작령으로 만들어 기스카르에게 작위와 함께 수여하는 장엄한 예식을 주재했다. 그리고 동부 노르망디 출신인 아베르사의 리샤르를 카푸아의 공작에 책봉했다. 이를 통해 니콜라우스 2세는 노르만족의 지도자들로부터 앞으로 교회에 충성을 바치며 보호하겠다는 서약을 받아낸다. 이로써 그는 노르만족의 힘을 빌려 대립 교황이 은신한 갈레리아를 정복할 수 있었으며, 더 이상 교황이 로마인 귀족들의 권세에 휘둘리지 않아도 되었다.

당시 아풀리아와 칼라브리아 지역은 대부분 비잔티움 제국의 영토에 속했다. 또한 시칠리아는 아직 아랍인들의 수중에 있었다. 그러나 기스카르는 교황의 작위 수여로 합법적으로 입지를 강화하면서 아풀리아와 칼라브리아 그리고 시칠리아를 정복할 수 있는 '정복 면허'를 취득하게 되었다. 로베르 기스카르는 1060년까지 아풀리아와 칼라브리아를 비잔티움 제국으로부터 빼앗았으며 1061년에는 막내 동생인 루지에로와 함께 시칠리아를 정복할 계획을 세웠다.

그 후 노르만인들은 10년 가까이 시칠리아와 남부이탈리아에 압박을 가했다.

노르만의 시칠리아 정복

시칠리아는 노르만족에 정복당하는 시기까지 약 250년 동안 아랍무슬림의 지배를 받았다. 노르만에 의해 정복될 당시 그 곳에는 기독교인, 아랍무슬림, 무슬림 개종자들이 뒤섞여 살고 있었다. 무슬림 시칠리아는 지중해 세계와의 무역활동으로 번영했으나 아랍권에는 사치스럽고 퇴폐적인 곳으로 알려져 있었다. 원래는 아글라브 왕조와 파티마 왕조가 연이어 지배하고 있었으며 948년부터 1053년까지는 칼비드 왕조가 통치했다. 한편 1010년대와 1020년대에는 잇단 후계 위기가 발생하여 이프리키야(Ifriqiya: 튀니지를 비롯한 로마 시절 아프리카 속주 지역)의 지리 왕조의 간섭을 받았다.

1060년 시칠리아는 완전히 혼란에 빠졌다. 1053년 칼비드 왕조의 아미르가 퇴위한 후 수년간의 내전으로 분열되었기 때문이다. 게다가 시칠리아 무슬림의 후원자이자 보호자였던 지리 왕조의 통치자들은 카이로와의 전쟁, 예멘에 대한 아랍 부족들의 침략 그리고 내전으로 심하게 약화되었다. 그 결과 시칠리아의 중앙 통치는 무너졌다. 지배계층이 튀니지의 추종자들과 베르베르 그리고 아랍인들로 나뉘게 되었고 시칠리아는 서로 반목하는 4명의 콰이드(Qaid, 지도자)에 의한 지배로 분열되었다.

혼란과 반란 그리고 무정부 상태가 만연해 있는 가운데, 섬의 북동쪽에 있는 에트나 산 주변의 발 데몬 지역에 거주하는 기독교 공동체들은 더 큰 자치권 보장과 외부의 기독교 옹호세력을 찾기위해 노력했다. 이들은 1038년 시칠리아의 일부 지역을 점령한 비잔티움 제국 마니아케스 장군의 원정 이후 비잔티움 제국이 할 수 있었던 것보다 더 많은 것을 기대하면서 노르만족이 칼라브리아로 진격하는 것을 관심을 가지고 지켜보았다. 어떤 설명에 따르면, 섬의 기독교 공동체들은 1060년 여름, 도움을 청하기 위해 밀레토(Mileto)에 있는 루지에로에게 사신을 보냈으나 별다른 성과를 거두지 못했다. 그 때문에 그들은 훨씬 더 설득력 있고 강력한 교섭 담당자를 두었는데, 그는 서로 반목하던 4명의 콰이드들 중 한 명이었다. 노르만족을 시칠리아로 인도하겠다고 제의한 사람은 시라쿠사의 콰이드인 이븐 팀나(Ibn Timnah)였다. 당시의 기준으로도 비열한 악당이었던 이븐 팀나는 전임자인 이븐 알 마클라티(Ibn al Maklati)를 죽임으로써 그의 지위를 탈취했다. 그 후 그는 이븐 알 마클라티의 부인인 마이무나(Maimouna)를 억압하고 섬의 남동부 대부분 지역에 대한 지배권을 획득했다. 이러한 그의 확장 정책으로 말미암아 이븐 팀나는 이웃이자 아그리젠토(Agrigento)와 섬의 중앙지역을 통치했던 알리 이븐 알 하와스(Ali Ibn al Hawwas)와 충돌하였다. 두 콰이드의 불화는 이븐 팀나가 술에 취해 마이무나를 죽이려고 시도하면서 위기 국면에 다다르게 된다.

그 후 두 번이나 괴롭힘을 당했던 마이무나는 안식처와 복수를 위해 오빠인 이븐 하와스에게로 도망쳤다. 이에 이븐 하와스는 마이무나에 대한 이븐 팀나의 행동을 자신의 가족에 대한 모욕으로 간주하고 전쟁을 일으켰다. 이븐 팀나는 몇 차례의 전투에서 패배하자 밀레토(Mileto)로 가서 루지에로에게 탕크레드 드 오트빌 가문이 거절할 수 없는 거래를 제안했다. 그가 제안한 것은 동료 무슬림교도들에 대한 반역, 시칠리아 동부의 권력을 장악하기 위한 동맹, 그리고 그의 군대의 협력이었다.

1061년 5월 로베르 기스카르와 루지에로는 전략적으로 중요한 메시나 해협을 장악하기 위해 레지오 디 칼라브리아(Reggio di Calabria)를 건너 메시나를 포위했다. 루지에로는 먼저 메시나 해협을 건너 야밤에 상륙하여 아침에 아랍군을 놀라게 했다. 그날 늦게 도착한 로베르 기스카르의 군대는 메시나가 저항도 없이 버려졌다는 것을 알게 되었다. 로베르 기스카르는 즉시 그 도시를 요새화하고 그의 라이벌인 이븐 알 하와스(Ibn al-Hawas)에 대항하여 아미르 이븐 앗-팀나(Ibn at-Timnah)와 동맹을 맺었다. 그리고 나서 로베르 기스카르와 루지에로 그리고 이븐 앗-팀나는 자신에게 충성을 맹세한 도시인 로메타(Rometta)를 통과해 섬의 중심부로 나아갔다. 그들은 첸투리페(Centuripe)의 저항을 받았지만 프라짜노(Frazzanò)와 피아누라 디 마니아체(Pianura di Maniace, 마니아체 평원)를 지나 파테르노(Paternò)를 함락시켰다. 비록 수비대는 패배했지만 요새는 함락되지 않았고, 겨울이 다가옴에 따라 로베르 기스카르는 아풀리아로 돌아왔다. 그는 시칠리아를 떠나기 전에 산 마르코 다룬지오(San Marco d'Alunzio)에 요새를 세웠는데 이는 노르만인들이 시칠리아에 세운 최초의 요새였다. 로베르 기스카르는 1061년 말에 시칠리아로 다시 돌아와 트로이나(Troina)를 함락했다. 이어 1063년 6월 체라미(Cerami) 전투에서 무슬림 군대를 격파하고 시칠리아 섬에 노르만의 거점을 확보했다.

한편 1066년 정복자 윌리엄은 영국의 첫 번째 노르만 왕이 되었다. 로베르 기스카르는 루지에로를 시칠리아 백작으로 삼고 아풀리아 공작령 아래 두었다. 그의 동생과 섬을 분할하면서 로베르 기스카르는 절반의 메시나와 기독교인 거주지인 발 데모네(Val Demone)를 보유했고, 그의 동생 루지에로에게는 아직 정복되지 않은 땅을 포함한 나머지를 맡겼다.

1071년에 바리가 함락되면서 이탈리아에 남은 비잔티움의 마지막 거점이 사라졌다. 이로써 노르만인이 이탈리아 내 비잔티움 영토를 정복하는 일은 완성되었다. 곤궁에 처한 미카일 7세 두카스 황제의 정부는 그레고리우스 7세 교황에게 노르만족의 위협을 제거해 달라고 호소했고 이로써 로마 교회의 세계지배라는 토대 위에서 교회통합을 꾀하던 교황의 노력을 나름대로 거들게 되었다. 그렇기 때문에 그레고리우스 7세가 아드리아 해의 동부 연안으로 세력권을 넓히겠다고 공언했을 때도 미카일 7세 두카스 황제는 그에 반대하지 못했다. 그래서 1075년 교황은 데메트리우스 즈보니미르라는 가신을 크로아티아의 왕으로 임명했고, 2년 뒤에는 제타의 미카일에게도 왕관을 씌워 주었다.

1072년 초 팔레르모가 노르만족에 함락되면서 시칠리아에 남은 아랍의 거점도 사라졌다. 또 1075년에는 롬바르드족의 마지막 독립 공국인 살레르노마저 노르만족에게 정복되었다. 이로써 가릴리아노 강 이남의 이탈리아 전역이 로베르토 기스카르의 노르만 지배를 받게 되었다.

노르만–무슬림의 문명교류

수 세기 전부터 시칠리아는 마그나 그라키아라는 이름으로 불려 왔으며, 1070년경에는 그리스 문화의 영향이 강한 곳이었다. 대다수의 주민은 그리스어를 사용했으며 성당과 수도원에서는 거의 대부분 그리스 식으로 의식을 치렀다. 아풀리아와 칼라브리아는 비잔티움 제국이 지배하던 시절처럼 여전히 테마로 불렸고, 중요한 조직을 이끄는 관리들도 예전처럼 총독, 태수 등과 같은 비잔티움의 직함을 유지했다. 이러한 이유로 기스카르는 자신이 다스리는 이탈리아의 영토에서 로마 황제의 후계자로 자처하였으며, 나아가 비잔티움 제국의 제위까지 기대하였다.

1077년 루지에로는 시칠리아 섬 서쪽에 남아 있던 두 개의 무슬림 거점 중 하나인 트라파니(Trapani)를 포위했다. 식량 공급이 끊기면서 트라파니는 항복했다. 1079년에는 타오르미나가 포위되었고, 1081년에는 조르단, 로베르 드 수르발(Robert de Sourval) 그리고 엘리아스 카르토미(Elias Cartomi)가 기습 공격으로 시라쿠사 아미르의 카타니아(Catania)를 정복하는데 성공했다.

루지에로는 1083년 여름 시칠리아를 떠나 이탈리아 본토에서 자신의 형을 도왔다. 하지만 자신의 아들 조르단이 시칠리아에서 반란을 일으키자 시칠리아로 돌아가서 아들을 복속시켰다. 1085년에 그는 마침내 체계적인 원정을 벌일 수 있었다. 5월 22일 루지에로와 그의 군대는 바닷길로 시라쿠사에 접근했고, 조르단은 시라쿠사 북쪽 24km 떨어진 곳에서 작은 기병대를 이끌었다. 5월 25일, 조르단의 군대가 도시를 포위하는 동안 루지에로의 군대와 아미르의 해군이 항구에서 교전을 벌였다. 포위는 여름 내내 계속되었으나 1086년 3월까지도 노토(Noto)는 여전히 무슬림의 지배하에 있었다. 1091년 2월 노토가 항복하면서, 시칠리아 정복이 완료되었다.

1091년 루지에로는 몰타를 침공하여 성벽으로 둘러싸인 도시 므디나(Mdina)를 함락시켰다. 그는 이 섬에 세금을 부과했지만, 아랍 지배자들에게는 그들의 통치를 계속하도록 허용했다. 1127년 루지에로 2세는 무슬림 정부를 노르만 관리로 대체하였다.

┌─────┐
│ 키워드 │
└─────┘

시칠리아, 노르만, 로베르 기스카르, 루지에로, 베네딕투스 10세, 이븐 앗-팀나, 팔레르모

집필자: 김차규

참고문헌

Brown. 1984. R. Allen. *The Normans*. Woodsbridge. Suffolk: Boydell & Brewer.

Joranson, Einar. 1984. "The Inception of the Career of the Normans in Italy: Legend and History." *Speculum*. Vol. 23. No. 3. pp. 353-396.

Rogers, Randall. 1997. *Latin Siege Warfare in the Twelfth Century*. Oxford: Oxford University Press.

Rogers, Clifford J. 2010. *The Oxford Encyclopedia of Medieval Warfare and Military Technology*. Vol. 1. Oxford: Oxford University Press.

Curtis, Edmund. 1912. *Roger of Sicily and the Normans in lower Italy. 1016-1154*. G. P. Putnam's Sons; The Knickerbocker Press.

Malaterra. 2005. Galfredus; Wolf, Kenneth Baxter. *The deeds of Count Roger of Calabria and Sicily and of his brother Duke Robert Guiscard*, University of Michigan Press.

Britt, Karen C. 2007. "Roger II of Sicily: Rex, Basileus, and Khalif? Identity, Politics, and Propaganda in the Cappella Palatina". *Mediterranean Studies*. Penn State University Press. 16.

Cilento, Adele and Vanoli, Alessandro. 2007. *Arabs and Normans in Sicily and the South of Italy*. Riverside Book Company. INC.

Loud, G. A. 2000. *The Age of Robert Guiscard: Souther Italy and the Norman Conquest*. Harlow.

Weber, Nicholas. 1911. "Pope Nicholas II." *The Catholic Encyclopedia* Vol. 11. New York: Robert Appleton Company.

Chisholm, Hugh. 1911. "Nicholas (popes)". *Encyclopadia Britannica*. 19 (11th ed.). Cambridge University Press. pp. 649-651.

13

단테
(Dante Alighieri)

단테(1265년~1321년)는 13세기 전후 중세의 정신을 종합한 르네상스(문예부흥)
의 선구자였다. 그는 『신곡(*Divina Commedia*)』을 통해 보편적인 언어의 잠재성을
주시하고 이를 통한 지식의 가능성을 강조했으며 탈(脫)중세의 시대정신을 이
끌었던 인물로 평가되었다.

단테의 일생과 작품은 불가분의 관계였다. 저서 『새로운 삶(*La Vita Nuova*)』
(1293년경)은 피렌체에서 보낸 그의 소년 시절과 그의 뮤즈 베아트리체(Beatrice)
와의 만남 등 사적 기록을 담고 있다. 몇 번에 걸친 베아트리체와의 우연한 만
남, 그녀를 향한 일방적인 사랑 그리고 그녀의 죽음은 단테의 인생과 작품 세
계에 커다란 영향을 끼쳤다. 특히 1290년 베아트리체의 사망은 단테가 본격
적으로 글쓰기에 매진하게 만든 계기가 되었다. 당시 그가 머물고 있던 피렌
체는 인문주의와 르네상스의 기운이 시작되던 곳으로, 이런 문화적 분위기 속
에서 단테는 그의 일생에 중요한 인물들을 만났다. 지식인과 시민으로서 사회
적 역할과 정치적 이념을 강조했던 라티니(Latini Brunetto)와의 만남을 통해, 단
테는 수사학과 고전 문학을 배우며 공동체 사회와 계몽, 교육적 역할을 되돌
아보게 되었다. 고전 문학에 심취해 베르길리우스(Vergilius)를 연구했고, 청신

[그림 1] 단테 알리기에리

체파를 대표하던 구이도 카발칸티
(Guido Cavalcanti, 1255년~1300년)와도
교류했다. 단테는 종교와 철학 어느
쪽에도 기울지 않고 적당한 거리를
유지했다. 이는 그의 정치활동에서
도 잘 드러난다. 당시 새로운 문화와
정치의 중심이었던 피렌체는 분열
과 분쟁이 난무했던 곳이기도 했다.
가문과 파벌 간의 분열에 반감을 가
진 단테는 교황을 지지했던 교황파
(구엘프 Guelfi)의 비앙키(Bianchi, 白黨)
를 지지하면서도 파벌의 이해관계
로 얽힌 다툼에 반대하고 적법한 권
력을 행사하고자 노력했다. 보편적인 권력 행사를 적법한 정치로 이해했던 단
테는 이후 반대파의 미움을 받아 피렌체에서 추방되었다. 내부의 분열과 반목
을 목격한 단테는 정치로부터 멀어지면서 유랑의 길을 떠났다. 이 시기에 그는
『신곡』을 비롯한 수많은 걸작들을 집필하였으며, 결국 라벤나(Ravenna)에서 생
을 마감했다.

작품 집필 배경

단테의 초기 철학적 문학적 색채에는 카발칸티의 영향이 컸다. 단테가 고전
작품에 탐닉하고 더 깊이 연구할 수 있었던 것도 카발칸티와의 우애를 바탕으
로 한 경쟁 덕분이었다. 하지만 시간이 지나면서 지적 '극단주의'를 대표하던

카발칸티와 멀어진 후, 단테는 청신체파의 흐름에 따라 자신만의 지적정체성을 드러냈다. 시칠리아의 문학적 전통을 이어받아 토스카나에서 새로운 문화발전을 이루려했던 청신체(Dolce Stilnovo)파는, '새롭고(Novo)', '감미로운(Dolce)', '문체(Stile)'의 시인들이었다. 단테는 베아트리체를 향한 자신의 사랑을 글로 옮기며 청신체의 성격을 드러냈다. 단테에게 그녀는 단순한 여성의 의미를 넘어, 그의 정신세계를 지배하는 '선'과 '미'의 집합체이자 대변자였고 구원에까지 이르게 하는 영원한 신성이라는 존재였다. 『새로운 삶』에서 표현된 '여성'은 여자를 구원과 창조의 매개체로 간주하는 청신체파의 이상에 직결되었다. 이후 『신곡』에서 천국을 안내하는 신학의 상징으로 베아트리체를 설정함으로써 그녀를 선과 구원의 결정체로 승화시켰다.

단테는 고전을 통해 수사학과 문체를 연구했고 키케로와 세네카 등으로부터 윤리학을 배웠다. 그리고 수도원에서 성직자들과의 잦은 교류를 통해 자연스럽게 토마스 아퀴나스의 신학사상과 철학에 접했다.

청년 시절 기병대였던 단테는 캄파르디에서 황제파와 전투를 치르며 정치사회적 이슈에 관심을 가지게 되었다. 1293년 선포된 공직 금지관련 사회개혁법을 배경으로 '의사 및 약 업종 조합'에 가입하며 정치에 첫 발을 내디뎠다. 이후 피렌체 도시 국가의 자문기관 위원, 시뇨리아(Signoria)의 100인 위원회 위원, 산 지미냐노(San Gimignano)의 특파대사를 거쳐 1300년에는 프리오레(Priore), 즉 통령으로 선출되었다.

그 무렵 피렌체의 행정은 교황파를 중심으로 돌아가고 있었다. 교황파는 공화국의 자립을 주장하는 비앙키(백색당)와, 무역과 교역의 중요성을 지키기 위해 교황과 결탁한 네리(Neri, 흑당)로 분열되어 있었다. 백당에 속한 단테가 사절로 피렌체를 떠나 있는 동안 정변이 일어나 흑당이 권력을 장악했다. 1301년 1월 단테는 고국에 돌아갈 수 없게 된 상태에서 여러 죄목으로 벌금형을 선고발았으며 체포될 경우 화형에 처한다는 최종판결을 받았다.

단테의 『향연(Convivio)』은 그의 대표작인 『신곡』의 토대가 되었다. 단테는 이 작품을 한정된 지식인 집단을 벗어나 사회 구성원 모두에게 자신의 철학적, 정치적 사상을 전달하고자 속어로 집필했다. 이 저서는 백과사전처럼 다양한 주제들(철학, 지리, 천문학, 언어, 정치, 윤리학, 신학 등)을 다루고 있지만 완성되지는 못했다.

1304년~1305년의 미완성 작품인 『속어론(De Vuigari eloquentia)』을 통해 단테는 표준의 문학 언어가 전무했던 현실에서 속어를 근대의 문학언어로 주장했다. 단테가 피렌체에서 추방당한 후 이어진 망명 중의 체험은 『신곡』 집필의 결정적인 밑거름이 되었다. 작품의 첫 머리에 등장하는 '인생길 반 고비'는 단테의 나이 35세를 의미하며, 이는 『향연』에서 밝힌 70세 기준의 인간 삶의 절반을 가리켰다. "올바른 길을 잃어버리고 어두운 숲을 헤맨다."는 표현은 당시의 혼란하고 피폐했던 정치, 도덕적 상황에 휩쓸렸던 단테 자신을 반성하며, 지식인의 임무를 자각하려는 의지라 할 수 있다. 그는 유랑의 길에서 정치와 거리두기하며 객관적이고 냉철하게 당대의 상황을 직시했다. 『신곡』을 통해 정치적 전망에서 초월적 관점으로 옮겨지는 단테의 사상을 엿볼 수 있는데, 이는 하나님의 섭리가 인간 세계를 구성하고 있다는 세계관과 종교관을 강조한 것이었다. 그러나 무엇보다도 작품을 통해 자신이 처한 상황과 당대를 증거하는 것을 넘어 단테가 알리고자 했던 것은 철학과 신학 그리고 과학의 총체를 평이한 언어로 반복 사용함으로써, 민중들 스스로 고전문화와 신앙을 깊이 있게 이해하고 윤리적 태도를 가지게 만드는 계몽과 교육의 지적 행위와 참여의식이었다.

『신곡』

교황파와 황제파가 충돌하던 피렌체에서 단테는 창작활동을 통해 두 정치권력 간 조화를 지향했다. 망명 생활을 하면서 겪은 세상이 냉혹하고 비정했기에, 단테는 사람들에게 세상을 구원할 길을 제시하는 것이 지식인인 자신의 임무라고 생각했다. 망명은 단테에게 고난의 경험이자 지적 실천의 기회였던 것이다.

『신곡』은 지옥과 연옥 그리고 천국의 세 편으로 나뉘어졌으며 이들 각각은 33개의 장으로 구성되었다. 그리고 여기에 서언 1장을 합쳐 총 100개의 장으로 완성되었다. 일정하지는 않으나 대개 140행 안팎으로 각 곡(曲)의 길이가 조화를 이루고 있고, 작품 전체의 1만4233행 운문은 대단히 치밀한 구조를 갖추고 있다. 단테는 삼위일체 정신에 입각해 숫자 '3'을 중심으로 작품을 집필했다. 작품의 지옥편, 연옥편 그리고 천국편은 아홉 단계로 나뉘는데, 9는 3의 제곱수로 역시 중요한 의미를 지닌다. 대학자들이 중요하게 여긴 5(혹성의 개수)와 2(해와 달)의 합인 7을 비롯해 완전수를 뜻하는 숫자 10 역시 작품 곳곳에 치밀한 구도로 자리 잡고 있다. 문장 형식은 처음부터 끝까지 삼연체(Terza rima)에 11음절(Endecasilabo)을 이루고 있어, 다채로운 언어의 향연이 운율적 구도(aba, bcb, cdc...의 형식)로 펼쳐진다. 이와 같이 3행의 운율은 마치 시행들이 반복적으로 움직이는 듯 보이기에 독자들은 작품을 읽으며 사건과 줄거리를 훨씬 효과적으로 기억하고 이해하게 된다.

『신곡』의 원 제목은 『희극(Commedia)』이었다. 작품은 불행하고 비극적인 주제로 시작하지만 궁극적인 결말은 웃음으로 관조할 수 있는 상태에 이르기 때문이다. 단테는 작품을 속어로 집필하면서 가능한 모든 사회구성원이 보편적인 인간으로서 하나님의 섭리를 알아가길 원했다. 단테는 작품을 통해 중세의 정신을 담고 신학의 원리를 집대성하며 고전문화의 깊이를 정리하고 윤리적이고 계몽적인 색채까지 결합시킨 시대사적인 인물이었다.

지옥에서 시작해 연옥을 거쳐 천국에 올라 '인간-여인-선의 결정체'의 상징 베아트리체를 통해 하느님의 품안에 안기는 대장정의 기록인 『신곡』은 문학작품과 종교경전의 경계를 넘나드는 작품으로 평가된다. 단테가 『신곡』에서 추구했던 궁극적인 목표는 중세의 세계관이었던 기독교 이념을 설파하는데 있었다. 즉, 하느님의 섭리가 인간 세계를 뒤덮고 있기에, 그의 작품은 하나님에 의해 의도된 또는 영감 받은 글쓰기의 결과물로써 하느님의 구원을 향한 자신의 열망을 문학적 장치로 담아냈다. 무엇보다 단테는 하나님의 섭리를 교육 받지 않은 독자층에게 전달하기 위해 언어체계를 정리하고 문학적 장치를 마련하고자 자율성을 발휘했던 근대적이고 실천적인 작가라 할 수 있다.

문명교류 측면에서의 『신곡』

현대 이탈리아어는 단테를 통해 확립되었다 볼 수 있다. 『신곡』의 속어 표현들은 이후 이탈리아 전역의 공용어로 발전한다. 일찍이 『속어론』(1304년~1305년)에서 단테는 속어가 지식인의 언어임을 주장했다. 단테가 『신곡』을 당대의 서사시나 비극작품의 공식 언어로 사용되고 있던 라틴어를 거부하고 속어를 선택한 이유도 작가의 메시지를 전달받을 독자를 다각적으로 염두에 두었기 때문이다. 한정된 범위의 지식인층을 벗어나 사회의 대다수 구성원들과 교감하며 하나님의 보편적인 진리를 전하고자 새로운 사회 참여 형식을 만들어낸 것이다. 이는 자신이 속한 사회의 정치, 사회, 문화적 임무를 완수해야 하는 작가적 확신에 기초한 선택이라 할 수 있다.

단테는 문학사적 측면에서 다각적으로 영향을 끼친 작가 중 한 명이었다.

단테의 문학적 업적과 성취 그리고 영향력은 호메로스와 베르길리우스는 물론 셰익스피어와 괴테에도 비견된다. 20세기를 대표하는 문학 평론가 해럴드 블룸(Harold Bloom)은 『세계문학의 천재들(*Genius-A Mosaic of One Hundred Exemplary Creative Minds*)』(2002)에서 역사적으로 창의적인 언어를 사용한 작가 100인 중한 명으로 단테를 선정하면서 그를 주목하지 않고는 천재를 논할 수 없다고 평가했다.

단테를 예찬하고 속독했던 인물로는 시인 바이런 조지 고든(Byron George Gordon), 로세티 단테 게이브리얼(Rossetti Dante Gabriel), 롱펠로 헨리, 브레이크 윌리엄, 철학자 에머슨 랠프 월도(Emerson Ralph Waldo) 등이 있었다. 특히 현대의 시인 중 에즈라 파운드와 T. S. 엘리엇은 자신들의 작품에 단테를 인용하거나 영감을 얻을 정도였다. C. S. 루이스는 아내 조이와의 짧고 슬픈 결혼생활을 단테가 베아트리체의 모습을 묘사한 문장으로 비교하기도 했다. 아르헨티나의 작가 보르헤스 역시 『신곡』을 평생 손에서 떼어 놓을 수 없는 습관을 고백하며 단테에 대한 애정을 드러낸 바 있다.

단테의 영향력은 르네상스 조형 미술과 낭만파 이후 미술사로 확장되었다. 화가 외젠 들라크루아는 『단테의 조각배』(1822)에서 『신곡』에 등장하는 '지옥'의 첫 장면을 묘사했다. 까미유 코로(Camille Corot)의 그림에서도 단테가 「지옥편」에서 '어두운 숲을 헤매는' 모습이 몽환적으로 묘사되었으며, 귀스타브 도레는 단테의 『신곡』에 매료되어 작품 속 장면을 삽화로 재현하며 대가의 반열에 오르기도 했다. 로댕의 작품인 〈지옥의 문〉 역시 『신곡』의 한 장면을 묘사한 것이다. 뿐만 아니라 오페라 작곡가 푸치니는 단테의 지옥 편에 등장하는 〈프란체스카와 파올로〉의 에피소드에 공감하며, 행복한 과거를 회상하는 현재의 불행함을 〈라보엠〉(1896), 〈나비부인〉(1904), 〈잔니 스키키〉(1918) 등 여러 아리아를 통해 들려주고 있다.

단테의『신곡』과 이슬람 문헌들의 상관관계를 주장한 학자들 중에는 후안 안드레스(Juan Andrés. 1740년~1817년)를 들 수 있다. 그는 단테의『신곡』과 이슬람 전통 민중 이야기들 간의 유사성을 지적했고, 19세기 여러 학자들도 비슷한 주장을 했지만 모두 주관적이며 추상적인 유사성 주장의 수준에 머물렀다. 이후 저명한 이슬람 학자였던 스페인 성직자 미겔 아신 팔라시오스(Miguel Asin Palacios, 1871년~1944년)가『신곡에 나타난 이슬람 종말론』(1919)을 출판했다. 팔라시오스는 아랍어 텍스트를 기반으로 저서를 집필해 단테의『신곡』과 이슬람 세계의 종말론 및 저승 여행 이야기들 간의 유사성을 체계적이고 자세하게 지적하면서 두 가지 가설을 제기했다. 단테가 작품을 집필하기 전부터 당시 유럽에는 이슬람 예언자 무함마드의 저승 이야기가 다양한 형태로 퍼져있던 상태였으며,『신곡』이 이슬람 세계의 저승 이야기를 모방했거나, 적어도 여기에서 영향을 받았을 것이라는 주장이었다. 당시 팔라시오스의 주장은 단테의 작품과 아랍의 구전 이야기들 사이에서 발생하는 비교문학적 '영향 관계'의 근거가 부족하다는 이유로 유럽학자들로부터 무시되었다.

8세기~9세기경 집필된『무함마드의 계단의 책』이 1940년대에 발견되면서 팔라시오스의 주장은 학계의 논쟁 대상이 되었고 결국『계단의 책』이『신곡』에 결정적인 영향을 끼쳤다는 견해가 신빙성있게 수용되었다.

단테가 활동했던 13세기는 십자군 원정 여파로 이슬람 세계가 어느 때보다 유럽과 가까웠던 시기였고, 지중해 전역에 걸쳐 기독교와 이슬람의 두 문화 사이에 활발한 교류와 상호 영향 관계가 형성되어 있었다.

사실 상 8세기부터 무슬림은 이베리아반도를 지배하며 이곳에 자신들의 문화를 확산시켰다. 카스틸리아의 왕 알폰소 10세(Alfonso X)는 이슬람문화의 확산에 기여한 대표적인 인물이었다. 알폰소 10세의 궁정은 아랍 문헌들의 유럽언어 번역을 위한 중심지였다. 당시『계단의 책』은 아랍어에서 라틴어와 프랑스어로 번역되었는데, 번역자는 라티니(Latini)였다. 아랍어 원전이 라틴어와 프랑스어로 번역되었는데, 그 번역자가 바로 라티니였다. 그는 단테의 스승으로 13세기 알폰소 궁전에 사절로 파견된 공증인이었다. 그를 통해 『계단의 책』 라틴어 번역본이 단테에게 전달되었을 가능성이 있다.

가설의 개연성 여부를 떠나 당시 유럽에 아랍 문화가 널리 유행하였고 두 문화 사이에 상호 영향 관계가 이미 뿌리를 내려 형성되고 있었다는 것이 정설이다. 또한 단테처럼 중요한 문화의 근원들을 통합하고 결합시킨 인물이 당대의 번역본에 무관심했다고 보기 힘들다. 실제 『계단의 책』 라틴어 번역본과 『신곡』에 등장하는 다양한 에피소드 사이에는 우연이라고 보기 어려울 정도의 유사성이 존재한다. 『계단의 책』을 단테가 직접 읽지 않았더라도 당시 유럽에 뿌리내린 이슬람 문화의 역동적 흐름은 무시할 수 없다는 것이 사실이다.

일군의 비평가들에게 『신곡』이 이슬람문명의 영향을 받았다는 사실은 모욕처럼 느껴질 수 있지만, 오히려 이 같은 그들의 자세는 단테의 개방적이고 종합적인 업적을 축소시킬 위험이 있다. 단테는 문화, 사상적으로 열린 태도와 포용성을 지닌 인물로, 이슬람 문화의 영향을 받았고 그것을 작품으로 형상화했다고 해서 그의 업적이 축소되거나 줄어드는 것이 아니다.

┌ 키워드 ┐

단테, 신곡, 베아트리체, 청신체파, 피렌체, 베르길리우스, 향연, 새로운 삶, 속어론

집필자: 김희정

참고문헌

A.N. 윌슨 저, 정해영 역. 2012. 『사랑에 빠진 단테』. 이순.

R.W.B. 루이스 저, 윤희기 역. 2005. 『단테』. 푸른숲.

다니구치 에리야 저, 양언관 역. 2004. 『단테의 신곡』. 황금부엉이.

단테 알리기에리 저. 2018. 『귀스타브 도레가 그린 단테 알리기에리의 신곡』. 한길사.

단테 알리기에리 저, 이선종 역. 2018. 『명화로 보는 단테의 신곡』. 미래타임즈.

쑨허 저, 나진희 역. 2015. 『살아있는 세계문학이야기』. 글담출판.

에리히 아우어바흐 저, 이종인 역. 2014. 『단테』. 연암서가.

이마마치 도모노부 저, 이영미 역. 2008. 『단테의 『신곡』 강의』. 안티쿠스.

조반니 보카치오 저, 허성심 역. 2017. 『단테의 인생』. 인간희극.

줄리오 레오니 저, 김효정 역. 2008. 『단테의 비밀의 집회』. 황매.

프루 쇼 저, 오숙은 역. 2019. 『단테의 신곡에 관하여』. 저녁의 책.

강유원. 2010. 『인문고전강의』. 라티오.

강웅천. 1997. 『두 얼굴의 유럽문명』. 사계절.

김운찬. 2004. 「『신곡』과 아랍의 저승 이야기들」 M, editerranean review. Vol.6. No.2.

김운찬. 2005. 『신곡』. 살림.

박상진. 2019. 『단테가 읽어주는 신곡』. 한길사.

박상진. 2011. 『단테신곡연구』. 아카넷.

박상진. 2016. 『사랑의 지성』. 민음사.

박상진. 1997. 『이탈리아 문학사』. 부산외국어대학교.

심경호, 이진경 외 2명 저. 2007. 『고전의 향연』. 한겨레출판사.

임병철. 2012,. 『자아와 타자를 찾아서』. 푸른역사.

차기태. 2015. 『단테의 신곡, 에피소드와 함께 읽기』. 필맥.

14

달력
(Calendar)

달력과 달력의 역사, 용도, 사회적 연관성을 연구하는 것은 한 국가와 그 국가의 문화에 얽힌 여러 가지 중요한 변화들을 이해하는 데 유용하다. 지금으로부터 약 1만 년 전 농경생활을 하던 사람들은 효과적인 농경생활에 대한 원초적인 의문을 갖기 시작했다. 씨를 뿌리고, 작물이 자라고, 이를 재배하는 것에 관한 의문이었다. 당시 사람들이 할 수 있었던 것은 오랜 시간 자연을 대상으로 한 단순 관찰이었다. 해와 달이 뜨고 지는 것을 통해 밤, 낮 하루라는 규칙적인 현상을 알 수 있었고, 달의 모양이 둥그렇게 바뀌는 보름달은 하루가 약 30번 정도 반복되는 동안에 한 번 나타나는 현상, 특정 기간은 춥고, 특정 기간은 더우며, 서늘하고 따뜻한 날씨가 규칙적으로 반복되는 등의 자연현상을 관찰하면서 일, 월, 절기, 년 등에 대한 나름의 정리가 그것이었다. 특히 태양과 달은 바람이나 비, 온도 등과 같이 다양한 변수를 가지는 다른 자연 현상에 비해 매우 일관되고 규칙적인 현상이었으므로 태양과 달을 기준으로 대략적인 시간, 시점을 정했는데 이것이 바로 최초의 역법으로 일컬어지는 이른바 태양력, 태음력, 태음태양력의 근간이다.

관련하여 기원전 4241년경 고대 이집트인들은 태양과 달, 별(시리우스)의 움직임을 관찰하여 달의 모양이 바뀌는 주기를 파악했고, 한 달을 30일, 한 해를 12달, 1년을 360일에 5일을 추가(축제 등을 위한)한 최초의 태양력을 사용한 것으로 전해진다. 고대 이집트의 달력체계는 향후 헬라 시대에 그리스에 전파되어 더욱 발전하게 된다.

또한 기원전 3500년경 메소포타미아의 수메르인들은 달의 움직임을 관찰하여 한 달을 정하고(28일), 1년을 13개월로 계산했다. 이렇듯 최초의 역법은 고대 이집트와 메소포타미아에서 기원했다고 알려져 있다.

고대 로마를 포함한 몇몇 고대 문명권 농경사회에서는 주로 태음력(달 모양의 변화)을 사용했는데 이는 시간이 지남에 따라 적지 않은 오차가 생긴다는 것을 인식했다. 고대 이집트에서 사용했던 태양력 또한 4년에 하루 정도 차이가 났는데 이는 시간이 흐를수록 큰 오차, 즉 40년이면 10일, 400년이면 100일의 차이를 발생시켰다. 특히 이후 문명권 또는 제국이 확장되고 주변 국가들과의 접촉과 교류가 활발해짐에 따라 보다 정확한 역법체계를 통한 날짜 정리가 필요했다.

기원전 48년 율리우스 시저(Gaius Julius Caesar, 기원전 100~기원전 44년)는 이집트 알렉산드리아를 정복하고 이곳에서 지내면서 고도로 발전된 이집트의 고대 문명과 과학기술 등에서 많은 영감을 얻었다. 특히 고대 이집트에서 시작된 태양력이 4년에 1일의 윤일을 적용하고 있지 않다는 것에 착안해 태양력을 기반으로 한 새로운 날짜 체계를 만들었다. 참고로 고대 이집트에서도 윤일을 적용하지 않았을 뿐 4년에 1일의 차이가 있다는 것을 알고 있었다.

이후 로마로 돌아온 율리우스 시저는 가장 먼저 고대 이집트의 태양력을 기반으로 역법을 다시 계산해 달력을 개혁했는데, 이때 알렉산드리아의 천문학자들로부터 도움을 받은 것으로 전해진다. 이것이 현재 우리가 현재 사용하는 달력과 상당 부분 유사한 양력 역법의 율리우스력이다. 결과적으로 현재의 달력 체계는 고대 이집트, 바빌로니아, 마야 등의 문명권에서 시작되었고 이후 로마제국을 거쳐 주변의 많은 지역으로 전파되었다.

1582년 교황 그레고리오 13세에는 율리우스력을 토대로 제정된 그레고리력을 공표하였는데 이 역시 종교와 일부 연관이 있었다. 율리우스력에도 매우 미세한 오차가 있었는데, 이 역시 시간이 지날수록 오차가 커지고 수십, 수백 년 후에는 날짜가 달라지기도 했다. 특히 특정 날짜에 종교적 행사가 있는, 예를 들면 카톨릭 교회의 부활절과 같은 행사들의 경우 이러한 날짜 오차는 매우 중대한 문제였다. 이에 로마의 그레고리오 13세는 이러한 이유로 윤년을 좀 더 세부적으로 조정하였고, 이때 공표한 그레고리력은 현재까지 세계표준력으로 사용되고 있다.

종교와 달력

달력은 대체로 종교적 역할을 하는 만큼 때때로 지역 종교가 현지의 달력과 불가분의 관계로 엮여 있기도 하다. 사실 전 세계에서 보편적으로 사용되는 국제 달력들조차 '기독교' 달력, '이슬람' 달력, '불교' 달력 등 여러 종류로 분류되어 사용되는 경우가 많다.

관련하여 고대 문명에서부터 종교가 배제된 역사는 있을 수 없었으며 달력도 그 일부분으로, 지금까지 사용된 많은 달력들은 종교와 매우 긴밀하게 연관되어 있었다. 고대 문명의 달력은 지금으로 따지면 천문학에 관한 것이었다. 대부분의 고대 문명은 다양한 신을 숭배하는 다신교였고(물론 택일신교도 존재) 신은 곧 하늘과도 같았다. 즉, 하늘의 움직임을 관찰하는 것은 신의 뜻을 관찰하고 읽는다는 것으로써 천문학과 다양한 역법이 종교와 밀접한 관계를 가질 수밖에 없는 이유이기도 했다.

이와 관련하여 인도에서는 인도 국정력이라는 역법을 공식 채택하여 달력을 사용 중인데 이는 인도의 종교적 다양성과 연관이 있다. 인도는 종교의 나라라고도 불릴 만큼 다양한 종교가 공존하고 있는데 예를 들면 힌두교를 비롯해 불교, 자이나교, 기독교, 이슬람교 등이다. 이에 종교별 특성에 맞는 달력을 만들거나 사용해 왔고 이것이 수십 개 이상이 되다 보니 표준화된 달력이 필요했다. 이 역시 달력과 종교의 상관성을 보여주는 사례이다.

국가의 문화와 문명은 특정 시점에 여러 이유로 생로, 병상, 약사를 반복한다. 관련하여 이슬람이 본격적으로 발현하고 위세를 떨치기 시작했던 7세기경 이슬람 문명의 전파와 주변국들의 정복 등을 통한 교류에 따라 많은 달력이 이슬람력으로 대체되었다. 한 예로 기원전 3000년경부터 바빌로니아에서 사용된 태양태음력 기반의 바빌로니아력도 이 시기에 이슬람력으로 교체되었다.

이슬람의 기원은 창시자인 무함마드가 메카에서 메디나로 이주한 해를 원년으로 하는데, 율리우스력으로는 622년 7월 16일이며 이슬람력으로 원년 1월 1일이 된다. 이슬람력(무슬림력, 히지라력[히즈라력])은 태양의 움직임과 관계없이 달의 움직임으로 날짜를 계산하는 태음력인데, 지금까지도 종교적인 연관성으로 인해 대부분의 이슬람 사회에서 사용되고 있다. 태음력이 태양력에 비해 1년을 구성하는 날짜가 짧은데 향후 특정 시점 이후가 되면 이슬람력이 서력(예수 탄생일을 기준으로 사용하는)보다 앞선 날짜가 된다. 이것이 이슬람 사회에서 종교적인 의식 등을 위해 이슬람력을 사용하는 이유 외에 또 다른 이유가 될 수도 있을 것이라 생각된다. 달력과 종교의 연관성은 예수 탄생을 기원으로 한 서양 기독교 문화권의 서력기원에서도 잘 드러난다.

이슬람의 달력 체계에 대해 좀 더 알아보자. 이슬람의 천문학이 발전하게 된 가장 큰 계기는 그리스와 페르시아로부터 천문학이 전파된 것이지만 이와 함께 아랍인들이 외부의 발전된 문명과 문물을 적극 수용하고 보전하며 계승하고자 했던 것도 중요한 이유였다.

그리스 역법은 알렉산드로스 대왕의 동방원정 과정에서 주변국으로 전파되었다. 이집트에서는 알렉산드리아 도서관이 건립되면서 천문학이 눈부시게 발전했으나 이후 로마의 몰락으로 쇠퇴하였다. 이후 등장한 이슬람은 짧은 기간 내에 전 세계의 많은 지역을 정복하는 과정에서 이슬람 문명을 전파했고 쇠퇴해 가는 천문 기술 및 역법을 보전, 계승, 발전시켜 나갔다. 즉, 이집트와 메소포타미아 수메르인 등의 천문학이 무슬림을 통해 계승되었다.

이슬람 문명의 역법은 이슬람교에 기반을 두었다고 해도 과언이 아니다. 앞서 언급한 것처럼 이슬람력은 태음력에 기초했는데, 이는 이슬람에서 종교적으로 행해야 하는 규칙이나 의무 등과 깊은 관련이 있다. 가령 하루 다섯 번 예배를 위한 시간을 측정해야 했고 특정 달에는 음식을 금하는 등의 의식을 행해야 했기 때문에 날짜를 정확히 계산할 수 있어야 했다. 이처럼 이슬람에서 시간을 기록하는 사람들(시간기록원)은 종교와 관련된 중요한 의식을 정확히 수행할 수 있도록 할 의무도 담당했다. 때문에 천문학 학자가 시간을 기록하는 경우가 많았고 다양한 수학 지식과 도구들이 만들어지고 사용되었을 것이다. 이것도 이슬람에서 천문학이 발전된 계기였다.

이슬람력은 각 달에 명칭을 붙였는데 여기에는 종교적으로 특별한 의미가 있었다. 예를 들어 이슬람력으로 첫 번째 달은 아랍어로 '알 무하람'이라고 했으며 '금지의 달'이라는 의미를 가지고 있었다. 이는 이슬람이 등장하기 전에도 아랍인들이 '알 무하람' 기간에는 전쟁을 금지했기 때문이었다.

이슬람력으로 아홉 번째 달은 '라마단'이라고 하며 '무더움의 달'을 의미했다. '라마단'은 이슬람에서 매우 큰 의미가 있으며 1년 중 가장 성스러운 달로 여겨진다. 한 달 동안 무슬림들은 해가 지기 전까지 물이나 음식을 마시거나 먹지 않아야 한다. 이처럼 이슬람에서의 역법은 종교에서 파생되었다고 해도

[그림 1] 이슬람력의 아홉 번째 달 라마단. 출처 : www.pixabay.com

과언이 아니다.

정치와 달력

사람들은 시간을 지배하는 자가 세상을 지배한다고 말한다. 고대의 관점에서 보자면 시간을 지배하는 것은 곧 인간을 지배하는 의미였고 이는 다시 세상을 지배하는 것과 일맥상통했다. 공간의 경계선으로써 특정집단, 혹은 특정 사회의 헤게모니를 장악하고자 했던 위정자들에게 시간과 달력은 그들이 가질 수 있는 이념적 방패이자 정치권력을 위한 도구였으며, 종교적 무기였다.

고대 이집트인들 중 천문학 지식을 가진 자들은 시리우스별의 관측을 통해 나일강이 정기적으로 범람하여 홍수가 발생한다는 것을 알고 있었지만 일반 농민들은 그렇지 못했다. 달리 말하면 천문학 지식은 농민들을 통제하고 지배할 수 있는 권력으로 봐도 무방했다. 기원전 3세기 이집트의 프톨레마이오스

3세는 시간이 지날수록 오차가 커지는 달력시스템의 개혁을 시도했으나 역법을 관리했던 제관들로부터 그가 이집트 혈통이 아니라는 이유로 외면당해 결국 달력 개혁은 실패로 돌아갔다.

관련하여 로마인들에게 달력은 종교, 법률, 역사, 천문학 등의 내용을 담고 있는 중요한 생활 도구인 것에 비해 그 체제가 정돈되지 않고 매우 혼란스러웠는데 그 이유 역시 정치, 권력과 관련있었다. 알려진 바에 따르면 로마인의 연대기와 생활을 지배하던 달력은 누마 왕의 업적으로 일컬어지는데, 윤달로 인해 늘어나는 초과 일수를 수정하기 위해 고위 신관들에게 윤달을 수정할 수 있는 권한이 부여되었다. 하지만 이들은 저마다의 이유로(이해타산) 달력의 날짜를 임의로 바꾸거나 조정하였는데, 예들 들면 국가의 세금을 더 많이 거두거나 행정관들의 임기를 늘이거나 줄이기 위해 임의로 날짜를 수정하는 식이었다.

고대 이스라엘에서 발견된 최고(最古)의 달력은 게제르 달력(Gezer Calendar)이었다. 소위 '게제르 달력'이라 불리는 석판조각이 팔레스타인 남서쪽 게제르에서 발굴되었는데 이는 추수기, 나무심는 시기, 올리브 추수기, 보리 추수기 등의 농작물 재배와 관련된 내용이었다. 이 내용에 관해 '탈몬(S. Talmon)'은 이것이 왕실 재정을 위한 세금을 징수하기 위해 기록된 공식문서라 주장한 바 있다.

많은 고대국가가 달력을 도입하고 역법을 개혁했다. 이 모든 것의 최상위에는 국가 권력과 이들의 이해관계가 맞물려 있었다. 고대부터 현대까지 달력은 다양한 의미로 쓰이고 있다. 특히 과거 권력자들에게는 달력이 국가와 국민을 통치하기 위한 통제와 지배의 수단으로 쓰였음을 알 수 있다.

1789년 프랑스에서는 왕정과 귀족 정치에 반대한 시민들이 자유주의 혁명을 일으켰다. 이 혁명의 본질은 결과적으로 정치권력이 왕족과 귀족으로부터 자본가 계급으로 옮겨간 것이었는데 이 과정에서 정치 문화적으로 다양한 개혁이 시도되었다. 그중 하나가 현재 미터법으로 잘 알려진 도량형의 개혁이다. 도량형 역시 그 본질적인 의미는 달력과 별반 다르지 않다. 즉, 권력자의 의지에 따라 임의로 바뀌는 통제와 지배의 수단이라는 것이다. 프랑스 혁명의 본질은 이것과는 무관했다.

문명교류의 의미

이와 더불어 달력의 개혁도 시도되었지만 결과적으로 도량형 개혁과 달리 달력의 개혁은 실패로 돌아갔다. 달력 개혁이 실패한 가장 큰 이유 중 하나는 국가 및 지역 간 교류와 관련이있다. 프랑스 혁명 정부 기간에 사용된 달력을 '프랑스 혁명력'이라고 하는데 10진법을 이용한 합리적인 달력을 만든다는 취지하에 1주일을 10일로 정했다. 프랑스라는 국가 내에서만 쓰기에는 그레고리력 1주일(7일)에 비해 휴일이 턱없이 부족한 것 이외에 큰 불편은 없었다. 하지만 주변 국가들과의 교류 등을 위한 일정에 심각한 착오가 발생했고, 이에 따라 나폴레옹이 황제에 즉위한 후 그레고리력이 다시 등장하면서 '프랑스 혁명력'은 역사 속으로 사려졌다.

역사의 흐름에는 교류가 있다. 현재는 전 세계적으로 역법이 통일(그레고리력) 되었다고 봐도 무방하다. 프랑스 혁명력의 사례에서 잘 나타나듯이 달력을 주변국과 일치시키는 가장 큰 이유는 국가 및 지역 간 원활한 교류때문이다. 과거에도 그래왔듯이 합리적인 교류는 국가와 국민을 풍요롭게 한다. 역사상 수많은 교류가 이루어졌고, 그 교류는 전쟁, 정복, 지배 및 피지배, 교역, 상거래 등 무수한 유형의 교류를 통해 역법 통일의 필요성을 동반했으며 역사적 경험들이 파생되어 지금의 달력 체계가 완성되었다. 교류가 무조건적으로 고차원의 문명을 파생시키는 것은 아니지만, 달력의 경우 교류를 통해 좀 더 정확하고 과학적으로 발전했다는 것에는 이견이 없다.

| 키워드 |

태양력, 율리우스력, 정치, 역법, 교류

집필자: 강지훈

참고문헌

• 저서

Jay Griffiths. 박은주 옮김. 2000.『시계밖의 시간』. 서울: 당대.
월 듀런트. 임웅 역.『문명 이야기 카이사르와 그리스도 3-1』. 민음사.

• 논문

윤용수. 2005. "중세 유럽에 대한 이슬람 문명의 영향 연구". 지중해지역원. 지중해지역연구. 제7권. 제2호.

정중호. 2008. "고대 이스라엘 사회의 달력체계와 제의력". 사회과학연구소. 한국사회과학연구. 27(1).

황성우. 2004. "러시아 달력체계의 변화과정 스탈린의 달력개혁을 중심으로". 국제지역연구센터. 국제지역연구. 8(2).

Amartya Sen 저. 정미나 역. 『세상은 여전히 불평등하다』. 21세기 북스.

황성우. 2004. "러시아 달력체계의 변화과정 스탈린의 달력개혁을 중심으로". 국제지역연구센터. 국제지역연구. 8(2).

윌 듀런트. 임웅 역. 『문명 이야기 카이사르와 그리스도 3-1』. 민음사.

정중호. 2008. "고대 이스라엘 사회의 달력체계와 제의력". 사회과학연구소. 한국사회과학연구. 27(1).

• 인터넷 자료

http://roadmap.ksa.or.kr/webzine/sub0202.html (검색일자: 2020.09.27)

https://ko.wikipedia.org/ (검색일자: 2020.09.24)

15

데카메론
(Decameron)

데카메론은 1349년~1351년에 집필된 보카치오(Giovanni Boccaccio, 1313~1375)의 대표적인 작품이다. 단테의 『신곡(*Divina Commedia*)』에 견주어 '인곡(人曲)'으로 비견되며 사실주의 관점으로 중세 말기의 현실을 들여다볼 수 있는 걸작이다.

작가는 작품 서언에서 1348년 흑사병(Black Death)에 직면한 사람들의 고뇌와 공포심을 덜어 주려고 했다는 집필 의도를 밝혔다. 제목 자체가 그리스어로 '10일간의 이야기'를 뜻하는 이 작품에서는 흑사병을 피해 피렌체 외곽의 한 별장으로 피신한 10명의 젊은 남녀(숙녀 7명, 신사 3명)가 주인공이었다. 내용은 별장에서 함께 2주일을 보내면서 그리스도 수난일인 금요일과 토요일을 제외한 기간에 정해진 주제에 맞춰 각자 한 사람씩 돌아가며 들려주는 총 100편의 이야기로 구성되었다. 하나의 주제 안에서 다양하지만 통일성 있는 구성을 갖춘 이야기들은 보카치오의 치밀하고 뛰어난 문학적 구성으로 평가되었다.

『데카메론』은 보카치오의 문체로 인해 이탈리아 근대 소설, 즉 산문 문학의 효시로 간주되었다. 당대 비평가들은 이 작품이 성(性)과 연관된 주제가 속어로 집필되었다는 이유로 하층 계급의 오락거리로 치부해 평가절하 했었다. 실

[그림 1] 15세기 베니스에서 출판된
『데카메론』의 삽화

제로도 당시 시민계급과 상인을 중심으로 유통되었던 이 작품에 대한 재평가는 15세기 말에 이루어졌다. 비평가 데상크티스(F. De Sanctis)는 『데카메론』을 '초월과 금욕주의의 중세성에 대한 개인 욕망의 실현과 근대성의 정신적 혁명의 승리'로 정의했다. 분명 중세의 문화적 유산을 계승했지만 보카치오는 당대의 인간적 관점으로 작품을 집필하면서 있는 그대로의 인간적 감정과 삶, 심리 등을 사실적으로 풍자하고 묘사함으로써 근대소설의 선구자로 자리매김했다.

『데카메론』에서 사실적으로 묘사된 다양한 인간들은 현실과 환상의 구별이 모호할 정도로 생생하게 용해된 가공인물들이지만 독자로 하여금 웃음과 해학으로 삶을 돌아보게 했다.

집필 배경과 결과물

이탈리아 근대문학의 선구자로 평가받는 보카치오는 1313년에 피렌체 인근에서 태어났다. 사생아로 태어난 보카치오는 어린 시절에 단테를 접하며 문학과 역사에 심취했다. 작품에서 보여준 풍부한 표현력, 개성 있는 문체들 그리고 다양한 주제를 다루는 보카치오의 역량은 나폴리에서의 체류 경험에 기인했다. 그가 상업을 배우기 위해 머물렀던 나폴리는 당시 문화교류가 역동적으로 이뤄졌던 곳으로, 특히 앙주 왕가의 로베르토 궁정에서 체험한 경험은 보카치오에게 인문 연구의 다양한 토대를 제공했다.

경제적으로 곤궁해진 보카치오는 피렌체로 돌아왔다. 당시 피렌체를 비롯한 이탈리아 전역은 극심한 혼란에 빠져있었다. 반도의 도시국가들은 교황과 황제의 권력 다툼으로 서로 대립하면서 점차 가톨릭 신앙의 중심지라는 지위를 잃어가고 있었다.

[그림 2] 조반니 보카치오

나폴리로 떠났던 보카치오가 돌아왔을 때, 피렌체에는 흑사병이 확산되고 있었다. 14세기 중세경제의 위기는 흑사병으로 인해 절정에 이르렀다. 11세기 이래로 계속된 경제 성장의 이면에서 드러난 문제들이 여러 형태로 폭발한 것이다. 농지 확대와 농업 기술 개선을 기초로 하는 경제발전은 14세기 초반에 이미 한계에 도달했다. 농지개간이나 이주도 한계에 부딪혔고, 도시의 인구 과밀로 인해 식량 수급은 균형을 잃었다. 농지의 생산성도 급격하게 낮아졌다. 당시 참담하고 처참했던 시대의 무게는 고스란히 인간의 몫이었다. 이러한 시대상황은 데카메론의 집필배경이었다. 보카치오는 흑사병의 현실에서 도덕적으로 타락한 인간의 모습을 반성하고 타락한 사회를 고발하며 동시에 재앙에서 벗어나 재기할 것을 강조했다. 성(性)과 젠더 문제를 적나라하게 꼬집으며 당대의 부조리하고 위선적인 지배 계층과 관습을 풍자하고 억압된 이념을 쉬운 언어로 묵직하게 조롱하고 있었다. 철저하게 현실적인 주제와 다양한 문학적 장치를 바탕으로 완성된 이 작품은 보카치오의 근대적인 문제의식과 쾌활한 접근 방식의 산물로, 독자로 하여금 강인하고 건강한 욕망과 의지를 가지게 했다.

보카치오 문학의 근대성과 가치

보카치오의 『데카메론』이 단테의 『신곡』과 견주어 '인곡(人曲)'으로 평가된 것은 작품이 담고 있는 작가의 사실주의적 문학관 때문이었다. 보카치오는 인간의 삶을 다양한 각도에서 포착하고 표현함으로써 인간이 처한 외적인 상황뿐만 아니라, 내면의 심리까지 그대로 재현했다. 작가는 사실적인 체험을 구체적인 언어로 묘사함으로써 리얼리즘을 실천했고, 더 나아가 당대 인간의 삶을 총체적으로 지배했던 중세의 금욕주의를 뚫고 현실에서 개인의 욕망을 실현시키는 근대적 정신을 표현했다.

『데카메론』에 등장하는 100편의 일화는 이전부터 전해오던 역사적 사건과 설화, 민담 등에 바탕을 두고 재구성 된 이야기였다. 사실상 보카치오의 순수 창작물은 아니었지만 그의 세계관과 문체 덕분에 이 작품은 시대를 초월한 걸작으로 인정받았다. 보카치오는 인간 활동 중 가장 숭고한 문학이 도덕적 임무와 가치를 지녀야하고 그 결과 인간 내면의 가치와 하나님의 섭리를 드러낼 수 있다고 생각했다. 이런 면에서 보카치오의 시학은 인문주의의 토대 위에 자리했다. 문학을 윤리와 미, 교육의 장으로 받아들였던 그는 라틴과 그리스 연구, 고전작가, 단테 연구에 몰입하며 문화의 모든 요소들을 흡수하려고 노력했다.

『데카메론』은 당대의 시대 흐름과 상인 계층의 세계관을 투영시켜 근대 부르주아의 시민의식과 현실주의적 세계관을 묘사했다. 작품 속의 다양한 인물과 사건을 관통하는 주제는 사랑이었다. 그가 전하는 '보편적' 사랑은 종교와 계급을 뛰어 넘어 인간의 운명을 위로하는 것이었다.

『데카메론』에서는 흑사병을 피해 안전한 곳으로 피신한 등장인물들과 그들이 들려주는 이야기를 통해 불행에 굴복하지 않고 도전과 의지로 어려움을 극복하려는, 르네상스와 같은 새로운 시대정신의 면모를 볼 수 있다. 보카치오는 단테와 마찬가지로, 구원을 꿈꾸었다. 하지만 신앙과 섭리로 구원을 노래한 단테와는 달리, 보카치오의 구원은 삶에 대한 사랑과 도전을 통해 가능한 것이었다.

보카치오는 개인의 욕망과 당대의 실존을 가능하게 하는 지상의 구원을 추구했다. 단테가 절대자의 기독교적 구원 속에서 무한한 행복을 느꼈다면, 데카메론의 등장인물들은 당대 사회 전체에 대한 개인의 도전과 승리를 추구했고 직면한 삶의 가치와 즐거움에서 구원을 찾는 존재들이었다.

역사적으로 질병은 문명을 앗아가기도 하지만 동시에 새로운 문명을 만들어 내기도 한다. 흑사병은 재앙 앞에 아무것도 할 수 없었던 교회의 무기력함을 드러냈으며 르네상스라는 새로운 시대문명을 열었다. 『데카메론』은 중세와 근대를 잇는 가교 역할을 넘어 근대적 면모를 갖추었다. 보카치오는 반(反)중세의 새로운 문명과 세계를 창출한 것이 아니라, 이 작품을 통해 자신의 가치관으로 중세를 인정하고 당대를 극복하려는 방법을 모색하려 했다는 점에서 근대성을 드높였다고 평가되었다. 당대의 사회적, 문화적, 정치적 요소들을 흡수하고 스스로의 양식을 창출하려는 보카치오의 노력, 즉 인물과 상황 설정의 사실성, 묘사의 정확함과 치밀함, 사회에 대한 비판 의식 등을 그대로 표현함으로써, 오랜 기간 종교의 억압과 지배하에 숨 막혔던 사람들에게 인간의 '살아있음'을 느끼게 했다.

보카치오, 데카메론, 흑사병, 르네상스, 근대문학, 인곡, 풍자, 피렌체

집필자: 김희정

참고문헌

곽차섭. 2006. 『서양의 고전을 읽는다 4』. 휴머니스트.

박상진. 2006. 『데카메론』. 살림.

심경호, 이진경 외 2명 저. 2007. 『고전의 향연』. 한겨레출판사.

주경철. 2009. 『문학으로 역사 읽기, 역사로 문학 읽기』. 사계절.

Mario Puppo. 1986. *Manuale critico-bibliogafico per lo studio della letteratura italiana.* *Societa Editrice Internazionale.* Torino. 121.

16

도량형
(Standard Unit)

고대 인류는 물건들을 어떻게 수치화하고 표준화했을까? 돌로 만들어진 추를 이용해 무게의 단위를 수치화하는 방식이 고대 이집트와 메소포타미아 문명에서 기원했다고 한다. 이는 곧 이 시대에 상거래 형태의 교류가 이루어졌음을 짐작하게 하며 화폐가 없었던 시기에 물건들의 무게나 크기를 비교해 거래가 이루어졌음을 짐작하게 한다. 물물교환이나 국가 간 접촉 및 교류가 빈번해짐에 따라 물품의 가치를 매기는 일은 더욱 중요해졌고 정당한 교류를 위한 과정에서 수치나 무게, 부피 등을 좀 더 정확하게 측정할 수 있는 도구나 기술 등 수치의 표준화가 필요했다.

고대의 도량형

기원전 2000년경 고대 바빌로니아에서 사용된 무게단위 중 가장 오래된 것은 미나(Mina)였다. 바빌로니아는 정복 활동을 통해 강대한 고대국가로 자리매김했다. 바빌로니아는 서아시아와 동지중해까지 영토를 넓혀갔으며 미나는 주변국들과의 교역, 교류 등의 접촉을 통해 이러한 지역들에 알려졌다. 도량형은 국가나 지역 간 거래에 필수적인 기술이었다. 이후 고대 그리스인들은 바

[그림 1] 무게 측정을 위한 저울, 출처 : www.pixabay.com

빌로니아와 이집트의 도량형 기술을 알게되었고, 로마는 이들의 도량형을 그대로 차용했다. 이후 중세에 로마의 도량형은 유럽전역에 걸쳐 사용되었다.

사실 도량형이 고안된 계기는 왕이나 귀족 등 집권자들의 권력이나 국가 통치 등을 위한 목적으로 봐도 무방하다. 이처럼 역사적으로 도량형은 왕이나 권력자들이 권력을 유지하기 위해, 이미 정복했거나 앞으로 정복해야 할 지역들을 효과적으로 통치하고 관리하기 위한 도구로 사용되었다. 예를 들어 왕 또는 집권자는 국가 간 교류에 의해 발생되는 수익이나 국민들의 세금 등을 징수할 때 단위의 표준화로 공정성을 확보하고 세금 징수의 차별 등에 대한 불만을 사전에 통제할 수 있었다.

이미 고대에 왕이나 집권자들은 단위를 정하고 통일하는 것이 얼마나 중요한지를 인지했을 것이다. 그중 도량형의 통일은 특히 지역 간, 문명 간, 문화 간 접촉을 통한 상거래 등의 교류에 필수적이었다.

　도량형(度量衡)은 길이를 측정하는 자와 부피를 재는 되, 그리고 무게를 다는 저울을 총칭한다. 사람들은 도구를 만들거나 집을 짓기 위해 돌의 무게나 나무의 크기 등을 측정해야 했을 것이고, 농사를 짓거나 음식을 요리하는 등의 일상생활에서도 측정은 필요했을 것이다. 특정한 도구나 측량기술이 없었던 시대는 사람의 신체가 곧 측량의 도구였다. 관련하여 고대 이집트에서 사용했던 '큐빗(cubit)'이라는 길이 단위는 사람의 신체를 이용한 방법이었다. 큐빗은 팔꿈치부터 손가락 중지 끝까지의 길이를 의미하는데 이 단위는 근대까지 서양에서 오랜 기간 사용되었다. 고대 이집트를 비롯하여 다른 고대 문명에서도 돌을 무게를 비교하는 추의 형태로 사용했던 사례를 적지 않게 찾아볼 수 있다. 어떤 물건의 무게를 재거나 수치화한 문명은 그 자체로 문명교류를 의미하기도 한다.

　도량형은 문명건설을 위한 기술로도 쓰였는데 고대 피라미드가 대표적인 사례이다. 정밀하고 거대한 피라미드 건설에 고대 이집트인들이 차용한 수치 적용 방식은 '큐빗'이었다. 사람마다 신체의 특징이 다른데 그러면 '큐빗'이라는 단위는 어떻게 표준화되었을까 하는 의문이 남는다. 이 시기에는 왕의 신체가 곧 기준이자 단위였고, 단위는 권력이기도 했다. 대피라미드 건설에 사용된 단위는 왕(파라오)의 신체를 기준으로 한 '로열 큐빗'이었고, 이 '로열 큐빗'으로 돌의 길이와 크기 등을 측정하여 대피라미드를 건설할 수 있었다. 이는 유럽에서도 마찬가지였으며 한 예로 야드파운드법이 있다. 야드파운드법은 영국의 왕 헨리 1세가 자신의 팔의 엄지손가락 끝에서 코끝까지의 거리를 '1 yard'로 정한 것으로 이것이 기원이 되어 야드파운드법이 단위로 사용되었다. 이 외에도 헨리 1세는 자신의 발길이를 단위로 사용하였다.

[그림 2] 정밀한 측정기술로 건설된 고대 이집트 피라미드, 출처 : www.pixabay.com

교류를 위한 도량형 통일

강대한 히타이트 제국을 멸망시키는 데 일조했다고 알려진 아시리아 제국은 기원전 7세기 경 서아시아 지역을 정복했다. 그러나 정복지에 대한 강압적인 정책으로 인한 반란 등으로 멸망했다. 이후 다리우스 1세가 이끄는 페르시아에 의해 다시 통일되었다. 이때 건설된 페르시아제국의 영토는 이집트, 터키, 그리스 일부 지역을 포함해 흑해부터 인더스 강 유역에 이르렀다.

거대한 제국이 수백 년(약 200년)간 유지되고 번영할 수 있었던 이유는 다양하다. 먼저 거대한 제국을 수십 개의 행정구역으로 분리한 후 중앙에서 이들을 관리하는 강력한 중앙집권체제를 성공적으로 정착시켰다. 또한 정복지에 대한 포용 정책, 즉 다양한 민족, 문화, 언어, 종교 등을 수용하고 인정하려는 노력도 병행되었다. 이와 관련하여 지역 간 교역이나 교류를 원활하게 할 수 있도록 도량형과 화폐를 통일한 것이 제국의 오랜 번영에 큰 작용을 했을 가능성이 매우 높다. 도량형과 화폐의 통일은 국가 및 지역 간 교류 및 거래 활성화와 직접적인 관련이 있다. 따라서 페르시아 제국 역시 피정복 지역과 교류를 통해 경제 활성화의 효과를 거두었다.

도량형은 앞서 언급한 것처럼 왕과 같은 특정 인물을 비롯해 국가의 통치를 위한 정치, 권력의 도구 또는 상징으로 해석될 수 있다. 즉, 권력이 있고 기술력이 있으며 많은 지역들을 통치할 수 있는 힘을 가진 국가만이 그 국가를 대표하는 도량형을 가질 수 있었다.

페르시아 제국의 도량형 통일은 이후 많은 국가들에서 제도적으로나 정치적으로 또는 다른 필요에 의해 다양한 방식으로 채택되었다. 도량형이 제정되기 전, 즉 프랑스 혁명 이전까지 프랑스에서 사용되고 있던 '피에 드르와'는 고대 로마에서 쓰던 단위였다. 이 역시 그 기원으로 거슬러 올라가면 다리우스 1세의 '큐빗'이 있었다. '피에 드르와'는 그 단위에 있어 '큐빗'의 절반으로 알려져있다. '큐빗'은 앞서 언급한대로 고대 이집트에서 시작된 단위였다. 즉, 고대 페르시아 제국에서 도량형 통일에 사용된 측정 기준이 교역이나 교류를 통해 그리스와 로마로 전파되었고 로마의 정복 활동으로 인해 갈리아와 영국에까지 전해진 것으로 보인다.

도량형이라는 기술은 그 자체로 국가나 문명, 지역 간 접촉과 교류의 증거이다. 지중해지역에서 얼마나 다양한 형태의 교류가 이루어졌는지 미루어 짐작케 한다. 예들 들어 페르시아의 다리우스 1세는 정복 전쟁을 통해 주변 지역과 교류했고 정복지역의 통치를 위해 도량형을 통일했다. 이처럼 도량형은 권력을 가진 자들이 그 권력을 유지하고 국가를 통치하며, 주변 지역들과의 교류를 통해 국가와 제국을 운영하고 번영하게 하는 중요한 수단이었다.

정치적 활용

다른 나라에 문화나 문명을 전파한 국가들(로마제국, 군주제 프랑스)이 몰락한 뒤에도 그 문화의 잔재는 전파된 국가에 과거의 유물로 계속 살아남는다. 프랑스에서 유래한 군사 용어나 도량형의 미터법이 그 예이다. [그림 3]은 프랑스 혁명을 상징하는 작품, '민중을 이끄는 자유의 여신'이다. 그럼 도량형과 프랑스 혁명 사이에 어떤 관계가 있었을까?

동서양을 막론하고 나라를 세우거나 무질서한 사회를 바로 잡기 위해서는 도량형 제도를 개혁하는 것이 중요하다. 프랑스는 도량형을 통해 프랑스 혁명의 정신을 확산시켰다. 역사가들은 "미터법은 아이러니하게도 프랑스 군대의 총검 뒤에서 행진했다."고 말한다. 프랑스 혁명과 함께 진행된 도량형의 개혁은 이후 전 세계의 도량형 단위를 표준화시키는 데 일조했다. 18세기까지 지중해지역 국가들은 각 국가별로 측정단위를 달리 사용해왔다. 단일 국가 내에서만 사용되었다면 도량형의 표준화는 딱히 필요치 않았을 것이나 국가나 지역 간의 상거래, 교역, 교류 등이 지속되고 빈번해지면서 도량형의 표준화는 필연적이었을 것이다. 이와 관련하여 프랑스 혁명 당시의 과학기술은 이미 세계적 수준으로 발전해있었고, 단위를 측정하는 기술이나 장치들도 지속적으로 연구되었다.

프랑스에서 도량형 개혁이 시도된 가장 큰 이유 중 하나는 1789년의 프랑스 혁명과도 관련이 있다. 이 시민 혁명의 필두에는 프랑스의 계몽사상가들이 있었다. 이들은 세상 만물(사람, 사물, 시대)을 아우를 만한 표준화된 개념이 필요하다고 생각했다. 당시 프랑스에는 대략 15만 개 이상의 도량형이 존재했는데, 한 국가에 이렇게 많은 도량형이 생겨나고 사용된 이유 역시 앞서 언급한 권력과 관련 있었다. 예를 들면 각 지역마다 존재하는 왕족이나 귀족들은 다

[그림 3] '민중을 이끄는 자유의 여신', 출처 : www.pixabay.com

양한 이유들(대부분은 자신들의 이익을 위해)로 각자의 단위와 기준을 새로 만들거나 기존의 체계를 바꾸었다. 반면 프랑스 혁명은 자유주의 혁명으로 모든 정치권력이 왕족이나 귀족에게 집중되어 있던 사회 체계를 자연을 기준으로 통일하고 제정하자는 계몽사상가들의 생각과 일치하는 것이었다.

혁명 당시 정부와 '앙투안 라부아지에'와 같은 과학자들은 도량형 개혁의 의미를 충분히 인식하고 이를 표준화하는데 앞장섰다. 프랑스 혁명 정부는 길이의 기본 단위를 '미터'로 지정하고 1795년에는 현재까지도 사용되고 있는 십진법 기반의 '미터법'을 제정했다. 이후 나폴레옹의 유럽 정복이 시작되었고 정복된 나라에 미터법을 도입했는데, 이 또한 큰 의미에서의 문명 교류라고 할 수 있다. 나폴레옹 당시의 미터법은 큰 주목을 받지 못했다. 하지만 이로부터 약 100년 뒤인 1875년에 17개국이 모여 국제미터협약을 체결했다. 프랑스 과학자들은 '미터'라는 단위를 만들 때 그 기준을 인간의 신체나 특정 권력 계층이 아니라 자연에 기반을 두었다. 이것은 왕족이나 권력층의 횡포에 대한 정당한 투쟁을 의미했다. 그러나 나폴레옹이 자신이 정복한 국가들에 강제적으로 미터법을 도입한 것은 프랑스가 자유주의 혁명을 통해 도량형 개혁을 추진했던 의미를 반감시킨 것이기도 했다.

도량형과 나폴레옹에 관련된 재미있는 사례가 있는데, 나폴레옹의 실제 키는 167cm~168cm 정도로 당시 프랑스인의 평균 키인 164cm를 웃돌았다. 하지만 나폴레옹의 키는 보다 작다고 알려졌는데 그 이유는 당시 국가마다 도량형의 기준이 달랐기 때문이었다.

세상을 움직이는 도량형과 문명 교류

도량형은 기준이다. 국가를 건설하고 통치하기 위한 기준을 세우고 관습이나 문화, 생활방식, 도구, 법률 등 국가 운영에 필요한 요소를 만들어내는 밑바탕이 되는 과학기술인 것이다. 한 과학 채널에서는 '세상을 움직이는 힘'으로 표현하고 있을 만큼, 도량형이 가지는 의미는 생각보다 크다.

학자들은 도량형을 '과학의 시작'이라고 말한다. 그 옛날 도구가 없던 시기에 건설된 피라미드를 떠올리면 이견이 있을 수 없다. 대피라미드는 파라오의 팔꿈치에서 손가락 중지까지의 길이에 해당하는 '로열 큐빗'의 단위를 근거로 건설될 수 있었다.

문명 간 교류나 접촉은 도량형의 전파를 통해 확인할 수 있다. 고대의 사람들은 무게, 길이, 크기 등을 측정하여 다양한 문명을 건설했고 이를 통해 세상

[그림 4] 실제 키보다 작다고 알려진 나폴레옹, 출처 : www.pixabay.com

을 움직일 수 있었다. 또한 도량형은 국가나 지역 간 상거래나 교류를 위한 기준이었으며 도량형이 있었기에 공정한 교류가 이루어졌다. 도량형은 세계를 대상으로 국가 간, 지역 간 문명 교류를 선도하는 기준이었으며, 동시에 개인 및 국가의 권력이자 국력이었다.

173

키워드

프랑스 혁명, 페르시아, 도량형 통일, 단위, 교류, 측정

집필자: 강지훈

참고문헌

• 저서
한국표준과학연구원 공저. 2016. 『단위이야기: 단위를 알면 세상이 보인다』. 한국표준
　　화연구원.
송병건. 2017. 『세계화의 풍경들: 그림의 창으로 조망하는 세계 경제 2천 년』. 아트북스.
윌 듀런트. 『문명 이야기: 그리스 문명 2-1』. 민음사.
에릭 홉스봄 저. 이원기 역. 2016. 『폭력의 시대』. 민음사.
성열홍. 2014. 『딥씽킹』. 21세기북스.
안소정저. 2013. 『배낭에서 꺼낸 수학: 문명이 시작된 곳에서 수학을 만나다. 이집트,
　　그리스, 이탈리아, 인도로 떠나는 수학문화 기행』. 청아문화사.

• 인터넷
http://roadmap.ksa.or.kr/webzine/ (국제표준화 추진사례 연구) (검색일자
　　:2020.09.23)
https://ko.wikipedia.org/ (검색일자: 2020.09.25)

17

도서관
(Library)

도서관은 인간의 사상과 활동을 정리하고 보존해 그 기록을 사회의 모든 구성원에게 환원하는 문화기관이다. 인간의 지식과 지혜를 후대에 전달하기 위해 존재하는 기록 중, 특히 권력자, 통치, 외교, 군사, 종교 등과 관련된 기록은 공적 필요에 따라 장기간 보존되었다. 이를 위해 설립된 것이 도서관이며, 그 기원은 문자의 사용 시기와 거의 일치했다. 인류 문명과 함께 발전해 온 도서관의 역사는 오랜 문명과 역사 속에서 다양한 형태의 문화와 함께 발전했다.

기원과 배경

도서관의 역사는 문명의 성립과 함께 시작되었다. 기록상 최초의 도서관은 기원전 2300년 경 메소포타미아 지방에 설립되었다. 반면 오늘날의 도서관과 같이 학문연구센터의 기능은 기원전 220년 이집트에 건설된 알렉산드리아 도서관에서 볼 수 있다. 프톨레마이오스 왕조(기원전 4세기~기원전 1세기)때 설립된 세계 최대 규모의 알렉산드리아 도서관은 건립 후 60년 만에 약 70만권의 장서를 소장한 대표적인 학문연구기관으로 성장했다. 대부분 초대 고대 도서관은 파피루스나 목간 등에 기록한 문서 등을 보관하며 왕실의 문서보존서로 기능했고, 중세 유럽에서는 수도원을 통해 고대의 지식을 집성하고 보관하는 도서관 역할을 했다.

중세가 쇠퇴기로 접어들면서 영주나 귀족의 도서관과 개인문고는 새로운 시대의 도서관을 대변하였다. 16세기 인쇄술의 발명이 뒷받침되면서, 봉건영주 등의 권력계층에 의한 서책 수집활동이 나타났다. 활자 인쇄술을 비롯한 과학기술을 배경으로 근대에는 도서의 대량생산이 가능해졌는데, 루이(Louis) 12세와 프란시스(Francis) 12세 시대의 왕실 도서관이 1789년 '국민도서관'으로 개칭된 것이 대표적인 사례라 할 수 있다. 근대의 상업도시들을 중심으로 부르주아 계급이 등장하면서 도시들에는 대중적인 공공문화시설들이 나타나기 시작했다. 근대 상업 도시의 공동체적 성격은 공공도서관의 형태로도 나타났다. 이후 공공 도서관은 지식의 접근을 쉽게 만들었고 여러 정보와 교양의 보편화는 무상교육으로 이어져 사회의 흐름을 바꾸는데 일조했다. 19세기 초 영국의 기계공양성소에서 제공된 무상강의는 1892년 〈 공공도서관법 〉 제정의 원동력이 되었으며 무료로 이용하는 도서관이 제도화되는데 결정적으로 기여했다.

문명교류의 기록과 상징, 도서관

인류문명은 서아시아와 이집트 일대를 총칭하는 '오리엔트'에서 시작되었다. 기원전 3200년 경 만들어진 이집트 문자는 라틴 문자, 키릴문자 그리고 알파벳의 기원이 되는 페니키아 문자에 영향을 주었다. 이집트에서 파피루스 고문서가 발명되었고, 비블로스(Biblos)에서 기독교가 싹튼 후 '바이블(Bible)'이라는 문명의 시원이자 책의 기원이 오리엔트에서 탄생했다. 이후 문명의 중심이 지중해 연안으로 이동하기 전까지 오리엔트는 인류문화의 역사에서 가장 번

[그림 1] 고대 알렉산드리아의 도서관 내부

영했던 문명의 상징으로 남아 있었다.

레반트 지역에서부터 고대 근동의 메소포타미아까지 그 일대가 초승달 모양을 닮아 붙여진 '비옥한 초승달 지역(Fertile Crescent)'에 걸쳐있는 이집트는 일찍이 수렵과 채집에서 벗어나 농경을 통한 곡물 생산 활동으로 시장경제를 유지하고 있었다. 지리적으로 폐쇄적인 위치에 있었으나 해양무역의 중심이기도 했던 이집트는 자유롭고 독자적으로 고유한 문화를 만들어갔고, 문화 융성과 함께 각종 기술도 발전시키며 오리엔트의 문화 중심지가 되었다. 알렉산

[그림 2] 야흐야 알 와시티(Yahyá al-Wasiti)가 1237년 그린 '지혜의 집(House of Wisdom)'

드리아는 학술 도시로서 여러 박물관을 가지고 있었는데, 당시 박물관은 신전과 지식을 보관하는 역할을 동시에 수행했다. 알렉산드리아 도서관은 호메로스와 소포클레스 등 방대한 그리스 문헌을 수집했다. 서적들은 오늘날의 '서지자료' 형태에 해당하는 저자별, 분야별 등의 목록작성법에 따라 정리되었는데, 이는 당대의 모든 지식을 집대성한 문명지성의 상징성을 보여주는 것이었다.

로마인들은 적어도 지중해 세계를 정복해 영토를 확장하는 과정에서는 당대 지식의 아이콘인 도서관의 중요성을 잘 인식하지 못하고 있었던 것으로 추정된다. 율리우스 카이사르는 기원전 48년 알렉산드리아 전쟁 당시 이 도시의 도서관을 불태우기도 했다. 기독교를 국교로 선포한 이후에도 로마제국은 이단과 관련된 자료를 소장하고 있던 알렉산드리아 도서관을 파괴했는데, 이 과정에서 수많은 자료들이 소실되었다. 알렉산드리아 도서관의 파괴는 이슬람 정복전쟁의 과정에서도 발생했는데, 642년경 칼리파 오마르에 의한 알렉산드리아 도서관 파괴가 그것이었다.

기원 후 6세기에 지중해와 중동 그리고 인도양 문명권을 연결하는 중계 무역 및 상업활동으로 크게 번영하던 메카를 중심으로 이슬람이 성립했다. 문명 교류의 차원에서 이슬람문명은 아라비아 반도를 중심으로 헬레니즘과 헤브라이즘을 융합시켰으며 로마가톨릭과 유대교의 갈등에 새로운 중재의 요인으로 작용했다. 무함마드는 아랍 부족들을 경쟁과 전쟁 그리고 분열을 완화시키고 이슬람으로 통일시키려고 했다. 그는 알라의 계시를 받은 후 스스로를 모세와 예수의 계승자로 자처했다. 무함마드의 사후 그의 추종자들은 이슬람교 경전 〈코란〉을 집필했으며, 학문을 적극 권장하고 장려해 철학과 윤리, 민법과 형법, 상법과 국제법 등 방대한 지식을 집대성했다. 지중해의 양대 사상인 헬레니즘과 헤브라이즘을 통합한 이슬람은 동쪽으로는 탈라스, 서쪽으로는 이베리아반도, 북쪽으로는 지중해 연안 그리고 남쪽으로는 인도양까지 세력을 확장했다. 이슬람상인들에 의한 동서 문화 간 교류는 바닷길과 비단길을 통해 활발하게 전개되었다. 그리고 그 과정에서 인쇄술과 제지술이 지중해 세계에 전달되면서 이슬람 기록의 역사는 더욱 발전했다. 문서와 기록물이 폭발적으로 늘어나면서 문서 보관서도 생겨났는데, 이슬람 최초의 도서관이 들어선 곳은 바그다드였다. 이슬람 문화의 황금기라 할 수 있는 압바스 왕조(Abbasids) 시대에 설립된 '지혜의 집(The House of Wisdom)'은 학문 진흥 정책의 일환으로, 그리스고전과 같은 고대지중해 문화유산들을 번역, 필사, 연구하는 학술원으로 기능했고 그 결과물을 보존하는 학술원과 도서관의 역할을 했다.

이슬람은 711년부터 1492년까지 이베리아반도를 지배했다. 특히 유럽속의 이슬람이라 묘사되는 안달루시아의 코르도바는 이슬람의 동서양 간 교역 중심지로 물류의 이동과 함께 문명교류의 역할을 수행했던 당대 최고의 도시로 번영했다. 이슬람이 집대성한 지식과 문화는 이베리아 반도와 이탈리아, 특히 지중해 무역의 거점이었던 반도의 남부와 시칠리아 섬을 중심으로 유럽에 전달되었다. 황제 프리드리히 2세(Friedrich II)의 후원으로 건립된 나폴리 대학은 도서관을 정비해 그리스 문화와 이슬람 문화에 대한 연구를 장려했다. 이 대학은 당대 신학과 교회법을 가르친 중세 수도원들과는 달리, 로마법, 철학, 논리학, 수사학 등 교양 전반을 교육했다. 중세 스콜라 철학을 대표하는 토마스 아퀴나스도 나폴리 대학에서 수학했다. 바그다드의 지혜의 집은 당시 유럽기독교문명권과 이슬람문명권 간 문명교류의 열린 경계(Frontier)였던 이베리아 반도, 시칠리아를 포함한 이탈리아 남부를 통해 유럽에 지대한 영향을 주면서 유럽 내 대학들의 설립을 촉진했다.

도서관, 토마스 아퀴나스, 스콜라 철학, 알렉산드리아, 바그다드, 지혜의 집

집필자: 김희정

참고문헌

라이오넬 카슨 저. 김양진 역. 2003.『고대 도서관의 역사』. 르네상스.

루치아노 칸포라 저. 김효정 역. 2007.『사라진 도서관』. 열림책들.

매튜 배틀스 저. 강미경 역. 2016.『도서관, 그 소란스러운 역사』. 지식의 숲.

모린 사와 저. 서은미 역. 2012.『도서관의 역사』. 아카넷주니어.

스튜어트 A.P. 머레이 저. 윤영애 역. 2012.『도서관의 탄생』. 예경.

피터 왓슨 저. 남경태 역. 2009.『생각의 역사 I』. 들녘.

곽철완. 2016.『도서관의 역사』. 조은글터.

남태우. 2005.『도서관의 신 헤르메스를 찾아서』. 창조문화.

송승섭. 2019.『문명의 뇌, 서양 도서관의 역사』. 조은글터.

18

디아스포라
(Diaspora)

디아스포라는 '흩어버리다'라는 의미의 그리스어 동사 디아스페이로(διασπείρω)에서 파생된 명사이다. 인종적으로나 종교적으로 동일한 기원을 가지고 있지만 여러 지역에 흩어져 살고 있는 특정한 사람들의 무리를 가리킨다. 디아스포라는 본래 이스라엘 땅을 떠나 타 지역으로 흩어진 유대인 공동체를 의미했다. 후에는 헬라 제국 내 여러 지방에 흩어져 있던 그리스 사람들을 지칭하는 용어로 오랫동안 사용되었다. 오늘날 디아스포라는 모국을 떠나 타지에 흩어져 살고 있는 다양한 민족 그룹을 표현하는 보편적인 용어로 사용되고 있다.[1]

어원적 의미

유대인의 디아스포라가 처음으로 언급된 것은 히브리어 구약성서를 헬라어

---

1 예를 들면, 해외에 흩어진 한국사람들을 의미하는 Korean Diaspora, 세계 여러 곳에 흩어져 사는 아일랜드 사람들을 의미하는 Irish Diaspora, 흩어진 팔레스타인 아랍사람들을 의미하는 Palestine Diaspora 등.

로 번역한 『칠십인역(*Septuagint*)』이었다.(신명기 28장 25절)[2] 하지만 히브리어 원문에는 디아스포라에 해당하는 히브리어 용어를 찾아볼 수 없다. 디아스포라를 의미하는 히브리어 어휘가 제시된 구약성서 본문은 신명기 28장 64절이다. 이스라엘 자손들을 만민 중에 '흩어버리다'는 의미로 사용된 히브리어 동사 헤피쯔(הפיץ)를 『칠십인역』은 디아스페이로(διασπείρω)로 번역하고 있다. 이 본문에 근거하면 디아스포라에 해당하는 히브리어 어휘는 헤피쯔에서 파생된 명사 테푸짜(תפוצה)이다. 테푸짜는 유대인들이 자신들의 이산을 표현하는 두 개의 히브리 어휘 중 하나이다. 테푸짜는 디아스포라의 어원적 의미처럼 말 그대로 흩어져 있는 상황을 묘사한다. 그러나 유대인들의 입장에서 그들의 흩어짐은 단순한 이산의 상태 그 이상을 의미한다. 유대인들의 흩어짐은 자신들이 원했던 바가 아니라 외부 세력에 의해서 야기된 것으로, 유대인들이 자신들의 땅에서 쫓겨나 타국으로 끌려간 것에 기인했다. 이런 문맥에서 유대인들이 주로 사용하는 디아스포라의 의미에 해당하는 히브리어 어휘는 '사로 잡아 가다'라는 히브리어 동사 히글라(הגלה)에서 파생된 명사 갈룻(גלות)이다.[3] 테푸짜가 어원적으로 유대인들의 지정학적인 흩어짐을 의미하는 반면에 갈룻은 본래 삶의 터전에서 뿌리가 뽑힌 상태를 의미한다. 테푸짜는 때때로 긍정적인 뉘앙스의 자의적인 흩어짐은 아니었지만 유대인들이 그렇게 흩어진 것은 특정한 상황하에서 정치적 영향력이나 우위를 의미할 수도 있었다. 그러나 갈룻이 가지는 뉘앙스는 긍정적이지 않다. 유대인들에게 갈룻은 단순히 유대민족의 이산이 아니라, 유대민족 전체 내지 상당수가 유대인들의 영원한 고향인

---

2 칠십인역에는 보통 39권으로 알려지는 구약성서 외에 몇몇 다른 책들이 포함되어 있다.

3 같은 동사에서 파생된 골라(גולה)도 디아스포라에 상응하는 용어이다. 갈룻(복수 גלויות 갈루욧)이 이스라엘 바깥 지역에 흩어져 사는 유대인 공동체를 좀 더 의미한다면, 골라는 유대인들이 흩어져 사는 그 지역을 좀 더 의미한다.

이스라엘 땅에서 내쫓겨 있는 상태를 의미했다. 그것은 유대교에서 하나님을 반역한 이스라엘 민족에게 주어진 최고의 형벌이었다. 갈룻을 파생시킨 히브리어 동사 히글라가 등장하는 신명기 28장은 흔히 축복과 저주의 장으로 불린다. 28장 직전까지 제시된 하나님의 모든 율법을 이스라엘이 순종하면 대대손손 복을 받게 되지만 불순종하면 저주를 받게 될 것을 선포하는 본문이다. 자신들의 땅에서 뽑혀 만민 중에 흩어지는 것은 34장으로 구성된 신명기 가운데 가장 긴 본문을 가진 28장의 마지막 부분에서 저주의 절정으로 제시되었다.

메소포타미아 유대 디아스포라

유대 민족의 디아스포라는 긴 역사를 가지고 있다. 최초의 유대 디아스포라는 기원전 722년 10 지파로 구성된 북이스라엘 왕국이 멸망하면서 시작되었다. 아시리아 제국(Neo-Assyrian)의 사르곤 2세가 북 왕조를 붕괴시키고 그 백성들을 아시리아 제국의 여러 지역으로 강제 이주시켰다. 그러나 엄격한 의미에서 메소포타미아 지역 유대 디아스포라는 기원전 6년 초반에 본격화되었다. 바빌로니아 제국(Neo-Babylonian)의 네부카드네짜르 2세는 세 차례에 걸쳐 남유다 왕국의 포로를 메소포타미아로 끌고 갔다. 기원전 605년 제1차 포로 이송 당시에는 남 유다의 왕족과 귀족들이 바빌로니아로 잡혀갔다. 다니엘도 이때 동료들과 함께 바빌로니아로 끌려갔다. 기원전 597년 제2차 포로 이송에는 여호야긴 왕과 가족 그리고 주변 사람들이 약 11,000명의 군인, 관리, 기술자들과 함께 포로로 잡혀갔다. 제사장 에스겔 선지자도 이 때 바빌로니아로 끌려갔다. 기원전 586년 제3차 포로 이송은 예루살렘이 함락되고 성전이 파괴된 후에 발생했다. 약 30개월 간의 포위 끝에 예루살렘 성을 함락시킨 바빌로니아 왕은 엄하게 유대인들을 다스렸다. 마지막 유다 왕 시드기야는 눈알을 뽑힌 채 사슬에 묶여 바빌로니아로 끌려 갔고, 포로로 잡힌 여러 관리들은 사형에 처해졌다. 예레미야는 약 4,600명의 유대인이 바빌로니아로 끌려갔다고 기록했다.

메소포타미아에서 약 70년간 포로생활을 했던 유대인들은 바빌로니아가 멸망한 후에 유대 땅으로 되돌아올 수 있었다. 바빌로니아를 멸망시킨 페르시아 제국은 새로운 유민정책을 추진했다. 유대인들을 포함하여 여러 나라에서 끌려온 포로들에게 자신들의 땅으로 되돌아 갈 수 있도록 허락한 것이다. 그러나 메소포타미아에 정착했던 유대인들이 모두 고향으로 돌아간 것은 아니다. 이 때부터 유대인들에게는 이스라엘 땅과 바빌로니아 지역, 두 개의 문화중심지가 생기게 된다. 유대인들의 대표적인 기록문화유산 탈무드도 이스라엘 땅과 바빌로니아 지역 두 군데에서 편찬되었다.[4] 메소포타미아 지역의 유대 디아스포라는 이후 수천년 간 이 지역을 지배했던 다양한 권력들 아래서 특별한 존재감을 드러내지 못하고 그 명맥만을 이어왔다. 영국의 신탁통치하에서 1920년에 실시된 인구조사에 따르면 이라크에는 87,488명의 유대인이 살고 있었다. 1948년 이스라엘 건국 후 약 120,000명의 유대인이 현지의 시민권과 재산에 대한 모든 권리를 포기하고 이스라엘로 귀환했다. 계속 남아 있던 유대인들은 1991년 걸프전쟁이 끝난 후에 대부분 이라크를 떠났고, 2008년에는 이라크에 대략 8명의 유대인이 남아 있는 것으로 보고되었다.

이집트 유대인의 디아스포라

고대 유대인 디아스포라의 또 다른 중심지는 이집트였다. 구약성서에 따르

---

4 각각 예루살렘 탈무드, 바빌로니아 탈무드로 명명된다.

면 예루살렘 멸망 이후 유대인들은 바빌로니아의 통치를 거부하고 이집트로 도주했다.(열왕기하 25:26; 예레미야 43:5-7) 엘레판틴 문서에 따르면, 기원전 5세기 상부 이집트에 '야훼 성전'이 있었다고 한다. 그러나 상부 이집트 지역에서의 유대인 디아스포라는 역사적 명맥을 잇지 못했다. 이집트 지역으로의 새로운 유대인 이주는 톨레미 왕조 때 알렉산드리아에 집중되었다. 알렉산드로스 대제의 동료이자 역사가였던 톨레미는 유다 지역을 점령한 후 120,000명의 유대 포로를 알렉산드리아 지역으로 데리고 왔다. 나중에 유대인들은 포로 신분에서 해방되었고 이 비옥한 지역에서의 자유로운 삶이 알려지면서 더 많은 유대인들이 알렉산드리아로 이주하게 되었다. 알렉산드로스가 자신의 이름을 따서 이집트의 수도로 건설한(기원전 331년경) 알렉산드리아에는 다섯 개의 구가 있었는데 이 중 두 개의 구를 유대인들이 장악하고 있었던 것으로 알려진다. 이런 배경하에 1세기의 알렉산드리아는 고대 세계 최대의 유대인 디아스포라가 되었다.

중세 유대인의 디아스포라

헬라제국에 이어 로마가 동지중해 지역의 패권을 장악하자 유대인 디아스포라는 새로운 국면을 맞이했다. 로마의 식민 통치를 거부했던 유대인들은 66년과 132년에 독립을 위한 반란을 일으켰다. 그러나 이 반란은 성공하지 못했고 이후 유대인들은 자신들의 땅에서 쫓겨나 로마제국 전역으로 흩어졌다가 전 세계를 떠도는 긴 방랑을 시작했다. 중세를 거치면서 흩어졌던 유대인들은 세계의 여러 지역에서 디아스포라 중심지를 형성했다. 아쉬케나지 유대인은 현재의 독일과 프랑스 북동부 지역에 정착했다가 나중에 동유럽으로 흩어져 들어간 유대인들 및 현지 유럽인들과 혼혈로 섞였다. 이들은 유럽적 외모를 가지고 있지만 유전학 연구 조사는 아쉬케나지 유대인들 모두의 조상이 중동지역 출신임을 말해준다. 스파라디 유대인은 조상이 스페인이나 포르투갈에 살았던 유대인들의 후손이다. 1492년 기독교로 개종을 거부했던 수십만의 유대인들이 알함브라 칙령에 의하여 스페인에서 추방되었다. 이들은 자신들을 받아 주는 일부 유럽 국가들과 오스만튀르크 제국의 영토로 흩어졌고, 북부 아프리카 마그레브 지역과 아메리카 신대륙으로도 이주했다. 미즈라히 유대인은 중동과 중앙 아시아 및 코카서스 지역에서 공동체를 형성하고 살았던 유대인들이다. 동쪽을 의미하는 미즈라히는 처음에는 바빌로니아 지역의 유대인들을 의미했지만 지금은 이라크계, 시리아계, 레바논계, 페르시아계, 아프

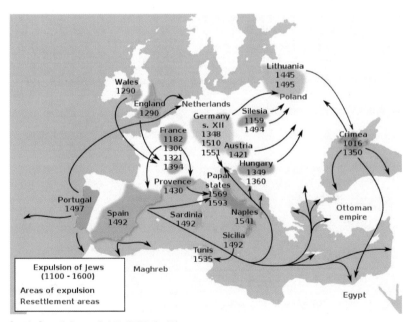

[그림 1] 12세기~17세기 유대인들의 이산.
출처: https://commons.wikimedia.org/wiki/File:Expulsion_judios–en.svg)

가니스탄계, 부카리계, 쿠르드계, 그루지야계 유대인들을 통칭한다. 테마님은 이스라엘로 귀환하기 전에 예멘에 살고 있던 유대인들이었다. 이들은 수세기에 걸쳐 타 지역 유대 디아스포라와 지리적으로나 사회적으로 분리되어 지내오면서 자신들만의 독특한 예배 의식과 관습을 발전·유지 할 수 있었다.

현대의 유대인 디아스포라

오늘날 유대 디아스포라의 중심은 미국이다. 최근까지도 미국에 사는 유대인들의 숫자가 이스라엘 땅에 거주하는 유대인들의 숫자보다 많았다. 미국을 향한 유대인 이주가 본격화된 것은 1880년대부터였다. 동유럽과 러시아 제국에서 빈번하게 자행된 유대인 박해와 경제적인 어려움을 피해 새로운 기회의 땅으로 옮겨 간 것이다. 19세기 후반부터, 미국이민이 제한되기 시작한 1924년까지 약 200만명의 유대인들이 미국 땅을 밟으면서 미국은 오늘날 최대의 유대인 디아스포라가 되었다. 약 700만명의 유대인 디아스포라는 미국의 정치·경제·사회·문화 전반에서 광범위한 영향력을 행사하면서 자신들의 모국 이스라엘을 지원하는 강력한 세력을 형성하고 있다.

유대인 디아스포라와 이스라엘

유대인 디아스포라는 근본적으로 이스라엘 땅을 전제로 나타난 현상이다. 유대인들은 "엔 라누 에레쯔 아헤렛 אין לנו ארץ אחרת"(우리에게는 다른 땅이 없다)라고 말한다. 한 때 유대인 문제로 고민하던 국제사회가 이스라엘 땅이 아닌 타 지역에 유대인 국가 건설의 아이디어를 제시했지만 유대인들에 의해 거부되었다. 수천 년의 디아스포라 생활을 마치고 고향으로 돌아온 유대인들이 초기에 했던 일은 상징적인 의미를 가진다. 지중해 해변의 모래 땅에 새로운 도

[그림 2] 출처: https://commons.wikimedia.org/wiki/File:Arch_of_Titus_Menorah.png

시 텔아비브(תל אביב)를 세운것이다. 텔아
비브는 2,500년 전 바빌로니아로 끌려
갔던 유대인들이 정착했던 메소포타미
아의 지명이다. 이 도시는 바빌로니아의
언어였던 아카드어로 '홍수의 언덕'을
뜻한다. 바빌로니아 제국이 유다 포로
들을 정착시켰던 그곳은 사람이 살기에
적합하지 않았다. 홍수가 빈번하여 척박
하고 암울한 지역이었다. 유대인들은 디
아스포라의 텔아비브를 이스라엘 땅에
다시 세웠다. 히브리어로 '봄의 언덕'을
의미하는 텔아비브는 오늘날 경제 중심

[그림 3] 티투스 개선문의 부조에 묘사된 메
노라. 유대인들의 이산처럼 전리품이 된 메
노라도 이방 땅으로 실려 나갔다. 현대 국가
이스라엘은 메노라를 국장으로 정했다. 메
노라가 다시 이스라엘로 돌아왔다는 의미로
디아스포라에서의 회복을 상징한다

지로서 국제법상 이스라엘의 수도이다. 이스라엘 인구의 절반이 텔아비브를 중심으로 살고 있다. 텔아비브는 유대인 디아스포라와 이스라엘 땅을 시 · 공간적으로 연결하는 상징이다. 2,500년 전 메소포타미아에서 시작된 유대인 디아스포라는 오늘날 이스라엘 땅으로 여전히 이어지고 있는 것이다.

키워드

테푸짜, 갈룻, 남 유다 왕국, 바빌로니아 제국, 톨레미 왕조, 아쉬케나지, 스파라디, 미즈라히, 텔아비브

집필자: 신성윤

참고문헌

Dimont, Max I. 2004. *Jews, God and History*. 김구원 역. 2019. 『책의 민족』. 서울: 교양인.

Dufoix, Stephane. 2016. *The Dispersion: A History of the Word Diaspora*. Brill.

Gruen, Erich S. 2009. *Diaspora: Jews Amidst Greeks and Romans*. Harvard University Press.

Stern, Menahem. 1974. "Diaspora". *Encyclopaedia Judaica*. Vol. 6. pp. 8-19.

https://ko.wikipedia.org/wiki/%EB%94%94%EC%95%84%EC%8A%A4%ED%8F%AC%EB%9D%BC (검색일자: 2020년 6월 1일)

https://namu.wiki/w/%EB%94%94%EC%95%84%EC%8A%A4%ED%8F%AC%EB%9D%BC (검색일자: 2020년 6월 1일)

19

레판토 해전
(The Battle of Lepanto)

1571년 10월 7일 오전, 레판토의 파트라스만 입구에서 신성동맹과 오스만제국이 해전을 벌였다. 갤리선 400척과 10만 명 이상의 군인이 동원된 해전에서 신성동맹은 승리했다. 비잔티움 제국이 멸망한 이후 지중해의 육지와 바다에서 지속적으로 수세에 몰려있던 기독교세계는 이슬람에 대한 오랜 공포심에서 벗어날 수 있었다. 또한 유럽기독교세계는 레판토 해전의 승리로 서부지중해에 대한 제해권(制海權)을 유지할 수 있었다.

서유럽의 연구자들은 레판토 해전을 이슬람문명권과 기독교문명권의 충돌이라는 관점을 중심으로 해석하면서 후자의 위대한 승리와 그 역사적 의미들을 집중적으로 강조하였다. 말하자면 서부지중해의 유럽은 레판토 해전의 승리로 이슬람문명의 대대적인 공세를 막아내면서 오랜 공포와 열등감에서 벗어날 수 있게 되었으며 무엇보다 오스만제국의 위협적인 팽창정책을 저지할 수 있었다는 것이다. 이후 신성동맹과 오스만제국은 휴전조약을 체결하고 각자 지중해를 떠나 유럽대륙과 페르시아 문제에 집중하였다. 이는 두 강대국이 절묘한 세력 균형을 이룬 결과였다.

브로델의 평가

후대의 역사가들은 레판토 해전을 역사적인 의미보다 하나의 '사건'으로 축소 해석하고 있다. 심지어 볼테르도 전쟁의 성과를 판단하는 기준인 영토의 획득이 수반되지 않았다는 점을 들어 특별할 것 없는 사건으로 폄하했다. 현대의 역사가들도 대체적으로 볼테르의 입장에 동조하고 있다. 정리할 때 기독교세계의 보편적인 관점에 따르면, 레판토 해전으로 기독교세계와 오스만제국 간의 세력 균형이 심각하게 붕괴된 것은 아니었으며 1574년의 튀니스 탈환도 두 세력 간 균형에 변화를 가져오지 않았다. 이러한 해석은 레판토 해전과 오스만제국의 튀니스 탈환을 개별적인 사건으로 보지 않고 하나의 '역사적 블록'으로 보려는 관점으로 이어졌다. 브로델은 이 블록을 '16세기 대규모 해전의 종식'으로 규정했다.

16세기 지중해 세계의 구조를 연구한 페르낭 브로델은 1571년 레판토 해전의 결과가 기독교세계의 패권과 유지로 연결되지 못했음을 지적했다. 오히려 그는 1574년에 오스만제국이 라굴레트와 튀니스를 점령한 사실을 지적하면서 지중해에서의 해전이 이슬람세계의 승리로 종식되었다고 주장했다.

그럼에도 레판토 해전에서 거둔 기독교세계의 승리가 전혀 무의미했던 것만은 아니었다. 브로델에 의하면, 기독교세계는 레판토 해전의 승리로 오스만제국에 대한 열등감에서 벗어날 수 있었는데, 그 결과 오스만제국에 붙잡혀 함선의 노잡이를 했던 기독교 신앙의 노예들을 해방시켜 유럽 갤리선 함대의 전력을 강화했으며, 기독교세계의 해적들은 자신들의 활동무대를 동부지중해로 확대할 수 있었다. 이러한 변화는 레판토 해전 이전의 상황과는 확연히 달라진 것이었다.

레판토 해전을 하나의 '사건'으로 해석한 브로델은 오히려 그 '사건'의 이면에서 진행된 '국면변동(Conjoncture)'에 주목하면서, 이를 통해 지중해 역사의 큰 흐름을 조망했다. 브로델은 경제가 나쁠 때는 외전(外戰)이 일어나고 경제가 좋을 때는 내전(內戰)이 발생한다는 도식을 전제로, 이를 레판토 해전과 튀니스 해전(1574)에 적용했다. 그는 두 전쟁 모두가 지중해의 경제가 침체기에 있을 때 벌어진 사건들이라고 했다. 반면 1575년부터 지중해 경제가 개선되면서 두 세계는 브로델의 도식대로 참혹한 내전으로 빠져들었다. 말하자면 에스파냐를 비롯한 기독교유럽은 오스만제국과의 전쟁을 포기하고 기독교세계 내의 종교전쟁에 휘말렸고, 오스만제국은 숙적인 페르시아와의 전쟁을 벌이면서 수니파와 시아파의 내전이라는 종교전쟁에 빠져드는 거대한 국면변동에 직면하였다.

이처럼 레판토 해전은 브로델의 관점에서 볼 때, 이것이 어떤 역사적 '결과'를 동반했든지 간에 거대한 역사의 흐름에는 큰 영향을 주지 못한 '사건'에 불과했다. 결과적으로는 레판토 해전과 튀니스 해전 이후 기독교세력과 오스만제국이 각각 자신들의 내부로 시선을 돌림으로써 지중해 세계에는 평화가 찾아왔다. 그리고 결과적으로 그리스도교 세계는 레판토 해전의 승리를 통해 오스만제국과 세력균형을 이루었고, 이를 발판으로 기독교문명의 중심은 지중해에서 대서양으로 옮겨졌다.

그럼에도 이러한 해석은 지중해, 즉 기독교유럽문명권과 이슬람문명권이 공존하던 지중해가 아니라, 오직 유럽문명의 관점에서 해석된 것이었다. 다시 말해 지중해 세계에서 빈번하게 벌여졌던 충돌과 교류의 결과와는 관계가 없는 것처럼 설명되었다.

문명교류의 레판토

16세기의 레판토 해전과 같은 동지중해의 해양 무력충돌을 설명할 때, 기독교유럽의 승리에 큰 의미가 없다는 주장도 함께 제기되었다. 레판토 해전이후에도 기독교유럽과 오스만제국 간에는 군사적 충돌이 빈번했다. 기독교유럽은 승리보다 더 많은 패배를 경험했으며 레판토 해전 이후에도 오스만제국의 해군력은 동지중해에서 결코 약화되지 않았다.

레판토 해전 이후 이슬람문명에 대한 유럽문명의 상대적 우월주의는 과도한 해석이다. 이러한 판단의 근거는 신성동맹이었는데, 이는 기독교인들 간 결속의 상징으로서 레판토 승리의 원동력으로 간주되었다. 그럼에도 이러한 논리는 기독교문명이 이슬람문명에 비해 우월하다는 주장의 충분한 근거는 되지 못한다. 신성동맹도 한시적으로 각 기독교세력들의 이해관계를 대변하였을 뿐이다.

뿐만 아니라 레판토 해전을 이질적이고 적대적인 문명 충돌로 보는 견해 역시 두 문명이 끊임없이 교류했다는 여러 증거들 앞에서 설득력이 없다. 레판토 해전 이전에 이미 오스만제국과 베네치아, 제노바 간에는 인적 물적 교류가 활발했고, 충돌의 시기에도 협상을 통해 서로의 이해관계를 조율하고 있었다. 지중해의 두 문명권은 이질적이긴 했지만 상호간 유기적인 상관성을 가지고 서로에게 영향을 미치면서 상리의 공생관계를 형성하고 있었다. 지중해문명의 정체성은 이러한 문명권 간 차이와 관계의 상관성에 의한 복합성을 기반으로 설정되었다. 지중해는 이질적인 문명들의 지속적인 교류로 소통된 시, 공간이었다. 16세기 동지중해의 경우 잦은 무력충돌에도 불구하고 기독교문명과 이슬람문명 간 다양한 차이에 근거한 상생의 관계구도는 분명했다. 레판토 해전은 16세기 지중해를 양분한 두 문명권 간 관계균형을 확인시켜주는 의미

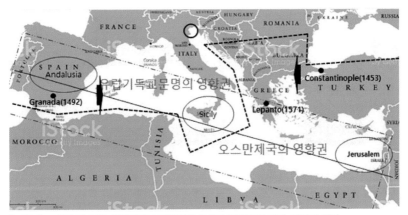

[그림 1] 15세기 말 이후 유럽기독교 문명권과 이슬람 문명권의 지리, 문화적 경계

를 가지고 있었으며 이 시기에 이탈리아 남부와 시칠리아는 두 문명권간 경쟁과 충돌의 중심이자, 교류와 교역의 열린 경계였다.([그림 1] 참조)

레판토해전 이후 지중해가 교역이나 문명교류에서 다소 쇠퇴한 것은 전쟁으로 인한 쇠퇴가 아니라 신대륙의 발견과 원거리 항해에 따른 신대륙과의 대규모 교역으로 해상교역활동의 중심축이 지중해에서 대서양으로 옮겨갔기 때문이다.

키워드

레판토 해전, 신성동맹, 오스만제국, 갤리선, 페르낭 브로델, 튀니스 해전, 국면변동 (conjoncture)

집필자: 최춘식

참고문헌

김웅종. 2013. "지중해문명의 종언: 레판토해전을 중심으로". 『군사』 제 88호. 국방부군
　　사편찬연구소.

이학수. 2013. "레판토 해전의 승리는 기독교 문명의 승리인가?". 『역사와 세계』 44집.
　　효원사학회.

최춘식. 2019. "한국의 지중해문명 연구 동향과 그 담론적 쟁점". 『지중해지역연구』 제
　　21권 1호. 지중해지역원.

볼프강 슈말레, 박용희 옮김. 2006. 『유럽의 재발견-신화와 정체성으로 보는 유럽의 역
　　사』. 을류문화사.

Angus Konstam, *Lepanto 1571. 2003. The Greatest Naval Battle of the Renaissance*. Os-
　　prey Publishing,

Fernand Braudel. 1985. *La Mediterranee et le monde mediterraneen a l'epoque de Philippe
　　II*. Tome 2. Armand Colin.

20

로마 건축
(Roman Architecture)

로마 건축의 전통은 세계적인 제국으로 성장한 로마인들의 역사를 통해 확인할 수 있다. 로마 제국의 역사에서 건축은 독자적으로 발전된 것이 아니라 정복과정에 동반된 문명 간 교류를 통해 다른 지역들의 선례를 종합한 결과였다. 로마는 서양 건축의 규모와 내용에 있어 위대한 업적을 남겼다.

전반적으로 고대 로마의 건축은 그리스와 헬레니즘 양식들의 영향을 받았다고 할 수 있다. 반면 로마는 아치, 볼트, 돔이라는 구조기술을 사용해 독자적인 건축 전통도 발전시켰다. 실용성을 중시했던 로마 건축의 대표적인 사례는 신전, 궁전, 주택, 극장, 투기장, 욕장, 시장, 기념문, 도로나 수로 등 주로 도시 생활을 위한 시설들에서 잘 드러난다.

고대 로마문명과 건축기술

로마 제국의 전성기는 로마 건축의 발전과 맥을 같이 한다. 건축이 중요한 통치 수단이 되었음을 방증하는 것이었다. 로마 건축은 독자적으로 성립되었다기보다는 다른 피정복민들의 선례를 종합적으로 고려한 결과라 볼 수 있다.

로마 건축은 초기에, 그리스와 에트루리아인들의 건축을 모방함으로써 구

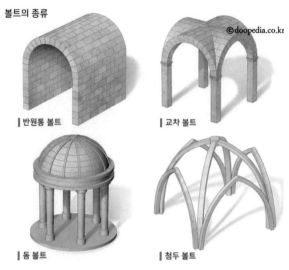

볼트의 종류

©doopedia.co.kr

| 반원통 볼트

| 교차 볼트

| 돔 볼트

| 첨두 볼트

[그림 1] 건축용 볼트의 다양한 유형들

조실용주의적인 관점을 드러냈다. 가장 실용적인 건축물이 가장 로마다운 건축임을 알리는 데 결정적 역할을 했던 핵심적인 건축술인 아치와 볼트 그리고 돔은 서양의 많은 건축유산들에 적용되었다.

아치 기술은 기원전 4000년경 메소포타미아에서 성립된 후 에트루리아인들의 건축에 활용되었고 로마 건축에 이르러 완성된 형태로서 일반화되었다. 아치는 폭이 넓지 않은 유럽의 강들에 적합한 다리와 수도를 건설하는데 효과적인 기술이었다.

아치에서 발달된 기술 볼트(Vault)는 고대 이집트와 근동지방에서 시작되었지만 거대한 공간의 건축양식으로 볼트를 활용한 것은 로마인이었다. 아치를 길게 늘려 3차원 공간으로 연출한 것이 볼트이다. 아치로 다리와 수로를 완성했다면, 복도나 통로 그리고 지하시설을 비롯한 각종 저장시설은 볼트의 기술을 적용한 결과물이었다. 원형 극장도 볼트 기술을 적용한 건축물이었다. 이 극장의 구조는 오늘날 대형 경기장 건축의 기준으로 활용된 이후 서양 문명 2천년의 기간 동안 지속적으로 반복 사용되고 있다.

아치를 회전시키면 돔이 된다. 선형 공간의 볼트와는 달리, 돔은 원형 공간을 덮는 천장구조였다. 로마인들은 기존의 조적 방식을 기술적으로 보완해 완벽한 반구 천장을 만들었다.

기원전 500년경 에트루리아의 지배에서 벗어나 공화정체제를 확립한 로마는 군사력과 정치력을 바탕으로 독자적인 문화 전통의 초기 형태도 갖춰나갔다. 그리스를 정복한 로마문명은 스스로의 필요에 따라 그리스인들의 건축 양식을 변화시켜 로마 건축을 만들어 냈고, 제국이라는 거대한 권력으로 성장한 후에는 이를 영국, 스페인, 페르시아 만, 그리고 카스피 해에 이르기까지 그 적용 범위를 확대했다.

고대 로마 건축물의 진행과정 및 결과물

이탈리아반도의 최초 문명은 기원전 900년경 에트루리아인들에 의해 성립되었다. 이들의 대표 건축물은 무덤, 신전, 성벽이었다. 로마 건축의 구조기술과 실용주의 성향은 이들로부터 유래했다.

공화정 말기에 대중 정치의 시대가 열리면서 이를 계기로 로마의 건축문화는 새로운 전기를 맞이했다. 우아하고 숭고한 느낌의 그리스 신전을 모방하는 수준에서 벗어나 현실 참여의 실용적 형태가 등장하기 시작했다. 사실상 로마의 건축물은 콘크리트 구조라 할 수 있다. 철학가 알프레드 노스 화이트헤드 (Alfred North Whitehead)는 "지금까지 인류가 만들어 낸 것들 중 가장 위대한 기술의 발전이 로마제국을 존재하게 했다."라고 했다. 이러한 기술 발전에는 아

[그림 2] 콜로세움의 아치와 기둥　　　　[그림 3] 볼트 도입으로 완성된 복도 공간

치, 볼트, 돔과 같은 공학적인 혁신이 그 중심에 있었다. 로마인들은 콘크리트를 발명해 목욕탕에서 대성당에 이르는 대규모 건축물을 건설했다. 로마인들은 "양식이 있으면 퍼져 나갈 것이다."라는 구호처럼 템스 강에서부터 나일 강까지 그들만의 독자적이고 통일성 있는 건축 유적들을 남겼다. 정치 및 종교의 시설들로부터 냉온수를 갖춘 배관설비, 공중 화장실, 경기장과 광장 등의 공공시설에까지, 로마는 정복과 공존의 역사를 통해, 자신들의 이름으로 후대에 남겨질 위대한 건축문명을 이룩했다.

　로마 건축이 이룩한 대표적 업적에는 상수도 시설도 있다. 발전된 수도교는 100만 인구의 로마 도시에 물을 공급했고, 당시 건설된 수도교와 수도관은 현재까지도 일부 지역에서 여전히 사용되고 있다. 수도교를 통한 수돗물은 도시와 마을로 흘러들어와 다시 하나의 수도로 빠져나가는 순환 과정을 통해 로마 문명의 선진화에 기여했다.

"모든 길은 로마로 통한다."는 표현이 건축에 적용된다면 "모든 양식은 로마로 통한다."로 요약될 수 있다. 로마를 상징하는 대표적인 건축물에는 콜로세움(Colosseum, 72년~80년)이 있다. 콜로세움의 본래 명칭은 '플라비우스 원형경기장(Amphitheatrum Flavium)'이었으며, 고대 로마 유적지 중 가장 규모가 컸다. 이 유적은 최대지름 188m, 최소지름 156m, 둘레 527m, 높이 57m의 총 4층 높이로 된 타원형 건축물이다. 공학 기술의 기념비라고 여겨지는 콜로세움의 내부는 약 5만 명을 수용하는 6층의 계단식 관람석이 4층에 걸쳐 80개의 아치(도리스 양식, 이오니아 양식, 코린트 양식)에 의해 지지된 형태로 펼쳐져 있다. 이러한 콜로세움의 건축 구조는 오늘날의 대형 경기장에도 응용되고 있다.

로마시대 건축미학의 절정은 판테온(Pantheon)이다. 다신교 사회였던 로마의 신전으로 사용되다가 7세기 가톨릭 성당으로 개축되었다. 판테온은 그리스풍의 바닥과 코린트 양식의 기둥을 사용한 그리스 양식의 건축물이었으며, 천장의 로톤다(원형)는 토목 기술의 완성판이라 평가받는 순수 로마 양식이었다. 두 양식의 통합은 르네상스 시대의 베드로 성당부터 팔라디오나 토머스 제퍼슨의 디자인에 이르기까지 후대에 세워진 많은 건축물의 모델이 되었다.

┌─키워드─┐

로마 건축, 실용주의, 구조주의, 콘크리트, 아치, 돔, 볼트, 콜로세움, 수도교, 수로

집필자: 김희정

참고문헌

Bill Risebero 저, 오성덕 역. 2020. 『서양 건축 이야기』. 한길사.

디트마르 피이퍼, 요하네스 잘츠베델 저. 이은미 역. 2018. 『만들어진 제국, 로마』. 21세기북스.

코우다 미노루, 사이토 시게사부로 저. 조민경 역. 2016. 『일러스트 자료 세계의 건축』. 에이케이커뮤니케이션즈.

임석재. 2003. 『땅과 인간: 그리스 로마 건축』. 북하우스.

정태남. 2013. 『건축으로 만나는 1000년 로마』. 21세기북스.

21

로마 유리
(Roman Glass)

유리의 기원에 대해서는 여러 학설이 존재한다. 학자들에 따르면 대체로 유리 제조는 기원전 3000년경 시리아-팔레스타인에서 시작되어 기원전 1500년 경에 이집트에서 발달했다. 메소포타미아 지역에서는 기원전 2300년~기원전 2000년경 유리 막대기와 청색 유리가 만들어졌다. 거푸집을 이용해 만들어진 최고(最古) 유리 용기는 이집트 투트모시스 3세(재위 기원전 1479년~기원전 1425년)의 세 명의 외국 출신 부인묘에서 출토되었다. 일부 학자들은 이 5개의 유리 용기들이 시리아-팔레스타인 지역에서 투트모시스 3세 시대에 이집트로 유입된 것이라고 주장한다.

기원전 1525년부터 기원전 50년까지 지중해에서 생산된 코어형 유리그릇은 가장 많이 생산되고 널리 보급되었다. 코어형 유리 용기는 일반적으로 크기가 작고 불투명하며 향수, 향유, 화장품을 보관하도록 설계되었다. 가장 흔한 모양은 알라바스트라(Alabastra, 향수나 마사지 오일을 담기 위해 사용되는 작은 형태의 도자기나 유리그릇), 암포리스코스(amphoriskos, 작은 형태의 암포라 용기), 아리발로스(Aryballos, 좁은 목을 가진 작은 구형 또는 구형 플라스크), 렌토이드 아리발로스(lentoid aryballos, 코발트 코어 형성 유리로 만든 용기), 오이노코아이(oenochoe, 주전자형 병), 헬레니즘 시대의 후드리스카이(Hudriskai, 세 개의 손잡이가 있는 플라스크), 운구엔타리아 (Unguentaria, 오일 용기용 작은 유리병) 등이었다.

이와 같은 유리 제조는 헬레니즘 시대의 기술 전통에 의해 더욱 발달했다. 헬레니즘 시대의 유리 제조는 고전 고대와 후기 청동기 시대의 기술적 전통에 바탕을 두었으나, 엘리트계층을 위해 만들어진 사치품의 제한적인 생산에서 하층계층이 사용하는 저렴한 유리그릇의 대량 생산으로 전환함으로써 두드러 졌다.

기원전 3세기 후반에는 문자 그대로 천 송이의 꽃인 '밀레피오리'로도 알려 진 모자이크 유리가 등장했다. 이 그룹은 주로 융해되고 구부러진 넓은 접시 와 수직으로 튀어 나온 테두리 또는 반구형 그릇이 있는 얕은 접시들로 구성 되었다. 모자이크 유리 생산의 하위 그룹은 오닉스(Onyx)를 모방한, 구불구불 하거나 나선형 장식 무늬가 있는 '네트워크' 또는 '레이스 워크' 반구형 사발 과 그릇들이었다. 종종 이 그릇들은 나선형의 꼬인 실로 된 단일 '네트워크' 지 팡이들로, 테가 형성되어 있어 '줄무늬' 효과를 주었다.

유리제조의 기원

모자이크 유리 공법의 기원은 기원전 15세기 텔-알-리마(Tell-al-Rimah), 아 콰르 큐프('Aqar Qūf), 말릭(Marlik)과 같은 메소포타미아 유리 제조소까지 거슬 러 올라간다. 당시의 모자이크 기법은 정교하지는 않았다. 기원전 322년 알렉 산드로스 대왕에 의해 이집트에 알렉산드리아가 건설된 후 정교한 모자이크 그릇들이 생산되기 시작했다.

기원전 2세기 초반에는 주로 반구형 또는 원뿔모양과 비슷한 단색 음료 용 기들이 만들어졌다. 이들은 시리아-팔레스타인 연안에서 상당히 많은 양이 생산되어 지중해 전역에서 광범위하게 거래되었다. 초기에는 선명한 녹색, 갈색 또는 무색의 유리로 만들어졌고, 나중에는 종종 녹색, 황색, 청색 또는 와인색의 유리로 제조되었다. 저렴한 기술을 사용된만큼 대규모 생산이 가능했다.

로마시대의 유리

로마 시대에 들어오면서 유리 생산은 더욱 활발해졌다. 로마의 유리 생산은 헬레니즘 기술 전통에서 발전했다. 최초의 로마 유리에는 강한 색상과 모자이크 무늬 유리가 사용되었다. 공화정 후기에는 수십 개의 단색화와 레이스 장식이 융합된 고색창연한 줄무늬 새 제품이 도입되었다. 1세기 초에는 반투명한 색상의 미세한 제품뿐만 아니라 무색의 미세한 제품들도 선보였다. 특히 에메랄드 그린과 공작 블루는 이 시기에 새롭게 소개된 색상이었다. 하지만 같은세기 말경에는 유리에 강한 색상을 사용하는 풍속이 사라졌다.

유리 제품들은 로마 제국 전역에서 발견되었다. 또한 유라시아 대륙의 광활한 지역에서도 다양하게 분포하여 발견되고 있다. 동쪽에서는 중국 및 한국을 비롯해 일본과 필리핀에서도 로마 유리 진품과 모조품 그리고 변형품들이 산재했었다.

로마의 유리 생산은 처음에는 강렬한 색상의 유리그릇 생산에 집중되었다. 그러나 1세기 동안 유리 산업은 빠른 기술적 성장을 겪으면서 무색의 아쿠아 유리(Aqua glass)를 대대적으로 생산하기 시작했다. 유리 원재료의 공급처는 완제품 유리 용기를 생산하는 작업장과 지리적으로 분리되어 있었다. 1세기 말에는 생산 시설이 확장되면서 로마 세계에서는 유리를 흔히 구할 수 있게 되었다.

헬레니즘 세계의 유리 산업 성장과 물질문화에서 유리의 소비가 증가했음에도 불구하고 1세기 초 로마에서는 유리를 뜻하는 라틴어 단어가 여전히 존재하지 않았다.

로마의 유리그릇은 이미 서아시아(파르티아 제국)에서 아프가니스탄과 인도의 쿠샨 제국 그리고 멀리 중국의 한 제국에까지 알려졌다. 중국에서 발견된 최초의 로마 유리는 남중국해를 거쳐 광저우로 유입된 것이었다.

유리 제조 기술의 발달은 느렸다. 초기 제품은 벽이 두꺼웠으며 상당한 마무리 작업을 필요로 했다. 게다가 유리 원재료를 생산할 때 필요한 천연 탄산소다의 수입 비용 때문에 유리 사용은 제한적이었다. 따라서 유리 산업은 공화정 기간 동안 소규모로 유지되고 있었다.

유리 생산의 새로운 기술은 1세기에 도입되었다. 1세기에 로마 제국에서는 대롱불기 기법이 고안된 덕분에 시리아-팔레스타인을 중심으로 아름다운 로마 유리 용기가 생산되기 시작했다. 대롱불기 기법으로 두께가 얇은 유리 용기가 생산되었을 뿐만 아니라 시간을 절약할 수 있어 생산 단가도 낮아졌다. 그 결과 점점 더 다양한 형태의 유리 용기들이 로마 사회 전역과 아시아 지역으로 퍼져나갔다.

1세기 초중반까지 로마 제국의 쾰른과 라인란트 중심 지역들에는 중요한 유리 제조 작업장들이 생겨났고, 또한 시리아 유리가 이탈리아까지 수출되는 등 무역로를 따라 유럽 전역으로 퍼져나갔다. 특히 라인란트와 프랑스 북부 지역에서는 남쪽에서는 볼 수 없는 독특한 형태의 유리 용기들이 등장했다. 유리 산업의 성장은 3세기까지 계속되었는데, 콜로니아 클라우디아 아그리피넨시스(Colonia Claudia Agrippinensis) 유적지는 그 당시에 유리 산업이 확장되고 있었음을 보여준다. 그리고 3세기에서 4세기 초까지 알프스 북쪽의 유리 생산자들은 이탈리아 북부로 유리를 수출하고 있었다. 또한 아퀼레이아(Aquileia)의 유리 작업장도 유리 제품 생산의 확산과 속이 빈 유리 제품을 용기로 사용한 재료 무역에서 중요한 역할을 했다.

로마 시대에는 기술적으로 매우 어려운 값비싼 유리 용기 형태도 등장했다. 고급 유리그릇의 생산은 멈추지 않았고 금 식기나 은 식기와 같은 귀금속그릇을 모방한 유리그릇은 엘리트 사회 계층의 요구를 충족시키기 위해 새로운 유리 공법으로 생산되었다. 하지만 이러한 사실은 1세기 중반까지 유리그릇이 값비싼 고품질 상품에서 흔히 구할 수 있는 저품질 상품으로 옮겨갔다는 것을 의미한다. 다시 말해 로마의 평민들은 값싼 유리그릇을 널리 사용하게 되었으며 로마의 귀족들은 평민과의 차별화 때문에 값비싼 유리 용기를 선호했다고 볼 수 있다. 또한 아우구스투스 황제와 율리우스-클라우디우스 황제(기원전 27~기원후 68) 시대에는 초기 기법이 여전히 사용되었지만, 1세기 중반에 이르러 대롱불기 기법이 적극적으로 사용되기 시작했다는 것을 의미하기도 했다. 로마 시대 지리학자인 스트라본(Strabo)는 그의 『지리학(Geographica)』(XVI,2)에서 동전 한 닢으로, 음료를 마실 때 사용하는 컵 하나를 살 수 있었다고 했다. 그리고 이러한 유리 산업의 성장은 채색된 타일 형태의 유리 테세라(Tessera)를 가지고 모자이크를 만드는 기법 뿐만 아니라 용해로 기술이 향상됨에 따라 최초의 유리 창문도 선보였다.

1세기 초반 유리그릇의 양과 다양한 모양이 극적으로 증가한 이유는 대롱불기 기법의 등장 외에도 공화정 말기에 로마 세력이 크게 성장하고 수십 년간의 내전에 이은 팍스 로마나 시대가 열린 점 그리고 아우구스투스 황제의 통치하에서 실현된 제국 안정화의 직접적인 결과 때문이었다.

1세기~2세기에는 제국이 확장되고 그와 더불어 인구의 유입과 문화적 영향이 확대되었다. 그에 따라 유리 산업에서도 동양적인 장식 스타일이 선보여졌다. 따라서 이 시기에 유리 산업에서 일어난 변화는 역사적 사건, 기술적 혁신, 그리고 그 당대의 패션, 이 세 가지 주요 영향의 결과라고 볼 수 있다. 또한 이것들은 도자기 무역에 있어 발달된 패션 및 기술과도 연계되었으며, 이로부터 많은 도자기 형태와 기법들이 도출되었다. 유리 제조는 로마제국 내에서 모든 종류의 유리 제품들이 만들어지면서 2세기 초에 그 정점에 도달했다.

대롱불기의 유리 생산 기법은 로마 시대 내내 사용되었다. 유리그릇의 형태는 변했지만 기술은 거의 변화하지 않았다. 2세기 이후부터 유리그릇의 형태는 점점 지역적으로 다양화되기 시작했다. 고고학 발굴에 따르면 교역품목에는 작은 유리병과 같은 병들과 목이 좁고 긴 유리 용기들이 포함되어 있었다.

장식을 위한 채색 유리뿐만 아니라 엷은 색깔 또는 무색의 유리 사용도 증가했다. 금속그릇은 유리그릇의 형태에 지속적으로 영향을 끼쳤다. 콘스탄티누스 황제의 개종 이후 유리 작품들의 이미지는 이교적 분위기를 벗어나 그리스도교적 분위기로 더욱 빠르게 옮겨갔다. 콘스탄티노플 수도 이전은 동부지중해의 유리 산업을 부흥시켰다. 반면 4세기 중반까지, 거푸집을 이용한 유리 공예는 산발적으로만 사용되었다.

콘스탄티누스 황제 시대 때부터 비잔티움 제국은 지중해 교역의 중요성을 재인식하고 이를 활성화시키려고 노력했다. 지중해 교역은 선박 주인들의 길드조합들이 주도하였는데, 선박운송이 육상운송에 비해 매우 빠르고 선박운송비가 육상운송비보다 매우 싼 점 때문에 선박에 의한 지중해 교역은 활기를 띠었다. 그런데 콘스탄티누스 황제는 유리 제품의 생산과 유통의 중요성 때문에 유리 제품에 대해 관세를 부과하지 않았다. 이는 다른 제품에 비해 유리 제품을 중요시 여겼기 때문이다.

초기 비잔티움 제국의 동지중해 도시들은 대체적으로 번영하고 있었다. 당시 각 도시들의 인구는 콘스탄티노플 40만 명, 안티오키아 20만 명, 알렉산드리아와 테살로니카 10만 명이었다. 그리고 아파메이아(Apameia), 에페수스 (Ephesus), 카에사레아(Caesarea), 예루살렘(Jerusalem) 등은 5만~10만 명, 그 외 지방(Provincia)의 수도들은 1만 5천~5만 명 정도였고, 지방의 큰 도시들은 5천 명 정도였다. 이러한 인구는 도시 장인들의 작업을 활성화시켰는데 소아시아의 사르디스(Sardis)에서 보듯이 생산과 판매가 같은 지역에서 동시에 이루어졌다. 비문에는 교역과 관련된 다양한 내용들이 기록되어 있었다. 직물, 금속세공, 보석세공, 석재, 실크 등의 장인들 외에도 도자기, 유리 생산자들(Glass-makers)이 등장하는데, 고고학 자료에 따르면 카에사레아에는 유리 작업장(Workshops)이 있었으며, 소아시아의 사르디스나 유스티니아나 프리마((Iustiniana Prima)와 같은 몇몇 지역 그리고 크리미아의 헤르손(Kherson)과 같은 다른 지역에서도 유리 작업(Glassworks)이 이루어지고 있었다. 그리고 계속해서 유리 생산은 점차 유럽전역으로 퍼져나갔다.

로마(비잔티움) 유리의 출토지는 유럽, 흑해연안, 시리아-팔레스타인 그리고 이집트 등 비잔티움 제국의 영토 대부분과 제국 주변의 유럽 북부 및 흑해 지역에 몰려있었다. 일부의 금속제품들이 유럽과 남러시아로부터 소아시아의 사르디스(Sardis)로 수입된 점을 고려할때 로마 유리가 유럽과 흑해 주변의 남러시아에서 출토된 것은 당연했다.

소아시아의 도시 사르디스에서만 유리 파편이 4,000개가 나온 것을 보면 주 생산지인 시리아-팔레스타인 그리고 이집트에서는 어마어마한 양의 유리 제품들이 제조되었을 것으로 보인다. 하지만 아시아 지역에서 유리가 출토된 곳은 많지 않았다.

동북아의 유리

로마 유리 용기는 384년부터 502년에 이르는 기간 사이에 남러시아와 페르시아를 거쳐 중앙아시아를 경유하여 동북아시아로 유입되었다. 다시 말해 우크라이나 지방, 크리미아 반도, 남러시아 돈 강 하구의 로스토프 유적(4세기~5세기), 키예프 남방의 조르카스카 지구, 그루지야의 키라야츄, 아제르바이잔의 스마타부로, 흑해와 카스피해 주변 지역, 페르시아(이란) 그리고 카자흐스탄, 키르기스탄, 타림지역을 비롯한 중앙아시아를 거쳐 동북아시아의 북연과 북위로 들어왔고, 그리고 북연과 북위로부터 고구려로 전해진 후 신라로 퍼져나갔다.

1973년~1975년 경주 황남대총 발굴 때 로마 유리 용기가 발견되었다. 한국에서 발견된 로마 유리 용기는 황남대총을 비롯해 천마총, 금령총, 서봉총 등에서 20여 점이 출토되었다. 경주에서 발견된 로마 유리 용기는 장수왕 때 고구려로부터 신라로 들어온 것으로 보인다. 그러나 금관총, 천마총, 황남대총 같이 대체로 규모가 큰 적석목관분(積石木槨墳) 한 기에서 3만여 점의 토기들이 출토되었는 데 반해 로마 유리 용기의 출토는 그 수가 극히 적었다. 이는 로마 유리 용기가 당시 생산과 세공 기술을 갖추고 있던 금과 달리 고난도의 대롱 불기 기법을 익히지 못했던 신라에서 제작되지 않던 물건이라는 점을 시사한다. 경주에서 출토된 로마 유리 용기 중 봉수형 유리병은 하나 밖에 없었다. 그 이유는 아마 이 제품이 고가품이기 때문이었을 것이다. 또한 로마에서 북연과 북위를 거쳐 고구려, 신라에 이르는 거리가 워낙 먼 장거리 육상수송이었기 때문에 봉수형 유리병이 유리잔이나 유리그릇에 비해 운반도중 파손될 확률이 높았다. 그렇기 때문에 생산 가격도 비싸고 중개 교역을 통한 마진 때문에 더욱 가격이 비싸질 수밖에 없었다는 점과 파손될 우려를 고려할 때 봉수형 유리병은 일반적인 교역이 아닌 정치, 외교적인 관계 다시 말해 선물 등의 형태로만 전해졌을 가능성이 다분했다. 이렇게 추정하는 이유는 봉수형 유리병이 일반 유리잔이나 유리그릇처럼 교역이 되었다면 왜 중국에서는 출토되지 않았는가 하는 점이다. 다시 말해 로마의 유리제품이 중국에서 출토되지 않은 이유는 북연 혹은 북위에 들어온 봉수형 유리병이 특수한 경우에만 유입되었고 외교 선물로 고구려에 전달된 것이 또 다시 정치적인 선물로 신라에 전달되었을 가능성이 다분했기 때문이다.

유리, 문명교류의 산물

고구려로 로마 유리 용기를 전달한 자들은 누구일까? 네스토리우스파 상인들과 소그드인들로 추측된다. 네스토리우스파 상인들은 인도, 실론, 중앙아시아 등지에서 적극적으로 활동하였는데, 이들 상인들이 로마 유리 용기를 중앙아시아로 전달했고 이어 4세기~5세기에 고구려와 교류하였던 소그드인들이 북위를 거쳐 고구려로 전달했을 것으로 보인다.

키워드

투트모시스 3세, 코어형 유리 용기, 후드리스카이, 운구엔타리아, 밀레피오리, 텔-알-리마 (Tell-al-Rimah), 콜로니아 클라우디아 아그리피넨시스, 스트라본(Strabo)

집필자: 김차규

참고문헌

S. J. Fleming. 1999 *Roman Glass: reflections on cultural change*. Philadelphia. University of Pennsylvania Museum of Archaeology and Anthropology. 1999.

E. M. Stern. 1999. *Roman Glassblowing in a Cultural Context*. American Journal of Archaeology 103/3. pp. 441-484.

Denise Allen. 1998. *Roman Glass in Britain*. Shire Archaeology. Buckinghamshire.

D. F. Grose. 1991. *Early Imperial Roman cast glass: The translucent coloured and colourless fine wares, in Roman Glass: two centuries of art and invention*. M. Newby and K. Painter. Editors. Society of Antiquaries of London: London.

A. von Saldern. 1980. *Ancient and Byzantine Glass from Sardis*. Cambridge. Mass. 1980.

D. F. Grose. *Hellenistic Glass Industry Reconsidered*. Annales du 8e Congres de l'Association International pour l' Histoire du Verre. 1981. pp. 61-72.

D. B. Harden. 1956. *Glass and Glazes*. In: Singer, C., Holmyard, E.J., Hall, A.R. and Williams, T.I. (eds), A History of Technology. vol. II; the Mediterranean Civilizations and the Middle Ages. Oxford: Clarendon Press. pp. 311-346.

Tatton-Brown, V. and Andrews, C. 2004. *Before the Invention of Glassblowing*. In: Tait, H. (ed), Five Thousands Years of Glass (revised edition). London: British Museum Press. 21-61.

김차규. 2009. 「로마(비잔티움) 유리용기의 신라유입 과정에 대한 해석: 5-6세기 초 비잔티움의 동방교역 정책과 관련하여」. 『서양중세사연구』. 제24호. pp. 1-28.

정수일. 2001. 『고대문명교류사』. 파주: 사계절.

22

로마 포럼
(Roman Forum)

'로마의 광장'을 뜻하는 포로 로마노, 즉 로마 포럼은 고대 로마인들의 생활 중심지였다. 고대 로마의 심장이자 발상지인 카피톨리노(Capitolino)언덕과 팔라티노(Palatino)언덕 사이에 위치한 이곳에서는 종교와 정치를 담당하는 신전과 공회당, 공공기관과 상점들로 인해 삶의 활력이 넘쳐났다.

포로 로마노가 위치한 지역은 비가 올 때마다 침수되거나 물웅덩이들이 생기는 상습 저지대 습지였는데, 이 때문에 에트루리아 시대부터 지속적인 간척 작업이 추진된 바 있다. 하지만 로마를 가로지르는 테베 강이 범람할 경우 많은 토사가 유입되거나 농지가 물에 잠기는 등의 피해는 지속되었다. 하지만 제국시대에 들어서면서 상하수도 배수시설이 확충되고 도로가 정비되는 등의 노력을 통해 로마의 시민들이 선호하는 공간으로 바뀌었다. 근대에 들어 포로 로마노에 대한 고고학 및 예술 차원의 관심이 고조되면서 본격적인 복원 및 보존 작업이 추진되었다. 그 결과 다신교사회의 신전들, 정복과 승리의 기념유적들, 원로원과 재판소 등의 공공기관들 그리고 일상의 삶을 보여주는 상점과 가게들의 지난한 역사가 조금씩 그 모습을 드러내고 있다.

[그림 1] 시공을 초월한 로마의 모습.

배경

고대 로마건축의 양식은 기본적으로는 그리스 건축을 승계하는 과정에서 많은 영향을 받았지만, 궁극적으로는 로마-라틴문화에 대한 헬레니즘-오리엔트 문화전통의 영향이었다고 할 수 있다. 포로 로마노는 그리스의 아고라(Agora)에 비견된다. 아고라가 행정 시설(집회나 재판)과 상업시설(시장)을 갖춘 시민광장이었다면, 포로 로마노는 로마의 경제와 문화 그리고 정치와 행정의 심장부로서 민중의 여론이 표출되고 수집되던 상통(相通)의 열린 광장이었다. 이 점에 있어 포로 로마노는 이전 그리스 도시국가들의 아고라의 문명정체성을 함께하고 있었다.

그리스의 아고라는 도시 계획과 정치공동체의 성격을 고려해 이원적인 구조로 형성되었다. 신전을 중심으로 한 정치적 아고라와, 거주와 상업용 아고라가 그것이었다. 이는 그리스 도시국가의 전형적인 기본 틀로 계획된 도시 건설의 원리를 반영했다. 반면, 포로 로마노는 '시장터'를 가리키는 포로Foro의 의미에서도 알 수 있듯이, 공공 복합시설의 공간이었으며, 이곳에서 로마인의 공적이고 사적인 활동이 전개되었다. 이러한 광장의 구조는 로마에 의해 정복

된 지역들에 새로이 건설된 도시들의 설계 구조에 그대로 반영되었다.

지금은 기둥과 초석만 남은 건물의 잔해들과 허물어진 축대만 남아 있는 포로 로마노는 공화정 시대 로마인들의 고뇌를 떠올리게 한다. 당시 로마인들은 특정 소수에게 독점된 권력이 파국으로 치닫기 전에, 권력을 견제할 대표자를 선택해 집행하도록 했다. 포로 로마노에는 정치와 법률의 차원에서 공회당, 원로원, 법원 그리고 다신교의 신전들과 시장이 위치했다.

역사

기원전 6세기 중반 에트루리아의 지배를 받고 있었을 당시 포로 로마노 공간은 도로 포장이 되었을 만큼 핵심적인 정치활동의 중심이었다. 같은 세기 공화정 시대에는 이곳에 사투르누스 신전과 카스토르(Castor) 신전(기원전 484년)이 세워졌다. 또한 기원전 4세기에는 캄피돌리오 인근에 콘코르디아(Concordia) 신전이 건축되었는데, 이는 귀족과 평민 간 정치적 이해관계의 결과였다. 기원전 210년, 티투스 리비우스에 따르면, 이곳에 여러 차례에 걸쳐 대형화재가 발생해 상점과 개인주택 그리고 공공시설의 일부가 파괴되기도 했다. 기원전 2

세기에는 실라(Silla)가 포로 로마노에 타불라리움(Tabularium)을 건축하였다.

포로 로마노는 민중정치의 상징이기도 했다. 기원전 63년경 로마의 위대한 웅변가인 키케로가 이곳에 모인 많은 민중을 향해 연설을 했으며 기원전 44년에는 카이사르가 살해됨으로써 권력의 유한함과 무상함이 묻어나기도 했다.

두 차례의 삼두정치가 종식된 후 사실상 제국의 권력을 장악한 아우구스투스는 디부스 율리우스 신전을 이곳에 세웠다. 하지만 제국시대에도 포로 로마노는 여전히 로마정치의 1번지로서 정치는 물론, 경제와 사법 그리고 대중문화의 중심이었다. 황제들이 전쟁에서의 승리를 기념하는 행진이나 행사 또는 이를 기념하는 개선문을 이곳에 건설하여 자신의 위업을 제국 전체에 알렸다.

기원 후 5세기 서로마제국의 몰락은 지난 오랜 기간 동안 로마의 영욕을 모두 품었던 포로 로마노의 쇠퇴를 동반했다. 게르만의 침입, 제국 경제(분배 및 유통 경제)의 붕괴, 인구의 급감 등에 따른 결과로 포로 로마노는 더 이상 제국의 상징도, 지중해 문명의 중심도, 황제 권력의 기원도 아닌, 화려했던 과거의 유적과 유물로만 남겨졌다. 반면 포로 로마노는 그리스도교의 교회와 성당들로 둘러싸인 종교도시의 구도심으로 남겨졌다. 이후 14세기에 교황 우르바노 5세(Urbanus V, 1362년~1370년)는 교육 사업을 후원하고 새로운 건축을 활성화하면서 포로 로마노의 유적들에 남아있던 석재들을 재활용하였으며 때로는 대대적인 채석작업을 벌이기도 했다.

포로 로마노의 대표 건축물

포로 로마노는 공공건축물이 모여 있는 고대 로마 건축의 축소판이라 할 수 있다. 초기 포로 로마노의 유적으로는 주로 신전을 비롯한 주요 공공건축물을 들 수 있는데, 예를 들면 율리우스 카이사르(Julius Caesar), 아우구스투스

[그림 2] 팀가드 고고유적 © UNESCO

(Augustus), 베스파시아누스(Vespasian), 네르바(Nerva), 트라야누스(Trajanus) 등이
었다.

 율리아 바실리카Basilica Giulia는 로마 공화정에서 시민이 사회를 구성하는
중요한 요소임을 보여주는 대표적인 건축물이었다. 카이사르가 옛 셈푸로니
아(Sempronia) 공회당 터에 재건축했다는 이유로 그의 이름 '율리우스Julius'의
이탈리아어 'Giulio'를 따서 'Basilica Giulia'라고 불렀다. 고대 로마시대의 가
장 큰 법원이었던 이곳에서 사회 전반의 주요 회의, 공공 및 법률 업무가 수행

되었다.

베스파시아누스 신전은 도미치아누스 황제 때인 87년에 완공되었지만 현재는 3개의 코린트식 기둥만 남아 있다. 베스피아누스 신전 전면에 위치한 세베루스 개선문(Arch of Severus)은 포로 로마노 북서쪽 캄피돌리오 언덕의 측면에 세워졌다. 이 건축물은 203년 로마 황제 셉티미우스 세베루스가 두 아들 카라칼라와 게타가 승리로 이끈 파르티아 전쟁을 기념하기 위해 세워졌다. 포로 로마노 초기에 세워진 이 개선문의 조각들과 글귀는 르네상스 전후 유럽에 전파되어 근대 개선문 양식에 많은 영향을 끼쳤다.

세베루스 개선문 측면에 여덟 개의 원주가 솟아 있는 건축물이 있는데, 이곳은 로마의 시민들이 숭배했던 농업의 신 '사투르누스'의 신전이었다. 포로 로마노에서 가장 먼저 건축된 사투르누스 신전은 기원전 497년에 완성되었으며 공화정 시대에는 국고인 아에라리움(Aerarium)이 위치했다. 오늘날 신전의 잔해로 남아 있는 거대한 이오니아 양식의 원주는 포로 로마노의 건축양식이었다.

포르티쿠스 데오룸 콘센티움(Porticus Deorum Consentium)에는 로마 신화에 등장하는 12 신상(神像)이 위치해 있었다. 12개의 도시 연맹체를 구성했던 에트루리아는 이들을 상징하는 12개의 신을 주신으로 숭배했다.

로마 포럼과 문명교류

로마 포럼, 즉 포로 로마노는 로마는 물론 그들이 접촉했던 모든 나라의 역사와 문화에 지대한 영향을 주었다. 로마가 영토를 확장하면서 이탈리아와 다른 속주들에도 로마 포럼을 모방한 식민도시들이 건설되었다. 알제리의 팀가드 유적은 전형적인 로마의 격자형 도시 구획의 완성된 형태를 보존하고 있는

[그림 3] 팀가드 고고유적 © UNESCO

지역이다. 이 도시에서는 로마 제국이 원주민과 로마인 간의 동등한 지배체제를 확립하고자 했던 동기를 엿볼 수 있으며 제국이 얼마나 속주민들과의 교류에 노력했는가를 보여주는 단서이기도 하다. 팀가드에서 볼 수 있는 포럼은 로마의 양식을 그대로 모방한 것이다. 팀가드는 로마가 몰락한 이후에도 로마 문화의 보루로서 오랫동안 유지되었다.

로마 포럼 또는 포로 로마노, 로마문명중심지, 아고라, 광장, 팀가드, 포르티쿠스 데오룸 콘센티움(Porticus Deorum Consentium), 캄피돌리오

집필자: 김희정

참고문헌

디트마르 피이퍼. 요하네스 잘츠베델 저. 이은미 역. 2018. 『만들어진 제국, 로마』. 21세기북스.
김문환. 2003. 『유적으로 읽는 로마 문명』. 다인미디어.
김석철. 1997. 『김석철의 세계 건축 기행』. 창작과 비평사.
김창성. 2009. 「아고라와 포룸」 『도시인문학연구』. 제1 권 2화.
배대승. 2014. 『흐름으로 읽는 서양 건축의 역사』. 대가.
이동기. 2020. 『건축으로 읽는 인문과 생활』. 동문사.
윤장섭. 1996. 『서양건축문화의 이해』. 서울대학교출판문화원.
한형곤. 2004. 『로마-똘레랑스의 제국』. 살림.

23

로마의 마그나 그라키아 전쟁
(Roman-Greek wars)

마그나 그라키아는 '大 그리스'라는 의미로, 기원전 8세기에서 4세기까지 이탈리아 남부의 해안에 그리스인들이 건설한 식민 도시(Apoikia)들을 포함하는 지역을 가리킨다. 고대의 작가에 따라서는 쿠마에(Cumae, Kumai)에서 타라스(Taras, 또는 타렌툼)에 이르는 이탈리아 반도의 남부지역과 시칠리아를 포함하였고, 때로는 그리스세계 전체를 의미했다. 일반적으로는 이탈리아 남부와 시칠리아에 고대 그리스 도시 문화가 발달한 지역을 의미한다.

기원전 8세기부터 그리스 본토와 섬들에 위치한 모도시(Metropolis)에 거주하던 그리스인들은 이스키아(Ischia), 쿠마에, 타라스, 낙소스(Naxos), 시라쿠사(Siracusa) 등에 이주하여 식민 도시들을 세웠다. 이곳 식민 도시의 그리스인들은 본토 그리스의 도시들과 교역을 통해 번영하였다. 특히 그리스인들의 미술과 건축은 식민 도시들과 에트루리아, 로마에도 영향을 주었다.

마그나 그라키아의 남쪽에 위치한 시칠리아에는 그리스인들의 식민 도시뿐만 아니라 페니키아인들의 식민 도시와 원주민의 정착지가 공존했다. 섬의 동쪽은 주로 그리스인들의 식민도시들이 위치하였고, 내륙은 원주민인 엘리미족(Elymi), 시카니족(Sicani), 시켈리족(Sicels) 등이 차지하였다. 그리고 섬의 서쪽에는 페니키아인들의 식민도시들이 위치하였다.

로마 이전: 시라쿠사와 카르타고

그리스와 페니키아는 폴리스 중심의 정치체제였다. 마그나 그라키아의 도시들도 폴리스단위의 독립적인 지위를 유지했다. 다만 그리스인들과 카르타고인들은 지중해에서 각자의 상업적 이익을 확보하기 위하여 해상 무역과 교역로에 대한 통제권을 차지하려고 수 세기 동안 지중해에서 격돌하였는데, 이러한 갈등은 두 민족이 공존하였던 시칠리아에서 두드러졌다.

마그나 그라키아에서 로마의 팽창 정책이 전개되기 이전에는 그리스인들의 세력이 견고했다. 기원전 480년 그리스 도시인 시라쿠사의 참주 겔론(Gelon)과 그의 동맹국들은 히메라(Himera)에서 카르타고 군대의 공격을 막아내고, 시칠리아에서 주도권을 잡았다. 대신 카르타고인들은 아프리카와 이베리아 반도에서 세력을 키웠다. 시칠리아에 대한 관심은 그리스 본토에서도 작지 않았다. 펠로폰네소스 전쟁을 치르는 중에 아테네인들은 시칠리아로 원정(기원전 415년-413년)을 나섰다. 아테네의 해외 원정은 승산이 그리 높지 않았고, 결국 시라쿠사가 아테네의 공격을 성공적으로 막아내었다. 하지만 아테네와의 전쟁으로 시라쿠사의 군사력이 크게 약화되었고, 이를 기회로 카르타고는 기원전 409년과 405년에 한니발 마고(Hannibal Mago)가 이끄는 군대로 시칠리아를 공격하였다. 그는 셀리누스(Selinus), 히메라, 아그리젠툼(Agrigentum) 등을 비롯하여 많은 그리스 도시들을 파괴하였으나, 참주 디오니시오스(Dionysios)가 이끄는 시라쿠사를 차지하는 데는 실패하였다. 시라쿠사와 카르타고 사이에 수차례의 공방전이 벌어졌고, 카르타고 군대는 전염병으로 치명타를 입게 되어 결국 시칠리아의 서부에만 그 영향력을 유지하였다. 마그나 그리키아에서 카르

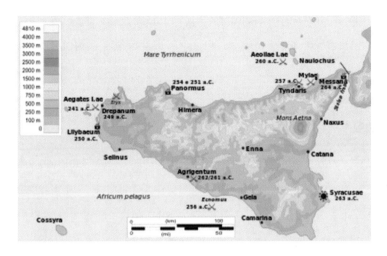

[그림 1] 지도 출처: https://www.ancient.eu/image/1058/magna-graecia/

223

타고인들과 그리스인들 사이에 불안정한 평화와 군사적 갈등이 반복되던 상황은 기원전 3세기에 로마인들이 남쪽으로 확장 정책을 펼치면서 더욱 복잡하게 전개되었다.

피로스

로마는 기원전 499년에 라티움 지역을 정복하고, 기원전 396년에는 에트루리아의 도시인 베이(Veii)를 진압하면서 영토를 확장하였다. 기원전 387년에는 켈트족의 일원인 골족(Gauls)이 알프스를 넘어서 이탈리아를 침공하여 로마를 약탈하자, 로마인들은 남쪽으로 확장 정책을 강화하였다. 특히 기원전 290년에 삼니움 전쟁(Samnite Wars)에서 승리한 로마인들은 이탈리아 반도의 남쪽에 위치한 그리스 도시들로 영향력을 확대하고자 하였다. 로마 군대는 스파르타인들이 세운 식민 도시이자 남부 이탈리아에서 가장 유력한 그리스 도시인 타라스의 해안에서 군사적으로 대립하였다. 이에 다급해진 타라스는 에피로스(Epirus)의 피로스(Pyrrhus)에게 도움을 요청하였고(기원전 288년), 피로스는 이를 수락하여 전투용 코끼리로 무장한 군대를 이끌고 이탈리아 반도에 도착하였다. 피로스의 군대는 헤라클레이아 전투(Battle of Heraclea, 기원전 280년)와 아스쿨룸 전투(Battle of Asculum, 기원전 279년)에서 로마군을 상대로 승리하였다.

시칠리아에 있던 카르타고 인들은 로마와 상호 방위 협정을 맺은 상태였는데, 이로 인하여 위협을 느낀 시칠리아의 시라쿠사와 아그리젠툼, 레온티니(Leontini)에 있던 그리스인들은 타라스를 탈환한 피로스에게 도움을 청하였다. 이들 도시는 피로스의 군대가 시칠리아에서 카르타고의 세력을 제거한다면 그 대가로 피로스의 통치를 수용하겠다는 조건을 받아들였다. 기원전 277년에 피로스는 보병과 기마병, 코끼리를 이끌고 시칠리아로 향하였다. 그의 군대는 섬의 서쪽에 위치한 카르타고의 도시 대부분을 장악하였으나, 카르타고인들의 저항을 완전히 제압하지는 못하였다. 설사가상으로 시칠리아의 그리스인들이 피로스의 통치에 반발하며 카르타고에 협력하였다. 게다가 이탈리아 반도의 남부에서 로마의 공격이 지속되자 피로스는 시칠리아에서 더 이상 지체할 수 없게 되었고, 다시 군대를 이끌고 기원전 275년에 시칠리아를 떠났다. 피로스가 철수한 시칠리아에서 카르타고는 다시 영향력을 확대하였다. 이탈리아 본토로 간 피로스는 베네벤툼에서 로마군에게 패배하고(Battle of Beneventum, 기원전 275년), 그리스로 돌아갔다. 피로스는 애초에 타라스의 요청으로 로마군과 대적하였지만, 후에는 시라쿠사의 요청으로 시칠리아에서 카르타고를 상대하기까지 기원전 280년부터 기원전 275년까지 마그나 그라이키아에서 머물며 소득이 없는 전쟁(Pyrrhic War)을 벌였다. 결국 기원전 270년에 로마는 타라스를 점령하고, 마그나 그라키아 전체를 넘보며 시칠리아로 향하였다.

마그나 그라키아에서 카르타고와 로마

로마와 카르타고 사이에 벌어진 포에니 전쟁(Punic War)은 시칠리아에서 시작되었다. 시라쿠사의 참주 아가토클레스(Agathokles)가 고용했던 캄파니아 출신의 용병들이었던 마메르티니(Mamertini, 또는 마메르인Mamer)는 고향으로 돌아가지 않고 시칠리아의 메시나에서 정착하였다. 이들이 주변 농경지를 약탈하고 문제를 일으키자 기원전 265년에 시라쿠사의 참주 히에론 2세(Hieron II)가 군대를 이끌고 메세나를 포위하였다. 마메르티니는 인근에 있던 카르타고에 도움을 요청하였고, 카르타고와의 전쟁을 원치 않던 히에론은 군대를 철수하였다. 한편 카르타고의 통제를 원치 않던 마메르티니는 로마에 다시 도움을 청하였다. 당시에 해전의 경험이 없고 선단을 갖추지 못했던 로마는 시칠리아로의 원정을 주저하였으나, 기원전 264년에 시칠리아로 군대를 보내기로 결정하고 메세나를 확보하였다. 이에 멈추지 않고 로마군은 시칠리아에서 머물며 카르타고와 전쟁을 지속하였다. 로마군은 아그리젠툼 전쟁(기원전 262년)에서 승리를 거두고, 아프리카로 원정을 떠나는 기원전 256년까지 시칠리아의 북동부와 중부, 남서부 지역을 장악하였다. 이로써 시칠리아에서 서쪽의 일부를 차지한 카르타고와 동쪽의 그리스 도시인 시라쿠사의 세력은 로마군에 의해서 심한 견제를 받았다. 카르타고는 릴리바이움(Lilybaeum)과 드레파나(Drepana)의 두 도시를 지키며 전쟁에 필요한 물자를 본국에서 공급받고 있었다. 로마군은 이를 노리고 기원전 241년에 릴리바움에서 멀지 않은 아가테스 섬의 부근에서 카르타고의 선단을 격파하였다. 이 해전에서의 승리는 시칠리아의 카르타고인들을 봉쇄한 결정적인 계기가 되었고, 결국 패색이 짙어진 카르타고는 로마에 평화 협정(Treaty of Lutatius)을 요청하였다. 이로써 23년에 걸친 제1차 포에니 전쟁이 끝이 나고, 시라쿠사를 제외한 시칠리아에서의 로마 지배력은 지속되었다.

제1차 포에니 전쟁의 결과로 막대한 배상금을 지불하게 된 카르타고는 지중해 무역에서 우위를 회복하고자 시칠리아와 사르디니아(Sardinia)를 차지하려고 하였다. 그리하여 한니발(Hannibal Barca)이 카르타고의 군대를 이끌고 알프스를 넘어서 이탈리아에서 전쟁을 감행하였다. 칸나에 전투(Battle of Cannae, 기원전 216년)에서 로마를 상대로 거둔 한니발의 승리는 마그나 그라키아에서 로마의 지배권을 흔들리게 했으며, 이에 로마의 통제 하에 있던 그리스 도시들이 이탈하였다. 시라쿠사에서 히에론의 후계자인 히에로니모스(Hieronymos)가 로마와의 동맹을 저버리고 기원전 214년에 카르타고와 동맹을 맺었고, 기원전 213년에는 타라스도 같은 선택을 하였다. 이로써 지중해에서 경제적으로 중요한 거점 항구들이 카르타고의 통제권으로 들어가게 되었고, 로마는 이를 두고 볼 수 없었다. 결국 기원전 213년에 로마군대가 시라쿠사를 포위하였고, 시라쿠사를 돕고자 하밀코(Hamilco)가 이끄는 카르타고 군대가 파견되었으나 로마군의 포위망을 뚫지 못했다. 시라쿠사는 아르키메데스(Archimedes)가 설계한 수비 체계 덕분에 8개월을 지속한 로마군의 공격을 견디었지만, 결국 기원전 212년에 로마에 정복되고, 이어서 카푸아와 타라스도 다시 로마에 귀속되었다. 기원전 202년에 북아프리카의 자마에서 벌어진 전투에서 카르타고가 로마에 패배하면서 제2차 포에니 전쟁이 막을 내렸다. 이후에 카르타고에는 엄청난 배상금과 아프리카 밖에서의 군사 활동이 제약되는 등의 조치가 취해졌고, 마그나 그라키아의 도시들은 로마의 지배하에 들어갔다.

┌ 키워드 ┐

마그나 그라키아, 로마, 카르타고, 피로스, 시라쿠사, 한니발, 포에니 전쟁

집필자: 김혜진

참고문헌

차전환. 2013. 「포에니 전쟁: 카르타고 문명의 몰락」 『서양고대사연구3』 5 권. pp. 77-110.

최자영. 2010. 「Interchanges and Conflicts between the Carthage-Phoenicians and the Greeks in the Ancient Mediterranean World」 『서양고대사연구』 26권. pp. 79-103.

테오도르 몸젠, 김남우, 김동훈, 성중모 역. 2015. 몸젠의 로마사』 3권. 푸른역사2.

토마스 R. 마틴, 이종인 역. 2010. 『고대 로마사』. 책과함께.

The *Encyclopedia of Global Archaeology. 2014.* s,v. Archaeology of Sicily and Magna Graecia.

The *New Pauly* s.v. Apoikia, Magna Graecia; Sicily; Punic War.

Princeton Encyclopedia of Classical Sites s.v. Magna Graecia; Sicily.

24

르네상스
(Renaissance)

이탈리아 르네상스에 대한 연구는 지난 19세기 스위스 출신의 야콥 부르크하르트(Jacob Burckhardt)에 의해 처음으로 학계에 소개되었다. 이후 이탈리아 르네상스는 역사연구의 차원에서 크게 두 방향으로 해석되었다. 첫째는 르네상스를 중세와 단절된 현상, 즉 근대의 새로운 시작이라는 의미로 인식하는 경향이다. 이러한 주장은 야콥 부르크하르트가 제기한 이후 주로 독일을 제외한 다른 많은 국가들에서 수용되었다. 중세와의 단절이라는 차원에서 이들이 정의한 이탈리아 르네상스의 특징은 문화와 예술 영역에서의 탈(脫)중세문명, 신 중심의 중세에서 벗어나 고전시대에서 새로운 문명의 동력을 발견했다는 의미에서 인본(또는 인문)주의와 고대 고전주의의 부활 그리고 인간을 둘러싼 자연과 환경에 대한 새로운 인식과 학문적 연구로 정리해 볼 수 있다.

둘째는 르네상스를 중세와의 연속성 차원에서 인식하는 역사해석으로 중세는 결코 암흑시대 또는 야만의 시대가 아니었다. 콘라드(Konrad Burdach)에 따르면, 이탈리아 르네상스는 중세 문명의 토양에 뿌리를 내린 채 흡수한 영양분으로 성장한 중세유럽기독교문명의 전성기이자 동시에 새로운 시대를 위한 동력이었다.

유럽기독교문명의 르네상스

오늘날 학계에 알려진 르네상스는 지중해문명의 지정학적인 배꼽에 위치한 이탈리아 반도를 중심으로 14세기~16세기에 문명의 다양한 영역에서 그리고 점진적인 방식으로 성립된 일련의 새로운 변화들 전체를 가리킨다. 르네상스는 다시 태어난다는 의미로서, 5세기 이전의 고대 지중해문명이 15세기를 전후한 기간에 다시 부활했다는 의미에서 붙여진 명칭이다. 부르크하르트는 이 용어를 탈(脫)중세의 새로운 문명이 고전시대 문명, 특히 그리스 문명의 재탄생을 통해 성립했다는 의미로 사용했다.

탈(脫)중세문명의 맥락에서 이탈리아 르네상스의 특징은 다음의 몇 가지로 요약해 볼 수 있다. 첫째는 인본주의(人本主義)이다. 당시의 역사에서 인본은 천지창조에서 최후심판의 날까지 세상에 대한 판단의 주체가 창조주 유일신 하나님으로부터 창조된 인간으로 옮겨졌다는 것이다. 세상에 대한 인식주체의 변화는 18~19세기 유럽기독교문명권 학자들의 역사해석에서 고대 그리스의 개인주의에 근거했으며 이를 계기로 ―이집트 문명과 메소포타미아 문명과 같은― 고대 지중해 대문명권의 집단주의와 분명한 차별화가 시도되었다.

그 외에도 지중해는 이미 11세기부터 이탈리아의 볼로냐를 비롯해 유럽의 여러 지역들에 설립된 대학들과 교육 커리큘럼의 세속화 경향 그리고 이미 중세 이전부터 지중해 무역의 중요한 한 축을 담당하면서 지중해 문명권들 간 중계무역과 문화 및 지적교류의 실질적인 역할을 수행하던 이탈리아 해상공화국들의 무역 및 상업 활동과 관련이 깊다.

둘째, 이러한 역사해석은 당시의 학문발전에 대한 후대의 연구에도 반영되었는데, 고대 그리스 문명의 고전주의가 그것이었다. 실제로 이러한 해석은 18세기~19세기 유럽기독교문명의 지적전통에 의해 주도되면서 역사학적으로는 고대 그리스 문명을 고대 지중해문명과 동일시하는 논리의 근거로 활용되었다. 그럼에도 최근의 지중해 고대사 연구에서는 동지중해의 지리, 문화적 환경을 배경으로, 그리스 도시국가들과 이집트 그리고 메소포타미아의 고대 지중해 삼각 문명권 간 교역과 교류의 중요성이 빈번하게 지적되고 있다.

셋째, 이탈리아의 르네상스는 인문영역, 특히 문화와 예술의 영역에 집중되었는데, 대표적인 사례는 중세 종교주제의 회화들에서는 볼 수 없었던 원근법의 등장이었다. 원근법은 2차원의 화폭에 원근의 기하학적인 효과를 도입하면서 작품의 주제와 이를 표현하는 소재들에 대한 입체의 시각적 효과를 통해 공간 효과를 창출하고 궁극적으로는 인문의 상상력을 새롭게 발굴하였다.

넷째, 신 중심의 사고에서 벗어난 인간은 신앙으로부터 이를 드러내기 위한 수많은 양식과 형식들 그리고 성직자들의 과도한 권위를 구분할 수 있었다. 이는 창조된 인간의 창조주에 대한 절대적이고 순수한 신앙의 시간과 인간적 삶의 시간이 실질적으로 분리되는 순간이기도 했으며 결과적으로 유럽기독교 문명이 종교와 세속의 시간이 공존하는 문명권으로 새로워지는 계기가 되었다. 또한 시간의 흐름에 대한 인식제고(의 대표적인 사례는 기독교 종말론의 직선적 시간인식에서 자연의 시간 순환론으로의 전환이었다)를 비롯해 자연의 현상들을 그 작동의 원리로 이해하려는 과학적 사고를 경험할 수 있었다.

그럼에도 이탈리아 르네상스에 대한 상기의 지적은 14세기~16세기 지중해 세계의 새로운 문화, 문명적 변화를 유럽기독교문명권의 일방적인 관점에서 고찰한 결과였다. 당시 지중해 문명권은 단일한 순종의 정체성이 아니라, 적어도 유럽기독교문명과 이슬람문명이 거의 900년이 넘는 오랜 기간 다양한 유형의 문명교류에 의해 실현된 혼종문명의 정체성을 가지고 있었다. 14세기~16세기의 르네상스가 이탈리아 반도에서 꽃을 피운 것은 사실이다. 더구나 이 새로운 문화현상의 출현이 유럽기독교문명권에 의해 주도되었다는 견해에도 일견 타당성이 있다. 그럼에도 이상의 이탈리아 르네상스에 대한 기술은 이것이 오랜 지중해문명교류의 숙성과정을 통해 성립되었다는 사실까지 충분히 설명하지는 못한다. 실제로도 르네상스가 유럽기독교문명권이 주도한 일방적인 신문명 개화는 아니었다.

르네상스. 지중해 문명권 간 교류의 전성기

7세기 이후 지중해문명은 유럽기독교문명과 이슬람문명 그리고 유대문명이 공존하는 혼종문명의 바다이며 동시에 이들 간 활발한 교류의 현장이었다. 전자의 두 문명권 간 교류는 관계구도를 구성하는 요인들 간 다양한 양태의 접변을 통해, 이미 지난 11세기 이후부터 지중해를 중심으로 전개된 일련의 유기적인 변화와 변천을 거듭했다. 특히 이베리아반도, 시칠리아를 포함한 이탈리아 남부 그리고 레반트의 예루살렘을 연결하는 문명혼종성 벨트는 이슬

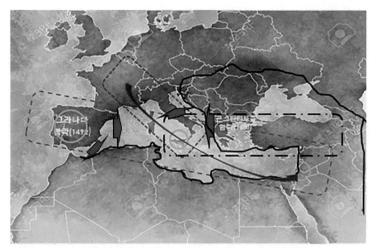

[그림 1] 15세기 이탈리아 반도와 중세 지중해 종교문명권 간 교류의 경계

람문명의 성립 이후 오늘날까지 종교문명 간 다양한 유형의 교류와 접변의 지역이자 열린 경계로 남아 있었다.([그림 1] 참조)

1299년 오스만제국이 건설된 이후 지중해 세계의 문명 간 교류는 이전과는 다른 환경에 직면하였다. 특히 오스만제국의 지속적인 영토 확장과 비잔티움 제국의 멸망(1453), 그라나다의 함락(1492)으로 인해 지중해 문명교류의 열린 지역은 이전에 비해 이탈리아 남부와 시칠리아로 축소되었다. 13세기 중반 이후 이탈리아 남부와 시칠리아는 프리드리히 2세 황제의 죽음이후 프랑스 앙주가문과 스페인의 아라곤에 의한 전제적 지배가 지속되면서 지중해 문명 간 교류의 중요성과 더불어 문명유동성을 빠르게 상실하고 있었다. 그 결과 이질적인 두 종교문명 간 교류의 지리-문화적 경계 지역은 베네치아(의 귀족들), 페라라(의 에스테Este 가문), 만토바(의 곤자가Gonzaga 가문), 우르비노(의 몬테펠트로 가문), 피렌체(의 메디치Medici 가문), 로마(의 교황청), 나폴리 그리고 밀라노(의 스포르차 Sforza 가문) 등이 위치한 이탈리아 반도의 중북부로 이동하였다.

문명교류의 관점에서 볼 때, 이탈리아 르네상스는 7세기 유럽기독교문명과 중동-북아프리카 이슬람문명 그리고 유대문명 간 지속적이고 유기적인 관계구도들의 형성과 발전 그리고 그 흐름으로 이해할 수 있다. 기하학의 공간차원과 상상력 그리고 공간의 깊이에 대한 새로운 발견, 신에 의한 세계관에서 벗어난 인간중심의 자연관, 그리스-로마문화의 재발견. 이탈리아 르네상스의 이 모든 특징은 더 이상 순수성의 의미가 아니라 인종 간, 문화 간, 종교 간 다양한 유형의 교류와 접변의 결과였다. 한편, 14세기~16세기 이탈리아 반도의 르네상스는 지중해를 포함해 유럽기독교문명권과 북아프리카-중동-메소포타미아 지역의 이슬람문명권 그리고 인도양 문명권의 모든 관계구도 성립과 그 변천의 여정이 다시 지중해로 모여드는 현상이었다. 르네상스의 여정은 이미 7세기~8세기 유럽기독교문명권과 이슬람문명권 그리고 유대문명 간 교류의 관계구도가 성립된 당시로 거슬러 올라가지만, 오랜 교류와 접변 그리고 이에 동반된 다양한 변화의 현상과 사건들은 15세기~16세기에 이르러 새로운 세대의 신문명으로 귀결되었다. 르네상스로 귀결된 다양한 문명접변의 역사적인 사례들을 살펴보면 다음과 같이 정리해 볼 수 있다.

첫째, 종교, 이념적으로 지중해는 7세기 이슬람문명의 성립을 계기로 세 유일신 종교문명이 공존하는 문명체제로 개편되었다. 이전 시기에는 로마가톨릭문명과 유대문명이 공존하고 있었는데, 이들은 메시아를 둘러싼 교리적 차이로 인해 심각한 문명 간 갈등관계에 직면하는, 이른바 유사성(또는 정체(停滯))의 함정에 빠져들고 있었다. 하지만 이슬람문명이 출현하면서 지중해는 탈고대의 차원에서 이질적일 뿐만 아니라 차별과 다양성으로 상징되는 이중적 의미의 차이가 분명한 종교문명들 간 교류의 실험실이 되었다. 16세기 초반에는 프로테스탄트 개신교가 성립하면서 유럽-지중해의 세속국가체제와 경제 그리고 사회 전반에도 적지 않은 변화가 동반되었다. 하지만 이러한 종교 간 신앙 및 이념적 갈등도 시대의 세속화 흐름을 막지는 못했다. 자급자족이 가능한 경제권과 이것이 불가능한 경제권이 공존하던 고대부터 지중해에서는 세속차원의 경제적 교류가 활발했다. 또한 이와 병행하여 문화, 사회적 교류도 탈(脫)종교문명의 흐름을 촉진하고 있었다. 11세기 지중해 세계가 경험한 종교이념 간 충돌의 대표적인 사례는 십자군이었다. 당시 예루살렘은 세 유일신 종교 모두에 중요한 성지로서 중세 문명충돌의 명분이었지만 동시에 이에 수반된 문화와 경제 전반의 교류에 있어 새로운 가능성이기도 했다.

둘째, 이슬람문명이 출현한 지중해에서는 이베리아반도, 이탈리아 남부와 시칠리아 그리고 예루살렘을 포함한 레반트 지역을 중심으로 두 이질적인 종교문명권 간 갈등과 충돌의 정치적 관계구도가 지속되었다. 7세기~13세기 지중해의 남부지역에서는 우마이야 왕조와 압바스 왕조에서 파티마 왕조, 아이유브 왕조, 맘루크 왕조가 성립했으며 중세 후기에는 북아프리카의 알모라비드 왕조(Almoravidi, 무라비트 술탄국)와 알모하디 왕조(Almohad Dynasty) 그리고 셀주크 제국을 거쳐 오스만제국이 지중해의 이슬람문명권을 대변했다. 특히 오스만제국은 1453년 비잔티움 제국을 멸망시켰으며 헝가리와 오스트리아의 영토를 위협하고 있었다. 이들은 동일한 종교와 신앙에도 불구하고, 역사와 문화와 인종 그리고 지적전통에 있어 상당한 차이를 드러냈다. 당시 지중해 문명교류의 동반자 관계에 있던 유럽기독교문명권에서도 봉건성이 점차 극복되면서 프랑스, 영국, 스페인을 중심으로 강력한 중앙집권의 근대국가체제가 성립되었지만 이들의 경우에도 인종과 언어 그리고 문화에 있어 적지 않은 차이가 상호간의 서로 다른 이해관계를 담보하고 있었다.

셋째, 경제의 분야에서는 지리상의 발견과 신대륙의 발견 그리고 식민지의 확장으로 유럽 내에서는 중앙집권국가들을 중심으로 기존의 봉건체제를 대신하는 새로운 차원의 경제와 무역 시스템이 성립하였다. 이것은 봉건 유럽과 지중해 중심의 경제가 쇠퇴하는 대신 유럽북부와 대서양이 포함된 대양 차원의 무역 및 상업경제가 새로운 대안으로 등장했다는 것을 의미하였다. 지중해의 내해에서도 남북의 이질적인 두 문명권 간 무역 및 교역의 흐름은 결코 중단되거나 위축되지 않았다. 수많은 전쟁과 지역 간 갈등이 발생할 때에도 전장(戰場)과 시장(市場)은 공간을 달리했으며, 교류는 두 역할의 공간 모두에서 나름의 방식으로 활발하게 전개되고 있었다.

넷째, 사회-문화적 측면에서 기독교 문명권과 이슬람 문명권 간 교류를 통해 드러난 대표적인 변화들 중 하나는 세속화의 움직임이었다. 특히 전자의 기독교문명권에서 세속화의 중심에는 대학이 있었다. 또한 중국으로부터 이슬람을 통해 지중해 세계에 전달된 종이는 이후 인쇄술이 발명되면서, 양피지를 대체하는 필기도구의 혁명적 변화와 더불어 지적문화의 확산과 지식 탐구에 결정적인 역할을 했다.

관점을 달리하면 새롭게 보이는 것이 사실이다. 역사연구에 있어서도 예외는 아니다. 이탈리아 르네상스는 지중해 문명 간 교류의 가장 대표적인 사례였다. 지중해는 이미 고대부터 누구에 의해 독점되거나 일방적인 관계구도의 흐름을 보이지 않았다. 다만 역사해석을 통해 일방적인 흐름의 역사로 인식되었을 뿐이다.

이탈리아 르네상스는 7세기 이슬람문명의 성립을 전제했다. 그리고 차별과 다양성이라는 이중적인 차원에서의 차이가 역사변천의 동력이라는 사실을 보여줌과 동시에 14세기~16세기 새로운 세대의 지중해 문명으로 성립했다. 당시 이베리아반도-이탈리아 남부-예루살렘을 연결하는 문명 간 교류의 열린 지역은 새로운 세대의 문명이 성립하는데 전제조건이나 다름없었다.([그림 1] 참조)

| 키워드 |

야콥 부르크하르트, 인문(본)주의, 조형예술, 레오나르도 다빈치, 그리스-로마문명, 고대 고전주의, 피렌체, 문화-예술 문명, 십자군, 세속화, 이탈리아 남부, 시칠리아, 이베리아, 예루살렘

집필자: 김정하

참고문헌

Elisabetta Patrizi. 2005. *La trattatistica educativa tra Rinascimento e Controriforma: l'Idea dello scolare di Cesare Crispolti*. Istituti editoriali e poligrafici internazionali.

Jacob Burckhardt. 1921. *La civilta del Rinascimento in Italia*. Firenze.

_____. 1993. *Il ritratto nella pittura italiana del Rinascimento*. Bulzoni ed.

Konrad Burdach. 1935. *Riforma, Rinascimento, Umanesimo*. G.C. Sansoni.

Federico Chabod. 1970. *Il Rinascimento in Nuove Questioni di Storia Moderna*. Milano.

Peter Burke. 2001. *Cultura e societa nell'Italia del Rinascimento*. Bologna. Il Mulino.

G. Cervani. 1955. "Il Rinascimento italiano nella interpretazione di Hans Baron". *Nuova Rivista storica*. XXXIX. pp. 492-503.

25

마르세유
(Marseille)

2천 6백 년 전에 설립된 마르세유는 프랑스의 가장 오래된 도시 중 하나이며 풍부한 유산과 강렬한 문화, 아름다운 장소들이 있는 곳이다. 마르세유는 지중해의 항구 도시로서 역사 이래로 많은 사람의 왕래가 비교적 자유롭게 이뤄졌다. 그리고 마르세유는 111개의 구역, 지중해의 온화한 기후, 다문화 색채, 미식의 도시로서 관광객을 매료시키고 있다. 기원전 600년 전 그리스인이 설립하여 '포카이아인의 도시'라는 이름을 얻었고,¹ 지난 몇 세기에 걸쳐 가치 공유라는 전통을 이어오고 있다. 한동안 쇠락하기도 했지만, 다양한 변신을 시도하며 지중해 지역의 핵심 항구 도시로 부상하고 있다. 2013년 '유럽의 문화 수도'로 선정된 후 마르세유는 문화 도시로서의 위용을 갖추었으며, 1998년과 2016년 월드컵과 유로 2016을 개최하여 스포츠 도시로서도 명성을 쌓았다.

마르세유는 한때 이민자의 도시, 무질서하며 시장과 바다 냄새가 짙은 비유럽적 색채의 도시로 비춰지곤 했다. 하지만 다문화와 지중해적 요소를 다시

---

1 그리스 포카이아인은 마르세유를 가르켜 마살리아(Massalía)라고 불렀다.

채색한 마르세유는 이제 더 다채로운 모습으로 우리에게 다가오고 있다. 게다가 북아프리카를 비롯한 다양한 국적의 이민자가 몰려들며 프랑스와 유럽의 관문, 지중해의 문명 교차 도시로써 새롭게 조망할 수 있게 되었다.

'마르세유'는 어떤 도시인가?

지중해는 신의 축복을 받은 기후로 많은 사람이 즐겨 찾는 곳이다. 프랑스를 비롯한 유럽의 지중해가 그렇고, 터키와 중동의 지중해, 이집트에서 모로코까지 펼쳐져 있는 북아프리카의 지중해가 그렇다. 마르세유는 연간 일조일이 3백일 이상으로 유럽 최대의 관문 중 하나이다. 중동과 북아프리카, 아시아로 연결되는 무역항으로 흔히 '동방의 문(Orient Door)'이라고 부른다. 이렇듯 마르세유는 기본적으로 중심 항구라는 데 이견이 없다.

부슈 뒤 론(Bouches-du-Rhône) 도청 소재지 및 프로방스-알프-꼬뜨 다쥐르(Provence-Alpes-Côte d'Azur) 지방의 수도인 마르세유는 면적 241km^2 중 100km^{2}가 자연 공간이다. 2017년 기준 870,018명의 인구로 프랑스 제2의 인구 도시이기도 하다. 1995년 이래 이민족이 많은 이 도시에서 우파 정당의 장클로드 고댕(Jean-Claude Gaudin)이 시장을 역임하고 있다. 이민자가 가장 많은 도시임에도 늘 반(反) 이민정책을 펼치는 우파 정당에서 시장을 역임한 것이 인상적이다. 아마도 프랑스인의 외국인 혐오증이 아닐까 생각되지만 그렇다고 이민자 문화를 무조건 배척하지만은 않는다. 그렇기에 알제리를 비롯한 북아프리카 무슬림을 위해 현 고댕 시장의 정치적 노력은 꽤 인정받는 분위기이다.

마르세유는 많은 문화유산으로 사람들의 시선을 끌어들인다. 26세기에 걸친 역사는 과거의 기억을 되살리는 한편 아주 오래된 항구에서처럼 그 전통의 가치를 한껏 드러내고 있다. 마르세유의 역사, 문화, 사회 및 건축 유산에 스며

들어 있는 전형적인 면모를 통해 노트르담 드라 가르드(Notre-Dame de la Garde) 성당, 오래된 항구 요새들인 생장(Saint-Jean), 생 니콜라(Saint-Nicolas) 및 파니에 (Panier) 구역이 대표적이다. 유럽 기독교의 요람인 생 빅토르 사원이 있으며, 알렉상드르 뒤마의 소설인 몽테크리스토 백작의 주인공 에드몽 단테스와 밀 접한 연관이 있고 프랑수아 1세(François I)가 건립한 이프(If)성이 있다.

2013년 유럽 문화의 수도답게 마르세유에서는 수많은 전시회 및 공연 등이 벌어졌다. 현대 무용부터 미식 요리, 조형 예술, 무대 예술, 저명한 학자들의 포럼, 대중 예술, 축제, 박물관 등의 행사는 수많은 관광객을 유치할 수 있게 했다. 도시가 과거와 현재, 미래가 공존할 수 있는 환경으로 바뀌고 있음을 보게 한다. 마르세유는 저명한 학자들이 많이 찾는데 학술적이고 현대적인 연구 기관이 많이 포진해 있기 때문이다. 지중해인문과학센터(Maison méditerranéenne des Sciences de l'homme)를 비롯한 여러 연구 기관이 엑스-마르세유Aix-Marseille 대학교와 인근에 있다.

| 마르세유 대성당과 Mucem | 마르세유의 구항구 전경 | Mucem, 생장, 노트르담 드라 가르드 | 마르세유 이민자 구역의 사람들 |

[그림 1] 다양한 색채의 마르세유 모습

과거와 현재 모습을 잘 절충해놓은 곳은 마르세유의 랜드마크로 떠오른 지중해문명박물관(Mucem)이다. 박물관은 마르세유를 방어한 옛 성을 개조한 건축물이다. 고전적인 성벽에 가장 현대적인 방식의 유리 건축물을 이어 붙였다. 파리 루브르 박물관 왕궁을 피라미드 입구로 이은 것과 마찬가지인 듯 보이지만, 규모에서는 비할 바가 못 된다. 생장 요새(Fort Saint-Jean)는 17세기 루이 15세가 군사용으로 축조하여 프랑스 혁명 때까지 사용했다. 이후에는 줄곧 감옥으로 사용했다. 박물관은 성을 그대로 둔 채 거대한 유리 건물을 접목하고 바다를 가로지르는 다리를 놓아 동선을 확보하여 훌륭한 경관을 창출시켰다. 전통과 현재, 미래의 기법까지 동원된 예술적 건물인 지중해문명박물관은 마르세유가 지중해를 통해 관통하려는 것이 무엇인지를 내비친다. 이렇듯 지중해문명박물관은 과거 칙칙한 도시의 마르세유 이미지를 미래 지중해를 대표하는 도시로 바꾸어가고 있다.

이주민의 도시

마르세유의 이주민을 말할 때 가장 많이 언급되는 지역이 북아프리카이다. 그중에서도 알제리인의 이주는 식민지배의 산물이라고 하지만, 프랑스와 알제리는 오랜 기간 지중해의 역사와 함께했다. 상품 교역 도시에서 기독교와 이슬람 대립의 각축 도시로 이미 오래전부터 교류가 있었다. 하지만 프랑스의 북아프리카 점령은 '프랑스의 알제리'를 건설하게 했으며, 이후 알제리인은 마르세유를 거쳐 파리로 대거 이주했다. 당시 알제리인은 프랑스 시민권을 가진 사람이었으며,[2] 유럽의 다른 나라 사람은 프랑스 국적을 취득하기 위해 알

---

4 이 점에서 알제리인은 '시민권'이 아닌 프랑스 '국적'을 소지하고 있던 본국 프랑스인과는 다른 정체성을 부여받고 있었다. 프랑스 시민권(citoyenneté)을 부여받은 것이지 국적을 부여받지 못했기

제리에 와서 유럽 문화의 이식을 가속화했다.

식민시대 알제리인이 가장 많이 이주한 곳은 마르세유였다. 그들은 주로 마르세유에 이주하여 항만에서 일하거나 정유공장이나 올리브 정제공장 등에서 일을 했으며 알제리의 카빌족(Kabyle)이 그 대부분을 차지하고 있었다. 베르베르인이던 카빌족이 많이 들어왔던 것은 프랑스의 대 알제리 분할 정책의 일환이기도 했다. 프랑스는 알제리를 식민지배하며 아랍과 베르베르인의 분할을 획책했다. 이들은 마르세유에서 초기 정착한 이후 프랑스 남동부 쪽까지 퍼져 나갔다. 20세기 중반 이후에는 노동 이주가 많았고, 독립 이후에는 알제리 독립운동 당시 프랑스 편에 섰던 알제리인, 즉 '하르키(Harkis)'가 집단 이주하면서 마르세유를 포함한 인근 동남부 지역에 집단 정착하게 되었다. 마르세유와 알제리를 말할 때 '하르키'를 빼놓을 수가 없는데, 하르키는 프랑스 곳곳에서 살고 있지만, 특히 마르세유 및 동남부지역에 집단 거주하고 있다. 그들은 자신들을 드러내길 원하지 않아 마르세유에 정확히 얼마나 살고 있는지 파악되지 않는다. 일반 알제리 이민자는 1950년과 1960년대 대규모 이주를 해와 가장 큰 이주 공동체를 형성하고 있다(Benjamin Stora & Linda Amiri 2012). 대략 30만 명의 알제리인이 마르세유에 거주한다. 알제리인은 마르세유를 가르켜 49번째 '윌라야'(道)라고 말한다.[3] 이외에도 프랑스 출신의 알제리 거주자, 즉 피에-누아(Pied-noir)가 알제리 독립 후 알제리를 떠나 마르세유에 정착했다. 알제리 유대인 또한 마르세유로 들어와 정착하였는데, 마르세유의 유대인 공동체는 파리, 런던 다음으로 가장 규모가 크다.

에 그 차별성에 늘 분노를 갖고 있었다.

6 알제리에는 48개의 '윌라야'가 있다. 마르세유를 49번째 '윌라야'라고 하는 것은 그만큼 알제리인이 많기도 하고, 정서적으로 자신들과 흡사하다고 생각하기 때문이다.

알제리 이주민이 많은 이유는 마르세유가 자신의 조국과 가장 가깝고, 집단으로 거주할 수 있기 때문이다. 게다가 마르세유라는 항구 도시의 풍경은 어떤가? 알제리의 일상적 풍경은 물론 정서까지를 포용하고 있다는 것이 알제리인의 집단 거주 이유일 것이다.[4] 거리에 들어선 상점, 사람들의 말투, 마그레브인의 헤어스타일, 창문과 옥상에 널려 있는 빨래의 모습, 곳곳에서 기도하는 무슬림의 풍경이 알제리인에게는 바다 건너 자신들의 고향과도 아주 친숙한 풍경이다.

이외에도 마르세유로의 이주는 여러 국가에서 단행되었다. 프랑스 전체적으로 그렇지만 지리적 인접성으로 19세기 말부터 20세기 초 무렵 이탈리아인, 아르메니아인, 코르시카 사람들이 왔다. 유럽 여러 나라의 무역상은 그 이전부터 마르세유를 통해 경제 활동을 했다. 무역행위는 도시 마르세유를 지탱하는 주요 활동이었다. 그리스인이 건설한 항구 도시답게 그리스인과 터키인의 이주 또한 활발했다. 그러나 마르세유 이민에서 알제리와 더불어 가장 중요한 국가는 아르메니아이다. 아르메니아인은 1923년~1928년 사이 '아르메니아 제노사이드'(Genocide)[5]를 피해 프랑스에 왔다. 전쟁 기간을 제외하고 단기간 그렇게 많은 이민자가 프랑스에 들어온 적이 없었다. 당시 대략 6만여 명의 아르메니아인이 마르세유로 들어왔다. 오늘날 마르세유 아르메니아인 수가 10만 명 정도이니 얼마나 많은 수가 한 번에 들어온 지 알 수 있다. 아르메니아인은 마르세유 전체 인구의 10%를 넘는다.

---

7 http://www.algerie-focus.com/blog/2013/04/marseille-je-taime-a-lalgerienne/

8 19세기 말~20세기 초 오늘날의 터키 정부가 오스만제국 영토에 거주한 아르메니아인을 집단으로 살해한 사건을 일컫는다. 이후 이들은 지중해의 도시 다마스, 베이루트, 예루살렘, 마르세유로 집단 이주를 했다. 그 수는 약 120만 명에 달할 정도였다. *Dictionnaire de la Méditerranée*, 2016: 378).

다음으로 코르시카섬 사람을 빼놓을 수 없다. 이들 또한 20세기 경제공황 시대에 집단으로 이주했다. 아르메니아인과 마찬가지로 대략 10만 명 정도가 있다. 코르시카 사람들은 마르세유를 〈코르시카 수도〉라 지칭하기도 한다.

마지막으로 중요한 이민자 집단은 코모로(Comoros)이다. 코모로는 남동 아프리카와 마다가스카르 사이에 있는 섬들로 구성된 국가이다. 1975년 프랑스로부터 독립하여 섬에서 살기가 어려워지자 대거 마르세유로 이주했다. 오늘날 약 10만 명에 조금 못 미치는 코모로인이 현재 마르세유에 거주하고 있다.[6]

다문화적 정체성

이미 도심의 구조가 과거의 산업 구조에서 탈피하고, 전통과 현대의 묘한 조화를 일궈가는 마르세유는 다문화적 도시임이 확실해 보인다. 그리스로부터 시작된 서양 문화의 도시 전통은 중세와 근대 들어 지중해 도시 간의 교역, 19세기 들어서는 동양과의 관문 역할을 하며 여러 문명을 받아들였다. 이후 산업화 과정에서 마르세유는 이주 노동자를 받아들였다. 마르세유로 들어온 이주 노동자의 형태는 매우 다양했다. 19세기 중동과 아프리카, 알제리, 아르메니아, 1960년대부터는 마그레브 3국(알제리, 모로코, 튀니지) 이민자와 리비아인, 코모로인의 이민이 줄을 이었다. 마르세유는 전 세계 세 번째로 아르메니아인이 많은 도시다. 코르시카인은 코르시카보다 마르세유에 더 많이 살고 있다. 수도 모로니(Morony)와 맞먹을 정도의 코모로인이 마르세유에 산다. 유대인 공동체는 유럽에서 세 번째로 그 규모가 크다. 게다가 알제리를 비롯한 마그레브 공동체, 오랜 이민 역사의 이탈리아 공동체는 마르세유 정체성을 구성하는 중

---

6 코모르 전체 인구가 80만 명을 조금 웃도는 수준인데, 10만 명이 마르세유에 있다는 것은 프랑스와의 관련성이 긴밀하다는 것을 의미한다.

요 요소이다. 전 세계적으로 이렇게 다양한 다문화 색채의 도시가 또 있을까? 흔히 프랑스를 가르켜 '톨레랑스(Tolérance)'의 국가로 부른다. 프랑스인이 자부하는 '톨레랑스'의 진면목은 마르세유를 두고 하는 것은 아닐까 하는 생각이 든다. 이렇게 수많은 이주민이 들어오면서 큰 충돌 없이 화합과 공존을 할 수 있는 것은 그 어떤 곳보다 지중해의 속성에 충실해서인 것 같다.

수많은 이주민 출신의 운동선수, 예술인, 학자, 다양한 색채의 건축물과 식당, 공동체 등은 오늘도 미래 마르세유의 위상을 새롭게 만들어가고 있다.

┌ 키워드 ┐

마르세유, 지중해 도시, 이민자, 다문화, 공존, 아르메니아, 알제리, 코모로, 마그레브

집필자: 임기대

참고문헌

Maryline Crivello, Mohamed Tozy. 2016. *Dictionnaire de la Mediterranee*. sous la direction de Dionigi Albera. France. Actes Sud.

Benjamin Stora & Linda Amiri. 2012. *Algeriens en France, 1954-1962: la guerre, l'exil, la vie*. Paris. Autrement.

시오노 나나미. 김석희 역. 2009. 로마멸망 이후의 지중해세계I /II. 한길출판사.

임기대. 2019. "안달루시아 문화 지역에 나타난 이슬람적 정체성에 관한 연구". 『한국 프랑스학논집』 제 108권. pp. 269-297.

프랑스 내 이주 http://fr.wikipedia.org/wiki/Immigration_alg%C3%A9rienne_en_ France (검색일: 2020.03.25.)

알제 마르세유 http://www.algerie-focus.com/blog/2013/04/marseille-je-taime-a-lalgerienne/ (검색일: 2020.04.20.)

26

면화
(Cotton)

역사적으로 면화와 관련해 우선적으로 떠오르는 것은 18세기 영국의 산업혁명이다. 면직물 생산은 영국 산업혁명을 견인한 핵심 산업이었다. 하지만 면화가 유럽 세계에 도입된 것은 그보다 훨씬 이전이었고, 이미 중세 말 면제품은 유럽의 일상생활에 큰 변화를 가져올 정도로 일반화되어 있었다.

그러나 유럽과 지중해 역사에서 면화는 크게 조명받지 못했다. 중세 지중해 교역사 초기 연구는 지중해 무역을 향신료와 같은 고가의 상품이 주종을 이루는 사치품 무역으로 간주했다. 다수의 역사가들은 향신료가 지중해 무역의 원동력이라 말하기도 했다. 이러한 인식은 1970년대까지 지속되다가 이후 다양한 연구가 진행되면서 향신료 못지않게 곡물, 올리브, 포도주, 소금 등 직물산업에 필요한 다양한 종류의 원료와 완제품처럼, 상대적으로 저렴한 상품들도 활발하게 거래되었다는 사실이 밝혀졌다.

면화 재배, 지중해에 도입되다

면화의 원산지는 인도로 추정된다. 고대 유럽은 인도로부터 완제품인 면직물을 수입했었다. 고대 유럽인들은 흰 누에고치를 뜻하는 봄빅스(Bombix)를 면

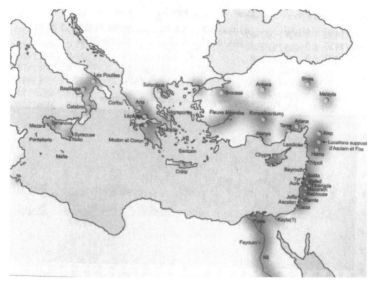

[그림 1] 중세 말 지중해 면화 재배 지역

화를 뜻하는 용어로 사용했는데, 이는 면화를 직접 보지 못했던 오해에서 비롯되었다. 면화가 지중해 세계에 처음 도입된 것은 대략 고대 로마 시대였다. 그러나 로마제국에서 면제품은 생산이 제한적이어서 사치품에 가까웠다. 면화를 지중해에서 본격적으로 재배하기 시작한 것은 이슬람이 지중해로 진출한 8세기 무렵부터였다. 이슬람 세계는 대략 700년에서 1100년 사이 면화를 포함한 다양한 작물의 재배를 지중해 여러 지역에 확산시켰다. 이를 통해 초기 이슬람 세계는 지중해에서의 농업 혁신을 이끌었다. 이런 연유로 오늘날 면화를 지칭하는 유럽언어들, 이탈리아어 코토네(Cotone), 불어 코통(Coton), 스페인어 고돈(Godon), 영어 코튼(Cotton)은 모두 아랍어 쿠튼(Qutn)에서 유래되었다.

면화 재배에 이상적인 자연 환경은 찰진 기운이 적어 부드럽고 갈기 쉬운 경토, 높은 온도와 충분하고 고른 강수량 등이다. 6~8개월 동안의 생육 기간에 비가 고르게 내리는 것이 면화 재배에 이상적이다. 이러한 조건은 주로 아열대 지역이지만 면화는 이상적이지 못한 자연환경에서도 나름의 적응력을 발휘했고, 지중해도 그런 지역 중의 하나였다. 이 덕분에 중세 후반 지중해에 면한 다수의 지역이 면화를 재배하는 데 성공했다. 중세 말 지중해에서 면화를 대규모로 재배한 지역은 이집트, 북아프리카, 시리아, 소아시아, 사이프러스, 크레타, 그리스 본토와 에게 해의 섬들, 시칠리아, 남부 이탈리아, 이베리아 반도, 흑해 등이었다. 최고 품질의 원면은 시리아산이었고, 소아시아에서 생산된 원면은 상대적으로 저렴했다. 이 중에서 중세 말 가장 많은 면화를 생산했던 곳은 이슬람 지배하에 있었던 시리아, 이집트, 그리고 소아시아였다.

면화 교역

중세 서유럽 세계는 이슬람 세계에서 생산된 원면을 대량으로 수입해 이를 가공했다. 15세기 서유럽 세계가 이슬람 지역으로부터 수입한 원면의 양은 수만 자루에 육박했다. 원면 수송은 주로 이탈리아 상선에 의해 이루어졌다. 특히, 베네치아는 중세 말 지중해 원면 수송에서 독점적인 지위를 누렸다. 베네치아가 원면 수송에서 이런 독보적인 위치를 확보할 수 있었던 것은 면화 수송을 전담하는 정기 선단 제도 덕분이었다. 베네치아 정부는 동지중해에서 가장 큰 면화 생산지였던 사이프러스, 이집트, 그리고 시리아로 가는 3개의 정기 선단 제도를 도입했다. 3개의 정기 선단은 매년 두 번씩 동지중해와 베네치아를 오가면서 막대한 양의 원면을 수송했다.

이슬람 세계보다 늦었지만, 서유럽은 12세기부터 본격적으로 면직물 생산을 시작했다. 물론 면직물 생산 기술은 이슬람 세계에서 서유럽 기독교 세계로 전파된 것이었고, 이는 이베리아반도를 통해서 이루어진 것으로 추측된다. 주로 북부 이탈리아 도시들이 면직물 산업을 선도했다. 유럽에서 이탈리아 도시들이 면직물 생산을 먼저 시작할 수 있었던 것은 이슬람 세계에서 생산된 원면을 공급해 줄 수 있었던 베네치아와 제노바의 지리적 접근성 때문이었다. 면직물 소비가 늘어나자 중부 이탈리아 도시들도 면직물 무역에 뛰어들었다. 당시 이탈리아 도시들의 면직물은 순면 제품이 아니라 원면과 아마를 섞어 만든 퍼스티언(Fustian)이라는 혼방 직물이었다.

이전까지 이탈리아 면직물을 수입했던 남부 독일의 여러 도시들도 14세기 후반부터는 면직물을 자체 생산하기에 이르렀다. 뉘른베르크, 아우구스부르크, 울름 등의 도시들은 베네치아에서 원면을 구입하여 이를 직접 가공해 혼방 직물 퍼스티언을 생산했다. 중부 유럽에서 은광 개발을 주도했던 남부 독일 상인들은 채굴한 은을 이용해 베네치아에서 향신료, 원면 등을 구입할 수 있었고, 그래서 남부 독일과 베네치아 간의 교역량은 증가했다. 남부 독일 출신의 상인들은 베네치아 리알토에 위치한 독일 상관에서 면화를 구입했고, 이 상관은 당시 유럽 경제에서 가장 중요한 거래소였다. 15세기 후반과 16세기 전반기 남부 독일 제일의 국제 거상으로 성장했던 푸거 가문의 주요 사업이 은광 개발과 면직물 제작이었다는 사실이 당시 면직물 산업의 중요성을 짐작케 해준다.

북·중부 이탈리아와 남부 독일 이외에 이베리아반도, 프랑스, 스위스, 영국, 오스트리아, 헝가리, 폴란드, 보헤미아 등지에서도 면직물을 생산했다. 지역 간의 경쟁이 치열해지면서, 먼저 시작했던 이탈리아 도시들은 큰 타격을 받았고 고가품 위주의 전략을 도입했다. 그 덕분에 15세기~16세기 밀라노와 크레모나는 최고 품질의 면직물 생산에서 독점적인 지위를 확보했다.

면제품 소비

지중해에서 면화 재배가 본격화된 것은 중세 이슬람 세계에서였다. 그 덕분에 이슬람 세계에서 면제품 소비는 기독교 세계보다 일찍 확산되었다. 무슬림들은 도시민뿐만 아니라 농민들까지도 면제품을 일상적으로 사용했다. 긴 겉옷, 내의, 면바지, 허리띠, 베일, 터번 등 거의 모든 의복에 면직물이 사용되었다. 중세 이슬람 여성들은 머리와 얼굴 그리고 전신을 감싸는 이자르(Izar)라 불리는 일상복을 착용했는데 이 일상복은 흰색 면직물로 만들었다. 미망인의 경우는 검은색 면직물로 된 이자르를 착용했다.

면제품 소비가 기독교 세계로 확산된 것은 이슬람 세계보다는 조금 늦은 중세 후반부터였다. 이슬람 세계와 마찬가지로 기독교 세계도 다양한 종류의 면제품을 소비했다. 그중 제일의 용도는 의복으로, 거의 모든 종류의 의복에 면직물이 들어갔다. 그 외에도 면제품은 쓸모가 많았다. 13세기 무렵 기독교 선박들은 이전에 사용하던 마직으로 된 돛 대신에 면직으로 된 돛을 사용하기 시작했다. 일부 항구 도시들은 면직 돛을 의무적으로 사용할 것을 규정하기까지 했다. 종이 제작에도 면이 사용되었다. 낡은 면직 옷이나 헝겊에서 펄프를 뽑아서 종이를 만들었다. 그래서 중세 이탈리아에서는 종이를 카르타 디 코토네(Carta di cotone), 즉 면종이라고 부르기도 했다.

솜은 옷이나 침구류의 속을 채우는 재료로 사용되었다. 특히, 솜으로 속을 채운 주퐁(Jupon)이라 불렸던 이슬람식 복장이 중세 말 서유럽 사회에서 인기를 끌었다. 몸에 짝 달라붙기 때문에 이 복장은 교회로부터 비난을 받기도 했다. 하지만 이 복장이 르네상스 시대 이탈리아에 널리 퍼졌다는 사실은 회화 작품들에서 잘 확인된다. 특히, 평민들이 이 주퐁을 즐겨 입었다. 중세 말 유럽에서 면직물은 모직물에 비해 저렴했고, 그래서 농민과 도시의 하층민도 면직으로 만든 옷을 입을 수 있었다.

문명교류의 영향

면화는 지중해의 여러 지역문명들이 상호 연결되어 있음을 보여주는 좋은 본보기이다. 중세 말 면화를 가장 많이 생산했던 지역은 이집트, 시리아, 소아시아반도의 이슬람 세계였고, 이슬람 세계의 원면은 서유럽 기독교 세계에 수입되어 다양한 면직물로 가공되었다. 다비드 아불라피아(David Abulafia)는 중세 지중해에서 직물 생산과 교역은 향신료 교역 못지않게 중요하고 "면화, 인디고와 명반은 동과 서를 하나로 묶어주는 매개체이다."라고 말했다.

고대부터 근대까지 동서교류의 핵심 품목이었던 향신료와 비교해 면화가 지중해 경제에 미친 경제 효과는 더욱 컸다. 인도와 동남아시아에서 생산된 향신료는 이슬람 세계를 거쳐 서유럽으로 수입되어 소비되었을 뿐 추가적인 경제 활동을 촉발하지는 못했다. 반면 면화는 서유럽 경제에 고용 효과를 창출했다. 중세 후반 북부 이탈리아와 남부 독일은 이슬람 세계로부터 수입한 원면을 가지고 모직물과 비교해 상대적으로 저렴한 여러 종류의 면제품을 생산했다.

이슬람 세계가 원료를 생산하고, 기독교 세계가 완제품을 제조하면서 상호 간의 교역을 더욱 증대시켰다. 그리고 이슬람식 의복들이 서유럽 세계에 수입되어 최초의 '유행'을 만들어냈으며, 모직물 위주의 의복 문화를 다양하게 발전시켰다. 이렇듯 면화는 지중해의 물질 문명을 풍부하게 만들었다.

키워드

인도, 산업혁명, 지중해, 아랍어 쿠튼(Qutn), 면직물, 베네치아, 이슬람, 퍼스티언

집필자: 남종국

참고문헌

Eliyahu Ashtor. 1983. *Levant trade in the Later Middle Ages*, Princeton.

Sven Beckert. 2014. *The empire of cotton*. 김지혜 옮김. 2018. 『면화의 제국: 자본주의의 새로운 역사』, 서울:Humanist.

Henri Bresc. 1986. *Un monde méditerranéen: économie et société en Sicile 1300-1450*. Palermo and Roma.

Maureen Fennel Mazzaoui. 1981. *The Italian cotton industry in the Later Middle Ages, 1100-1600*. Cambridge: Cambridge University Press.

Federigo Melis. 1972. *Documenti per la storia economica dei secoli XIII-XVI*. Firenze.

Jong-Kuk NAM. 2007. *Le commerce du coton en Méditerranée à la fin du Moyen Age*. Leiden and New York: Brill Academic Publishers.

F. B. Pegolotti. 1936. *La practica della mercatura*. Cambridge.

Andrew M. Watson. 1983. *Agricultural Innovation in the Early Islamic World: The Diffusion of Crops and Farming Techniques, 700-1100*. Cambridge: Cambridge University Press.

남종국. 2011. 『중세 지중해 교역은 유럽을 어떻게 바꾸었을까?』. 서울: 민음인.

남종국. 2015. 『이탈리아 상인의 위대한 도전: 근대 자본주의와 혁신의 기원』. 서울: 앨피.

27

모자이크
(Mosaic)

모자이크는 다양한 색깔의 돌이나 도자기의 작은 조각을 표면에 접착하는 방식으로 작품을 만드는 예술형태이다. 고대 메소포타미아 지역에서 최초로 사용되었으며 고대 그리스에서는 바닥과 도로포장에 활용되었고 로마 시대에 더욱 다양한 용도로 광범위하게 사용되면서 제작기법이 완성되었다. 비잔티움 제국의 모자이크는 헬레니즘 양식을 계승하면서 기법과 소재 면에서 비약적 발전을 이루었다. 유리 테세라와 금박 테세라를 사용한 모자이크는 비잔티움 예술의 대표적 양식이 되었으며, 콘스탄티노플의 성 소피아 대성당과 라벤나의 성 비탈레 성당 등에 뛰어난 작품이 남아있다. 비잔티움의 모자이크는 이탈리아와 동유럽으로 전파되었고, 베니스의 성 마르코 대성당에서 동서양의 예술적 융합이 완성된 예술작품의 형태로 나타났다. 한편 스페인에서는 이슬람의 영향을 받은 기하학적 문양의 모자이크가 발전했다.

모자이크의 특성

모자이크는 다양한 색깔의 돌이나 도자기, 유리, 타일, 조개껍데기 등으로 만든 작은 조각을 회반죽이나 시멘트, 모르타르 등으로 표면에 접착하여 완성

[그림 1] 비잔티움 교회 내부 장식에 쓰인 모자이크, 성 아폴리나레 인 클라세 성당, 라벤나

한 작품이다. 모자이크의 작은 조각을 테세라(Tessera)라고 하는데, 많은 조각이 모여 의미 있는 전체를 완성한다. 테세라는 다른 깊이와 각도로 배치되기 때문에 작품에 입체적인 효과를 준다. 특히 유리 테세라의 경우 여러 각도로 빛을 반사하여 아름답게 반짝이는 색광(色光)을 만들어낸다. 모자이크는 무수한 조각을 끼워 넣는 작업이므로 제작하는 데 많은 시간과 노력이 필요하며, 테세라의 색채가 한정되어 있는 까닭에 미묘한 색감의 표현이나 음영효과를 주기는 어렵다. 그러나 색면(色面)의 대비와 구성 효과를 통해 강한 인상을 줄 수 있으며 재료의 특성상 변색이 적고 내구성이 뛰어나 원래의 상태가 오래 유지된다는 장점이 있다. 주로 건물의 천장이나 벽, 바닥의 표면에 적용되며 이콘

(Icon)이나 공예품으로도 만든다.

기원과 발전 양상

모자이크의 기원은 고대 메소포타미아 문명에서 찾을 수 있다. 현존하는 최초의 모자이크는 기원전 3000년경 수메르의 도시 우루크(Uruk)에서 사원 건축의 장식으로 만들어진 것이었다. 상아와 조개 그리고 돌을 사용하여 제작한 비구상 형태의 장식적 문양이 특징이었다.

기원전 6세기경부터 그리스에서는 백색과 흑색의 자갈을 바닥과 도로포장에 사용하기 시작했고, 기원전 4세기경부터는 유색 대리석을 사용했다. 모자이크의 제작기법에는 정방형의 작은 돌을 사용하는 오푸스 테셀라툼(Opus Tessellatum)기법, 더욱 작은 돌을 사용하여 곡면이나 세밀한 표현을 가능하게 하는 오푸스 베르미쿨라툼(Opus Vermiculatum)기법, 그리고 유색(有色) 대리석을 원하는 형태에 맞춰 제작하는 오푸스 섹틸레(Opus Sectile)기법이 있었다.

로마인들은 그리스인들보다 모자이크를 더욱 광범위하게 사용하였는데, 특히 바닥에 많이 이용했다. 비트루비우스(Marcus Vitruvius Pollio, 1세기)는 그의 『건축론』제7서 1장 3절~5절에 모자이크를 위한 바닥 기초 공사의 로마식 전통을 기록한 바 있다. 로마 시대에는 메소포타미아나 그리스에서 사용하던 단순한 기하학적 모티브는 물론 신화나 일상생활의 장면에 이르기까지 다양한 주제의 벽화들이 등장했다. 폼페이 '목신의 집'의 접견실 바닥에서는 '알렉산드로스스 대왕의 이수스 전투 모자이크(기원전 120년~기원전 100년경)'를 볼 수 있다. 모자이크를 만들기 위해서는 우선 화가가 초안을 그리고, 그 다음에는 '무제이아리이(Museiarii)'라 불리는 모자이크 전문가가 주요 형상과 장식문양을 담당하고, 마지막으로 '테셀라리이(Tessellarii)'라 불리는 모자이크 담당자가 나머지 빈 곳을 마무리했다. 이름이 알려진 최초의 모자이크 제작자는 그노시스(Gnosis)였으며 그의 이름은 기원전 300년경 마케도니아의 펠라에 있는 한 주택의 바닥 모자이크에 남아 있다.

로마의 전통은 그리스도교 문화로 이어졌다. 초기 기독교 모자이크는 로마의 사실적 표현과 달리, 눈에 보이지 않는 초월적 세계를 상징적으로 표현하는 새로운 방식을 도입한 것이 그 특징이다. 초기 기독교 시대에는 바실리카 성당의 내부 벽면 장식에 모자이크가 많이 사용되었으며, 모자이크의 주제에는 그리스도교 신학이 반영되었다. 천상을 상징하는 앱스(Apse)는 '신의 현현(顯現)'을 주제로 한 〈영광의 그리스도〉, 〈예수의 변모〉, 그리고 〈십자가〉의 모자이크로 장식되었다. 한편, 지상교회를 상징하는 네이브(Nave)는 성경의 다양한 이야기, 예언자와 성인의 초상 모자이크로 장식되었으며, 지상세계를 상징하는 바닥은 사냥과 수확 장면, 그리고 각종 식물과 동물 모자이크로 채워졌다. 로마의 산타 푸덴지아나(Santa Pudenziana, 400년경) 성당, 로마의 산타 마리아 마조레(Santa Maria Maggiore, 432년~440년) 성당, 테살로니키의 호시오스 다비드(Hosios David, 5세기 말) 성당, 요르단 네보(Nebo)산의 요한 사제(Chapel of the Priest John, 430년경) 성당에 당대의 모자이크가 남아있다.

교회 외부에 따로 마련되던 세례당이나 순교자의 무덤도 모자이크로 꾸며졌다. 세례당의 경우, 세례를 베푸는 곳이라는 특징을 반영하여 그리스도의 세례 장면이 묘사되는 경우가 많았다. 순교자의 유해와 유물이 있는 마르티리움(Martyrium)의 경우는 관련된 순교자의 초상이나 생애를 모자이크로 장식했다. 라벤나의 네온 세례당(Neon baptistery, 458년경)과 갈라 플라키디아 영묘(Galla Placidia, 424년~450년경)에도 모자이크가 남아있다.

모자이크는 비잔티움 시대에 전성기를 맞이해, '아이콘'과 더불어 비잔티움 미술의 대표적 양식으로 자리 잡았다. 특히 기법과 소재 면에서 비약적 발전이 나타났는데, '스말토(Smalto)'로 불리는 다양한 색깔의 불투명 유리가 그 대표적인 사례였다. 비잔티움 제국의 예술가들은 용해된 유리에 금속 산화물을 섞어 색깔을 내고, 이것을 구르고 냉각하고 절단하여 유리 테세라를 만들었다. 또한 금박을 넣은 유리 테세라도 사용하여 모자이크에 화려함을 더했다. 테세라의 배열은 표면을 평평하게 맞추는 방식을 따르기도 했으며 각각의 테세라를 빛이 가장 잘 반사할 수 있는 방향으로 끼워 넣어 모자이크 표면에 요철이 생기는 방식을 사용하기도 했다. 이렇게 함으로써 빛이 모자이크 표면 위에서 여러 각도로 반사되어 다양하고 섬세한 색채로 더욱 반짝이는 효과가 나타났다.

유스티니아누스 황제 시대의 뛰어난 모자이크는 이탈리아의 라벤나(Ravenna)에 남아 있다. 성 비탈레(San Vitale, 526년~547년) 성당, 성 아폴리나레 누오보(Sant'Apollinare Nuovo, 556년~565년) 성당, 그리고 성 아폴리나레 인 클라세(Sant'Apollinare in Classe, 6세기 중엽) 성당의 모자이크가 대표적이다. 성 비탈레 성당의 앱스에는 유스티니아누스 황제와 테오도라 황비, 네이브에는 〈아브라함과 세 천사〉, 그리고 〈이삭의 희생〉 모자이크가 있다. 성 아폴리나레 누오보 성당의 네이브에는 그리스도교 성인들의 행렬을 그린 모자이크가 있다. 시나이의 성 카타리나 수도원(St. Catherina monastery, 560년경) 앱스에서는 〈예수의 변모〉를 주제로 한 모자이크를 볼 수 있다. 모자이크는 지도 제작에도 활용되었는데, 마다바(Madaba)에서 발견된 모자이크 지도는 6세기 후반에 완성된 것으로 세계적 고대 문화유산의 하나로 손꼽힌다.

비잔티움 제국의 마케도니아 왕조 시대(867년~1056년)에는 문화예술의 '르네상스'라 할 만한 발전이 있었다. 이 시기에 콘스탄티노플의 성 소피아 대성당(Hagia Sophia)이 새로운 모자이크로 재단장되었다. 또한 당시에 중요한 역할을 담당하고 있던 세 수도원, 즉 호시오스 루카스(Hosios Loukas), 네아 모니

(Nea Moni), 다프니(Daphni) 수도원은 후원자의 도움덕분에 성당 내부를 아름답고 화려한 모자이크로 장식했다. 콘스탄티노플은 모자이크 제작의 중심이었으며, 세 수도원의 모자이크는 모두 콘스탄티노플에서 온 장인들의 작품이었다. 마케도니아 왕조부터 교회 내부는 '도데카오르톤(Dodekaorton)', 즉 열두 대축일의 이미지로 꾸며졌다. 각각의 이미지는 예수탄생 예고, 예수탄생, 예수의 성전봉헌, 예수의 세례, 예수의 영광스러운 변모, 되살아난 라자로, 예루살렘 입성, 십자가 처형, '아나스타시스(Anastasis, 각성·부활)', 예수의 승천, 성령강림, 그리고 '코이메시스(Koimesis, 성모의 잠드심)'이다. 모자이크화의 인물은 금색 배경 위에 두드러지게 나타나도록 표현되었다. 건물에서 햇볕을 가장 잘 받는 높은 곳, 특히 곡면으로 처리된 돔의 내부에 그려진 모자이크화는 유리 테세라가 반사하는 빛으로 인해 반짝거리며 교회 내부를 신비로운 분위기로 가득 채웠다. 당시 모자이크는 그리스도교 전례를 위한 영적인 공간을 연출하는 데 가장 적합한 매체였다.

비잔티움의 콤네노스 왕조(1081년~1185년) 시기에는 경제적 여건 등의 이유로 모자이크보다 프레스코화가 많이 제작되었으나, 이탈리아 등지에서는 비잔티움의 영향으로 많은 모자이크가 제작되었다. 시칠리아의 노르만 왕은 콘스탄티노플로부터 비잔티움 예술가를 불러와 궁정과 교회를 비잔티움 양식의 모자이크로 장식했다. 따라서 시칠리아에서는 비잔티움 양식과 노르만 양식 그리고 이탈리아 양식이 혼합된 예술이 탄생했다. 대표적인 건축물로는 팔레르모의 팔라티나(Palatina, 1142년~1143년) 성당, 마르토라나(Martorana, 1143년경) 성당, 체팔루(Cefalu, 1131년~1148년) 대성당, 몬레알레 대성당(Monreale, 1175년~1190년)이 있다. 비잔티움의 영향을 받은 이탈리아 지역의 모자이크는 베네치아 근처의 토르첼로(Torcello, 12세기) 대성당과 베네치아의 산 마르코(San Marco, 11세기~14세기) 대성당에서 볼 수 있다.

비잔티움의 마지막 왕조인 팔레올로고스 왕조(1261년~1453년) 시기에는 모자이크 기법의 아이콘이 제작되기도 했으며, 성 소피아 대성당의 〈데이시스(Deisis)〉는 이때 완성되었다. 코라의 구세주(St. Savior in Chora, 1315년~1321년) 성당의 모자이크는 '팔레올로고스의 르네상스'를 대변하는 중요한 작품이다. 코라 성당의 모자이크화는 매우 능숙한 솜씨를 지닌 예술가의 작품으로, 헬레니즘 전통에 충실한 세련된 스타일을 보여준다. 그러나 인물의 복장이나 패턴에서는 이슬람의 영향이 강하게 나타난다. 전체적으로 장식적인 화면 구성과 밝은 색채가 강조되었으며, 모자이크 특유의 색채 변화와 반짝거림으로 성당 내부에는 신비로운 분위기가 연출되었다.

중세 지중해 문명교류의 모자이크

모자이크는 이슬람 세계에서도 널리 사용되었다. 특히 7세기부터 8세기 사이에 우마이야 왕조의 건축 장식이 인기가 높았다. 초기의 모자이크는 식물이나 건축 등 사실적인 표현도 보여주었으나, 종교적 이유로 점차 비표상적 미술을 추구하면서 복잡하고 규칙성이 강한 아라베스크 장식으로 완성되었다. 이슬람의 모자이크 장식은 건물의 내부와 외부에 모두 사용되었으며, 반복적인 기하학 형태, 생생하고 화려한 색채와 다양한 패턴이 그 특징이었다. 아프리카 북부와 스페인에서는 이슬람 문화의 영향으로 아라베스크 모자이크가 많이 제작되었는데, 알함브라 궁전이 대표적인 사례이다.

한편 서유럽에서는 모자이크 제작이 활발하지 못했는데, 로마네스크 시대에는 모자이크를 제작할 경제력과 기술력이 충분치 않았고, 고딕 시대에는 교회 건축 내부에 모자이크를 제작할 수 있는 벽면이 줄어들고 창문이 늘어나면서 내부장식으로 스테인드글라스가 더 선호되었다.

르네상스 시대에는 16세기 후반 성 베드로 대성당 내부가 모자이크로 장식되었다. 이후 설립된 바티칸 모자이크 스튜디오에서는 18세기 후반에 매우 다양한 색채와 아주 작은 크기의 마이크로 테세라를 사용하는 '필라토(Filato)' 기법을 적용해 주요 회화작품을 모자이크로 제작함으로써 그 기술적 한계를 극복했다. 이로써 재현적이고 사실적인 묘사는 물론 미묘한 색채의 변화까지 자유롭게 표현할 수 있게 되었다.

전통적 모자이크에서 볼 수 있는 대담한 색채구성과 간략한 묘선, 추상적 표현과 상징성, 그리고 장식적인 특징은 현대미술의 다양한 흐름에도 부합한다. 아르누보 작가들을 필두로 에셔(M.C. Escher)와 아서 몰레(Arthur Mole) 그리고 안토니오 가우디(Antonio Gaudi) 등이 모자이크 작품을 제작했다. 현재는 각종 건물의 내외장식, 지하철역 등의 벽면 장식과 바닥 장식, 공예 그리고 조형예술 분야 등에서도 많이 이용되고 있다.

⌐ 키워드 ⌐

메소포타미아, 고대 그리스, 고대 로마건축, 비잔티움, 라벤나, 베네치아, 이슬람

집필자: 조수정

참고문헌

안호은. 2009. "시각예술에서의 모자이크기법 사용과 시각표상-모자이크의 역사적 고찰과 현대작가를 중심으로-". 『한국디자인포럼』. 제22권. 한국디자인트렌드학회. pp. 215-224.

전선자. 2005. "성 아폴리나레(Sant' Apollinare in Classe)교회의 모자이크그림과 생태학적 창조론". 『서양미술사학회논문집』. 제23권. 서양미술사학회. pp. 9-34.

조수정. 2014. "라벤나의 산타폴리나레 누오보 성당 모자이크화". 『서양미술사학회논문집』. 제41권. 서양미술사학회. pp. 123-151.

조수정. 2016. 『비잔티움 미술의 이해』. 서울: 북페리타.

한국가톨릭대사전 편찬위원회. 2006. 『한국가톨릭대사전』. 4권. 서울: 한국교회사연구소.

홍진경. 2004. "알렉산드로스 모자이크". 「미술사학보」. 제21권. 미술사학연구회. pp. 117-144.

Otto Demus. 2008. *Byzantine Mosaic Decoration : Aspects of Monumental Art in Byzantium*. ACLS History E-Book Project.

A.M. Madden. 2014. *Corpus of Byzantine Church Mosaic Pavements in Israel and the Palestinian Territories. Colloquia Antiqua*. Peeters Publishers.

Ada Cohen. 2000. *The Alexander Mosaic. Cambridge Studies in Classical Art*. Cambridge University Press.

M. R. Derrick. 2004. *Conservation of the Last Judgment Mosaic, St. Vitus Cathedral, Prague*. Getty Publications.

Katherine Dunbabin. 1999. *Mosaics of the Greek and Roman World*, Cambridge University Press.

Erik Thunø. 2015. *The Apse Mosaic in Early Medieval Rome: Time, Network, and Repetition*. Cambridge University Press.

28

몰타
(Malta)

지리적으로 지중해 중심에 위치하며 천혜의 자연 항구를 가지고 있는 몰타 군도는 이미 고대부터 강력한 정치세력들의 관심을 집중시켰다. 페니키아인들은 근처의 북아프리카 해안의 정착지, 주로 카르타고(현재의 튀니지)에서 사하라사막을 가로질러 중앙아프리카로 가는 주요 무역로를 지배했었고, 기원전 814년경에는 몰타를 점령했다. 실제로, 페니키아인들이 기원전 9세기에 이미 몰타를 오갔다는 사실이 고고학 발견을 통해 확인되었다. 이후의 연대로 추정된 카르타고인들의 무덤과 도기는 몰타에서 카르타고의 영향이 로마시대와 기독교시대에도 계속해서 남아있었다는 것을 보여준다. 기원전 218년경 로마인들이 카르타고를 물리치고 몰타를 포위했을 당시에도 약 2,000명의 카르타고 군인들이 여전히 몰타에 주둔하고 있었다.

로마 문화에 완전히 동화되지는 않았지만, 제국이 동로마와 서로마로 분열되었을 때 몰타는 후자에 예속되었다. 로마제국의 영향은 이 섬의 여러 곳에서 발견되는 유적과 유물을 통해 알 수 있다. 4세기 후반으로 추정되는 거대한 카타콤, 특히 라바트의 카타콤은 당시에 기독교가 전파되었음을 보여주지만 모든 주민이 기독교인이었다는 의미는 아니다. 흥미로운 것은, 이것이 성 바울이 로마로 가는 길에 몰타에서 배가 난파된 사실과 관련이 있다는 것이다. (사도행전 27장) 이 중요한 자료의 역사적 의미는 여전히 논쟁의 대상이다. 다만 여기서 섬 사람들이 바르바로이라고 불렸는데, 이는 초기 기독교에서 공통어로 여겨지던 라틴어나 그리스어가 사용되지 않았다는 것을 의미한다. 다른 역사적 기록에 따르면, 아프리카에서 로마로 가는 주요 해상항로상에 있던 몰타에는 점점 더 많은 여행자, 상인, 순례자가 몰려들었고 이들은 라틴어, 그리스어, 히브리어 그리고 기타 다른 언어를 말하는 다른 주민들과 섬에서 함께 살았다.

가장 오래된 증거에 따르면 4세기 로마시대에 유태인이 몰타에 살았다고 한다. 메노라(촛대)와 같은 유태인의 상징이 라바트 카타콤에 새겨져 있었다. 또한 몰타에 오래된 유태인 공동체가 있었다는 기록은 무디나의 '유태인 시장'과 '유태인 문'과 같은 지명에서도 찾을 수 있다. 당시 유태인 문화에 있어 몰타의 중요성은, 1285년~1288년 코미노섬에 카발라학교를 설립하고 그 유명한 'Book of the Sign (*Sefer haOt*)'을 저술한 저명한 유태인 신비주의자 아브라함 압둘라피아(1240년~1290년대)를 통해 짐작할 수 있다.

비잔티움제국과 반달족 간의 치열한 전쟁으로 로마제국의 영향이 쇠퇴하던 544년경, 많은 기독교인이 아프리카에서 다른 지역으로 이주했다. 당시까지 몰타는 비잔티움제국의 통치를 받았으며, 기독교는 섬 주민들의 종교로 자리잡았다. 하지만 이 기간 동안 고조(Gozo)에 어떤 일이 일어났는지는 여전히 분명하지 않다.

870년경 지중해 서쪽 지역을 무슬림이 지배하게 되면서, 주민들에게 이슬람으로 개종하는 것 등의 몇 가지 선택이 주어졌지만 무슬림이 아닌 사람들도 세금을 바치는 조건으로 무슬림과 같은 지역에 살 수 있었다. 몰타를 점령한 무슬림은 근처의 이프리키야 해안에서 왔고 대부분은 베르베르족이었으며, 시칠리아와 지중해 동부에서 온 무슬림도 있었다. 이에 대해 스티븐 굿윈은 다음과 같이 명확하게 정리했다. "확실히 몰타의 모든 무슬림이 아랍인은 아니었다. 1545년 이전의 여러 몰타어 문헌에 따르면, 500개 이상의 성(姓)과 별명 3,200개의 장소명에서 이프리키야 베르베르어의 강한 영향을 알 수 있다." 이곳의 다른 무슬림 집단은 시칠리아 남부에서와 같이, 근처의 항구들에서 몰타로 이주하는 이슬람으로 개종한 기독교인들이었다.

몰타 무슬림들이 다양한 인종으로 구성되어 있기 때문에 몰타의 무슬림 역사는 아랍권의 역사와 별개로 구분된다. 분명, 서기 991년 인구조사에 따르면 몰타 사회는 14,972명의 무슬림과 6,339명의 기독교인으로 구성되어 있었다. 무슬림 시대에 로마도시의 이름은 메디나 (음디나)로 바뀌었으며 항구 주변의 연안에는 방어벽이 설치되었다. 게다가 아랍인들은 주민의 기본생활방식에 오랫동안 영향을 미쳤는데 새로운 농법, 혁신적인 기술과 도구 그리고 감귤류와 면화와 같은 새로운 농작물을 도입하여 몰타의 농업 경제를 변화시켰다. 그 중에서도 가장 오래 남아 있는 것은 언어이며, 현재 몰타 사람들이 사용하는 언어와 기본적으로 같다. 역사가들은 870년~1090년까지를 몰타의 '아랍시대'로 기록하지만 실제로 무슬림의 존재감은 훨씬 더 오래 지속되었다. 1282년 시칠리아의 만종사건 이후 몰타가 시칠리아-아라곤의 지배하에 들어갔을 때에도 '아랍의 영향'은 아직도 생생하게 남아있었다.

[그림 1] 12세기 무슬림 묘비의 마이무나 대리석 석판

265

1090년 노르만의 루제로 왕은 몰타에 대한 통치권을 차지했다. 무슬림 주민들은 그를 지배자로 인정하고 세금을 바치는 조건으로 일정부분 자치적인 삶을 보장받았다. 노르만족이 시칠리아와 함께 몰타를 지배하려 했던 것은 종교적 이유때문이 아니라 이 섬이 북아프리카를 통해 사하라 이남의 주요 상업 통로로 가는 경로상의 전략적 지점에 위치해 있었기 때문이다.

몰타를 정복한 후 노르만족은 몰타사람이 아닌 기독교인 노예를 해방시켜 고향으로 돌아갈 수 있게 했으며, 무슬림 주민에게는 기독교로 개종할 것을 강요하지 않았다. 역사학자들은 이때까지 몰타에 거주하던 기독교인의 수에 대해 확실하게는 모르지만, 고조에서는 이슬람의 영향이 상대적으로 크지 않았고 오래 지속되지 않았다고 한다. 아무튼 학자들은 무슬림 시대와 마찬가지로 노르만 통치하에서도 전통적으로 역사가들이 주장하는 것보다 종교적 관용이 훨씬 더 컸을 것이라는 논지에 동의하고 있다.

최근의 역사연구에서는 지역 내 무슬림들이 섬 밖으로 나가지 않고 점차 기독교로 개종했다는 주장이 우세하다. 몰타에서의 무슬림 존재를 증명해줄 수 있는 이슬람의 고고학 유물, 즉, 무슬림 묘비의 마이무나 대리석과 고조에서 발견된 프레신 석을 포함한 다른 석판들은 상대적으로 적게 발견되었다. 반면, 언어적 증거를 통해 다수의 무슬림이 개종하지 않았다는 상반된 의견도 없지 않다. 즉, 중세 시칠리아어와 튀니지 방언과 매우 유사한 '아랍-베르베르 언어'가 지속적으로 사용되었다는 사실은 몰타에 대한 아랍무슬림 문화의 영향이 컸다는 사실을 말해준다. 현지에서 아랍어를 사용하는 무슬림은 기독교를 받아들이고 몰타에서 계속 살았던 것처럼 보이지만, 실제로는 점진적인 과정이었으며, 1244년까지 대다수의 주민이 기독교인으로 개종했을 가능성은 거의 없다. 스트라스부르의 주교는 1175년 몰타를 지나갈 때 이 섬에 무슬림들이 살고 있는 것을 보았다.

가장 중요한 사실은 1189년~1194년까지 탕크레디(Tancred) 왕의 통치 기간에 시칠리아에서는 문화적 공생이 줄어들고 있었지만, 몰타에서는 이러한 현상이 반복되지 않았다. 여전히 주민들 대부분은 무슬림이었고 아랍의 문화적 요소는 훨씬 더 오랫동안 활발하게 유지되었다. 실제로 변화가 일어났던 것은 아라곤 왕의 지배 하에 있으면서 스페인과 시칠리아의 기독교인들이 유입되고, 현지에서 귀족이 생겨나면서 기독교가 지배적인 종교가 되었을 때였다. 종교재판소의 설치와 동시에 지방정부기관(우니제르시타 및 코니실료 포폴라레)의 설립은 1492년 비기독교인들의 추방과 더불어 기독교를 몰타사회의 강력한 정치-종교 세력으로 만들었다. 정치, 군사적 혼란이 심각해지면서 스페인 정부는 시칠리아에 대한 지배를 유지했지만, 교황 클레멘스 7세의 조언에 따라 몰타와 트리폴리를 예루살렘의 성 요한 기사단에게 양도했다.

1530년 몰타는 공식적으로 성 요한 기사단 관할에 예속되었다. 11세기에 설립된 이 기사단은 성지의 기독교인들에게 병원치료를 제공하는 귀족들의 조직이었다. 이 기사단은 이집트에 원정한 나폴레옹에게 패배한 1789년까지 몰타를 지배했다. 기사단 초기에 가장 중요한 사건은 그 유명한 1565년 몰타 공방전이었는데 결과는 터키 해군의 패배였으며 이

[그림 2] 노르만 건축 – '팔라초 가토 무리나' 므디나

후 2세기 반 동안, 기사단은 그랜드하버 주변의 방어요새 체계를 구축하고 새로운 정부와 자선단체를 설립하는 등 새로운 도시로 발레타(Valletta)를 건설하는데 노력했다. 또한 기사단은 기독교유럽에서 다양한 문화를 들여왔는데 이는 바로크 양식의 차용 및 발전과 더불어 도시 건축 분야에서 많은 사회적 그리고 문화적 흔적을 남겼다는 것이다.

발레타-그랜드하버 지역에 성 요한 기사단이 들여온 유럽문화의 지대한 영향과 변화를 이해하고, 고대 지중해 중부지역에서 몰타가 수행했던 교역활동과 이에 수반된 역사, 문화적 변화를 통찰하는 것은 매우 중요하다.

브로델은 지중해를 "넓거나 좁은 입구를 통해 소통을 가능하게 하는 작은 바다들의 연속체"라고 했다. 그는 "원칙적으로 가장 좁은 바다가 가장 큰 중요성과 역사적 가치를 지닌다."고 했다. 몰타의 섬들은 남부 시칠리아 항구, 판텔레리아 섬, 람페두사 섬, 케르케나 섬, 디제르바 섬, 튀니지의 항구, 트리폴리와 다른 인근 해안 공동체를 포함하는 지중해 중부의 해협교역망의 일부를 구성했다. 일상적인 농산물 및 특산품의 거래에 기반한 고대 교역망으로서, 몰타는 지역에서 생산되는 고급 면사와 제품을 인근 항구에 공급했다. 곡물은 '지중해의 곡물창고'로 알려진 시칠리아에서 공급받았다. 가축, 올리브 오일과 같은 다른 제품들도 트리폴리, 튀니지, 드제르바에서 들여왔다. 대추, 올리브, 염장 가죽, 말린 과일, 커피, 쿠스쿠스, 다양한 견과류와 향신료뿐만 아니라 소다와 타르타로는 북아프리카에서 운송되었다. 이와 같은 상업활동은 교역과 문화적 영향의 흐름을 동반했으며, 적어도 19세기 후반까지 이어져 이 지역의 '공식적인' 종교(무슬림-기독교)분할에도 영향을 미쳤다. 따라서 중부지중해의 바다는 종교의 차이를 넘어, 생산과 노동에 있어 교류의 수단 뿐만 아니라 해역을 보호하고 관리하는데 필요한 사상, 실용지식, 관습법, 신념과 집단적 권리의 전파와 유입을 위한 매개체의 역할을 했다.

이러한 끊임없는 상호작용은 이 바다의 다양한 언어와 방언들에서 유래된 피진어 (공통어)의 진화를 통해 표현되고 유지되었다. 피진어는 선원, 상인, 노동자, 이민자들 사이에서 무슬림, 기독교, 유대교 등의 종교에 상관없이 빈번하게 사용되었다. 또한 피진어는 거래를 위한 의사소통을 용이하게 하는 것 외에도 해상활동, 기술, 의학 등에 관한 다양한 문화지식의 흐름을 용이하게 해주었다.

이러한 고대의 협해 교역망은 몰타와 이웃 공동체 사이에 지속적인 유대를 형성하여 잦은 만남과 빈번한 종교 문화적 접촉 그리고 관용의 문화를 발달시켰으며 다수의 무슬림, 기독교인, 유태인 사이에서 지식과 국제적 인식을 공유하게 했다. 이것은 몰타의 주류 역사가들이 자신들의 연구에서 무시해왔던 문화적 혼종성을 가져왔다. 보다 최근의 역사연구에 따르면 상업과 문화 이념, 종교적 경계를 넘어, 지역주민들에게 헤아릴 수 없이 많은 문화 간 영향을 발휘했다.

그리고 1800년부터 1964년 독립할 때까지 영국의 통치는 몰타의 풍부한 민족적 문화적 혼합체에 또 하나의 지워지지 않는 흔적을 남겼다. 1814년 영국정부의 직할식민지가 된 몰타에는 세계 곳곳에서 선원, 군인, 상인, 여행자, 선교사 등 새로운 인구가 유입되었고, 이들은 몰타를 거쳐가거나 정착했다. 또한, 1869년 수에즈 운하가 개통되면서 몰타는 인도로 향하는 대영제국의 전략적 해군기지, 무역창구, 석탄공급소가 되어 보다 많은 인구와 관습 그리고 사상이 유입되었다. '영국의 통치시기'는 영국의 존재와 함께 지역, 토착적인 요소에 대한 친근감, 교차와 융합으로 나타났으며 이는 문화적 혼종성을 더욱 복잡하게 만들었다.

결론적으로, 봉건시대와 식민지시대를 포함한 몰타의 오랜 역사는 다양한 민족성과 문화의 사람들을 지속적으로 유입시켜 풍부하고 다소 복잡한 문명

적인 영향의 융합을 이끌었으며, 식민지시대 이후 몰타의 고유한 역사적 정체
성과 독특함을 형성하였다.

┌ 키워드 ┐

카르타고, 몰타 군도, 바르바로이, 므디나, 노르만족, 시칠리아, 무슬림, 베르베르어

집필자: 존 키르코프(John Chircop)

참고문헌

The Maltese archipelago consists of the two main inhabited islands of Malta and
   Gozo, the smaller Comino and other tiny islands.
Brian Blouet. 1967. The Story of Malta, London: Faber & Faber.
Anthony Bonanno. 2005. Malta Phoenician, Punic and Roman, Malta: MidSea books;
   Evans J.D. 1968. "Malta in Antiquity". In S. Rossiter (ed.), Blue Guide: Malta,
   London: Ernest Ben Ltd., pp. 20-23.
Anthony T. Luttrell. 1975. "Approaches to Medieval Malta". In Luttrell A.T (ed.). Me-
   dieval Malta: Studies on Malta before the Knights, London: The British School of
   Rome, p.21; Stefan Goodwin. 2002. Malta, Mediterranean Bridge, Connecticut-
   London: Bergin & Garvey, pp. 6-10.
On the Jewish community in Malta during the Middle Ages see Godfrey Wettinger.
   1985. The Jews of Malta in the late Middle Ages, Malta: MidSea Books. See also
   Raiskin Shlomi. 2012. "A Bibliography on the Jews in Malta". Journal of Maltese
   History, vol.3, no.1, pp. 52-58.

K. Kohler, P. Bloch, M. Kayserling and P. Wendland. "Abulafia, Abraham Ben Samuel". Jewish Encyclopedia [on line] http://jewishencyclopedia.com/articles/699-abulafia-abraham-ben-samuel (accessed - 20 January 2020).

Luttrell, pp. 20-21.

Buhagiar, Mario. 1997. "Gozo in Late Roman/Byzantine and Muslim Times". Melita Historica. No. 12, pp. 113-130.

Ifriqiya is the medieval name for that part of the North-west African coast (Western Libya to Algeria including Tunisia) that was a Roman province.

Luttrell. 1975, p. 24.

Goodwin, p. 18.

On the state of affairs in Sicily-Malta during this period see Charles Dalli. 2006. "From Islam to Christianity: the case of Sicily". In Cavalho J. (ed.). Religion, ritual and mythology; aspects of identity formation in Europe. Pisa: Universita` di Pisa, pp. 151-170.

Joseph Aquilina. 1970. "Maltese as a mixed language". Papers in Maltese Linguistics, Malta: Royal University of Malta.

Godfrey Wettinger. 1984. "The Arabs in Malta". Mid-Med Bank Limited Report and Accounts, Malta, pp. 22-36.

See Charles Dalli. 2007. The Medieval Millenium. Malta: MidSea Books Ltd. pp. 163-215.

Aquilina, p. 46.

Wettinger. 1984, *passim.*

Blouet, p. 43.

Luttrell, p. 32.

Victor Mallia Milanes. 1993. Hospitaller Malta, 1530-1798. Studies in Early Modern Malta and the Order of St John of Jerusalem. Malta: Mireva Publications, pp. 1-42.

Quentin Hughes. 1993. "The Architectural Development of Hospitaller Malta". In V. Mallia Milanes (ed.) Hospitaller Malta, 1530—1798, pp. 433-508.

Fernand Braudel. 1972. The Mediterranean and the Mediterranean World in the Age of Philip II, London: Collins. Vol.2, pp. 108-109.

Chircop, John. 2002. "The Narrow Sea Complex: A hidden Dimension in Mediterranean Maritime History. G. Boyce and R. Gorski (eds.). *Resources and Infrastructures in the Maritime Economy, 1500-2000*. St. John's Newfoundland, pp. 43-62; Theuma, Frank. 2018. "Maritime Areas, Ports, and Sea Routes: Defining space and connectivity between Malta and the Eastern Mediterranean". Journal of Maltese History. vol.5, no.2, pp. 36-61.

Cremona, John. 1997. "Acciocche` ognuno le Possa Intendere". Journal of Anglo-Italian Studies. V, pp. 52-69.

John. 2016. "From Permeable Frontiers to Strict Border Divisions. The Geostrategic Construction of the Mediterranean on the Ruins of Ancient Narrow Seas". In G. D' Angelo and J. Martins Ribiero (eds.) Borders and Conflicts in the Mediterranean Basin, ICSR : Mediterranean Knowledge series, pp. 51-66.

29

무기
(Weapon)

지중해를 둘러싼 패권 경쟁에서 군사력은 매우 중요한 요소였다. 로마는 끊임없는 전쟁을 통해 군사력을 증강하였는데, 그 중심에는 우수한 무기와 창의적인 전술이 있었다. 로마인들은 '글라디우스(양날검), 스쿠톰(방패), 필룸(투창)'이라는 강력한 무기를 개발하였고, 로마군단(Legion)은 이를 효과적으로 운용하기 위한 전법을 창안하여 전장을 지배했다. 로마가 세계 최강의 군대를 바탕으로 지중해 지역을 장악할 수 있었던 이유는 상대 군사력의 장단점을 철저히 파악하고, 적과 싸워 승리하기 위해 무기와 전술을 꾸준히 개발하고 보완하였기 때문이다. 로마의 무기와 전술은 이후 전 유럽으로 전파되었고, 중세, 근대 그리고 현대로 이어지는 보병 무기 및 전술의 발달사에서 중요한 역할을 했다.

문명의 격전지 지중해

유럽, 아프리카, 아시아의 교차로에 위치한 지중해는 다양한 문명이 활발히 교류하는 교역의 중심지이기도 했지만, 때로는 치열한 격전지이기도 했다. 지중해 패권을 잡기 위해 많은 국가들은 사활을 걸고 전쟁을 치렀는데, 이때 전쟁의 승패를 좌우한 것은 바로 '무기'였다. 각국은 상대국을 압도하는 무기를 개발하고 이를 효과적으로 운용하여 전쟁에서 승리할 수 있었다. 지중해 지역의 복잡다단한 역사를 살펴보면, 무기와 전술이 결합하여 강력한 위력을 발휘한 시대는 서양문명의 기초가 형성된 그리스와 로마 시대였음을 알 수 있다. 이 중 로마는 뛰어난 무기와 전술을 토대로 카르타고, 마케도니아, 페르시아 등과 싸워 승리하여 광활한 영토를 지배했다.

로마군의 주요 무기

로마군은 애국심과 충성심이 충만한 시민 군대로, 우월한 무기와 장비 그리고 독창적인 전술을 토대로 지중해 지역을 제패했다. 그들의 주요 무기는 글라디우스, 스쿠툼, 필룸이었는데, 이들은 전장에서 시너지 효과를 내며 가공할 위력을 발휘했다. 전장을 압도하는 로마군단의 공격용 및 방어용 주요 무기를 살펴보면 다음과 같다.

글라디우스는 로마군 병사들이 사용했던 양날검으로, 로마군의 강력한 공격용 보병 무기였다. 이 검의 전체 길이는 50cm~70cm 정도였고 무게는 약 1kg이었으며, 도신(刀身)은 두께가 두껍고 폭이 넓었다. 도신은 선철과 연철의 합금으로, 당시 사용되던 청동제 무기에 비해 경도가 높고 예리했다. 글라디우스의 손잡이는 초기에 나무, 상아, 뼈 등으로 만들어졌으나, 이후에는 은으로 대체되었다. 손잡이에는 굴곡이 있어 병사들 손에서 잘 미끄러지지 않게 고안되었고, 칼자루 끝에 달린 커다란 공 모양 부분은 칼의 균형을 유지하게 했다. 글라디우스의 예리한 칼끝은 베기보다는 찌르기에 더 적합했으며, 적의 비늘 갑옷을 뚫고 급소를 찌르는데 사용되었다.

로마군은 대형을 이루어 전진하다가 접적(接敵)하여 백병전을 수행하는 전술을 구사했다. 이때 사용된 글라디우스는 마케도니아의 장창 사리사(Sarissa, 6m 내외)와 켈트족의 장검(1m)에 비하면 짧고 가벼웠다. 로마군의 글라디우스는 근접전이 벌어지는 좁은 공간에서 강력한 위력을 발휘했다. 즉, 크고 무거운 무기를 사용했던 마케도니아와 켈트족 병사들은 대형 내에서 민첩하게 행동하기 어려웠던 반면, 로마군 병사들은 글라디우스를 이용하여 좁은 공간 안에서 더 능동적이고 빠르게 적을 공격할 수 있었다. 또한 글라디우스가 백병전에서 공격 효과를 더욱 크게 낼 수 있었던 것은 방어 무기인 방패 스쿠툼이 있었기에 가능했다.

스쿠툼은 적의 화살, 창, 검으로부터 로마군 병사를 보호하기 위한 대형 방패였다. 스쿠툼은 장방형과 타원형이 있는데, 모양은 달랐지만 구조는 같았다. 이 중 장방형 스쿠툼은 가로 약 60cm~80cm, 세로 100cm~120cm로 상당히 컸고, 무게는 약 2kg~10kg에 달했다. 얇은 나무판을 여러 겹 겹쳐서 만들어졌으며, 모양은 원통형으로 볼록하게 튀어나와 있었다. 이 방패는 적의 화살이나 창이 날아와도 쉽게 박히지 않았으며, 적이 베기 공격을 해도 칼이 표면을 타고 쉽게 미끄러졌다. 방패 전체의 표면을 가죽으로 쌌으며, 그 위에 천을 겹쳐서 병사의 소속을 나타내는 문장(紋章)을 넣기도 했다. 또한 강도를 높이고자 방패의 가장자리를 청동으로 둘렀고, 방패 중앙에는 금속으로 만든 방패심을 박았다. 로마군 병사들은 스쿠툼으로 방패벽을 만들어 적 보병의 창검 공격을 쉽게 방어할 수 있었다. 그리고 요새와 성을 공격하는 공성전(攻城戰)에서는 방패로 밀집 대형의 사방을 덮는 '거북등' 진형을 만들기도 했다.

필룸은 로마군 병사가 사용한 창으로, 적의 방패를 무용지물로 만든 획기적인 투척용 무기였다. 필룸은 적에게 직접적인 부상을 입히기 위해 고안된 것이 아니라, 적의 방패를 무력화하여 백병전을 로마군에게 유리하게 이끌기 위해 설계되었다. 필룸에는 장거리와 단거리 투척용의 두 가지 형태가 있었다. 장거리 투척용 필룸의 전체 길이는 70cm~150cm, 무게는 1kg~1.5kg이었고, 창날은 소켓 모양이었다. 그리고 단거리 투척용 필룸은 길이가 약

150cm~200cm이었고, 무게는 약 2kg~2.5kg에 달했다. 이 투창은 투척용 무기치고는 상당히 크고 무거웠으며, 창날의 길이가 창 전체의 1/3 혹은 1/4에 이를 정도로 길었다. 로마군 병사들은 필룸 2개를 휴대하고 있다가 전투가 시작되면, 우선 원거리에서 가벼운 필룸을 던져 적을 위협하였고, 좀 더 근접하여 단거리에서는 무거운 필룸을 던져 적의 방패를 무력화했다. 길고 무거웠던 두 번째 필룸은 적의 방패에 깊게 박혀서 방패를 파괴하거나 방패 사용을 어렵게 했다. 또 필룸이 표적을 벗어나 지면에 떨어지더라도 깊게 박히기 때문에 적이 이를 다시 사용하기는 힘들었다.

애국심과 충성심이 충만한 시민 병사로 조직된 로마군단은 초기에는 그리스 팔랑크스(Phalanx)의 기본 전투대형을 유지하였으나, 이를 로마의 지리적 환경, 무기, 장비, 전술 등에 맞게 변형 및 발전시켰다. 단일대형의 팔랑크스와는 달리 로마군단은 부대를 센추리아(Centuria), 매니플(Maniple), 코호트(Cohort)와 같은 다양한 규모로 세분화하였고, 전투상황에 따라 적시적으로 부대가 대처할 수 있도록 병력운용에 융통성을 부여하여 능동적으로 공격 및 방어 전술을 구사할 수 있었다. 체계화된 조직 내에서 자율성이 보장된 가운데 독자적인 전술 행동이 가능했기 때문에 로마군단은 무적이 될 수 있었다.

글라디우스, 스쿠툼, 필룸을 활용한 로마군단의 전투 수행 방식은 다음과 같았다. 로마군단은 대형을 갖추어 접적 기동을 실시하다가, 적과 20m 정도까지 가까워지면 병사들은 첫 번째 필룸을 투척하여 적을 위협하고, 이어서 두 번째 필룸을 던져 적의 진형을 흐트러뜨렸다. 투창을 다 던진 병사들은 진영이 교란된 적진으로 글라디우스를 뽑아 돌격하여 백병전으로 적에게 일격을 가했다. 로마군단은 필룸을 이용한 투창 전술과 글라디우스를 이용한 백병전 전술을 조합하였는데, 이와 같은 무기 운용의 시너지 효과를 바탕으로 근접전에서 승리할 수 있었다.

[그림 1] ⓒ www.ancient-origins.net. 로마 무기 글라디우스, 필룸, 스쿠툼

글라디우스, 필룸, 스쿠툼은 로마가 부단한 전투 경험을 통해 지속적으로 보완하고 발전시킨 당대 최고의 무기였다. 로마인들이 적의 장점을 학습하고 장단점을 분석하여 개발한 무기는 중세와 근대 그리고 현대로 이어지는 무기 발달사에 큰 획을 남겼고 보병 무기 개발의 기초가 되었다.

그리스		로마		중세		근대		1 · 2차대전		현대
사리사	⇒	글라디우스	⇒	장창 갑옷	⇒	화승총 화포	⇒	기관총 전차 독가스 원자폭탄	⇒	미사일 잠수함 전투기 드론

시대별 주요 무기

글라디우스, 스쿠툼, 필룸, 검, 방패, 투창, 로마군단

집필자: 이강호

참고문헌

Barry Parker. 2014. The Physics of War: From Arrows to Atoms. 김은영 역. 2015. 『전쟁의 물리학』 서울. 북로드.

Chris McNab. 2011. A history of the world in 100 weapons. 이동욱 역. 2013. 『무기의 역사 이야기 100』 창원. 경남대학교 출판부.

Matsumoto Hideaki et al. Zukai kodai ro-magun buki-bougu-senzyutsu taizen. 기미정 역. 2014. 『(도해) 고대 로마군 무기 · 방어구 · 전술 대전』 서울. 에이케이 커뮤니케이션즈.

Michael Howard. 2009. War in European History. 안두환 역. 2015. 『유럽사 속의 전쟁』 파주. 글항아리.

Michael Stephenson. 2012. The last full measure: How soldiers die in battle. 조행복역. 2018. 『전쟁의 재발견』 서울. 교양인.

Sadaharu Ichikawa. 1995. Buki-to-bougu: Seiyo-hen. 남혜승 역. 2000. 『무기와 방어구- 서양편』 파주. 들녘.

The Smithsonian Institution. 2012. Military History: The Definitive Visual Guide to the Objects of Warfare, New York: DK Publishing.

계동혁. 2009. 『역사를 바꾼 신무기- 알기 쉬운 무기의 역사』. 서울: 플래닛미디어.

도현신. 2016. 『전장을 지배한 무기전 전세를 뒤바꾼 보급전』. 서울: 시대의창.

박상섭. 2018. 『테크놀로지와 전쟁의 역사- 전쟁의 기술은 세상을 어떻게 바꾸었나』. 파주: 아카넷.

육군사관학교 전사학과. 2015. 『세계전쟁사 부도(개정3판)』. 서울: 황금알.

이내주. 2006. 『서양 무기의 역사』. 파주: 살림출판사.

이내주. 2017. 『전쟁과 무기의 세계사』. 서울: 채륜서.

정명복. 2012. 『쉽고 재미있는 무기와 전쟁 이야기』. 파주: 집문당.

정미선. 2009. 『전쟁으로 읽는 세계사』. 서울: 은행나무.

최재훈. 2016. 『지중해, 전쟁과 교류』. 파주: 이담.

30

무데하르 건축양식
(Mudéjar Architecture)

'무데하르'라는 용어는 호세 아마도르 데 로스 리오스가 1859년 산 페르난도의 미술 관련 왕립 아카데미에서 처음 사용한 용어로 이베리아반도의 이슬람 문화를 지칭하는 독특한 표현이다. 기독교적인 특성과 무슬림의 문화적 유산이 결합된 독특한 건축 양식을 이르는 말로서 이베리아반도의 역사적 특수성에서 비롯되었다. 보라스 구알리스는 "무데하르는 서양의 기독교 예술이나 무슬림 예술 그 어느 하나에 국한된 좁은 의미가 아니라, 둘 사이의 고리를 의미한다."고 했다. 무데하르를 이슬람 예술의 모방으로 보는 학자들도 있다. 일부에서는 이슬람 장식이 나타나는 기독교 예술의 한 시기로 보기도 한다. 그럼에도 무데하르 예술은 새로운 예술적 현실로 기독교적이거나 이슬람적인 것이 아니라 두 요인의 공존이 분명하다.

무데하르는 무슬림이나 무슬림 예술에 심취한 기독교도에 의해서 12세기부터 기독교 스페인 사회에서 구현된 예술의 한 형태였다. 이 예술 형식은 16세기까지 지속되었고 중남미까지 전파되었으며 19세기에 네오무데하르라는 새로운 형식으로 발전했다. 사라고사 지방의 우체국 건물이 네오무데하르 건축양식의 대표적인 예이다. '무데하르'라는 용어는 레콩키스타(재정복) 이후, 이베리아반도의 기독교도 통치지역에 남아서 자신의 종교와 법적인 신분을 보장받기로 허락된 무슬림들을 일컫는 말로 사용된 아랍어 '무다얀', 즉 '남아있기로 허락받은 이'라는 뜻에서 유래되었다. 무데하르 예술은 중세 스페인 무슬림과 기독교도의 두 문화가 공존하던 시기에 나타난 '히스패닉-무슬림' 예술 형식과는 완전히 다른 새로운 예술적 현실이다. 이런 의미에서 아랍 예술을 높게 평가하던 기독교도 석공이나 모리꼬스 또는 무데하르 석공의 이름 없는 작품이라 하겠다.

알폰소 6세의 톨레도 협정과 알폰소 1세의 사라고사 정복으로 인하여 기독교도들은 아랍인들이 차지하고 있던 도심을 수복했다. 그러나 당시 기독교도들에게는 이 지역을 새롭게 재건할 능력이 부족한 상태였다. 이러한 어려움 앞에서 기독교왕국의 지도자들은 자신들이 정복한 지역의 무슬림들에게 일정한 세금을 조건으로 종교와 언어, 공동체를 유지할 수 있게 해주었다. 훗날 그 결과는 기독교도들의 지역에 무슬림 건축물이나 기념물이 많이 잔존하게 된 것으로 나타났다. 또한 기독교도들이 살던 지역에 편만해있던 프랑스 고딕풍의 건축 양식이 쇠퇴하게 되고, 13세기부터 무데하르 건축 양식의 건물들이 더욱 많이 지어졌다. 그리고 14세기 경제적인 위기로 인해 석재보다도 더 값싼 재료들이 도입되면서 석고와 같은 전통적인 무슬림 건축 재료를 사용하는 무슬림 건축가들과 장인들의 기술을 따르는 건축가들이 생겨나게 되었다.

당시의 건축가들은 주로 벽돌을 다루는 기술자들이었기에 석재 건축을 하는 데 시간이 많이 걸리지 않았다. 그들은 벽돌과 석고, 진흙 등 다듬은 돌보다는 주로 미장이들이 많이 사용하는 부드럽고 값싼 재료들을 건축에 많이 썼다. 따라서 그 건축물이 기독교와 관련된 것이라 하더라도 건축물의 구조적인 면과 장식적인 면이 모두 이슬람 특성을 띠었다. 즉, 무데하르 건축 양식은 전

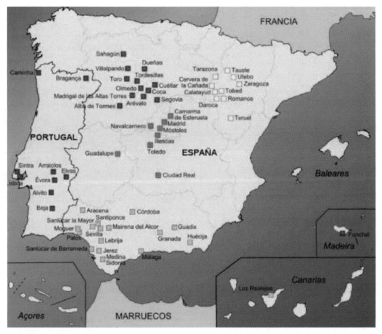

[그림 1] 무데하르 건축 양식의 분포지역
https://images.app.goo.gl/fSVmeX2MEJzRTFtS9

통과 문화, 종교, 당시의 삶과 세계가 뒤섞여있는 충실한 반영이라 할 것이다. 무데하르 양식은 통일된 하나의 양식이 아니었다. 톨레도, 레온, 아라곤, 그리고 안달루스 지역의 무데하르 양식 사이에는 독특한 특성이 존재한다. 이러한 다양성은 아랍인들이 이베리아반도를 다스렸던 알-안달루스 시대와 기독교도들의 정복이 이루어진 시기가 각기 달랐기 때문이다. 무슬림 예술은 기독교도에 의해 재정복된 지역별로 각기 다르게 발전했는데 이러한 이유도 무슬림 예술과 기독교 예술 간의 상호 작용에서 찾아볼 수 있다.

무데하르 건축의 재료와 특성

여러 가지 유형의 건축물들이 존재했는데, 예를 들어, 궁정 건축에는 무슬림 양식이 응용되었고, 종교적인 건축에는 고딕이나 로마네스크 양식을 아랍의 목재 골조 양식, 장식무늬, 종탑의 구조 등과 접목시켜 활용했다. 이는 회반죽, 목재, 세라믹을 사용하여 목재나 석고, 벽돌과 같은 가격이 저렴한 재료들을 감추는 효과를 내기도 했다. 장식에 있어서도 아랍의 문양을 사용하여 기하학, 식물, 매듭문양, 나선형 조각장식, 칼리파 시대의 돔 양식, 목재를 이용한 수공예, 막힌 아치형(Arco cerrado) 등이 활용되었다. 그리고 매끈한 목재로 된 기둥이 등장했고 아주 높은 종탑과 사각형 및 다각형의 종탑이 선호되었는데, 이것은 북아프리카에 거주하는 유목민인 알모아다 족의 이슬람교 사원의 탑 형식을 본 딴 것이었다. 그리고 말굽형 아치(Arco de herradura), 끝이 뾰족한 아치(Arco apuntado) 등이 유행했다.

알 안달루스 건축 양식의 특징은 공허함에 대한 공포로 장식의 밀도가 높았고, 비물질적인 것을 추구했다. 또한 빛과 그림자의 효과를 내는 등 이슬람 장식을 따랐으며 세라믹과 막힌 아치형 및 이슬람적인 구조를 합성시켰다. 장식의 특징들은 반복적인 문양이 이어지고 교차된 사각 모양의 천 문양, 별과 매듭 장식이 있는 기하학적인 구조물, 세라믹과 양식화된 식물문양과 기독교적인 모티브 등에서 잘 드러난다. 무데하르 예술은 이베리아반도에서 무슬림들이 만든 장식을 이용해서 벽돌과 석공예품, 회반죽, 목재, 세라믹 등이 새로운 건축 양식의 주된 재료가 되었다. 이것은 알 안달루스 시대의 전통적인 재료들로써, 다른 재료들과 비교해 경제적이고 빠르게 제작될 수 있었으며 무엇보다 쉽게 구할 수 있다는 장점을 갖고 있었다.

벽돌은 무데하르 예술에서 가장 중요한 재료로써 구조나 장식 모두에 많이 사용되었다. 세라믹, 석고, 목재 천장 또한 무데하르 예술의 중요한 축을 형성했다. 벽돌과 석고벽, 말굽형 아치와 목재 천장, 아라비아 타일 바닥은 서양의 건축 양식과 접목되면서 무데하르만의 독자적인 예술 양식을 완성했다. 로마네스크나 고딕 양식 등 기독교의 새로운 양식은 이슬람 사원의 탑 모양을 본따 기독교와 이슬람의 종탑 모양이 접목된 독특한 형태의 탑 모양을 갖추게 되었다. 목재 천장은 무데하르의 양식과 차별화된 부분을 나타내는데 이것은 왕궁이나 예배당 등 종교적인 건축물에서 사용되었다. 무데하르 목수들은 안달루시아 수공예의 전통을 이어받은 자들로서 매듭모양의 문장식이나 가구에 수놓은 글씨나 그림처럼 숙련된 예술품들을 남겼다. 특히, 목재로 된 지붕과 기하학적 문양 등이 그러했다.

무데하르 목수들이 제작한 다색 장식의 천장, 자수 장식의 목재로 된 납작한 천장(Alfarje)과 다양한 형식의 뼈대나 뒤집어놓은 반죽상자 형태의 구조는 덮개의 무게를 줄이기 위한 목적 그리고 무슬림 미학을 대표하는 기하학적이고 추상적인 모티프와 함께 고딕형태의 미술을 접목시킨 구형화의 효과를 연출했다. 테루엘 성당의 내부는 뒤집힌 U자의 골조 형태로 되어있는 중앙 홀로 되어있다. 이는 소란반자로 장식되어 있는 기울어진 사다리꼴 모양의 4개의 천으로 되어있고 다각형의 거대한 칸막이가 중간에 가로막혀있어 소란반자의 중심점이라는 의미로 '알마사테'라고 부른다. 목재 천장에는 자수 매듭 모양의 기하학적인 장식으로 다색장식이 있는데 바야돌리드의 토르데시야스에 있는 '알마사테'와 톨레도에 있는 대성당 회의실이 대표적인 사례이다.

석고세공은 궁전과 예배당의 벽을 장식하는 대표적인 방식이다. 아랍풍의 잎과 꽃장식과 겹야자수 모양 등 이슬람적인 모티프 외에도 떡갈나무나 포도나무덩굴을 포함한 고딕 양식의 별 모양이나 매듭 모양을 하고 있다. 석고 장식에는 글자무늬의 금석학, 동물 모양이나 환상적인 생물 혹은 궁중의 모습을 담은 주제의 이미지들도 존재하고 있다. 관련 사례들은 세비야 알카사르의 장식이나 톨레도 트란시토의 이스라엘 성당인 시너고그 등에서 찾아볼 수 있다. 석고를 사용하는 것은 무슬림 예술의 가장 오랜 전통 중 하나로 무데하르 건축 양식의 두드러진 특징 중 하나이기도 했다. 석고는 풍부한 재료이고 동시에 경제적이며 작업하기가 편하고 무엇보다도 변화를 가하도록 용이하게 했다. 이러한 이유로 성벽 회반죽, 격자창 세공, 땅의 재료로 많이 사용되었으며, 안달루시아 전통에서 비롯된 무기의 화려함을 보여주는 수공예로 많이 사용

[그림 2] 세비야의 알카사르의 세공
(https://images.app.goo.gl/9yQoADRHYH6EFFgj6)

되어 나선형 장식의 매듭이나 무늬 띠에 자주 등장했다. 뿐만 아니라 아랍 글자체나 문장학 혹은 알모하드의 세브카 등에서도 석고 공예가 많이 나타난다.

유리 세라믹은 아라비아 타일로도 불리며 장식과 실용의 이중적인 역할을 했다. 일반적으로 광장, 궁궐, 예배당의 발판에 많이 사용되었다.

궁중 무데하르와 대중 무데하르 건축

궁중 무데하르 예술은 가장 일관된 예술 형태로 알려져 있는데, 궁중이나 대부호들의 후원에 따른 영향으로 새로운 형태의 건축 양식으로 계속 발전했다. 대중 무데하르 예술은 자연적이고 자발적인 형태로 나타났으며 해당 지역 고유의 지방색을 많이 반영하면서 다양하게 발전해왔다. 예를 들면, 레온, 카스티야, 톨레도, 아라곤, 엑스트라마두라와 세비야가 대표적이다.

스페인의 궁중 무데하르 양식은 톨레도의 산타마리아 라 블랑카와 트란시토, 토르데시야스의 왕궁, 코르도바의 메스키타 예배당, 세비야의 알카사르 궁전과 같이 외부에서 온 무슬림 건축가들에 의해서 주도되었다. 그에 반해서 대중 무데하르 건축 양식은 세비야, 아라곤, 레온, 톨레도와 같이 각 지방의 다양성을 반영하면서 무슬림 예술의 전통을 이어받은 무슬림 통치지역에서 자발적으로 생겨났다.

궁중 무데하르는 계급이 높은 이들이나 군주 혹은 제왕들에 의해서 도입된 예술이었다. 기독교도 군주들은 레콩키스타로 영토를 탈환하면서 무슬림 궁전을 자신들의 처소로 바꾸었다. 톨레도 정복 이후, 기독교도들은 알카사르를 자신들의 궁전으로, 이슬람 사원인 메스키타를 대성당으로 사용하면서 군주들이 앞장서서 무데하리스모 예술 양식을 장려했다. 알폰소 4세는 정복 이후 타이파 아랍 군주들의 농장을 거처로 삼으면서 이러한 작업을 추진했다.

[그림 3] 톨레도의 산타마리아 라 블랑카
https://images.app.goo.gl/BwJNzjVRZPnisLD78

뒤를 이어 왕이 된 페드로 1세는 자신의 통치 기간에 무슬림 건물 세 곳을 거처로 사용했다. 바야돌리드의 토르데시야스 궁전, 팔렌시아의 아스투디요 그리고 세비야의 레알 알카사르는 무슬림의 영향력이 컸던 장소였다. 궁중 무데하르 건축 양식에 따라 알폰소 11세 제위의 1340년부터 토르데시야스 궁전이 건축되기 시작했는데 지금은 산타 클라라 수도원이 되었다. 이 궁전은 알모아데족의 건축 양식 전통을 충실하게 반영한 것으로, 페드로 1세 때 건물의 외벽은 세브카로 장식되고 파티오는 열편 모양의 아치로 꾸며졌다. 페드로 1세 자신도 1364년에서 1366년 사이에 세비야의 알카사르를 자신이 거주하는 궁전으로 개조하게 되는데, 그 과정에서 알모하드 건축 양식을 그대로 계승하면서 고딕 양식을 접목시켜 식물장식을 함께 섞은 몬테리아(현관) 같은 건축물이 탄생했다.

무데하르 양식의 가장 중요한 작품 중 하나로 평가받는 건축물은 주로 톨레도와 세비야 출신인 무데하르 건축가들에 의해서 만들어졌다. 이들은 무함마드 5세가 후원한 그라나다 예술가들과 함께 작업에 착수하여 나스리 왕조 때 만들어진 알함브라 궁전의 코마레스 안뜰 건축에 영향을 끼쳤다. 왕이나 귀족으로부터 후원을 받은 다른 건축물 중에는 기도소와 개인 예배당과 장례식을 위한 예배당이 있는데, 이들은 주로 궁궐, 수도원, 대성당, 성당 등에 딸린 부속 건축물로 종교성을 상징하거나 가문의 영광을 기원할 목적으로 지어졌다. 예로는 코르도바 메스키타의 왕립 예배당, 부르고스의 우엘가스 수도원의 아순시온 예배당 등이 있다.

토호세력들은 왕실이 정해놓은 규정에 맞게 자신들의 거처를 건축했다. 그리하여 14, 15세기에 오래된 요새들은 무데하르 건축 양식에 따라 새로운 성채로 개조되었는데 코카 성채가 대표적이다. 무데하르 양식에서 시너고그는 글로벌화된 형태 중 하나로 볼 수 있는데, 이것은 유대인들이 무슬림 예술에 이바지한 바가 크기 때문이다. 그 구조에 있어서는 기독교와 이슬람교의 사원과 흡사하고, 장식에 있어서는 인간의 모습을 본 딴 장식보다는 성벽에 거대한 조각문양이 지배적이었다. 그 예로는 톨레도의 트란시토 시너고그가 대표적이다.

당시 무데하르의 새로운 건축 형식을 따른 세 개의 시너고그가 있었는데, 이들은 유대인 재력가에 의해서 후원받은 것으로 톨레도의 산타 마리아 라 블랑카, 톨레도의 트란시토, 코르도바 시너고그이다. 산타 마리아 라 블랑카는 13세기의 것으로, 5개의 나베(중앙홀)가 있는 점을 고려할때 알모하드 건축 양식의 영향을 많이 받은 것으로 추정된다. 트란시토는 14세기 것으로 그라나다 건축 양식을 본 따 장식이 풍부한 것이 특징이다. 코르도바의 시너고그는

1314년과 1315년 사이에 건축된 것으로 무데하르 장식의 특징 중 하나인 꽃과 잎의 장식이 사용되었으며 여성들의 예배 자리를 떠받치는 성벽은 아름다운 석고세공으로 장식한 세 개의 아치로 통해있다.

대중 무데하르 건축 양식은 궁중 무데하르 양식과는 달리 대중적이고도 종교적인 특성을 갖는다. 즉, 로마네스크나 고딕 양식의 성당도 무슬림 장식의 요소를 모방하고 있다. 마드리드의 산 티르소, 레온의 사아군, 에스테루엘라의 카마르나 등이 그것이다. 이러한 교회(성당) 양식에 대해 일부 건축 전문가들은 이를 고딕-무데하르 양식 혹은 벽돌-무데하르 양식의 로마네스크 건축물로 보고 있다. 대중 무데하르 건축 양식은 지방이나 도시 변두리 지역에서 주로 나타났는데 값싼 건축 재료와 능숙한 장인의 손에서 탄생했다. 이슬람 지방에서 유래된 대중 무데하르 양식은 외국 전문가들이 개입하지 않은 그 지방 무데하르 장인들에 의해 성립되었는데 13세기 아빌라 지역의 아레발로가 대표적이다. 건축에 사용된 벽돌은 기둥, 아치, 성벽 그리고 돌출부위에 가장 적합해 보일 뿐 아니라, 아치형 건물이나 장식에 많이 사용되었다. 벽돌은 이를 보완해 줄 재료인 목재와 함께 쓰였고, 목재는 주로 천장에 사용되었으며, 석공예는 내부 장식 특히 묘나 예배당과 같은 건물 내부 장식에 쓰였다. 예배당 내부의 석공 장식으로 대표적인 건물은 산 안드레스의 교회다. 대중 무데하르 양식은 대중적인 특성을 띠고 있어서 그 지역의 다양성 예를 들면 알모하드의 건축 양식, 타이파의 칼리파 왕조시대의 건축 양식, 고딕 양식, 로마네스크 양식의 영향 등 그 지역의 다양성을 반영하였다. 대중 무데하르 양식은 산 후안, 테루엘, 톨레도의 빛의 그리스도, 산 마르틴의 탑이 대표적이다.

지중해를 넘은 무데하르 건축(알모하드에서 이베리아반도로)

레온과 카스티야는 로마네스크 양식의 영향을 가장 오래받은 지역으로, 건축물의 벽돌 건축으로 유명하다. 특징으로는 반원의 막힌 아치형 장식, 톱날 모양의 무늬 띠 그리고 깊게 파인 구멍이 있는 사각형 장식이 있다.

건축가들은 계단이나 제단에 계속해서 기독교적인 모형을 적용했고 기둥, 반원 아치, 외부가 막힌 아치형과 '나팔모양'이라고 알려져 있는 아치형(Arco abocinado) 정문을 디자인했다. 형태상의 특징을 살펴보면, 재료 면에서 성벽은 벽돌로 되어 있거나 진흙으로 되어있고, 지붕의 골조는 목재였다. 또한 석고 장식에서는 무데하르 양식을 따랐으며, 정면은 아랍형의 네모난 아치형이다. 그리고 기하학적인 장식은 막힌 이중아치(Arco polilobulado de ciego)로 되어있다. 모퉁이는 벽돌로 되어있는데, 벽돌을 장식으로 사용하여 앱시드(교회 제단 뒷면의 반원형으로 쑥 나온 부분)의 비율을 다양화시킴으로써 탑과 성벽이 매우 작게 보인다. 결과적으로 성벽의 내부는 더 두껍고 탑은 더 작아졌다.

레온-카스티야 무데하르는 앱시드가 돔 형식으로 되어있고, 중앙홀은 반원형 아치모양이며 앱시드를 장식하는 포개진 막힌 아치로 되어있다. 이와 함께 장식을 목적으로 벽돌은 층층이 쌓여졌으며 벽돌 모퉁이에는 무늬 띠가 있다. 사아군의 산 로렌소와 산 안드레

[그림 4] 1200년 이베리아반도 지도(노란색: 알모하드 왕국)
https://images.app.goo.gl/3WJ8Syz4LDKHamSA9

스 순례 교회가 대표적인 사례이다.

한편 '빛의 그리스도' 교회는 이슬람 사원의 영향을 크게 받았으며 석공예로 된 기둥뿌리와 벽돌의 막힌 아치형을 특징으로 한다. 그리고 말굽 모양인 반원형 이중 아치는 카스티야의 로마네스크 양식에서 유래한 것이고, 열편모양의 말발굽 아치는 지방색을 반영한 것이다. 재활용된 기둥 위에 말굽 아치로 분리된 세 개의 중앙홀에는 바실리카 계단이 있고 기둥은 서로 맞댄채 놓여있다. 산 세바스티안 교회, 산 루카스, 산타 에우랄리아, 산 로망 교회 등이 대표적인 예이다.

톨레도 무데하르 교회의 탑은 이슬람의 미나레스(첨탑) 양식을 따른다. 중앙에 받침 기둥이 있는 사각의 층이 있고, 그 주위로 돌출되어 있거나 일렬로 정렬되어 있는 돔으로 지탱되는 계단이 있다. 외부는 연석 석공예로 벽돌의 윗부분과 무슬림 아치의 네모진 구획에는 이중 말발굽 모양의 벽 창문이 있다.

아라곤 무데하르 건축물의 특징은 유리 세라믹이다. 초기에는 아라비아 타일, 접시, 원기둥으로 된 자루 등 특별한 곳에 사용되다가 14세기부터 그 활용 범위가 넓어졌고 벽돌의 기하학적인 무늬를 채우는 데 이용되었다. 아라곤 무데하르 건축은 13세기, 14세기 말 동지중해 레반테지역의 고딕 건축에 동화되었다. 사라고사의 세오 성당이 그 예이다. 장식은 내부와 외부가 모두 화려하다. 벽은 기하학적인 문양을 한 수평의 가장자리 장식으로 덧씌워져 있고 때로는 다색의 세라믹을 사용해 장식하기도 했다. 아라곤 무데하르의 가장 흥미로운 부분은 교구 탑이다. 교구의 탑은 성벽 옆에 자리하고 있으며 도시 입구로 통하는 문과 종탑 역할을 동시에 한다. 테루엘의 산 마르틴 탑이 그 예이다. 아라곤 지방의 탑은 알모하드 양식에서 영감을 받은 것으로 세비야의 히랄다의 형태와 유사하다. 다시 말해서, 테루엘의 무데하르 양식의 탑은 무슬림의 첨탑과 비슷하며 기독교의 종만 덧붙여진 셈이다. 산 마르틴, 엘 살바도르, 아테카, 사라고사의 막달레나의 사각 탑과 13세기 말과 14세기 초에 지어진 사라고사의 산 파블로나 타우스테의 팔각 종탑이 무데하르의 대표적인 탑이다.

San Pablo, Zaragoza   *Tauste*

[그림 5] 사라고사의 산 파블로와 타우스테 탑
https://images.app.goo.gl/fdwHLDinEktMxxSi6
https://images.app.goo.gl/JqdqLBrApg587j7e7

알 안달루스 지역의 무데하르 건축 양식은 코르도바와 세비아에서 유래된 기독교의 영향을 많이 받았다. 그래서 교회의 기둥 사이 큰 홀을 가로지르는 공간 없이 세 개의 중앙홀로 구성된 바실리카 성당 양식을 따르고 세 개의 앱시드가 원형으로 되어 있거나 성당의 내진에 십자형으로 된 돔으로 되어 있다. 그리고 중앙홀의 천장은 목재로 되어 있다. 성당의 서쪽 정면에는 탑이 있는데, 이 탑은 바깥 장식이나 내부의 배치에 있어서 알모하드의 양식을 따르고 있다. 세브카는 북아프리카의 알모하드족이 이베리아 반도에 들어와 이루어낸 건축 양식으로 '세브카의 천'이라고 불리는 정면 장식이 특징이며 십자선 혹은 망사, 편 마름모꼴의 기하학적인 문양을 장식요소로 사용한다. 뿐만 아니라, 성벽, 아치형, 광장, 벽 등에 무슬림의 특성에 따라 세라믹 타일이 사용되었으며 직선과 곡선이 서로 교차하거나 열편모양의 조각장식을 연출한다. 알모하드 왕국 당시 세브카 양식은 세비야를 중심으로 그라나다와 아라곤 지역, 그리고 레온-카스티야 지역 전체에 걸쳐 각 지방색을 반영하면서 발전하였다. 이 건축양식은 알모하드 왕국이 멸망한 이후 그라나다 나스리 왕조의 건축에 전승되어 알함브라 궁전이나 세비야의 히랄다 탑에 영향을 주었으며 세비야의 옴니움 상토룸도 알모하드 건축 양식을 계승한 대표적인 건축물로 볼 수 있다.

카스티야 왕국에 병합되면서 코르도바의 히스파노-무슬림 전통은 칼리파 특성, 세비야 알모하드 특성, 그라나다 특성을 고루 갖추게 된다. 돌은 주로 코르도바에서, 벽돌은 세비야에서, 석회로 덧칠한 벽돌은 그라나다에서 주된 건축재료였다. 그리고 이 세 지역의 공통된 재료는 목재였다. 목재는 주로 성당의 중앙홀의 지붕을 잇는 소란반자를 조립하는 데 사용하여 그 구조에서는 고딕 양식을 따르고 있지만 석고 공예가 두드러지고 목재 지붕이 매우 아름다운 것이 특징이다. 안달루스 무데하르 건축의 대표적인 도시는 코르도바, 세비야

[그림 6] 세비야의 히랄다탑
https://images.app.goo.gl/Ewx1f1HTxMAsngTB9

그리고 그라나다이다. 이 세 도시의 차이점은 고딕 양식을 얼마나 많이 모방
하고 있는가, 어떤 건축 재료를 사용하고 있는가 그리고 세공사들은 어느 민
족에 속하는가에서 유래되었다.

카스티야인들이 안달루시아를 점령했을 때, 서부 안달루시아에는 부르고스
의 시토 수도원 건축 양식이 영향을 미쳤고, 동부 안달루시아에는 화염식 고

딕 양식이 밀려들어왔다. 또한, 코르도바는 칼리파의 전통을 따라 돌을 이용해서 통나무와 밧줄모양을 장식했고, 세비야에서는 알모하드의 영향으로 벽돌을 사용했다. 세비야의 산타 카탈리나와 코르도바의 라 막달레나가 대표적인 예이다. 코르도바와 세비야에서는 돌을 사용해 건축하는 칼리파의 전통과 부르고스의 고딕 양식이 서로 뒤섞여있었다. 세 개의 중앙홀을 갖춘 교회, 뾰족한 아치형, 상석에 있는 세 개의 앱시드, 구멍을 뚫은 세 개의 장미꽃 모양의 천장 원형장식, 돌로 된 세 개의 정문 등이 그 대표적인 특징이다. 그리고 천장 모양도 안달루시아 지역 무데하르 건축 양식의 다양성에 한몫을 담당하는데, 밧줄과 통나무 모양으로 깎은 돌, 천장 장미꽃 무늬 원형 장식을 한 동심원의 별, 목재로 된 천장 등이 그것으로 코르도바의 산 로렌소와 산 파블로 교구교회가 그 예이다. 세비야에서는 알모하드 건축 양식의 특성이 14세기~15세기에 우엘바의 시토 수도원 건축 양식이 도입되었다. 세비야의 교회들은 뾰족한 아치형과 벽돌로 분리된 세 개의 중앙홀로 되어 있다. 벽돌로 된 서쪽 정면 벽에 있는 탑은 알모하드 건축 양식 세브카의 화려한 장식으로 되어 있어 세비야 히랄다의 복제판이라 할 수 있다. 중앙홀은 목재로 되어 있어 모리스코 건축가에 의해서 만들어진 성당과 유사하다. 그라나다의 무데하르 건축 양식은 15세기에 레콩키스타가 완성되면서 여러 지역으로 퍼지게 되어, 목재로 된 천장을 떠받치는 후기 고딕 양식 요소가 무데하르 미장이 기술과 나스리 왕조의 목조 기술과 결합되어 독창적인 무데하르 건축 양식의 정수를 보여준다. 장식은 여전히 석회로 덧칠한 벽돌과 석재로 만들어졌다.

안달루스 지방 무데하르 건축 양식의 구조적 특징은 카세레스의 구아달루베 수도원처럼 말굽 아치형으로, 아치의 아랫부분보다 가운데가 더 넓은 특징을 보인다. 수도원의 중앙에는 고딕 양식을 따라 성모상을 덮기 위해 사용하는 사원 모양의 작은 구조물이 독창적으로 솟아있고, 메스키타의 첨탑에서처

럼 세 개의 금속으로 된 공이 들어있으며, 내부는 무데하르의 뾰족한 아치형
으로 되어있다.

대서양을 넘은 무데하르 건축: 플라테레스크와 추리게라 양식

아랍무슬림 문양과 장식의 화려함을 특징으로 하는 무데하르 양식은 르네
상스와 17세기 바로코 시대에 접어들면서 각각 플라테레스크 건축 양식과 추
리게라 건축 양식으로 계승되었으며, 훗날 이러한 건축 양식은 스페인은 물론
이고 신대륙에까지 많은 영향을 주었다.

스페인에서는 이태리의 회화와 건축 양식을 받아들이면서도 이슬람 영향을
받아서 다른 서유럽 르네상스 건축물에서는 찾아볼 수 없는 화려한 세공 공예
가 발달하게 되는데 이것을 플라테레스크 양식이라고 부른다. 플라테레스크
는 스페인어로 '은'을 뜻하는 '플라타(Plata)'에서 유래한 말로 장식의 정교함이
화려한 은 세공품 같다고 하여 쓰는 말이다. 이 양식은 16세기 초반에 등장한
양식으로 석공예이지만 실상 육안으로 보기에는 은공예에 가까울 정도로 정
교하다. 이것은 돌을 끌로 조각해 낸 것 같이 아주 섬세하게 장식되었다. 그 화
려함 때문에 후기 고딕 양식인 이사벨라 양식과도 유사하지만 조각의 내용이
그로테스크한 문양에서 레이스 문양, 두루마리 문양에 이르기까지 다양하다
는 것과, 대칭과 균형을 이루고 있다는 것 때문에 이태리 르네상스 양식에 더
가깝다고 할 수 있다.

16세기 수도사들은 르네상스의 플라테레스크 양식과 무데하르 양식을 쓰
는 건축가로도 활동하게 되는데, 그들은 교회 건물에 원주민들이 건축 재료로
쓰던 푸에블라산 광택 타일이나 석회석, 돌과 벽돌, 혹은 어도비 벽돌이라고
불리는 진흙 벽돌 그리고 인디언 건축물의 세부 장식을 사용했다. 이로써 인

디언 건축과 유럽의 건축 양식 그리고 무슬림의 무데하르 양식이 혼합된 신대륙 특유의 건축 양식이 생겨났다.

바로크 양식은 극적 효과와 변화에 대한 열망으로 활발히 전파되었고 그 장식도 매우 화려해졌다. 추리게라 양식은 바로코 양식의 특성을 가장 잘 보여준다. 이 양식은 스페인의 한 건축가 가문의 이름에서 따 온 것으로 추리게라 집안의 세 아들은 모두 당시에 이름 있는 건축가들이었다. 추리게라 일가가 만들어낸 건축 양식은 스페인의 후기 바로크 양식을 특징짓게 되는데, 이는 한마디로 아주 세세한 곳까지 화려하게 장식하는 건축 양식이다. 살라망카 대성당의 수석 장인이기도 했던 호세는 50여 년에 걸쳐 살라망카를 추리게라 건축의 도시로 바꾸는 대사업을 실시했다. 추리게라 양식은 후기 바로크 양식인 로코코 양식으로, 고전주의 이전의 플라테레스크 양식처럼 화려하고 세밀한 장식을 특징으로 한다. 갈라진 박공벽, 물결치는 듯한 처마, 난간, 회반죽 피막, 꽃 장식 도안으로 가득 찬 실내표면이 모두 추리게라 양식의 특징이다.

나르시소 토메(Narciso Tomé)가 디자인한 톨레도 대성상의 〈트란스파렌테〉는 추리게라 양식의 걸작이다. 토메는 금박으로 처리한 햇살과 수많은 천사 조각, 그리고 자연과의 조화를 염두에 둔 건축 구성을 통해 신비하고 신성한 효과를 자아냈다. 이 양식은 스페인뿐만 아니라 식민지였던 아메리카에까지 영향을 주었다.

바로크 양식은 대서양을 건너 멕시코 지역에서 많이 생산되는 소재를 사용하게 되는데, 푸에블라산 타일을 사용한 바로코 건축 양식이 대표적이다. 상징적인 건물은 구아달루페 대성당으로 남아메리카에서 관광객이 가장 많이 찾는 대성당이다. 갈색 피부의 성녀 마리아가 인디언 후안 디에고에게 발현한 기적이 있었다고 전해지는 이 성당은 바로크식 측면(퍼사드)에 성모 마리아 상이 부조로 새겨져 있고, 성모 마리아가 발현했던 네 번째 장소라는 것을 기념하는 예배당이 지어져 있다. 이 예배당은 타원형 돔 형식에 파랑과 흰색의 눈부신 탈라베라 타일로 장식되어 있다.

문명교류의 무데하르 건축양식

스페인은 서구 유럽에서 보기 드물게 다양한 문화유산을 보유한 국가이다. 스페인 역사를 두 가지로 표현하면 다양성과 진취성이라고 할 수 있는데 다양성과 관련해서는 아랍인과 유대인 간 공존의 역사를 지적할 수 있고, 진취성과 관련해서는 신대륙의 발견을 들 수 있다.

원주민 이베로족과 켈트족이 정착해있던 이베리아반도에 서고트족의 침입이 있었고 뒤이어 로마인들이 로마문명을 전수했다. 뿐만 아니라 북아프리카를 통해 무슬림이 침입한 8세기부터 국토 회복 전쟁이 마무리된 15세기까지 기독교와 이슬람교 그리고 유대교라는 세 유일신 종교와 여러 민족이 공존하였다. 이 시기를 무데하르 시기라고 한다.

서로 다른 혈통과 종교를 가진 세 민족이 수세기에 걸쳐 공존하면서 이룩한 무데하르 문화는 건축에서도 독창적인 양식을 띠었다. 무데하르 건축 양식은 스페인 역사의 입증해주는 단서이다. 왜냐하면 무데하르 양식은 유럽에서 생겨난 건축 양식을 수용하여 스페인 역사와 문화의 특수성에 맞게 소화해낸 독창적인 건축 양식이기 때문이다. 그런데 이 양식이 이베리아반도에서만 유행했던 건축 양식이 아니라 대서양을 건너가 신대륙으로까지 그 영향을 미쳤다는 데서 무데하르 문화의 진취성과 문명 간, 대륙 간 교류의 의미와 흔적을 찾아볼 수 있다.

'반종교 개혁'이나 '국토 수복 전쟁' 그리고 '피의 순수성' 등이 암시하고 있다시피 스페인의 역사는 종교와 불가분의 관련을 맺으면서 배타적인 측면을 다분히 드러냈다. 반면 '무데하르'나 '모사라베'가 보여주듯이 보수적인 가운데 타협을 통해 융통성을 발휘하고 다양성을 인정하는 또 다른 측면도 보여주었다. 스페인의 역사는 보수와 진보 이 둘 사이에서 변증적인 관계를 맺어가면서 끊임없이 자아를 발견해나가는 과정의 연속이었다고 해도 과언이 아닐 것이다.

┌ 키워드 ┐

무데하르, 플라테레스크, 추리게라, 알모하드, 알마사테, 세부카, 시너고그

집필자: 임주인

참고문헌

http://aprendersociales.blogspot.com.es/2007/01/la-arquitectura-mudjar.html
http://artetorreherberos.blogspot.com.es/2011/01/el-arte-mudejar-popular.html
http://diccarte.blogspot.com.es/2013/03/arco-de-triunfo-artesonado.html
http://es.slideshare.net/katiagelati/arte-mudjar-38151538?from_action=save
http://es.slideshare.net/tomperez/arte-mudjar
http://es.slideshare.net/virconil/arte-mudjar-11530024
http://historiadelartevirgendelujan.blogspot.com.es/2013_02_01_archive.html
http://www.elergonomista.com/historia/habe10.html

• 저서

G. M. Borras Gualis. 1986. *El arte mudejar en Teruel y su provincia*. Teruel:Instituto de
　Estudios Turolenses.

지중해지역원 저. 2009. 『지중해 조형예술 아름다운 지중해 세계로 빠져들다』. 이담북
　스(이담Books)

지중해지역원 저. 2010. 『지중해 문명의 다중성 교류와 갈등의 어울림』. 이담북스(이담
　Books)

지중해지역원 저. 2010. 『지중해의 일상과 축제』. 이담북스(이담Books)

• 논문

임주인. 2019. "반유대주의 정서의 극복". 『스페인라틴아메리카연구』, 제19권 2호

임주인. 황의갑. 2011. "이슬람의 이베리아 반도 전파와 무데하리스모 문화 유형연구".
　『중동문제연구』 제10권 제2호

임주인. 2010. "엘 그레코: 지중해의 영혼을 그린 화가". 『지중해지역연구』 제12권 제2호

임주인. 2008. "세르반테스의 작품에 나타난 무어인 연구". 『이베로아메리카연구』 제19호

31

무으타질라
(Mu'tazila)

무으타질라파는 이슬람 사상과 사변신학의 논리화 및 체계화를 이룩한 학파이며, 그 출현은 이슬람 사상의 개혁과 발전에서 중요한 전환점이었다. 일반적으로 무으타질라파의 기원은 바스라에서 발생한 와실 븐 아따(Wasil b. Ata)와 하산 바스리(Hassan Basri) 간의 에피소드와 관련이 있다고 알려져 있다. 무으타질라파가 추구했던 종교와 사회의 변화, 개혁이라는 공동 목표와 이성적 원리들은 이들이 무으타질라파로 불리는 중요한 이유 중 하나이다.

무으타질라파의 기원

언어적으로 무으타질라는 '떠나다, 이탈하다, 분리하다' 등을 의미하는 동사 이으타잘라(i'tazala)에서 파생한 단어로 '이탈, 분리, 구분'을 뜻한다. 무으타질라의 명칭에는 조롱과 비방, 자랑과 긍지 등 많은 의미가 내재해 있다. 이 용어의 역사적 기원에 관해서는 몇 가지 설이 있다. 가장 대표적인 기원설은 와실과 아므루 기원설이다. 『이슬람 소백과사전』에 따르면 무으타질라파는 바스라 출신의 두 학자 와실과 아므루에 의해 창시되었으며, 그 활동 시기는 우마이야조 칼리파 히샴(al-Hisham) 시대 이후로 대략 8세기 초중반이었다.

해밀턴(Hamilton)은 무으타질라파의 사상운동이 광신적인 카리지파의 이론적 극단성과 무르지아파의 도덕적 무기력에 대한 반발과 반작용으로 7세기 말에 등장했다고 말했다. 반면 마끄리지(al-Maqrīzī)는 그 기원이 8세기 초 하산 바스리의 시기라고 했다. 따라서 와실과 아므루가 7세기 말에 태어났고, 이들의 스승인 하산이 8세기 초에 사망했다면, 논리적으로 이 파는 8세기 초에서 중엽 사이에 출현했다고 보는 것이 타당하다.

무으타질라파의 가장 보편적인 명칭은 무으타질라이다. 그러나 이 명칭의 기원에 대해서는 각 개인의 교의와 논점에 따라 여러 가지 상반된 견해가 있다. 알바그다디(al-Baghdadi)는 이들이 무슬림 중 중죄(kabīrah)를 범한 자에 대해 신자도 아니고 불신자도 아니라는 중간적 입장을 견지하면서 공동체의 전통적 견해에서 이탈했기 때문에 수니파에 의해 무으타질라파로 불렸다고 말했다. 하지만 샤흐라스타니(al-Shahrastani)의 견해는 달랐다. 그는 이 파의 창시자인 와실이 중죄인의 심판 문제로 스승인 하산과 견해를 달리하며 모임으로부터 이탈한 후 마스지드(masjid)의 한쪽 구석에서 추종자들에게 그의 견해를 설명하자, 하산이 '와실은 우리로부터 이탈했다(i'tazala 'anna Wāsil)'라고 선언한 데서 유래했다고 말했다.

무으타질라파의 등장 배경

무으타질라파의 등장 배경을 이해하기 위해서는 이 파의 종교, 사상적 절충성과 문화적 다양성을 살펴보아야 한다. 여기에서는 정치적 절충의 필요성, 윤리적 가치판단 기준의 필요성, 신학 이론의 다양화와 논리화, 외래문화의 영향, 슈우비야(al-Shu'ubiyah)에 대한 대응의 다섯 가지 주요 내용을 중심으로 살펴보고자 한다.

① 정치적 절충의 필요성: 무으타질라파의 정치 문제에 대한 입장표명은 칼리파 선임 문제와 압바스 왕조 칼리파조의 등장에 대한 중도적 절충 입장으로 대변되었다. 칼리파 선임 문제에 대한 무으타질라파의 중도적 입장은 예언자 사후 무슬림들 사이에 발생한 후계자 문제에 대한 견해 차이에서 비롯되었다. 무함마드는 예언자이자 정치지도자였다. 그는 메디나의 이슬람 공동체에서 절대적인 권력을 행사했으며, 그의 교우 중 누구도 그의 권능과 비견해서 그 직위를 상속받을 수 없었다. 이런 상황에서 무함마드가 사망하자, 이슬람 사회의 칼리파 계승 문제에 혼란이 일어났다. 더욱이 이슬람 공동체의 신앙과 관행의 원초적 근거인 코란이 아직 집대성되지 않았기 때문에 혼란은 가중되었다. 이후 칼리파 선임 문제는 우스만의 살해, 낙타의 전투, 씨핀 전쟁과 함께 주요 정치 관심사로 대두되었다. 초대 칼리파 선출 문제를 둘러싼 이슬람 공동체의 정치적 갈등은 이후 이슬람 사상의 형성에 많은 영향을 끼쳤다. 와실은 당초 종교·윤리 문제에 대해서만 중도적 입장의 원칙을 제시했으나, 정치 문제인 칼리파 선임 문제가 발생하자 분쟁 당사자들에 대해서도 이 원칙을 적용했다. 무으타질라파는 압바시스 왕조의 등장에 대한 정치적 입장표명에서도 절충적인 중도 입장을 취했다.

② 윤리적 가치판단 기준의 필요성: 무으타질라파의 형성이 한편으로는 서구와 비아랍 종교·문화의 영향에 의한 것이었다면, 다른 한편으로는 당시 무슬림들 사이에 만연했던 종교, 윤리적 논쟁에 의한 영향이기도 했다. 무슬림들은 칼리파 선임 문제로 정치적 견해를 달리한 이래 낙타의 전쟁과 씨핀 전투를 통해 확연한 정치적 입장 차이를 나타냈다. 그 결과 윤리, 도덕적 가치판단의 기준이 상실되는 위기를 맞았다. 그러나 이 시기에는 여전히 종교가 일반 백성들의 정신에 커다란 영향을 미쳤으며, 무슬림들은 말과 행동에서 종교의 가르침을 따랐다. 그렇지만 복잡한 정치 사건의 전개와 다양한 문화의 유입,

사회의 복잡화로 인해 여러 가지 사회적 부조리와 병폐가 나타났는데, 이슬람 공동체에서 가장 커다란 관심사는 중죄인에 대한 처벌 문제였다. 중죄에 대한 판단은 정치적 입장에 따라 달랐다. 이는 신자(Mu'min), 불신자(Kāfir), 불경스러운 자(Fasiq)의 구분으로 귀결되었다. 수니파는 이슬람에서 우상숭배자를 제외하고 모두를 신자로 간주하면서 신자의 중죄는 믿음으로부터 그를 제외하거나 불신으로 단죄할 수 없기 때문에 중죄인인 신자는 여전히 신앙인으로 남게 된다고 주장했다. 하지만 이들은 중죄인의 처벌을 당연시하며 그를 파시끄로 간주했다. 이에 반해 카리지파는 중죄인에 대한 수니파의 판단을 부정하고, 죄를 범한 자는 경중을 막론하고 모두 불신자이기 때문에 영원히 지옥에 거주하며, 행위가 수반되지 않는 신앙은 완전한 믿음이 아니라고 주장했다. 카리지파가 수니파의 주장을 부정한 것처럼 이번에는 무르지아파가 카리지파의 주장에 반대했다. 무르지아파는 중죄인에 대한 심판에서 새로운 견해를 제시하며 종교의 근본은 행위가 아니라 믿음이라고 주장했다. 이들은 죄가 독실한 신자에게 아무런 악영향을 끼칠 수 없는 것처럼 불신자에게 복종이란 아무 의미가 없으며, 중죄인은 여전히 신자이기에 그 처벌은 신이 원하는 바에 따라 심판될 수 있도록 최후심판의 날까지 연기된다고 주장했다. 계몽주의적 교육자였던 하산은 개인적으로 중죄인을 위선자(Munāfiq)로 간주했다. 무으타질라파는 이슬람의 각 분파들이 중죄인에 대한 심판 문제로 논쟁을 벌이고 있을 때 절충안을 제시하며 역사의 전면에 등장했다. 지금까지 제시된 중죄인의 심판 문제에 대한 해결책은 모든 사람을 충분히 만족시키지 못했다. 수니파의 견해는 지나친 관대함에서 비롯된 데 반해 카리지파의 견해는 지나친 엄격함의 표시였고 무르지아파의 견해는 지나친 방종과 나약함의 상징이었다. 이러한 상황에서 백성들이 도덕적 혼란과 무력감을 느끼자 하산은 새로운 견해를 제시했으나, 중간적이고 이중적인 입장으로 인한 논리적 나약성을 노출시켰다.

③ 신학 이론의 다양화와 논리화: 무으타질라파가 이슬람 사상에서 취한 절충적 중도입장의 원리는 매우 중요한 의미를 지니며 그 구성원들을 결집시킨 최초의 논리였다는 점은 부인할 수 없다. 하지만 이 원리는 단순한 윤리, 정치적 개념의 한계를 벗어나지 못했다. 따라서 이 원리가 이 파의 각 개체들을 항시적인 결합체로 묶었던 힘과 동기를 부여한 요인이었다고 말하는 것은 타당치 않다. 이 파가 항시적인 결합체를 유지하고 그 기치를 빠르고 넓게 전파할 수 있었던 데는 다른 요인이 있었다. 그것은 공동체의 구성원들이 요구했던 단순하고 간편한 논리적 사상과 이에 대한 이성적 입증이었다. 이슬람 정복사업 후 무슬림들은 타종교 사상의 영향을 받아 전통보수주의와 논쟁을 벌였으며, 이로 인해 이슬람 공동체 내부에는 종교, 사상적 불화와 의견 충돌이 발생했다. 이슬람에 대한 타종교의 유입과 동화과정은 여러 가지 형태로 진행되었다. 첫째는 원래의 종교를 버리고 이슬람에 완전히 귀의하는 형태이며, 둘째는 원래의 종교에 대한 관행과 전통을 유지하면서 이슬람에 피상적으로 귀의한 후 옛 종교적 믿음과 관행을 이슬람에 전파시키는 형태이고, 셋째는 진실한 믿음과 종교적 열정으로 이슬람에 귀의한 것이 아니라 부와 권력 등 단지 개인적 목적을 달성하기 위해 귀의한 형태이다. 이 중 두 번째 부류는 이슬람에 대한 적대감을 가슴에 품고 이슬람의 교리와 믿음을 왜곡시켰기 때문에 무슬림의 입장에서는 매우 심각한 문제였다. 한편 무으타질라파에 대한 타종교의 영향 중 가장 커다란 영향을 끼친 종교는 기독교였다. 무슬림들이 기독교인들과의 논쟁에서 받은 중요한 신학, 사상적 영향은 인간의 개인적 자유의지에 대한 인정이었다.

④ 외래문화의 영향: 동양학자 해밀턴은 무으타질라파가 사상 면에서는 코란을, 방법론에서는 그리스 철학을 바탕으로 종교적 원리 원칙을 확립했다고 전했다. 이 파는 이슬람 교리의 방어와 수호를 위해 적대자들과 논쟁을 벌였

으며 이 과정에서 시리아, 이라크, 페르시아의 백성들이 종교적 교리를 철학적으로 논리화하고 신학적으로 체계화하여 논쟁과 토론 문화를 성숙시켰다는 점을 알게 되었다. 이런 상황에서 이 파는 이들에게 대응하고 논리적으로 반박하기 위해 철학 연구의 필요성을 절감했으며, 종교적 증거를 논리적으로 입증하고 이론과 논리를 강화하기 위해서도 철학 연구가 필수적임을 인식했다. 이슬람의 전통적 이론과 논리의 근거인 코란과 순나의 증거는 상대방을 무력화시키는 데 충분치 못했으며, 그 증거를 정당화하기 위해서는 이성적 논증이 요구되었다. 철학 연구에 대한 필요성은 이 파의 대가인 아므루 븐 우바이드의 친구인 압바스 왕조 칼리파조 2대 칼리파 알-만수르(al-Mansur)에 의해 제기되었다. 그리스 서적에 대한 아랍어 번역 작업은 7대 칼리파 알-마문(al-Ma'mun)에 의해 고무되었다. 그리스 문화에 대한 관심은 처음에 천문학과 산술학 그리고 의학 서적의 번역에 집중되었다가, 후에 아리스토텔레스의 논리학 등 여러 철학 서적들의 번역으로 확대되었다. 만약 학문적으로 이븐 알-무깟파으(Ibn al-Muqaffa')가 아리스토텔레스의 논리학을 페르시아어로 번역한 최초의 학자라면, 무으타질라파가 논리학과 접촉하여 영향을 받기 시작한 시점은 칼리파 알-마문 이전이었다. 이는 그리스 문화가 무으타질라 사상의 이성주의적 경향과 자유사상 이론의 기초와 근본임을 암시해주는 내용이다. 무슬림들은 번역서를 통해서 그리스 문화와 접촉하면서 코란과 샤리아를 바탕으로 이슬람 사상과 절충을 시도했다. 이런 현상은 전례 없는 이슬람 이성 운동의 신(新)사고를 가능케 했다. 이들 중 종교적 논쟁에 필요한 수단과 방법을 터득하기 위해 그리스 철학과 논리를 가장 많이 이용한 이슬람 사상 그룹은 무으타질라파였다.

⑤ 슈우비야 운동에 대한 대응: 무슬림 정복 사업이 마무리되고 우마이야조가 성립되자 이슬람 사회에는 두 부류가 등장했다. 그것은 정복민 아랍인 무

슬림 부류와 피정복민 비아랍인 무슬림 마왈리 부류였다. 이슬람은 종족 간 부족혈연의식(al-aṣabīyah)의 철폐와 무슬림들의 종교적 형제애, 그리고 이들의 평등과 동등함을 주장하며 비아랍인들을 이슬람으로 귀의시켰다. 그러나 우마이야조에서 아랍인과 비아랍인의 관계는 정치적 · 사회적으로 평등하지 못했다. 당시 비아랍인들은 사회적으로 신분이 낮은 부류로 간주되어 경멸과 조롱의 대상이었다. 아랍인들의 부족혈연의식과 불평등주의로 인한 비아랍인들과의 갈등은 이슬람 정복에서 비롯된 아랍인들의 자만심과 페르시아인들에 대한 이들의 전통적 멸시에 의해 증폭되었다. 그 후 두 부류 사이의 역사적 · 사회적 갈등은 마왈리의 정치, 사회적 세력화와 평등주의 주창으로 이어져, 마침내 우마이야조의 멸망과 슈우비야 운동으로 귀결되었다. 이러한 일련의 흐름은 아랍인들의 폐쇄적이고 배타적인 전통의식을 이성, 지성적 의식으로 전환하는 데 중요한 계기가 되었다. 이는 무으타질라파를 중심으로 한 이성주의 사상가들의 역할에서 비롯되었다.

무으타질라파의 사상

샤흐라스타니는 무으타질라파가 이성주의적 사변신학파로 분류된 동기를 논쟁과 토론 방식의 활용 그리고 신의 말씀(kalām)이라는 속성을 부정한 논리에서 찾았다. 이 파가 이슬람의 사변신학을 수용한 과정은 다음과 같은 3단계로 진행되었다. 첫 번째 단계는 무으타질라파 이전의 단순한 토론과 논쟁의 시기였다. 이 시기의 주요 논쟁 대상은 신인동형론 · 자유의지 · 중죄인의 사회적 지위 · 낙타의 전쟁 가담자들에 대한 처리 문제 등이었다. 이에 대한 논쟁 방식은 전통적인 피끄흐(fiqh: 이슬람법학)적 유추에 의한 코란과 순나 인용과 코란과 순나로부터 추론된 내용에 대한 이성적 판단을 기초로 이루어졌다. 이성의 적용 방식은 인간의 행위를 지배했던 피끄흐의 유추 이론에서 추론된 것인데, 코란의 신인동형론적 구절에 대한 유추해석에서 신의 초월성을 '여느 육체들과는 다른 육체(a body unlike bodies)'로 규정함으로써 신의 육체에 대한 인정이라는 한계를 드러냈다. 두 번째 단계는 무으타질라파의 등장인 8세기 초부터 그리스 철학 서적들이 아랍어로 번역되기 이전인 9세기 초까지의 비철학적 시기였다. 당시의 무으타질라파는 전통적인 유추해석 방식의 한계를 극복하기 위해 자신들의 목적에 부합하는 유추해석을 이성적 논리로 인정하는 소극적 절충 방식을 선택했다. 세 번째 단계는 9세기 초 아부 알-후자일과 낫잠(Nazzam) 이후 활발하게 진행된 그리스 철학서의 아랍어 번역 시기, 즉 철학적 무으타질라파의 시기였다. 이들은 철학적 견해뿐만 아니라 삼단논법과 논증법 등을 터득하여 무으타질라파 논리의 발전을 이룩했다.

이슬람의 전통적인 유추해석 방식과 무으타질라파의 이성에 근거한 철학적 해석 방식은 두 가지 점에서 차이를 드러냈다. 첫째는 전자인 전통적 유추해석 방식이 코란과 순나 등 종교적 자료를 기본으로 삼았다면, 후자는 철학서적을 근거로 삼았다는 점이다. 둘째는 이성적 유추의 적용 방식에서 전자가 두 사물의 유사성에 근거했다면, 후자는 관계의 동등성과 균등성에 근거했다는 점이다.

양자의 논리 전개 방식은 그 근본적 입장에서 차이를 드러냈지만 무으타질라파는 여전히 전통적인 칼람의 유추해석 방식을 고집하면서 여기에 새로운 철학적 논리를 가미함으로써 종교적 방식과 철학적 방식을 절충했다.

무으타질라파는 위와 같은 전통적인 유추해석과 이성적 해석 방식에 기초해 종교와 윤리의 원리 원칙으로 다섯 가지 기본 명제를 설정했으며, 이를 모두 믿어야 무으타질라파의 일원으로 인정했다. 일반적으로 이 다섯 가지 원리는 그 사상의 중요도에 따라 다음과 같이 분류된다. 첫째는 신의 유일성 원리(al-tawḥīd)이고, 둘째는 신의 정의성 원리(al-ʿadl), 셋째는 신의 보상과 처벌의 원리(al-waʿd wa al-waʿīd). 넷째는 중도적 입장의 원리(al-manzila bayn al-manzilatayn) 그리고 다섯째는 선의 명령과 악의 금지 원리(al-ʿamr bi al-maʿrūf wa al-nahī ʿan al-munkar)였다.

무으타질라파의 다섯 가지 기본 명제에 대한 연구를 통해 드러난 이 파의 이성주의적 특성은 다음과 같이 요약할 수 있다.

첫째, 신의 유일성: 유일신은 모든 선과 악을 인지하며, 인간에게 오직 선만을 원하고 명한다. 또한 신은 인간에게 자유의지와 행위의 선택 능력을 허용한다.

둘째, 신의 정의성과 객관적 윤리 가치의 인정: 신은 항상 정의만을 행하며, 선과 악은 신의 일방적인 의지에 의해 창조된 것이 아니라, 가치판단의 객관적인 기준에 의해 정해진다.

셋째, 사물과 행위의 가치에 대한 이성적 인지: 지식은 단지 감각적 지각으로만 인정되지 않고 관련 사실을 알고 난 후 이성을 통해 인지된다.

넷째, 인간의 자유의지 능력과 책임론: 인간은 행위를 하고 가치를 인지할 수 있는 능력을 지니고 있기 때문에 자신의 정의로운 행위와 부정한 행위에 대해 책임을 져야 하며 항상 선만을 권고하고 악을 금지해야한다.

다섯째, 신의 보상과 처벌: 신은 내세에서 정의에 대해 보상을 내리고 부정을 처벌하는데, 신의 이런 보상과 처벌은 위의 세 번째, 네 번째 특징에 언급된 인간 자신의 행위에 대한 이성적 감지와 책임론에 근거를 둔다.

위의 다섯 가지 사상 중 무으타질라파는 선의 명령과 악의 금지 원리를, 모든 신도들에 대한 종교적 의무이고 능력이 있는 한 무력으로라도 지켜야 할 필연적인 과업이라고 말했다. 이는 곧 지하드(Jihād)를 의미하는데 이들은 전쟁에서의 지하드와 불신자 또는 불경스러운 자들에 대한 투쟁을 동일한 개념으로 간주했다. 이 원리는 적대자들의 저항과 반대를 죄악으로 간주하여 무으타 질라파로 하여금 적대자들에 대한 억압과 투쟁에 앞장서도록 했다. 하지만 보 상과 처벌의 원리 그리고 선의 명령과 악의 금지 원리는 이슬람의 경전인 코 란에 자세히 언급되어 있지 않다. 왜냐하면 보상과 처벌의 원리는 신의 정의 성과 중도적 입장의 원리로부터 파생된 논리이며, 선의 명령과 악의 금지 원 리는 정치와 연관되어 무으타질라파의 역사에서 개별적인 중요성을 지니지 못했기 때문이다. 결론적으로 무으타질라파의 역사에서 중요한 역할을 한 사 상 원리들은 신의 정확한 본질과 정명론에 대한 신의 유일성 원리, 신의 정의 성 원리, 중도적 입장의 원리였다. 이는 이슬람 초기 역사부터 사변신학에 대 한 이성적 해석 방법의 핵심 문제이기도 했다. 이 파의 이성적 특성과 역할은 이슬람 초기의 유추해석 방식과 철학적 해석 방식을 절충하여 이성, 자유의지, 책임론, 중용, 객관적 가치판단 등에 대한 절충식 해석 방법을 제시하며 중세 이슬람의 사변신학을 변증법적 이성주의로 이끌었다는 데에서 그 의의를 찾 을 수 있다.

무으타질라파의 몰락

중세의 이슬람 사상에서 무으타질라 사상이 논리성과 이성주의적 특징을 지녔음에도 불구하고, 지속적으로 발전하지 못한채 수니파 전통주의자들에 의해 패배할 수밖에 없었던 이유에는 다음과 같은 중요한 의미가 내포되어 있 다. 그것은 이 파의 붕괴가 양면적으로 진행되었다는 사실이다. 이 파는 정치 적으로 붕괴했을 뿐만 아니라 사상적으로 몰락했으며, 이 두 가지 현상은 거 의 동시에 발생했다.

무으타질라파의 침체가 칼리파 알-무타왁킬(al-Mutawakkil) 시기부터 시작되었다는 사실에는 의심의 여지가 없다. 하지만 이 파는 이후에도 오랫동안 명맥을 유지했다. 수니파가 권력을 장악한 후에도 이 파의 세력과 영향력은 사라지지 않았으며, 히즈라 9세기 초가 되어서야 수니파 지역에서 그 흔적이 사라졌다. 반면에 시아파가 지배하고 있던 부와이흐조에서는 여전히 무으타질라 사상이 존재했는데, 이는 시아파 사상도 종교적 근원에서 은유적 해석이라는 무으타질라적 요소를 지니고 있었기 때문이었다.

무으타질라파의 몰락에 대한 정확한 이해를 위해서는 칼리파 알-무타왁킬 이전의 역사를 살펴볼 필요가 있다. 이 파의 정치적 황금기는 그리 오래 지속되지 못했으며 결코 굳건한 편도 아니었다. 이들은 권력의 절정에 도달하자마자 곧바로 붕괴했는데, 이는 종교 문제에 대한 정치의 개입 때문이었다. 칼리파 알-마문은 아무리 무으타질라 사상에 열정적이었다 하더라도 처음부터 백성들에게 코란의 창조론을 믿도록 강요하지는 못했으며, 종교재판(mihna)의 추진에도 신중을 기했다. 왜냐하면 그는 일반 대중의 부정적 여론과 의견대립으로 인한 무슬림들 간의 의견 충돌(fitnah)을 두려워했기 때문이다. 이러한 알-마문의 중립적 입장에 대해 디미리는 그가 한 발은 내디디고 다른 발은 뒤로 뺀 채, 한편으로 순나파에 대한 의지를 강화시키고 다른 한편으로 백성들에게 코란의 창조론을 강요했다고 전했다. 칼리파 알-무으타씸은 무으타질라 사상에 대한 열정에도 불구하고 종교재판의 실행에서는 오랫동안 망설이고 주저했다. 그러나 아흐마드 븐 아비 두아드는 칼리파의 태도 변화로 인한 결과를 두려워하며 그가 종교재판을 실행할 것을 독려했다. 칼리파 알-와씨끄도 무으타질라파의 일원인 쑤마마 븐 아쉬라스에 의해 설득되었다. 쑤마마는 칼리파에게 코란의 창조론을 부정하는 불신자를 종교재판을 통해 처형하도록 요구했다.

이상의 설명을 통해, 칼리파들이 종교재판을 실행하게 된 배경에 무으타질라파의 압력과 추동이 있었음을 알 수 있다. 이는 정치에서 이 파가 행사한 영향력의 일면을 대변해 주는 대목이었다. 종교재판의 희생물이었던 아흐마드 븐 한발(Ah,ad b. Hanbal)은 수니파 전통보수주의 복고운동을 추동했으며, 일반 대중 무슬림들의 마음과 정신 속에 깊게 뿌리내리고 있었던 아랍의 정명론적 정서를 다시 결집하고 강화해 나갔다. 따라서 압바스 왕조 칼리파조에서 무으타질라파의 등장은 수니파 전통보수주의자들에게 결코 반대를 원하지 않았던 많은 종교학자들의 보수주의적 판단력을 더욱 강화해 주는 계기가 되었다고 말할 수 있다. 따라서 수니파 전통보수주의 학자들은 스스로 수니파 복고운동을 전개했던 것이 아니었으며, 이들을 휴지 상태에서 부활시키고 복고운동에 불을 지핀 계기는 바로 무으타질라파였다고 말할 수 있다. 더욱이 이 파는 종교재판을 통해 코란의 창조론에 대한 백성들의 신앙심을 심사하면서 일차적으로 자신들의 원리 원칙에 대한 모순점을 드러냈으며, 이차적으로 백성들의 복고주의적 경향을 소환하여 더욱 배타적인 보수성을 형성해 나갔다. 이로 인해 이 파는 압바스 왕조 칼리파조 초기의 정치, 사상적 영향력을 상실했으며, 수니파에 대한 종교재판으로 자멸을 초래했다고 말할 수 있다.

지중해 문명교류에 미친 영향

무으타질라파 사상이 지중해 문명교류에 미친 영향은 크게 신학 이론의 다양화와 논리화 측면 그리고 그리스 철학의 유입과 이슬람 사상의 논리화 측면으로 요약될 수 있다. 신학 이론의 다양화와 논리화 측면에서 무으타질라파는 절충적 중도입장이라는 사상적 이론을 정립했다. 이는 중용의 논리로써 압바스 왕조 초기의 무슬림들을 결집한 최초의 논리였다. 하지만 이 논리는 단순한 윤리, 정치적 개념의 한계를 벗어나지 못했으며, 이로 인한 부작용은 결국 이슬람 전통주의 수니파와의 갈등구조를 연출했고, 전통주의와 이성주의의 대결로 귀결되었다. 무으타질라파의 이성주의와 중용 논리에 영향을 끼친 종교는 기독교였다. 무슬림들이 기독교인들과의 논쟁에서 얻은 중요한 신학, 사상적 선물은 인간의 개인적 자유의지에 대한 인정과 이성적 논리였다.

무으타질라파는 그리스 철학의 유입과 이슬람 사상의 논리화 측면에서 지중해 문명권의 영향을 받았다. 해밀턴이 말했듯이 무으타질라파는 사상적 측면에서 코란을, 방법론 측면에서 그리스 철학을 바탕으로 종교적 원리 원칙을 확립했다. 이 파는 페르시아인들과의 논쟁에서 이슬람 교리를 방어하고 수호하기 위해 종교적 교리를 철학적으로 논리화하고 신학적으로 체계화했다. 이들은 이슬람의 전통적 이론과 논리의 근거인 코란과 순나의 증거로는 상대방을 무력화하는데 충분치 못하다는 것과 자신들의 증거를 정당화하기 위해 이성적 논증이 필요하다는 사실을 인지했다. 지중해 문명권인 그리스 문화에 대한 관심은 처음에 천문학과 산술학 그리고 의학 서적의 번역에 집중되었으며 후에 아리스토텔레스의 논리학 등 여러 철학 서적들의 번역으로 확대되었다. 무슬림들은 그리스 철학서의 번역을 통해서 그리스 문화와 접하게 되었으며 이를 이슬람 사상과 절충하는 방법으로 발전시켰다. 이들의 노력으로 이슬람에서는 전례 없는 이성주의 운동이 등장했다.

┌ 키워드 ┐

무으타질라파, 와실, 중간적 입장, 압바스 왕조 칼리파조, 중죄인, 중용, 그리스 철학, 이성주의

집필자: 황병하

참고문헌

김용선. 1991. 『코란의 이해』. 서울: 민음사.

김정위. 1987. 『이슬람사상사』. 서울: 민음사.

김정위 외 4인. 2000. 『이슬람 사상의 형성과 발전』. 서울: 아카넷.

손주영. 2005. 『이슬람』. 서울: 일조각.

황병하. 1998. 『이슬람 사상의 이해』. 광주: 조선대학교출판국.

_____. 1994. "무으타질라의 사상과 문학 연구". 한국외국어대학 대학원.

Balba', Abd al-Ḥakīm. 1979. Adab al-Mu'tazilah. al-Qāhirah: Dār Nahḍat Miṣr.

Ibn al-Murtaḍā. 1960. Ṭabaqāt al-Mu'tazilah. Bayrūt: Dār Maktabat al-Ḥayāt.

Jār Allah, Zuhdī Ḥasan. 1947. al-Mu'tazilah. al-Qāhirah: Maṭba'at Miṣr.

al-Shahrastānī. 1928. al-Milal wa al-Niḥal. al-Qāhirah: Muṣṭafā al-Ḥalabī.

Ṣubḥī, Aḥmad Maḥmūd 1985. Fī 'Ilm al-Kalām: al-Mu'tazilah. Bayrūt: Dār al-Nahḍah al-'Arabīyah.

32

미슈나
(Mishnah)

유대민족의 선민의식은 이스라엘의 하나님이 그의 민족 이스라엘과 시내산에서 언약을 맺은 것에 기초한다. 히브리어로 마아마드 하르 시나이(רה הַמַעמָד ד סִינַי)라고 불리는데, 이스라엘 백성이 이집트에서 탈출한 후 시내산에서 모세가 하나님의 율법을 받고, 이스라엘 자손들이 하나님의 백성이 되는 언약이 맺어진 사건을 지칭한다. 모세가 받은 율법은 보통 토라(הרהת)라고 하는데 유대인들은 기록과 구전 두 가지의 토라를 받았다고 믿는다. 그중 미슈나는 구전으로 전해 오던 율법의 일부분을 기록으로 정리한 것이다.

미슈나의 형성과정

미슈나가 형성된 과정은 이 용어가 가지는 어원적 의미에서 어느 정도 설명된다. 미슈나는 '반복하다, 반복하여 외우다'라는 의미의 히브리어 동사 샤나(הָנָש)에서 파생된 명사로 암송으로 반복된 것, 즉 구전된 내용을 의미한다. 기록으로 전달 받은 율법 '토라 쉐비크타브(הרהת בַתכּבש)', 성문율법은 구약성서 첫 다섯 권의 책(창세기, 출애굽기, 레위기, 민수기, 신명기) 안에 기록되었지만 구술로 전달된 율법 '토라 쉐베알 페(הרהת הפ-לעבַש)', 구전율법은 모세가 여호수아에게, 여호수아가 그 다음 세대 장로들에게 그리고 그들이 그 다음 세대에게 입으로 전수했다고 믿는다. 무엇을 하고, 하지 말아야 하는지는 기록 형태의 성문율법으로 받았지만 그것을 구체적으로 어떻게 지키고 실행해야 하는지에 대해서는 구전 형태로 받았다는 것이다. 예를 들어 새끼염소를 어미 젖에 삶지 말라는 것은 성문율법이지만(출 23:19, 신 14:21) 이것에 근거하여 육류와 유제품을 함께 먹지 않는 유대 음식법은 구전율법의 전통에 근거한 것이다. 모세오경의 성문율법 조항들 각각을 어떻게 지켜야 하는 지가 구전으로 전수되었다.[1]

1세기 후반에서 3세기 초반까지 유대 사회 안에는 '타나임'이라고 분류된 유대 랍비들이 활동했다. 이들은 '미드라쉬'라고 불렸던 당대의 율법학교에서 성문율법 조항 하나하나를 연구하고 토론하면서 이와 관련하여 이전 세대부터 입으로 내려오던 구전율법 조항들을 함께 모으고 정리했다. 모든 유대인이 토라를, 지키고 따라야 할 일종의 구체적이고 세부적인 행동규칙 내지 행위율법으로 논의하고 토론하면서 정리했던 것이다.[2] 미슈나는 율법의 다양한 이슈들을 두고 토론하고 연구한 내용이 주제별로 종합 정리된 모음집 형태이다. 이 책 전체를 미슈나라고 부르지만 미슈나를 구성하는 63권의 작은 책 안에 나오는 특정한 율법 사항을 다루는 조항 단위 하나 하나도 미슈나로 불린다.

---

1 히브리 성서의 모세오경에 나오는 율법은 모두 613가지로 요약된다. 유대인들이 지켜 행해야 할 율법 248가지와 하지 말아야 할 금지 조항 365가지이다. 구약성서에 첫 번째 나오는 율법조항은 창세기 1장 28절에 나오는 "생육하고 번성하여 땅에 충만하라."는 명령이다. 두 번째 율법조항은 창세기 17장에 근거하여 아들이 태어나면 난지 팔 일만에 할례를 행하라는 명령이다. 세 번째 율법조항은 창세기 32장 33절에 근거하여 허벅지 관절에 있는 둔부의 힘줄을 먹지 말라는 부정 명령이다. 613번째 마지막 조항은 신명기 31장 19절에 근거하여 모든 유대인은 각기 토라 책을 기록하라는 명령이다.

2 각각의 행위율법 조항을 할라카(הלכה)라고 부른다(복수 할라콧). 할라카는 '행하다'라는 의미의 히브리어 동사 할라크(הלך)에서 파생된 추상명사이다.

예를 들면 미슈나 첫 번째 책 브라콧(תוכרב)은 57개의 미슈나로 구성되어 있다. 미슈나는 몇 가지 의미에서 혁신적인 저술로 여겨진다. 먼저는 분량의 측면에서 그 당대까지 전례가 없었던 규모의 작품이다. 더 의미 있는 특징은 미슈나의 구성방식이다. 히브리 성서의 성문율법이 구전율법보다 우선이지만 성서 본문의 순서보다는 주제를 따랐기 때문이다. 이것은 미슈나가 행위율법의 다양한 영역 전체를 다루기를 의도했기 때문이다. 예를 들면 모세오경의 613가지 계명에서 쉐마(Shemà) 기도에 관한 율법 계명은 모세오경의 순서에 따르자면 420번째 계명이다. 그러나 미슈나 첫 번째 책 브라콧의 첫 시작, 첫 번째 미슈나는 이 쉐마 기도에 관하여 하고 있다.[3] 그것은 유대인의 삶에서 가장 중요하게 여겨지는 것이 바로 신명기 6장 4절에 언급되는 쉐마 기도이기 때문이다.

미슈나가 한 권의 책으로 최종 편집되기까지는 여러 세대에 걸친 작업 과정이 있었던 것으로 보인다. 구전율법을 기록으로 정리하려던 산발적인 시도가 모여서 최종적인 결과물로 나타난 것이다. 먼저 진행되었던 작업은 특정한 행위율법(할라카) 조항을 두고 시대를 달리했던 랍비들의 견해와 표현들을 모으는 일이었다. 여러 소스에서 구전을 모으는 작업이어서 특정 주제에 대한 동일인물의 구전에 차이가 존재하는 경우에는 전승을 취사선택해야 했다.[4] 특정 주제 관련 구전이 많아서 다 기록으로 옮길 수 없는 경우도 있었다.[5] 미슈나를 한 권의 기록으로 옮기는 최종 작업은 200년경 나사렛 북쪽에 위치한 유대인 마을 찌포리에서 랍비 예후다 하나시와 그의 동료들에 의해서 이루어졌다.

---

3 유대인 자녀들이 파티에 갔다가 저녁에 쉐마 기도하는 것을 잊어 버리고 귀가하게 되었는데 언제까지 기도하는 것이 저녁기도로 인정되는 지를 두고 서로 다른 견해들을 랍비들이 제시한다.

4 이 과정에서 남겨진 구전들은 추가적으로 기록으로 정리될 기회를 얻게 된다. 아람어로 보충을 의미하는 '토세프타'는 미슈나보다 더 풍부한 구전 내용을 담고 있다.

5 미슈나 책에 들어가지 못한 구전(미슈나)을 브라이타(복수 브라이톳)라고 칭한다.

[그림 1] 마세케트 브라콧 카우프만 사본(11세기~12세기).
출처: https://commons.wikimedia.org/wiki/File:Mishnah_kaufmann.jpg

미슈나의 구성

미슈나는 농사, 명절, 여자, 배상, 성물, 정결 6개의 대주제로 구성되었다. 각
주제는 '세데르'(복수 '스다림')라고 불렸다. 각각의 세데르 안에는 총 63개의 소
주제가 들어가 있고 각각의 소주제는 소책자 형식으로 되어 있다. 각각의 소
책자는 '마세케트'라고 불린다(복수 '마세크톳'). 미슈나는 63권의 소책자로 이루
어진 셈이다. 각각의 소책자는 몇 개의 장으로 구성되었다. 미슈나는 총 524개

의 장을 가지고 있다. 그리고 각각의 장은 몇 개의 미슈나로 이루어진다. 미슈나 책에는 총 4,192개의 미슈나가 있다. 각 세데르의 명칭과 소책자 이름은 다음과 같다:

1) 세데르 즈라임: 농사와 관련된 율법을 11권의 마세케트에 655항의 미슈나로 다룬다(브라콧, 페아, 다마이, 칼라임, 쉬비잇, 트루못, 마아스롯, 마아세르 셴니, 할라, 오을라, 비쿠림).

2) 세데르 모에드: 안식일과 유대 명절 그리고 금식에 관련된 사항을 12권의 마세케트에 681항의 미슈나로 다룬다(샤밧, 에루빈, 프사힘, 쉐칼림, 요마, 수카, 베짜, 로쉬 하샤나, 타아닛, 메길라, 모에드 카탄, 하기가).

3) 세데르 나쉼: 결혼, 이혼 등과 관련된 사항을 7권의 마세케트에 578항의 미슈나로 논한다(예바못, 케투봇, 네다림, 나지르, 소타, 기틴, 키두쉰).

4) 세데르 네지킨: 손해배상법과 재판에 관하여 10권의 마세케트에 685항의 미슈나로 다룬다(바바 캄마, 바바 메찌아, 바바 바트라, 산헤드린, 마콧, 쉬부옷, 에두욧, 아보다 자라, 아봇, 호라욧).

5) 세데르 코다쉼: 성전과 제물에 관하여 11권의 마세케트에 590항의 미슈나로 다룬다(즈바힘, 메나홋, 훌린, 베코롯, 아라킨, 트무라, 크리톳, 메일라, 타미드, 미돗, 킨님).

6) 세데르 토호롯은 정결과 부정에 관하여 12권의 마세케트에 1003항의 미슈나로 다룬다(켈림, 오홀롯, 네가임, 파라, 토호롯, 미크봐옷, 니다, 마크쉬린, 자빔, 트불 욤, 야다임, 우크찜).

미슈나와 탈무드

구전율법이 미슈나 책으로 기록된 후 '아모라임'이라고 불리는 유대 랍비들은 미슈나의 각 항을 두고 다시 연구하고 해석하고 토론했다. 약 300년에 걸친 아모라임의 미슈나 연구는 아람어의 주석으로 정리되었는데 이것을 게마라(גמרא)라고 부른다. 히브리어로 기록된 미슈나와 아람어로 된 게마라를 합친 것이 바로 탈무드(תלמוד)이다. 이 작업은 약 1,500년 전에 이스라엘 땅과 바빌로니아 두 곳에서 각각 진행되었는데 이스라엘 지역에서 편찬된 것은 예루살렘 탈무드(탈무드 예루샬미 תלמוד ירושלמי), 바빌로니아 지역에서 편찬된 것은 바빌로니아 탈무드(탈무드 바블리 תלמוד בבלי)라고 불렸다. 탈무드는 63권의 미슈나 소책자에 나오는 각각의 미슈나 항목에 아람어 주석 게마라를 추가한 형태이다. 바빌로니아 탈무드는 1523년 베니스에서 처음으로 인쇄되어 출판되었다. 오늘날의 크고 두꺼운 책 63권으로 이루어진 탈무드에는 미슈나와 게마라 외에 그 이후 시대의 유대 현인들이 남긴 자료들이 추가되어 있다. 어떤 면에서 탈무드는 하나의 거대한 변증문학이다. 고대 유대사회를 덮쳤던 헬레니즘에서 유대교의 순수성을 지켜내고자 했던 노력과 자신들 가운데서 시작되었던 기독교를 이단시하여 끊어내고자 했던 결단이 엿보인다. 이후에는 이슬람의 도전에서 자신들을 지켜내려 했고 중세를 거치는 동안에는 자신들 가운데서 일어났던 다양한 신비주의를 차단하면서 유대교를 지키려 했던 노력이 탈무드 안에서 엿보인다.

미슈나의 의미와 영향

유대교는 근본적으로 행위율법의 종교이다. 삶의 행위를 통하여 신앙이 표현되어야 한다. 해야 할 것과 하지 말아야 할 것을 규정하는 성문율법이 분명하게 드러내 주지 않는 삶의 여러 이슈들에 대한 상세한 가이드라인으로 미슈나는 필연적일 수밖에 없었다. 미슈나는 지난 수 천년 간 유대인의 삶을 지배해 왔다. 미슈나의 영향은 개인의 삶에 국한되지 않았다. 미슈나는 유대 국가 이스라엘의 운명에도 영향을 주었다. 간략한 예가 될 수 있는 것은 1967년에 일어났던 제3차 중동전쟁인 6일전쟁의 경우이다. 구약성서의 성문율법은 누군가가 밤에 남의 집을 뚫고 들어와 도적질을 하려다가 주인에게 죽임을 당할 경우 집 주인에게는 책임이 없다고 규정한다. 모세오경 본문의 순서를 따르자면 613개의 계명 중에 54번째 계명으로, 출애굽기 22장 본문에 나타나는 해야 하는 계명 중 하나이다: "도적이 뚫고 들어옴을 보고 그를 쳐죽이면 피 흘린 죄가 없으나 해 돋은 후이면 피 흘린 죄가 있으리라 도적은 반드시 배상할 것이나 배상할 것이 없으면 그 몸을 팔아 그 도적질한 것을 배상할 것이요". 낮 시간에 집 안을 침입한 도둑을 보고 과도히 폭력을 행사하여 상대방을 죽이면 피 흘린 죄가 성립되지만 야간에 상대방을 파악하지 못한 상태에서 생명의 위협을 느끼고 죽이게 되면 무죄가 된다는 내용이다. 이 성문율법의 내용은 미슈나 산헤드린 8장의 여섯 번째 미슈나에 언급되어 있다. 중세의 대표적인 유대 랍비 라쉬는 피 흘린 죄가 없다(אין לו דמים)는 표현에 대해서 토라는 누군가 너를 죽이러 올 때는 네가 먼저 그를 죽여야 한다는 것을 가르친다고 해석한다. 이 해석에서 만들어진 것은 "너를 죽이려고 일어나는 자는 네가 먼저 죽이라"라는 유대속담이다(הקם להרגו השכם להרגו). 1967년 5월 이집트의 지도자는 이스라엘 국가 경제에 필수적이었던 티란 해협 봉쇄를 결정한다. 이후 주변 아랍국가들의 군사적 움직임과 준비를 통하여 이스라엘을 공격하려는 분명한 의도를 파악했던 이스라엘 정부는 6월 5일 선제 공격을 통하여 6일전쟁을 승리로 이끌었다. 옛날 성전이 있었던 동 예루살렘을 이스라엘이 회복한 것도 이 전쟁의 결과였다. 성문율법에 대한 구전율법의 재 언급과 그 의미의 해석이 개인적인 차원의 정당방위를 넘어 국가적 차원의 자위적 선제 공격도 율법적으로 정당화하는 것이다. 이 율법적 원리는 향후 중동상황에서도 이스라엘의 선택 방식으로 여전히 작동될 것으로 보인다.

키워드

성문율법, 구전율법, 행위율법, 타나임, 미슈나, 마세케트, 아모라임, 게마라, 탈무드

집필자: 신성윤

참고문헌

Neusner. Jacob. 1991. *The Mishnah: A New Translation*. New Haven.
Urbach. Ephraim Elimelech. 1974. "Mishnah". *Encyclopaedia Judaica*. vol. 12. pp. 93-109.
https://en.wikipedia.org/wiki/Mishnah (검색일자: 2020년 3월 15일)
https://he.wikipedia.org/wiki/משנה (검색일자: 2020년 3월 15일)
https://en.wikipedia.org/wiki/Tosefta (검색일자: 2020년 6월 1일)

33

바빌로니아 유수
(Babylonian Captivity)

바빌로니아 유수는 기원전 6세기에 남유다 왕국이 멸망하고 그 백성들이 바빌로니아 제국에 포로로 잡혀갔다가 다시 유다 지방으로 귀환하기까지의 사건이다. 나라가 망하고 유력한 백성들이 모두 바빌로니아로 끌려가면서 이스라엘 사회는 그 존립이 위태로워졌다. 유대민족의 삶의 중심이었던 예루살렘 성전은 파괴되었고 국토는 초토화되었다. 바빌로니아 유수는 이스라엘 고대사를 제1성전시대와 제2성전시대로 구분하는 기준이기도 하다.

역사적 배경

출애굽 이후의 가나안 정복과 정착 그리고 부족동맹의 시기를 거쳐 이스라엘이 왕국의 형태를 이룬 것은 대략 기원전 10세기였다. 다윗 왕이 예루살렘을 왕국의 수도로 정하고 주변 세력을 정복하면서 이스라엘 왕국은 전성기를 맞이했다. 이스라엘 고대 왕국의 전성기는 그의 아들 솔로몬 왕의 재위 기간이었다. 솔로몬의 현명한 통치와 주변 국가들과의 활발한 교류 및 교역은 메소포타미아와 이집트 양대 문명의 축을 연결하는 레반트 지역의 한 변방에 위치한 이스라엘을 부강하게 만들어 주었다.[1] 먼저 솔로몬은 예루살렘에 여호와의 성전을 건축했다. 여호와 신앙은 이스라엘 민족의 삶의 근간이었고 성전은 그 하나님의 임재를 상징했다.[2] 그러나 솔로몬 왕국의 전성기는 오래가지 못했다. 솔로몬의 왕위를 계승한 르호보암의 실정으로 왕국은 북이스라엘과 남유다 두 개의 왕국으로 분열되었다. 약 200년이 조금 넘는 기간 동안에 7개의 왕조, 19명의 왕이 난립했던 북이스라엘은 기원전 722년에 아시리아 제국(Neo-Assyrian)의 사르곤 2세에 의해 정복되었다. 아시리아 제국의 침략을 견뎌 낸 남유다는 당대의 국제정세 속에서 외세를 의지하면서 생존을 도모하고 있었다. 남유다가 멸망하고 그 백성들이 바빌로니아로 끌려가게 된 결정적인 계기는 기원전 609년과 605년에 일어난 므깃도 전투와 갈그미스 전투였다.

기원전 7세기에 이르기까지 아시리아 제국은 고대 근동의 헤게모니를 쥐고 있었다. 제국의 중심은 메소포타미아에 있었지만 그 통치는 바빌로니아를 포함해 유프라테스의 서쪽지역과 지중해 지역에까지 미치고 있었다. 당대 아시리아의 전략적인 경쟁자는 이집트 제국이었다. 변화는 기원전 625년에 나보폴라사르가 바빌로니아의 통치자로 등극하면서 시작되었다. 아시리아의 지역적 입지를 약화시키는 크고 작은 반란과 전쟁들이 일어난 것이었다. 기원전 612년 메데와 바빌로니아는 아시리아의 수도 니느웨를 점령했다. 아시리아는 제국의 중심을 동쪽의 하란으로 옮겨갔다. 그러나 하란도 기원전 609년에 점령되면서 아시리아는 몰락하기 시작했다. 아시리아가 약해진 틈을 타서 레반트 지역에 대한 영향력을 확대하려고 했던 이집트는 신흥강국 바빌로니아의

---

1 구약성서는 이 시대 예루살렘에서는 은이 돌같이 흔하고 백향목이 평지의 뽕나무처럼 많았다고 기록한다(열왕기상 10:27).

2 솔로몬의 성전이 파괴되기까지의 시기를 제1성전시대라 부른다.

남하를 염려했다. 기원전 609년 이집트 제26왕조의 네코 2세는 아시리아의 잔여 세력을 도와 바빌로니아를 저지하고자 북쪽으로 진격했다. 그 때 북진하는 네코 2세의 군대를 므깃도 평야에서 막아선 인물이 유다 왕 요시아였다. 이집트에 적대적이었던 요시아는 므깃도 전투에서 전사했다. 요시아에 이어 왕이 된 두 번째 아들 여호아하스는 하맛 땅 립나로 올라가 이집트 왕을 영접하려고 했지만 바빌로니아와의 전투에서 패하고 돌아오던 네코 2세는 그를 감금했다가 이집트로 끌고 갔다. 네코 2세는 요시아의 첫 번째 아들 엘리야김을 여호야김으로 개명시켜 왕으로 세우고 이스라엘로부터 많은 벌금을 징수했다. 4년 후인 기원전 605년 갈그미스에서 대규모 전투가 벌어졌다. 아시리아의 마지막 남은 세력과 이들을 도우러 올라온 이집트의 네코 2세가 바빌로니아의 네부카드네짜르 2세와 맞붙은 것이다. 레반트 지역의 갈그미스는 시리아 지역에서 유프라테스 지역을 잇는 관문으로 교역의 중심지이면서 전략적 요충지였다.[3] 그러나 이 전쟁에서 이집트가 대패하면서 바빌로니아는 레반트 지역에 대한 패권을 잡게 되었다.

갈그미스 전투 이후 남유다 왕국 내부에서는 바빌로니아의 보호를 받아들이자는 진영과 이를 반대하는 진영 간의 정치적 갈등이 심화되었다. 이집트에 의해서 옹립된 여호야김은 친 바빌로니아 진영의 입장을 거부했지만 바빌로니아 군이 블레셋의 아스글론을 기원전 604년에, 에그론을 기원전 603년에

---

3 고대근동의 세계는 남쪽의 이집트와 북쪽의 메소포타미아(또는 히타이트) 양대 세력이 충돌하는 곳이었다. 두 지역을 연결하는 레반트 지역을 장악하는 세력이 고대근동 세계를 제패함을 의미했다. 대표적인 충돌의 예는 이집트 제19왕조의 라암에스 2세(기원전 1279년~기원전 1213년)와 히타이트 제국의 무와틸리 3세(기원전 1295년~기원전 1272년)가 맞붙었던 카데쉬 전투(기원전 1274)와 이집트 제 26왕조의 네코2세(기원전 610년~기원전 595년)와 신바빌로니아의 네부카드네짜르 2세(기원전 605~기원전 562)가 충돌했던 갈그미스 전투(기원전 605년)이다.

함락시키고 유다로 진격하자 바빌로니아의 속국이 되는 것에 동의하였다.[4] 그러나 기원전 601년~기원전 600년에 이집트 본토를 공략하려던 바빌로니아의 노력이 성공하지 못한 것을 본 여호야김은 바빌로니아에 반기를 들었다. 약 3년에 걸친 남유다의 반란은 기원전 597년에 끝났다. 예루살렘에 도착한 네부카드네짜르 2세는 여호야김에 이어 왕이 된 그의 아들 여호야긴을 폐위시켰다. 여호야긴은 통치 3개월 만에 바빌로니아로 끌려갔다. 바빌로니아 왕은 여호야긴의 삼촌인 요시아의 셋째 아들 맛다니야를 시드기야로 개명시켜 유다의 마지막 왕으로 세우고 돌아갔다. 그러나 시드기야 왕도 결국에는 바빌로니아를 배반했으며 바빌로니아 군대는 30개월 간 예루살렘을 포위했다. 기원전 586년 유대력 아브월 9일에 예루살렘 성이 뚫리고 성전이 불타면서 이스라엘의 제1성전시대는 마감되었다.

바빌로니아 유수의 진행

바빌로니아 제국(Neo-Babylonian)은 세 차례에 걸쳐 남유다 왕국의 포로를 끌고 갔다. 제1차 바빌로니아 유수는 기원전 605년 갈그미스 전투가 바빌로니아의 대승으로 끝난 이후 유다 왕 여호야김 시대에 일어났다. 남유다 왕국의 왕족과 귀족들이 바빌로니아로 잡혀갔다. 다니엘도 이 시기에 자신의 동료들과 바빌로니아로 이송되었다. 기원전 597년에 발생한 제2차 바빌로니아 유수는 3년간 지속되었던 남유다 왕국의 반란에 따른 결과였다. 이집트와의 장기적인 소모전에서 확실한 승리 없이 큰 손실을 입었던 바빌로니아가 힘을 회복하고 전열을 정비한 후 남유다로 내려 온 것은 기원전 597년이었다. 예루살렘 포위

---

4 남유다 왕국이 바빌로니아의 Vassal State가 되는 것을 의미.

[그림 1] 네부카드네짜르 2세 연대기

기간에 여호야김이 원인 모를 병으로 죽자 여호야긴이 왕으로 추대되었다. 바빌로니아 군대의 예루살렘 포위가 계속되는 가운데 네부카드네짜르 2세가 도착하자 약 3개월을 버텼던 여호야긴은 그 앞에 항복했다. 바빌로니아 군대는 예루살렘 성을 파괴하지 않고 성전과 왕궁의 보물들을 가져갔다. 그리고 여호야긴 왕, 그의 모친, 아내들, 내시 및 세도가들이 약 11,000명의 군인, 관리자, 기술자들과 함께 포로로 잡혀갔다. 제사장이었던 에스겔 선지자와 에스더의 사촌 모르드개 집안도 이 때 바빌로니아로 끌려갔다. 제2차 바빌로니아 유수는 구약성서에 자세히 기록되었다(열왕기상 24: 8-17). 네부카드네짜르 2세의 초기 통치 기간을 기술한 그의 연대기도 예루살렘 2차 정복과 관련하여 구약성서와 유사한 기록을 남겼다.

기원전 586년 제3차 바빌로니아 유수도 바빌로니아에 대한 남유다의 반란 때문이었다. 남유다의 여러 성과 요새를 함락시키고 예루살렘으로 진격한 바빌로니아 군대는 기원전 586년, 약 30개월 간의 포위 끝에 예루살렘 성벽을 깨트리고 성안으로 진입했다. 성전을 불 태우고 파괴한 바빌로니아 군대는 유대인들을 엄하게 대우했다. 마지막 유다 왕 시드기야는 눈알을 뽑힌 채 사슬에 묶여 바빌로니아로 끌려 갔고, 포로로 잡혔던 여러 관리들은 사형에 처해졌다. 예레미야는 약 4,600명의 유대인들이 바빌로니아로 끌려갔다고 기록했다.

바빌로니아의 유대인 사회

바빌로니아 유수는 유대인들에게 여러 가지로 충격을 주었다. 선민으로 약속의 땅에서 보호받을 것이라고 믿었던 그들에게 전능하신 하나님의 성전 파괴는 크나 큰 충격이었다. 하나님에 대한 제사의 예배는 예루살렘에서만 드려지도록 되어 있었는데 그 예루살렘에서 먼 이국의 땅으로 내쫓긴 것도 수용하기 힘든 변화였다. 바빌로니아로 끌려간 유대인들이 정착했던 곳으로 알려진 대표적인 지명은 에스겔서에 언급된 텔아비브였다. 그러나 유대인들은 메소포타미아 중부 남쪽의 여러 지역으로 흩어졌다. 포로로 끌려온 유대인들이었지만 그들에게는 일정한 자유가 주어졌던 것으로 추정된다. 자유롭게 결혼하여 가정을 이룰 수 있었고 자신들의 신앙을 지키면서 생활을 영위할 수 있었다. 그들은 토지를 경작할 수 있었고 장사도 할 수 있었다. 바빌로니아에 정착한 유대인들 가운데는 경제적으로 성공한 가문들도 있었다.

바빌로니아의 유대 사회에서 나타난 가장 의미 있는 현상은 회당의 등장이었다. 유대인의 율법이 강조하는 것 중 하나는 기도 중심의 예배와 말씀에 대한 공부와 교육이었다.[5] 회당은 종교, 교육적 기능을 담당하면서 유대인 지역 공동체의 중심이 되었다. 회당 시스템은 이후 유다 땅으로 전수되었을 뿐만 아니라 전 세계로 흩어진 유대 이산민을 위한 삶의 중심이 되었다. 회당에서의 연구와 교육은 이후 구전율법의 성문화 및 탈무드 편찬의 밑거름이 되었다. 탈무드는 5세기와 6세기에 이스라엘 땅과 바빌로니아 두 지역에서 편찬되었는데 이스라엘 땅에서 편찬된 예루살렘 탈무드보다 메소포타미아에서 편찬된 바빌로니아 탈무드의 권위가 더 높았다. 경제적으로나 학문적으로 유력한

---

5 예를 들어 유대교 신앙고백의 핵심이 되는 쉐마(신명기 6:4-9)는 자녀들에 대한 신앙교육을 그 본문 안에서 강조하고 있다.

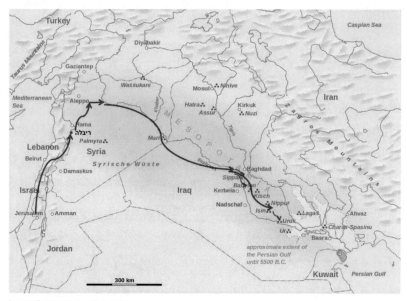

[그림 2] 바빌로니아 유수 경로.
출처: https://he.wikipedia.org/wiki/גלות_בבל#/media/קובץ:מסע_גולי_בבל.jpg

유대인들이 유다 땅보다 바빌로니아 지역에 더 많이 거주하게 되면서 바빌로
니아는 예루살렘과 더불어 유대 문화의 중심지가 되었다.

바빌로니아 유수의 의미와 영향

당대 세계 최고 수준이었던 바빌로니아 문명과 문화는 유대인들의 신앙과
일상의 삶에 많은 영향을 끼쳤다. 바빌로니아 유수의 의의 중 하나는 새로운
세계에 대해 유대인들의 눈이 트인 것이었다. 무엇보다도 약속의 땅에 제한되
어 있었던 유대인들의 시야가 온 세계를 향하게 된 계기가 바빌로니아 유수였

다. 엄격한 의미에서 유대 디아스포라는 바빌로니아 유수에서 시작되었다.[6] 동시에 바빌로니아 유수는 유대인들이 독특한 민족으로 국제무대에 등장하는 계기를 만들어 주었다. 바빌로니아으로 끌려온 유대인들은 메소포타미아에서 아람어로 '예후다예'라고 불렸다. 유대 지방에서 온 사람들이라는 의미였지만 타지역 출신 포로들과 달리 그들에게는 다른 무엇인가가 있었고 그래서 특별히 예후다예라고 불린 것이다. 오늘날의 '유대인'이라는 표현은 여기서 시작된 것이다. 이처럼 유대인들의 국제화는 바빌로니아 유수를 통해 비로소 가능했다.

종교적으로도 바빌로니아 유수는 큰 영향을 미쳤다. 선민인 우리가 왜 나라를 잃고 이렇게 비참한 상황으로 떨어졌는가를 심각하게 자문하던 유대인들이 찾은 해답은 그들의 죄였다. 특히 우상숭배의 죄에 관한 부분이었다. 이 인식은 바빌로니아 유수가 끝나고 예루살렘으로 귀환이 시작되면서 유대 지도자들 가운데 우상숭배의 원천이 되는 이방인들과의 단절을 강조하는 유대국수주의운동을 야기시켰다.[7] 대표적인 구약성서의 인물이 에스라와 느헤미야였다. 실제로 예루살렘으로 돌아온 에스라의 신앙개혁운동이 율법주의 유대교의 시초가 되었다.

바빌로니아 유수가 끼친 또 다른 영향은 유대인들의 언어 영역이었다. 70년의 바빌로니아 생활을 통하여 아람어가 유대인들의 생활언어가 되면서 유대사회 안에서는 히브리어와 아람어가 함께 사용되었다. 바빌로니아 유수 이후에 기록된 구약성서의 히브리어에서는 새로운 언어적 현상들이 감지되었다. 철자법의 변화나 아람어 영향이 대표적인 현상들이었다. 바빌로니아 유수 때

---

6 북이스라엘 왕국이 기원전 722년에 붕괴되면서 먼저 흩어졌지만 아시리아 제국의 인구 혼합 정책 때문에 바빌로니아 유수처럼 북이스라엘 사람들은 흩어진 곳에서 자신들의 정체성을 유지하지 못했다.

7 유대 포로 귀환기에 이스라엘 사회 안에는 두 가지 상충되는 사상이 공존하고 있었다. 하나가 유대국수주의였고 다른 하나는 세계동포주의였다. 유대국수주의는 이후에 율법주의 유대교의 바탕이 되었고, 세계동포주의는 유대교 안에서 시작되었던 기독교의 사상적 토양이 되어 주었다.

문에 나타난 구약성서 히브리어의 통시적 변화는 현대에 이르러 이스라엘 고대 역사를 다룬 구약성서의 역사성을 부인하는 성서 미니말리즘 학파의 주장을 제대로 반박하는 논거가 되기도 했다.[8]

키워드

제1성전시대, 제2성전시대, 제1차 유수, 제2차 유수, 제3차 유수, 회당, 유대교

집필자: 신성윤

참고문헌

Ben-Sasson, Haim H. 1974. "Galut", Encyclopaedia Juadica. vol. 7. pp. 275-294.

Bright, John, 1959. *A History of Israel*, 박문재 역. 2008. 『이스라엘 역사』. 서울: CH북스.

Liver, Y. 1965. "Galut Babel". *Encylcopaedia Biblica*. vol. 2. pp. 503-506.

Porten, Bezalel. 1974. "Exile, Babylonian". *Encyclopaedia Juadica*. vol. 6. pp. 1036-1041.

홍익희. 2013. 『유대인 경제사: 바빌로니아 유수기』. 서울: 홍익인간.

https://he.wikipedia.org/wiki/%D7%92%D7%9C%D7%95%D7%AA_%D7%91%D7%91%D7%9C (검색일자: 2020년 5월 20일)

https://en.wikipedia.org/wiki/Babylonian_captivity (검색일자: 2020년 5월 20일)

---

8 성서 미니말리즘 학파가 구약성서의 역사성을 부인하는 근거로 제시하는 것은 구약성서의 기록 시기이다. 구약성서 전체가 포로기 이후에 기록되었기 때문에 구약성서가 제시하는 이스라엘 고대사는 역사가 될 수 없다고 주장한다. 그러나 구약성서 안에서 발견되는 성서 히브리어의 통시적 변화 현상은 모든 구약성서의 기록 시기를 포로기 이후로 보는 그들의 주장을 반박한다.

34

바퀴
(Wheel)

1850년대 이전까지 증기기관은 세계에서 가장 위대한 발명품으로 꼽혔다. 그러나 1950년쯤 되자 그보다 더 오래된 발명품인 바퀴가 증기기관보다 더 큰 관심을 받게 된다. '인류를 바꾼 최고의 발명품들'을 키워드로 검색해보면 공식적이든 비공식적이든 항상 바퀴가 1위를 차지한다. 바퀴가 없었다면 지금처럼 발달한 문명도 없었을 것이다. 바퀴로 인해 다양한 이동수단이 생겨났고 사람들이 더 빨리 더 멀리 이동하는 것이 가능해졌다. 그 결과 마을과 마을을 잇는 도로가 생겨나고 시장이 형성되었으며 도시가 건설되었다. 바퀴는 문명 간 소통으로 새로운 문명을 건설하고 문명 간 교류를 가능하게 하였으며 지금 우리가 살고 있는 시대를 가능하게 한 위대한 도구이자 발명품이다.

인류가 출현한 이후 손꼽을 만한 몇 번의 대이동이 있었다. 인류는 생존을 위해 이동을 시작했다. 이동이 무조건적인 문명 간 교류를 의미하진 않지만 역사적으로 보면 이러한 대이동의 결과로 교류가 이루어진 것은 사실이다. 대규모 이동에는 환경적 또는 기술적 문제로 인한 한계가 있기 마련이었는데 이를 극복하게 해준 역사상 가장 위대한 발명품 중 하나가 '바퀴'이다. 다시 말해 바퀴의 등장은 인류의 대이동에 있어 물리적 한계를 극복할 수 있게 해준 발명품이다. 따라서 인류 최초의 대이동을 통한 문명 간 교류는 바퀴가 발명되면서 시작되었다고 보아도 무방하다.

기원전 4000년경 수메르인들은 아라비아반도의 티그리스 강과 유프라테스 강 사이의 비옥한 초승달 지대로 알려진 메소포타미아 지역에 세계 4대 문명 중 하나이자 인류 최초의 문명을 건설했다. 고고학자들에 의하면 이 시기의 메소포타미아 지역과 유럽 중부지역에서 바퀴를 이용한 운송수단의 흔적이 발견되었다. 인류 최초의 문명과 동시에 바퀴가 출현한 것이다. 사실 메소포타미아 문명 이전에도 통나무 또는 나무를 넓게 잘라 널빤지 형태로 짐을 운반했고 기원전 5000년경 지금의 바퀴와 같이 둥근 원판 형태의 바퀴가 사용된 것으로 전해진다.

이와 관련하여 현대 유럽인의 조상으로 알려진 고대 인도-유럽인은 초기 인류 중 가장 뛰어난 유목 민족이었다. 이들은 고대 이집트, 인더스, 황하 문명권의 인류와 달리 농업 재배 기술을 발전시키지 못했기 때문에 수렵 위주로 생활했다. 즉, 사냥은 이들의 생존을 위한 첫 번째 목표이자 전략이었다. 그리고 농업 재배와 같이 식량을 안정적으로 확보할 수 없었기 때문에 끊임없이 이동을 해야 했고 이를 위해서는 무언가 획기적인 기술이나 도구, 즉 바퀴가 필요했을 것이다.

기원전 4000년경 이들은 바퀴를 사용하면서 동물을 길들이기 시작했고, 가축과 바퀴를 결합한 이동수단을 만들어 유목 생활을 무리 없이 해낼 수 있었다. 말을 이용해 짐, 가축, 사람 등을 싣고 바퀴가 달린 수레를 끌면서 이들의 대이동은 시작되었다.

바퀴의 발명으로 장거리 이동과 대규모 물자수송이 가능해졌고 문명 간 교류가 탄력을 받았다. 대부분의 학자들은 바퀴가 '인간이 만든 가장 위대한 도구 중 하나'라는 의견에 동의한다. 바퀴는 건축, 전쟁, 무역과 수송, 교통과 산업 등 위대한 문명의 성립에 기여했고, 문명 간 교류는 바퀴 덕분에 가능했다.

문명 건설의 도구

바퀴가 발명되기 이전인 기원전 6천년경, 사람의 힘으로 물건을 운반하는 것이 비효율적이라는 것을 깨우친 북유럽의 사람들은 동물의 힘을 빌려 물건을 옮겼다. 예를 들어 소가 나무 썰매를 끌게 하는 등의 방식이었다. 또한 고대 이집트에서는 바퀴 이전에 물건을 옮기거나 고르지 않은 도로를 이동하기 위해 굴림대를 활용했는데, 나무 썰매 아래쪽에 둥근 통나무 형태의 받침대를 받쳐 비탈길이나 진흙길에서도 효과적으로 이동할 수 있었다.

고대 이집트는 이러한 방법으로 커다란 대리석을 옮길 수 있었고 이를 활용해 이집트 문명의 상징이라 할 수 있는 피라미드를 건설할 수 있었다. 즉, 고대 이집트인들이 피라미드 건설에 바퀴를 사용한 것은 아니지만, 바퀴와 물리적으로 유사한 역할을 했던 도구(통나무)를 굴림대로 활용했다. 참고로 고대 이집트인들은 나름 과학적이고 기술적인 방법을 통해 거대한 피라미드를 큰 오차 없이 정밀하게 건설했는데 여기에 사용된 기술이 돌의 크기와 부피, 피라미드의 거리 등을 측정하기 위한 도량형이었다. 측정을 위한 아무런 도구 없이 사람의 신체를 기준으로 단위를 정하고 통나무를 지렛대로 활용하는 등의 지식과 노동력만으로 피라미드를 건설했다는 사실은 실로 놀라운 일이 아닐 수 없다. 이처럼 통나무 형태의 굴림대를 거대한 물건을 옮기는 용도로 활용한 사례는 영국의 스톤헨지 등에서도 찾아볼 수 있다. 앞서 언급한 피라미드 문명 건설에 대한 설명을 참고하면 [그림 2]의 거대한 돌들을 어떻게 운반했는지 추측해 볼 수 있다.

거석 신전은 거대한 돌을 깎아 정교하게 가공한 신전을 의미한다. 이들 중

[그림 1] 피라미드, 출처 : www.pixabay.com〉　　[그림 2] 스톤헨지, 출처 : www.pixabay.com

마지막 거석 신전은 마르타 섬, 고조 섬, 사르디니아 등의 지중해 섬에서 많이 볼 수 있다. 연구에 따르면 가장 최근 것은 기원전 1500년경, 가장 오래된 것은 기원전 4000년경의 것으로 추측된다. 이러한 신전 건축에는 하나의 무게가 20톤에 달하는 거석과 기둥 하나가 6미터인 돌기둥이 쓰였다. 이는 신전 주변에 남아있는 수레바퀴 자국을 통해 거석을 옮기는 과정에서 바퀴를 사용한 것으로 짐작케 한다. 이렇듯 고대문명, 특히 건축에 바퀴가 직접적으로 사용되었으며 이를 통해 바퀴라는 위대한 발명품이 문명 건설의 도구로 활용되었음을 짐작할 수 있다.

바퀴로 보는 문명 교류

고고학자 스튜어트 피곳은 바퀴가 메소포타미아에서 발명되었다고 했다. 그림과 직물 등에서 바퀴가 달린 이동수단으로 볼 수 있는 이미지가 발견되었기 때문이다. 그럼에도 동시대의 고대 이집트 문명에서는 바퀴달린 이동 수단을 찾아볼 수 없었다고 한다. 두 문명은 이미 교역을 통해 접촉해왔음에도 바퀴에 대한 교류는 없었던 것일까? 아마도 정치, 사회적으로 필요성을 충분히

인식하지 못했기 때문에, 또는
필요했지만 어떠한 이유로 인해
바퀴의 용도가 달랐을 것으로 추
정된다. 리처드 불리엣은 메소포
타미아의 바퀴가 왕이나 사제의
위엄을 과시하기 위한 용도였을

[그림 3] 중세시대 수레. 출처: www.pixabay.com

뿐, 이동이나 짐을 옮기기 위한 대중적인 수단으로 사용되지 않았으며 지리적
특성상 효율적이지 못했기 때문에 실제로는 널리 활용되지 않았을 것으로 판
단했다.[1] 이는 기원전 1300년경 이집트의 벽화에 썰매 형태의 운반 도구로 신
상(象神)을 운송하는 모습이 남아있는 것을 통해 확인할 수 있다. 이 때문에 이
집트 문명은 바퀴를 이동수단으로 생각하지 않았고 이를 차용하지 않은 것으
로 추측한다. 고대 이집트는 기원전 1600년경에야 비로소 파라오의 운송수단
으로 바퀴 달린 전차를 도입했다. 관련하여 1833년 한 영국인 여행자가 페르
시아 전역에서 바퀴 달린 수레를 보지 못했다는 기록을 남겼다. 최초의 바퀴
가 메소포타미아에서 기원되었다고 한다면 이와 같은 사실은 매우 놀라운 일
이다. 의아한 일이긴 하나 바퀴의 존재를 잘 알고도 이를 적극적으로 활용하
지 않은 사례는 생각보다 많았다. 고대의 여러 문명권 지역에서 출토된 고고
학 유물들에는 바퀴를 이동이나 운송수단이 아닌 장난감이나 장식품으로 사
용한 흔적이 다수 포함되어 있었다.

만약 전쟁이 없었다면 바퀴는 예상보다 더디게 발전했을 가능성이 있다. 제
대로 정비된 도로가 없던 시대에 바퀴는 이동이나 짐을 옮기는 매력적인 운송

---

1 모래사장이나 길이 고르지 못한 지대에서는 아마도 바퀴보다 가축을 이용한 이동수단이 편리했을
   것이다.

수단이 아니었다. 바퀴가 아니라 가축을 이용하면 그만이었다. 그러나 전쟁 등의 정복 활동이 빈번해지자 전차에 사용된 바퀴는 빠르고 튼튼하며 단순해야 했다. 이것은 바퀴의 기술적 발전에 있어 가장 중요한 요인이었을 것이다.

메소포타미아 문명을 건설한 것으로 알려진 수메르인, 아카드인, 바빌로니아인, 아시리아인 중 수메르인은 원판 형의 바퀴가 각각 네 개와 두 개가 달린-당나귀가 끄는-사륜 수레와 이륜 수레를 모두 사용했다.[2] 특히, 전쟁에는 비교적 가벼운 이륜 수레가 사용되었는데, 원판 형의 바퀴는 두껍고 무게가 있어 기동력에 적합하지 않았기 때문에 전쟁터에서는 효율적이지 못했다.

기원전 3000년경 고대 인도-유럽인들은 지금의 소아시아지역인 아나톨리아반도에 진출해 아나톨리아 문명을 세웠다. 훗날 이들은 히타이트족으로 불렸다. 최초의 철기 민족인 히타이트족(하티족)은 아나톨리아 지역의 풍부한 광물자원을 활용해 청동기술(야금술)을 발전시켰다. 이들이 남긴 철제 무기와 바큇살이 장착된 전차를 볼 때, 청동이나 철을 다루는 야금술이 뛰어났던 것을 알 수 있다. 특히, 바큇살 바퀴의 전차는 기동력이 뛰어나 이들의 정복 활동에서 큰 역할을 했다.

이후 바큇살을 장착한 바퀴는 이집트왕국, 그리스-로마 시대의 전차에 영향을 주면서 주변 지역들로 빠르게 확산되었다. 고대의 정복 활동이 주로 전쟁을 통해 이루어졌는데 전차의 확산과 기술적인 발전은 이를 가능하게 했던 최신무기나 다름없었다. 그리스-로마 시대에 전차는 전쟁 용도와 더불어 일상생활에서도 다양한 운송수단으로 이용되었다. 바큇살 바퀴는 기원전 100년경 영국의 켈트족에 의해 더욱 발전되었다. 켈트족은 바큇살 바퀴의 테두리 부분에 철판을 둘러 나무 바퀴의 수명과 내구성을 크게 향상시켰다.

---

2 당시 수메르인 활동 시기에는 말을 길들이지 못했던 시기였을 것이다.

[그림 4] 히타이트족의 2륜 전차. 출처: 위키피디아 [그림 5] 수메르인의 4륜 전차. 출처: 위키피디아

결과적으로 히타이트족의 바큇살 전차는 현대 바퀴 문명의 시초가 되었다고 볼 수 있다. 바큇살 바퀴가 탄생한 이후부터 바퀴는 단순한 전쟁 도구나 이동수단이 아니었다. 물레바퀴나 톱니바퀴 등 일상생활에서 다양한 방식으로 활용되었고 이러한 현상들을 통틀어 바퀴 문명으로 정의한다.

역사상 가장 위대한 발명품

바퀴는 인류가 만든 가장 역사적이고, 수학적이며 과학적인 도구였다. 바퀴로 인해 탈것이 생기고 원하는 곳으로 더 멀리, 더 빨리 이동할 수 있었다. 이로 인해 다른 지역과 이어지는 길이 생겼고 사람과 사람, 문화와 문화가 만나는 교류의 장을 매개했다. 바퀴는 문명의 이동 수단이자 교류 수단이었던 것이다. 그리고 사람의 이동이 곧 문명 간 교류였다. 그 사람이 가진 지식, 정보, 사상, 생활 습관 그리고 사고방식은 그 사람이 살았던 시대를 대변한다. 누군가 바퀴 달린 수레를 타고 거쳐 간 모든 지역은 그 사람의 문명(지식, 정보, 사고방식 등)이 전파된 지역이 될 수 있다. 이렇게 바퀴는 문명들을 교류시키고 이동시키는 가장 위대한 발명품이었다.

키워드

바퀴, 전차, 문명, 교류, 이동, 이집트 문명, 메소포타미아 문명, 히타이트족

집필자: 강지훈

참고문헌

• 저서

리처드 불리엣 저. 소슬기역. 2016. 바퀴, 세계를 굴리다 : 바퀴의 탄생, 몰락, 그리고 부활』. MID.

시마자키 스스무 저. 김성미 역. 2010.『세상에서 가장 재미있는 문명지도』. 북스토리.

베이징대륙교문화미디어 저. 양성희 역. 2010.『역사를 뒤흔든 7가지 대이동』. 현암사.

한근우 저. 2018.『모든 움직이는 것들의 과학』. 사과나무.

위르겐 카우베 저. 안인희 역. 2019.『모든 시작의 역사 : 우리와 문명의 모든 첫 순간에 관하여』. 김영사.

도현신 저. 2014.『지도에서 사라진 사람들 : 사라진 민족 사라진 나라의 살아 숨 쉬는 역사』. 서해문집.

• 인터넷

https://terms.naver.com/entry.nhn?docId=3574486&cid=58941&categoryId=58960

35

베네치아
(Venezia)

지중해의 역사와 문화를 논할 때 베네치아를 빼고 이야기할 수는 없을 것이다. 작은 섬에서 출발한 베네치아는 천년의 독립을 유지하면서 지중해 역사에서 두드러진 역할을 했기 때문일 것이다. 다수의 역사가들은 베네치아가 이룬 업적을 신화로 간주하기도 한다. 하지만 베네치아의 역사를 과장하고 신화화하기보다는 구조적인 차원에서 흥망성쇠를 분석해야 한다. 이를 위해서는 두 가지 사실에 주목해야 한다. 첫째, 베네치아의 성공은 중세 후반 지중해의 정치, 군사적 판도에서 설명되어야 한다는 것이다. 당시에는 지중해 전체 또는 대부분을 장악할만한 패권 세력이 없었다. 이슬람 세계는 분열되어 있었고 11세기 비잔티움 제국은 여러 방면에서의 공격으로 수세에 몰려 있었다. 서유럽 기독교 세계는 9세기 서로마 제국의 와해 이후 강력한 세력으로 성장하지 못했고 왕권이 약한 봉건 왕조들로 분할되어 있었다. 10세기 이후 서유럽에서는 지난 삼백 년 동안 봉건제를 포함한 다양한 방식의 권력 파편화가 이루어졌고 이렇다 할 강력한 패권 세력이 등장하지 못했다.

둘째, 베네치아의 성공 신화가 가능했던 것은 외부 세계와의 적극적인 교류와 접촉이었다. 비잔티움 세계와의 교류가 없었다면 중세 베네치아의 도약은 불가능했을 것이다. 그리고 비잔티움 세계와의 교류 못지않게 이슬람 세계와의 교역도 베네치아의 경제 발전에 중요했다. 교회는 지속적으로 이슬람과의 교역을 금지했고 베네치아 상인들이 돈과 탐욕에 눈이 멀어 이교도인 이슬람과 교역한다고 비난하기 일쑤였다. 하지만 지중해 동쪽의 비잔티움과 이슬람 세계와의 교류는 유럽이 근대 세계를 만드는 원동력이었고, 이를 주도한 세력 중 하나가 바로 베네치아였다. 서유럽 세계는 비잔티움과 이슬람 세계를 통해 이들 너머에 있는 아시아 세계와도 직간접적으로 교류와 접촉을 했다. 이 과정에서 베네치아는 동서 문명의 교차로 역할을 했다. 유럽의 근대는 동방에서 온 빛 덕분에 가능했고 동방의 빛을 유럽에 잘 전달한 곳이 바로 베네치아였다.

초라한 시작

베네치아의 시작은 초라했으며 동시대의 피렌체처럼 자랑할만한 위대한 기원 설화조차 없었다. 베네치아의 성립은 두려움과 공포로부터 도망한 일종의 피난이었다. 게르만족의 일파인 고트족이 402년 무렵 이탈리아 북부로 침입해 들어왔고 이후 남진하여 410년에는, 백 년 전까지만 해도 위대한 제국의 수도였던 로마를 약탈했다. 고트족의 침입을 피해 북서부에 있는 베네토 지방의 원주민들은 베네치아 석호 지역으로 피신했다. 보잘것없는 살림살이를 챙긴 후 작은 배를 이용해 석호 곳곳에 흩어져 있는 작은 섬들로 이주해왔다. 이 섬들은 사람이 거주하기에 적합하지 않은 곳이었다. 아마 이곳에서 잠시 피해 있다가 다시 본토로 돌아간다는 생각을 했을 것이다. 고트족이 떠나자 고향에 재산이라도 있는 사람들은 본토로 다시 돌아갔지만 별로 가진 것도 없는 사람들은 석호에 그대로 남았다. 고트족이 영원히 떠난 것은 아니었기에 그나마 석호는 이민족으로부터 안전을 보장해 주었다. 그러나 452년 아틸라가 이끄는 훈족이 다시 이탈리아 북부로 진군해 들어왔고, 이 침략으로 본토의 원주민들은 그라도(Grado) 섬 또는 베네치아 석호로 피난해 왔다. 고트족의 침입 때와 마찬가지로 훈족이 떠나고 일부 피난민들은 다시 고향으로 돌아갔지만 잦은 이민족의 침입으로 본토로부터 석호로 피난 온 인구는 늘어났다.

베네토 지방 사람들을 다시 바다로 내몰았던 다음 주자는 롬바르드족이었다. 북부 이탈리아로 들어온 롬바르드족은 568년부터 베네토 지방의 도시들을 점령하기 시작했다. 이들은 다른 게르만족들과는 달리 떠나지 않고 파비아를 수도로 정한 후 이탈리아에 항구적으로 정착했다. 하지만 이것으로 게르만족의 침입이 끝난 것은 아니었다. 810년 프랑크족은 석호 끝자락에 있는 말라모코까지 침략해 들어왔는데, 당시까지 이곳은 초기 베네치아 인들의 핵심 근거지였다. 하지만 프랑크족도 베네치아를 점령하는 데 실패했다.

여러 게르만족의 침략에도 불구하고 살아남았지만 그렇다고 베네치아의 자연환경이 항구적인 정착에 적합한 것도 아니었다. 베네치아의 독특한 자연환경은 이탈리아어로 라구나(Laguna)로 불리는 석호다. 이 석호는 해안선이 육지로 움푹 들어간 형태로 되어 있고, 일종의 내해인 석호와 외해인 아드리아 해를 경계 짓는 지점에는 리본처럼 기다란 모래섬들이 병풍처럼 석호를 감싸고 있다. 이런 자연환경으로 베네치아 사람들은 해일과 높은 파도에 시달려야 했고 하천에서 석호로 유입되는 토사와 같은 퇴적물과도 싸워야 했다. 그래서 초기 베네치아 이주민들은 안정적인 정착지를 건설하기 위해 운하와 인공지반을 만들었다. 운하는 배의 통로뿐만 아니라 물의 통로였고, 침수를 방지하고 바닷물이 원활하게 움직일 수 있게 해주었다. 운하를 조성하는 동시에 인공지반을 만들어 좁은 영토를 확장했다. 연약한 지반에 참나무 말뚝을 수천 개씩 박았고, 그 위에 돌이나 벽돌을 쌓아 올려서 지반을 튼튼하게 다졌고, 이 튼튼한 지반 위에 건물을 지었다. 목재는 본토의 프리울리 지방에서 들여왔고, 석재는 이스트라(Istria) 반도에서 바다를 통해 수송해 왔다. 이런 노력 덕분에 오늘날 운하와 물의 도시 베네치아가 만들어질 수 있었다.

중세 해상 제국 건설

중세 베네치아를 해상 제국으로 간주하는 데에는 많은 반론이 있다. 그렇지만 베네치아 역사를 전공하는 다수의 역사가들은 중세 베네치아를 해상 제국으로 간주하는 데 주저하지 않는다. 만약 베네치아가 일종의 제국을 건설했다면 그 출발점은 제4차 십자군일 것이다. 제4차 십자군이 본래 계획했던 성지로 가지 않고 비잔티움 제국의 수도인 콘스탄티노플로 우회해서 제국을 무너뜨렸다. 그리고 십자군 수송을 맡았던 베네치아는 제국의 8분의 3을 획득했다. 베네치아가 획득한 영토는 발칸반도의 서쪽 부분, 에게 해의 주요 섬들, 아드리아노플에서 갈리폴리 사이의 좁은 영토였다. 이들 지역은 베네치아 상선이 지나가는 해로 가까이에 위치해 있었다. 이러한 영토 분할은 지중해 해상 세력이었던 베네치아 입장에서는 당연한 선택이었다.

제4차 십자군 당시까지만 해도 베네치아는 해상 제국을 건설하겠다는 꿈을 꾸지 않았다. 그러나 비잔티움 제국의 8분의 3을 획득한 이후부터 베네치아는 본격적인 제국 건설의 길로 나아갔다. 이후 베네치아는 해외 식민지를 늘리려고 노력했고, 에게 해에서 지정학적으로 매우 중요한 크레타 섬까지 점령했다. 그러나 해외 식민지를 유지하는 일은 쉽지 않았다. 그리스 사람들의 반란을 진압해야 했고, 또 다른 해상 세력이었던 제노바와 100년이나 지속된 긴 바다 쟁탈전을 치러야 했다. 제노바와의 전쟁 이후 베네치아가 지중해에서 해상 강자로서의 지위를 유지하려면 14세기 후반 새로운 강자로 부상한 오스만제국을 상대해야 했다.

[그림 1] 야코보 바르바리, 베네치아 전도

베네치아의 팽창욕은 바다에 한정되지 않았다. 15세기 베네치아는 북부 이탈리아로 향해 팽창을 도모했다. 테라 페르마(Terraferma)라 불리는 이탈리아 본토는 베네치아 상선들이 지중해로부터 수송해온 상품들을 북서유럽으로 수출하는 교역로였다. 베네치아가 북부 이탈리아를 정복한 것은 공화국의 경제적 이익을 지키겠다는 제국주의적 침략이었다. 북부 이탈리아와 아드리아 해 북쪽으로의 팽창을 시도한 베네치아는 15세기 초 신성로마제국 황제와 맞서야 했다. 베네치아는 실행에 옮기지는 못했지만 황제를 암살할 계획까지 세웠다. 북부 이탈리아 팽창 정책을 추구하던 베네치아는 16세기 초 최대의 위기를 맞았다. 1508년 프랑스, 신성 로마 제국, 교황, 에스파냐 등 16세기 초 유럽 최고의 강대국들이 베네치아를 저지하기 위해 캉브레 동맹(Treaty of Cambrai)을 맺었다. 이후 베네치아는 북부 이탈리아에서 간신히 명맥을 유지하는 데 만족해야 했다.

중세 지중해 무역을 주도하다

중세 베네치아가 '지중해 강국'으로 성장할 수 있었던 경제적 기반은 바로 지중해 교역이었다. 베네치아가 지중해 원거리 교역에 본격적으로 참여하기 시작한 것은 9세기 무렵이었다. 중세 교회가 이슬람 세계와의 교역을 금했음에도 불구하고 베네치아는 이슬람 세계에서 장사를 했다. 비잔티움 제국이 부여한 특혜 덕분에 베네치아 상인들은 콘스탄티노플에서 활발하게 장사를 할 수 있었다.

베네치아를 경제 부국으로 만든 대표적인 상품 중의 하나는 향신료였다. 중세 말 베네치아는 향신료 수송을 전담하는 정기 갤리 선단 제도를 도입했다. 갤리 선단은 매년 두 번씩 이집트의 알렉산드리아와 시리아의 베이루트 항구에서 향신료를 선적해 본국으로 수송해 들여왔다. 이 정기적인 수송 인프라 덕분에 베네치아는 향신료 교역에서 독점적인 위치를 확보할 수 있었다. 15세기 말 포르투갈의 인도 항로 개척으로 베네치아 향신료 무역은 큰 타격을 입었지만 16세기에도 완전히 몰락하지는 않았다. 16세기 중엽 베네치아 향신료 무역은 부활했고 새로운 인도 항로와 경쟁했다. 베네치아 향신료 교역이 완전히 무너진 것은 17세기 중엽이었다.

향신료 교역이 베네치아의 부를 만드는 데 크게 기여했지만, 그렇다고 베네치아 전체 교역량에서 차지하는 비중이 절대적이지는 않았다. 조금 더 긴 시간의 흐름 속에서 베네치아 상인들이 취급했던 상품들을 조망하면 또 다른 그림이 나타난다. 베네치아가 작은 석호라는 한정된 지리적 공간을 넘어서 지중해 교역으로 나갈 수 있게 해준 첫 번째 상품은 소금이었다. 소금은 베네치아에 최초의 부를 가져다준 물품이었다. 베네치아의 경제적 부상이 소금으로부터 시작되었다는 사실은 6세기 카시오도루스(Cassiodorus)의 증언에서도 확인된다.

"당신들의 모든 관심은 소금 작업에 집중되어 있습니다. 쟁기로 밭을 갈거나 낫으로 작물을 베는 대신에 소금 통을 굴립니다. 당신들의 모든 수확은 거기에서 나옵니다. 당신들은 스스로 제작하지 않았던 물건을 그 소금 통 안에서 얻습니다. 거기에서 당신들의 돈이 만들어집니다. 모든 물살은 당신들이 소금을 만드는 데 부리는 종입니다. 금은 찾다가도 지칠 수도 있습니다. 그러나 소금은 모든 사람이 원하는 것입니다. 그리고 모든 종류의 고기가 맛을 내는데 소금이 필요하기 때문에 그렇습니다."

생선을 제외하고 식량 자원이 거의 없었던 베네치아는 곡물을 외부로부터 수입하는 상황이었는데 곡물 수입을 가능하게 해주었던 것이 바로 소금이었다. 소금 판매에서 얻은 현금을 가지고 외부로부터 곡물을 수입했다. 흔히들 수송과 국제 교역이 베네치아의 중요 경제 활동이 되면서 소금 생산과 판매는 하찮게 여겨졌다고 이야기하지만 중세 말까지 소금은 베네치아의 핵심 거래 품목이었다. 베네치아 정부는 소금 관리청을 설립했고, 이 기관은 르네상스 시기 가장 힘 있는 정부 조직 중의 하나였다.

소금과 향신료가 베네치아 상업 역사의 유일한 주인공은 결코 아니었다. 중세 말 베네치아에서 작성된 상품 시세표에는 베네치아 상인들이 취급한 국제 교역상품들이 나오는데 그 종류가 200~300개였다. 역사적으로 잘 알려진 향신료와 같은 상품들 이외에도 세계 여러 지역, 즉 유럽과 지중해뿐만 아니라 아시아, 아프리카, 인도양 등지에서 수입된 다양한 상품들이 있었다. 그중 하나는 주로 북부 인도와 아프가니스탄에서 생산된 청금석(Lapis lazuli)라 불리는 염료였다. 이 염료의 원석은 인도 북부의 바다크샨에 위치한 광산에서 채굴되었고, 이 광산은 마르코 폴로의 동방견문록에서도 언급되어 있다. 청금석이라 불리는 보석에서 얻은 이 염료는 르네상스 시기 화가들에게 가장 인기가 있는 물감이었다. 울트라마린 색을 내는 이 염료는 당시 가장 비싼 재료였기에 주로 그림의 주인공들에게만 사용했다. 그런 연유로 르네상스 시대의 그림에서 이 색이 사용된 주인공은 예수 그리스도, 성모 마리아, 성인들이었다. 이 비싼 염료를 유럽 화가들에게 공급한 상인들이 바로 베네치아 상인들이었는데 그래서 당시 화가나 구매자들은 이 아시아 염료를 베네치아 울트라마린이라 부르곤 했다.

중세 말 베네치아 전체 교역에서 향신료 못지않게 중요했던 상품은 면화였다. 15세기 면화 교역액은 향신료와 비교해 크게 낮지 않았다. 베네치아는 향신료의 경우와 마찬가지로 면화 수송을 전담하는 정기 선단을 운영했고, 정기 선단은 몇만 자루의 원면을 베네치아로 수송했다.

16세기 이후 직물 산업이 베네치아 전체 경제에서 차지하는 비중이 높아졌다. 기존에 베네치아는 제조업이 아니라 다양한 지역에서 생산된 상품을 구매해 판매하는 중계무역에 종사했다. 그러나 중세 말 이후 베네치아는 외부와의 경쟁과 위기에 대응해 산업 구조를 바꿀 수밖에 없었고 이를 위해서 베네치아가 선택한 것은 경제 활동의 다변화였다. 베네치아는 그동안 크게 신경 쓰지 않았던 여러 직물 산업을 적극적으로 육성했다. 여타 이탈리아 도시에 있는 숙련된 직물 장인들을 베네치아에 유치했다. 이러한 노력 덕분에 16세기 초 연간 2,000필 정도에 지나지 않았던 모직물 산업이 16세기 후반에는 3만 필을 생산할 정도로 괄목할 만한 성장을 이루었다. 모직 산업 다음으로 견직 산업과 면직 산업도 크게 번성했다. 비누와 유리 산업의 성장도 직물 산업 못지않았다. 16세기 베네치아 유리 산업은 전성기를 맞았고, 베네치아 유리 세공품들은 유럽뿐만 아니라 이슬람 세계에서도 큰 명성을 얻었다. 16세기 베네치아를 대표할 또 다른 산업은 출판 산업이었다. 구텐베르크가 인쇄술을 발명했던 독일의 마인츠가 아니라 베네치아가 16세기 유럽 인쇄업의 메카로 부상했다. 적극적인 숙련 장인 유치, 종교적 박해와 검열로부터의 상대적 자유, 베네치아 상인들의 광범위한 유통망, 책을 쓸 수 있는 다수의 지식인이 베네치아에 있었다는 점 등이 베네치아를 인쇄업의 중심지로 발전할 수 있는 기반이었다.

이와 같이 베네치아의 부와 영광을 만들었던 상품은 향신료만이 아니었다. 소금은 베네치아 상업의 출발점이었고, 향신료는 베네치아에 영광을 가져다주었고, 면화는 중세 말 베네치아의 교역 협상력을 높여주었고, 직물은 베네치아의 산업 구조 조정을 가능케 했다. 이들 상품의 역사는 베네치아 상업의 흥망성쇠를 보여주는 거울이기도 하다.

근대 문화와 예술의 중심지로 거듭나다

15세기까지 지중해 무역을 주도했고 포르투갈의 인도 항로 개척 이후인 16세기에도 지중해 무역에서 중요한 역할을 했던 베네치아는 17세기 들어 점차 상업적 활력을 상실했다. 하지만 베네치아 경제가 완전히 몰락한 것은 아니었다. 베네치아는 직물 산업, 유리 산업 등 산업 분야를 적극적으로 육성함으로써 산업의 구조조정을 단행했다. 여기에 더해 베네치아는 새로운 경제 기반을 찾았다. 그것은 바로 관광 산업이었다. 관광 산업은 17세기~18세기 베네치아의 주요 수입원으로 부상했다. 베네치아가 유럽을 대표하는 관광지로 부상할 수 있었던 것은 근대 들어 만개한 문화와 예술 덕분이었다. 베네치아를 보려고 유럽 전역에서 부유한 귀족과 부르주아들이 몰려왔다.

사실 18세기 베네치아는 '그랜드 투어(Grand Tour)'라 불리는 견문 넓히기 여행의 주요 종착지 중 하나였다. 이 견문 넓히기 여행은 17세기 영국에서 시작되어 유럽 전역으로 퍼져 나갔고, 영국과 프랑스의 어린 귀족들 사이에서는 본격적인 사회 진출에 앞서 해외여행을 통해 견문을 넓히는 것이 유행했다.

18세기 영국 출신의 역사가 에드워드 기본은 "해외여행이 영국 젠틀맨의 교육을 완성한다."라고 말할 정도로 귀족 엘리트가 되기 위한 필수 교육이라 생각했다.

18세기 유럽인들에게 베네치아는 오페라와 연극 등 문화와 예술의 중심지이자 카페, 축제, 매춘, 도박 등의 오락과 재미가 넘쳐나는 '쾌락'의 도시이기도 했다. 18세기 베네치아를 방문했던 독일의 문호 괴테는 건축물, 오페라, 연극, 정열적으로 자신들의 신념과 감정을 표현하는 길거리 연설, 오페라와 연극에 매료되었다. 무엇보다도 그를 사로잡았던 것은 오페라와 연극이었다. 17세기 베네치아는 오페라의 중심지로 부상했고, 17세기 말에는 17개의 오페라 하우스가 성업 중이었다. 18세기 베네치아 오페라를 대변하는 인물은 비발디(Antonio Vivaldi)였다. 그는 대중용 오페라 작품을 다수 작곡했고, 그 덕분에 베네치아 시민들은 연중 다양한 오페라 작품을 감상할 수 있었다. 하지만 파리와 함께 18세기 유럽을 대표하던 문화와 예술의 도시 베네치아는 같은 세기 말 나폴레옹의 프랑스 군대에 정복당하면서 천 년의 독립을 상실했다.

문명교류의 영향

베네치아만큼 지중해 문명교류에 지대한 영향을 미친 도시도 없을 것이다. 베네치아는 11세기부터 근대 초까지 서유럽 기독교 세계와 동방의 이슬람과 비잔티움 세계를 연결하는 가교역할을 했다. 동지중해의 비잔티움 제국 그리고 이슬람 세계와의 활발한 교류와 접촉은 베네치아가 르네상스 시기 지중해 해상 강국이 될 수 있게 해주었다.

베네치아는 동지중해에서 생산되는 상품들과 그 너머의 아시아 세계로부터 들어오는 향신료, 비단 등을 서유럽에 공급했고, 다시 서유럽 상품을 동지중해로 수출하면서 막대한 부를 축적할 수 있었다. 이슬람 세계와의 교역을 금지하는 교회의 압박에도 불구하고, 베네치아는 이슬람과의 교역을 이어나갔고 이를 통해 지중해 경제를 활성화하는 역할을 했다.

베네치아는 상품뿐만 아니라 동방의 선진 문화를 유럽에 전달하는 통로 역할을 했다. 환어음, 복식부기, 보험과 은행업 등 이슬람 세계의 앞선 상업 기술을 배워, 중세 말 유럽에서의 상업 혁신을 주도할 수 있었다. 오스만제국에 의해 멸망한 비잔티움 제국으로부터 베네치아로 피난 온 그리스 학자들은 베네치아의 지적 발전에 크게 기여했다. 특히 지중해 각지로부터 베네치아로 온 다양한 분야의 학자들은 근대 초 베네치아가 인쇄술의 메카로 성장할 수 있는 기반이 되었다. 종합하면 중세 말 그리고 근대 초 베네치아의 역사는 지중해를 통한 활발한 교류와 접촉이 한 도시와 국가 그리고 문명을 발전시키는 데 크게 공헌했음을 잘 보여준다.

키워드

해상 제국, 제4차 십자군, 향신료, 지중해 교역, 그랜드 투어, 인도 항로, 테라 페르마(Terraferma), 비잔티움 제국, 이슬람, 복식부기, 인쇄술

집필자: 남종국

참고문헌

Eliyahu Ashtor. 1983. *Levant trade in the Later Middle Ages*, Princeton.

Roberto Cessi. 1968. *Storia della Repubblica di Venezia*, 2 vols, Giuseppe Principato.

Jean-Claude Hocquet. 1982. Le sel et la fortune de Venise: production et monopole, Lille.

Frederic C. Lane. 1973. *Venice: a maritime republic*, Baltimore.

Thomas Madden. 2012. *Venice: a new history*, New York: Penguin Books.

Thomas Madden. 2003. *Enrico Dandolo and the rise of Venice*, Johns Hopkins Univeristy.

W. H. McNeil. 1974. *Venice: the hinge of Europe, 1081-1797*, Chicago: The University of Chicago Press.

Donald M. Nicol. 1988. *Byzantium and Venice*, Cambridge: Cambridge University Press.

손세관. 2007. 『베네치아: 동서가 공존하는 바다의 도시』, 서울: 열화당.

양정무 2011. 『상인과 미술』, 서울: 사회평론.

36

베드윈
(Bedouin)

아라비아반도는 대부분 광활한 사막 지역이다. 물론 일부 예외적인 지역도 있다. 남부 지역의 예멘은 주로 산악 지역이며, 북부 지역에는 오아시스가 산재해 있다. 아라비아반도의 히자즈(Hijaz)와 예멘은 홍해에, 하드라마우트(Hadramaut, 예멘 남부)는 인도양에 그리고 오만과 바레인과 UAE 등은 페르시아만에 접해있다. 아라비아반도는 중부의 사막 지역 나지드(Najd), 북부의 누푸드(Nufud) 그리고 남부의 다흐나(Dahna)로 구성되어 있으며 대부분 사막 지역이다.

아라비아반도의 상황

아라비아반도는 아랍인들의 고향이다. 아랍인들은 성서에 따르면, 노아(Noah)의 아들인 셈(Sem)의 자손들이다. 체계화된 행정조직을 가지고 있었던 비잔티움이나 사산 제국과는 달리, 7세기 초 아라비아반도의 부족들은 통일된 조직 체계를 가지지 못했다. 국가 체계도 없었고, 법적 체계도 없었으며, 행정 체계도 갖추지 못했다. 개인의 충성심에 기반을 둔 부족 체계는 아라비아반도에 존재하는 가장 중요한 사회, 정치적 단위였다. 각 부족은 조상 대대로 내려

온 신앙을 바탕으로 끈끈한 혈연관계를 유지하고 있었다. 아라비아반도에 거주하는 대부분의 사람들은 낙타, 양, 염소 등을 길렀던 노마드(Nomad) 또는 베드윈(Bedouin, 아랍어로 badawi: 유목민)이었다. 혹독한 기후 환경때문에 초지가 절대적으로 부족했던 아라비아반도의 유목민들은 초지를 찾아 끊임없이 이동했다. 이런 와중에 부족한 초지를 차지하려는 부족 간 경쟁은 전쟁으로 발전하였고, 이런 상황은 일상생활의 한 생존 방식으로 정착했다. 부족의 모든 남성은 필요에 따라 유목민에서 전사로 변신하였으며 이들의 승리와 용맹은 전쟁 영웅담으로 발전하여 부족 문화의 중요한 부분을 차지했다. 부족 간 전쟁을 통해 다양한 경험을 한 아랍인들은 베드윈이었으며, 이들은 이슬람 전파와 팽창에서 중요한 요인으로 작용했다.

이슬람 이전의 부족 구조에서 기인한 부족 간 분할과 불화에도 불구하고, 아랍 베드윈들의 문화적 결속력과 단결력은 유지되었다. 용맹과 명예를 중시하는 베드윈의 정신적 기풍은 까시다(Qaṣīda)라고 알려진 전형적인 아랍 시의 독특한 형태로 표출되었다. 시장의 광장과 부족 모임에서 낭송되었던 까시다의 존재는 7세기의 아랍인들이 아라비아반도의 여러 지역에서 이해할 수 있는 공통의 시적 언어를 가지고 있었다는 점과 시인들이 부족 간 공통의 베드윈 문화가 형성되는 데 중요한 역할을 담당했다는 사실을 입증해주었다. 이러한 사실은 이슬람 전파에서 매우 중요한 의미로 간주되었다. 예언자 무함마드의 메시지는 아라비아반도 전역에서 아랍어를 말하는 시인들을 통해 대중들에게 구전으로 전달되었기 때문이다. 이 시기에 아랍어는 구어체 아랍어로 존재했지만, 까시다는 시집을 읽는 방식보다 기억력으로 낭송하는 방식이나 구전 방식으로 전달되었다. 아랍인들의 기억력과 구전 방식은 대부분 교육을 받지 못한 문맹인으로 구성되었던 아랍 사회에서 이슬람의 경전인 코란을 전달하고 암기하는 데 중요한 역할을 담당했다.

비록 지형적으로 고립되어 주변 문화로부터 단절되어 있기는 했지만, 아라비아반도는 아랍·중동 지역 주변의 주요 문화들로부터 다양한 영향을 받았다. 아라비아반도의 북쪽 대상로에는 페트라(Petra)와 팔미라(Palmyra)라는 두 아랍 왕국이 존재하고 있었다. 페트라 왕국은 기원전 6세기부터 기원후 106년까지 존재했던 왕국이었고, 팔미라 왕국은 페트라 왕국을 계승했다. 두 왕국은 로마 제국에 흡수될 때까지 아라비아반도 무역과 상업의 중심지였다. 또한 이들은 아랍·중동의 정착지 문화가 아라비아반도 내부로 전달되는 중요한 통로였다. 이슬람이 등장하기 직전에는 아랍 부족 연합 왕조였던 가산(Ghassan) 왕조와 라흠(Lakhmid)왕조가 있었다. 이 두 왕조는 각각 비잔티움 제국과 사산 제국의 속국으로서 아라비아반도의 최전선을 형성하고 있었다. 이 두 아랍 부족 연합 왕조는 기독교를 신봉하고 있었으며, 예언자 무함마드가 등장하기 이전 아랍인들에게 기독교의 단성론(Monotheism)을 알게해주었다.

아라비아반도의 남쪽 끝에 위치한 예멘은 반도로 외래 문명이 유입되는 또 다른 통로였다. 아라비아의 다른 지역과는 달리 예멘은 정착 농경사회를 가능하게 했던 비옥한 토지와 풍부한 수량 그리고 관개시설을 갖추고 있었다. 기원전 1000년부터 왕국을 건설하기 시작했던 예멘은 제도화된 종교적 관행과 체계적인 사회 계급제도를 갖춘 수준높은 문화를 지니고 있었다. 수 세기 동안 예멘을 통치했던 왕조는 사바(Saba) 왕조였다. 사바 왕조는 최고 전성기 때 아라비아반도 내륙과 홍해 연안을 장악한 대제국으로 발전했다.

홍해와 인도양의 합류 지점에 위치한 예멘은 상인과 여행객들의 문물 교환 중심지였다. 이들은 인도양, 아프리카, 중동으로부터 상품뿐만 아니라 다양한 종교적 전통도 교류했다. 이로 인해 기원후 4세기~5세기경 아라비아반도의 남부에 거주하고 있던 일부 아랍 부족 공동체들은 기독교를 수용하였으며, 이슬람 등장 직전 예멘의 통치자는 유대교로 개종하기도 했다. 일신론 종교에 대한 관심은 예멘으로부터 시작해 아라비아반도의 다른 지역으로 전파되었다. 하지만 아라비아반도의 북쪽과 남쪽의 정착민 지역에서 성숙하기 시작한 유일신 종교 교리의 발전에도 불구하고, 아라비아반도 내부의 대부분 부족은 여전히 우상이나 토속 신앙을 섬기는 다양한 형태의 정령 숭배 사상에 익숙했다.

아랍 베드윈의 현황

베드윈이란 아라비아반도, 레반트 지역, 이라크, 북아프리카의 사막 지역에 오래전부터 거주해왔던 유목민 아랍인들의 집단을 가리키는 명칭이다. 영어 Bedouin은 아랍어 badawi에서 유래했으며, 전통적으로 도시 지역에 거주하는 정착민(Hadir)과 비교하기 위해 사막에 거주하는 사람들을 지칭했다. 앞에서 살펴보았듯이, 베드윈의 거주지역은 북아프리카 사막 지역부터 중동의 사막 지역까지 광범위하게 펼쳐져 있다. 이들의 정체성은 전통적으로 부족과 혈족('ashaa'ir)으로 구분되었으며 역사, 문화적으로 낙타와 염소와 양을 키우는 공통의 문화를 가지고 있었다. 사막에 거주했던 대부분의 베드윈은 이슬람이 등장한 이후 개종과 함께 이슬람 문화권으로 편입되었다. 하지만 초승달 지역의 일부 베드윈들은 기독교로 개종했다. 역사적으로 베드윈들은 다양한 이름으로 불렸는데, 구약성서에는 케다르인(Qedarites), 아시리아 시기에는 아라바(Arabaa: Arab의 형용사 패턴), 코란에서는 아으랍(A'rab)으로 지칭되었다. 현대 사회에서 베드윈의 상당수는 원래의 유목생활 방식이나 부족의 전통적 생활 관습을 포기하고 도시의 현대적 삶을 영위하고 있다. 하지만 이들은 여전히 과거의 전통적 부족 및 혈연 의식을 유지하고 있으며, 사막의 전통음악, 시, 춤, 음식, 그리고 전통적인 문화와 관습을 유지하고 있다. 아랍 베드윈이 도시 지역에 정착하면서, 이들의 생계 수단은 유목 생활의 목축업에서 부족이나 국가를 연계하는 대상 무역업으로 변화되었다.

이슬람이 등장하기 전 2세기 동안 아라비아반도는 아랍·중동 지역의 제국들과 예멘을 연결하는 상업과 무역의 중요한 통로였다. 하지만 비잔티움 제국과 사산 제국의 전쟁으로 아라비아반도의 동쪽과 서쪽을 연결하는 무역로가 차단되었다. 이로 인해 새로운 통로가 개척되었는데 이번에는 북쪽과 남쪽을 연결하는 무역로였다. 남북을 연결하는 무역로는 홍해 연안의 산악지대인 히자즈의 바로 밑 평원을 관통했다. 무역의 주요 교역품은 주로 사치품들이었는데, 이 상품들은 바다를 통해 인도양의 여러 지역으로부터 예멘으로 운송된 후 육상의 낙타 대상들에 의해 히자즈 지역을 관통하여 가자 지역, 시리아의 다마스쿠스, 그리고 이라크의 여러 도시로 운송되었다. 또한 베드윈 대상들은 비잔티움 제국으로부터 예멘으로 물품들을 운반하기도 했다. 이러한 무역 네트워크의 구축으로 가장 많은 혜택을 본 아라비아반도의 도시는 히자즈 지역의 대표적인 상업 도시 메카(Mecca)였다. 메카는 대상 무역 덕분에 아라비아반도에서 가장 중요한 도시로 발전했다. 7세기 초 메카의 상인들은 대상을 조직할 정도로 막대한 자본과 힘을 축적했다. 이 자본력을 바탕으로 메카 상인들은 광범위한 부족 간 무역 네트워크를 구축했으며, 부족 간 평화협정을 체결하여 대상들의 자유로운 통행권과 무역 거래 공간을 확보했다.

메카는 상업 중심지로서의 중요성뿐만 아니라 종교의 중심지이기도 했다. 메카의 신전 카으바(Ka'ba: 또는 카바)는 아라비아반도의 각 지역에서 모여든 정령 숭배자들의 종교 중심지가 되었다. 이로 인해 아라비아반도 서부 지역의 우상 숭배자들이 매년 메카의 카으바에서 종교의식을 거행했다. 무함마드가 탄생할 즈음 카으바 신전은 우상 숭배자들의 연례 순례지가 되었으며, 순례 기간에는 모든 형태의 전쟁이 중지되었다. 메카의 성소는 부족 간의 다툼과 논란을 해결하는 일종의 중립 지대였다. 이러한 종교, 상업적 역할로 인해 메카는 상당한 수입을 올릴 수 있었다. 메카의 유력 부족들은 카으바 성소를 부와 영향력을 창출하는 중요한 원천으로 인식했다.

메카의 유력 가문들은 모두 쿠라이시족(Quraysh)족 출신이었다. 이들은 메카에 거주하면서 종교적 역할뿐만 아니라 정치, 상업적 영향력도 행사했다. 비록 메카에는 공식적인 자치제도나 조직이 존재하지는 않았지만, 메카의 크고 작은 문제들은 꾸라이쉬 부족 내 유력 상인 가문들의 슈라(shura: 부족 대표 집합체)에 의해 조정되었다. 당시 메카에서는 상업에 의한 부의 창출과 정착 생활로 인해 부족 중심 생활 방식이 점차 쇠퇴하고 상업 자본주의에 의한 도시화가 진행되고 있었다. 이로 인해 전통적인 베드윈 부족의 가치는 점차 상실되었고, 도시 생활에 적합한 공동체적 가치들이 새롭게 등장하기 시작했다.

이슬람 등장 이전 아라비아반도에는 유목 이동 생활을 하는 베드윈과 오아시스에 정착한 베드윈들이 거주하고 있었다. 이들은 모두 부족 단위의 공동생활을 하고 있었다. 부족에는 부족장, 점성가, 지도자, 중재자 등이 있었는데 이들은 유력 부족들로 구성된 회의기구(슈라)에서 선임되었다. 부족 구성원 간의 다툼과 분규를 조정하고 해결하는 임무는 중재자가 맡았지만, 부족의 중요한 문제는 부족 구성원 회의에서 최종적으로 결정되었다. 이러한 모든 행위는 관행이었다. 베드윈은 광활한 사막을 이동하며 초지를 찾아다녔고, 양이나 말 그리고 낙타 등을 방목하여 생활을 꾸려나갔다. 후에 등장한 도시의 정착민은 주로 상업 활동을 통해 생계를 유지했다. 오아시스를 중심으로 형성된 도시 중에는 메카와 야스립(Yathrib: 오늘날 메디나)이 가장 두드러졌다. 메카는 예멘과 시리아, 이라크와 에티오피아를 잇는 중간 지점에 위치해 대상들의 중간 기착지와 상업 도시로 명성을 얻었으며, 아라비아반도의 부족들이 우상을 숭배하는 종교 순례지 역할도 담당했다. 메카는 예멘에서 실어 온 사치품과 향료를 북쪽으로 공급하는 대상 무역 중심지였으며, 아라비아반도에 물을 보급하는 능력을 지닌 문명 발상지였다. 메카의 주민인 꾸라이쉬 부족은 교역 활동을 통해 협동력과 조직력을 배양하였으며, 이를 베드윈의 용맹성과 자긍심과 결합하여 후에 이슬람 제국을 건설하는 데 중요한 역할을 했다.

아랍 베드윈의 언어

비옥한 초생달 지역과는 달리 아라비아반도에는 단일 민족인 아랍인이 거주하고 있었다. 이들은 셈의 후손들이었다. 이들은 해안 지역의 정착민들과 사막의 유목민으로 구분되었다. 아랍인은 두 집단으로 구성되어 있었다. 북부 아랍인은 이스마일(유대인 이스마일)의 자손들이었으며, 남부 아랍인은 까흐탄(유대인 욕탄)의 자손들이었다. 두 부족은 모두 노아의 자식인 셈의 자손들이었다. 북부 아랍인은 다시 무다르(Mudar)족과 라비아(Labia)족으로 구분되었으며, 남부 아랍인은 힘야르(Himyar)족과 카흘란(Kahlan)족으로 구분되었다. 예언자 무함마드의 가계는 무다르족의 꾸라이쉬 부족이었다.

베드윈 아랍인이 사용했던 언어는 아랍어로 알려져 있다. 아랍어는 셈어족에 속한다. 셈어족의 남부 그룹에는 아랍어와 히브리어와 고대 에티오피아어가 포함되며, 북부 그룹에는 아카드어, 가나안어, 아람어가 포함된다. 아랍어는 다시 남부 아랍어와 북부 아랍어로 구분된다.

최초로 기록된 셈어는 쐐기문자를 사용했던 아카드어인데, 이 언어는 메소포타미아에서 수메르어를 대신했다. 기원전 6세기에는 아람어가 등장했는데, 이 언어는 페르시아, 아나톨리아, 시리아까지 퍼져나갔고, 외교와 행정의 공식 언어로 사용되었다. 1세기~4세기에는 나바트어가 사용되었으며, 1세기~3세기에는 팔미르어도 사용되었다. 기독교의 등장과 함께 아라비아반도에서 상용 언어로 등장한 언어는 아시리아어였다. 아시리아어는 이슬람의 등장을 전후한 7세기경 아랍어로 대체되었다.

남부 아랍어는 남부 아라비아의 사바, 미노아, 힘야르 제국에서 사용된 언어로 6세기까지 존재했다. 이 언어는 인도 등과의 교역을 통해 남부 아라비아의 하드라마우트 문화를 발전시켰다. 하지만 7세기경 이슬람의 정복과 함께 아랍어로 대체되었다.

북부 아랍어는 메카 중심으로 발전하였으며, 외부의 영향을 받아 문화적으로 더욱 발전했다. 이 언어는 이슬람의 중심 언어로 코란의 언어로도 이용되었다. 북부 아랍어의 역사적 근거는 513년 알렙포 남동쪽 자바드에서 발견된 시리아 그리스어-아랍어 사본과 560년에 발견된 히라의 힌드 교회 아랍어 사본, 그리고 568년 다마스쿠스 남부 하란에서 발견된 그리스어-아랍어 사본이다.

북부 아랍어는 이슬람의 아라비아반도 남부 정복으로 남부 아랍어를 포용했다. 이로 인해 남부 아랍어의 대표적 언어였던 구 사바어는 대부분 소멸되었다. 북부 아랍어로부터 발전한 현대 아랍어는 아라비아반도 전체, 시리아, 팔레스타인, 이라크, 타우루스 산맥, 쿠르디스탄, 북아프리카 전역, 마그립, 하우사, 스와힐리, 중세 스페인의 무어족, 포르투갈, 몰타 등에 영향을 끼쳤다.

아랍어는 이슬람의 언어(코란의 언어)였고, 이슬람 이전 자힐리야 시기부터 순수문학에 사용되었기 때문에 변형되지 않고 동일 형태로 전승되었다. 아랍어는 이슬람 정복 이후 서로 다른 민족과 언어의 무슬림을 연결해 주는 고리 역할을 했다. 이는 아랍어의 종교, 사회적 단일화를 의미했다.

아랍어는 셈어족 중에서 가장 짧은 역사를 지니고 있는데, 아랍어 최초의 기록은 아시리아 문서였고, 셈어족에 속하는 언어에는 히브리어, 고대 아람어(모세 오경), 고대 에티오피아어 그리고 아랍어가 속했다. 아랍어의 발상지는 아라비아반도의 메카 근처 사막 베드윈 지역이었다. 아랍어의 정수는 세속과 단절된 사막 지역 아랍 베드윈들의 순수한 언어성에서 찾을 수 있다. 아랍어가 등장 초기부터 오늘날까지 단순성, 순수성 그리고 단일성을 유지할 수 있었던 이유는 아랍어가 사막 베드윈의 언어였기 때문이다. 아랍어의 특징은 자음 28개와 단모음 3개, 장모음 3개, 이중모음 2개, 모음이 없는 수쿤으로 구성된 단순성, 사막 베드윈 지역에서 타문화의 영향을 비교적 덜 받은 순수성, 그리고 동일한 의미를 여러 가지로 변형시킬 수 있는 다양성에서 찾을 수 있다.

지중해 문명교류에 미친 영향

베드윈이 거주했던 지역은 북아프리카 지역, 레반트 지역, 아라비아반도, 이라크 등이었다. 이들은 유목 생활을 통해 광범위한 지역을 돌아다녔으며 오아시스를 만나면 그곳에 정착하기도 했다. 이들은 유목 생활을 하며 돌아다녔던 광범위한 지역에서 다양한 문화와 접촉하였으며, 상호 문화를 교류하기도 했다. 베드윈 문화의 특징 중 하나는 타 문화와 교류하는 과정에서도 자신들의 전통적인 유목문화와 관습을 유지하려 했다는 점이다. 베드윈은 이슬람으로 개종한 후에도 유목 생활이 아니라 대상 무역으로 광범위한 지역을 돌아다녔다. 이 과정에서 베드윈은 자신의 전통문화를 바탕으로 아랍·이슬람 문화를 형성했으며, 이를 주변의 여러 지역으로 전파했다.

베드윈 전통문화를 토대로 형성된 아랍·이슬람 문화의 특징은 다음과 같다. 첫째, 다인종·다문화 요소를 보유하고 있다. 아랍·이슬람 지역에는 아랍 문화, 페르시아 문화, 그리스 문화, 지중해 문화, 북아프리카 문화, 그리고 서구 기독교 문화 등이 혼재되어 있다. 둘째, 아랍·이슬람 문화는 타 종교의 문화를 수용했다. 아랍·이슬람 지역에는 이슬람교, 기독교, 유대교, 조로아스터교, 사비교, 불교, 콥트정교회, 베드윈 민속신앙 등이 존재하고 있었다. 셋째, 아랍 · 이슬람 문화는 다양성, 포용성 그리고 관용성을 포함했다. 아랍 · 이슬람 지역에는 아시아 문화, 아프리카 문화, 페르시아 문화, 유럽문화가 혼합되어 있었고 이들 문화가 아랍 · 이슬람 문화에 용해됐다. 넷째, 아랍 · 이슬람 문화는 독창성과 창의성을 발휘했다. 대표적인 아랍 · 이슬람 문화는 중세의 사라센 문화였으며, 그 당시 유럽의 문화에 비해 정신, 문화적 우위성을 점하고 있었던 아랍 · 이슬람 문화는 십자군 전쟁을 통해 지중해 지역과 유럽 지역에 다양한 선진 문화를 전파해주었다. 다섯째, 아랍 · 이슬람 문화는 집단주의 문화로 간주되고 있지만, 합리주의나 이성주의에 근거한 문화와 논리를 수용하기도 했다. 중세 이슬람은 그리스 합리주의를 받아들여 이성과 논리를 이슬람에 적용하기도 했으며, 이 전통은 이슬람법의 근거 중 하나인 유추해석(qiyas)과 합의('ijma) 정신으로 계승되었다. 이는 아랍 · 이슬람 문화가 전통과 관행을 중시하는 보수주의 문화이기는 했지만, 지중해 문명권의 이성주의 문화와 철학적 논리도 수용했음을 의미한다.

베드윈, 아랍인, 아라비아반도, 아랍어, 셈어족, 유목민, 목축, 대상 무역

집필자: 황병하

참고문헌

김정위. 2002. 『이슬람문화사』. 서울: 탐구당.

김종래. 2002. 『유목민이야기』. 서울: 자우출판.

버나드 루이스, 이희수 옮김. 1995. 『중동의 역사』. 서울: 까치.

앨버트 후라니, 김정명 · 홍미정 옮김. 2010. 『아랍인의 역사』. 서울: 심산.

정수일. 2002. 『이슬람문명』. 서울: 창작과비평사.

황병하. 2004. 『아랍과 이슬람』. 광주: 조선대학교출판부.

_____. 2009. 『이슬람역사』. 광주: 조선대학교출판부.

Hobbs, Joseph J. 1992. Bedouin Life in the Egyptian Wildness. Kindle Edition.

Jabbur, Jabril S., Jabbur, Suhayl J. 1995. The Bedouins and the Desert. SUNY: SUNY Press.

Losleben, Elizabeth. 2003. The Bedouin of the Middle East. Lener Publications(ISBN 9780822506638).

Marks, Emmanuel. 1974. Bedouin Society in the Negev. Tel Aviv: Rashafim.

Suwaed, Muhammad. 2015. Historical Dictionary of the Bedouins. Rowman & Littlefield(ISBN 9781442254510).

Ute, Pietruscjka. 2006. "Bedouin". in McAuliffe. Jane Dammen(ed.). Encyclopedia of the Quran. E. J. Brill.

37

베르베르
(Berber)

　'베르베르인'은 북아프리카의 원주민이자 오늘날 북아프리카 문화지형의 복잡함을 드러내는 중요한 용어이다. 베르베르인이 이곳에 유입된 과정부터 정착과 이주의 과정은 다수다양체의 지중해 문명과 흡사한 면을 보인다. 베르베르인은 이집트로부터 스페인의 카나리아 제도와 세네갈에 걸쳐 분포해 있다. 지중해 문명의 패권자들과 저항과 공존을 통한 삶을 유지하였으며, 이슬람교를 수용한 후에는 아랍과의 공존을 통해 자신들의 정체성을 새롭게 만들어가고 있다. 또한 그들은 지중해 문명과 이슬람 문명을 사하라 이남 아프리카로 확산시키는 데 중요한 역할을 했다. 제국주의 시대에 들어 베르베르인은 새롭게 주목받으며 유럽을 비롯한 전 세계 거대 '디아스포라'를 형성하기 시작했다. 1960년대 전후 독립과 동시에 실시된 아랍화정책에 의해 베르베르인은 21세기 자신들의 언어, 문화 등의 정체성과 관련해 새로운 지평을 열어가고 있다.

베르베르인은 누구인가?

　이 질문에 대해 우리는 베르베르인은 '하나'인가 혹은 '다수'인가라는 질문을 할 수 있을 정도로, 베르베르인의 문제는 오늘날 복잡하면서도 다양하다. 베르베르인을 일컫는 명칭 또한 매우 다양하여 이들이 있는 정확한 지역이 어디인지를 의심케 한다. 분명한 것은 이들이 사는 지역이 이집트 서쪽에서 서부 아프리카까지, 지중해에서 아프리카의 니제르(Niger)강에 이르기까지에 걸쳐 있고, 언어적으로 거의 동일한 언어를 사용하고 있다는 것이다. 베르베르인이 사는 국가는 모로코, 알제리, 튀니지, 리비아, 니제르, 말리, 모리타니, 부르키나파소, 이집트 등이다. 거대 '디아스포라'는 프랑스를 비롯하여 벨기에, 네덜란드, 독일, 이탈리아, 캐나다 등에 확산되어 있다.

오늘날 대부분의 베르베르인은 이슬람 수니파를 수용하고 있다. 그렇다고 이들이 믿는 이슬람이 수니 이슬람에만 국한되지는 않는다. 수니파와 시아파로 구분되는 이바디즘(Ibadism)이라는 종파는 이들이 믿는 또 다른 이슬람 종파이다. 알제리의 음자브(M'zab)지역이나 튀니지의 제르바(Djerba)섬, 리비아의 제벨 네푸사(Djebel Nefoussa)는 이바디즘을 신봉하는 베르베르인의 집단 거주지이다. 극히 소수이기는 하지만 베르베르인 중에는 기독교와 유대인도 있다. 흔히 알제리의 카빌리아(Kabylia)가 이에 해당하지만, 이들은 자신들의 종교관을 드러내지 않는다. 이렇듯 동질적이지 않은 베르베르인을 하나로 묶어주는 것이 언어이다. 그래서 베르베르인은 다수이지만 동시에 동질적인 하나의 인종이라고 할 수 있다. 또 다른 하나는 그들의 문화적 정체성을 특징짓는 요소이다. 특히 꾸스꾸스(Couscous, 베르베르어로 Seksu)와 타진(Tajin) 등의 전통 음식과 베르베르인이 매우 중요시하는 새해, 즉 '엔나예르(Yennayer)'는 베르베르인을 하나로 묶어 주는 동질체이다.

오늘날 많은 베르베르인을 아랍베르베르인으로 규정하고 있다. 그렇지만 베르베르인은 여전히 자신들을 '이마지겐(Imazighen)', 즉 '자유로운 사람' 혹은 '고상한 사람'으로 규정하고 있다.

베르베르인의 다양한 이름

'베르베르인'이라 할 때의 '베르베르'는 무엇이고, 수많은 베르베르 부족의 이름은 무엇인가? 우리는 왜 베르베르인이라고 하며, 카빌족, 샤우이족, 모자비트족, 리프족, 투아레그족 등의 수많은 이름을 별도로 사용할까? 게다가 제나타(Zenata), 산하자(Sanhadja), 마스무다(Masmouda)[1] 부족 등의 이름은 또 무엇이며, 하위의 쿠타마(Koutama)[2]족과 같은 이름은 또 무엇인가? 그리고 그들이 사용하는 언어는 니제르의 테트세레트(Tetseret)나 리프지역의 고마라(Gomahra)와 같이 왜 각기 다른 명칭을 갖는가? 이렇듯 수많은 이름에도 불구하고 정작 베르베르인은 자신들을 '이마지겐'이라고 하는데, 이 용어가 나타내는 의미는 무엇인가? 역사 이래로 서구의 유전학자, 언어학자, 인류학자 등과 아랍학자 등이 이 용어를 다양한 방식으로 불러왔다. 실제 이런 용어들은 우리가 북아프리카 지역을 연구하거나 관련 서적을 볼 때 심심치 않게 등장하곤 한다. 사용하는 명칭 등이 지역, 언어, 부족, 하위 집합체 등에 따라 다르다 보니 북아프리카 원주민에 대해 이해하기가 매우 어렵고 난해하다. 그만큼 여러 문명과의 혼합 과정에서 베르베르인의 정체성을 규정하는 방식이 다르게 나타났음을 의미할 것이다. 여러 용어가 있지만 베르베르인은 자신들을 '이마지겐'으로 부른다. 언어적 표현은 보통 타마지그트(Tamazight)라고 하는데, 이는 '이마지겐'의 단수인 '아마지그'의 여성형 표기이다.

---

1 이 세 부족은 중세 시대 베르베르 부족의 각기 다른 연합체였다.

2 쿠타마족은 오늘날 알제리 동부의 튀니지 국경지대에 살았던 베르베르 부족이다. 이들은 파티마 왕조를 도와 아랍화되는데 많은 기여를 했다. 이들이 현재 살고 있는 지역은 베르베르어권 지역임에도 불구하고 거의 베르베르적 정체성은 남아 있지 않을 만큼 아랍화되어 있다.

| 카빌족 | 투아레그족 | 모자비트족 | 슐뢰흐 |

[그림 1] 다양한 베르베르인

베르베르인의 문명교류

베르베르인의 문명교류는 지중해 문명교류에서 매우 중요했다. 이뿐만 아니라 아프리카로의 문명 전파와 유럽 디아스포라에도 상당한 영향을 미쳤다. 그런데도 이들은 타자화된 대상으로 소개되곤 한다. 고대 그리스인들이 자신들과 다른 문명권 사람에게 사용한 '외국인'이라는 의미의 'βάρβαρος'는 베르베르인을 가르키는 또다른 명칭이다. 그리스인이 자신들과 다른 언어를 사용하는 사람들을 지칭한 용어를 아랍인이 일반화해 불러 오늘날 '베르베르'라는 고유명사를 쓰게 됐다고 한다. 베르베르인이 이렇듯 타자화된 대상으로 인식되었다 할지라도 이들이 지중해 문명권의 일원으로 활동했다는 사실을 간과할 수는 없을 것이다. 베르베르인은 고대 페니키아에서 로마, 비잔틴, 아랍, 오스만튀르크, 프랑스에 이르기까지 외부 세력과 더불어 대립과 공존을 해왔고, 이는 오늘날 지중해 문명권의 구성원으로 중요한 요소가 되었다.

페니키아 시대 북아프리카는 카르타고와 관련이 있다. 베르베르인은 페니키아인과 많은 교류를 했으며, 서로 결혼하면서 혈통이 자연스럽게 섞였다. 특히 카르타고의 고위층과 베르베르인의 결혼이 성행했다. 역사 속 베르베르의 영웅 중 한 명인 마시니사(Massinissa, 기원전 238~기원전 148)의 어머니도 카르타고 인이었다.[3] 카르타고의 영웅 한니발 장군의 전술은 비록 로마에 패하긴 했지만, 훗날 로마군이 많이 차용한 전술이었다. 마찬가지로 북아프리카의 알모하드(Almohad)왕조는 대호수나 바닷가 지역을 점령하는 데 한니발의 전술 기법을 활용했다고 한다.

로마는 베르베르인의 땅을 속국화했다. 로마는 비옥한 땅 북아프리카에서 농산물을 가져가기도 했고, 이곳에 휴양도시와 군사도시를 건설했다. 로마가 지배하는 동안 기독교가 들어왔지만, 일반 민중에게까지 깊숙이 침투하지는 못했다. 베르베르인 중에는 로마가톨릭의 교부로 인정받은 인물도 있었다. 성 어거스틴(Saint Augustin)은 로마화 된 베르베르인 가문에서 태어난 기독교 신학자였다. 셉티미우스 세베루스(Septimius Severus)와 같은 로마의 황제도 있었듯이 당시 북아프리카는 로마의 속국이었다. 로마, 비잔티움과의 관계는 아랍무슬림이 들어오기 전까지 진행되었고, 그 흔적은 북아프리카 전역에 걸쳐 남아 있다.

아랍은 오늘날 북아프리카 지형을 완전히 바꾸었다. 이슬람으로 무장한 아랍인은 북아프리카를 급속히 이슬람화하며 이베리아반도까지 진출했다. 이슬람을 단시간에 이렇게 빨리 확장한 데에는 로마의 차별에 분노를 느껴 이슬람으로 개종한 베르베르인의 역할이 가장 컸다. 베르베르인은 아랍과 연대하거나 투쟁하기도 했으며, 아랍군영에 종사하기도 했다. 물론 끝까지 투쟁한 베르베르 부족도 있었다. 이들은 산악지대에서 주로 거주했는데 오늘날의 카빌

---

3 마시니사는 누미디아(Numidia, 기원전 202~기원전 40) 최초의 통일 왕국을 이룬 인물이다. 포에니 전쟁에서 활약한 것으로도 유명한 그는 로마와 협력하여 카르타고를 물리쳤다. 이후 로마로부터 누미디아 왕국을 정식으로 인정받았다. 수도는 오늘날의 콘스탄틴(Constantin)이었다.

리아(Kabylia)[4]가 대표적이다. 이슬람을 받아들인 베르베르인은 이슬람을 전파하는 데도 앞장섰다. 특히 사하라 무역로를 보장받아 무역하며 서아프리카 일대까지 이슬람을 전파하는 데 혁혁한 공헌을 했다. 서아프리카에 여러 이슬람 왕국이 등장한 데에는 베르베르인의 공이 절대적이었다. 아랍인들은 북아프리카의 베르베르인을 점진적으로 이슬람화했다. 종교적으로 혼란도 있었지만, 베르베르인은 아랍인들과 함께 수니파 이슬람 지역으로 통합되었다. 무슬림 베르베르인은 이베리아반도를 이슬람화했으며, 이후 여러 타이파왕국을 세웠다. 그라나다(Granada), 세비야(Sevilla), 론다(Ronda) 등의 타이파는 배르베르인들의 왕국이었다. 유럽과 아프리카를 연결하는 지브롤터 또한 베르베르인 장군의 이름에서 비롯된 것이다. 이베리아 정복의 선봉에 섰던 타리크 이븐 지야드(Tariq Ibn Ziyad, 670~719)는 베르베르인이었다. 이베리아반도에 상륙한 지점은 그의 이름을 따서 '자발 알 타리크'(Jabal al ārig, '타리크의 언덕')로 명명되었고, 후에 '지브롤터'로 전와(轉訛)되었다. 이후에도 무슬림 베르베르인은 수많은 이슬람 왕조를 건설했다. 초기 북아프리카의 이드리스(Idriss, 788년~974년) 왕조를 비롯하여 루스탐(Rustamid, 777년~909년) 왕조, 아글라비드(Aghlabids, 800년~909년), 지리드(Zirid, 973년~1148년) 왕조, 알모라비드(Almoravid, 1040년~1147년), 알모하드(Almohad, 1121년~1269년), 마린(Marinid, 1244년~1465년) 왕조 등을 건설하며 북아프리카 이슬람화를 이끌었다.

중세에 지중해는 유럽의 기독교와 이슬람이 경쟁과 대립을 하면서도 상생하는 공간이 되었다. 이들은 서로 무역을 하며 상호 문물을 교류하기도 했으

---

4 카빌리아는 수도 알제에서 약 70km 동쪽에 있다. 쥬르쥬라(Djurdjura)산맥의 여러 험난한 지형으로 대(大)카빌리아와 소(小)카빌리아로 나뉜다. 소카빌리아는 경사가 완만한 산악지대를 끝으로 바다로 이어진다.

며, 약탈을 일삼기도 했다. 오스만튀르크는 북아프리카를 직접 지배하지 않고 대리 통치인을 두었다. 이른바 '섭정'을 통한 지배를 공고히했다. 이 시기에 북 아프리카에서는 아랍어가 행정과 교육어로 자리잡았으며, 터키어도 통용되었 다. 베르베르어를 포함하여 스페인어, 아랍어, 히브리어, 링구아 프랑카(Lingua Franca)[5]도 함께 사용되면서 여러 인종과 언어가 교차하는 지역이 되었다.

오스만튀르크의 힘이 약화되자, 유럽은 호시탐탐 북아프리카 지역을 노렸 다. 1830년 프랑스가 이 지역에 들어오면서 베르베르인의 땅은 식민지가 되어 갔다. 프랑스는 베르베르인과 아랍을 갈라놓기 위한 정책을 펼쳤다. 특히 수많 은 베르베르인을 프랑스로 데려갔다. 이후 베르베르인은 프랑스를 비롯한 벨 기에, 네델란드 등에 디아스포라 공동체를 형성했다. 프랑스의 식민지배는 베 르베르인들의 반감을 불러와 이들을 독립투쟁에 적극적으로 가담하게 했다. 아랍적 정체성과 더불어 국가 건설을 해야 한다는 민족주의자도 있었지만, 수 많은 디아스포라 베르베르인 중에는 자신들의 땅에 베르베르 정체성을 갖춘 국가 건설을 해야 한다고 주장하는 사람도 있었다. 오늘날 디아스포라 베르베 르인과 북아프리카 토착 베르베르인은 베르베르 정체성 찾기 운동을 주도해 가고 있다. 이들은 아랍어와 더불어 베르베르어의 공용어 지정, 베르베르 축일 '옌나예르'(Yennayer) 인정 등 북아프리카에서 베르베르어와 문화를 공론화하 는 데 있어 큰 역할을 하고 있다. 역사적 과정이 그래왔듯이 베르베르인은 '자 유롭고 고귀한 사람'으로 자신들의 정체성을 드러내 가며 21세기의 북아프리 카 문화 지형을 만들어가고 있다.

---

5 지중해에서의 무역과 상업을 위한 매개 언어를 일컫는다. 오늘날에는 서로 다른 화자 간의 언어 소통을 위한 언어를 가리킨다.

키워드

베르베르, 이마지겐, 북아프리카, 지중해, 문명교류

집필자: 임기대

참고문헌

Gabriel Camps. 2007. *Les Berberes: Memoire et Identite*. France. Actes Sud.

Jean Servier. 2017. *Les Berberes*. Paris. PUF.

임기대. 2016. "프랑스 내 '베르베르인'의 이민 과정과 그 위상에 관한 연구". 『비교문화연구』 제42집. pp. 131-163.

임기대. 2019. "안달루시아와 마그레브에서 베르베르 부족 '바누 이프렌'(Banu Ifren)에 관한 연구". 『비교문화연구』 제57집. pp. 339-367.

임기대. 2020. "모로코와 알제리에서의 '히락'과 베르베르적 정체성에 관한 연구". 『한국프랑스학논집』. 제110권. pp. 163-191.

최은순. 2014. "지중해 연안의 링구아 프랑카의 교류의 특징과 그 유형에 관한 고찰". 『지중해지역연구』 제16권 4호. pp. 75-103.

빵
(Bread)

인류의 주식으로서 오랫동안 사랑받고 있는 빵은 서양을 대표하는 중요 문화 요소 가운데 하나이다. 빵은 일반적으로 밀 또는 호밀로 만드는데, 밀가루와 소금, 물 등을 넣어 반죽한 뒤, 효모를 넣고 발효시킨 후 굽는 방식으로 만들어진다. 빵은 오븐, 숯불(재), 달군 돌 등을 이용해 구우며 조리 방식을 비롯해 효모 유무, 첨가 재료 등에 따라 여러 종류로 나뉜다.

대부분 빵을 주식으로 하는 지중해 연안 사람들에게 빵은 삶이자 생명 그리고 권력을 의미했다. 따라서 밀은 지중해 교역에서 중요하고도 민감한 위치를 유지했다. 밀 생산지를 차지한다는 것은 곧 지중해의 패권 장악을 의미하므로, 이를 두고 민족 간, 국가 간 전쟁이 끊이지 않았다. 고대 지중해 연안에서 밀 재배는 이집트, 북아프리카, 갈리아 남부, 이베리아반도, 이탈리아의 시칠리아로 이동했다.

산업혁명 이후에는 미국에서 농업 기계화를 통해 대량 생산이 가능해졌다. 지중해 문명의 흐름과 함께 이집트, 그리스, 로마시대를 거쳐 영국, 프랑스 등 서유럽 지역에 전해진 빵은 단순한 음식을 넘어 여러 민족, 국가, 문명에서 다양한 상징과 신화를 낳았다. 그뿐만 아니라 빵은 당대의 정치, 경제, 사회, 예술과 종교 그리고 기술과 과학을 반영하며 인류 문명의 역사를 대변해 왔다.

[그림 1] 다양한 종류의 빵

빵, 지중해 문명과 함께 태어나고 발전하다

인류는 선사시대부터 빵을 먹었는데 당시의 빵은 발효되지 않은 납작한 모양의 플랫브레드였다. 메소포타미아 지역 수메르인도 무발효 빵을 먹었는데, 이후 기원전 4000여 년에 이르러 고대 이집트인은 천연(야생) 효모를 사용해서 빵을 부풀려 주식으로 이용하기 시작했다. 이집트는 인류 최초의 문명발상지 가운데 하나로 이후 지중해 문명을 싹틔운 곳이다. 최초로 발효되어 부푼 빵을 만들어 먹었던 고대 이집트인은 고대인 사이에서 '빵을 먹는 사람들'로 불렸다. 현대 이집트인도 선대의 전통을 이어받아 삶, 생명을 뜻하는 동그란 모양의 빵인 '에이시'를 먹는다. 고대 이집트인은 풍부한 밀 생산량을 바탕으로 밀가루 반죽에 양귀비 씨, 참깨 등을 넣어 40~50가지의 빵을 만들어 먹었다. 고대 이집트 유적과 유물을 통해서 빵과 관련된 다양한 기록을 발견할 수 있는데, 이집트 제20왕조의 파라오 람세스 3세의 고분벽화에는 제빵소(빵굽터), 빵 반죽을 담는 빵틀, 도기, 오븐 등이 그려져 있었다. 당시 이집트 벽화를 보면 제빵소 옆에는 양조장이 있었음을 알 수 있다. 또한 고대 이집트인은 나일 강 유역의 흙을 사용하여 빵을 구울 수 있는 오븐과 토기를 만들어 사용했는데, 이 같은 지리, 환경적 조건으로 당시 다른 민족보다 부푼 빵을 더 일찍 먹을 수 있게 되었다고 본다. 고대 이집트인은 천연 발효로 시큼해진 반죽에 소금을 첨가해 오븐에 넣어 빵을 굽거나, 흙으로 빚은 고깔 모양의 토기 두 개를 연결한 빵틀 벳자에 반죽을 넣고 빵을 구웠다. 물론 부푼 빵을 먹기 전에는 뜨거운 재나 숯불에 구운 납작한 빵을 먹었다.

보통 발효 빵에 사용되는 효모는 맥주 양조에 사용되는 효모균과 같기 때문에, 우연히 혹은 의식적으로 이집트인은 최초의 발효된 빵을 먹을 수 있었을 것으로 추측된다. 부푼 빵을 가능하게 한 맥주 효모의 존재는 1680년에 이르러서야 현미경을 발견한 레벤후크가 밝혀냈다. 천연 효모를 사용한 고대 이집트인은 빵을 굽기 전 밀가루 반죽을 따로 조금 떼어놓았다가 다음 번 빵을 만들 때 반죽에 섞어 발효시키는 데 사용했는데, 이 밀가루 반죽이 '빵의 씨앗' 역할을 했다.

우유를 발효시킨 요구르트도 같은 원리로 만들었다. 요구르트는 아시아 투르크계 유목민이 처음 만들어 먹기 시작했는데, 11세기 이후 오스만제국의 중요한 식문화 가운데 하나로 영토 팽창과 함께 널리 퍼졌다. 요구르트라는 단어는 터키어 요우르막(yoğurmak, 반죽 등을 치대다)과 요운(yoğun, 밀도가 높은, 점성이 있는, 되직한)이란 말에서 유래했다. 빵과 마찬가지로 요구르트를 만들기 위해서는 효모가 중요한 역할을 하는데 우유를 가죽부대나 나무통에 넣고 이전의 요구르트 종균을 넣어 휘저으면서 발효시킨다. 발효가 잘되 맛이 좋은 요구르트를 만들기 위해서는 무엇보다도 전통과 맛을 간직한 종균이 중요했다. 전통 한국 사회에서 한 집안의 여성에게 불씨를 꺼뜨리지 않고 잘 다뤄야 할 책무가 있었던 것처럼 효모가 대량 생산되기 이전까지 유럽 여성들은 '빵의 씨앗'

을 잘 간수하는 것이 그들의 의무였다. 유럽 사회에서 양질의 '빵의 씨앗'을 보존하는 것은 가정의 자랑이었다.

이집트에서는 빵이 곧 화폐를 대신해 사용되었다. 빵의 보유 개수는 곧 부와 사회적 지위를 대변했는데, 고대 이집트 농민은 하루에 질이 낮은 빵 3개를 받았으며, 성직자는 고급 빵 3개와 플랫브레드 약 100개를 받았다. 파라오의 경우 매일 약 1,000개를 진상 받았다. 이처럼 고대 이집트에서는 계급에 따라 각기 다른 종류의 빵이 지급되었다. 고대 이집트 노동자 또한 그들의 임금을 빵으로 받았는데, 잦은 임금 체불은 노동자의 불만으로 이어지면서 폭동에 원인을 제공했다. 람세스 4세 시절 지방으로 파견 근무하는 노동자는 자신들의 임금인 빵을 받지 못하자 파업을 강행했고, 테베스 지방청에 탄원하여 그들의 임금인 빵을 받아내는 데 성공하기도 했다. 빵 가격은 현대에도 민중의 생활과 직결되는 것으로 매우 민감한 사안이다. 이집트의 1977년 폭동과 2011년 반정부 시위는 빵 값 인상과 정부에 대한 불만 등이 얽혀 나타난 결과였다. 터키에서도 빵 가격 인상은 매우 민감한 사안으로, 정부에 의해 민생안정의 기본 원칙으로 관리되고 있다.

빵, 로마제국의 역사, 지중해의 역사

빵은 오랫동안 지중해 사람들의 주식이었기 때문에 안정적인 밀 생산지 확보와 무역로 장악은 지중해 연안 국가들의 매우 중요한 과제였으며 문명의 존폐만큼이나 민감한 사안이었다. 테베레 강 연안의 작은 연맹체로 출발한 로마는 그리스 음식문화(올리브, 포도주 등)의 많은 부분을 받아들였는데 빵도 이때 알려졌다. 로마 시대에 이르러 제빵술이 상업화되면서 빵의 대량 생산이 가능해졌다. 고대 로마인은 최초의 원시 밀을 개량하여 새로운 품종의 밀을 이집트 전역에 심었으며 그 결과 밀 교역량이 증가했다. 또한 초기 로마는 도시 발전과 급증하는 빵 수요에 따라 대량의 밀 공급을 필요로 했다. 로마는 대부분의 밀을 속주로부터 공급받으면서 수입 밀 의존도를 높이는 결과를 초래했다. 고대 지중해 연안의 주요 곡창지대는 이집트와 시칠리아 그리고 북아프리카로, 이 세 지역은 밀을 주식으로 삼았던 지중해 국가들에는 전략적으로 매우 중요했다. 고대 지중해 세계의 손꼽히는 전쟁 대부분이 이집트, 시칠리아, 북아프리카를 두고 벌어졌다는 사실에 비추어 보았을 때 이를 짐작할 수 있다. 이집트가 로마제국에 편입되고 황제 아우구스투스의 통치가 이뤄지면서 이집트는 로마제국의 주요 곡물 공급처가 되었다. 로마제국은 카르타고와 치른 포에니전쟁에서 승리하자 북아프리카와 시칠리아를 장악했다. 이로써 로마는 지중해 연안의 주요 밀 생산지를 모두 점령함에 따라 지중해의 패권까지 장악하기에 이르렀다. 로마제국이 발전할 수 있었던 이유 중 하나가 바로 빵의 안정적인 공급이었다. 로마 정치가들은 제국의 시스템을 유지하기 위해서 시민의 지지를 받고자 했다. 따라서 값싼 양질의 밀(빵)을 공급하는 것은 위정자에게 최우선 당면과제였다.

로마제국은 수준 높은 수로, 도로, 도시 건설 기술뿐만 아니라 수준 높은 제빵, 제분 기술도 보유하고 있었다. 하얗고 부드러운 빵을 더 선호했던 로마인의 취향을 충족시키기 위해서는 진보된 제분 기술이 필요했다. 로마제국이 지중해 연안의 빵 생산량 증대에 큰 역할을 한 것은 기원전 25년 아우구스투스 시대의 비트루비우스(Vitruvius)가 설계한 물레방아의 발명과 수많은 유럽 정복지의 유목민을 농민으로 정착시켜 밀농사를 짓게 한 것과 관련이 깊다. 밀은 낱알이 쉽게 깨지므로 도정하기 위해선 이를 통째로 갈아 가루를 내고 체로 쳐서 껍질을 걸러낸 뒤 음식을 만드는 데 사용해야 했다. 지중해 지역에서 빵을 주식으로 삼게 된 것은 이러한 밀의 속성과 무관하지 않다.

지중해 연안의 제빵전통에 따르면 쉽지 않은 도정과 제분 과정 때문에 고대부터 전문 제빵소와 전문 직업인 제빵사가 있었다. 이집트에서는 마을마다 제빵소가 있었으며, 로마제국에서도 마찬가지였다. 원래 제빵소는 개인 소유였으나 중세에 이르러 제빵소와 제분소(방앗간), 물레방아는 중앙 또는 지방의 권력이 관리하고 소유하게 되었다. 로마시대에는 다양한 제분법과 반죽법이 개발되면서 여러 종류의 빵이 등장했다. 이 시기에는 주식으로 먹는 빵 이외에도 이탈리아, 그리스, 소아시아에서 수입한 올리브유, 우유, 치즈, 견과류, 허브 등을 사용한 여러 가지 종류의 빵과 파이, 케이크 등이 만들어졌다. 또한 방앗간, 제빵소와 함께 제빵 기술을 가르치는 전문 제빵사 양성 직업훈련소가 운영되기도 했다. 로마제국의 제빵사는 장인으로 인정받아 특권을 누렸다. 시민에게 인정받은 제빵사는 민회 의장 선출 자격을 얻기도 했으며, 실제 민회 의장으로 선출된 제빵사도 있었다. 로마제국의 제빵사는 자신의 직업에 자부심을 가지고 자체 내규를 정하여 제빵사 자치단체, 즉 길드를 형성했다. 로마제국의 두 번째 왕조인 플라비우스 가문의 베스파시아누스 황제는 내란을 끝내고 제국을 재건한 뒤 권력과 빵(곡물)의 관계를 일찍이 파악하여 제빵사를 하급관료로 삼아 국가에서 관리하도록 했다.

로마제국 말기에 빵은 황제가 사회 불안과 분열을 예방하고 민중의 환심을 사기 위한 도구로 활용되었다. 이 당시 황제는 콜로세움에서 검투 경기를 열어 정치와 사회에 대한 민중의 관심을 스포츠로 돌리려고 노력했다. 또한 황제는 로마 민중에게 검투 경기 중에 주식인 빵을 무료로 나눠 주기도 했다. 이처럼 황제는 자신의 권력을 지키고 시민의 환심을 사기 위해 빵을 정치적 수단, 즉 마케팅으로 악용하기도 했다.

지중해 연안의 믿음과 신앙을 반영하는 빵

고대 그리스인이 믿었던 데메테르는 곡물, 농업, 수확, 풍요, 생산(식)의 여신이었다. 밀을 주식으로 삼았던 그리스의 식문화가 신앙에 반영된 결과였다. 데메테르와 그의 딸 페르세포네테(저승의 여신)를 숭배하는 엘레우시스교(밀의 종교)는 고대 그리스의 종교인데, 이후 밀과 빵을 신성시하는 지중해 연안 문화에 많은 영향을 끼쳤다. 로마인은 원래 하늘과 천둥의 신 주피터를 주신으로 삼는 다신 숭배 신앙을 가지고 있었으며, 그리스 신화와 신앙은 로마에 많은 영향을 주었다. 로마인이 숭배했던 신들 중에는 곡물의 여신 케레스가 있는데, 케레스는 고대 지중해 연안의 곡창지대 시칠리아의 수호신이었다. 로마의 케레스 여신은 그리스 신화의 데메테르로부터 직접적인 영향을 받은 것으로 추측된다.

고대 이집트에서 빵은 계급이, 로마에서 빵은 정치권력이 반영된 것이었다. 이집트와 로마에서 빵이 세속적인 것의 상징이었다면, 그리스도교에서 빵은 예수의 희생과 사랑이 반영된 성스러운 것이었다. 그리스도교의 예배의식에서 빵은 그리스도(예수)의 육신을 상징하는데, 신도들에게 빵을 나눠주는 종교적 의식을 통해 예수의 희생을 기억하고 나눔을 실천하고자 했다. 유대민족 또한 이집트 문명을 통해 빵을 알게 되었는데, 초기에는 유목생활을 기반으로 하였기 때문에 납작한 무발효 빵을 먹었다. 부푼 빵을 먹기 위해서는 효모를 사용하여 일정 시간 발효되기를 기다려야 했으며, 벽돌이나 흙으로 만든 오븐이 필요했다. 따라서 주기적으로 이동하는 유목생활에서는 부푼 발효 빵을 주식으로 삼기 어려워 유목민족일 경우 보통 납작한 무발효 빵을 먹는 것이 일반적이었다. 이러한 지역문화의 유목 전통에 영향을 받아 현대에도 그리스(피타), 이란(라바시, 상각), 터키(라바슈, 피데)를 비롯해 일부 아프리카와 중동 지역에서는 납작한 빵을 즐겨 먹었다. 유대인이 점차 정착생활을 시작하기 시작하면서, 오븐이 보편화되고 전문 제빵사가 등장했다. 이에 따라 유대인은 부푼 빵을 즐겨 먹었지만, 유월절에는 그들의 전통 빵인 발효시키지 않은 성스러운 빵, 즉 무교병을 먹었다.

문명교류의 영향

빵은 고대 지중해 연안에서 해상무역을 통해 지중해의 동부에서 중부와 서부지역으로 전파되었으며, 로마제국에 이르러 수많은 정복전쟁의 이유가 되었다. 밀 곡창지대인 이집트, 시칠리아, 북아프리카 지역을 차지하는 것은 권력가와 황제에게 권력과 부를 쟁취하는 것을 의미했다. 포에니전쟁을 통해 카르타고가 점령했던 정복지를 손에 넣은 로마는 제국으로 발전할 수 있는 기회를 얻었으며, 마케도니아의 알렉산드로스도 이집트 정복을 통해 제국을 지향했다. 빵의 역사는 곧 지중해 연안의 역사이며, 빵을 통해 농업기술 전파뿐만 아니라 제국의 다양한 풍습, 신앙과 종교, 문화가 전파되었다. 밀을 주식으로 삼았던 지중해 연안의 식문화는 빵을 신성한 음식으로 여겼는데 이는 많은 신화와 전설, 민담으로 후대에 전승되었다. 빵은 곧 그들의 삶을 의미했으므로 빵을 더럽히는 것은 죄악으로 간주되었다. 빵과 관련한 금기는 지중해 연안의 민속에도 많은 흔적을 남겼다. 빵을 더럽혀 벌을 받은 민담의 예는 다음과 같다.

사라져버린 강(터키)[1]

흑해 연안의 귀뮈슈하네시 근처에는 아르메니아인이 모여 사는 한 마을

---

1 Saim Sakaoğlu, *101 Türk anadolu efsanesi*, Ankara, Akçağ, 2008에서 발췌하여 번역.

이 있었다. 어느 날 새댁이 아이를 데리고 강가로 갔다. 아이가 대변을 보자 새댁은 옆에 있던 빵으로 엉덩이를 닦은 후 강물에 버렸다고 한다. 그날 이후 강물은 계속 줄어들어 사라져 버렸다고 한다.

빵 신발 (독일)[2]

흐라데크베르크산에는 오래된 성의 잔해가 남아 있다. 옛날 이 성에 살던 군주가 다리를 짓게 하였다. 그에게는 젊고 오만한 딸이 하나 있었다. 그녀는 빵에 구멍을 내어 신발 대신 신었는데, 그 빵으로 만든 신발을 신고 군주가 만든 다리를 건너 교회로 가다 성과 함께 가라앉았다고 한다.

고대로부터 빵은 지중해 연안 사람들의 주식으로 사랑받아 왔다. 이들에게 빵은 돈, 권력, 욕망이었으며 계급에 따라 지급되었기에 의무(세금), 권리이기도 했다. 종교적 측면에서는 구원의 말씀이자 민족 전통을 의미했다. 이처럼 빵은 단순한 음식이 아니라 세속적인 것이자 성스러운 것으로, 지중해 문명에서 현세와 내세에 걸쳐 흐르는 중요한 식품이다.

키워드

빵, 밀, 이집트, 로마제국, 그리스 신화, 로마 신화, 그리스도교

집필자: 양민지

---

2 그림형제, 『독일 전설1』, 임한순 윤순식, 홍진호 (역), 서울대학교출판문화원, 262쪽.

참고문헌

그림형제. 임한순, 윤순식, 홍진호, (역). 2014. 『독일 전설1』. 서울대학교출판문화원.

지중해지역원. 2017. 『지중해 문명교류학』. 이담북스.

Emine Gursoy Naskali. 2015. *Ekmek Kitabı*. KİTABEVİ.

Gungor Karauğuz. 2017. *Hititler Donemi'nde Anadolu'da Ekmek*. ARKEOLOJİ VE SANAT YAYINLARI.

Kathleen Sears. 2020. Mitoloji 101. SAY YAYINLARI.

Linda Civitello. 2019. *Mutfak ve Kultur*. BİLİM VE SANAT YAYINLARI.

Mehmet Ali Kaya. 2019. *İlkcağ Tarihi ve Uygarlığı*. BİLGE KULTUR SANAT.

Pelin Tunaydın (cev). 2008. *Haydi Sofraya*. KİTAP YAYINEVİ. 2015. Saim Sakaoğlu. *101 Turk anadolu efsanesi*, Ankara. Akcağ.

Susan Wise Bauer. 2017. Mihriban Doğan (cev). *Dunya Tarihi 1.Cilt İlkcağ*. SAY YAYINLARI.

Şefik Can. 2019. *Klasik Yunan Mitolojisi*. OTUKEN NEŞRİYAT.

William Hansen. Umit Husrev Yolsal (cev). 2019. *Yunan ve Roma Mitolojisi*. SAY YAYINLARI.

Geraldine Pinch. Ekin Duru (cev). 2019. *Mısır Mitolojisi*. SAY YAYINLARI.

Patrick Le Roux. İsmail Yerguz (cev). 2017. *Roma İmparatorluğu*. DOST KİTABEVİ.

39

샤리아
(Shariah)

샤리아는 모든 무슬림의 삶을 안내하고 규제하는 지침이고 도덕이며, 관습이고 법률이다. 어떤 사안이 발생하면 무슬림은 샤리아에 의지하고, 샤리아가 규정한 바에 따라 행동한다. 샤리아는 알라가 정한 명령이기 때문이다. 샤리아는 순서와 절차가 정해져 있다. 어떤 사안이 발생하면 무슬림은 제일 먼저 이슬람의 성서이며 샤리아의 제1법원인 코란을 찾아본다. 코란에 있으면 그대로 따르고, 관련 구절이 없거나 내용이 모호하거나 너무 포괄적이면 샤리아의 제2법원인 하디스(순나)를 찾아본다. 하디스에 관련 내용이 있으면 그대로 따르고, 관련 내용이 없거나 내용이 모호하면 법학파(법학자)의 관련 법적 견해(파트와)를 찾아본다. 법학파(법학자)는 코란과 하디스(순나)의 계시를 바탕으로 이즈마으, 끼야스 등의 2차법원들을 수단으로 하여 무슬림이 필요로 하는 세부적인 법적 견해를 제시하는 주요한 무즈타히드이다. 이와 같이 샤리아는 코란, 하디스(순나), 법학파의 이즈티하드를 통해서 완전해진다.

샤리아의 법원

샤리아는 마실 수 있는 물의 발원지(로 가는 길) 또는 올바른 길이란 뜻이다.

물이 없으면 사람이 살 수 없듯이, 샤리아가 없다면 무슬림은 살 수 없다는 뜻이다. 무슬림을 생명수와 같은 올바른 길로 인도하는 샤리아의 법원에는 여러 가지가 있다.

제1법원은 알라의 말씀이 기록된 코란이며, 제2법원은 사도 무함마드의 말, 행동, 결정사항(침묵)인 순나와 이를 기록한 하디스이다. 코란은 낭송되는 계시라고 하며, 순나(하디스)는 낭송되지 않는 계시라고 한다. 코란뿐만 아니라 순나(하디스)도 알라의 계시라는 말이다. 어떠한 사안이 발생하고 이에 대한 해결책이 요구되는 경우, 무즈타히드(싸하바, 법학파, 법학자, 이맘 등)들은 가장 먼저 코란을 찾는다. 코란에서 해당 사안에 대한 언급이 발견되면 말씀대로 따른다. 코란에 아무런 언급이 없으면, 사도 무함마드의 순나(하디스)를 찾는다. 순나(하디스)에서 해당 사안에 대한 언급이 발견되면 그대로 따른다. 순나(하디스)에서도 아무런 언급을 찾지 못하면, 코란과 순나(하디스)에 정통한 무즈타히드가 코란과 순나(하디스)의 말씀을 근거로 2차법원(이즈마으, 끼야스, 이스티흐산, 이스티쓸라흐, 관습, 이성 등)을 통해 최선의 법 해석 노력인 이즈티하드를 하게 된다. 2차법원을 선택하고 적용하여 활용하는 주체는 코란 계시와 사도 무함마드의 순나를 곁에서 지켜보았던 싸하바와 코란과 순나에 정통했던 법학파(법학자)인 무즈타히드이다. 무즈타히드가 코란과 순나(하디스)를 어떻게 해석하느냐에 따라, 2차법원들 중 어떤 방법을 채택하느냐에 따라 법적 견해(파트와)가 같을 수도 있고 다를 수도 있다.

이렇듯 샤리아에는 여러 개의 법원들이 있고, 법원의 순서와 절차가 정해져 있다. 가장 권위 있는 법원은 코란이고, 두 번째로 권위 있는 법원은 순나(하디스)이다. 그 다음부터는 무즈타히드가 어떤 방법을 선택하느냐에 따라 이즈마으가 세 번째 법원이 되기도 하고 끼야스가 네 번째 법원이 되기도 한다. 하지만 무즈타히드에 따라 코란과 순나(하디스)만을 인정하는 경우도 있다. 무즈타히드들 중 가장 주목해야 할 주체는 법학파이다. 법학파는 샤리아의 법원은 아니지만, 1차법원들인 코란과 순나(하디스)를 바탕으로 새로운 사안들에 적합한 법 해석의 노력인 이즈티하드를 하는 가장 중요한 주체이다. 이즈티하드가 없다면 2차법원(이즈마으, 끼야스 등)이 존재할 수 없다는 점과, 무함마드의 교우들인 싸하바의 이즈티하드가 법원(이즈마으, 끼야스 등)으로 채택되었다는 점에서 법학파는 법원을 이해하는 데 필수적인 요소이다.

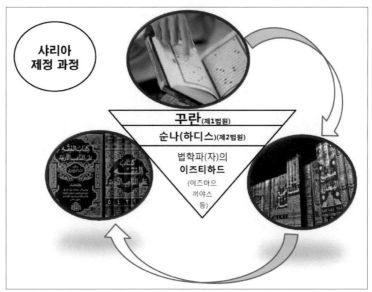

[그림 1] 샤리아 제정 과정

이즈마으는 그냥 합의가 아니라 특정 사안의 발생 시 이슬람 공동체(움마) 다수의 합의를 의미한다. 수니파의 하나피, 샤피이, 한발리 법학파는 이즈마으를 세 번째 법원으로 채택하지만, 말리키 법학파는 이를 네 번째 법원으로 인정한다. 시아의 경우에는 이즈마으가 이맘의 견해와 일치할 경우에만 법원으로 인정하며, 수니의 자히리 법학파는 이즈마으를 법원으로 인정하지 않는다. 끼야스는 그냥 유추가 아니라 원전(코란, 하디스)에 판결이 없는 사안을 합법적 이유를 가진 원전의 사안으로 판결하는 것이다. 수니파의 하나피와 샤피이 법학파는 다섯 번째 법원으로, 말리키와 한발리 법학파는 여섯 번째 법원으로 인정하고 있고, 시아 자으파리 법학파와 오만의 이바디 법학파는 끼야스를 비드아(이단)로 간주해 법원으로 채택하지 않는다.

술 금지에 대한 샤리아 규범 제정 과정

샤리아는 규범 제정의 절차와 순서가 정해져 있고, 술(금주)과 관련된 샤리아 규범은 코란과 하디스 및 법학파들에 의해 구체적으로 그 내용과 처벌이 규정되어 있다.

샤리아의 제1법원인 코란은 이슬람 이전 시대의 오랜 음주 문화를 근절하기 위해서 교육과 연습이 필요하다고 보고 점진적인 계시를 통해 단계적인 금지의 방법을 택했다.

"그들이 술과 도박에 관하여 그대에게 물을 때 일러 가로되, 그 두 곳에는 큰 죄악과 인간에 유용한 것이 있으나 죄악이 효용보다 크다."(제2장 219절)
"믿는 신앙인들이여, 술에 취해 예배하지 말라. 너희가 무엇을 말하고 있는지 알 때까지라..."(제4장 43절)
"의로운 이들에게 약속된 천국을 비유하사 그곳에 강물이 있으되 변하지 아니하고 우유가 흐르는 강이 있으되 맛이 변하지 아니하며 술이 흐르는 강이 있으니 마시는 이들에게 기쁨을 주며 꿀이 흐르는 강이 있으되 순수하고 깨끗하다. 그곳에는 온갖 과일이 있으며 주님의 자비가 있다. 이렇게 사는 이들이 지옥에 살며 끓는 물을 마셔 내장이 산산조각이 되는 그들과 같을 수 있겠느냐."(제47장 15절)

"술과 도박과 우상숭배와 점술은 사탄이 행하는 불결한 것이니 피하라. 그리하면 너희가 번성하리라."(제5장 90절)

"사탄이 너희 가운데 적의와 증오를 유발시키려 하니 술과 도박으로써 알라를 염원하고 예배함을 방해한다. 너희는 단념하지 않겠느냐."(제5장 91절)

이상의 코란 구절들이 언급의 강도를 점차 강화하고 있지만, 술에 대한 완전한 금지의 규정으로 보기는 어렵다. 무엇보다 음주에 대한 처벌을 명시하지 않았다. 따라서 후대의 통치자들과 이슬람 법학자들은 사도 무함마드의 순나(하디스)에서 음주에 대한 확실한 금지와 처벌의 근거를 발견하려 노력했다.

샤리아의 제2법원인 하디스(순나) 중 수니 이슬람 세계에서 공인된 6서(부카리, 무슬림, 나사이, 아부 다우드, 티르미디, 이븐 마자)에는 술과 관련된 구절이 190여 개가 있다. 지면 관계상 술의 의미, 종류, 처벌과 관련된 일부 구절들을 제시하면 다음과 같다.

"취하게 하는 모든 것은 술이며, 취하게 하는 모든 것은 금지이다."

"술에 대한 금지가 계시되었습니다. 술은 포도, 대추야자, 꿀, 밀, 보리의 5가지로부터 만들어집니다. 술은 이성을 빼앗는 것입니다."

"그것은 깨끗함이 사라지고 걱정과 슬픔이 남기 때문에 술이라 불렸다. 알라는 술 찌꺼기를 짜서 만든 모든 것을 싫어하신다."

"덜 익은 대추야자와 마른 대추야자를 마시는 것이 금지되었을 때 술은 금지되었다."

"사도가 식초를 만드는 술에 관한 질문을 받았을 때 안 된다고 말했다."

"술을 피하라. 술은 모든 악의 모체이기 때문이다. 술을 피하라. 신앙과 술은 공존할 수 없다."

"술과 도박과 우상들과 점술은 사탄이 하는 더러운 행위들이다."

"술을 조심하라. 그것의 죄가 다른 죄들을 압도하기 때문이다."

"술에 중독된 자는 우상을 숭배하는 자와 같다."

"믿는 이들이여, 술에 취해 예배에 접근하지 마시오."

"중독성이 있는 모든 것은 술이며, 취하게 하는 모든 것은 금지이다."

"자신의 이익을 챙기거나 부모에게 복종하지 않거나 술을 마시는 사람은 어느 누구도 천국에 들어갈 수 없다."

"술, 술을 짜는 사람, 짠 것을 취하는 사람, 파는 사람, 파는 것을 취하는 사람, 운반하는 사람, 운반하는 것을 취하는 사람, 술을 팔아 돈을 버는 사람, 술을 먹는 사람, 술을 대접하는 사람은 저주를 받았다."

"술에 중독되어 죽은 이는 이 세상을 만났을 때 그의 얼굴에 끓는 물이 뿌려질 것이다."

"사도 무함마드는 술 마신 사람을 야자나무 가지와 샌들로 한 대 때렸고, 아부 바크르는 40대를 때렸다."

"우마르는 초기에는 40대를 말기에는 80대를 때렸으며, 우스만은 80대와 40대를 둘 다 적용했으며, 무아위야는 80대를 확정했다."

이상에서 보듯 하디스는 취하는 모든 것을 술로 규정하고, 현세와 내세에서의 처벌에 대해 매우 구체적으로 언급하고 있다. 즉, 코란과 하디스를 통해 술을 금지하고 이를 위반할 시 40대에서 80대에 달하는 태형에 처한다는 금주법이 제정되었다.

이후 9세기~10세기에 본격적으로 활동했던 수니 4대 법학파들(하나피, 말리키, 샤피이, 한발리)은 코란과 하디스(순나)를 바탕으로 하여 술에 취한 상태, 어쩔 수 없이 술을 마시게 되는 상황, 즙을 마시는 것, 강해지기 전의 즙을 마시는 것, 끓인 즙, 술의 판매, 처벌의 정도, 술 냄새가 나는 사람에 대한 처벌, 음주자를 때리는 도구, 술 취한 자의 처벌 시기, 때리는 부위에 관한 독자적인 견해를 제시했다.

여기서는 술 취한 상태, 술의 판매, 술 냄새가 나는 사람의 처벌, 때리는 부위에 관한 법학파들의 견해를 살펴본다.

첫째, 술 취한 상태에 관해 하나피 법학파는 적든 많든 논리를 알지 못하고 하늘과 땅을 구별하지 못하며 남자와 여자를 구별하지 못하는 것처럼 인지능력이 모두 사라져 개별적인 것은 알지만 그 특징들을 알지 못하게 되는 상태라고 봤다. 말리키, 샤피이, 한발리 법학파는 말이 뒤섞여 횡설수설하고 좋은 것과 나쁜 것을 구별하지 못하게 되는 상태로 봤다.

둘째, 술의 판매에 관해 수니 4대 법학파는 무슬림이 술을 판매하는 것은 허용되지 않는다는 일치된 견해를 보이고 있다. 또한 이슬람 세계에 사는 비무슬림이 공개적으로 술을 판매하는 것도 허용하지 않는다. 그러나 그들이 비밀리에 자신들끼리 술을 판매하는 것은 돼지고기의 판매처럼 허용되는데, 이는 그들에게 중요한 수입이라 보기 때문이다.

셋째, 술 냄새가 나는 사람의 처벌에 관해 법학파들은 다양한 견해를 제시하고 있다. 술 냄새가 나는 채로 체포가 되었지만 판관에게 도착했을 때 냄새가 사라진 경우 하나피 법학파는 형을 집행할 수 없다고 본다. 냄새와 함께 증인의 증언이 없으면 형을 집행할 수 없다고 보기 때문이다. 말리키, 샤피이, 한발리 법학파는 냄새가 없어도 증인의 증언만으로 형을 집행할 수 있다고 본다. 냄새의 존재나 고백이 증거의 필수 조건이 아니라고 보기 때문이다. 만일 술 냄새가 나지만 자백을 하지 않았고 증인이 없는 경우에 법학파들은 서로 다른 주장을 했다. 하나피, 샤피이 법학파는 냄새로는 형을 집행할 수 없다고 본다. 술 냄새가 다른 사람에 의해 실수로 뒤섞일 수도 있다고 보기 때문이다. 말리키, 한발리 법학파는 두 명의 공정한 판관에게 증인이 증언을 한다면 냄새로도 형을 집행할 수 있다고 본다. 냄새가 강력한 증거라고 보기 때문이다. 한편 자백한 사람에게서 술 냄새가 나지 않는 경우, 말리키, 샤피이, 한발리 법학파는 자백으로 형을 집행할 수 있다고 본다. 그러나 하나피 법학파는 자백할 당시 냄새가 나지 않으면 형을 집행할 수 없다고 본다.

넷째, 때리는 부위에 관해 샤피이 법학파는 태형을 집행할 때 신체의 여러 부위들로 분산시키는 것이 의무라고 본다. 한 부위만을 집중적으로 때리는 것은 피고인을 지속적으로 고통스럽게 만들어 파멸로 이끌 수 있기 때문이다. 얼굴을 때리는 것도 삼갈 것을 주장한다. 얼굴에는 아름다움이 모여 있는 곳이기 때문에 불명예의 영향을 크게 만들기 때문이다. 또한 피고인의 명예를 지켜주기 위해 머리를 때리는 것도 허용하지 않는다. 집행인이 겨드랑이가 보일 때까지 팔을 높이 들어서 때리는 것도, 지나치게 약하게 때리는 것도 허용하지 않으며 중간 정도의 강도로 때릴 것을 요구한다. 또한 피고인의 손을 묶는 것, 몸을 묶는 것, 눕히는 것은 허용되지 않고 서 있는 채로 형을 집행해야 한다. 여성의 경우에는 동물의 털로 된 채찍으로 옷 위를 때리며, 앉아 있는 상태로 여성을 보이지 않게 가리고 형을 집행할 것을 주문한다.

이상과 같이 코란, 하디스(순나), 법학파의 이즈티하드를 통해 이슬람의 금주법이 제정되었다. 알라의 계시인 코란과 하디스(순나)를 통해 취하는 모든 것(술)이 금지되었고, 법학파들에 의해 금주법이 보다 확대되고 심화되었다.

키워드

샤리아, 코란, 순나, 하디스, 법학파, 수니파, 시아, 술, 금주

집필자: 임병필

참고문헌

공일주. 2010. 『이슬람 율법』. 서울: 살림.
박규환. 2014. 『아랍 세계의 법문화』. 서울: 한국학술정보.
이원삼. 2002. 『이슬람법사상』. 서울: 아카넷.
임병필. 2016. 『이슬람의 금기 샤리아로 풀다』. 서울: 모시는 사람들.
임병필. 2018. 『샤리아 알라가 정한 길』. 서울: 모시는 사람들.
조희선. 2015. 『변화하는 무슬림 여성』. 서울: 세창출판사.
최영길역. 2012. 『이슬람의 허용과 금기』. 서울: 세창출판사.

40

설탕
(Sugar)

설탕은 모두가 갈망하는 '황홀한 단맛'을 낸다. 설탕을 얻기 위해 지구 한편에서 반대편까지 많은 사람이 탐험했고, 아프리카인은 유럽인에게 노예로 끌려가 강제 노역에 시달려야 했다. 설탕은 까다로운 공정과 집약적 대규모 노동력이 필요했기 때문에 유럽에서는 사치품으로 인식되었다. 설탕은 시대에 따라 의료(약제)용, 의례용, 장식용, 식품 혹은 디저트용 등 다양하게 활용되었다. 지중해 주변국에서는 기원전 1세기 고대 그리스 헤로도토스의 기록과 헬레니즘 문명 시기 알렉산드로스 대왕과 부하들의 인도 탐험을 통해 설탕의 원료인 사탕수수를 알게 되었다.

중세에는 이슬람 문명권에서 설탕 정제법이 개발되었고, 십자군 원정으로 설탕 생산과 정제 기술이 유럽에 전파되었다. 오스만제국 때 궁정에서는 술탄에게 진상하기 위해 설탕을 이용한 디저트가 다양하게 발달되었으며, 터키식 딜라이트로 알려진 로쿰이 처음 등장했다.

근대 유럽인의 설탕 수요가 급증하고 이와 함께 커피와 차(홍차), 커피하우스, 찻잔, 차스푼, 설탕그릇 등이 전파되면서 유럽 식문화에 큰 변화가 나타났다. 이처럼 설탕은 세계 역사를 움직여 왔으며, 여러 형태와 목적으로 소비되는 세계적 감미료이다.

향신료에서 디저트로

설탕은 사탕수수나 사탕무에서 얻은 즙을 가공, 정제해 얻는 천연 감미료이다. 사탕무는 19세기에 재배되기 시작했고, 그 이전까지의 설탕은 대부분 사탕수수에서 얻었다. 사탕수수는 기원전 8000년경 남태평양 뉴기니섬에서 처음 경작되기 시작했다고 전해진다. 그리고 기원전 6000년경에 이르러서야 사탕수수는 선사시대 사람들의 이주를 통해 인도, 필리핀 같은 아시아 내륙까지 전파되었다. 기원전 500년경 인도인은 사탕수수 즙에서 얻은 원당을 사용했다. 기록에 따르면 기원전 510년 페르시아 황제 다리우스 1세의 군사들이 인도를 정복하면서 사탕수수를 알게 되었다. 기원전 326년에는 알렉산드로스 대왕의 친구이자 부하인 네아르코스(Nearchos) 사령관과 부하들이 인도 해안을 탐험하면서, 헤로도토스의 기록에 등장했던 사탕수수를 발견했다. 그들은 사탕수수를 발견하고 '꿀을 만들어 내는 갈대'라며 감탄했다.

지중해 지역 사람들이 처음 사탕수수를 접한 인도에서는 설탕이 고대 종교 의례에 사용되던 제물의 한 종류였다. 고대 힌두경전인 《아타르바베다》에 따르면 고대 인도인은 사탕수수를 '이크슈바쿠', 설탕 결정을 '샤르카라'라고 불렀다. 이 말이 페르시아(샤카르), 아랍어(수카르), 터키어(셰케르)로 유입되었다. 이처럼 설탕의 어원을 통해 그 기원을 유추해 볼 수도 있다.

6세기경 인도에서 사탕수수 재배법과 설탕(원당)이 페르시아로 전해졌다. 그후 이슬람은 페르시아 지역을 정복하고 설탕을 얻기 위한 사탕수수의 재배와 정제 기술을 지중해 주변국으로 유입시키는 데 가장 큰 공헌을 했다고 평가할 수 있다. 4세기~5세기경 페르시아 서남부 지역 아와즈 인근에 준디샤푸르 의과대학이 설립되었는데, 이 대학은 당대 최고의 의학센터로 페르시아인뿐만 아니라 주변의 인도, 그리스, 유대 학자까지 여기서 본국의 지식과 의술을 교류했다. 그 후 페르시아의 준디샤푸르 의과대학은 638년 이슬람에 정복되면서 이곳을 통해 이슬람 의학 발전의 기초가 형성되었다. 이슬람은 고대 페르시아, 그리스, 로마의 의학 서적을 번역하고 의학 지식을 흡수해 그들의 새로운 의술을 발달시켰다. 이슬람제국은 그리스-로마 고전을 번역하고 해석하며 기록하는 과정을 통해 새로운 지식을 창출함으로써 지중해 지역의 지식 혁명에 크게 기여했다. 준디샤푸르 의과대학은 비단 의학뿐만 아니라 종합대학으로 발전해 약학, 천문학, 철학, 수학 등 여러 학문을 다뤘으며 이곳에서 사탕수수에서 설탕을 추출해 정제하는 방법이 개발되었다.

이집트, 메소포타미아 지역에서 주로 재배된 사탕수수는 이슬람제국의 성장과 함께 지중해 주변국으로 전파되었다. 특히 이슬람제국은 사이프러스, 로도스, 크레타, 몰타, 시칠리아, 아프리카 등 지중해 지역을 점령하고 주변 지역에 사탕수수를 전파하는 데 공헌했다. 이슬람제국은 지중해 주변 지역을 정복하고 이 지역에 사탕수수를 옮겨 심고 전쟁포로를 이용한 값싼 노동력으로 설탕 플랜테이션을 운영했다. 사탕수수 재배와 설탕 생산 기술을 보유한 이슬람제국은 설탕을 사치품으로 교역함으로써 지중해의 설탕 거래를 독점했다. 설탕은 이슬람 세계에 부를 가져다주는 하얀 금으로 인식되었다. 그러나 사실상 설탕 거래를 이슬람제국이 독점하고 있었으므로 십자군 전쟁 이전까지는 설탕이 유럽에 널리 전해지지 않았다. 십자군 전쟁을 통해 기독교 세력이 사탕수수 재배지를 일부 점령함으로써 비로소 유럽에 설탕이 본격적으로 알려지기 시작했다. 중세에 설탕은 후추, 계피, 사프란과 같은 향신료로 진귀하게 취급되었다. 베네치아의 상인들이 12세기 초 티루스 지역에서 사탕수수를 재배, 가공하면서 제한적으로나마 설탕을 공급하는 설탕 교역의 중심지로 발전했다.

15세기 대항해시대 이후 설탕은 스페인, 포르투갈, 영국, 프랑스가 지배한 아시아, 아메리카, 아프리카, 카리브해 등 식민지의 사탕수수 플랜테이션에서 생산되기 시작했다. 특히 영국은 설탕의 제한된 생산과 높은 가격을 해결하고자 아프리카에서 수십만 명의 노예를 강제로 끌고 와 대규모 플랜테이션을 조성하고 설탕을 생산해 본국으로 보냈다. 이렇듯 설탕을 얻으려는 유럽의 욕망은 대항해시대를 거쳐 노예무역과 식민지 개척으로 이어졌다. 설탕은 대항해시대와 식민지 개척시대의 영향으로 아수카르(포르투갈어), 쥐케로(이탈리아어), 쉬크르(프랑스어), 슈거(영어) 등으로 다양하게 불리고 있다. 이처럼 설탕은 인간에게 욕망을 불러일으켜 누군가에게는 부의 수단이었지만 누군가에게는 자유를 빼앗긴 고통이자 슬픔의 원인이었다.

16세기 이전까지 설탕은 해열제로, 영양결핍을 해결하는 약제로 인식되었다. 이후 17세기 초에 본격적인 식품으로 이용되었는데 주로 상류계층에게 사치품으로 여겨졌다. 왕이나 귀족은 연회의 마지막 요리 후 설탕을 녹여 만든 다양한 장식품을 제공해 자신들의 부와 권력을 뽐냈다. 그리고 17세 중엽에 이르러서야 식민지에서 대량으로 생산된 설탕이 유럽, 특히 영국에서 본격적으로 소비되면서 서민들에게도 보급되었다.

19세기 사탕무에서 설탕을 얻기 전까지 사탕수수는 하얀 금으로 불리던 설탕을 얻을 수 있는 유일한 작물이었다. 열대 지역이나 아열대 지역에 식민지를 확보하지 못한 프로이센은 사탕수수에서 설탕을 얻는 방법이 아닌 다른 길을 모색해야만 했다. 16세기 프랑스에서 사탕수수의 대체 작물로 사탕무가 발견되었고 18세기 프로이센의 화학자들이 사탕무에서 설탕을 얻는 방법을 개발해 냈다. 그 후 사탕무의 상업화 방법이 끊임없이 연구되다 프로이센 프리드리히 빌헬름 3세의 후원으로 1801년 세계 최초의 사탕무 정제 공장을 가동하면서 이듬해부터 사탕무를 통한 설탕의 대량 생산이 시작되었다.

오스만제국과 함께 유럽으로

오스만제국은 동부 지중해 아나톨리아반도를 기반으로 15세기와 16세기에 걸쳐 황금기를 이뤘다. 설탕은 당시 지중해 주변 지역을 통치하던 오스만제국에서 술탄에게 진상되는 수백 가지의 디저트에 사용되었다. 오스만제국의 궁정문화와 함께 설탕은 디저트로서 지중해 음식문화로 정착되었다.

이처럼 설탕은 의례용, 치료용, 장식용, 디저트용 등으로 다양하게 사용되었고 아시아와 중동에서 유입된 커피와 차(홍차)의 보급과 함께 유럽에서 큰 인기를 누렸다. 커피는 중동지역에서 마시기 시작해 초기에는 금지되거나 단속 대상이었음에도 불구하고 각성효과 덕분에 수피, 무슬림 성직자를 중심으로 무슬림의 음료로 정착했다. 커피는 주로 이슬람 문화권에서 마시던 음료로, 지중해의 기독교 문화권에서는 이교도의 음료, 악마의 음료, 무슬림의 와인 등으로 불리며 부정적으로 인식되었다. 16세기 말에는 커피가 중동 전역, 페르시아, 북아프리카와 오스만제국에까지 전파되었다. 오스만제국은 1536년 커피 생산지 예멘을 정복했으며, 홍해의 해상 교역권을 장악했는데, 이곳은 당시 유럽 기독교 세력과 이슬람 세력이 서로 쟁탈하기 위해 혈안이 되었던 중요 교역로 가운데 한 곳이었다. 1555년에는 최초로 이스탄불에 커피하우스(Kahvehane)가 생겼다. 술레이만 1세의 커피하우스 운영과 함께 오스만제국의 커피하우스 산업은 크게 발전하였고, 셀림 2세 때 이스탄불에는 600곳에 육박하는 커피하우스가 운영되었다. 커피하우스는 당대 최신 유행이 가미되어 화려한 장식과 인테리어 그리고 최고급 서비스로 문화를 이끄는 사교의 장으로 인식되었다. 설탕의 대중화와 함께 17세기 오스만제국을 통해 커피, 찻잔, 차도구 등의 커피 문화도 설탕과 함께 유럽에 소개되었다. 커피는 매력적인 향과 맛 그리고 커피 문화 덕분에 유럽에서 크게 호응을 얻었는데, 특히 커피하

[그림 1] 터키 커피와 로쿰

우스(찻집)는 서구 문화를 변화시키는 데 많은 영향을 끼쳤다. 1645년 베네치아에는 유럽 최초로 커피하우스가 생겼으며, 1652년 영국 최초로 옥스퍼드에 생긴 커피하우스가 1675년에는 영국 전역에 3,000여 곳으로 확대되었다. 프랑스의 경우 1669년 파리 주재 오스만제국대사가 커피를 프랑스 귀족에게 소개하면서 급속하게 보급되었다. 그 후 1672년 처음으로 커피하우스가 파리에 문을 열었다. 터키를 비롯해 이탈리아, 영국, 프랑스 등에서 커피하우스는 문학, 철학, 예술, 정치 지식과 의견을 교환하는 문화교류와 혁명의 장으로서 기능했다.

커피에 곁들여 먹는 로쿰(Lokum)은 터키 전통 디저트 가운데 하나로 명절에 먹거나 손님이 오면 대접하는 음식으로 남녀노소 누구나 좋아하는 대중 식품 가운데 한 가지이다. 설탕과 전분이 주원료인 로쿰은 과일즙이나 호두, 피스타치오, 아몬드, 헤이즐넛 등 견과류, 코코넛 가루, 장미꽃잎 등을 넣어 만든다. 로쿰은 대략 15세기 전후 아나톨리아 반도에서 만들어지기 시작했다. 17세기 설탕 혁명 이후에는 오스만제국이 통치하던 아나톨리아 주변 지중해 지역으로 전파되었다. 1777년 터키 흑해 지역 카스타모누 출신 하즈 베키르 에펜디(Hacı Bekir Efendi)가 이스탄불에 로쿰 가게를 열어 오스만제국 궁정에 알려지는 등의 명성을 얻었다. 그 후 하즈 베키르 에펜디는 셰케르지 바슈(Şekercibaşı, 제과 장인)라는 칭호를 얻었다. 18세기 술탄 마흐무드 2세 통치 시절에 하즈 베키르 에펜디의 로쿰을 맛본 영국의 탐험가와 그들의 저작을 통해 로쿰은 터키시 딜라이트로 유럽에 알려지기 시작했다. 설탕이 보편화되기 이전 로쿰은 포도를 끓여 만든 시럽인 페크메스와 밀가루를 섞어 만들었다. 로쿰은 설탕 혁명, 커피의 보급과 함께 터키, 그리스, 발칸반도, 아프리카, 중동지역에서 큰 인기를 누렸다. 현대 터키어에서 로쿰은 '한 입'을 의미하는 아랍어 단어로, 오스만시대에는 '편안한 목'을 뜻하는 '라핫 알 휠큄'으로 불렸다.

문명 교류의 영향

설탕은 오늘날 전 세계 사람들이 의식적으로 혹은 무의식적으로 소비하는 감미료이다. 설탕은 강력한 단맛으로 고대로부터 인간이 뿌리치기 힘든 유혹이었다. 고대 아시아 지역에서 사탕수수는 정제된 설탕이 아니라 수숫대 혹은 원당으로 사용되었고 대부분 의례용으로 소비되었다. 고대 인도를 통해 설탕을 접한 페르시아는 설탕 정제법을 개발했으며, 페르시아 지역을 정복한 이슬람제국은 지중해 지역, 곧 세계의 중심으로 사탕수수 재배법과 설탕 정제법을 확산시켰다. 설탕은 높은 수요에 비해 생산량이 제한적이었고 가격이 비싼 까닭에 후추, 계피, 정향, 생강, 사프란과 같이 고급 향신료로 취급되었으므로 이를 얻을 수 있다는 것은 높은 사회적 신분과 지위를 의미하는 것이었다. 중세 유럽에서 설탕은 귀한 약재이자 사치품이었다. 지중해 기독교 문명과 이슬람 문명의 충돌인 십자군 전쟁이 비단 당대 세계를 움직이던 두 개의 거대한 종교적 신념의 충돌만은 아니었다. 십자군 전쟁을 통해 지중해 동부 지역에 집중되어 있던 과학, 수학, 철학적 지식이 기독교 세계로 유입됨에 따라 유럽은 지식혁명을 맞이했다. 설탕의 비밀은 곧 십자군 전쟁의 길을 따라 유럽으로 전파되었다.

이후 15세기 말 근대의 시작과 함께 교역로 확보와 새로운 세계에 대한 호기심은 설탕의 대량 생산을 위한 식민지 개척과 노예무역으로 이어졌다. 이와 함께 15세기~17세기 이슬람과 지중해 세계를 점령한 오스만제국은 커피 문화와 설탕을 지중해 세계로 확산시키는 데 큰 영향을 끼쳤다. 이로써 유럽의 설탕에 대한 욕망은 가파르게 상승했다. 아열대 지역에서 자라는 사탕수수는 수확 후 빠르게 변질되므로 베어낸 뒤 바로 끓여 즙을 얻어야 했다. 또한 사탕수수는 키가 매우 크고 무겁기 때문에 많은 노동력이 필요했다.

이 같은 문제를 해결하는 데는 대규모의 노동력이 빠른 시간 안에 각 단계에 정확히 투입되는 형태인 플랜테이션이 적격이었다. 스페인, 포르투갈, 영국, 프랑스 등 서구 국가는 아프리카와 아시아 대륙 탐험을 통해 원주민을 강제로 끌고 와 노예로 삼고 브라질, 아이티, 카리브해, 하와이 등지에 조성한 사탕수수 플랜테이션에 투입해 다량의 설탕을 생산하게 했다. 아시아에서 접한 설탕의 유혹은 지중해 유럽 국가들의 탐욕을 불러일으켰다. 플랜테이션에서 강제 노역에 시달리던 노예들은 독립을 선언했고 그 후 미국 남부의 노예제 찬반 여론을 불러일으켰다. 노예제 찬반 여론은 끝내 남북전쟁으로 이어졌으며 결국 1863년 노예 해방이 이뤄졌다. 이렇듯 설탕은 아시아, 유럽 그리고 아프리카에서 아메리카 대륙까지 인류 역사를 바꾸어 놓았다.

설탕, 사탕수수, 무슬림, 이슬람, 대항해시대, 식민지 개척, 오스만제국, 커피와 차, 로쿰

집필자: 양민지

참고문헌

권홍우. 2008. 부의 역사. 인물과 사상사.

김성준. 2019. 유럽의 대항해시대. 문현.

김신. 1997. 대항해자의 시대. 두남.

마크 애론슨. 마리나 부드호스. 2013. 설탕. 세계를 바꾸다. 검둥소.

박광식. 2003. 설탕. 커피 그리고 폭력. 심산문화.

언은히. 흑설탕이 아니라 마스코바도. 따비.

이윤섭. 2013. 커피. 설탕. 차의 세계사. 필맥.

이은희. 2018. 설탕. 근대의 혁명. 지식산업사.

정수일. 2002. 이슬람 문명. 창비.

지중해지역원. 2017. 지중해문명교류학. 이담.

손동훈. 2019. 대항해시대의 탄생. 시공사.

시드니 민츠. 1998. 설탕과 권력. 지호.

홍익희. 2012. 노예무역. 홍익인간.

www.kutahyaseker.com.tr

www.britishsugar.co.uk

www.sucrose.com

www.sekerkurumu.org.tr

41

성서
(The Holy Books)

유대교 성서는 대대로 유대 문화의 핵심 요소였으며 다른 종교들에도 많은 영향을 끼친 것으로 알려져 있다. 히브리 성서 정경에 포함된 책들은 기독교 성서의 한 부분으로 이루어져있다. 히브리 성서 정경에 포함되지 못한 유대교 외경의 일부 책들은 카톨릭의 구약성서에 포함되어있다. 그러나 19세기에 개신교 구약성서에서 유대교 외경의 책들이 완전히 배제되면서 유대교 히브리 성서와 개신교의 구약성서는 동일해졌다. 반면 이슬람교에서 히브리 성서는 거룩한 책으로 여겨지지 않는다. 그러나 히브리 성서의 영향은 코란과 무슬림 전통에서도 발견된다.

유대교 성서

흔히 구약성서로 알려진 유대교의 히브리어 성서는 타나크(Tanakh)라 불린다.[1]

---

[1] 히브리어로 기록된 타나크 본문 속에는 아람어 어휘와 본문도 발견된다. 창세기에는 아람어 어휘가 나타나고 예레미야에는 아람어 문장이 하나 존재하고 다니엘과 에스라에는 아람어로 기록된 긴 본문이 들어가 있다(창 31:47; 렘 10:11; 단 2:4–7:28; 스 4:8–6:18, 7:12–26). 타나크는 유대교 성서를 구성하고 있는 세 부분, 곧 토라(Torah) 네비임(Nevi'im) 케투빔(Ketuvim)의 첫 글자를 조합한

유대 랍비들은 히브리 성서를 미크라(Miqra)라고도 불렀다.[2] 타나크는 율법서 (Torah), 예언서(Nevi'im), 성문서(Ketuvim)의 세 부분으로 구성된 24권의 책이다.[3] 율법서의 첫 부분은 보통 모세오경으로 불리는데 여호와 하나님이 이스라엘 백성에게 명하신 모세의 율법책으로 알려졌기 때문이다. 토라는 히브리 성서 첫 다섯 권으로 구성되었다.: 창세기, 출애굽기, 레위기, 민수기, 신명기. 창세기는 천지창조와 그 이후의 인류 이야기 그리고 아브라함으로부터 시작하는 이스라엘 민족의 형성 배경을 다루고 있다. 다른 네 권의 책은 모세의 출생에서 시작하여 모세의 죽음으로 마무리 된다. 이 네 권은 이스라엘 민족의 형성과 이집트 탈출 그리고 이스라엘 민족의 40년 광야 생활을 기술하고 있다. 시내산에서 이스라엘 민족이 그들의 하나님과 계약 관계를 맺는 것과 하나님의 임재를 상징하는 회막이 만들어지는 것 그리고 그곳에서 시행된 제사와 이스라엘 백성이 일상에서 지키고 행하며 살아야 하는 하나님의 율법이 구체적으로 담겨져 있다.

예언서는 전기예언서와 후기예언서로 나누어진다. 전기예언서는 모세의 죽음 이후부터 유다 왕국이 신바벨로니아 제국에 의해서 멸망하면서 제1성전이 파괴되는 시기까지 약 800년의 이스라엘 고대 역사를 담고있는 네 권의 책이다: 여호수아, 사사기, 사무엘, 열왕기. 여호수아는 이스라엘 민족이 가나안

두문자어이다.

2 유대교에는 두 가지의 율법이 있다. 성문으로 된 것과 구전으로 된 것인데 구전율법 미슈나(Mish-nah)와 구별되는 성문율법은 미크라이다. 미슈나가 '(암송으로) 반복하다'라는 의미의 히브리 동사에서 파생된 명사라면 미크라는 '읽다'라는 의미의 동사에서 파생된 명사이다.

3 히브리어에서 번역된 39권의 구약성서와 유대인들의 히브리 성서 24권은 동일한 책들이다. 책의 분류에서 차이가 있을 뿐이다. 예를 들면 히브리 성서는 사무엘이나 열왕기나 역대기를 상하 두 권으로 나누어 계산하지 않는다. 12권의 소선지서도 한 권으로 계산한다.

땅으로 진입하여 그 땅을 정복하고 정착하는 여정과 열두 부족에 대한 땅 분배를 다루고 있다. 사사기는 여호수아 이후 가나안 땅 곳곳에 정착한 이스라엘 부족들 중에서 뽑힌 사사(판관)들과 그들의 활약상을 소개한다. 동시에 사사기는 가나안 땅에서 벌어진 혼란스러운 시대 상황을 묘사하면서 새로운 시대가 도래해야 할 필요를 암시한다. 사무엘서는 마지막 사사로 등장한 사무엘을 통하여 부족 연맹체의 이스라엘이 왕국으로 발전해 가는 과정을 들려준다. 이 책은 첫 번째 왕 사울의 초기 왕국이 어떻게 다윗 왕국으로 이어지는지를 보여준다. 열왕기는 다윗의 뒤를 이은 솔로몬의 왕권 강화와 제1성전 건축에 초점을 맞추어 전개된다. 이어서 솔로몬 사후 어떻게 이스라엘 왕국이 분열되는지를 조명한다. 이후 열왕기는 북이스라엘 왕국과 남유다 왕국의 역사를 교차시키며 추적한다. 분열 이후 약 200년 동안 아홉 왕조의 19왕들이 난립했던 북이스라엘 역사는 신아시리아의 침입으로 종식된다. 남유다의 역사는 약 150년 더 이어진다. 열왕기의 후반부는 남유다 왕국의 멸망, 곧 제1성전 파괴 직후까지 들려준다. 책 마지막 부분에는 바빌로니아 유수의 상황도 짧게 언급된다.

후기예언서도 네 권으로 이루어진다: 이사야, 예레미야, 에스겔, 트레 아사르(12 소선지서: 호세아, 요엘, 아모스, 오바댜, 요나, 미가, 나훔, 하박국, 스바냐, 학개, 스가랴, 말라기). 전기예언서가 이스라엘 민족의 고대 역사를 다루고 있다면 후기예언서는 말 그대로 이스라엘 선지자들(Neviîm)의 예언을 담고 있다. 하나님의 계시나 신탁을 받고 움직였던 특별한 사람들의 활동은 전기예언서 안에 이미 소개되고 있다. 후기예언서의 선지자들은 제1성전시대부터 바빌로니아 유수 및 포로 귀환 이후 제2성전 건립 시기까지 활동했던 이들이다. 하나님을 떠나 우상을 숭배하며 공의를 버린 유대 민족과 그 사회를 질책했던 선지자들은 준엄한 심판을 선언하지만 회복을 약속하는 위로의 메시지도 함께 선포했다. 66장으로 되어 있는 이사야와 52장으로 구성된 예레미야 그리고 48장으로 이루어진 에스겔의 예언서는 문헌적으로나 문학적으로나 역사적 선례를 찾아볼 수 없는 독특한 장르의 자료들로 평가된다. 선지자들의 예언은 북이스라엘과 남유다뿐만 아니라 인접한 주변 민족들과 국가들에게도 향하면서 온 세상 역사를 주관하시는 이스라엘 하나님(אלהי ישראל 엘로헤 이스라엘)의 존재를 드러낸다.[4]

세 번째 부분의 성문서는 시편, 잠언, 욥기, 아가, 룻기, 예레미야 애가, 전도서, 에스더, 다니엘, 에스라-느헤미야, 역대기의 총 11권으로 이루어졌다. 이야기 줄거리가 따로 없는 책들 가운데 시편과 아가는 다양한 주제와 관련된 시들과 사랑의 노래를 담고 있다. 잠언은 삶의 도덕과 실제적인 교훈을 포함한다. 삶의 고난에 대해 논하고 있는 욥기와 인생의 허무와 죽음을 다룬 전도서는 철학서로 분류된다. 이 책들 중에 욥기와 잠언과 시편은 '진리의 책'(ספרי אמת 시프레 에메트)으로 불리는데 진리를 뜻하는 에메트(אמת)는 욥기와 잠언과 시편의 히브리어 명칭의 첫 알파벳들을 조합한 것이다. 예레미야 애가는 다섯 개의 애가를 모은 책으로, 후기예언서 예레미야의 문맥과 연관되어 있다. 룻기는 전기예언서 사사기의 문맥과 연결되는 이야기이다. 역대기는 바빌로니아 유수에서 돌아온 이후에 그 이전 시대의 역사를 다시 기술한 것으로 주로 사무엘 후반부와 열왕기에 바탕을 두고 있다. 나머지 세 권 에스더와 다니엘과 에스라-느헤미야는 바빌로니아 유수 및 그 이후 시대의 유대인 역사를 다루고 있다. 흥미로운 부분은 다니엘이 유대인들의 성서에서는 예언서가 아니라 성문서로 분류된 점이다. 성문서 가운데 아가, 룻기, 애가, 전도서, 에스더는 '다섯 두루마리'(חמש מגילות 하메쉬 메길로트)로 불리는데 특정한 유대 명절과 관련이 있다. 아가는 유월절에, 룻기는 칠칠절(오순절)에, 예레미야 애가는 성전파괴일

---

4 호세아를 제외한 모든 선지자들의 예언이 이스라엘 주변의 국가와 민족들을 향한다. 요나와 나훔의 경우는 신아시리아를, 오바댜의 경우는 에돔을 향한 예언에 집중한 것으로 알려진다

(티샤 베아브)에, 전도서는 초막절(장막절)에, 에스더는 부림절에 유대인 가정과 회당에서 읽힌다.

히브리 성서는 몇 가지 의미 있는 특징을 가지고 있다. 그중 한 가지는 히브리 성서가 가지는 고대성이다. 아비 후르비츠(Hurvitz 1972) 교수는 성서 히브리어에 관한 연구에 기초하여 히브리 성서가 대략 천 년에 걸쳐서 기록되었다고 주장한다. 가장 늦게 기록된 히브리 성서의 책도 빠르면 기원전 4세기, 늦어도 기원전 2세기로 추정된다. 독특한 언어 구조를 따라 히브리 성서는 자음으로만 기록되었다. 유대인들이 자신들의 나라와 안정된 공동체를 유지하는 가운데 히브리어를 생활언어로 사용하고 있을때는 이것이 문제가 되지 않았다. 그러나 나라를 잃고 여러 지역으로 흩어지면서, 특히 기원후 200년경 이후 히브리어가 생활언어로 더 이상 사용되지 않으면서 서서히 문제가 발생하기 시작했다. 히브리 성서의 특정 단어를 읽기 위해서 사용되었던 특정 모음에 대한 기억이 흐려지면서 읽기에 혼선이 발생한 것이다. 세 자음으로 된 한 단어가 사용된 모음에 따라 몇 가지 의미의 다른 단어로 읽혀지는 일들이 발생했는데 그것은 유대인들에게 심각한 도전, 즉 하나님 말씀의 혼란을 의미했다. 유대인들은 전통적으로 자신들이 사용해 오던 모음을 표현할 수 있는 방식과 더불어 히브리어 발음에서 생기는 몇 가지 현상들을 표시하는 기호를 고안해 냈다. 강세의 위치에 따라 단어의 의미도 달라질 수 있었기 때문에 악센트를 표시하는 방식도 제안하게 되었다. 이런 준비를 마친 후에 자음으로 기록된 히브리 성서 본문에 마소라라고 불리는 모음부호와 발음기호와 악센트를 덧입혔다. 그리고 이것이 오늘날 우리가 보는 히브리 성서 본문, 곧 마소라 텍스트이다. 이 작업은 히브리 성서의 기록과 정리가 끝난 이후 근 천 년이 지나서야 마무리되었다. 가장 길게 본다면 히브리 성서의 첫 부분과 오늘 사이에는 약 3,500년의 시간이 존재한다. 히브리 성서는 많은 사람들이 일상적으로 접하고 있는

[그림 1] 쿰란에서 발견된 이사야서1QIsa b의 일부

인류의 가장 오래된 문헌이다. 인류의 역사와 문화에 가장 심대한 영향을 끼친 것은 우리가 흔히 구약성서로 알고 있는 유대교의 히브리 성서이다.

기독교 성서

예수 그리스도에 대한 신앙을 고백하는 기독교는 크게 구교와 신교로 대별될 수 있지만 실재하는 기독교 분파는 더 복잡하고 다양하다. 여러 기독교 분파에서 보편적으로 인정하는 공통의 기독교 성서는 구약성서와 신약성서이다. 기독교 구약성서는 본문과 내용에 있어 유대교 히브리 성서와 동일하다.

그러나 구약성서를 구성하는 책들의 분류와 배열에서 차이를 보인다. 24권의 히브리 성서를 기독교 구약성서는 39권의 책으로 세분한 것이 책들의 배열도 5권의 율법서, 12권의 역사서, 6권의 시가서, 16권의 예언서(대예언서 4, 소예언서 12)이다. 그것은 히브리 성서가 아니라 헬라어로 번역된 칠십인역(Septuagint)의 배열에 근거하기 때문이다.[5]

신약성서는 기독교의 고유한 경전이다. 총 27권으로 구성된 신약성서의 첫 부분에는 4권의 복음서가 자리 잡고 있다. 마태복음과 마가복음 그리고 누가복음은 예수 그리스도의 삶과 활동에 대해 유사한 관점에서 묘사하고 있다. 가장 늦게 기록된(기원후 100년경) 신약성서의 책으로 알려진 요한복음은 이전의 세 복음서와는 다른 시각에서 예수 그리스도를 조명한다. 요한복음은 유대교와의 차별성을 부각시키며 하나님의 아들 예수 그리스도를 묘사한다. 누가복음을 기록한 동일 저자가 남긴 사도행전은 신약성서에서 역사서로 분류되는데 사도행전이 다루는 것이 예수 그리스도 신앙에서 시작되는 교회의 초기 역사이기 때문이다. 사도행전은 예루살렘에서 첫 교회가 시작됨을 알리며 초대 교회가 어떻게 주변 지역으로 확장되면서 발전해 갔는지를 바울이라는 한 인물의 전도 활동을 중심으로 전개한다. 신약성서의 다른 책들은 바울 사도가 세 차례의 전도여행 기간과 로마에서 보낸 마지막 몇 년 동안에 기록한 13권의 서신서이다(로마서, 고린도전서, 고린도후서, 갈라디아서, 에베소서, 빌립보서, 골로새서, 데살로니가전서, 데살로니가후서, 디모데전서, 디모데후서, 디도서, 빌레몬서). 이 서신들은 소아시아나 그리스 지역에서 바울의 전도활동을 통해서 세워졌거나 아니면

---

5 칠십인역은 히브리 성서에 들어 있는 책들 외에 중간기 시대에 저술된 것으로 알려진 토빗서나 마카비서 및 바룩서 같은 다른 책들을 포함하고 있다. 개신교에서는 이 책들을 정경으로 간주하지 않지만 가톨릭과 동방정교는 이 책들도 정경으로 인정한다. 가톨릭은 46권, 동방정교는 49권을 구약성서에 포함시킨다.

이미 존재하고 있던 초기 교회나 교회 지도자들에게 보낸 서신들이다. 교회들에 보내진 바울의 서신은 주로 그 공동체가 당면하고 있는 여러 문제들에 대한 바울의 가르침과 제안과 조언을 담고 있다. 몇몇 교회 지도자들에게 개인적으로 보내진 서신은 주로 어떻게 교회를 지도하고 봉사해야 하는지를 언급하고 있어서 흔히 목회서신으로도 불린다. 신약성서에는 바울 서신 외에 8개의 다른 서신들이 들어가 있는데 이들은 보통 일반서신이나 공동서신이라는 명칭으로 분류된다(히브리서, 야고보서, 베드로전서, 베드로후서, 요한일서, 요한이서, 요한삼서, 유다서). 보통 예수의 형제들과 제자들이 쓴 것으로 알려진 이 서신들은 당대 기독교 신앙이 직면하고 있었던 내, 외적 문제들과 도전들에 대한 답을 나름대로 제시하는 형식을 취하고 있다. 이 서신들이 다루는 주요 이슈들 중 하나는 교회가 경계해야 할 이단 사상에 관한 것이었다. 신약성서의 마지막 부분에 나오는 책은 요한계시록이다. 요한계시록은 신약성서의 다른 책들과 그 내용과 형식에서 현저한 차이를 보인다. 요한계시록은 현재의 여러 문제보다 다가올 미래에 관해 기록했으며 인류역사의 종말과 완성을 마지막 심판 및 새 하늘과 새 땅의 도래로 묘사했다. 요한계시록은 묵시문학의 장르에 속한다.

이슬람교 성서

이슬람교의 핵심 경전인 코란은 '읽다'라는 뜻의 아랍어 동사에서 파생된 명칭이다. 코란은 무함마드가 받았던 계시에 기원한다. 기원후 610년경 40세의 무함마드는 아라비아반도의 히라산 동굴에서 홀로 명상의 시간을 가지던 중에 천사 가브리엘 만나면서 첫 계시를 받게 된다. 그렇게 시작된 계시는 이후 약 23년간 그가 죽을 때까지 이어졌다. 무함마드가 받았던 계시들은 주변의 동료들에 의해서 계속적으로 암송되면서 부분적으로 전해졌고 무함마드 사후 종합적으로 정리되어 기록되었는데 그것이 코란이다. 코란은 무함마드의 첫 번째 대리자(칼리파)였던 아부 바크르가 무함마드가 받았던 계시를 한 권의 책으로 정리하고자 시도한 것을 계기로 두 번째 칼리파 우마르를 거쳐 650년경 세 번째 칼리파 우스만 이븐 아판 때 완성되었다. 무함마드가 죽은 지 20년이 못 되어 한 권의 정본으로 완성된 코란은 '수라'(복수 수와르)라고 불리는 114개의 장으로 구성되었고, 코란의 각 장은 '아야'(복수 아야트)로 불리는 절들로 이루어져 있다. 개경장이라고 불리는 첫 번째 장을 빼고 코란의 수라는 많은 아야트를 가진 수라, 곧 긴 본문을 가진 수라부터 짧은 본문을 가진 수라의 순서로 배열되어 있다. 두 번째 장인 수라 알바카라(암소장)은 286절로 되어있고, 세 번째 장인 수라트 알이므란은 200구절로 되어 있다. 코란은 무함마드가 활동했던 두 도시 메카와 메디나의 지명에따라 분류되기도 한다(메카 계시, 메디나 계시). 13년 간의 메카 계시는 주로 종교적이었다. 메카 계시는 교리화와 관련된 여러 주제와 더불어 교훈적인 신의 말씀과 진리를 담고 있다. 대체적으로 내용이 간결하고 시처럼 운율적이며 비유적 표현을 많이 사용했다. 10년 간의 메디나 계시는 헤지라 이후에 받은 계시로 무함마드가 이슬람 공동체를 세운 이후에 주어진 것이다. 법적이고 사회적인 문제를 많이 다루는 메디나 계시는 대부분 긴 문장의 산문체 형식이다. 그러나 메카 계시와 메디나 계시는 수라를 따라 정확하게 구분되지 않고 코란 안에 혼재한다. 코란의 큰 특징 중 하나는 그 서술방식이다. 유대교 성서나 기독교 성서는 분류된 책들의 특징에 따라 사건 또는 인물을 중심으로 서술하든지 아니면 주제 또는 형식을 중심으로 서술한다. 그러나 코란에서는 선명하게 드러나는 특정한 서술방식을 찾아내기 힘들다. 코란을 구성하는 114장은 각각의 수라 이름을 가지고 있지만 각 장의 제목에 해당하는 수라의 명칭이 그 본문의 내용과 항상 일치하는 것은 아니다. 이슬람교 성서의 다른 특이성은 무함마드에게 아랍어로 주어진 계시에 대한 강조이다. 유대교나 기독교의 성서는 타 언어로 번역이 되어

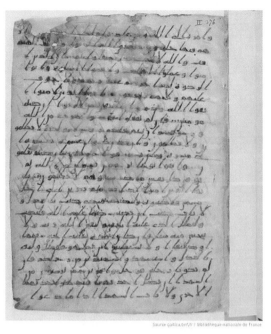

Source gallica.bnf.fr / Bibliothèque nationale de France

[그림 2] 가장 오래된 7세기 코란 사본 Codex Parisino–petropolitanus

도 여전히 신적인 권위를 부여받지만 번역이 된 코란은 더 이상 코란일 수 없다고 여겨진다. 대표적으로 한국어로 번역된 코란은 '성 코란 의미의 한국어 번역'으로 명명된다.

세 유일신 종교의 성서 비교

유대교 성서	기독교 성서	이슬람교 성서
타나크, 미크라(구약성서)	신약성서	코란
24권 929장	27권 260장	114장
23,213절 309,976단어	7,941절 138,020단어	6,236절 77,430단어
토라, 네비임, 케투빔	복음서, 역사서, 서신서, 계시록	메카 계시, 메디나 계시

키워드

타나크, 토라, 신약성서, 코란, 유대교, 기독교, 이슬람교

집필자: 신성윤

참고문헌

Hurvitz, A. 1972. *The Transition Period in Biblical Hebrew: A Study in Post-Exilic Hebrew and its implications for the Dating of Psalms*, Jerusalem: Bialik, p. 7.

Sarna, Nahum M. 1974. "Bible", Encyclopaedia Judaica, vol. 4, pp. 816-836.

Talmon, Sh. 1965. "Tanakh; Version", Encyclopaedia Biblica, vol. 8, pp. 621-641.

https://en.wikipedia.org/wiki/Hebrew_Bible (검색일자: 2020년 3월 20일)

https://he.wikipedia.org/wiki/%D7%AA%D7%A0%22%D7%9A (검색일자: 2020년 3월 20일)

42

성지순례
(Pilgrimage)

종교에서 가장 중요한 것은 의례(儀禮)이다. 의례는 일반적으로 출생, 성년식, 결혼, 장례 등 삶의 전환기에 행해지는 통과의례와, 세례식(할례), 수계식, 입회 등 종교 집단에 가입하여 상위 단계로 올라가는 종교 의례로 나뉜다. 종교 의례는 '의례가 없는 종교는 없다'라고 할 정도로 종교의 보편적인 현상이자, 종교의 핵심 혹은 생명력을 보여주는 가장 중요한 특징이다. 의례는 각 종교마다 그 종류와 형태가 다양하다.

어원적으로 의례는 그리스어로 드로메논(Dromenon)이며, '행하여진 일', '어떤 제도화된 혹은 관습적인 행동'을 뜻한다. 이처럼 의례는 정형화되고 반복된 행위를 뜻하며, 종교 의례는 정형화된 것, 반복되는 행위로서 어떤 궁극적인 가치와 성스러움, 의미와 상징을 전달한다. 그리고 종교는 신자들이 종교 의례를 통해 이상과 실제를 경험하게 함으로써 신념(Beliefs)을 소유하고 나아가도록 한다. 브라스웰(George. W. Braswell)은 이러한 종교 의례를 가리켜 '이상(理想)과 실제(實際)', 곧 머리종교와 마음종교라고 지칭한다. 의례는 종교적 신념을 실천으로 옮기는 행위이다. 따라서 종교를 믿는 사람들의 서원과 신앙고백 자체가 모두 의례일 수 있고, 서원과 신앙고백의 형태가 아닌 다른 형태로 교리를 실천하는 모습 또한 삶을 통한 의례가 될 수 있다. 실천적 행위와 전통들의 성격을 잘 보여주고 있는 종교로는 불교와 이슬람교를 들 수 있다.

지중해의 역사에서 유대교와 기독교 그리고 이슬람교의 전통과 관습 가운데 가장 유의미한 비교 대상은 순례일 것이다. 유대교는 그 신앙과 행위 면에서 동양의 종교와는 상당한 거리가 있는 종교이다. 그리고 유대교 이후에 나타난 기독교와 이슬람교는 많은 부분에 있어 유대교의 전통을 근원으로 하고 있다. 그러나 세 종교에서 순례의 형태는 매우 다르게 나타난다. 따라서 이 세 종교의 성지순례와 관련된 전통을 이해하는 것은 그 자체로도 의미가 있지만, 순례를 통해 세 종교를 이해할 수 있다는 점에서 의미가 있다.

유대교의 순례

지중해 문명의 종교 가운데 가장 역사가 오래된 유대교의 중심 교리는 법궤, 성막, 제사장의 세 가지이다. 유대교에서 증거궤란 유일신으로 믿는 하나님이 그들과 함께 하시며 그들 가운데 계심을 증거하는 성물이다. 성막은 하나님이 거하시는 집으로 하나님을 만나기 위하여 모이는 거룩한 장소이며, 제사장 및 레위인은 영이신 하나님의 말씀을 가르치고 예배를 집례하는 영적인 사람이다. 이처럼 유대교는 하나님 중심(증거궤중심), 성막 중심(회당중심), 그리고 제사장과 레위인 중심(랍비 중심)으로 사는 공동체를 뜻한다. 유대교의 단일신론은 기독교와 이슬람교의 발전에 기초가 되었고 유대교의 신앙과 행위는 서양 문화의 가치 형성에 큰 영향을 주었다.

그러나 유대교에서는 다른 종교가 신앙의 핵심 의례로 간주하는 성지순례 관습이나 전통을 찾아볼 수 없다. 유대교인들은 성지순례 대신 유대교인으로서 신앙을 지키려고 하다가 핍박을 받았거나 조상들이 순교한 장소를 방문한다. 대표적인 장소로는 마사다 항전(Battle of Masada) 지역 혹은 폴란드의 아우슈비츠(Auschwitz) 수용소가 있다. 마사다 항전은 기원후 70년경 마사다에서 일어난 유대인과 로마군의 전쟁이었다. 마사다는 이스라엘 남부의 암석층 지대에 위치한 고대 요새로, 로마군의 유대 영토 주둔에 반발하는 유대인 저항 집단이 가족과 함께 예루살렘에서 이곳으로 피난하여 저항의 근거지로 삼았던 장소였다. 폴란드의 아우슈비츠 강제 수용소는 나치독일 최대 규모의 강제 수용소였다. 이 곳에서는 수많은 유대인들이 단지 유대인이라는 이유만으로 참혹하게 죽어갔다.

그런데 왜 유대교인들은 성지순례 대신 자신들이 고난 받았던 장소를 방문할까? 유대인들은 고난의 현장을 보면서 유일신을 떠날 경우 고난을 겪게 된다는 것을 경험하기 위해 고난의 장소를 방문한다. 유대교인들은 역사를 매우 중요하게 생각하며, 역사 교육은 사람들의 가치체계 형성에 결정적인 역할을 한다고 생각한다. 유대교를 믿는 학생들은 어릴 때부터 유대인으로서의 국가관, 신앙관, 애국관을 견고히 하기 위해 이런 지역으로 수학여행을 간다.

유대교의 핵심은 메시야 사상이다. 메시야는 세상에서 공평과 공의와 평화의 근간이 되며, 신앙은 메시야 시대의 종말론과 마지막 날들에 대한 이해이다. 유대교는 하나님과 사람 사이의 관계를 계약으로 보고 있는데, 이러한 계약사상은 유대인들에게 강력한 공동체 의식을 갖게 해 주었다. 유대인들은 유대인 가정, 회당에서의 예배와 종교 교육, 유대교 월력에 나타나는 의식과 축제를 통해 가족과 공동체 생활에서 친밀한 정체성과 연합성을 유지하는데 노력한다. 이렇게 습득한 종교적 헌신과 도덕적 가치들은 유대인들의 생활 지침이자 중심이 된다.

이슬람교의 순례

코란과 무함마드의 가르침에는 인간이 해야 할 일과 해서는 안 되는 일이 구분되어 있다. 그 가운데서 인간이 의무적으로 해야 할 다섯 가지 행동에는 신앙고백, 기도(Saka:t), 단식(Saum), 구제(Zakat), 순례가 있다. 이들은 실천을 통해 믿음을 드러내는 것을 의도한다. 특히 순례(Pilgrimage)는 이슬람교에서 이슬람 신조 가운데 가장 중요한 것으로, 무슬림이라면 누구나 지켜야 하는 관습 중 하나이다.

무슬림들의 순례는 사우디아라비아 메카를 중심으로 한다. 이들은 메카에서 카바를 순회하고 검은 돌에 입맞추며, 사파(Safa)와 마르와(Marwa) 언덕을 일곱 번 달린다. 이런 관행은 아브라함의 후처인 하갈의 전통에서 비롯되었다고 한다. 또한 아랍인의 조상으로 알려진 이스마일이 발견했다는 성스러운 잠잠 샘물을 마시고, 미나 근처에서 악마에 투석하는 행위, 양과 낙타 그리고 염소 등의 제물을 봉헌하기, 아라파트 평원에서의 집회 등이 반복의 과정을 거치면서 이슬람화되었다.

무슬림들은 성지순례의 기원이 아브라함의 전통에서 시작되었다고 믿는다. 무슬림들이 메카의 카바 신전을 순례하는 것은 아브라함과 이스마일이 검은 돌을 발견하여 그 주변에 카바 신전을 건설했다고 믿기 때문이다. 여기에는 아담이 신전을 세웠던 자리에 아브라함과 이스마일이 재건축했다는 견해와, 노아 시대의 신전 터에 아브라함이 재건축했다는 학자들의 견해가 있다. 아브라함에 의해 신전이 완성되면서 전 세계 모든 무슬림들에게 이곳을 향한 순례를 선포하고 난 후 카바 신전 주변을 시계 반대 방향으로 일곱 번 도는 것이 순례의 출발이 되었다(코란 22:27). 무슬림들이 사파 및 마르와 언덕을 일곱 번에 걸쳐 달리는 것은 아브라함이 그의 텐트에서 하가르(Hagar)와 그의 아들이스마일을 추방한 후 필사적으로 물을 찾았던 것을 회상하는 것이라고 한다. 무슬림들이 메카 신전을 순례할 때 양과 낙타, 염소 등을 제물로 봉헌하는 것은 아브라함이 하나님의 명령에 의하여 이스마일을 묶은 것을 기념하는 것이라고 말한다. 기독교에서는 아브라함이 이삭을 번제로 드렸다고 하나, 이슬람교는 이스마일을 번제물로 하나님께 바쳤다고 보고 있다.

그러나 사우디아라비아의 카바 신전이 전 세계 무슬림의 순례 장소가 된 것은 메카 주변의 아랍 부족들이 이동할 때마다 자신들의 우상을 가지고 다니기가 불편해 한 장소에 안치시켰기 때문이다. 즉, 카바는 아랍민족의 신상을 모시는 범민족적인 신전의 성격을 띠게 되면서 순례 장소가 되었다. 따라서 이슬람교의 순례는 일신론적 측면에서 유대교나 기독교와는 차이가 있다.

무슬림 남성과 여성은 일생에 한 번은 반드시 메카 순례를 해야 한다. 순례자들은 구체적인 이슬람 교리와 지침에 따라 여러날에 걸쳐 메카와 그 주변 지역을 방문한다. 그러나 모든 무슬림이 메카를 방문할 수 있는 것은 아니다. 건강한 성인으로서 여행비용은 물론 거처를 떠나 먼 곳에 있어도 가족을 부양할 만한 경제적인 여유가 있어야 한다. 정신질환자, 죄수, 미성년자, 또는 가족 가운데 동행할 남성이 없는 여성에게는 순례의 의무가 면제된다.

순례는 무슬림의 생애에서 가장 중요한 여행이지만 매우 복잡한 의식이다. 따라서 무슬림은 메카 순례 여행을 떠나기 전 이슬람 학교와 사원에서 순례 의식을 행하는 방법을 학습하면서 순례의 의미를 되새긴다. 순례 의식은 첫째, 메카에 도착했을 때 환희에 차거나 기쁨으로 들뜬다. 둘째, 이 세상에서 저세상으로 가기 전 카바를 직접 목격하는 것은 신의 얼굴을 보게 될 것이라는 서약이다. 셋째, 모든 순례자는 세정(Ihram) 상태에 들어가야 한다. 넷째, 경건한 의도를 밝히는 것으로 시작한다. 다섯째, 순례자는 특별한 의복을 입는다(이음과 솔기가 없는 두 조각의 천을 입음). 여성은 남성과 다른 복장을 하되 팔목과 발목까지 몸을 덮는 옷을 입는다. 머리카락은 보이지 않게 한다. 알 가잘리는 순례 의식에 대하여, "순례자는 세상을 떠날 때 자신이 입게 될 수의를 떠올려야 한다.[…]알라의 집(카바)까지 여행을 마치지 못하여도 그는 수의에 싸여[…]신을 만나러 가는 것이 분명하다."라고 했다. 여섯째, 이흐람의 상태에서 신을 불편하게 하는 행위는 금지되어야 한다.

순례 기간 동안 모든 무슬림은 인간적 차원에서 성별, 출신 국가, 민족 등에 상관없이 모든 사람들이 알라 앞에서 하나된 모습을 눈으로 확인하면서 믿음을 키워간다. 순례 의식은 다양한 측면에서 이슬람교를 믿는 전 세계 무슬림의 국제주의와 만민평등사상을 고취하는 역할을 한다. 무슬림에게 있어 순례 의식은 인종적, 정치적, 언어적 장벽을 넘는 행위로, 전 세계 무슬림 공동체의 일체감과 동질성, 가치체계와 신념을 견고하게 해준다. 또한 메카는 종파의식과 교리, 이슬람 사회의 견고성, 학파 간 사상 교류의 장(場)으로, 여기에 모인 무슬림들의 공동체(움마) 정신 함양, 연대의식과 무슬림 간의 형제애를 강화하는 토대가 된다. 이처럼 이슬람의 순례 의식은 다차원적인 의미를 가지며 무슬림에게 확실성과 안정감을 느끼게 한다.

기독교의 순례

기독교에서 성지순례는 대단히 중요한 역할을 해 왔다. 순례는 신의 행위와 독특한 현현(顯現) 또는 재림에 대한 기대감을 가지고, 어떤 신성한 기억이 보존된 장소나 믿음의 사람들이 살았던 곳을 방문하고 기도하는 행위를 일컫는다. 고대 이스라엘의 순례 중심지는 이스라엘 건설에 관한 전승들을 담고 있거나 역사적 의미와 상징성이 있는 곳이었다(창 12:8; 31:13).

성경 시대 이후, 중세의 기독교에서 성지순례는 신앙생활에 중요한 역할을 담당해 왔다. 성지순례는 단어 그대로 성역화된 장소, 성스러운 곳, 순교자들이나 교회의 역사적 흔적을 방문하는 여행이다. 중세 시대에 사용된 Pilgrimage(순례)라는 단어가 성지순례를 뜻한다고 단정하기는 어렵지만, 종교적, 심리적, 역사적, 지리적 측면을 고려하면 충분히 가능한 주장이다.

기독교인들이 성지순례로 가장 많이 방문하는 곳은 팔레스타인 지역이다. 역사적으로 이미 3세기부터 성지 방문 기록이 있었고, 가이사랴의 주교 피르밀리아누스(Pyrmilianus)와 터키 카파도키아의 알렉산더(Alexander) 감독의 성지순례가 제롬(Jerome)과 오리게네스(Origenes)에 의해 언급되었다. 그리고 13세기에 들어서면 팔레스타인 성지순례가 빈번했고, 14세기경에는 유럽의 모든 나라에서 예루살렘을 방문하였으며, 러시아는 기독교화된 직후 약 100년경부터 순례 운동이 시작되기도 했다.

이탈리아의 로마는 역사적으로 유럽에서 가장 많은 순례자들이 모여든다. 로마는 교황청의 성립 이후 순례지로 급부상했는데, 특히 성 베드로의 무덤과 바울의 무덤이 신자들을 끌어들이는 역할을 했다. 로마 이외에도 영국과 스코틀랜드, 프랑스, 스위스, 스페인, 독일, 시리아 교회 등도 순례지로 유명하다. 독일에서 가장 으뜸가는 순례지는 중세의 수도였던 아헨(Aix-la-Chapelle)이다. 이곳에는 많은 성인의 유적과 유물이 보존되어 있는데, 가장 중요한 유물로는 마리아가 베들레헴에서 입었던 흰 옷과 그리스도의 강보, 세례 요한의 머리를 쌌던 천, 그리스도의 옷이 보관되어 있어, 이로 인해 유명한 성지가 되었다. 하지만 성지순례의 모순에 대한 지적도 항상 제기되었다.

종교 개혁이 일어난 후 16세기를 지나면서 유럽인들의 종교 생활에는 큰 변화가 일어났다. 칼빈(John Calvin)은 그의 책 『기독교 강요(Christianae religionis institution)』의 머리말에서 "아무런 설명도 없이, 이를테면 믿음으로부터 구원과 신심이 있다는 것을 부정하고 그들의 하나님의 말씀으로부터 존재한다는 것을 아무도 증명하지 못하면서 미사와 연옥과 순례를 위하여 그들은 왜 그토록 포악하고 잔혹하게 그리고 또 쓸모없이 싸우게 되는가?"라고 말하고 있다. 트렌트종교회의(반동-종교개혁회의, 1563년 25항)에서는 "성인들을 추모하여 바쳐진 지역들을 방문하는 것은 헛된 일이다."라는 주장을 반대하는 자들을 정죄하기도 했다. 그러나 중세의 성지순례는 왕들에 의해 꾸준히 지켜졌고, 자국의 성인들을 존경하는 의미에서 이들과 관련된 성지를 방문하는 것이 당연시되었다.

기독교의 성지순례는 긍정적인 측면과 부정적 측면을 모두 가지는데, 이는 단순히 신앙생활 뿐 아니라 삶의 전체에 영향을 주었다. 성지순례의 제도화는 십자군 운동을 일으키는 토대가 되었으며, 자국 중심주의에서 우주적 사고를 갖도록 하는 촉매 역할도 했다. 또한 순례여행은 사람들이 종교적 측면을 벗어나 경제활동과 문학, 예술 등 다양한 방면에서 밀접한 교류를 갖게 했다. 따라서 성지순례는 기독교의 가치와 세계관 형성에 지대한 영향을 미쳤다고 볼 수 있다.

결론 성지순례, 문명간교류의 전제

유대교, 이슬람교, 기독교의 성지순례를 살펴보면 몇 가지 중요한 목적이 있음을 알 수 있다. 첫째, 정치적 의의를 담고 있다. 순례는 서로 다른 부족과 국가에 속한 신자들을 하나로 결속하고, 국가적 통일성의 발전을 위한 기초를 제공한다(왕상 13:33-4). 둘째, 순례를 통해 개인과 공동체의 신앙 회복을 이루고자 한다. 셋째, 경건한 이주 운동이다. 넷째, 거룩한 땅에 묻히고자 하는 욕망의 표현이다. 다섯째, 순례가 박해를 피하는 수단이 되기도 한다. 여섯째, 기도를 목적으로 순례를 하기도 한다. 일곱째, 각 종교의 축제일에 맞추어 순례를 실행하거나, 순례자 개인의 기호에 따라서 이루어지기도 한다. 그러나 이 모든 목적은 믿음이 바탕이 되었을 때 가능하다.

결론적으로 지중해 지역에서 행해지는 유대교, 이슬람교, 기독교의 성지순례 배경에는, 순례지에서 발생했던 특별한 일 때문에 '신성(神聖)함'이 존재한다는 믿음이 깔려있다. 사람들에게는 순례지가 '성스러운 곳'으로서 신과의 합일을 이룰 수 있는 장소 그리고 어떤 힘을 발휘할 수 있는 곳이란 믿음을 주는 곳이기도 하다.

키워드

유대교, 이슬람교, 기독교, 종교, 의례, 성지순례, 메카

집필자: 장훈태

참고문헌

기독교대백과사전편찬위원회. 1983.『기독교대백과사전』제9권. 서울:교문사. pp. 845-850.

전완경. 1999.『아랍의 관습과 매너1』. 부산:PUFS. pp. 152-154.

정용두 · 류성민. 1995.『종교학10강』. 서울: 성광문화사. pp. 202.

최영길. 1997.『아랍문화의 이해』. 서울:신지평. pp. 123.

Al-Ghazali. 2013. *Inner Dimensions of Islamic Worship*. trans. Muhtar Holland. Leicester:The Islamic Foundation. pp. 109.

Carole Hillenbrand, *Islam: A New Historical Introduction.* 공지민 역. 2016.『이슬람 이야기-무함마드의 생애부터 무슬림의 현재까지-』. 서울:시그마북스. pp. 107.

George. W. Braswell. *Understanding World Religions.* 권혁봉 역. 2002.『세계종교의 이해』. 서울:요단출판사. pp. 113-114.

James Balfour Paul, 1905. ʻRoyal Pilgrimages in Scotlandʼ. *Transactions of Scottish Ecclesiological Society I.* Aberdeen. pp. 147-155.

John Calvin, 2008. *Institutes of the Christian Religion.* Handrickson Pub. pp. 10-15.

W. Robertson Smith. 1894. *Religion of the Semites.* London:Transaction Publishers.

https://terms.naver.com/entry.nhn?docId=1300167&cid=40942&categoryId=33371
(검색일자: 2020년5월19일)

43

세마
(Sema)

세마는 '듣다'라는 뜻을 지닌 아랍어 동사의 명사형으로 '듣는 것'을 가리킨다. 아랍어로는 사마, 터키어로는 세마라고 한다. 특히 수피즘(Sufism) 분야에서 이 말을 빈번하게 사용하는데, 지고한 신에게 다가가기 위해 수행자가 음악을 듣거나 음악과 더불어 춤을 추는 수행 행위를 의미한다.

세마의 성립에 있어 초기에는 코란을 암송하는 절차만이 있었다고 전해진다. 이슬람에서 이 성스러운 책을 낭송하는 것을 얼마나 중요하게 여겼는지 알 수 있다. 코란 외에도 신의 아름다운 이름이나 신을 찬미하는 문구, 종교시 등이 낭송되는 것을 듣는 행위가 수피들 사이에서 점차 세마 의례로 발전했다고 여겨진다. 수피들이 시를 낭송할 때 종종 악기를 연주하거나 신체 움직임을 가미하게 됨에 따라 현재 모습과 같이 음악과 춤을 동반한 형태의 세마가 출현했다.

수피가 행하는 세마의 원형은 이미 기원 후 10세기경에 확립되었다고 여겨진다. 당시에는 세속적인 음악 연주와 구별하기가 어려운 탓에 이 수행법에 비판적인 세력이 분명히 존재했다. 이 반대 세력에 맞서 세마 수행법은 어디까지나 신비의 소리를 듣는 것과 같다고 해서 10세기부터 13세기경까지 이 수행법에 나름의 의미를 부여하기 위한 논의가 발전되어 왔다.

[그림 1] ©Mehmet Okutan

이 시기에 활약한 수피이자 사상가 였던 샀라쥬(Abu Nasr Sarraj, d.988), 쿠샤이리(Abu Qasim Qushayri, d.1074), 가잘리(Abu Hamid al-Ghazali, d.1111), 루즈베한 바클리(Ruzbihan Baqli, d.1209) 등의 논의에 따르면, 세마는 만인에게 허용되는 수행방법이 아니며, 노래하는 자의 목소리나 외모 등과 같은 음악의 겉모습에 현혹되지 않고 마음이 깨끗한 사람만이 그 속에서 신비의 의미를 이끌어 낼 수 있었다. 이러한 이유로 많은 수피가 가장 먼저 세마의 위험성을 지적하면서 이 실천의 법적 정통성이나 숨겨진 진정한 의미를 주장했다.

수피들에 의하면 올바르게 이루어진 세마는 그 사람의 영혼을 생기 넘치게 하는 양분이 되어 최종적으로는 황홀경을 동반했다. 세마가 왜 황홀경을 일으키냐 하면 세마는 신과 맺은 계약의 문구를 상기시키는 것이기 때문이라고 설명한다. 즉 신이 아담의 자손들에게 '내가 너희의 주가 아니더냐'(Q7:172)라고 말한 것이 그것이었다. 이때 신의 아름다운 음성이 아름다운 음악을 통해 재현됨으로써 인간은 신과의 기억으로 충만해지고 황홀경이 일어나게 된다는 것이다. 그리고 황홀경에 빠진 상태에서 음악에 맞춰 신체적 움직임을 가미하는 것도 충분히 있을 수 있는 현상이라고 보고된다. 특히 세마를 할 때 발을 구르고 손으로 장단 맞추는 것 등을 볼 수 있었는데, 세마에 수반되는 회전춤 등은 메블레비 교단 특유의 수행법으로, 지금도 매우 유명하다.

이러한 논의가 거듭된 결과, 수피들 사이에서 수행법의 하나로 퍼져 나가던 세마는 본래 형식화된 수행이 아니었으나 점차 의례의 형태로 정형화되어 갔

[그림 2] © Mehmet Okutan

는데, 이를 교단 교의의 일환으로 받아들인 수피교단도 있었다.

　메블레비 교단은 13세기경에 터키를 거점으로 창설된 수피 교단이다. 메블레비 교단의 의례가 오늘날과 같은 형태로 정해진 것은 17세기경이었다. 메블레비 교단의 교의에서 기본이 되는 많은 부분은 루미(Jalal al-Din Rumi, d.1273)의 가르침에 근거했다. 루미 자신도 세마를 자주 했던 것으로 알려져 있다. 루미는 자신의 작품에서 갈대피리나 라밥(현악기) 등 여러 가지 음색의 악기를 동원해 빙글빙글 원형으로 춤을 추는 세마의 형태를 묘사했다. 지금도 메블레비 교단의 세마에는 이러한 악기들이 사용되는데, 루미의 시나 예언자에 관한 문구 등이 음악을 배경으로 회전춤의 형태로 연출된다.

　교단에 입문하는 자는 1,001일 동안의 수행 중에 이처럼 정해진 형태의 회전춤과 시를 수련하면서 몸에 익힌다. 오직 이 수행을 마친 사람만이 세마젠(Semazen)이라 불리며 세마를 할 수 있다. 세마는 세마카네(Semakhane)라고 하는 전용 홀에서 이루어지며, 세마를 할 때에는 정해진 의복을 갖춘다. 세마 때에는 텐누레(Tennure)라고 하는 소매와 옷깃이 없는 하얀 가운을 몸에 걸치고, 그

위에 허리까지 내려오는 소매가 달린 하얀 볼레로(Destegul)를 겹쳐 입는다. 허리 부분에는 엘리피네메드(Elifi nemed)라고 하는 장식 띠를 묶는다. 그 위에 키르카(Khirqa)라는 옷깃이 없는 외투를 걸치고, 머리에는 싯케(Sikke)라고 하는 모자를 쓴다. 메블레비 교단의 싯케는 낙타털 펠트로 만든 갈색의 좁고 긴 형태를 한 것이 특징이다.

세마 의식은 세부적으로 일곱 부분으로 나뉘는데, 보다 크게 나눠보면 '술탄 왈라드의 주회(周回) (Sultan Walad Dauri)'라고 하여 모든 세마젠들이 큰 원주를 그리면서 주회하는 부분과 세마라고 하는 회전춤 부분으로 구성된다. 세마젠들은 왼쪽 다리를 축으로 하여 반시계방향으로 회전하는데, 이때 어깨부분까지 들어올린 오른손은 손바닥을 위로 향하도록 하고, 왼손은 손바닥이 아래로 향하는 형태를 유지한다.

이렇게 정형화된 메블레비 교단의 세마 의례가 1500년대 이후 오스만튀르크 제국을 방문한 한 서양인의 여행기를 통해 소개되면서 당시에 퍼지고 있던 이국풍의 상징적인 음악과 댄스 퍼포먼스로 인식되어 서양인에게 인기를 끌었다. 이후, 특히 서구세계에서는 세마가 본래 가지고 있던 종교 의례의 측면보다도 음악과 춤에 유난히 주목하는 경향이 강조되었다. 이제 세마라는 용어는 일종의 문화, 예술적 퍼포먼스로서, 본래의 세마와는 다른 유형의 춤으로 발전했다. 북미지역과 유럽 각지에서 개최되는 음악제 등에서 '세마'가 공연되는 것이 그 전형적인 사례이다.

한편 터키에서는 1922년에 공화제가 성립하면서 1925년 이후로 터키 국내에서 수피 교단의 공적 활동이 금지되었다. 1953년부터는 관광객을 위한 예술적 퍼포먼스라는 조건하에서 세마가 실시되는 것이 현 상황이다. 그러나 터키를 비롯해 세계적으로 세마에 대한 흥미와 관심은 줄어들지 않고 있으며 2008년에는 메블레비 교단의 세마가 유네스코 세계무형문화유산으로 등록되었다.

키워드

세마, 터키, 수피즘, 메블레비 교단, 음악, 수행법

집필자: 키에 이노우에(Kie Inoue)

참고문헌

세마에 관한 고전 수피즘 이론을 다룬 원전

al-Ghazālī, Abū Ḥāmid. 2004. *Iḥyā' 'Ulūm al-Dīn: bi-Dhaylihi, al-Mughnī 'an Ḥaml al-Asfār fī al-Asfār fī Takhrīj mā fī al-Iḥyā' min al-Akhbār: wa-Ma'ahu, Ta'rīf al-Aḥyā' bi-Faḍā'il al-Iḥyā': al-Imlā' fī Ishkālāt al-Iḥyā': Tashyīd al-Arkān fī Laysa fī al-Imkān Abda' mimmā Kān*. 5 vols. Bayrūt : Dār Ṣādir.

al-Qushayrī. 1988. *al-Risāla al-Qushayrīya: fī 'ilm al-Taṣawwuf*. Dimashq / Bayrūt: Dār al-Khayr.

Rūzbihān Baqlī. 1972/1973. *Risāla al-Quds wa Risāla Ghalaṭāt al-Sālikīn*. ed. by Javād Nūrbakhsh. Tihrān: Khurdād-i Mihr.

al-Sarrāj. 1963. *Kitāb al-Luma' fī al-Taṣawwuf*. ed. by R. A. Nicholson. London: Luzac &co.

연구서

During, J. 1988. *Musique et Extase: L'Audition Mystique dans la Tradition Soufie*. Paris: Albin Michel.

Molé, M. 1963. "La Danse extatique en Islam", in *Les danses sacrées : Égypte ancienne, Israël, Islam, Asie centrale, Inde, Cambodge, Bali, Java, Chine, Japon*. Paris : Edition du seuil, pp. 145-280.

메블레비 교단 및 메블레비 교단의 세마에 관한 연구서

Ambrosio, A. F., Feuillebois, E., and Zarcone. T. 2006. *Les derviches tourneurs: Doctrine, Histoire et Pratiques*. Paris: Cerf.

_____. 2010. *Vie d'un Derviche Tourneur: Doctrine et Rituels du Soufisme au XVIIème siècle*. Paris: CNRS Editions.

Gölpınarlı, Abdülbâki. 1963. *Mevlevî: Âdâb ve erkânı: terimler, semâ' ve mukaabele, evrâd ve tercemesi, âdâb ve erkân, Mevlevîlikte dereceler, mesnevî okutmak, metinler*. İstanbul : İnkiilâp ve aka

Lewis. F. D. 2008. *Rumi: Past and Present, East and West*. London: Oneworld.

Schimmel, A. 1980. The Triumphal Sun : A Study of the Works of Jalāloddin Rumi. London: East-West Publications

수피즘과 세마관련 저서

Ernst. C. 1997. *The Shambhala guide to sufism*. Boston: Shambhala.

Leonard Lewisohn (ed.) 1992. *The legacy of mediæval Persian Sufism*. London and New York: Khaniqahi-Nimatullahi Publications.

현대 세마에 관한 연구서

Sharify-Funk, M., Dickson, W. R., Xavier, M. S., 2018. *Contemporary Sufism : piety, politics and popular culture*, New York: Routledge.

44

시칠리아 학파
(Sicilian School)

시칠리아 학파는 13세기 중엽 시칠리아 황제 프리드리히 2세(Friedrich II)의 궁정을 중심으로 문화 운동을 전개한 시파이다. '사랑'을 주제로 북이탈리아에서 성행했던 프로방스풍의 작품들을 시칠리아 방언으로 노래하여 속어 문학이 확립되는데 초석이 되었다. 후일 청신체파(淸新體派, Dolce stilnovo)를 시작으로 단테, 페트라르카, 보카치오는 물론 르네상스의 대표적인 작품들에도 지대한 영향을 미쳤다.

시칠리아와 토스카나 시인들

프리드리히 2세가 생각하는 '궁정(Court)'의 이상은 정치를 추구하는 다른 세속 궁정과는 달랐다. 조실부모한 뒤 교황의 후견으로 시칠리아 왕국의 왕좌에 오른 프리드리히 2세는 강력한 문화지원 정책을 펼쳤다. 지적 호기심이 풍부해 다방면의 지식과 문물을 습득하고 박식한 면모를 갖췄던 황제는 궁정을 중심으로 당대 문화를 집대성하고자 했다. 그의 팔레르모 궁정은 문화가 생산, 순환되는 장소로 기능했고 더 나아가 이슬람의 선진 문물을 편견 없이 수용할 정도로 개방적이었다. 시인들을 중심으로 프로방스 문학을 모방한 독특한 창

[그림 1] 프리드리히 2세 궁전에서 문화 활동을 하는 예술가들의 모습

작풍이 형성되었는데 이와 관련된 일련의 집단을 시칠리아 학파라 한다.

프리드리히 2세 궁정의 공증인이었던 자코모 다 렌티니(Giacomo da Lentini 또는 Iacopo da Lentini, 1210년~1260년)는 훗날 단테에 의해 이 학파의 선구자로 지목된 인물이었다. 렌티니는 프리드리히 2세와 친분이 두터웠던 관계로 시칠리아 서정시풍을 대표하던 인물이었다. 당시 궁정의 시인들 대부분은 황제 프리드리히 2세와 공사의 영역을 넘나들며 교류관계를 유지했다.

프리드리히 2세가 후원한 시칠리아 학파는 프로방스의 '궁정문화' 중 '사랑'의 주제를 받아들였다. 그의 궁정에는 무슬림과 유대인 출신의 인물들이 학자로, 관리로 또는 번역가로 능력에 따라 자유롭게 활동했다. 이슬람 문화에 정통했던 그리스인 테오도로 단티오키아(Teodoro d'Antiochia)는 황제의 아랍어 서간문을 저술했고, 모아민(Moamin)은 아랍어로 쓰인 '조류 사냥술'을 라틴어로 번역했다. 아라비아 숫자를 이탈리아로 들여와 전 유럽에서 사용하게 한 레오나르도 피보나치(Leonardo Fibonacci)의 활약도 팔레르모 궁정의 후원을 받았다.

시칠리아 학파의 문학 작품들은 필사작업을 통해 이탈리아 전역으로 퍼져나갔다. 팔레르모 궁전을 중심으로 발전했던 문학은 필경사들 대부분이 토스카나 출신이었기에 반도 중북부의 토스카나에서 새로운 꽃을 피웠다. 당시 토스카나는 문화, 지리, 경제 그리고 정치의 중심지였으며 언어에 있어서도 강력한 영향력을 행사했다. 반면 시칠리아 학파는 당대의 시대흐름이나 시민계급의 경험을 충분히 반영하지는 못했던 것이 사실이다. 토스카나 시인들은 시칠리아 학파의 창작 방식과 문화모델을 수용하면서도, 다른 한 편으로는 신흥도시와 시민 공동체를 이끌어나갈 구심점 역할을 할 수 있는 주제, 즉 '도덕과 교훈을 담은 사랑'이라는 개념을 확장시켰다.

청신체와 이탈리아 문학의 발생

13세기 시칠리아 학파의 초기 활동은 이탈리아 서정시 운동의 시작이기도 했다. 시칠리아 학파의 독자적인 시학 풍에서 기원된 시문학은 이후 토스카나 시인들의 작품을 통해 찬란한 꽃을 피웠다. 이처럼 시칠리아 학파를 계승한 토스카나 시인들의 집단은 청신체파로 정의되었다. 자치도시들의 성장으로 유럽 다른 나라에 비해 봉건제도의 영향이 상대적으로 적었던 이탈리아의 경우, 알프스 이북의 기사문학보다는 종교와 관련된 종교문학이나 사랑을 다룬 서정시가 유행했다.

피렌체를 중심으로 성립된 '청신체파'의 주된 주제는 '사랑'이었다. 단테의 『새로운 삶』에서 처음 언급된 '청신체'라는 단어는 '새롭고', '감미로운', '문체'를 뜻한다. 청신체 풍의 작품에서 '여성'은 인간의 모습을 한 '천사적 여인'

을 상징했고, 절대자 하나님과 인간을 연결하는 구원자이자 매개체였다. 청신체파에서 사랑은 인간 삶의 기본적인 인식의 원리이자 윤리적 개념이었던 것이다. 이처럼 문학의 사회적 역할을 강조한 청신체파의 문체는 기존과는 다른 '새로운' 문화적 입장을 표명했다.

시칠리아 학파의 문학적 성과를 이어받아 독자적인 문체를 형성한 피렌체의 청신체파는 중세를 르네상스와 연결하는 교두보로서 근대적 성격을 띠고 있었다. 토스카나 문학의 발전은 청신체파와 함께 르네상스 인문주의로 이어지면서 단테, 페트라르카, 보카치오와 같은 위대한 작가를 배출했다.

키워드

시칠리아학파, 프로방스문학, 프리드리히 2세, 궁정문학, 나폴리대학, 토스카나방언, 청신체, 단테, 페트라르카

집필자: 김희정

참고문헌

Cesare Segre e Carlo Ossola. 1999. *Antologia della poesia italiana, Duecento*. Torino. Einaudi.

Gianfranco Contini. 1994. *Letteratura italiana delle origini*. Firenze. Sansoni.

후지사와 미치오 저. 임희선 역. 2005. 『이탈리아에서 역사와 이야기는 같은 말이다』. 일빛.

민혜련. 2013. 『르네상스』, 인문서재.

박상진. 1997. 『이탈리아 문학사』. 부산외국어대학교출판부.

양재홍. 2007. 『프랑스, 이탈리아사』. 지경사.

유럽문학연구회 편역저. 2016. 『이탈리아 문학 바이블 〈인문학 특강〉』. 유페이퍼.

이기성. 2019. 『독일, 프랑스, 이탈리아 역사산책 1』. 북랩.

이상엽. 2003. 「페트라르카의 삶과 시문학 연구」. 『이어이문학 제 12집』. 한국이어이문학회.

양용기. 2016. 『철학이 있는 건축』. 평단.

임석재. 2003. 『땅과 인간: 그리스 로마 건축』. 북하우스.

코우다 미노르. 사이토 시게사부로. 조민경 역. 2016. 『일러스트 자료 세계의 건축』. 에이케이커뮤니케이션즈.

45

십자군 전쟁
(The Crusades)

십자군 전쟁의 배경은 동서양의 문명교류, 트로이 전쟁과 페르시아 전쟁, 그리고 서구의 팽창 욕구 등이었다. 한편 십자군 전쟁의 원인은 종교적, 인종적, 언어적 요인보다 지리 영토적 요인에서 더 큰 의미를 찾을 수 있다.

역사적으로 십자군 전쟁의 원인은 622년 이슬람의 성립과 강력한 이슬람 제국이 건설되었다는 점에서 찾을 수 있다. 종교적 차원에서 십자군 전쟁은 중동의 이슬람에 대한 기독교 유럽의 대응이었다고 말할 수 있다. 632년 무함마드가 사망한 후 이슬람 세계에 등장한 정통 칼리파 제국은 시리아와 소아시아뿐만 아니라 스페인과 시칠리아에까지 영향력을 확대했다. 이와 함께 유럽에서는 게르만족(튜턴족)의 대이동과 군사원정으로 유럽의 정치적 판도가 변화하는 상황이 발생했다. 또한 1009년 이슬람 군사령관 알-하킴(al-Hakim)은 유럽 기독교인의 성지순례 목적지인 예루살렘의 성 분묘교회를 파괴했다. 이로써 소아시아를 통해 예루살렘에 도착하는 성지순례의 여정은 사실상 봉쇄되었다.

십자군 전쟁의 정치적 이유는 셀주크족의 침략으로 지중해 마르모라 해안 지역과 소아시아를 빼앗긴 비잔티움 제국 황제 알렉시오스 콤니노스(Alexius

Comnenus)가 1095년 교황 우르바노 2세에게 지속적으로 도움을 청한 데서 찾을 수 있다. 사실 셀주크 세력은 콘스탄티노플도 위협할 정도로 기세등등했다. 교황은 비잔티움 황제의 요청을, 과거 1009년과 1054년 사이에도 종교적 갈등을 겪었던 로마 가톨릭과 그리스 정교의 재통합을 추진하기 위한 기회로 활용하려 했다.

1095년 11월 26일 교황 우르바노 2세는 프랑스 남동부 클레르몽에서 십자군 원정을 추구하는 성명을 발표했다. 군중들은 'Deus vult(신이 원하신다)'라는 구호를 외치며 원정 참여를 독려했다. 1097년 봄 15만 명의 십자군이 콘스탄티노플에 집결했다. 이들은 대부분 프랑크족과 노르만족이었으며, 일부 하층민들도 참여했다. 십자가를 휘장으로 사용한 1차 십자군의 원정은 이렇게 시작되었다.

십자군 전쟁의 과정

십자가를 소지한 모든 참가자들이 동일한 정신적 동기에 의해 움직인 것은 아니었다. 보헤몬드(Bohemond) 같은 지도자는 공국을 설립하는 데 관심을 가지고 있었다. 피사, 베네치아, 제노바의 상인들은 상업과 무역의 확대에 관심을 기울였다. 낭만적이고 모험적인 사람들은 새로운 활력을 위한 토지를 원했으며, 죄를 지은 사람들은 참회의 기회를 원했다. 이와 같이 경제, 사회적 침체를 겪었던 프랑스, 로렌, 이탈리아, 시칠리아의 대중들에게 십자군 전쟁은 희생이 아니라 구원의 수단이었다.

십자군 전쟁의 횟수에 대해 여러 가지 해석(7회부터 9회)이 존재하지만, 전쟁의 과정과 결과에 대한 해석들은 결코 만족스러운 수준이 아니었다. 왜냐하면 십자군 전쟁은 지속적으로 진행되었으며, 전쟁 사이의 경계를 명확히 설정하는 것이 불가능하기 때문이다.

1193년 3월 4일 이집트의 시타델(알리 모스크)과 다마스쿠스의 압바스 왕조 모스크에서는 살라훗딘(또는 살라딘)의 죽음을 애도하는 의식이 거행되었다. 이집트 아읍조(1171년~1248년)의 술탄이었던 살라훗딘은 이슬람 영토를 침공하여 세력을 확장하고 있던 십자군과 맞서 싸워 예루살렘을 재탈환했다. 그는 이슬람 제국의 단결과 단합을 이끌었고, 기독교 세력으로부터 예루살렘을 방어했으며, 아라비아와 팔레스타인에서 기독교 십자군을 몰아낸 위대한 영웅이었다.

이슬람의 역사에서 이집트 아읍조의 창시자이며 제1의 영웅으로 간주되고 있는 살라훗딘은 재위 기간 동안 시리아와 팔레스타인으로부터 십자군을 축출하는 정책을 일관되게 추진했다. 그의 정책은 3단계로 구분된다.

제1단계(1169년~1174년)는 십자군의 공격에 대한 방어의 시기였다. 살라훗딘은 이 시기에 이집트 파티마조(909년~1171년) 시아파의 지지와 시리아 수니파 왕국 누룻딘(Nuruddin)의 지지를 받아 십자군에 맞섰다. 파티마조의 재상직에서 쫓겨난 루드완은 시리아로 도피하여 모술의 아타벡(터키어로 왕자의 아버지)인 잔지(Zangi)에게 도움을 요청하면서 파티마조의 이븐 살라르도 누룻딘과 살라훗딘에게 이집트 원정을 독려했다. 그는 이집트에서 십자군을 축출하기 위해 누룻딘에게 팔레스타인의 티레를 공격하도록 요청했다. 이는 이집트 문제에 대한 누룻딘의 개입을 의미했으며, 이집트가 십자군에 대항할 자생능력이 없음을 인식시켜주는 계기가 되었다. 또한 살라훗딘에게는 이집트를 공략할 수 있는 적절한 명분과 기회를 제공했다.

제2단계(1174년~1186년)는 이집트의 파티마조가 마지막 칼리파 아디드의 사망(1171년)으로 무너지고, 살라훗딘이 이슬람 세계와 아랍의 영웅적 통치자로 등장하면서 시작되었다. 시아파 이집트인들과 수니파 튀르크인들은 공동의 적이었던 십자군을 이집트로부터 축출한 살라훗딘을 영웅으로 추앙했다. 1174년 누룻딘이 사망하자, 살라훗딘은 아랍과 이슬람 세계의 영웅적 지도자로 부상했다. 그는 십자군의 공격에 대비하기 위해 이집트, 시리아, 메소포타미아, 예멘의 군대를 연합하여 공동 전선을 구축했다. 쿠르드와 튀르크 군대도 살라훗딘 군대에 동참했다. 이제 살라훗딘의 영향력은 서남아시아 지역까지 확대되었다. 이집트에서 살라훗딘은 파티마조의 잔당들을 토벌하고, 시리아와 팔레스타인에 대한 십자군의 공격을 저지하기 위해 1176년 시타델(성채)을 건축했다. 이집트 카이로의 무깟담 언덕에 건설된 이 성채는 아윱조의 행정 중심부이자 군사기지였다. 살라훗딘은 원래 푸스타트(카이로)를 에워싸고 나일강 변을 끼고 도는 거대한 성채를 건설하려 했지만 그의 죽음으로 완성되지 못했다. 현재의 성채와 기자의 다리들, 그리고 대성벽 등은 바하 알-딘 까라꾸슈의 시기에 건설되었다. 시타델은 맘루크 왕조 말기의 오스만튀르크 조의 통치자 무함마드 알리와 깊은 인연을 가지고 있었다. 그는 시타델 내에 자신의 모스크와 궁전을 지었다. 그는 이집트에 대한 통치력을 강화하기 위해 맘루크 왕조의 대신과 장군들을 제거하려는 계획을 세우고, 이들을 시타델의 연회에 초대했다. 1181년 3월 1일 그는 시타델 정문에서 궁전으로 통하는 좁은 통로를 봉쇄한 채 470명에 달하는 맘루크 왕조 지도자들을 학살했다.

　제3단계(1186년~1193년)는 십자군과 성전을 벌인 시기이다. 살라훗딘이 창설한 아랍 연합군대는 십자군을 섬멸하고 축출해야 하는 과제를 안고 있었다. 아랍 연합군과 십자군은 1186년 아라비아반도의 히자즈 해안 카락에서 재격돌했다. 카락 성채의 영주였던 십자군의 레지날드는 히자즈로 향하는 무슬림 순례객 선박을 나포하고 아라비아반도에 대한 공격을 선언했다. 그는 메카의 성지를 공격해 성소를 파괴하려는 계획을 수립했으나 이집트 함대는 그의 함대를 참패시켰다. 이후 양측은 평화협정을 체결했지만, 레지날드는 평화협정을 파기하고 자신의 성채 주변을 지나던 아랍 대상들을 공격했다. 이 사건은 살라훗딘의 십자군에 대한 공격에 명분을 제공했다. 1187년 살라훗딘은 티베리아스 근처의 히틴 전투에서 십자군을 참패시켰다. 이후 그는 팔레스타인을 점령했다. 아크레, 나블루스, 라믈라, 캐사리아, 자파, 아스칼론, 그리고 베이루트 등이 살라훗딘의 수중으로 넘어왔다. 그리고 1187년 10월 2일 살라훗딘은 예루살렘을 점령했다. 십자군의 참패였다.

1187년 살라훗딘의 예루살렘 점령으로 유럽의 군주들과 교황은 그를 재평가하게 되었다. 제3차 십자군 원정은 이들의 최대 관심사가 되었다. 독일의 프레드릭 바르바로사가 이끄는 10만 대군은 소아시아를 거쳐 팔레스타인으로 진격했다. 그러나 이들 중 시리아에 도착한 일부 군인들을 제외하고 십자군의 상당수는 살라훗딘의 명성에 오합지졸이 되어 흩어졌다. 아크레의 십자군은 프랑스 국왕 필립 2세와 영국 국왕 리처드에게 군대의 증원을 요청했다. 이로 인해 사이프러스 섬이 십자군에게 점령당했다. 하지만 제3차 십자군 원정은 실패로 끝났다. 십자군 내부에 의견 차이가 발생했기 때문이다. 프랑스의 필립 2세 군대는 철수했으며, 영국의 리처드 군대만이 무슬림과 대적했다. 리처드 군대의 용맹과 기사도는 무슬림에게 귀감이 되었다. 리처드는 '사자의 가슴' 이라는 별칭을 얻었다.

1192년 영국 리처드 왕과 살라훗딘 사이에 라믈라 평화협정이 체결되었다. 십자군 전쟁으로 인해 예루살렘은 무슬림의 통제하에 놓였으나, 기독교인들의 예루살렘 순례는 허용되었다. 1187년 히틴 전투 발발 전까지 요르단의 서쪽 팔레스타인 영토는 십자군의 영토였다. 그러나 1192년 라믈라 평화협정이 체결된 후 시리아의 티레에서 팔레스타인의 자파에 이르는 협소하고 긴 해안 지역을 제외한 나머지 영토는 무슬림의 통치하에 놓이게 되었다. 평화협정의 체결로 무슬림은 전쟁 기간에 빼앗은 기독교 세계의 유물과 유적을 반환했다.

1199년 살라훗딘은 사망했다. 그는 온화하고 경건했으며 금욕주의자로 알려진 인물이었다. 또한 아랍 기사도 정신의 본보기였다.

살라훗딘과 십자군 전쟁

푸른 눈을 가진 모술의 아타벡 이마드 알-딘 잔지(1127년~1146년)는 십자군 전쟁의 흐름을 이슬람에 유리하도록 이끈 인물이다. 잔지는 십자군 원정에 맞선 선두주자였으며, 그의 영웅적 노력은 살라훗딘에 이르러 절정에 달했다. 셀주크조 술탄 말리크샤의 터키 출신 노예의 아들로 태어난 잔지는 알렙포, 하란, 모술을 포함하는 셀주크조의 잔지 제국(1127년~1262년)을 건설했다. 이 제국은 아타벡들에 의해 건설된 가장 위대한 국가였다. 그는 무너져가는 십자군에 결정적 타격을 가하여 십자군 전쟁의 흐름을 바꿔 놓은 인물이었다.

십자군 전쟁에서 이슬람의 대의명분을 내세워 승리한 잔지는 아들 누룻딘(믿음의 빛) 마흐무드에게 시리아의 통치권을 넘겨주었다. 누룻딘은 알렙포를 수도로 삼았다. 부친보다 더 유능했던 누룻딘은 프랑크 군대와 대등하게 맞선 두 번째 인물이었다. 1154년 그는 다마스쿠스를 뚜그티긴(Tughtigin)의 후계자와 싸우지 않고 접수했다. 이로써 잔지 제국과 예루살렘 사이의 마지막 장애물이 제거되었다. 하지만 팔레스타인에서는 이슬람의 기치가 그렇게 성공을 거두지 못했다. 이곳에서 이슬람을 지켜낸 보루는 아스깔란(Asqalan)이었다. 무슬림은 이 도시에서 50년 동안 프랑크 군대와 맞서 싸웠으나, 1153년 예루살렘의 발드윈 3세(Baldwin Ⅲ)에 의해 함락되었다. 이로써 기독교 십자군은 이집트로 가는 통로를 확보했다.

살라훗딘은 쿠르드족 출신으로서, 1138년 티그리스 강변의 티크리트에서 출생했다. 부친 아윱(Ayyub; Job)은 아타벡 잔지에 의해 바을라박(Baʾlabak)의 사

령관으로 임명되었다. 살라훗딘은 젊은 시절을 시리아에서 교육을 받았지만,
이 시기에 대해서는 알려진 것이 거의 없다. 분명한 것은 그가 초기에 신학 공
부와 토론에 관심을 보였다는 사실이다. 그는 1164년까지 대중들 앞에 모습을
드러내지 않았다. 하지만 내키지 않았던 이집트 원정을 삼촌과 동행하게 되면
서부터 지도자의 소질을 드러냈다. 이집트 원정을 통해 그가 얻게 된 두 가지
소망은 이집트의 시아파 이슬람을 수니파 이슬람으로 대체하는 것과 기독교
프랑크 군대에 대항해 성전을 수행하는 것이었다. 1169년 파티마조의 재상직
에 오른 그는 1171년 금요일 합동 예배에서 파티마조 칼리파 알-아디드의 이
름을 대신해, 압바스 칼리파 알-무스타디의 이름을 언급했다. 이로써 살라훗
딘의 아윱조가 탄생하게 되었지만, 이 중대한 변화는 조용한 상황 속에서 진
행되었다.

　살라훗딘은 기독교 프랑크 군대에 대항하는 성전을 벌이기 위해서는 시리
아에 대한 무슬림 통치권 및 정치력 확보가 가장 중요한 선행조건이라는 사
실을 알게 되었다. 당시 시리아는 그의 사령관이자 영주인 누룻딘이 통치하고
있었다. 얼마 지나지 않아 두 사람의 관계는 뒤틀리기 시작했고, 1174년 누룻
딘이 사망하자 살라훗딘은 이집트에서 독립을 선언했다.

　시리아 북부 지역에서 십자군과 대결을 벌이는 과정에서 살라훗딘은 자
신의 무슬림 정적들이 보낸 암살단에 의해 두 차례나 암살당할 위기에 처했
었다. 그 이전에 암살단은 누룻딘에 대한 암살을 시도했으나 실패했다. 반
면 파티마조의 알-아미르를 암살하는데는 성공했다. 당시 시리아에서 가공
할 위력을 발휘했던 암살단에 의해 희생당한 십자군 최고위 인물은 트리폴리
의 레이몬드 3세(1140년~1187년)와 예루살렘의 왕으로 새로 선출된 몬페라토
(Montferrat)의 콘라드(1140년~1192년)였다. 1176년 살라훗딘은 암살단의 원로
라쉬드 앗-딘 시난(Rashid ad-Din Sinan)의 본거지인 마스야드(Masyad)에 대해 봉

쇄조치를 취했다. 하지만 그는 더 이상 암살시도를 하지 않겠다는 암살단의 약속을 받고 봉쇄조치를 철회했다.

암살단의 위협이 사라지자 살라훗딘은 프랑크 군대를 공격하는 데 전념할 수 있었고, 연전연승했다. 1187년 7월 1일 그는 티베리아스(Tiberias)를 6일 동안 봉쇄한 끝에 점령했다. 7월 3일과 4일에는 히틴(Hittin 또는 Hattin) 전투가 발발했다. 이 전투는 무슬림들의 합동 예배일인 금요일에 발생했는데, 살라훗딘은 금요일에 전투하는 것을 선호했다. 히틴 전투는 프랑크 군대에게 매우 비참한 결과를 안겨주었다. 프랑크 군대는 약 2만 명이 참전하였지만 거의 모두 열병과 갈증으로 사망했다. 프랑크 군대의 점령지역은 대부분 살라훗딘의 수중으로 넘어갔다.

히틴 전투의 패배로 프랑크 군대의 운명은 끝이 났다. 히틴 전투에서 수비대를 잃은 예루살렘은 1주일간 봉쇄를 당한 후 항복했다. 1187년 10월 2일 예루살렘의 알-아끄사 모스크에서는 무앗진(muʾazzin: 이슬람에서 예배를 알리는 사람)의 목소리가 기독교의 종소리를 대신했다. 그리고 알-아끄사 사원의 바위의 돔(The Dome of the Rock) 위에 걸려있던 황금 십자가는 살라훗딘의 부하들에 의해 철거되었다.

기독교 십자군 왕국의 수도 예루살렘을 정복한 살라훗딘은 프랑크 군대가 지배했던 시리아와 팔레스타인의 대부분을 수중에 넣었다. 그는 일련의 성공적인 원정으로 십자군 요새의 대부분을 점령했다. 히틴 전투에서 최정예 부대를 잃은 십자군은 더 이상 저항할 수 없었다. 지하드 정신으로 무장한 살라훗딘의 이슬람 군대는 북쪽으로 진격한 끝에 1189년 알-라디끼야(al-Ladiqiyyah: Laodicea, Latakia), 자발라(Jabalah), 시흐야운(Sihyawn), 카락(al-Karak), 그리고 샤우박(al-Shawbak)을 점령했다. 이와 함께 살라훗딘 군대는 1189년 말에 샤끼프 아르눈(Shaqif Arnun), 카우캅(Kawkab) 그리고 사파드(Safad) 등도 정복했다. 이제 프랑크 군대는 이 지역에서 거의 사라질 위기에 처하게 되었고, 안티오크, 트리폴리, 티레 그리고 소규모 도시와 성들만을 유지했다.

살라훗딘의 예루살렘 정복은 기독교 유럽을 자극했다. 유럽 군주들 간의 불화를 대신해, 무슬림 살라훗딘에 대한 적대감은 극에 달했다. 독일 황제 프레드리히 1세, 영국의 왕 사자 왕 리처드 1세, 프랑스 왕 필립 아우구스투스는 십자가를 들어 올렸다. 이 세 명의 국왕은 서유럽에서 가장 강력한 권력을 가진 통치자들로써 새로운 십자군 전쟁(1189년~1192년)을 시작했다. 제3차 십자군은 숫자상 가장 대규모 군대를 동원했다. 동양과 서양의 전설과 로맨스에서 제3차 십자군 전쟁의 사자 왕 리처드 1세와 이슬람의 영웅 살라훗딘의 관계는 많은 관심을 끌었던 소재이다. 제3차 십자군 전쟁을 가장 먼저 시작한 국왕은 프레드리히 1세였다. 그는 육로를 통해 진군했으나, 시칠리아에서 강을 건너다 익사했다. 이로 인해 그의 군대 대부분은 본국으로 귀환했다. 리처드는 진군을 계속하다 도중에 사이프러스를 정복했다. 이후 사이프러스는 성지에서 쫓겨난 십자군들의 마지막 피난처가 되었다. 한편 성지에 있던 십자군은 아카를 실지 회복을 위한 주요 거점으로 정했다. 프레드리히 1세 군대의 일부와 프랑스 왕의 파견대는 아크레로 집결했다. 예루살렘 정복 당시 다시는 살라훗딘에게 무기를 들지 않겠다고 약속한 후 풀려났던 귀(Guy) 왕도 아크레 공격에 가담했다. 살라훗딘은 이튿날 아크레에 도착하여 진지를 구축했다.

십자군의 아크레 공격은 육지와 해상에서 동시에 진행되었다. 영국의 사자 왕 리처드의 참가는 십자군에게 커다란 용기를 주었다. 십자군은 아크레를 봉쇄했다. 살라훗딘과 리처드 왕은 전쟁 도중 선물도 주고받았지만 만나지는 않았다. 프랑크 십자군은 함대와 신식 대포를 보유하고 있었으며, 살라훗딘은 단일 지휘체계라는 장점을 가지고 있었다. 살라훗딘은 압바스 왕조 칼리파에게 도움을 요청했지만 아무런 소용이 없었다. 결국 아크레의 이슬람 수비대는 항복할 수밖에 없었다. 항복의 두 가지 조건은 수비대를 석방하는 조건으로 20만 개의 금괴와 성 십자가를 반환하는 것이었다. 하지만 석방 대가로 약속한 금액이 한 달이 넘도록 지불되지 않자 리처드는 포로 27명을 처형했다. 그의 결정은 살라훗딘이 예루살렘을 정복했을 때 기독교 포로들을 대우했던 것과는 완전히 대조적이었다. 그 당시 살라훗딘은 포로들의 몸값을 규정하기는 했지만 수천 명의 가난한 사람들에게는 이를 면제해 주었다. 더욱이 살라훗딘은 동생의 요구를 받아들여 천여 명의 가난한 포로들을 석방했으며, 주교의 요청을 받아들여 일단의 포로들을 또 석방하기도 했다. 동생과 주교의 요청에 감동을 받은 살라훗딘은 수많은 여성과 어린아이들을 포함한 나머지 포로들을 아무런 대가 없이 석방했다.

이제 아크레는 십자군 리처드 왕과 이슬람군 살라훗딘의 통치하에서 기독교와 이슬람의 공동성지로 간주되었던 예루살렘의 역할을 대신했다. 양 진영의 협상이 진행되면서, 낭만적 인물이었던 리처드는 자신의 여동생을 살라훗딘의 동생 알-말리크 알-아딜(al-Malik al-Adil)과 결혼시키고, 예루살렘을 두 사람의 결혼 선물로 주어 기독교와 이슬람 세력 간의 싸움을 끝내자고 제안했다. 또한 그는 1192년 5월 29일 알-아딜의 아들 알-말리크 알-카밀(al-Malik al-Kamil)에게 기사 작위를 수여했고, 두 사람은 1192년 11월 2일 평화협정을 체결했다. 협정에 따르면 지중해 연안지역은 십자군이 관리하고, 내륙은 이슬람 군대가 관리하며, 예루살렘으로 가는 순례객을 방해하지 않는다는 내용이 포함되었다. 이후 살라훗딘은 수개월 동안 평화를 유지했다. 하지만 그는 1193년 2월 19일 55세를 12일 남긴 채 다마스쿠스에서 열병으로 사망했다. 그의 무덤은 다마스쿠스 우마이야 사원 내에 있다. 아직도 그의 무덤은 시리아 다마스쿠스에서 가장 많은 무슬림이 즐겨 찾는 명소로 알려져 있다. 그는 수니파 이슬람의 단순한 영웅이나 용사가 아니었다. 그는 학자들을 후원했고, 신학 연구를 장려했으며 제방을 만들었고 운하를 건설했으며 학교와 사원들을 건설했다. 그가 건설한 기념비적인 건축물 중에는 이집트 카이로의 성채(시타델)가 있다.

살라훗딘은 파티마조를 무너뜨리고 칼리파 궁전의 보물들을 가신과 군인들에게 모두 나누어주었다. 그는 아무것도 가지지 않았다. 또한 그는 누룻딘의 재산에도 손을 대지 않았으며, 이를 누룻딘의 상속인에게 넘겨주었다. 살라훗딘이 죽고 난 후 가족들에게 남겨진 재산은 47디르함과 금괴 한 덩어리뿐이었다. 그는 하룬 알-라쉬드와 바이바르스와 함께 오늘날까지 아랍인들의 기억속에 남아 있는 가장 위대한 인물들 중 한 사람이다.

지중해 문명교류에 미친 영향

이슬람의 관점에서 십자군 전쟁은 지중해 문명교류에 정신적, 물질적, 문화적으로 많은 영향을 끼쳤다고 말할 수 있다. 유럽 기독교 사회가 십자군 전쟁을 일으킨 원인은 교황권의 강화, 국왕 권력의 강화와 중앙집권화, 상업과 무역의 발달, 이슬람 문화와의 접촉을 통한 사회적, 경제적, 과학적 발전이었다. 하지만 십자군의 패배는 유럽 기독교 사회에 커다란 충격을 안겨주었다. 기독교 사회 내부에서 종교적 권한의 확대를 노렸던 교황권은 오히려 더욱 실추되었다. 그리고 이슬람 지역과 인도와 중국으로 진출해 이득을 극대화하려던 상인들의 희망과 새로운 무역로 개척을 위한 염원은 수포로 돌아갔다. 십자군 전쟁의 승리로 새로운 영토를 확보하고 막대한 이득을 취하려던 왕들의 정치적 의도도 실패했다. 유럽이 십자군 전쟁을 통해 얻은 소득은 이슬람 문화에 대한 새로운 인식과 이슬람 신문화의 유입이었다. 당시 이슬람권의 문화는 세계 최고의 문화적 역량을 자랑하고 있었다.

지중해 문명교류 차원에서 십자군 전쟁으로 최대의 경제적 이익을 얻은 집단은 상인계층과 무역업자들이었다. 십자군 전쟁에 참가했던 유럽 기독교인들은 미지의 이슬람 세계에서 이질적이면서도 발전된 형태의 묘한 매력을 발견했다. 전쟁의 연속적인 패배로 십자군은 이슬람 세계를 넘을 수 없는 벽으로 간주하며 경외심을 느끼기 시작했다. 이슬람 문화는 이들에게 새로운 인식 및 동경의 대상이 되었다. 십자군 전쟁을 통해 다양한 이슬람 문화가 지중해권 및 유럽으로 전파되었다. 아랍·이슬람권의 커피 문화도 십자군 전쟁을 통해 유럽으로 전파되었으며, 이후 유럽은 커피 문화의 중심지로 발전했다. 이와 함께 그리스 철학의 중용정신을 토대로 형성된 지중해 문화의 우수성과 유럽 철학의 강점은 십자군 전쟁으로 그 의미와 중요성을 잃어버리기 시작했다. 또한 기독교유럽은 이슬람 문화권의 새로운 정신적 중용과 인내와 관용을 직접 체험하면서 오히려 이슬람 문화에 대해 새로운 인식을 가지기 시작했다.

ㄴ키워드ㄱ

십자군 전쟁, 살라훗딘, 아윱조, 이슬람, 기독교, 잔지, 누룻딘, 예루살렘 성지순례, 교황 우르바노 2세, 파티마조, 히틴전투

집필자: 황병하

참고문헌

김정위. 2002. 『이슬람문화사』. 서울: 탐구당.

버나드 루이스, 이희수 옮김. 1995. 『중동의 역사』. 서울: 까치.

손주영. 2005. 『이슬람』. 서울: 일조각.

스탠리 레인 폴, 이순호 옮김. 2003. 『살라딘』. 서울: 갈라파고스.

아민 말루프, 김미선 옮김. 2002. 『아랍인의 눈으로 본 십자군 전쟁』. 서울: 아침이슬.

이희수 외. 2001. 『이슬람』. 서울: 청아출판사.

정수일. 2002. 『이슬람문명』. 서울: 창작과비평사.

조주르 타트, 안미정 옮김. 1998. 『십자군 전쟁』. 서울: 시공디스커버리.

조 지무쇼, 안미정 옮김. 2017. 『지도로 읽는다. 한 눈으로 꿰뚫는 전쟁사도감』. 서울: 이다미디어.

피터 프랭코판, 이종인 옮김. 2018. 『동방의 부름』. 서울: 책과함께.

황병하. 2009. 『이슬람역사』. 광주: 조선대학교출판부.

Asbridge, Thomas. 2004. The First Crusade: A New History. Oxford: Oxford Univ. Press.

Hillenbrand, Carole. 1999. The Crusades: Islamic Perspectives. London: Routledge.

46

아랍시
(Arabic Poetry)

아랍시는 이슬람 이전 시대(자힐리야 시대)부터 현재에 이르기까지 아랍인의 삶이 기록된 역사이다. 아랍 소설이 18세기 말경 서구에서 도입된 장르인 것과는 달리, 아랍시는 아랍인의 자긍심이기도 하다. 아랍시와 아랍 시인은 형식의 변화와 상관없이 언제나 아랍과 이슬람의 대변인이었다. 이슬람 이전 시대에는 부족과 부족장의 대변인이었고, 이슬람 초기에는 사도 무함마드와 이슬람의 대변인이었다. 이후 이슬람 제국 시대에는 통치자들과 이슬람의 대변인이었다. 근대 이후에는 각 국가와 민족의 대변인으로서 그 역할을 다하고 있다. 하지만 1988년 이집트의 소설가 나집 마흐푸즈가 노벨문학상을 수상한 이래로 아랍시는 소설에 자긍심의 자리를 내 준듯하다.

까씨다

아랍시의 역사는 이슬람 이전 약 450년 또는 500년부터 시작되었다. 이슬람 이전 시대의 아랍시는 베드윈의 가장 중요한 문학적 표현이며 삶의 역사였다. 이 시대의 가장 중요한 시적 장르는 까씨다로, 당시에 이미 완전한 형태를 갖추고 있었다. 까씨다는 장편 서정 정형시라고 정의할 수 있다. 시인은 청중들 앞에서 시를 낭송했는데, 그 주제는 사랑, 애도, 칭송, 비방, 묘사 등 다양했다. 까씨다는 형식적으로 처음부터 끝까지 하나의 운율(율격과 운)을 유지해야 했고, 내용적으로는 도입부, 이행부, 본 주제의 3중 구조로 되어 있었다. 각 부족은 적어도 한 명 이상의 시인을 두었으며, 이들은 부족의 대변인으로서 뿐만 아니라 제사장, 전사로서의 역할도 담당했다.

이슬람 이전 시대에 가장 유명하고 출중한 까씨다는 무알라까였고, 이들을 모아 놓은 시선집은 『무알라까트』였다. 무알라까는 '걸렸던 것'이라는 의미인데, 유명한 시를 선정해 금물로 써서 카으바신전에 걸었다고 해서 붙여진 명칭이다. 일반적으로 『무알라까트』의 시인들로는 이므룰 까이스, 따라파 빈 알압드, 주하이르 이븐 아비 술마, 라비드 빈 라비아, 아므르 빈 쿨숨, 안타라 빈 알샷다드, 알하리스 빈 힐리자의 7명이 거론된다.

아랍인들은 7세기 초 이슬람을 유일 신앙으로 받아들이면서, 아라비아반도를 넘어 북아프리카와 레반트로 진출했다. 영토의 확장과 더불어 아랍시의 영향력도 확대되었다. 무엇보다 아랍시의 큰 변화는 역할의 변화였다. 이슬람 이

[그림 1] 바드르 샤키르 알사이얍의 동상과 「사랑이었나」 일부

전 시대 까씨다의 역할이 부족을 대변했다면, 이슬람 이후에는 사도 무함마드와 이슬람을 대변했다. 아랍시가 경우에 따라 이슬람을 선전하고 옹호하는 주요 수단이 된 것이다. 주제의 변화는 크지 않았지만 시의 많은 부분에 코란의 구절이 인용되는 등 이슬람의 절대적인 영향력 하에 놓이게 되었다. 형식에 있어서는 자힐리야 시대의 까씨다가 그대로 유지되었다.

이후 서로는 알 안달루스로부터 동으로는 중앙아시아에 이르는 대제국을 건설한 우마이야 시대(661년~750년)와 압바스 왕조 시대(750년~1258년)에도 아랍시는 까씨다였다. 제국의 시대에도 까씨다는 자힐리야 시대의 형식을 공고히 유지하면서 내용적으로는 시대정신을 반영했다. 우마이야 시대를 대표하는 시인들로는 아크탈, 파라즈다끄, 자리르를 들 수 있으며, 노골적인 연애시를 썼던 우마르 빈 아비 라비아 또한 유명했다. 압바스 왕조 시대는 아랍문학의 황금기라 할 수 있었으며, 아부 누와스, 아부 탐맘, 밧샤르 빈 부르드, 무타납비, 우마르 카이얍, 아부 알라 알마아르리, 잘랄루딘 루미 등이 아랍시의 황금기를 이끌었다.

무슬림 안달루시아에서는 동부 아랍 세계에서 찾아볼 수 없는 특징적인 시 형태가 발전했다. 특히 전통적인 까씨다의 형태와 주제를 추구하면서도 다른 한편으로는 전통 관습에서 벗어나려는 노력의 일환으로 노래시인 무왓샤하가 탄생되었다. 대중적인 경향의 무왓샤하는 복수 운, 서정성, 음악성이 그 주요한 특징이었으며, 이후 동부 무슬림 세계와 유럽 문학에 커다란 공헌을 했다.

1258년 압바스 왕조가 몰락한 때부터 나폴레옹의 프랑스 군대가 이집트를 점령하게 되는 1798년까지의 터키 시대는 맘루크 시대(1258년~1517년)와 터키 시대(1517년~1798년)로 구분된다. 맘루크의 지배는 비아랍인인 맘루크들이 통치하던 이집트가 파괴된 바그다드를 대신해 이슬람 세계 동부지역의 문화 중심지였던 시기였다. 이 당시 이슬람 세계는 여러 군소 국가들로 분열된 상태였으며 아랍 문학의 위상도 크게 약화되었다. 하지만 아랍어는 여전히 공용어와 문학어의 위치를 유지하고 있었다. 그러나 터키 시대 초기에는 아랍문학이 점차 독창성이나 창조력, 상상력, 생명력을 상실해 갔으며, 말기에는 공용어도 아랍어에서 터키어로 바뀌는 등 아랍문학이 암흑의 시대로 접어들었다.

한편, 아랍 세계는 1798년 프랑스 나폴레옹이 이집트를 침공하면서 물밀듯이 밀어닥친 서구 문학의 자극과 민족적 각성에 의해 이집트와 레바논, 시리아를 중심으로 문예부흥(나흐다)이 시작되었다. 문예부흥은 먼저 오랜 침체기 동안 버려졌던 황금기의 아랍시 문학, 즉 까씨다를 되살리는 작업에서부터 시작되었다. 이들 신고전주의 시인들은 까씨다의 부활이야말로 서구 기독교 문화에 대한 저항이라고 생각했다. 문예부흥의 선구자는 마흐무드 사미 알바루디였다. 그는 이집트의 군인이자 시인이었으며, 이런 이유로 그는 칼과 펜의 시인으로 불렸다. 신고전주의의 또 다른 시인들은 시인들의 왕자로 평가받은 아흐마드 샤우끼와 나일강의 시인 하피즈 이브라힘 등이었다. 이들은 시인의 역할이 시대정신을 표현하는 것으로 생각해 당시의 수많은 정치, 사회적 사건들을 까씨다 형식을 통해 표현했다.

자유시

현대 아랍시, 즉 자유시는 서구시의 영향으로 까씨다가 변화된 산물이었다. 1798년 나폴레옹의 이집트 침공 이후부터 본격화된 서구 문화의 영향과 더불어 문학에서도 서구의 영향이 거세졌다. 이러한 영향에 자극을 받은 아랍 시인들은 20세기 초부터 서구시를 적극 수용하는 동시에 시대정신을 표현할 수 있는 새로운 주제들과 형태들을 실험하기 시작했다.

낭만적이고 주관적인 주제들과 안달루시아의 무왓샤하와 같은 유절시, 단일운을 탈피하려는 무운시에 대한 실험은 칼릴 무뜨란에 의해 시작되었다. 이러한 실험은 이집트의 디완그룹 시인들(압두라흐만 슈크리, 이브라힘 압둘까디르 알마지니, 압바스 왕조 마흐무드 알악까드)에 의해 발전되었으며, 아부 샤디와 아부 알까심 알샵비를 필두로 하는 아폴로학파에 의해 본격화되었다. 특히, 1920년대 미국으로 이주했던 이주학파 시인들(칼릴 지브란, 일리야 아부 마디 등)은 자유로운 문학 환경에 힘입어 유절시, 무운시뿐만 아니라 산문시 형식까지 실험함으로써 까시다의 형식적 족쇄를 거의 탈피했다. 이렇듯 1920년대부터 1940년대 말까지 진행된 아랍 세계 내부의 변화는 자유시를 위한 공고한 토대가 되었다.

이러한 토대 위에서 1947년 아랍 세계 최초의 자유시가 발표되었다. 이라크 시인들인 바드르 샤키르 알사이얍의 「사랑이었나」와 나직 알말라이카의 「콜레라」가 바로 그것이었다.

هل كان حبًّا

هل تسمين الذي ألقى هيمًا؟
أم حنونًا بالأماني؟ أم غرامًا؟
ما يكون الحبّ؟ نوحًا وابتسامًا؟
أم خفوق الأضلع الحرّى، إذا حان التلاقي
بين عينينا، فأطرقت، فرارًا باشتياقي
عن سماء ليس تسقيني، إذا ما؟
جئتها مستسقيًا، إلا أو أما
***
العيون الحور، لو أصبحن ظلًا في شرابي
جفت الأقداح في أيدي صحابي

[그림 2] 바드르 샤키르 알사이얍의 동상과 「사랑이었나」 일부

447

1948년 팔레스타인 붕괴와 영국의 계관시인 T. S. 엘리엇의 『황무지』가 아랍어로 번역된 사건은 아랍시의 형태가 자유시로 바뀌는 전기가 되었다. 팔레스타인 붕괴는 아랍인들을 황무지와 같은 마음 상태로 만들었으며, 시인들은 엘리엇이 『황무지』를 썼던 자유시 형태를 통해서만이 자신들의 참담한 현실을 제대로 표현할 수 있다고 생각했다. 따라서 죽음과 부활의 신화를 주요 매개체로 사용했던 탐무즈 시인들은 자유시 형태를 통해 아랍의 부활을 희망했다. 대표적인 탐무즈 시인들로는 이라크 시인들인 바드르 샤키르 알사이얍과 압둘와합 알바야티, 레바논 시인들인 유숩 알칼과 칼릴 하위, 시리아 시인인 아도니스가 있었다. 특히, 아도니스(알리 아흐마드 사이드)는 최근 계속해서 노벨문학상 후보에 거론됨으로써 아랍시의 위상을 드높이는데 일조하고 있다. 그 외에도 아랍 세계에 널리 알려진 시인으로는 사랑과 여성의 시인 니자르 깝바니와 팔레스타인 민족시인 마흐무드 다르위시를 들 수 있다.

현대 아랍시는 매우 다양하다. 아랍 세계가 20여 개 국가들로 독립한 지 100년이 되어가면서 각 국가만의 독특한 시문학이 형성, 발전되고 있다. 이제는 아랍시가 아니라 사우디아라비아시, 이집트시, 이라크시 등으로 불려야 마땅하다. 물론 아직까지 아랍어와 이슬람이라는 공통분모가 굳건히 유지되고는 있지만, 통일 이슬람 제국 시기와 그 이전의 아랍시와는 다른 특성들이 나타나기 때문이다.

┌ 키워드 ┐

아랍시, 까씨다, 자유시, 무알라까트, 무왓샤하

집필자: 임병필

참고문헌

김능우. 2012.『무알라까트』, 서울: 한길사.

송경숙 외. 1992.『아랍문학사』, 서울: 송산출판사.

임병필. 2006.『아랍시의 자유와 전통』, 서울: 화남출판사.

임병필. 2013.『현대 아랍시의 정체성 찾기』, 서울: 이담북스.

R.A. 니콜슨. 사희만 역. 1995.『아랍문학사』, 서울: 민음사.

47

아랍어 문자
(Arabic Letters)

아라비아반도 베드윈의 고유한 문자인 아랍어 문자는 기원전 7세기 코란
을 정경화(正經化)하는 과정에서 비약적으로 발전했다. 이슬람의 확장과 함께
이슬람 제국의 공용어가 된 아랍어는 중세 지중해 지역의 문화어로 발전했다.
아랍어 문자도 아랍뿐만 아니라 페르시아, 터키, 인도와 중국에 이르기까지 이
슬람 문화권의 공식 문자로 발전했다. 이슬람 문화가 인종과 국경을 초월한
탈지역문화의 성격을 갖고 있는 만큼, 아랍어 문자도 다양한 민족과 문화적
배경을 가진 이들이 아랍어 문자 발달에 기여했다는 초지역적 특징을 갖고
있다.

나바트어 문자에서 아랍어 문자로

아랍의 문자 체계는 이슬람 이전 시대에도 있었지만 문자로서의 수준은 원
시적인 단계에 머물러 있었다. 아랍인들의 전통적인 유목 문화의 관습으로 기
록 문화보다는 구전 문화가 발달했기 때문에 기록의 수단인 문자의 발달이 다
른 문화권에 비해 상당 기간 지체될 수밖에 없었다.

아랍어 문자의 기원에 대해서는 다양한 의견이 있다. 그 중에는 전설이나

신화적인 내용에 기초하는 추상적인 견해도 있다. 첫 번째 주장은 신수설(神授說)이다. 이 주장에 따르면 아랍어 문자는 알라의 선물로, 아랍인의 조상인 이스마일에게 알라가 가르쳤다고 한다. 다분히 종교, 신화적인 성격을 띠고 있다. 두 번째는 힘야르인들의 서체에서 파생되었다는 주장이다. 아라비아반도 남부의 예멘 지역에 힘야르인이 고도의 문명을 갖춘 힘야르왕국(기원전 115년~기원후 500년)을 건설하였고 이들에 의해 아랍어 문자가 발달했다는 주장이다. 이슬람 이전 남부 아라비아에 사바(Sabah)와 까타반(Qataban) 그리고 힘야르 등의 고대 왕국이 번성한 것은 사실이나, 힘야르인들의 문자가 아랍어 문자의 기원이 되었다는 구체적인 증거는 아직 제시되지 않고 있다. 세 번째는 페니키아 문자에서 파생되었다는 주장이다. 페니키아인들은 이집트 상형문자와 메소포타미아의 쐐기 문자를 수용하여 그들만의 독특한 문자를 만들었다. 그리고 이들의 문자는 고대 그리스를 통해 유럽으로 퍼져 나가 라틴어 알파벳으로 발전했다. 동시에 아라비아반도의 아랍인들이 페니키아 문자를 수용하여 아라비아반도의 문자를 만들었다는 주장이 있는데, 이 역시 구체적인 근거는 갖고있지 않다. 네 번째는 나바트인들의 문자와 서체에서 파생되었다는 주장이다. 아라비아반도의 중앙에 거주하던 베드윈들이 북쪽으로 이동한 후 나바트(현재 요르단 남서부지역) 지역에 정착했고 이들이 현재 요르단의 페트라를 수도로 나바트 왕국을 건설했다. 나바트인들은 아람어에서 파생된 나바트어 문자 체계를 만들었다. 나바트왕국은 기원후 7세기 말에 로마에 의해 멸망했지만 그들의 문자 체계는 아랍인들에 의해 계승 · 발전되어 아랍어 문자로 발전되었다는 주장이다. 현재는 아랍어 문자의 기원에 대한 주장 중 네 번째 주장이 가장 설득력을 얻고 있다.

불완전 문자(Scriptio defectiva)에서 완전 문자(Scriptio plena)로

원시 상태에 머물러 있던 고대 아랍어 문자는 셈어 계통인 아랍어의 일종인 나바트어 문자를 수용함으로써 한 단계 발전할 수 있었다. 다만 개별 언어의 문자 체계로서는 많은 문제점과 한계를 갖고 있었다.

대표적인 문제점은 아랍어 모음의 표기 부재와 개별 음운을 표시할 수 있는 아랍어 문자의 부족이었다. 원시 아랍어는 자음만을 표기하는 셈어의 특징을 고수하고 있었고, 여러 음운을 한 가지 자음으로 표시하고 있어 언어적 혼란을 초래했다. 이는 아랍어 문자와 관련된 표기의 문제일 뿐만 아니라 아랍어 자체의 발달에 결정적인 장애가 되었다. 따라서 아랍어 문자 체계의 발달은 혼란을 줄 수 있는 자음의 구분과 모음, 즉 발음을 정확하게 하기 위한 노력을 의미했다. 이러한 노력은 코란을 정확하게 후대에 전달하기 위해 코란 필사의 필요성이 제기됨에 따라 아랍어 문자의 발달을 더욱 가속화시켰다.

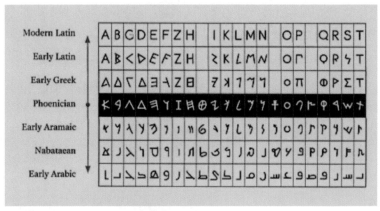

[그림 1] 아랍어 문자와 지중해 문자들의 상관성

현존하는 자료 중에서 최고(最古)의 아랍어 문자 체계를 확인할 수 있는 자료는 시리아에서 발견된 비문으로 512년경에 기록된 것으로 추정된다. 이 비문에 사용된 문자는 나바트어에서 발달된 초기 아랍어 문자로 15개의 자음과 3개의 장모음(/ā/, /ī/, /ū/)으로 구성되었다. 그러나 비문의 분석 결과 일부 자음은 2개 이상의 다른 음소를 표시하는 경우도 있어 총 음소의 수는 28개로 확인되었다. 즉, 15개의 자음으로 28개의 음소를 나타냈다. 예를 들면, /ٮ/는 /b/, /n/, /t/, /th/를, /ح/는 /ḥ/, /kh/, /j/를, /د/은 /d/, /dh/을, /ر/는 /r/, /z/를, /س/은/s/, /sh/를, /ع/은 /ʕ/, /gh/를 /ڡ/는 /f/, /q/음을 나타냈다.

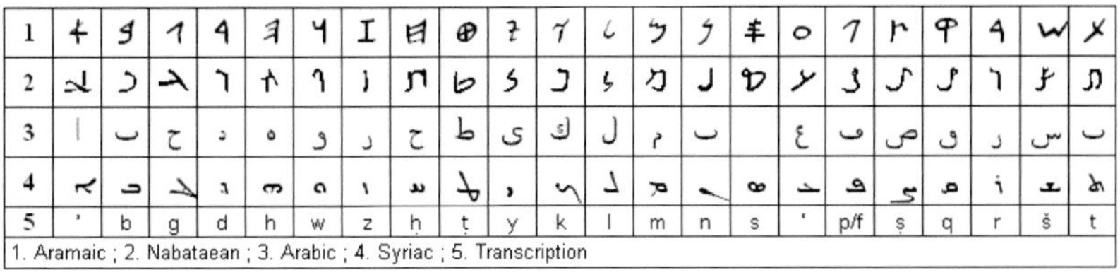
1
2
3
4
5
' b g d h w z ḥ ṭ y k l m n s ' p/f ṣ q r š t
1. Aramaic ; 2. Nabataean ; 3. Arabic ; 4. Syriac ; 5. Transcription
[그림 2]

동일한 자음으로 표기되지만 다양한 소리로 발음되는 이 음소들은 조음점이나 조음 방법에 있어 공통점을 찾을 수 없고 개별 음소들 간 관련성도 없다. 즉, 개별 발음을 표기할 수 있는 문자가 발달하지 못하여 발음은 있지만 해당 발음을 표기할 수 있는 문자가 없는 상태(Scriptio defectiva)가 무함마드 사후에도 지속되었다. 무함마드 본인이나 정통 꾸라[1]들은 문자의 혼란에도 불구하고

1 사도 무함마드의 인정을 받은 코란을 완벽하게 외운 암송가

문맥을 통해 코란을 읽었기 때문에 암송하는 데 어려움이 없었다. 하지만 무함마드와 꾸라들이 사망함에 따라 정확한 코란의 보존과 관련해 심각한 문제가 제기되었다. 특히, 제1대 칼리파인 아부 바크르에 의해 코란이 정경화되기 시작하는 과정에서 정확한 코란의 발음을 기록하고 보존하는 것은 무엇보다 중요했다. 이를 해결하는 과정은 아랍어 문자의 분화였으며 구체적으로는 구별점(dot)을 활용해 자음을 분리하는 것이었다. 구별점을 활용하여 자음을 구분하는 방법은 당시에 나바트어나 시리아에서 이미 일반적으로 사용되고 있는 방안이었기 때문에 아랍어가 자음의 분화를 위해 이 체계를 수용하는 데는 별다른 문제가 없었다. 따라서 복수의 음소를 표시하던 기존의 아랍어 문자인 /ب/, /ح/, /د/, /ر/, /س/, /ع/, /ص/ 등에 점의 수와 위치를 조정하여 다양한 음소를 나타내게 되었고 그 결과 아랍어 문자는 28개로 분화되었다. 623년에 이집트에서 기록된 코란 텍스트에서는 구별점을 활용한 코란 구절이 기록된 점으로 보아 정통 칼리파시대에 아랍어 문자 체계가 정착되고 있었음을 알 수 있다.

아랍어 모음 체계는 7세기 중엽 바스라의 총독이었던 지야든 이븐 수프얀(Ziyad ibn Sufyan, d.674)이 당시의 대문법가이자 아랍어 문법의 체계를 구축한 아부 아스와드 두알리(ʔabū ʔaswād ad-Duwalī, d.688)에게 코란의 순수성을 보존할 방법을 강구하라고 지시함으로써 본격화되었다.

아부 아스와드 두알리는 코란뿐만 아니라 아랍어 필사에 있어 모음의 부재가 의미의 혼란을 초래하고 있다는 문제점을 충분히 인지하고 있었다. 모음의 부재로 인해 코란의 구절들이 잘못 암송되고 있는 것을 인식한 아부 아스와드 두알리는 이를 해결하기 위한 방안으로 구별점을 이용한 모음의 표기, 즉 'tashkīl'로 불리는 모음 체계를 고안해 냈다. 'tashkīl'은 '형성' 또는 '결합'이란 의미의 아랍어 어휘로써 자음만 표기하는 셈어의 쓰기 체계에 모음을 더한다는 의미를 갖고 있었다. 구별점은 강세나 변이음의 표기를 위해 문자에 더해지는 보조적인 장치로 문자의 위나 아래 또는 문자 자체에 병기되어 표시되기도 했다. 라틴어에서는 주로 변이음의 표기를 위해 구별점이 사용되었고, 프랑스어에서는 동음이의어(同音異議語)의 표기를 위해 사용되기도 했다. 히브리어에서는 모음의 표기를 위해 사용되었고, 아랍어에서는 모음과 묵음의 표시, 자음의 구분, 한정과 비한정의 표시 등에 구별점이 사용되었다. 이처럼 구별점의 사용은 아랍어만의 독특한 특징이라기보다는 대부분의 언어에서 볼 수 있는 보조적 언어 장치라 할 수 있다.

아부 아스와드 두알리는 자신이 코란을 읽을 때 서기들에게 자신의 입 모양에 따라 코란에 붉은색과 푸른색의 구별점을 찍게 했다. 즉, 입이 벌어지면(fatḥah) 글자 위에, 입이 갈라지면(kasrah) 글자 아래에, 입이 둥글게 만나면(ḍammah) 글자 옆에 점을 찍도록 했다. 그리고 비음(n)을 동반하면 2개의 점을 찍도록 했는데, 이는 탄윈의 표시였다. 위의 전승에서 /fatḥah/는 /a/모음을, /kasrah/는 /i/모음을, /ḍammah/는 /u/모음을 의미했다. 아랍어의 3모음인 /a/, /i/, /u/를 의미하는 /fatḥah/, /kasrah/, /ḍammah/는 아랍인들이 고안해낸 독창적인 용어는 아니었다. 아람어의 일종인 시리아어의 /a/모음을 의미하는 /pĕṭāḥā/(열림), /i/모음을 의미하는 /ḥĕbāṣā/(수축), /u/모음을 의미하는 /ʕĕṣāṣā/(누름)의 차용어로 보인다. 또한 아부 아스와드 두알리는 함자와 중복 자음을 표시하는 기호도 고안했다. 아랍어 자음 중 /ع/에 착안해서 그 윗부분의 모양으로 함자를 만들었다. 히자즈 방언에서는 함자의 발음을 실현하지 않고 장모음화하는 경향이 있었다. 하지만 자힐리야시대의 시와 코란에 함자가 실현되었기 때문에 히자즈 출신의 서기들은 함자를 받아들였고 아부 아스와드 두알리가 이의 표기부호를 고안한 것이다.

이러한 구별점은 아부 아스와드 두알리가 구별점을 발명하기 이전인 기원후 7세기의 코란 필사본에서는 발견되지 않았다. 기원후 8세기 이후 출간된 코란 필사본에서는 혼란을 줄 수 있거나 필요한 부분에만 부분적으로 구별점이 사용되기 시작했다. 이는 아랍인들이 구별점의 사용에 있어 매우 조심스럽게 접근했음을 입증해 주고 있다. 10세기 이후의 코란 필사본에서는 구별점이 코란 필사의 한 부분으로 자리 잡은 것을 확인할 수 있다. 이 체계는 칼리파 핫자즈(Al-Hajjaj Ibn Yousuf al-Thaqafi, 694년~714년) 시대에 더욱 정교해졌고, 나쓰르 이븐 아심, 야히야 이븐 야으마르, 이븐 아비 이쓰학을 거쳐 알 칼릴 이븐 아흐마드(Al-Xalīl ibn ʔaḥmad, d.791)에 이르러서 현재 사용하고 있는 모음 기호로 정착된 것이다.

구전 문화의 관습 때문에 체계화된 문자 체계를 갖지 못했던 아랍어는 코란의 기록이라는 종교적 이유로 문자 체계가 빠르게 발전했다. 이슬람의 출현과 코란의 기록은 아랍인들의 삶 자체뿐만 아니라, 아랍인들의 문자 체계 발달에도 결정적으로 기여했다. 자음도 분화되어 있지 않고 모음 체계도 갖추어져 있지 않던 불완전 문자(Scriptio defectiva)가 28개의 자음, 장단 모음 체계, 묵음, 그리고 이중 자음들을 모두 갖춘 완전 문자(Scriptio plena) 체계로 발전하였다. 중세 지중해의 대표적인 문자 체계로 발전하는 데 대략 2세기가 걸렸다.

글로벌 문자 체계

오늘날 아랍어 문자는 아랍어를 모어로 하는 아랍 연맹 22개 국가의 표준 문자일 뿐만 아니라, 이란어와 쿠르드어를 비롯해 우르두어, 신디어, 카슈미르어, 펀잡어, 파슈토어, 위구르어, 카자흐어, 키르키스어 등 중앙아시아의 언어들이 아랍 문자를 차용해 사용하고 있다. 터키어, 말레이어, 인도네시아어, 스와힐리어도 현재는 라틴 문자를 사용하고 있으나, 20세기 중반까지 아랍 문자

를 채택했었다. 아랍어 문자의 발전 과정을 통해 볼 때, 아랍어 문자는 기존의
나바트어 문자 체계를 근간으로 하고 있고, 이슬람의 영향으로 아랍인뿐만 아
니라, 페르시아와 중앙아시아 등을 포함한 다양한 인종과 문화권의 지식 체계
가 포함된 글로벌 문자 체계라 할 수 있다. 또한 아랍어 칼리그라프를 통해서
예술로 승화된 문화 예술어이기도 하다.

┌ 키워드 ┐

아랍어 문자, 나바트어, 자음, 모음, 구별점, 아부 아스와드 두알리, 지야든 이븐 수프얀 아브
바크르, 꾸라, 무함마드

집필자: 윤용수

참고문헌

공일주. 1989. 『아랍어 언어학 개론』. 서울. 외대문화사.
윤용수. 2002. 셈어의 발달과 분화에 관한 연구-아랍어를 중심으로-. 『지중해지역연
    구』 제4권 2호.
Al-Anbārī, Ibn. 1963. *Nuzha*. Attia Amer(ed.). Stockholm.
Chejne, Anwar G. 1969. *The Arabic Language Its Role in History*. Minneapolis. Univer-
    sity of Minneapolis Press.
Hitti, P.K. 1968. *History of the Arabs: From the Earlist times to the Present*. New York.
    Macmillan ST Martin's Press.

Versteegh, K. 1993. *Arabic Grammar of Quranic Exegesis in Early Islam*. Leiden. E.J. Brill.

https://lh5.googleusercontent.com/tgRiHf6dHyfgp1yeSdpkF7MHxnIkkOjRt26Z-qtSzFHxD2nvcENKPPvc_sf0vnJ_X5xT18Erj7oRHbUAMZxkK51tnSC5SKKx-a4QcSMhyvsqy5YekZK0N9WJ9gi1KIZ7Y8hmbjKDGA(아랍어와 지중해의 언어)

https://upload.wikimedia.org/wikipedia/commons/b/b3/Aram_nabat_arab_syriac.png(원시 아랍어 문자 체계)

48

아랍어 칼리그라프
(Arabic Calligraphy)

아랍어 문자의 칼리그라프는 이슬람 공동체에서 높은 예술적 가치와 종교적 권위를 가지는 예술 분야이다. 형상을 구현하는 것을 우상 숭배로 간주하여 금기시하는 이슬람의 특성상 기독교의 성화(聖畫)와 같은 구상 예술은 이슬람 공동체에서 종교적으로는 발달하기 힘들었다. 이를 대체한 것이 아랍어 칼리그라프였다.

아랍어 칼리그라프는 서체 그 자체로 사용되었지만, 도자기, 금속 공예품, 동전, 일반 건축물과 이슬람 사원과 성소(聖所)의 장식 등 건축물과 예술 작품의 장식으로 거의 전 분야에 걸쳐 활용되거나 응용되었다. 또한 코란이 필사되는 과정에서 다양한 서체가 발달했고, 아랍어 칼리그라프는 무슬림들의 신앙심, 종교적 자부심 및 긍지와 관련하여 이슬람 예술의 대표적인 장르로 정착했다. 아울러 이슬람교가 아랍인의 민족 종교가 아닌 범(汎) 지중해 문명의 종교로 발전함에 따라 아랍어 칼리그라프는 국경과 민족을 초월한 세계적인 예술로 발전하게 되었다.

바그다드에서 태어나 이스탄불에서 성장한 아랍어 칼리그라프

아랍어 칼리그라프는 코란의 정경화(政經化), 즉 아랍어 문자 체계의 발전과 밀접한 관계를 가지며 발전했다. 코란이 계시되고 정경화된 기원후 7세기~8세기 이전까지 아랍어 문자는 문자로서의 체계화된 구조를 갖추지 못하고 있었다. 그러나 무함마드 사후에 코란 정경화가 시작되고, 코란이 기록되어 가는 과정에서 아랍어 문자 체계의 한계를 느낀 당대의 이슬람 지도자들은 아랍어 문자를 포함한 아랍어의 개발에 본격적인 관심을 갖게 되었다. 이 과정에서 아랍어 문자가 소리에 따라 분화되고, 모음 부호가 만들어지는 등 개별 언어로서의 체계를 갖추어 갔다. 또한 코란을 기록해 나가는 과정에서 아랍어 서체에 대한 관심이 자연스럽게 형성되었다. 초기의 아랍어 칼리그라프는 비교적 간단한 형태였으나 시간이 흐름에 따라 점점 장식성을 더해 추상화되어 갔다. 특히, 이슬람이 아라비아반도를 넘어 북아프리카, 페르시아, 이베리아반도로 영토를 확장해 나감에 따라 지역별로 다양하게 변형된 아랍어 칼리그라프가 나타나게 되었다. 또한 시대별로도 아랍인, 페르시아인, 투르크인 등이 이슬람 세계를 지배함에 따라 개별 민족의 특징과 재능도 아랍어 칼리그라프에 반영되었다. 즉, 아랍어 칼리그라프는 시대와 공간을 아우른 채 이슬람 전 지역에서 다양한 이유와 목적에 따라 개별 문화와 특징을 반영하고 계속적으로 발달해 왔다.

무함마드 사후의 정통 칼리파 시대에는 코란을 보존해야 한다는 종교적 목적하에 코란을 기록하는 과정에서 아랍어 서체가 발전했다. 정통 칼리파 시대 이후 최초의 아랍-이슬람왕조인 우마이야왕조(660년~750년)에서는 국가 체계가 확립됨에 따라 행정과 상업적인 목적을 위해 쿠피체 등 다양한 아랍어 칼리그라프 서체가 발전했다. 아랍 이슬람 문화의 황금기였던 압바스 왕조

(750년~1258년) 시대에 칼리그라프는 비약적으로 발전하여 학문적으로도 연구되었다. 기하학과 심미적인 법칙들이 적용되었고 서체의 표준화가 이루어져 Thuluth, Naskh, Muhaqqaq, Ruqaa와 Tawqi 등 사용 목적에 따라 다양한 서체들이 발전했다. 투르크인들이 장악했던 맘루크왕조 시대에도 칼리그라프는 계속해서 발전했다. 특히, 오스만제국 시대에 칼리그라프는 눈부신 발전을 했다. 이스탄불의 서예가들은 기존의 서체를 발전시켰을 뿐만 아니라 Diwani, Jeli Diwani, Tughra'a와 Siyaqat 등 독특한 새로운 서체를 개발했다.

결국 아랍어 칼리그라프는 아랍인들에 의해 시작되었지만, 우마이야와 압바스 왕조를 지나면서 비아랍계 무슬림들인 마왈리들이 크게 발전시켰다. 즉, 아랍어 칼리그라프는 이슬람의 지배 권력이 아랍인⇒페르시아 마왈리⇒투르크 마왈리로 옮겨가고, 그 중심도 메카⇒다마스쿠스⇒바그다드⇒카이로⇒이스탄불 등 동부 지중해의 여러 지역으로 이동했지만 발전을 멈추지 않았다. 따라서 "아랍어 칼리그라프는 바그다드에서 태어나 이스탄불에서 성장했다."라는 표현은 아랍어 칼리그라프의 발전 과정과 성격을 적절히 대변해 준다.

서체인 동시에 예술인 아랍어 칼리그라프

아랍어는 각 문자를 연결해서 쓰는 필기체의 특징을 갖고 있기 때문에 아랍어 필사가들은 자신의 창의력을 발휘하여 다양한 서체를 발전시켜 왔다. 아랍어 칼리그라프는 초기에는 코란의 기록을 위해 발전했지만, 점차 코란의 기록과 함께 장식 예술로 발전하며 다양한 종류로 발전했다.

① 마일(Mail) 서체

마일 서체는 현존하는 아랍어 칼리그라프 중 최고(最古)이다. 아랍어에서 /

ma?il/은 '기울어진', '경사진'이라는 의미로 왼쪽 위에서 오른쪽 아래로 다소 경사진 형태의 문자로 기록되어 있다. 경사진 형태의 문자는 히자즈 지역에서 발견된 초기 아랍어 문자 형태중의 하나인 남부 아랍어 무스나드체의 영향을 받았다. 현존하는 코란 필사본 중 최고(最古)의 필사본인 우스만본도 마일 서체로 작성된 것이며 양피지에 기록되어 있다. 마일 서체는 아랍어가 완전한 문자 체계를 갖추기 전의 서체로서 현재의 아랍어 정서법과 차이가 있으며 초기 아랍어 서체인 쿠피 서체에 영향을 주었다.

② 쿠피(Kūfi) 서체

쿠피 서체는 마일 서체에서 파생된 것으로 아라비아반도뿐만 아니라 이슬람화된 지역인 북부 아프리카와 중앙아시아 및 안달루시아에서도 널리 사용되었다. 쿠피 서체는 병영 캠프(Ummah)에서 문화적 역량을 갖춘 대표적인 이슬람 도시로 발전한 이라크 남부의 쿠파에서 발달한 서체이다. 쿠피 서체는 8세기 이후 약 300년 동안 코란을 기록하는 대표적인 서체로 사용되었다. 이후에도 쿠피 서체는 한층 장식적이며 유연한 특징을 가진 서체로 발전하였으며 실용적인 목적을 위해 사용되기도 했다. 쿠피 서체는 우아하고 통일된 문자 체계로, 정사각형과 원형의 구조를 함께 갖고 있는데 세로선은 짧고 가로선은 길게 처리되었다. 이 서체는 건축물보다 책의 기록과 장식에 적합한 서체였으나 도자기의 장식에도 많이 활용되었다. 쿠피 서체는 압바스 왕조 이후 장식을 위한 서체로 점차 발달함에 따라 코란의 필사보다는 건축의 명각을 위해 주로 사용되었다. 특히, 쿠피 서체를 이용한 장식은 기둥, 미나렛, 복도와 벽 등 대부분의 이슬람 건축물에서 발견할 수 있다. 시대와 왕조의 변화에도 불구하고 쿠피 서체는 계속 사용되었기 때문에 이 서체를 통해 연대기 및 지역별 서체의 변화와 발달 과정을 파악하는 것이 가능하다.

③ 술루스(Thuluth) 서체

술루스 서체는 아랍어 서예가들이 기본적으로 습득해야 하는 서체 중 하나였다. 'thuluth'는 아랍어로 '1/3'의 의미이며, 칼리그라피를 위한 표준 펜이 24개의 말갈기로 된 반면, 술루스 서체를 위한 펜은 표준 펜의 1/3인 8개의 말갈기로 된 펜을 사용하기 때문에 붙여진 이름이다. 이 서체는 7세기 우마이야 왕조 시대에 발달하기 시작했으나 압바스 왕조 시대의 대표적 서예가인 이븐 무끌라(Ibn Muqla, 939년 사망)에 의해 완성되었다. 술루스 서체는 이슬람 사원의 벽, 민바르(Minbar), 돔, 건물의 전면, 박물관과 신문의 머리기사나 책 제목에 주로 사용되는 등 장식에 적합한 서체이다. 또한 술루스 서체는 코란 각 장(Surah)의 시작부분이나 경구의 기록에 사용되기도 했다.

④ 나스크(Naskh) 서체

'naskh'는 '복사'란 의미로 코란과 하디스와 책의 기록에 사용된 것에서 유래한 명칭이다. 쿠피 서체로 기록되던 코란은 압바스왕조 이후에는 나스크 서체로 대체되었다. 이 서체는 다른 서체에 비해 비교적 읽고 쓰기가 용이해 코란의 필사 이외에 일반적인 기록에도 사용되었다.

⑤ 파리스(Farsi) 서체

이 서체는 페르시아인들이 주로 사용했다. 아랍인들에 의해 정복된 후 페르시아에 아랍어 문자가 도입되고 아랍어는 이 지역의 공식어가 되었다. 페르시아인들은 필기에 우수한 재능을 발휘했다. 그들은 기존의 서체에 장식을 더하고 독특한 미를 갖춘 그들만의 서체를 발전시켰다. 서예가의 취향에 따라 글자의 크기와 굵기 그리고 길이가 다양해졌다. 파리스 서체는 문학 작품과 시집의 기록에 주로 사용되었으며, 이란, 인도, 아프가니스탄 등에서 주로 사용되었다.

⑥ 루끄아(Ruqa) 서체

루끄아 서체는 오스만튀르크왕조의 술탄 압둘 마지드 칸(Abd Al-Majd Khan, 1839~1861) 시대에 뭄타즈 베 무스타파 에펜디(Mumtaz Bek Mustafa Effendi)에 의해 만들어졌다. 아랍어에서 'ruqʕa'는 '천의 한 조각'을 의미하며 작은 종이 조각에 기록된다고 해서 붙여진 명칭이다. 루끄아 서체는 단순화된 서체의 특징을 갖고 있다. 이 서체는 술루스와 나스크 서체에서 파생되었으며 직선의 아름다움으로 유명하다. 루끄아 서체는 쉽고 명료하여 개인의 편지와 같은 일반 필사외에도, 책과 잡지의 제목 및 상업용 광고판, 현수막, 포스터 등에 널리 사용되었다.

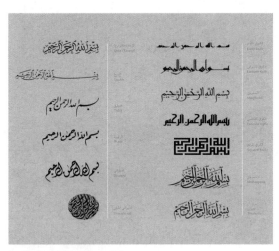

[그림 1] 다양한 아랍어 서체

이슬람의 태동·성장·확산과 그 맥을 같이 하는 아랍어 칼리그라프

아랍의 격언 중에 "서체는 육체를 통해 표현되는 영혼의 형상이다." 라는 표현이 있을 정도로 서체는 아랍인들의 사랑을 받는 대표적인 예술 장르이다. 또한 아랍인들과 무슬림들의 기질과 재능을 담고 있는 문화적 성취이기도 하다. 아랍어는 코란을 통해서 발달했고, 아랍어 칼리그라프 역시 아랍·이슬람 문화와 그 맥을 같이 하고 있다. 다인종, 다문화를 담고 있는 이슬람 공동체 속에서 아랍어 칼리그라프는 그들을 연결시키고 묶어 주는 매개체였으며 시대, 공간적 교류를 통해 발전해 왔다.

아랍어 칼리그라프는 직선과 곡선과 각을 함께 가지고 있으며 크기와 길이의 조절도 자유롭다. 분리되어 있지만 동시에 상호 연결되어 있는 아랍어 칼리그라프의 독특한 형식은 다양성 속에서 통일성을 지향하는 이슬람 공동체의 특징을 대변하고 있다. 이슬람 세계에서 아랍어 칼리그라프는 다인종으로 구성된 이슬람의 단결, 통일, 아름다움과 그 힘을 상징적으로 보여준다. 기원후 9세기 이후에 이슬람으로 개종한 페르시아인 마왈리들은 자신들의 예술적 재능을 발휘하여 칼리그라프를 한 단계 더 발전시키고 그 적용 범위도 확대했다. 이들은 정교하게 수가 놓인 실크에 칼리그라프를 이용해 장식을 추가했고 건물의 타일에도 이를 적용했다. 건축물의 장식에 적용된 칼리그라프 기술은 십자군전쟁 시대에 서방 기독교 사회에도 전파되었다.

아랍어 칼리그라프는 이슬람의 태동·성장·확산과 그 맥을 같이 하고 있으며, 현재 전 세계 인구의 25%를 차지하는 무슬림들의 찬사를 받으며 그들 자부심의 상징한다. 이슬람이 특정한 민족이나 인종 국가의 종교가 아닌 범세계적인 종교란 점을 감안할 때, 아랍어 칼리그라피에 대한 이해와 평가도 지역예술이 아닌 세계 예술로 이해되어야 하고, 분리가 아닌 통합과 소통의 시각에서 파악되어야 할 것이다.

키워드

아랍어, 칼리그라프, 이슬람, 쿠피, 나스크, 술루스, 파리스, 루끄아

집필자: 윤용수

참고문헌

김호동(역). 2003.『이슬람 1400년』. *The World of Islam*, Bernard Lewis(ed.). 서울: 까치
    글방.
윤용수. 2009. "아랍어 문자와 서체의 발달 과정".『지중해지역연구』제11권 3호. 지중
    해 지역원
Baker, Colin F. 2007. *QURAN Manuscripts Calligraphy, Illumination, Design*. London:
    The British Library.
https://pbs.twimg.com/media/EQ00A8WUYAArurb.jpg(이슬람 서체)

49

아랍의 시칠리아 정복
(Arab Conquest of Sicily)

아랍의 시칠리아 지배는 827년 시작되어 비잔티움제국의 마지막 거점인 타오르미나(Taormina)가 함락된 902년까지 지속되었다. 다시 말해 아랍의 시칠리아 통치는 단기간이 아니라 75년에 걸쳐 지속되었다.

무슬림의 초기 공격

존 베그널 베리(John Bagnell Bury)에 따르면 "시칠리아는 작물의 소출이 많은 땅으로 자체적으로 가치가 높다. 지중해 해역의 중앙에 위치한 이 섬은 상업적으로 또는 정치적으로 동부 해상 세력에 있어 최고로 중요한 곳이 되었다. 아프리카의 야심적인 통치자에게 이 섬은 이탈리아와 아드리아 해로 통하는 관문이었다." 이런 이유로 시칠리아는 일찍이 무슬림들의 공격 목표가 되었고, 무슬림 해군이 시리아와 이집트에서 조직되자마자 시칠리아는 이들의 공격에 노출되었다.

비잔티움 황제 콘스탄스 2세는 661년~668년에 시칠리아에 머물렀다. 그리고 시칠리아 방어를 위해 690년경 시칠리아에 테마(Thema, 軍管區制)를 설치하고 그 테마의 스트라테고스(Strategos, 군 사령관으로 군정[軍政]과 민정[民政]을 겸한 자)

로 하여금 이탈리아 남부지역에 흩어져 있던 비잔티움 제국 소유지들을 통치하도록 했다. 이러한 방어전략 때문에 시칠리아는 한동안 이렇다 할 침공을 받지 않았다. 시칠리아가 비잔티움의 방어전략 때문에 무슬림의 적극적인 공격을 받지 않았던 것은 사실이지만 무슬림이 북아프리카를 완전히 장악한 후 이베리아 정복에 집중하고 있었기 때문이기도 했다.

하지만 북아프리카와 스페인에서 무슬림의 권력 다지기가 어느 정도 완성되자 상황은 달라졌다. 이프리키야(Ifriqiya, 튀니지를 비롯한 로마 시절 아프리카 속주 지역)의 통치자인 압드 알-라흐만 알-피흐리(Abd al-Rahman al-Fihri)는 시칠리아를 처음으로 공격할 계획을 수립하고, 752년~753년에 시칠리아와 사르디니아(Sardinia)에 대한 공격을 시도했다. 하지만 그의 계획은 한 베르베르인의 모반으로 좌절되었다.

그 후 북아프리카에는 아글라브(Aghlabids) 왕조가 세워짐으로써 시칠리아에 대한 무슬림의 정복은 훗날로 미루어지게 되었다. 799년 아글라브 왕조의 창시자인 이브라힘 이븐 알-아글라브(Ibrahim ibn al-Aghlab)가 압바스 왕조 칼리파인 하룬 알-라시드(Harun al-Rashid)에 의해 이프리키야의 태수로 임명되어 튜니지(Tunisia)에서 사실상 독립적인 왕국을 세울 수 있었다. 이 시기부터 820년 대까지 아글라브 왕조는 북아프리카 서쪽 이드리스(Idrisids) 왕조와 긴장관계를 유지했다. 이브라힘은 805년 시칠리아의 비잔티움 통치자와 10년간 휴전을 결정하고 시칠리아와 교역했다. 그리고 이 휴전은 이브라힘의 아들과 계승자 아불-압바스(Abu'l-Abbas)에 의해 813년에 갱신되었다.

에우페미오스(Euphemios)의 반란

아글라브 왕조와 비잔티움 간 평화는 827년 시칠리아 섬 함대 지휘관인 에우페미오스가 일으킨 반란으로 중단되었다. 북아프리카 아글라브 왕조의 통치자들은 이 반란을 시칠리아를 공격할 기회로 삼았다. 11세기 비잔티움 역사가인 요한 스킬리체스에 따르면, 826년 미카엘 2세(820년~829년) 황제는 포테이노스(Photeinos)를 시칠리아 테마의 스트라테고스로 선임했고, 신임 스트라테고스는 에우페미오스에게 해군 통솔을 맡겼다. 하지만 후대의 설명에 따르면 에우페미오스는 젊은 수녀를 사랑하여 그녀를 납치했다는 날조된 고발로 기소되었고 황제는 포테이노스에게 그 문제를 조사해서 기소된 내용이 사실이라면 에우페미오스의 코를 자르라는 지시를 내렸다. 에우페미오스는 아프리카 해안에 대한 원정에서 돌아오는 도중 자신이 체포될 것이라는 사실을 알게 되자, 시라쿠사로 가서 그곳을 점령했다. 그 당시 에우페미오스는 시칠리아 섬의 여러 군사 지도자들의 지지를 얻어 포테이노스에 의한 시라쿠사 탈환공격을 격퇴시켰을 뿐만 아니라 포테이노스를 카타나까지 추격하여 체포한 후 처형했다. 이 사건이 있은 직후 그는 시라쿠사에서 스스로 황제로 자처하면서 콘스탄티노플로부터 독립을 선포했다.

반란을 일으킬 당시 에우페미오스는 아랍 사료에 발라타(Balata)로 알려진 인물과 팔레르모의 지휘관인 그의 사촌 미카일의 도움을 받아 시라쿠사를 점령했다. 하지만 그는 비잔티움 제국 군대에 의해 패배하면서 소수의 지지자들과 함께 이프리키야로 항해해 그곳에서 카이루안(Kairouan)에 있는 아글라브 왕궁에 사절단을 보내 자신이 시칠리아를 정복하는 데 도움을 줄 것을 요청했다. 요한 스킬리체스에 따르면 "그가 로마인들(비잔티움인들)의 황제가 되면 시칠리아 전체를 (아프리카의 통치자에게) 넘겨줄 것이며 매년 공물도 바치겠다고 약속했다. 아미르는 이러한 약속에 동의하면서 에우페미오스를 로마인들의 황제로 선포하고 그에게 많은 수의 군사를 제공했다."고 한다.

그 당시 시칠리아의 비잔티움 군대는 773년 2,000명이던 것을 899년까지 그대로 유지했다. 이에 반해 무슬림 원정군은 보병 10,000명과 기병 700명으로 구성되었다. 이들 가운데 대부분은 이프리키야의 무슬림과 베르베르족이었고, 일부는 페르시아계 쿠라산인(Khurasanis)이었다. 함대는 에우페미오스의 선박을 포함해 70척 혹은 100척으로 구성되었다.

무슬림의 서부 시칠리아 병합(827년~859년)

무슬림들은 시칠리아의 서부지역을 먼저 공격했다. 그 이유는 네 가지로 볼 수 있다. 첫째, 시칠리아 서부지역은 동부지역에 비해 북아프리카와 더 가깝다. 이는 군인수송이나 물자수송에 유리했다. 둘째, 시칠리아 동부지역은 서부지역에 비해 산이 많아 군사작전 시 물자 조달이나 식량 조달이 용이하지 않고 적군의 매복 등 전쟁수행이 용이하지 않다는 것이었다. 셋째, 시칠리아 서부지역은 동부지역에 비해 비잔티움인들이 거주하고 있던 이탈리아 남부와 발칸반도로부터 멀리 떨어져 있었다. 또한 비잔티움은 821년 슬라브인 토마스의 반란으로 3년간 내전을 치르면서 큰 손실을 입었다. 또한 함대의 손실이 컸을 뿐만 아니라 이베리아 반도에서 온 무슬림이 크레타를 점령하게 되어 시칠리아를 전적으로 도와줄 수 있는 상황도 아니었다. 넷째, 시칠리아의 권력과 부(富)가 동부지역에 쏠려있어 서부지역민들의 불만이 매우 컸다.

827년 6월 17일 아사드는 100척이 넘는 선박에 보병 10,000명과 기병 700명을 태우고 수사(Susa)에서 출발해 시칠리아 서부 마자라(Mazara)에 상륙했다. 아사드의 군대는 지역적인 약탈을 감행하면서 고대 로마시대의 도로를 따라 섬을 가로질러 동남부지역인 발 디 노토(Val di Noto)의 시라쿠사를 포위했다. 그러나 아사드 군대 내에 전염병이 발생하고 베네치아로부터 지원을 받은 비잔티움 함대들이 적절한 시기에 도착함으로써 포위 작전은 실패로 돌아갔다. 아사드는 시칠리아가 생각보다 정복하기 어렵다는 것을 느꼈다. 그래서 그는 상대방을 하나 하나 해체하는 방식을 통해 전쟁을 서서히 진행시켜 시칠리아를 정복하기로 결정했다. 당시 아사드 군대는 시라쿠사로부터 마자라로 후퇴를 하면서 시칠리아 남동부에 위치한 미네오(Mineo)에서 포위되어 거의 몰살될 뻔 했다. 이에 아글라브 왕조는 시칠리아의 1/3을 차지하는 서쪽지역인 발디 마자라(Val di Mazara)를 공략하는 데 집중했다. 당시 권력은 아글라브 왕조 아랍 준드(jund, 통치 엘리트), 사칼리바(Ṣaqāliba, 중부 유럽/발칸 기원의 노예), 이프리키야의 비(非)아랍계 파견대, 다시 말해 아프리카 남부 사하라 출신 군대 그리고 미네오에서 포위된 무슬림을 구출하러 왔던 베르베르족 모험가 아스바흐 이븐 와킬 (Aṣbagh ibn Wakīl)이 이끄는 토르토사(Tortosa) 출신의 안달루시아 군인들로 구성된 연립정부가 갖고 있었다. 그 후 859년부터는 크레타의 일부 무슬림도 전투에 가담했다.

831년 9월 연립정부 군대는 거의 1년 동안의 포위 끝에 팔레르모(Palermo)를 함락시켰다. 이븐 알-아티르(Ibn al-Athīr)에 따르면 팔레르모의 토착민은 70,000명에서 3,000명으로 줄어들었다. 그 후 무슬림들은 이탈리아 남부 칼라브리아 지역을 공격했다. 아글라브 왕조의 지휘관들은 칼라브리아 지역의 방어가 허술하기 때문에 속전속결로 밀어붙이는 전략을 세웠다. 무슬림들이 시칠리아를 처음 공격할 때쯤 이탈리아반도 남부는 베네벤토(Benevento) 공작이 통치하고 있었다. 832년 초 나폴리는 시카르드(Sicard)의 베네벤토 군주에 의해 포위당했는데, 이때 무슬림들에게 도움을 요청했다. 이것은 나폴리와 무슬림 간의 첫 번째 동맹이었다. 3년 후 이들은 브린디시(Bríndisi)를 함께 공격했다. 이처럼 이탈리아반도에 대한 무슬림의 공격은 간헐적으로 이루어졌다. 그럼에도 불구하고 이탈리아반도 남부에서 이루어진 무슬림-기독교 간 관계의 발달과 관련된 사건은 세 가지가 있다. 첫째, 무슬림들이 베네벤토의 분열과정에서 역할을 했다는 것이다. 둘째, 로마에 대한 해상 공격을 포함한 무슬림들의 습격 활동은 경제적, 정치적 그리고 선전적으로 효과가 있었다는 것이다. 셋째, 바리(Bari)와 타란토(Taranto)에 무슬림 아미르국(Amirate)을 세웠다는 것이다. 830년대 이탈리아 남부지역을 공격했던 무슬림들은 847년 바리에 무슬림 아미르국을 세웠다. 이는 840년대 초반에 자신들이 정복했던 시칠리아 서부에 안정을 가져오기 위한 조치이기도 했다. 오늘날 많은 증거가 사라져 확실하진 않지만 840년대 초반에 플라타니(Platani), 칼타벨로타(Caltabellota), 그리고 콜레오네(Corleone)와 같은 시칠리아 내륙 요새뿐만 아니라 트라파니(Trápani) 항구가 항복함에 따라 발 디 마자라(Val di Mazara)는 아글라브 왕조에 귀속되었다. 후대의 증거에 따르면 아프리카로부터 이주해 온 무슬림에게도 토지를 나누어주어 지역주민들과 공존하게 했다고 한다.

정복 초기 발 디 마자라 밖에서 아글라브 왕조의 노력은 산발적이었다. 무슬림들은 나폴리의 지원으로 메시나를 842년 말 혹은 843년에 함락시켰다. 그러나 이들은 산이 많은 북동부 지역인 발 데모네(Val Démone)를 공략하는데는 실패했다.

846년에는 레온티니(Leontini)가 알-파디 이븐 자파르(al-Fadl ibn Ja'far)에 의해 함락되었다. 이어 848년에는 심각한 굶주림으로 라구사(Ragusa)의 수비대가 무슬림들에게 항복했다. 이처럼 비잔티움 시칠리아는 조금씩 무슬림의 수중에 넘어갔다. 하지만 838년 케팔루(Cefalù)와 카스트로지오바니에 대한 무슬림 군대의 초기 공격은 실패하였다. 하지만 팔레르모의 총독과 무슬림 군대의 사령관인 알-압바스 이븐 알-파들(al-'Abbās ibn al-Faḍl, r. 851년~861년)은 타오르미나, 카타니아, 그리고 시라쿠사를 공격해 2년후에 칼타부투로(Caltavuturo)항구를 함락시켰다.

시칠리아 북부 해안의 항구도시 케팔루는 비잔티움 함대의 도움을 받고 있었다. 이 덕분에 케팔루는 무슬림들에 의해 쉽게 함락당하지 않고 20년 정도 더 버틸 수가 있었다. 케팔루의 항복은 그때까지 난공불락이었던 시칠리아 중부의 요새 카스트로지오바니에 대한 또 다른 공격을 촉진시켰다. 무슬림은 결국 카스트로지오바니를 859년 1월 24일 함락하였다.

무슬림의 동부 시칠리아 병합(864년~902년)

859년 카스트로지오바니를 잃은 비잔티움 제국은 시칠리아 동부지역을 지키기 위해 군대를 시칠리아에 파견했다. 같은 시기에 아그리젠토, 칼타벨로타, 그리고 플라타니를 포함한 남서부지역의 도시들이 무슬림 점령군에 반란을 일으켰다. 하지만 시칠리아 동부지역의 비잔티움인들은 이를 적절히 활용하지 못했다.

869년 시라쿠사에 대한 공세를 마치고 돌아오던 중에 카파자(Khafāja, 862~869년 아글라브 왕조의 시칠리아 총독)는 한 군인에 의해 살해당했다. 곧이어 그의 아들 무함마드가 계승자로 선포되고 이프리키야로부터 승인을 받았다. 무함마드의 통치 시기인 870년 8월 몰타가 시칠리아로부터 출발한 한 원정대에 의해 완전히 파괴되었다. 비잔티움의 지원 노력은 소용이 있었다. 섬의 비잔티움 총독은 살해되고 주교는 팔레르모로 잡혀갔다. 그리고 무함마드 역시 다음 해인 871년 아버지처럼 그의 환관 노예들에 의해 살해되었다.

한편 이탈리아 반도에서 무슬림은 살레르노(Salerno) 공격에 실패했으며 871년에는 바리를 빼앗겼다. 반면 비잔티움 제국은 바리를 되찾고 아풀리아(Apulia)에서 세력을 회복했다. 877년 시라쿠사는 육지와 바다에서 무슬림군대에 오랫동안 봉쇄되어 비잔티움 함대의 도움을 받을 수 없었다. 시라쿠사는 878년 5월에 무너졌다. 이곳의 많은 기독교도들과 유대인들이 팔레르모로 끌려갔다.

890년 3월 팔레르모에서 반란이 일어났다. 이 반란은 사와다의 이프리키야인들에 저항해 시칠리아의 아랍인들이 일으킨 것이었다. 이 반란으로 비잔티움인들에 대한 무슬림의 공격이 중단되었을 뿐만 아니라 895년~896년에는 비잔티움과의 휴전이 체결되었다. 898년에는 '아랍인들'과 '베르베르족' 간의 대규모 시민 전쟁이 발생했다. 이에 이브라힘 2세는 과거 이프리키야에서의 반란을 진압했던 아들 아불-압바스 압달라(Abu1-Abbas Abdallah)를 시칠리아로 파견했다. 이프리키야인들과 그들의 경쟁 상대였던 시칠리아 파당간 협상은 결렬되었다. 아불-압바스 압달라는 팔레르모로 진군해서 900년 9월 18일 도시를 함락시켰다. 다수의 반란자들이 타오르미나의 비잔티움인들에게로 달아났다. 아불-압바스 압달라는 지체하지 않고 반란을 진압했다. 이어 비잔티움인들을 공격하여 타오르미나의 주변지역을 황폐화시키고 팔레르모로 돌아오기 전에 카타니아도 포위하였으나 함락시키지는 못했다.

동쪽 해안에 위치한 타오르미나는 마지막 남은 중요한 비잔티움 제국의 요새였다. 하지만 2년 동안 포위를 견딘 끝에 결국 902년 8월 1일 함락되었고 대학살이 벌어졌다. 이로써 아랍인들에 의한 시칠리아 정복은 완성되었다.

┌ 키워드 ┐

팔레르모, 시칠리아, 요한 스킬리체스, 비잔티움, 아불-압바스 압달라, 아글라브 왕조, 비잔티움

집필자: 김차규

참고문헌

Ahmad, Aziz. 1975. *A History of Islamic Sicily, Edinburgh*: Edinburgh University Press.

Amari, Michele. 1933. *Storia dei musulmani di Sicilia*, vol. I (ed. and rev. by C. Nallino). Catania.

Brown, T. S. 1995. 'Byzantine Italy c. 680-c. 876', in New Cambridge Medieval History II, c.700-c.900, Rosamund McKitterick, ed. Cambridge.

Cilento, Adele and Vanoli, Alessandro. 2007. *Arabs and Normans in Sicily and the South of Italy*. Riverside Book Company. INC.

Crawford, F. M. 1900. *The Rulers of the South: Sicily, Calabria, Malta*, 2 vols.

Finley, M.I., Smith, D. M. and Duggan, Christopher. 1986. *A History of Sicily*, Chatto & Windus.

Ibn al-Athīr, BAS2 Ar. 1987-1988. Biblioteca arabo-sicula, ossia raccolta di testi arabici che toccano la geografia, la storia, le biografie e la bibliografie della Sicilia. 2nd rev. edn, M. Amari and U. Rizzitano. 2 vols. Palermo.

Kreuts, Barbara. 1991. *Before the Normans: Southern Italy in the Ninth and Tenth Centuries*. Philadelphia.

Metcalfe, Alex. 2009. *The Muslims of medieval Italy*, Edinburgh University Press.

Skylites, John, Wortley, John. 2010. *A Synopsis of Byzantine History*. Cambridge University Press.

Treadgold, Warren. 1997. *A History of the Byzantine State and Society*. Stanford, CA: Stanford University Press.

김차규. 2014. 「아랍의 시칠리아 정복과 비잔티움의 대응」. 『중동문제연구』. 제13권 4호. pp. 31-61.

50

아랍의 신화
(Arabic Mythology)

현재 아랍은 지리적으로 북아프리카(모로코, 알제리, 튀니지, 리비아, 이집트, 수단)와 아라비아반도(예멘, 오만, 아랍에미리트, 사우디아라비아, 쿠웨이트, 카타르, 바레인) 그리고 레반트 지역(요르단, 레바논, 시리아, 이라크)에 걸쳐 있다. 방대한 아랍에서 신화가 가장 주목받은 곳은 고대문명이 발원한 이집트와 메소포타미아이다. 이집트 신화와 메소포타미아 신화는 복잡하며 신들의 이름도 생소하다. 여타 신화가 그러하듯 이들 신화 역시 우주의 기원, 초자연적인 존재의 계보, 민족의 시원 등과 관련된 신에 대한 서사적 이야기이다. 신화는 신들만이 아니라 인간의 이야기이기도 하다. 이들 신화를 통해 이집트와 메소포타미아의 종교, 제도, 관행, 자연현상, 영웅담 등과 같은 문화전반을 이해할 수 있다. 신화는 인류의 가장 원초적인 코드이며, 인간이 세상을 이해하고 표현하는 고도의 추상화된 방식이다.

이집트 신화

이집트는 신화와 신전의 나라이다. 파괴된 채 그 흔적만 남아 있는 곳을 제외하고도 수천 년이 흐른 지금까지도 세계인의 놀라움을 자아내는 신전들이 나일강을 따라 줄줄이 늘어서 있다. 이집트에 이렇듯 신전들이 많은 이유는 고대 이집트인들의 삶의 중심에 언제나 종교가 있었기 때문이다. 파라오들은 자신들의 근원을 신들에게서 찾았고 대부분의 파라오는 자신들을 각기 다른 숭배 대상과 결부시켰다. 이를 바탕으로 건설된 장엄한 신전들은 그들의 정치적 입지를 더욱 확고하게 만들었다.

고대 이집트 문화는 종교와 신화의 표현들로 가득하다. 선사 시대부터 몇몇 신들에 대한 숭배, 장례식 축제, 개인적인 숭배 의식 등을 통해 신앙이 발달해왔다. 이집트의 신들은 성격, 역할, 특징이 유기적으로 조직화되지 않아 서로 중복되는 일이 많았으며 숫자도 엄청나게 많았다. 신들은 사람의 몸과 동물의 머리를 가진 인간의 형태로, 혹은 단지 동물만으로 상징화될 수 있었다. 경배받는 신들 대부분의 기원은 순수하게 지역적이거나, 이집트가 여러 국가로 쪼개져 있던 왕조 이전 시대로 거슬러 올라간다. 이러한 향토 신들 일부는 전국적인 신이 되고 이집트 전역에서 숭배되었다.

이집트 신화들 중 가장 중요한 의미를 갖는 것은 창조신화였다. 창조신화는 지역에 따라 조금씩 다르게 나타났다. 헬리오폴리스의 창조신화는 태양신 아툼이 우주 만물을 창조했다고 주장한다. 멤피스의 창조신화는 최고신 프타가 생각과 말로 신들을 포함한 우주 만물을 창조했다고 설명한다. 헤르모폴리스의 창조신화는 태초의 혼돈을 상징하는 네 쌍의 대칭 신들이 태고의 언덕에서 태어났다는 얘기이며, 테베의 창조신화는 최고신 아문이 헬리오폴리스와 헤르모폴리스의 신들을 창조했다는 내용이다.

창조신화와 더불어 이집트인들이 주로 믿었던 신화는 오시리스와 이시스 신화이다. 오시리스는 그의 동생 세트에 의해 살해당하고, 오시리스의 누이이자 부인인 이시스는 왕좌를 되찾기 위해 세트에 의해 토막 난 오시리스의 시

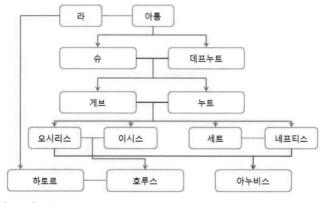

[그림 1] 이집트 신들의 계보

신을 모아 부활시킨다. 오시리스는 사후 세계에 들어가 죽은 자들의 통치자가 되었고, 이시스는 호루스를 출산한다. 이후 성인이 된 호루스가 세트와 싸워 승리한다.

고대 이집트인들은 신들 또한 집이 필요하다고 생각해 신전을 지었다. 그리고 그곳에 신들을 상징하는 동상을 세우고 제물을 바쳤다. 신전은 이집트 사회의 중심이었기 때문에 막대한 자원이 건축과 유지를 위해 사용되었다. 파라오들도 신들의 영광을 찬양하는 의무를 다하기 위해 신전 건축과 재정 지원을 했고, 그 결과 세계에서 가장 큰 테베(룩소르)의 카르낙 신전이 건설될 수 있었다. 신전은 파라오의 영혼을 섬기는 시체 안치소와 지역 신을 모시는 신전으로 이루어져 있는데, 이는 신권과 왕권을 밀접히 연관시키려 했기 때문이다.

신전은 중심축이 동쪽을 향하게 정렬되어 나일강을 따라 건설되었다. 그리고 신전의 주요 입구는 나일강 쪽으로 지어졌고, 이곳을 통과하면 대체로 하나 또는 그 이상의 탑문(파일론)을 통과해야 한다. 안마당을 지나면 많은 기둥

[그림 2] 카르낙 신전의 다주식 홀

들로 천장을 떠받친 거대한 방이 나오고, 그 뒤로 사원이 있다. 탑문과 안마당, 열주들을 통과해 신성한 사원에 도달하는 신전의 구조는 인간 세상에서 신의 세상으로 가는 여정을 의미한다. 신전은 자신의 소유지에서 얻은 수입뿐만 아니라 지방 관리나 군주들로부터도 재정적 지원을 받았다. 거대한 신전은 수천 명에 달하는 사람들을 고용할 정도로 중요한 경제 중심지이기도 했다.

파라오는 신들의 대리자로서 모든 사제에 대한 임명권을 가졌다. 하지만 신전의 부가 증가하면서 사제들의 영향력이 파라오를 위협할 정도로 커졌다. 결국 제3중간기에 들어서자 아문 신을 섬기는 테베의 사제들이 상 이집트를 통치하기에 이르렀다. 고왕국과 중왕국 동안에는 사제들의 계급이 있었으며, 신왕국에서는 전문적인 사제들이 등장했다. 사제들은 주로 남성이었는데 고왕국 때에는 많은 여성이 여신을 위한 신전에서 성직에 종사했다. 그러나 중왕국에 들어서 여성들의 공직 업무가 현저히 감소했고, 후기에는 보다 적은 수의 여성들이 신전에서 활동했다. 성직에 종사하는 동안 사제들은 엄격한 청렴도를 준수해야 했다. 그들은 머리와 몸을 모두 면도해야 했고 늘 깨끗한 옷을 입고 하루에도 몇 번씩 씻어야 했다. 반드시 독신이어야 할 필요는 없었지만, 육체관계는 정신적 순수함에 해가 된다고 하여 꺼려했다.

세계에서 가장 큰 신전인 테베(룩소르)의 카르낙 신전은 실상 하나의 신전이 아니라 신전들의 복합체이며 거대한 석조 역사문서로 불렸다. 그 안에 이집트 제국의 흥망성쇠가 기록되어 있었기 때문이다. 다만 여러 차례 증축되고 변경되어 결과적으로는 일관성 있는 설계가 결여되었다. 이 신전의 가장 큰 특징은 10개의 탑문들 중 3번 탑문과 2번 탑문 사이에 람세스 1세가 건축한 다주식 홀인 주랑이다. 고대의 경이적인 유적 가운데 하나인 이 광대한 홀은 면적이 약 $4,850m^2$로 파리의 노트르담 성당을 거뜬히 담을 수 있을 정도로 넓다. 홀의 중앙 통로를 기준으로 거대한 기둥들이 숲을 이루고 있다. 특히 중앙에 있는 12개의 기둥은 높이가 24m, 둘레가 15m에 달한다. 바깥쪽 벽에 새긴 부조들은 세티 1세가 팔레스타인에서 승리하는 장면과, 람세스 2세가 카데시 전투에서 히타이트족을 격파하는 장면을 묘사하고 있다.

현재까지 잘 보존되고 있는 이집트의 신전들과 주요 신들은 다음과 같다.

번호	신전 이름	주요 신	번호	신전 이름	주요 신
1	아부 심벨	프타, 아문-라, 라-하라크티/ 하토르	7	룩소르	아문-라, 무트, 콘수
2	필레	이시스	8	핫셉수트	하토르
3	콤 옴보	세베크, 호루스	9	단다라	하토르
4	이드푸	호루스	10	아비도스	오시리스
5	이스나	크눔	11	사라페움	사라미스
6	카르낙	아문-라, 무트, 콘수, 몬트 외			

메소포타미아 신화

메소포타미아는 두 강 사이라는 뜻인데, 두 강은 유프라테스강과 티그리스 강을 가리킨다. 기원전 3300년 경 두 강의 하류에 수메르인들이 도시국가를 건설했다. 이후 셈족이 쳐들어와 바빌로니아와 아시리아로 나뉘어졌고, 그 뒤 로 페르시아인과 그리스의 헬레니즘을 거쳐 7세기 중반에 아랍인에 의한 이 슬람 제국이 형성되었다.

메소포타미아 신화는 초기의 수메르 신화가 그 기초라 할 수 있다. 셈족이 권력을 잡은 후에는 수메르 신화에서 신들의 이름이 바뀌거나 이야기가 달라 져 토판에 기록된 경우가 많았다. 수메르인들은 불규칙적으로 범람하는 홍수 에 대처하기 위해 운하와 수로를 만들었고, 홍수가 실어 나른 비옥한 흙에 곡 물을 경작해 풍요롭게 생활했다. 수메르인들은 물체의 모양을 본뜬 설형문자 를 이용하여 교역과 생활을 기록하였는데, 인류의 문자 문명은 수메르에서 시 작되었다고 할 수 있다. 메소포타미아 신화는 바로 이러한 역사적 토대 위에 만들어졌다.

메소포타미아의 신들은 자연이나 도시의 의인화를 통해 성립되었다. 하지 만 풍부한 감정과 개성을 지닌 존재로도 묘사되었다. 궁극적으로 신들의 자손 인 인간과 마찬가지로, 신들도 가족 문제와 세대 갈등으로 고민했다. 지위가 높은 신 중에서도 우두머리는 수메르어로 하늘이라는 뜻을 가진 안(아누)이었 다. 안은 개인의 운명을 결정하는 메이(우주적인 법령)와 왕권을 통제하는 신이 었다. 다소 멀리 있으면서도 권위적인 존재였다. 엔릴은 좀 더 복잡한 성격의 신으로 강력하고 공격적인 전사여서 맹렬한 폭풍으로 현신하지만 농작물의 성장을 조장하기도 했다. 주요 여신인 닌후르사가는 모성을 상징했고 인류 창 조신화에서 산파로 등장했으며 손재주가 뛰어난 엔키와 함께 일하거나 경쟁

할 때가 많았다. 엔키는 힘이 아니라 지혜와 꾀로 문제를 해결한 신으로, 관개 수로를 물로 가득 채워 농경지를 비옥하게 했고, 자신의 지혜를 이용해 닌후르사가가 손에 쥐고 있던 진흙에 생명을 불어넣었다.

특징	수메르	바빌로니아·아시리아
하늘 신	안	아누
출산의 여신	키, 닌후르사가	아루루, 마미, 닌마
바람, 대기의 신	엔릴	엔릴
지혜의 신	엔키	에아
달의 신	난나	신
사랑의 신	인안나	이시타르
태양, 정의의 신	우투	샤마쉬
바람 신의 부인	닌릴	물리투, 미릿타
목자의 신	두무지	탐무즈

신들에 대한 신화는 이들 간의 싸움으로 점철되었다. 이 싸움은 목축 경제와 농업 경제의 긴장관계 또는 우기와 건기의 연속성을 상징하는 것으로 해석할 수 있다. 하지만 신화에는 인간적 특징을 가진 신들도 등장한다. 신들이 죽음을 면할 수 없는 인간의 속성을 지닌 것은 놀라운 일이 아니었다. 인간의 생명력은 신의 피에서 나온다고 여겼기 때문이다. 인간은 자신을 만든 조물주를 위해 노동을 하도록 창조되었고, 신들은 인간을 자손으로 여겨 보호도 하고 처벌도 했다. 신들의 사회는 인간 사회와 다르지 않았고, 신화는 왕권과 신전 제도에 신성한 정당성을 부여했다.

메소포타미아 창조신화 중에서 가장 복잡하고 유명한 것은 〈에누마 엘리시〉

라는 아카드 설화이다. 〈에누마 엘리시〉에 따르면, 하늘과 땅이 아직 형성되지 않았을 때는 원초의 민물(압수)과 짠물(티아마트)만이 존재했다. 이 두 물이 결합하여 티아마트 여신은 라흐무와 라하무를 낳았다. 세계는 차츰 형태를 갖추기 시작했다. 라흐무와 라하무가 결합하여 안사르와 키사르를 낳았는데, 지평선에서 만나는 하늘의 가장자리가 안사르이고 땅의 가장자리가 키사르이다. 안사르는 안(아누)를 낳았고, 안은 에아(엔키)를 낳았으며, 영리한 에아는 나중에 압수의 지위를 빼앗아 민물의 신이 되었다. 주로 아누의 손자인 마르두크 신과 그의 도시 바빌로니아을 찬양하고 있는 이 서서시는 우주가 정치 조직이라도 되는 것처럼 그 발달 과정을 체계적으로 보여준다.

〈에누마 엘리시〉는 지구의 자연 현상과 사회 제도가 어떻게 생겨나고 규정되었는가를 설명한다. 하지만 그보다 오래된 수메르 문서에 나오는 이야기는 생명의 만물을 지배한 엔키(에아) 신이 모든 것을 확립했다고 한다. 엔키는 신들의 고향인 니푸르와 우르, 멜루하(인더스강 유역), 딜문(바레인) 같은 도시에 축복을 내려 풍부한 작물과 가축과 귀금속을 베풀었고, 전쟁에서 승리할 수 있게 해주었다. 그후 엔키는 바다, 강, 구름, 그리고 비를 체계화하여 메마른 구릉지대를 들판으로 만들고, 강바닥에 자신의 정액을 가득 흐르게 하여 티그리스강과 유프라테스강을 만들었다. 엔키는 가축과 작물을 번식시키고, 건축과 길쌈 기술을 확립했다.

인안나(이시타르)는 메소포타미아의 여신들 중에서 가장 복잡한 여신이다. 인안나라는 이름은 수메르어인데 하늘의 여주인을 뜻한다. 인안나는 안(아누)이나 엘릴 또는 엔키의 딸로 여겨졌다. 인안나의 연인 두무지(탐무즈)의 죽음을 다룬 신화에는 인안나가 달의 신 난나의 딸이자 태양신 우투의 누이로 되어 있다. 인안나는 하늘의 여주인으로서 금성과 결부되었으며, 우주적 법령인 메이의 수호자로 묘사되기도 한다. 끊임없이 권력을 추구하는 인안나는 언니(저승의 여주인인 에레슈키갈)가 맡고 있던 죽은 자들의 영역까지도 지배하려고 애썼다. 이런 권력욕은 인안나가 맡고 있는 전쟁의 여신으로서의 역할을 말해주는지도 모른다. 인안나는 전투가 무슨 놀이나 춤이라도 되는 것처럼 즐기는 것으로 묘사되었다. 메소포타미아 예술품에서는 중무장한 전사 그리고 질펀한 사랑의 여신으로 가장 잘 알려져 있다. 〈길가메시 서사시〉에서 인안나(이시타르)는 애인들을 못살게 군다는 비난과 함께 길가메시에게 퇴짜를 맞는다. 인안나와 두무지의 열정적인 정사는 두무지의 죽음과 인안나의 비난으로 끝난다. 인안나는 창녀들의 옹호자이기도 했다. 이 방면에서 인안나의 가장 중요한 임무는 1년에 한 번씩 현세의 왕과 동침하는 것이었다. 이런 특징들을 모두 고려하면 인안나는 고집스럽고 무자비하고 남자에게는 위험할 만큼 유혹적인 여신처럼 보인다. 인안나는 정숙한 처녀처럼 보이든 난잡한 창녀처럼 보이든 간에 항상 아내와 어머니의 책임에서 벗어난 젊은 여인으로 묘사된다.

키워드

아랍 신화, 이집트 신화, 메소포타미아 신화, 오시리스, 이시스, 엔키, 인안나(이시타르)

집필자: 임병필

참고문헌

멜리사 리틀필드 애플게이트. 최용훈 역. 2002.『벽화로 보는 이집트 신화』, 서울: 해바라기.

사우엘 헨리 후크. 박화중 역. 2001.『중동 신화』, 서울: 범우사.

이희수. 2003.『지중해 문화기행』, 서울: 일빛.

지중해지역원. 2013.『지중해의 신화』. 서울: 이담.

N.K. 샌다즈. 이현주 역. 1989.『길가메시 서사시』. 서울: 범우사.

Duncan Baird Publishers. 1998. *Epics of Early Civilization Middle Eastern Myth*. 2008. 김석희 역.『초창기 문명의 서사시: 메소포타미아 신화』, 서울: 이레.

황보종우 편저. 2005.『세계사사전』. 서울: 청아출판사.

다음백과(https://100.daum.net/encyclopedia/view/192XX76300091)

51

아브라함의 종교
(Abrahamic Religions)

중동 · 지중해 지역은 다양한 종교의 발원지이자 각 종파 간의 각축전도 수 없이 벌어진 곳이다. 유대교, 이슬람교, 기독교 외에 조로아스터교를 비롯한 페르시아의 다양한 종교들이 이 지역에 존재했다. 또한 아라비아의 유대인, 그리스도인, 무슬림, 유대-그리스도인, 그리스도인-무슬림 사이의 간극은 매우 컸다고 할 수 있다. 이들 중 대표적인 종교인 유대교, 이슬람교, 기독교는 아브라함 종교의 기원을 공유한다.

유대교

유대교는 '유대인이 믿는 종교'라고 정의할 수 있다. 그러나 유대인들은 '종교'라는 말 대신 '하나님을 믿는 신앙의 공동체'라는 말을 즐겨 사용한다. '하나님을 믿는다'는 말은 유대교와 유대교육을 믿는다는 말로 설명할 수 있다. 유대교를 믿는다는 말은 하나님 중심, 회당 중심 그리고 랍비 중심의 삶을 사는 것과 2세들을 하나님 중심, 회당 중심, 랍비 중심의 삶으로 인도하는 교육을 믿는다는 말이다. 그러면 유대인들은 무슨 교과서를 가지고 이러한 교육을 할까? 그들의 교과서는 성문 토라인 타나크《구약》와 구전 토라인 미슈나 그리고 미슈나 본문을 설명하고 이에 대한 토론의 결과인 게마라이다. 후대에는 미슈나와 게마라를 합본하여 탈무드라 부른다. 현대 유대인들이 그들의 자녀를 가르치는 제1교과서는 성경이며 제2교과서는 탈무드이다.

유대교의 기원을 찾는 일은 쉽지 않다. 아브라함은 갈대아(바빌로니아) 우르를 떠나 하란에 머무르다가 하나님의 말씀을 듣고 가나안에 갔다. 그 때 가나안 사람들은 아브라함을 강을 건너온 사람이라는 뜻에서 '이브리'라고 불렀다. 여기에서 쥬이쉬(Jewish)라는 말이 유래되었는데 이는 유대인을 가리키는 용어가 되었다. 그러면 유대교는 유대민족의 조상인 아브라함이 믿은 종교를 의미하는가? 아니면 아브라함이 죽은 지 4~5백 년이 흐른 뒤, 모세가 시나이산에서 토라를 받았을 때 시작된 종교인가? 혹은 기원전 586년 바빌로니아에 의하여 유다가 멸망하고 바빌로니아에 포로로 잡혀간 에스겔이 세운 회당에서 시작된 토라 연구와 기도 모임으로부터 시작하였는가? 아니면 훗날 히브리 성경(《구약》)이 완성되었을 때 등장했을까? 이들 중 어떤 견해를 선택하든 문제가 없지는 않다.

유대교를 믿는 사람들이 따라야 할 규례에는 토라의 613규례가 있는데, 613이라는 수는 히브리어로 '토라 안에(in Torah)'라는 말에서 유래되었다. '토라 안에'라는 히브리어 구문은 히브리어 알파벳 5개의 문자로 구성되는데, 613은 이 다섯 문자가 가지는 문자의 수를 합한 값이다.[1] 이 613규례는 모세가 시나이 산에서 받은 열 가지 말씀(십계명)을 기준으로, 모든 유대 공동체 삶의 기초를 이룬다. 유대인들은 이 규례를 따라 해야 할 것과 하지 말아야 할 것을 나누는데, 예를 들면 여인이 지켜야 할 것, 남자가 지켜야 할 것, 성인식을 마친

---

1 히브리어로 버토라 בהורת 인데 오른쪽 문자부터 베이트는 2, 타브는 400, 바브는 6, 레이쉬는 200, 헤이는 5로 모두 합하면 613이라는 수가 나온다.

사람이 지켜야 할 것, 그리고 이스라엘 내에서 지켜야 할 것과 전 세계 어디에 서나 지켜야 할 것과 지역의 구분없이 지켜야 할 것이 그것이다.

그러나 유대인들은 그들의 경전인 토라가 가르치는 규례와 법도를 문자적으로 해석했지만 이를 그대로 이해하지는 않았다. 예를 들면 구약 성경에 나오는 탈리오 법칙인 '생명에는 생명'으로 '상처는 상처'로, '눈에는 눈', '이에는 이'로 '손에는 손'으로, '발에는 발'로 갚는다는 말이 있는데(레위기 24:20; 신명기 19:21), 이 규례를 문자적으로 해석하면 혼란이 일어날 수 있다. 유대교는 토라의 이 규례를 이웃을 사랑하라는 것을 가르치는 말이지 자기가 당한 만큼 그대로 갚아 주라는 말은 아니라고 가르친다. 또한 히브리 성경에서 분명하게 언급하지 않은 사후 세계에 대해서 유대교는 부정하지 않는다. 유대교에서는 사람이 죽으면 영혼의 좌소(左蘇)가 있으며, 그 곳에서 육신이 정화될 때까지 기다린다고 한다.

유대인의 통과의례를 살펴보면 유대인의 사후 세계에 대하여 이해할 수 있을 것이다. 산모가 자녀를 출산한 후 정결 예식을 하며 아이가 태어난 지 8일 만에 할례를 행하고 이름을 짓는다. 12, 13세에 성인식을 하고 18세가 지나면 결혼을 준비하고 혼인예식을 하며, 다시 2세를 출산한다. 그리고 하나님께서 각자에게 허락한 일을 하나님이 허락하시는 시간까지 최선을 다해 행한 후 하나님께로 돌아간다. 이 때 유대인들은 사람이 죽으면 영혼이 머무는 장소인 영혼의 좌소(左蘇)에 들어가 정화하는 시간을 가진 다음 메시야가 오면 영과 육이 부활하여 영원한 나라로 들어간다고 한다.

유대인 뿐 아니라 인간이 진화해 온 과정에 대해 연구한 전문가들은 동굴 벽화나 통과의례만 보더라도 이미 수만 년 전 석기 시대 사람들이 종교적 신앙을 가지고 신앙의 의식들을 행했다는 것을 알 수 있다고 주장했다. 이집트의 파라오 궁전에서 거주하던 어린 모세 역시 오래된 종교와 신전들에 관한 지식과 경험을 가지고 있었다.

현대 유대교가 4천 년 전부터 존재해 왔다고 말하는 것은 아브라함을 유대교의 아버지로 보기 때문이다. 전통적인 유대인들은 『성경』에 기록된 아담과 이브의 창조 시점을 0년 또는 1년으로 간주하면서 아담이 셋을 낳은 연도를 130년으로, 아담이 죽은 연도를 930년으로 계산한다. 이 계산법에 따르면 아브라함은 1948년에 태어났으며 현재의 2020년은 5,780년이다. 그래서 아브라함의 유대교는 약 4천 년 전에 시작되었다고 하는 것이다.

유대인 뿐 아니라 기독교인 또한 모세와 아브라함 그리고 아담과 이브로 거슬러 올라가는 신앙적 가계를 따른다. 그러나 어셔(Usher)가 아담과 이브의 창조 연대를 유대교의 측정 연도인 기원전 3760년보다 다소 이른 기원전 4004년으로 잡았다는 점에서 약간의 차이가 있다.[2] 기독교인은 토라, 즉 '히브리어 성경'을 자신들의 경전으로 받아들이고 있다. 물론 그들은 토라를 랍비들의 '구전 토라'에 따라 해석하지 않고, 《신약》의 예수의 가르침에 근거해 해석한다. 그러나 바울의 서신서가 작성되기까지는, 토라 해석에서 유대교와 기독교 간의 차이가 분명하게 드러나지 않았다. 아마도 1세기 중반 유대교와 기독교를 구분할 수 있는 기준은 없었던 것으로 보인다. 아이러니하게도 예수는 결단코 자신을 유대교나 토라 이상의 한 종교를 설파하는 사람으로 생각하지 않았고 유대인이 기다린 메시아임을 주장했다. "내가 율법이나 예언서를 폐하러 온 줄로 생각지 말라. 폐하러 온 것이 아니라 완성하러 왔다"(마 5:17). 만약 예수나 그의 제자들에게 당신들의 종교가 무엇인지 질문했다면, 아마도 그들은 '유대인' 또는 '유대교'라고 대답했을 것이다.

---

2 유대교 학자들은 히브리인들이 이집트에 머무른 기간을 210년으로 보기 때문에 기독교 연도와 220년 차이가 난다.

오늘날 유대인들은 자신들의 종교를 모세가 시나이 산에서 받은 토라를 바탕으로 하나님의 집인 성막과 제사장 중심으로의 삶을 발전시켜 하나님 중심, 회당 중심, 랍비 중심의 삶을 이루는 공동체로 정의했다. 이처럼 유대교는 하나님 앞에서의 삶을 강조하여 하나님 앞에서 바르게 살아가는 삶을 교육의 모토로 삼았다. 다시 말해 유대교는 신명기 6장 4절~9절을 유대교 신앙교육의 원리로 삼고 언제, 누구 앞에서나 하나님의 증인된 삶, 하나님을 사랑하는 삶, 하나님의 말씀에 마음에 두는 삶을 실천하는 유대인 공동체들의 종교인 것이다. 그러므로 유대인들의 자녀 교육의 목표는 '하나님 앞에서 바르게 사는 자녀를 세우는 것'이다.

이러한 현대 유대교는 랍비 유대교로, 뿌리를 『성경』에 두고 2세기경부터 랍비들에 의해 형성된 삶의 방식, 즉 하나님 중심, 회당 중심, 랍비 중심의 삶을 사는 공동체를 말한다. 랍비 유대교는 현존하는 유대교의 모든 교리와 삶의 방식을 형성하는 근간이다. 사실 개혁파 유대인들이 정통파 유대인들의 행위보다 랍비들의 말에 비중을 덜 두고 있지만, 랍비 유대교는 보수파나 개혁파나 정통파 유대인 모두에게 믿음과 실행에 있어서 참고할 만한 기준을 제시한다. 몇몇 사람들은 랍비 유대교를 '두 개의 토라'라 일컫는다. 이는 '성문 토라(히브리어 성경:《구약》)'뿐만이 아니라, '구전 토라' 혹은 '구전 전승'을 제2 토라로 인정하기 때문이다.

이슬람교

경전과 계율: 이슬람교는 전 세계적으로 가장 빠르게 성장한 종교이며, 중동·지중해 지역의 핵심종교이기도 하다. 이슬람교는 코란(Quran)을 단일 경전으로 믿으며 행위의 기준으로 삼는다. 이슬람교의 경전인 코란은 알라가 예

언자 무함마드에게 계시한 내용이다(코란 80:11-15). 무함마드는 사람들에게 임박한 크고 두려운 알라의 심판을 명심하도록 알려야만 했다(코란 34:2). 무슬림(Muslim, 신의 뜻에 복종하는 자)이라는 단어가 의미하듯이 그들에게는 일상적인 삶에서 신조를 따르는 것이 매우 중요하다. 그들은 이슬람의 다섯 기둥(신앙고백, 매일 5회 기도, 라마단 금식, 구제, 메카 순례)이라는 기본 계율을 준수해야 하며, 그 외에도 자신들의 생활에 추가적인 요구사항으로 포도주와 돼지고기 금지와 같은 규범을 지켜야 한다. 더불어 전통윤리로써 결혼 풍습, 메카의 카바 신전에서의 예배, 나그네 환대 의무 등을 실천해야 한다. 특히, 그들은 무슬림으로서 지하드를 실천해야 했다.

무함마드는 모든 무슬림에게 새로운 신앙체제 가운데 평화를 촉구하면서 '움마(Ummah)'를 강조했다. '움마'는 부족보다 큰 공동체 개념으로 친족에 대한 충성을 요구할 뿐만 아니라 무슬림 간의 싸움을 허용하지 않는다.

이슬람교의 교리를 믿고 따르는 무슬림은 정통 경전인 코란을 향한 믿음과 실천에 온 힘을 기울여야 한다. 코란은 무함마드가 사망한 632년 이후 약 20년(644년)에 걸쳐 정통 이슬람 전승에 따라 편집되어 최종본으로 확정되었다. 초기 이슬람교의 경전은 구전(口傳)으로 전승되다가 650년경 3대 칼리파 오스만의 영도 아래에서 글로 옮겨져 최종판이 되었다.

이슬람 사회는 코란이 간직하고 있는 엄격한 신학 교리에 얽매이거나 이를 난해하게 여기지 않는다. 코란은 신의 계시를 담고 있는 경전이다. 무함마드가 사망한 지 한 세대도 지나지 않아 이슬람교 공동체 내부에서 권위의 원천이 누구인지에 관한 분쟁과 갈등이 일어났다. 이로 인해 결국 이슬람교 공동체는 수니파와 시아파로 분열되었고 지금까지도 화해하지 못하고 있다.

코란과 거의 유사한 권위를 가진 하디스(Hadith, 무함마드의 언행록)에 대한 전승들은 해석만을 허용한다. 이러한 하디스로부터 이슬람법이 발전했으며, 세월이 흐르는 동안 이슬람법의 바른 해석을 두고 경쟁하는 학파들이 다양하게 형성되었다. 이슬람교의 경전인 코란, 하디스, 샤리아(이슬람교 율법) 중 코란은 해석하지 않지만, 하디스의 경우에는 해석하는 자에 따라 무슬림이 어떻게 법을 준수하고 관습과 의식을 지켜야 하는지에 대해 조금씩 다른 해석들이 존재한다. 이슬람 지도자들은 금욕주의 혹은 신비주의 그리고 공동체의 활동을 통해 새로운 방식으로 절대자 앞에 다가서려고 노력했으며 그들의 추종자들은 각 분파를 형성했다.

이슬람교의 분파: 이슬람교의 정통 칼리파 시대는 이슬람력 24년~40년 (644년~661년)부터였다. 이 시기는 우스만(Uthmān, 3대 칼리파), 온정주의, 우스만의 죽음, 알리(Ali, 4대 칼리파), 무아위야의 반역과 시핀 전투, 하와리지당, 알리의 암살, 정통 칼리파 시대의 마감으로 끝을 맺었다. 정통 칼리파 시대의 특징으로는 정치체제, 정책, 행정, 군대, 사회생활 등이 있다. 메디나에서 예언자가 10년 동안 생활하는 동안 아랍의 여러 부족은 하나의 위대한 사상을 받아 결집한 공동체가 되었다. 이슬람의 분파는 661년~750년경 우마이야 왕조의 칼리파로부터 시작되었다. 우마이야 왕조의 칼리파는 이슬람력 40년~60년(661년~683년)에 다마스쿠스를 수도로 제국을 건설했다. 그러나 정통 칼리파 알리의 장남 하산의 퇴위와 무아위야의 씨족 간 알력과 왕조 찬탈 과정은 우마이야 왕조를 무력하게 만들었다. 이슬람력 64년~86년(683년~705년) 우마이야 왕조는 마르완 빈 하캄에서 압둘 말리크의 죽음에 이를 때까지 지속되었다. 750년~1258년에는 압바스 왕조의 칼리파가 바그다드를 중심으로 세력을 구축해갔다. 압바스 왕조의 목표는 이슬람 제국, 즉 압바스 왕조 영내의 평정을 목표로 두었으며 행정은 개방적이었다. 이슬람교 초기 공동체의 분열은 이슬람과 기독교의 1차 격돌 때 시작되었다. 당시 네 명의 칼리파는 아부 바크로, 우마

르, 우스만, 알리였으며, 시아파의 반대가 이어지면서 아랍무슬림제국에는 패러다임의 변화가 발생했다.

유일신 사상: 이슬람교는 유일신 알라에게만 절대 복종하는 준엄한 일신교이다. 이슬람교는 아브라함을 무함마드의 이상적인 선구자로 인정했으며, 아브라함은 이슬람의 성지 메카에 있는 대사원 카바(Kaaba)의 창건자로서 높이 평가되고 있다(코란 14:37). 그리고 코란에서는 창세기의 노아 대홍수와 소돔(Sodom)의 파괴 등 히브리 민족의 이야기도 간간이 소개되었다. 그리고 예수와 마리아를 비롯하여 세례 요한 등 신약 성경의 인물들이 등장하기도 한다. 코란에서 예수는 무함마드의 선구자로 묘사되고 있지만, 예수가 십자가에 못 박힌 사실은 인정하지 않았다. 한편, 마리아가 처녀의 몸으로 예수를 잉태한 것을 절대신이 만든 기적으로 받아들이고 있다(코란 21:91).

이슬람의 신학 가운데 가장 중요한 것은 유대교와 개신교의 유일신 사상을 간결하게 표현한다는 점이다. "알라 외에는 다른 신이 없다(La ilaha illa-l-Lah)." 는 무슬림의 입을 통해 출생에서 무덤으로 들어가는 날까지 암송해야 할 구절이다. 이 교의는 코란 112장에서 "알라는 유일한 자이고, 영생자임을 증언하라. 그는 낳아지지도 낳지도 않으시며, 또 그에 버금가는 것은 없느니라."를 통해 더욱 구체적으로 언급되었다. 이슬람교에서 이 구절에 버금가는 것으로는 샤하다(Shahada, 증언)가 있다. 무함마드는 오직 알라의 전언을 전달하도록 신탁받은 자에 불과하다. 이슬람교의 경전인 코란은 다신교 혹은 우상숭배에 대하여 반복적으로 비난을 하고 있으며, 이를 따르는 무슬림은 자신들을 일신론자라고 자처하고 있다.

이슬람교는 유일신 사상과 내세 그리고 인간의 운명이 정해져 있다는 정명(定命)에 대한 믿음을 가지고 있다. 반면 이슬람교에서는 개신교의 삼위일체와 성육신 교리를 이해하지 못할 뿐 아니라 불쾌하게 여겼다. '어떻게 한 하나님이 셋으로 나뉠 수 있는가?', '어떻게 하나님이 인간으로 변형되는가'에 대한 의구심 때문에 불쾌해하는 것이다.

아브라함의 종교라 일컫는 유대교, 이슬람교, 기독교의 공통점은 유일신을 믿는다는 사실이다. 당시 이슬람교는 유대교의 풍습과 정책을 수용한 것으로 알려져 있다. 그리고 유대교 정책의 하나로 하나님의 말씀이 천사 가브리엘을 통해 계시된 것, 단식제도의 도입과 준수, 금요일 예배(유대교는 금요일을 안식일 준비일로 지킴) 등을 인정하였다.

기독교

기독교의 경전인 성경: 기독교는 성경 66권을 경전으로 믿는 종교이다. 특히 예수와 그의 초기 제자들의 가르침을 담은 복음서(마태, 마가, 누가, 요한)와 사도들의 서신은 기독교의 근간이 되는 중요한 경전이다. 신약성경의 복음서와 역사서(사도행전), 서신서들의 다양성과 차이는 초창기부터 토론, 논쟁, 의견 차이를 일으키는 요인을 제공했다. 1세기를 시작으로 교회 지도자들은 성경을 놓고 정경이냐 외경이냐에 관한 논쟁을 벌였다. 어떤 관점에서 보면 개신교의 역사는 서로 다른 조류와 분파들이 배태되고, 논쟁 속에 재편되는 가운데 형성된 것으로 볼 수도 있다. 물론 오늘날 기독교에서는 성경의 완전성(Perfections of Scripture)을 주장한다. 성경의 완전성에 대한 논의는 성경의 신적 권위가 교회에서 오는지(로마교회), 성경 자체에서 오는지(개혁파), 아니면 하나님 자신에게서 오는지(칼빈)에 대한 논의이다. 실제로 성경학자들 대부분은 '성경의 완전성은 무오류성도 고려해야 한다'고 주장한다. 성경은 하나님의 계시로서 정확한 것, 즉 교리와 창조사, 역사, 지리, 모든 사건에 있어서 오류가 없다. 그러므로 성경의 영감은 그 원본에 있어서 축어(逐語), 완전, 무오(無誤), 무류(無謬)의 영감이다.

기독교 논쟁의 핵심: 기독교 교회가 설립되던 1세기에 가장 격렬한 논쟁은 삼위일체와 성육신 교리였다. 삼위일체는 하나님은 한 분이신데 동시에 성부, 성자, 성령의 위격(位格)을 지녔다는 교리이다. 기독교에서 강조하는 하나님의 본질은 성경을 기준으로 하여 언급한다. 성경은 창조 이래로 하나님은 한 본체이며 삼위로 계신다고 가르친다. 삼위일체 하나님은 무한하시며 영적인 하나님의 본질(Dei essentia)에 관한 성경의 가르침은 일반적인 미혹(vulgi deliria)을 제거하고 세속철학의 교묘함을 논박하기에 충분하다고 믿는다. 이렇듯 기독교인들은 하나님의 본질에 대하여 무한성과 영성을 주장한다.

삼위일체에 대한 교의학적 정의에 따르면 하나님은 본질적 존재에 있어서 숫자상 한 분이다. 그런데 이 한 분의 하나님은 성부, 성자, 성령이라 불리는 삼위로 있으며, 삼위는 구별된 인격이다. 서로 인격 관계 속에서 항상 함께 존재하며 함께 역사한다. 물론 성자나 성령은 성부에게 종속되지 않는다. 삼위는 그 영원성과 권능과 본질에 있어서 동일하다.

삼위일체론의 중요성은 타 종교에 이러한 개념이 없다는 것에서 더욱 강조된다. 이는 오직 기독교에만 존재하는 유일한 신(神) 개념이다. 기독교가 주장하는 삼위일체론은 신비하고 이해하기 어려워 성경에 계시된 그대로 삼위일체를 믿는 것이 중요하다. 기독교의 교리에 대하여 사변적인 상상이나 피조물과 비교하여 설명하게 되면 양태론에 빠지기 쉽다. 결국, 개신교에서 말하는 삼위일체 하나님의 필요성은 인간 구원 사역의 중요성과 예정의 계획에 필연적이기에 누구나 삼위일체 하나님을 믿어야 한다고 강조한다.

성육신: 기독교의 핵심은 성육신, 곧 그리스도께서 중보자의 직분을 이루기 위해 인간이 되어야 했다는 부분이다. 참 하나님이신 그리스도께서 참사람이 되신 것은 인간의 속죄를 위한 하나님의 작정에서 연유한 것이다. 인간의 속죄 문제에 대한 여러 가지 해석이 있지만 그것이 불필요하다는 논쟁도 있다. 둔스 스코투스나 소시니안, 그로티우스, 알미니안, 쉴라이에르마허, 리출 등이 이에 동의한다. 이와 상대적으로 아다나시우, 어거스틴, 토마스 아퀴나스, 그리고 대다수 개혁자와 바빙크, 베자 등은 가설적으로 인간 속죄의 필요성을 주장한다. 물론 그리스도의 성육신이 절대적으로 필요하다고 주장하는 이레니우스, 보에티우스, 튜레틴(Turretin), 안셀름(Anselm) 등도 있다. 기독교의 성육신 사상은 신성과 인성을 이성일인격으로 보고 있을 뿐 아니라, 그리스도께서 참된 중보자가 되기 위해 필요한 위격임을 강조한다. 더불어 그리스도의 성육신 목적은 인간을 구속하기 위한 것임을 분명히 한다.

키워드

유대교, 이슬람교, 기독교, 토라, 코란, 성경, 종교, 통과의례

집필자: 장훈태

참고문헌

김용선. 2012. 『이슬람사』. 서울: 명문당.

김정위. 2000. 『중동사』. 서울: 대한교과서.

박해경. 2012. 『칼빈의 조직신학』. 서울: 아가페문화.

변순복. 2007. 『시내산에서 들려오는 거룩한 음성 토라 상』. 서울: 대서.

변순복. 2011. 『유태인 교육법』. 서울: 대서.

전완경. 1999. 『아랍인의 관습과 매너 1』. 부산: 부산외국어대학교출판부.

Hershel Shanks(ed.). 1992. *Christianity and Rabbinic Judaism: A Parallel History of Their Origins and Early Development.* Washington:Biblical Archaeology Society.

H. Maccaboy. 1988. *Early Rabbinic Writings. Cambridge: Cambridge University Press*

Jacob Nuisance. Vanquished Nation. 1987. *Broken Spirit: The Virtues of the Heart in Formative Judaism. Cambridge:London etc: Cambridge University Press.*

John Calvin. 2008. *Institutes of the Christian Religion.* Hendrickson Pub.

John Calvin. 2008. *Institutes of the Christian Religion. II.* 12. 1. Hendrickson Pub.

John Calvin. 2008. *Institutes of the Christian Religion. II.* 12. 3-4. Hendrickson Pub.

Norman Solomon. 1999. *Judaism.* 최창모역 『유대인이란 무엇인가?』. 서울: 동문선.

Richard Fletcher. *The Cross and the Crescent.* 박홍식 · 구자섭 옮김. 2020. 『십자가와 초승달』. 경기: 21세기북스.

52

안탈리아
(Antalya)

안탈리아는 기원전 2세기 중반 페르가뭄의 왕 아탈로스 2세 필리아델푸스 (기원전 159년~기원전 138년)가 세웠다. 안탈리아의 건설을 통해 아탈로스는 팜 필리아에서의 권한강화와 지역에 대한 통제강화를 꾀했다. 이는 기원전 190 년 마그네시아아드시필룸(Magnesia ad Sipylum)에서 끝난 로마와 셀레우코스 왕 국 간 전쟁 이후 소아시아에서 새로운 시대가 시작되었기 때문이었다. 기원전 189년 여름, 페르가뭄의 왕 에우메네스 2세 로디아와 시리아의 특사는 로마에 모여 평화조건을 논의했다. 논의가 계속되는 동안, 갈라티아 원정에 나선 집 정관 그나이우스 만리우스 불소는 페르게에서 셀레우코스 수비대를 퇴각시켜 셀레우코스 군을 동쪽 타우루스 산맥으로 몰아냈다. 이후, 기원전 188년~기 원전 1887년 아파메이아에서 열린 평화회담에서, 타우루스 산맥을 향해 뻗어 있는 땅은 로마의 의도에 따라 전시 혈맹이었던 에우메네스 2세와 로도스 (Pol. XXI 46, Liv. XXXVII 56)에 이양되었다. 로마 원로원이 동맹도시 아스펜두스와 시 데가 해방되었다고 선언한 결과 에우메네스 2세는 팜필리아의 서쪽, 즉, 체스 트루스 (악수)강 까지만 차지할 수 있었다. 기원전 159년, 에우메네스 2세의 사 망 후, 아탈로스 2세 필리아델푸스 (기원전 159년~기원전 138년)가 승계하였다. 즉

위 후 처음으로 취한 조치 중 하나가 안탈리아의 건설이었다. 그는 에페수스에서 텔메수스와 안탈리아까지 그리고 안탈리아에서 키프로스와 이집트에 지중해를 향해 영향력을 확대하려고 했다. 안탈리아는 로마 해안지도 (SMM 223-224) 상으로 마기두스와 테네두스 사이, 프톨레마이오스 (V.5.2) 시대에는 카타락트 강 아래에 위치했다.

고대자료에 의하면, 안탈리아는 팜필리아의 코리쿠스 곶의 가장자리에 있었던 것으로 추정된다. 스트라본 (XIV.4.1)는 아탈로스 2세 필리아델푸스가 안탈리아를 세우면서 사람들을 코리쿠스로 이주시켰다고 한다. 포티우스 (*lex. κ.* 198-199 *sv.* Κωρυκαῖος)와 수다의 백과사전 관련기사 (*κ.* 2299 *sv.* Κωρυκαῖος)에 의하면 팜필리아의 코리쿠스는 안탈리아 시의 인근에 있었다고 한다. 그곳에 사는 사람들은 성을 포위한 해적들의 약탈을 피하기 위해, 인근 항구에 정박한 배에서 선원들과 어울리면서 얻은 정보를 해적들에게 제공했다고 한다.

또한 안탈리아 주민들도 해적들에 대해서는 코리쿠스 사람들의 기회주의적인 방식을 따랐던 것으로 보인다. 기원전 133년 페르가뭄 왕국이 이 지역에서 철수하고 안탈리아에 대한 통제력을 상실하면서, 다른 도시들과 마찬가지로 해적들과 협력했다. 알키프론(*epist.*8)의 인용에 따르면 안탈리아 주민들도 해적이었다고 한다. 실제로 기원전 79년, 실리시아의 총독으로 파견된 푸블리우스 세르빌리우스 바티아는 해적과의 전투를 효과적으로 이끌면서 안탈리아 처럼 해적을 도왔던 도시들을 엄하게 처벌하고 이 지역을 공유지 (Cic. leg. Agr. I. 5; II. 50)로 선포했다. 그러나, 세르빌리우스 바티아의 분투에도 불구하고, 계속되는 미트리다테 전쟁 (App. Mithr. 93)으로 인해 해적 활동은 근절되지 않았다. 이런 이유로, 기원전 67년의 가비니아법에 따라, 폼페이우스에게 지중해의 해적 활동을 근절시키는 임무가 주어졌다. 폼페이우스는 대규모 육군과 해군을 이끌고 40일이라는 짧은 기간에 해적들을 소탕했다(Plut. Pomp. XXVI-XXVI). 키케로는 세르빌리우스 바티아가 공유지로 편입시킨 안탈리아의 영토를 폼페이우스 (Leg. Agr. I. 5; II. 50)가 처분하려고 했다는 기록을 남겼다. 플루타르크 (Pomp. LXXVI 1)에 의하면 폼페이우스 마그누스가 기원전 48년 파르살루스에서 시저에게 패한 후 이집트로 달아날 때 안탈리아가 도와주지 않았다고 했다.

플리니우스(nat. V 147)는 안탈리아가 갈라티아에 있다고 했다. 이는 기원전 25년 갈라티아의 왕 아만타스가 살해된 후 이 지역이 로마 갈라티아 지방으로 편입된 것과 연관이 있다. 이 도시에서 6세기(SEG VI 646)에 제작된 비문에 갈라티아와 팜필리아 지방의 군단장으로 기록되어 있는 마르쿠스 플라티우스 실바누스를 기리는 내용이 적혀있기 때문이다. 또한 이 비문은 도시로 전파된 이탈리아어어계의 언어에 대한 증거로 중요성을 가진다. 연대가 37년과 50년으로 추정되는 두 이정표(AÉpigr 1995, 1551; CIL III 6737)는 이 도시가 클라우디우스의 통치 하에서도 여전히 갈라티아 지방에 편입되어 있었음을 보여준다.

안탈리아에서는 설립초기부터 로마제국 갈리에누스 황제의 시대까지 통화가 주조되었다. 기원전 131년, 하드리아누스 황제는 아마도 그의 두 번째 여행에서 안탈리아를 방문했던 것으로 보인다. 황제의 방문과 관련하여 이 도시에서는 황제의 이름으로 아치를 세우고 황제와 황실을 위해 명예 비문을 세웠다 (SEG VI 649; XVII 559). 비문에 의하면 성대한 축제가 도시에서 5년마다 거행되었던 것으로 알려져 있으며, '도시 내 무대공연과 체조경기 기념행사'라는 문구도 기록되어 있다. 256년경에는 올림피아 축제의 오이쿠멘 경연도 열렸다. 또한 지지포스라는 사람이 자신의 이름을 빌려 열흘동안 지지포스 축제를 열었다는 기록도 있다.

395년 테오도시우스 황제 사후 로마제국이 동서로 갈라지면서, 안탈리아가 위치한 팜필리아 지역은 동로마제국의 일부가 되었다. 테오도시우스 황제(379년~395년)의 조각상 받침부분에 안탈리아가 '도시국가'라는 기록이 있는데, 이 명칭이 공식적인 것인지 아니면 선전목적으로 사용되었는지는 확실하지 않다.

고대 후기, 안탈리아는 팜필리아 지방의 한 도시였던 것으로 보인다. 이 시기에 안탈리아는 지중해의 무역항으로 널리 알려져 있었다. 기원후 8세기 초, 안탈리아는 '시빌라이오톤 군관구'의 주요 해군기지였다. 790년, 안탈리아 해안에서 동로마와 무슬림이 해전을 벌였다. 이 동로마 항구도시는 당시 내륙이 완전히 차단되어 바다를 통해 물자를 공급받았다. 술탄 기야세딘 케이후스레이 1세는 1206년 항구도시 안탈리아를 포위, 공격한 끝에 1207년 3월 함락시켰다. 이로써 셀주크의 통치가 시작되었다. 그러나 1212년 뤼지냥 키프로스의 도움으로 도시의 정교회 사람들이 반란을 일으켜 도시에서 셀주크를 몰아냈다. 4년 후인 1216년, 술탄 이제딘 카이카우스 1세는 도시를 다시 장악하고 도시의 내벽과 우준사르시 거리의 북쪽을 끼고 성문에서 항구까지 셀주크의 정복을 기록한 장문의 비문을 세웠다. 이시기부터 아탈레이아는 아나톨리아를 지중해와 연결하고 마르세이유, 제노아, 베니스에서 알렉산드리아, 리마솔, 파마구스타까지 연결하는 중요한 국제항구가 되었다. 13세기부터 안탈리아는 앗탈리아, 아탈리아, 사탈리아, 사탈리아 노바, 샷탈리아, 샷텔리아, 샷탈레아, 앗사탈리아, 아탈레이아 등 여러 명칭으로 불렸다. 셀주크 술탄국의 몰락 후 14세기의 첫 10년동안, 안탈리아와 그 주변은 하미드 공국에 편입되었다. 이후 뤼지냥 키프로스의 피터 1세가 1361년 안탈리아를 점령했고 도시는 12년 동안 뤼지냥의 지배를 받았다. 도시의 한 라틴어 비문에 따르면 이 도시는 1361년 8월 24일 성 바르톨로메오 축일에 정복되었다.

지중해 문명교류의 안탈리아

그리스와 로마의 건물들 위에 현대도시가 형성되긴 했지만, 로마시대에 건축된 건물 중 일부는 아직까지 남아있다. 스트라본에 의하면 아탈로스 2세가 정착지 주변에 단단한 성벽을 건설한 것으로 알려져 있다. 후기 그리스시대와 로마시대에 지어진 건축물이 남아 있다. 성곽은 기원전 2세기부터 19세기에 보수한 부분까지 약 2천년 동안의 건축역사를 보여주는 데, 그리스시대의 성곽은 거의 남아있지 않다.

하드리아누스 황제의 성문은 현재까지 남아있는 도시의 성문 중 가장 웅장하다. 이 성문은 안탈리아 시 주민과 의회가 하드리아누스 황제의 방문을 기념해 기원전 131년에 세운 것이다. 아직까지 남아있는 또 다른 로마건축물은 현재 흐드를륵 탑이라고 불리는 기념비적인 무덤구조물이다. 이 무덤은 대체적인 형태가 로마시에서 축조되었던 사각평면에 봉분과 유사하다. 가장 중요한 특징은 입구 양쪽에 12개의 도끼(두 개의 속간)가 새겨져 있다는 것이다.

하드리아누스의 아치와 흐드를륵 탑을 연결하는 대로에는 그리스-로마시대의 광장과 에이소디아 테스 파나기아스 성당의 유적이 포함되어 있는데 현재는 미나레트라고 불리는 쿠마눔모스크로 개조되었다. 도시에는 16개의 교회가 있었던 것으로 알려져 있다. 이 중 하나는 성 요안니스 테올로구스 교회이다. 이 교회는 13세기에 지어졌으며 1373년, 울루 또는 플루티드 미나레트 모스크로 개조되었다. 또 다른 교회인 파나야 교회는 1834년~1922년까지 교회로 사용되었다가 1922년~1934년에 안탈리아 고고학 박물관을 거쳐 알라딘 모스크로 개조되었다. 16세기에 처음 세워진 하기우스 게오르기우스 교회는 1922년까지 미사를 봉헌했던 것으로 알려져 있다. 교회 입구 위로 하기우스 게오르기우스 (성 조지)가 말을 타고 용과 싸우는 장면이 두 천사의 모습과 함께 조각되어 있다. 이 문 위로 카라마늘르카 (그리스 문자를 이용해 터키어로 작성)로 작성된 비문에는 다음과 같은 글이 써 있다. "이 하기우스 게오르기우스 교회는 고대부터 이곳에 있었으며 파괴된 후에는 안탈리아에 있는 기독교인들의 신앙으로 재건되었다." 이 건물은 1993년~1995년에 복원되었으며 현재 박물관으로 사용되고 있다.

안탈레이아 정복 후 셀주크 술탄들은 도시에 많은 건물을 지었다. 남아있는 셀주크 구조물 중 가장 눈에 띄는 것은 플루티드 (세로로 홈이 난) 미나레트이다. 이 내화벽돌 건물은 술탄 알라딘 케이쿠바트 1세의 통치기간에 지어졌다.

키워드

안탈리아, 페르가뭄, 타우루스 산맥, 하드리아누스 황제, 하기우스 게오르기우스 교회, 코리쿠스

집필자: 무라트 아르슬란

참고문헌

R. E. Alle. 1983. *The Attalid Kingdom*. Oxford.

M. Arslan - N. Tuner Onen. 2011. "Pirates' Havens in the Mediterranean: 'Korykos' es in Cilicia, Pamphylia, Lycia and Ionia". *Adalya* XIV. pp. 189-206.

N. Baydur. *Die Munzen von Attaleia in Pamphylien I-II*. JNG. pp. 1975-1976.

C. E. Bosch. 1947. "Antalya Kitabeleri". *Belleten* 11. pp. 87-125.

M. Demir. 2018. "Conquest of Antalya by the Seluks of Turkey". *Cedrus* VI. pp. 555-571.

F. Emecen. 1991. "Antalya". *Turkiye Diyanet Vakfı İslam Ansiklopedisi* 1 Cilt. İstanbul. pp. 232-236.

S. F. Erten. 1997. *Antalya Livası Tarihi.* Antalya.

N. Gokalp. *Attaleia Kent Darihi ve Yazıt Korpusu.* Ph.D. diss. Akdeniz Universty.

N. Gokalp. 1999. "Epigraphische Mitteilungen aus Antalya IV. Inschriften aus Attaleia". *Epigraphica Anatolica* 31. pp. 72-76.

J. G. Grainger. 1995. "The Campaign of Cn. Manlius Vulso in Asia Minor". *Anatolian Studies* 45. pp. 23-42.

H. Hellenkemper - F. Hild. 2004. *Tabula Imperii Byzantini 8: Lykien und Pamphylien.* Vienna.

S. Jameson. 1970. "Attaleia". *RE Suppl.* 12. pp. 110-129.

G. Kaymak. 1997. *Die Baugeschichte der Cumanın Camii in Antalya und ihre byzantinischen Ursprunge. Bauaufname-Bauforschung-Denkmalpflege.* Ph.D. diss.. Vienna.

K. von Lanckoronski. 1890. *Stadte Pamphyliens und Pisidiens 1.* Wien, Prag, Leipzig.

J. Nolle. *Die feindlichen Schwestern-Betrachtungen zur Rivalitat der pamphylischen Stadte.* Hundert Jahre Kleinasiat. Komm. pp. 297-317.

B. Pace. 1916. "Adalia". (Missioni in Adalia) *Annuario* III.

B. Pace. 1923. "Ricerche nella regione di Conia, Adalia, e Scalanova". *Annuario* VI-VII. pp. 343-452.

R. Paribeni-P. Romanelli. 1914. "Studii e ricerche archeologiche nell` Anatolia meridionale". *Mon. Ant.* 23. pp. 6-274.

S. Redford - G. Leiser. 2007. *Victory Inscribed: the Seljuk Fetihname on the Citadel Walls of Antalya, Turkey.* Antalya AKMED.

V. Viale. 1925. "Relazione sull'attivita della Missione Archeologica di Adalia". *Annuario* VIII-IX. pp. 357-392.

L. Yılmaz. 2002. Antalya (*Bir Ortacağ Turk Şehrinin Mimarlık Mirası ve Şehir Dokusunun Gelişimi 16. Yuzyılın Sonuna Kadar*). Ankara.

F. Buyukyoruk- C. Tibet. "1998- 1999 Yılı Antalya Doğu Nekropolu Kurtarma Kazıları". *Adalya* IV (1999-2000).

53

알렉산드리아
(Alexandria)

이집트 사람들은 알렉산드리아를 '지중해의 신부'라고 부른다. 이 말은 도시의 아름다움과 지중해 지역에서의 중요한 역할을 묘사하고 있다. 알렉산드리아는 이집트의 주요 항구이자, 수도 카이로 다음으로 큰 도시이다. 도시의 이름은 그리스 문명의 확산에 크게 기여한 알렉산드로스 대왕의 이름에서 기원했다. 이 도시의 국제적인 위상은 오랜 역사를 통해 이집트인, 그리스인, 로마인, 아랍인 그리고 기타 여러 사람들에 의해 발전했다.

알렉산드리아는 지중해에서의 지정학적 위치로 인해 이 도시의 국제주의에 대한 연구에서 보듯이, 많은 연구자들의 이목을 집중시켰다.[1]

알렉산드리아의 역사

헬레니즘 시대에 알렉산드리아는 그리스 학문과 과학의 중심지였다. 알렉산드리아는 로마가 통치할 때에도 이집트의 정치와 행정 그리고 사회와 문

---

1 알렉산드리아의 국제주의에 관한 연구 중 이집트 작가 할라 할림이 쓴 『알렉산드리아의 국제주의: 아카이브』라는 책에서는 알렉산드리아의 유럽중심 국제주의에 대해 다루었고 비교연구를 통해 문헌을 제시하였다.

화 전반에 걸쳐 중심적인 역할을 했다. 이후 알렉산드리아는 비교적 짧은 기간 (619년~628년)동안 페르시아의 지배를 받았지만 비잔티움제국의 재정복을 거쳐 641년 아랍 무슬림에게 정복되었다.

당시 알렉산드리아는 과학자, 학자, 철학자, 그리고 기타 다른 지식인들을 끌어들이는 세계적인 도시로 성장했다. 지식인들 중에는 알렉산드리아에서 지구의 둘레를 계산한 에라토스테네스(기원전 276년~기원전 194년), 공학과 과학 발명품으로 유명한 헤론(10년~70년), 기하학의 창시자로 평가받는 유클리드(기원전 325년~기원전 270년)와 같은 위대한 수학자도 있었다.

[그림 1] 알렉산드리아 알 몬타자 왕궁의 등대 사진[2]

---

2 사진 링크: https://commons.wikimedia.org/wiki/File:%D9%81%D9%86%D8%A7%D8%B1_%D8%A7%D9%84%D8%A7%D8%B3%D9%83%D9%86%D8%AF%D8%B1%D9%8A%D8%A9.jpg (

[그림 2] 알렉산드리아의 로마 원형극장, 위키미디어 공용에 온라인 게시:
https://en.wikipedia.org/wiki/Alexandria.

 이집트의 알렉산드리아는 알렉산드로스 대왕 (기원전 356~기원전 323)이 건설
한 많은 도시 중 하나지만, 가장 유명한 도시는 이집트의 알렉산드리아이다.
지중해 연안의 알렉산드리아는 세 대륙의 가운데에 위치함으로써 지정학적
중요성을 가지고 있었다. 많은 학자들은 알렉산드리아 대왕의 무덤이 아직 발
견되지 않았지만, 그가 알렉산드리아에 묻혔다고 믿는다. 알렉산드로스 사후
프톨레마이오스 왕조가 이집트를 통치했다. 알렉산드리아는 프톨레마이오스
왕조의 수도로써 그리스-로마식 그리고 이집트-그리스식 문화의 오랜 전통
을 유지했다.

검색일자 : 2020.06.02).

[그림 3] 알렉산드리아의 카이트베이 요새, 위키미디어 공용에 온라인 게시[3]

1891년 이탈리아의 고고학자가 설립한 알렉산드리아의 그리스 로마 박물관은 그리스와 로마의 문명교류와 그 사례들을 보여준다. 프톨레마이오스 시대에 오늘날 세계 7대 불가사의로 간주되는 알렉산드리아의 등대가 건축된 이후, 아랍무슬림의 지배하에서는 카이트베이 요새가 세워졌다. 그 밖에도 이 도시에는 알렉산드리아 총대주교의 역사적인 주교좌인 성마르코대성당, 14세기에 세워진 엘리야후 하나비 유대교 회당, 13세기에 세워진 모로코 수피교

---

3 사진 링크: https://commons.wikimedia.org/wiki/File:Front_View_of_Citadel_of_Qaitbay_in_
Alexandria_%D9%85%D9%86%D8%B8%D8%B1_%D8%A3%D9%85%D8%A7%D9%85%D9%89
_%D9%84%D9%82%D9%84%D8%B9%D8%A9_%D9%82%D8%A7%D9%8A%D8%AA%D8%A8
%D8%A7%D9%89_%D8%A8%D8%A7%D9%84%D8%A5%D8%B3%D9%83%D9%86%D8%AF%
D8%B1%D9%8A%D8%A9.jpg

이맘 알 부시리 모스크 등이 있다.

또한 알렉산드리아는 세계 주요 종교 중 하나인 기독교 전파에 있어 중요한 역할을 했다. 로마시대에 알렉산드리아는 학문적 중심지로 존속했으며, 제국 5대 교주 중 하나로써 아프리카의 교회들을 관할했고 로마기독교 신학의 확립에도 기여했다. 알렉산드리아는 로마제국시대에 로마, 콘스탄티노플과 함께 기독교의 3대 중심지 중 하나였다.

알렉산드리아의 국제주의는 오랜 역사를 통해 발전되었으며 문명교류는 기독교인과 무슬림의 공존덕분에 매우 활발했다. 1517년 오스만제국에 정복된 후, 알렉산드리아는 제국의 지중해 교역과 무역을 위해 그리고 해군기지로써 이스탄불, 아나톨리아 이외에도 이탈리아 남부, 마그레브 그리고 이베리아와 활발하게 교류했다. 당시 이 도시는 지중해의 전 지역에서 온 이주민들로 넘쳐났으며 섬유, 커피, 향신료 등의 물품들이 주로 거래되었다.

1805년~1952년 이집트는 현대 이집트의 설립자로 여겨지는 모하메드 알리 일가의 통치를 받았다. 모하메드 알리의 통치기간에 알렉산드리아 항구가 재건되었으며, 국제도시로서의 역할이 대대적인 지중해 이민을 통해 증대되었다. 도시는 모하메드 알리의 집권기간 동안, 주로 유럽과 레반트에서 온 이민자들의 국제적인 피난처로, 그리고 경제 및 다문화의 중심지로 부상했다. 1849년 알렉산드리아는 국제주의의 영향으로 인구가 100,000명에 달했고 유럽인 거주자들의 수는 1864년까지 약 60,000 명으로 증가했다.

당시 알렉산드리아 인구의 거의 3분의 1은 유럽인이었으며 그 밖에 몰타인, 시리아인, 이탈리아인, 그리스인 그리고 프랑스인도 상당수 거주하고 있었다. 1882년 영국에 점령된 이후에도 알렉산드리아는 국제적인 도시로서의 성장을 계속했다. 아바스 헬미는 다음과 같이 말하며 알렉산드리아의 국제주의를 장려했다. "내 사랑하는 도시 알렉산드리아에는 외국인이나 원주민대신 도

[그림 4] 1892년 모하메드 알리 왕조의 케디브 압바스 왕조 헬미가 건설한 알 몬타자 궁전.
(출처: https://commons.wikimedia.org/wiki/File:Alexandria-MontazahPalace.jpg)

시의 발전을 위해 서로 경쟁하고 모방하는 알렉산드리아 인들만 있었으면 한다.” 그가 오스트리아의 백작과 결혼하고 국적이 다른 외국인 비서를 고용하면서 집이라는 작은 사회에서도 국제주의를 표방하기도 했다.

이집트에 살고 있는 외국인들은 모하메드 알리 일가의 통치 이래 세금 면제와 사법적 면책특권 등 많은 특권을 누렸다. 이는 알렉산드리아가 외국인을 위한 자유지역으로 발전하는 데 기여했다. 지속적으로 외국인들의 수가 증가했는데 1927년에는 외국인의 수가 전체 60만명 중 10만명으로 추정되었다. 당시 알렉산드리아는 영어, 프랑스어, 이탈리아어, 그리스어가 아랍어보다 더 많이 사용되어 마치 유럽의 도시같았다. 마리네티, 포스터, 웅가레티 그리고 기타 많은 지식인 등 유럽 유명 작가의 작품들을 포함한 다문화 글로벌 사회의 기여를 통해 알렉산드리아의 국제주의는 1930년대에 이르러 더욱 발전하였다.

키워드

알렉산드리아, 에라토스테네스, 알렉산드로스, 오스만 제국, 이스탄불, 이집트, 국제, 국제주의

집필자: 모나 파루크 M. 아흐메드

참고문헌

Alexandria Portal: Suez Canal nationalization and alexandria. 2014. Retrieved from Ministry of State For Administrative Development: http://www.alexandria.gov. eg/Alex/english/julyrevolution.html

Brown, K. 2007. Alexandria. In M. Dumper, & B. Stanley, *Cities of the Middle East and north Africa: A Historical Encyclopedia*. pp. 24-28. California: ABC-CLIO.

Ghoneim, M. 1996. Alexandrian Culture in Modern Times: Egyptian Identity and Cosmopolitan Aspects. In J. P. Getty, *Alexandria and Alexandrianism*. pp. 285-299. Malibu: The J. Paul Getty Museum.

Halim, H. 2013. *Alexandrian Cosmopolitanism: An Archive*. Fordham University Press.

Mansel, P. 2012. The Rise and Fall of Royal Alexandria: From Mohammed Ali to Farouk. The *Court Historian*, 17(2). pp. 225-242.

Mark, J. J. 2018. *Alexandria*. Retrieved from Ancient History Encyclopedia: https://www.ancient.eu/alexandria/

New world Encyclopedia. 2008. *Coptic church*. Retrieved from New world Encyclopedia: https://www.newworldencyclopedia.org/entry/Coptic_church

Oden, T. C. 2010. *How Africa Shaped the Christian Mind: Rediscovering the African Seedbed of Western Christianity*. Madison: IVP Books.

Oliver, W. H., & Madise, M. J. 2014. The formation of Christian theology in Alexandria,. (Online) vol.35 n.1 Pretoria. *Verbum Eccles, 35*(1). pp. 1-13. Retrieved from http://www.scielo.org.za/scielo.php?script=sci_arttext&pid =S2074-77052014000100023

Udovitch, A. 1996. Medieval Alexandria: Some Evidence from the Cairo Genizah Documents. In J. P. Getty, *Alexandria and Alexandrianism*. pp. 273-284. Malibu: the J. Paul Getty Museum.

54

알제
(Algiers)

알제는 알제리의 수도이며 북아프리카 지중해 연안의 최대 항구 도시이다. 알제리의 정치, 경제, 문화의 중심을 이루고 있으며 알제만(灣)을 따라 약 16km 가량 뻗어 있다. 알제는 고대 카르타고의 식민지 중 하나였다. 반달족에 의해 알제 항구가 파괴되기도 했지만 이슬람의 정복을 통해 지중해무역의 대표적인 도시로 거듭났다. 알제에는 레콩키스타(Reconquista) 이후 이베리아반도에서 온 베르베르인과 무어인, 유대인 등이 거주했다. 알제는 스페인 지중해 무역선을 공격하고 기독교인을 포로로 잡아두던 곳이기도 했다. 유럽의 지중해 도시민이 몰려오면서 오스만튀르크는 바르바로사(Barbarros, ?~1546년)를 보내 약 300년간 이 지역에서의 활동을 지원했다. 알제 항구는 1830년 프랑스가 마지막으로 점령하며 식민제국을 건설하기 위한 행정과 군사의 중심 도시가 되었다. 알제는 1962년 독립 이후 현대의 도시 모습으로 탈바꿈하면서 북아프리카의 가장 매력적인 도시 중 하나로 거듭나고 있다.

도시 모습

오늘날 알제는 알제리의 수도로 크게 발전했지만, 오스만튀르크의 시대 이전까지는 모로코와 인접한 항구 도시 오랑(Oran)이나 틀렘센(Tlemcen) 등에 뒤처진 도시였다. 그렇다고 역사 속에서 알제가 존재감이 없었던 것은 아니다. 이미 중세부터 이슬람 왕조의 중심 도시로 자리하고 있었고, 오스만튀르크 관할하에서는 직접 통치를 받지 않았기에 유럽 열강의 목표가 되기도 했다. 오스만튀르크는 이 지역을 관할하기 위해 도시 성벽을 건설했다. 성벽 주변에 5개의 문을 내어 도시를 방어하고자 했으며, 이 문으로 향하는 5개의 길은 도시를 가로지른다. 남북으로 가르는 길은 위쪽의 도시(al-Gabal)와 아래쪽의 평지(al-Wata)로 나뉘었다. 위쪽은 안달루시아인, 유대인, 무어인, 베르베르의 일파인 카빌족(수도 알제에서 동쪽으로 약 70km에 위치한 지역의 토착민)이 오밀조밀하게 몰려 살았다. 아래쪽은 터키 행정 관료나 저명인사들이 거주했으며, 주요 행정기구와 군사, 상업과 관련한 관청이 있었다. 알제에는 이런 지형적 특성이 오늘날까지도 남아 있다. 1830년 지중해의 패권을 장악하기 위해 프랑스가 알제를 침략하면서 근대 도시 알제는 북아프리카를 대표하는 중요한 항구 도시이자 행정 수도로 자리하게 되었다.

도시의 변화 과정

근대 이전 알제의 역사는 모든 것이 '카스바'에 집약되었다고 해도 과언이 아니었다. 카스바는 수도 알제의 시민뿐만 아니라 모든 알제리인의 정서와 의식 속에 깊이 자리하고 있는 지역으로 그 상징하는 바가 매우 크다.

카스바에 국한된 도시 알제의 상징성이 확장된 계기는 프랑스의 식민 지배였다. 알제가 프랑스의 수중에 들어가자 많은 유럽인이 몰려오기 시작했다. 심지어 세계적인 건축가 르코르뷔지에(Le Corbusier, 1887년~1965년)는 알제의 완전한 도시 설계를 계획하기도 했지만, 프랑스 식민 당국에 의해 무산되었다. 프랑스는 알제를 인구 50만 명을 수용할 수 있는 규모에 맞춰 설계했다. 근대 도시 알제는 유럽의 근대 도시 모습과는 달리 해안선을 따라 구획되었다. 신도심에는 프랑스인의 관공서와 대학교, 카페 및 레스토랑, 프랑스인 거주지 등이 새로 들어섰다. 카스바에는 원주민이 거주했는데, 이들은 프랑스인에 부역하며 살아갔다. 알제는 제2차 세계대전 연합군의 노르망디 상륙작전을 기획했을 정도로 유명해졌으며, 독립 이후 5백만 명에 가까운 인구가 거주하면서 도시 확장이 이루어졌다.

문명 교류 영향

문명 교류의 장(場)으로서 알제는 그리 많이 알려지지 않았다. 특히 중세시대 문명교류의 과정이 매우 활발했지만, 일반인에게 알려진 바가 거의 없다. 아라비아반도에서 건너온 이슬람은 빠른 속도로 마그레브 전 지역을 이슬람화했다. 당시 베르베르인은 이슬람으로 개종했고, 알제에 거주한 베르베르인 또한 마찬가지였다. 모로코나 튀니지의 중심 도시에 가면 이슬람의 분위기가 확연하게 드러난다. 거대 이슬람 사원도 그렇고, 역사적인 흔적도 그러하다. 하지만 알제에는 잔혹했던 식민 지배의 과정과 그 이전시대 오스만튀르크 흔적이 일부 남아 있을 뿐 오랜 역사의 기억은 별로 알려지지 않았다. 그나마 카스바의 모습이 알제의 과거를 가장 잘 보여주는 유일한 곳이다.

카스바 곳곳을 걷다 보면 볼로긴 이븐 지리(Bologhine Ibn Ziri, 재위 972년~984년)의 이름을 종종 발견할 수 있다. 그는 중부 마그레브 지역을 2세기 동안 지배한 지리드(Zirides Dynasty, 972년~1148년) 왕조의 2대 칼리파였다. 알제는 지리드

| 카스바에서 바라본 지중해 | 바다에서 바라본 알제시 전경 | 카스바의 볼로긴 이브 지리 동상 | 프랑스식 알제 중심가 |

왕조 시절의 수도로 산하자(Sanhadja)[1] 베르베르인이 주도적으로 건립한 도시였다. 이는 알제가 베르베르인의 중심이 되어 도시로서의 위용을 처음 내보인 곳이란 것을 증명해주는 일대 사건이다. 다른 중세시대의 이슬람 왕조가 그렇듯이 지리드 왕조는 이슬람교와 기독교, 유대교가 공존했다. 알모하드(Almohad, 1121년~1269년)와 북아프리카의 중부지역을 지배했던 자이얀(Zianides, 1236년~1556년) 왕조에 자리를 내줄 때까지도 알제는 산하자 베르베르인이 지배한 지역으로 남았던 유일한 도시였다.

레콩키스타(Reconquista) 이후 알제는 유대인과 안달루시아인, 무어인이 몰려들며 인구 증가 현상을 겪었다. 특히 그라나다의 무어인과 유대인이 대거 몰려왔다. 무어인과 지리드 왕조는 같은 부족이었기에 알제에서 같이 살아가는데 전혀 문제가 되지 않았다. 레콩키스타가 진행되면서 스페인은 알제를 정복하고 작은 요새도 만들었다. 아라곤의 페르난도 2세(1452년~1516년) 사후 알

---

1 자나타(Zanata), 마수무다(Masmuda)와 더불어 중세 시대 베르베르 부족 연합체를 이룬 부족이다. 산하자 베르베르 부족은 주로 서아프리카 일대와 오늘날 중부 지중해의 알제를 건설했다. 이베리아반도까지 진출한 알모라비데 왕조는 산하자 베르베르 부족의 대표적인 왕조이다.

제 시민은 스페인에 맞서 폭동을 일으켰고, 바르바로사는 알제 사람들의 요청을 받아들여 1529년 도시를 해적들의 도시로 바꿔갔다. 물론 이 모든 일은 오스만튀르크의 승인 하에 이루어졌다. 프랑스가 점령한 1830년까지 알제는 소위 말하는 알제 섭정기(1521년~1830년)에 접어들었다. 알제 섭정기에 알제는 오스만튀르크의 지배하에 있었지만, 자치적으로 운영되었다. 이때부터 아랍어가 행정과 교육어로 자리했으며, 터키어도 알제에서 사용되기 시작했다. 언어 또한 베르베르어를 비롯해 스페인어, 아랍어, 히브리어, 특히 링구아 프랑카(Lingua franca)[2]의 비중이 높았다. 아랍인, 베르베르인, 무어인, 안달루시아인, 카빌리아인, 유대인, 흑인 노예 등이 모여 살면서 알제는 다문화 지역이 되었다. 아랍어 이름 엘-자자이르(El Djazaïr)가 알제리 전역을 지칭하는 명칭으로 사용되기 시작한 것도 이 시기였다. 프랑스 식민 지배 이전에는 '카스바'가 도시 이름을 대신할 정도로 유명했다. 오늘날 '카스바'는 식민 지배 시대 이전의 문화를 지칭하고, 오래전부터 살아온 원주민 구역을 나타내는 용어로 사용되고 있다. 카스바는 과거의 영광스러운 흔적으로만 남아 있으며, 유네스코 세계문화유산 지역으로 지정되었다.

프랑스의 샤를 10세(Charles X, 1757년~1836년)는 알제 데이(Dey)가 프랑스 영사에게 보인 모욕적인 행동에 대해 사죄하지 않은 것을 빌미로 1830년 3월 알제 만(灣)에 군대를 파견했다. 당시 프랑스의 의도는 알제리를 식민지로 삼기보다는 프랑스를 공격한 해적에 복수하겠다는 생각과 경쟁 국가인 영국 등 다른 유럽 국가들을 북아프리카에서 견제하는 것이었다. 프랑스는 1815년 워털루 전쟁에서 영국에 패하고 지중해에서 자존심을 회복할 기회를 찾던 중

---

2 서로 다른 언어를 사용하는 사람들 간에 언어 소통을 위해 사용한 언어이다. 주로 근대 이전의 지중해에서 무역과 상업을 위한 매개 언어로 사용되었다.

이었다. 게다가 프랑스는 지중해에서 경쟁력과 활동력을 갖고 있던 마르세유(Marseille)와 툴롱(Toulon) 항구가 있었다. 특히 마르세유는 지중해에 대한 영향력을 대표하는 도시였다.

마르세유가 식민 지배의 중요한 전진 기지로 활용될 수 있었던 것은 당시 마르세유 상인들의 강력한 지지가 있었기 때문이다. 당시 프랑스 내정은 샤를 10세 왕정에 대한 국민들의 시선이 달갑지 않은 상황이었다. 샤를 10세는 1824년 권좌에 올라 세금을 가장 많이 내는 유권자의 1/4을 두 번씩 투표하게 만드는 이중 투표법을 만들어서 과격 왕정 복고주의자들의 다수 선출을 보장해 주었다. 심지어 칙령을 통해 신문을 검열하며 과거 절대 군주 시절 방식으로 프랑스를 지배하려 했다. 국민들의 분노는 극에 달했고, 샤를 10세는 알제리 정복이 자국 영사를 부채로 모독한 것에 대한 징벌이 아닌 국민의 불신을 외부로 돌리게 해줄 것으로 생각했다. 특히 마르세유 상인이 그의 생각을 가장 강력하게 지지해주었다.

이렇듯 알제리 식민 지배를 위해 마르세유는 중요한 전진 기지로 활용되었을 뿐만 아니라 상인들까지 도시의 활성화를 위해 적극적으로 후원하는 형식을 보였다. 식민 지배 이후에도 마르세유가 피식민 지배자의 정착 도시가 될 수 있었던 것은 지리적 근접성도 있었지만, 마르세유 상인들의 적극적인 지지가 있었기 때문이다. 오늘날까지 알제와 마르세유의 관계는 단순히 개별 국가의 도시 이상의 관계이다. 특히 일찍부터 시작된 양 도시 간의 관계는 수많은 알제리 이민자가 마르세유에 정착하는 계기가 되었다.

알제는 과거부터 오늘날까지 자의적으로나 타의적으로나 늘 개방된 성격의 도시였고, 이를 발판으로 21세기 다문화 도시로서의 새로운 위상을 회복해 가려 하고 있다. 도시 확장과 카스바 복원, 트램 및 전철, 알제 그랜드 모스크 등이 만들어지면서 수도 알제는 국제도시로서의 면모를 갖춰가고 있다.

키워드

알제, 지리드왕조, 카스바, 오스만튀르크, 바르바로사, 전통도시, 프랑스

집필자: 임기대

참고문헌

임기대. 2014. "마그레브의 베르베르 문화에 나타난 '교차와 혼성'에 관한 특성 연구 : 마그레비즘을 위한 소고". 『코기토』. pp. 7-35.

최은순. 2014. "지중해 연안의 링구아 프랑카의 교류의 특징과 그 유형에 관한 고찰". 『지중해지역연구』 제 16권 4호. pp. 75-103.

Albert Deboulx. 2003. *El Djazair: Histoire d'une cite d'Icosium a Alger*. Alger. ENAG Editions.

Jean Carpentier & Francois Lebrun. 1989. *Histoire de France*, 강민정외 역. 2006. 『프랑스인의 역사』. 한길출판사.

Anthony Ham etc. 2007. *Algerie*. Lonely Planet Publications.

55

엘시드의 노래
(El Cantar del mio Cid)

[그림 1] 부르고스에 있는 엘시드의 동상

『엘시드의 노래 (*El Cantar de mío Cid*)』는 스페인 최초의 서사시로 무슬림의 이베리아반도 정복에 맞서 시작된 국토 회복 전쟁의 영웅이었던 로드리고 디아스 데 비바르(Rodrigo Díaz de Vivar)의 영웅적인 행적을 노래한 서사시이다. 이 작품은 11세기에 쓰여진 『하르차스』가 발견되기 전까지 스페인 문학의 출발점으로 간주되기도 했다. 엘시드의 노래는 1948년 예루살렘 대학의 사뮤엘 스턴 교수가 최초로 발견했다. 당시 이 작품은 아랍어나 히브리어로 쓰여진 '무와사아(Muwashawa)'라는 형식의 서사시였는데, 일부는 아랍어나 히브리어가 아닌 통속라틴어, 즉 로망스어로 기록되어 있었다. 즉 '무와샤아'라는 정형시 속에 있는 각 연에서는 '하르차스'라는 후렴구가 보이는데 현재까지 약 20여수가 발견되었다. '하르차스'라는 서정시가 발견되기 전까지 로망스어로 된 가장 오래된 서정시는 프로방스 지방에서 유행한 서정시였다. 한편, 스페인 문학사에서는 스페인어로 된 최초의 문학 작품을 12세기에 쓰여진 『엘시드의 노래』로 보았으나 『하르차스』의 발견으로 스페인 문학사의 기원은 한 세기 이전으로 앞당겨졌다.

『엘시드의 노래』의 탄생

중세 시대에 마을 광장에 모인 일반 대중들에게 악기와 함께 시를 낭송하거나 노래 형식으로 불렀던 무명의 예술가들 중에는 '후글라르(Juglar)'라는 음유시인들이 있었다. 이들의 문학은 후세에 후글라르 문학으로 정의되었으며 13세기에 나타난 성직자 문학(El Mester de Clerecía)과는 대조적인 면모를 보여주었다. 즉 13세기의 성직자 문학은 식자 계층이었던 성직자가 라틴어 고전을 교화를 위한 목적에서 카스티아어로 옮기면서 엄격한 율격의 정형시인 단운의 4행시로 편집했다. 반면 후글라르 문학은 암송 능력이 뛰어나지만 글을 배우지 못한 후글라르 음유시인들의 구전문학에서 출발했기에 자연 발생적이고 즉흥적이었으며 엄격한 율격을 지키지 않았다. 이러한 12세기의 후글라르 문학의 대표적인 작품이 『엘시드의 노래』였다.

스페인의 대표적인 고전 연구가인 메넨데스 펠라요(MenéndezPelayo)에 따르면, 엘시드의 노래는 엘시드가 죽은지 40여 년이 지난 1140년경에 메디나셀리의 한 후글라르가 쓴 것으로 추측된다. 원본은 이미 소실되었는데 현존하는 판본은 1307년 페르 아밧(Per Abbat)이 작성했다는 사본으로 엘시드의 고향에서 발견되었기 때문에 '비바르의 사본'이라고도 부른다. 13세기의 대표작으로 볼 수 있는 『가연지서(*Libro de Buen Amor*)』와 15세기를 대표하는 작품인 『쎌레스티나(*La Celestina*)』와 더불어 『돈키호테』 이전의 스페인 3대 고전 작품으로 여겨지고 있다. 이 서사시를 쓴 작가가 누군지는 모르지만, 작품에서 메디나쎌리 주위의 지명이 아주 상세히 나타나고 주요 일화가 이 지방을 중심으로 진행되고 있으며 이 지역의 방언이 빈번히 언급된 사실로 미루어 볼때 메디나쎌리에 살았던 인물임을 추정할 수 있다.

엘시드의 노래는 3,730행으로 이루어져 있으며 내용상 크게 세 부분으로 구성되어 있다.

첫째, 유형의 노래: 국왕에게 바치는 조공을 가로챈 혐의로 알폰소 6세로부터 추방되는 엘시드의 이야기

둘째, 결혼의 노래: 엘시드의 재산을 탐낸 카리온의 공자들과 엘시드의 두 딸 '솔'과 '엘비라'와의 결혼을 중심으로 진행되는 이야기

셋째, 코르페스의 모욕: 결혼식이 끝나고 신부인 엘시드의 두 딸을 고향으로 데리고 가던 카리온 공자들의 만행과 그 만행에 대한 엘시드의 복수를 다룬 이야기

먼저 엘시드가 알폰소 국왕의 미움을 사게 된 결정적인 계기가 있었다. 알폰소 국왕의 아버지였던 페르난도 국왕이 죽으면서 유언을 통해 큰 아들 산초에게는 카스티야 왕국을, 작은 아들 알폰소에게는 레온 왕국을 각각 유산으로 남겼다. 이러한 유산 상속에 불만을 가진 형 산초와 동생 알폰소는 왕위쟁탈전을 벌였다. 경쟁에서 밀려난 알폰소는 누나인 도냐 우라카(Doña Urraca)의 성에 피신했다. 하지만 동생을 뒤쫓아 성을 포위한 산초가 알폰소를 생포하기

위해 성에 잠입하다 피살되는 사건이 벌어졌다. 이후 자연스럽게 동생 알폰소가 카스티야 왕국의 왕위를 계승하게 되었다. 국왕 즉위식에서 당시 수석 무장이었던 엘시드가 다른 귀족들을 대표해서 국왕 알폰소에게 성경에 손을 올려놓고 형의 죽음과는 아무런 관련이 없다는 사실을 맹세시킨다. 이 사건 이후 엘시드에 대한 반감을 갖고 있던 국왕 알폰소는 엘시드에게 조공을 가로챘다는 누명을 씌웠다.

엘시드는 결국 국왕 알폰소의 미움을 받아 6일 안으로 왕국의 땅을 떠나라는 명령을 받았다. 그리고 유형(流刑)의 길을 떠나는 엘시드에게 잠자리는 물론 먹을 것과 마실 것을 제공하는 자에게는 재산은 물론 눈까지 빼버리겠다는 포고령이 내려졌다. 하지만 엘시드는 모든 어려움을 극복하고 그를 따르는 부하와 병사들과 함께 사라고사, 바르셀로나를 거쳐 발렌시아를 점령하고 그곳의 영주가 된다. 하지만 한 번 군주는 영원한 군주라고 생각한 엘시드는 국왕 알폰소 6세에 대한 신하로서의 충성을 그래도 유지했다. 전쟁에서 노획한 전리품의 일부는 항상 알폰소 국왕에게 바쳤고, 이렇게 6여년의 세월이 흐르자 왕도 노여움을 풀고 엘시드를 용서했다.

한편, 카리온(Carrión)의 두 공자는 엘시드의 두 쌍둥이 딸과 결혼하기 위해 왔다. 그런데 이 공자들은 장인으로부터 치욕적인 모욕을 당한 적이 있었다. 엘시드가 낮잠을 자던 중 사자가 우리에서 나오자 겁에 질려 도망친 공자들을 보고 겁쟁이라고 질책했던 사건 이후 공자들은 장인인 엘시드에게 반감을 갖고 있었다. 두 공자는 신부들을 데리고 고향으로 돌아가던 중 코르페스의 떡갈나무 숲에 이르러 엘시드의 두 딸을 발가벗겨 나무에 묶어 놓고 두들겨 패고는 그대로 가버렸다. 이 사실을 전해들은 엘시드는 국왕 알폰소에게 두 딸의 명예 회복을 위해 결투를 간청했고, 이 결투에서 엘시드의 부하들이 두 공자에게 복수했다는 이야기로 서사시는 끝을 맺었다.

작품의 특징과 문학사적 의미

먼저 비슷한 시기에 쓰여진 다른 지역의 중세 서사시와 비교할 때, 작품의 사실주의적 요소가 잘 드러난다. 특히 인물의 관점에서 볼 때 엘시드는 전투에서는 뛰어난 영웅의 모습으로, 사생활에서는 다정하고 자상한 아버지이자 모범적인 남편의 모습으로, 군주에게는 충성스러운 신하의 모습으로 묘사되었다. 몇 가지 허구적인 일화를 제외하고 대부분은 역사적 사실과 일치한다. 가공의 지명이 아닌 실제의 정확한 지역 명칭을 사용하고 있다는 것, 당시의 풍습이나 의복, 무기, 사회계층에 대해 아주 사실적으로 묘사하고 있다.

이 작품은 절제된 표현이 특징인데 프랑스 서사시의 화려하고 과장된 문체와는 대조적으로 소박하고 절제된 표현이 지배적이다. 또한 인상주의 기법으로 긴박하고 처절한 전투 장면을 너무나 생동감 있게 묘사하고 있다. 마지막으로 인간적 감동을 자아내는 부분에서는 엘시드가 알폰소 국왕의 추방 명령에 따라 사랑하는 가족과 헤어지는 순간이 생살에서 손톱을 뽑아내는 아픔에 비유되었다.

알폰소 국왕의 전횡에 대항하는 엘시드에 대한 찬양은 중세 카스티야 왕국의 정치적 전통과 밀접한 관련이 있다. 즉 레온 왕국이 지켜오던 로마법 전통과는 달리, 원시적인 게르만 전통에 가까운 카스티야의 정치적 전통과 맥을 같이한다고 볼 수 있다. 그 대표적인 예는 정의에 기초한 로마법의 전통과는 달리 개인적인 복수를 허용하고 있다는 것이다. 예를 들어 게르만법에 따르면, 군주는 선거에 의해 선출된다. 따라서 왕의 부도덕한 면에 대해 귀족들은 언제든지 이의를 제기할 수 있었다. 이런 의미에서 엘시드를 비롯한 귀족들이 국왕 알폰소 6세에게 그의 형 산초 국왕의 죽음과 아무런 관련이 없다는 맹세를 받아낸 것도 카스티야의 게르만법 전통에 기인한다고 볼 수 있다.

『엘시드의 노래』와 중세 유럽 서사시의 영향

독일의 대서사시 『니벨룽겐의 노래』에 등장하는 영웅은 네덜란드의 왕자인 지크프리트(Siegfried)이다. 그는 니벨룽겐 족속과 싸워 마법의 망토를 빼앗는데, 이 망토를 두르면 자신의 몸이 보이지 않은 투명인간이 된다. 반면 프랑스의 대서사 『롤랑의 노래』에 등장하는 영웅은 샤를 마뉴의 조카인 롤랑(Roland)이다. 샤를 마뉴는 지금의 프랑스 지방에 건설된 프랑코 왕국의 국왕이었으며 사라센 제국의 이슬람 군대를 피레네 산맥에서 저지했던 인물이다. 스페인은 『엘 시드의 노래』를 통해 '엘시드'라는 인간적인 영웅의 모습을 부각시키고 있다. 엘시드는 아랍어로 '주인님' 혹은 '나으리'라는 뜻으로 무어인들이 붙여준 별명이었다. 비록 적이었지만 존경할만한 인물이었던 것이다. 엘시드는 알

폰소 국왕으로부터 미움을 받아 추방당했지만 전투에서 승리한 뒤에는 항상 전리품의 일부를 국왕에게 보내는 것을 잊지 않았고, 마침내 알폰소 국왕은 엘시드를 용서하고 쌍둥이 딸들까지 중매했다. 어쨌든 이 세 영웅 중에서 스페인의 엘시드는 지크프리트처럼 초능력이나 마법을 지니진 않았지만, 그리고 롤랑처럼 그를 에워싸고 있는 수백 명이나 되는 적의 병사들을 단 칼에 죽이지는 못했지만 그래도 피와 살을 가진 자의 인간미를 물씬 풍긴다.

[그림 2] 영화 「엘시드」 포스터

키워드

후글라르 문학, 하르차스, 로드리고 디아스 데 비바르, 알폰소 6세, 롤랑, 지크프리트, 사실주의, 카스티야, 아라곤

집필자: 박효영

참고문헌

박효영. 1999.『스페인 문학의 이해』, 서울: 뉴워드사.

안영옥 역. 2004.『엘시드의 노래』. 서울: 서쪽나라.

이강국 역. 2009.『엘시드의 노래』. 서울: 한국외대출판부.

정동섭 역. 2008.『엘시드의 노래』. 서울: 문학과지성사

차용구. 2003.『로마 제국 사라지고 마르탱 게르 돌아오다』, 서울: 푸른역사.

Lacarra Lanz, Eukene. 2002. *Poema de mio Cid*. Barcelona: Debolsillo.

López Estrada, Francisco 1982. *Panorama crítico sobre el Poema del Cid*. Madrid: Castalia.

Montaner Frutos, Alberto. 2000. *Cantar de Mio Cid*. Barcelona: Crítica.

Rodríguez Puértolas, Julio. 1996. *Poema de mio Cid*. Madrid: Akal.

Smith, Colin. 1976. *Poema de mio Cid*, Madrid: Cátedra.

56

예루살렘
(Jerusalem)

고대에 동부 지중해는 아라비아반도에서 이주한 가나안인, 크레타 섬에서 이주한 블레셋인, 그리고 남부 메소포타미아에서 이주한 일신교도 아브라함이 정착한 지역이었다. 지리적으로 이 지역은 다양한 주변 강대국들, 즉 이집트인, 아시리아인, 바빌로니아인, 페르시아인, 몽고인, 그리스인, 로마인들이 지배하면서 다양한 문명을 건설한 곳이기도 했다.

7세기 무슬림들은 기독교 국가인 동로마 제국의 영향권에 있던 예루살렘 및 동부 지중해 지역을 정복했다. 이후 우마이야 조, 압바스 왕조, 파티마 조, 셀주크튀르크 조, 아유브 조, 오스만 제국 등 다양한 무슬림 정권들이 약 1,400년 동안 이 지역을 통치했다. 19세기부터 영국은 중동 정책에서 전략적으로 중요한 예루살렘과 팔레스타인 지역에 대한 관심을 노골적으로 드러냈다. 1차 세계대전이 끝나면서 영국은 오스만 제국을 대체하여 예루살렘을 포함한 팔레스타인의 통치자가 되었다. 최종적으로 1948년 영국의 예루살렘 및 팔레스타인 위임통치가 종료되면서 유럽 이민자 유대인들이 주도해 이스라엘을 건설했다. 이후 오늘날까지 통치권을 장악한 이민자 유대인들과 점령당한 팔레스타인 주민들 사이에서 분쟁이 계속되고 있다. 역사적으로 문명교류의 중심지인 예루살렘과 동부 지중해 지역은 열강들 간의 투쟁과 갈등의 장소이면서 동시에 다양한 문명들의 가교 역할을 해왔다.

세 종교의 성지 예루살렘

예루살렘은 이슬람교도, 기독교도, 유대교도에게 종교적 정체성의 상징이다. 유대교의 히브리 성서에 따르면, 예루살렘은 기원전 10세기경 다윗 왕국과 솔로몬 왕국의 수도였고, 솔로몬 왕이 하나님을 위한 성전을 건설한 곳이었다. 기독교인들에게 예루살렘은 예수 그리스도가 십자가에 못 박힌 후 부활하여 승천한 장소이다. 로마제국의 콘스탄티누스 황제는 4세기 초 예루살렘에 성묘교회(예수무덤 교회)를 건설했으며, 예루살렘을 기독교의 중심지로 바꾸었다.

이슬람에서 예루살렘은 메카, 메디나와 함께 이슬람 3대 성지 중 하나이다. 코란에 따르면, 예언자 무함마드는 메카 사원(알 하람 사원)으로부터 예루살렘 사원(알 아크사 사원)으로 여행한 후 승천했다. 또 예언자 무함마드와 초기 무슬림들은 메카로 기도 방향을 변경하기 이전까지, 예루살렘을 향해 기도했다. 그래서 알 아크사 모스크의 다른 이름은 끼블리(예배 방향) 모스크이다. 이를 기념하여 예루살렘 구도심의 중심에는 8세기 초에 건설된 알 아크사 모스크 복합단지가 있다. 이슬람교, 기독교, 유대교라는 세 일신교의 성지로서 예루살렘의 지위는 성지 회복이라는 신성한 명분을 배경으로 해당 신자들의 무력 투쟁을 유발하는 요소로 작용하기도 했다. 사실 성지 회복의 명분은 정치적이며 비종교적인 목적에 이용된 면이 없지않다. 오늘날의 정치 패권을 위한 지정학적인 논쟁이 실질적인 요인임에도 불구하고, 종교논쟁의 명문으로 인해 예루살렘 문제 해결을 위한 시도들이 어려움에 봉착하고 있다. 예루살렘에 대한 집착은

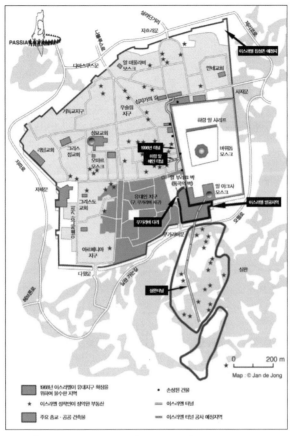

[그림 1] 예루살렘 구도시 성지들(출처: PASSIA)

이슬람교도, 기독교도, 유대교도들에게 앞으로도 계속될 것이며 종교 역시 이 지역의 정치 패권을 정당화하는 데 이용될 것이다.

솔로몬의 성전 : 이스라엘의 주장

유대교, 기독교, 이슬람교의 성지로 널리 알려진 예루살렘의 구도심에는 이슬람교의 알아크사 모스크 복합단지와 기독교의 성묘교회(예수 무덤교회)가 공존한다. 반면 눈으로 직접 확인할 수 있는 솔로몬 성전 등 유대교의 성지는 없다.

이스라엘의 예루살렘 주권 주장은 히브리 성서에 근거한다. 다윗 왕국과 솔로몬 성전에 대한 히브리 성서의 기록은 오늘날 이스라엘이 예루살렘에 대한 독점적인 지배권을 주장하는 유일한 근거다. 이스라엘은 성서를 현실에서 실현하려고 노력하면서, 서쪽 벽(Ha-Kotel Ha-Ma'aravi)이 솔로몬 성전의 흔적이라고 다음과 같이 주장한다.

〈 솔로몬 성전 터: 이스라엘의 주장 〉

예루살렘은 기원전 10세기에 다윗 왕국의 수도였으며 유대인들의 종교 중심지로 건설되었다. 이후 다윗왕의 아들 솔로몬이 성전을 건설하였으며 이 도시를 번영하는 제국의 수도로 만들었다. 둘째, 기원전 6세기에 바빌로니아의 느브갓네살 왕이 솔로몬 성전을 파괴하고 주민들을 추방하였다. 이후 바빌로니아에서 귀환한 유대인들은 솔로몬 성전이 있던 장소에 두 번째 성전을 건설했고, 예루살렘과 그 벽을 재건하였다. 셋째, 기원전 1세기에 로마인들이 임명한 유대인 통치자 헤롯왕은 두 번째 성전을 복합건물로 개조했다. 넷째, 서기 70년 예루살렘을 점령한 로마 군대는 헤롯이 개조한 복합 건물을 파괴했고, 유대인들이 예루살렘에 들어오는 것을 금지했다. 이 때 성전과 부속건물들이 완전히 파괴되었고 성전 산 벽(서쪽 벽)의 아랫부분만이 남아있다.

(출처: Israel Ministry of Foreign Affairs, *Jerusalem through the Centuries*, 23 Feb 2003)

오늘날 유대인들은 알 아크사 모스크의 서쪽 벽을 '통곡의 벽'이라 부른다. 반면 무슬림들은 이를 알 부라끄 벽이라 부른다. 이스라엘의 주장에 따르면, 이 통곡의 벽은 기원전 10세기에 세워진 솔로몬 성전의 서쪽 벽이었으며, 알 아크사 모스크가 위치한 그 자리에 솔로몬 왕(기원전 999~기원전 931)이 세운 성전이 있었다는 주장의 근거이다. 유대인들은 기원전 586년 베벨로니아가 솔로몬 성전을 파괴한 것을 슬퍼하며 이 벽 앞에서 통곡한다. 현재 이스라엘과

[그림 2] 알 아크사 복합단지의 서쪽 벽(알 부라끄벽/통곡의 벽)

시온주의자들은 알 아크사 모스크를 대체하는 솔로몬 성전을 재건한다는 계획을 세우고 있다. 그러나 고고학 발굴 결과 이 벽은 로마시대 헤롯 왕(기원전 73~기원전 4)이 복합 건물을 짓는 과정에서 처음 건축한 것으로 알려졌으며, 이 벽의 하단을 구성하는 돌은 헤롯 왕 시대까지 거슬러 올라간다. 1967년 6월 전쟁 이후, 이스라엘의 끈질긴 고고학 발굴 노력에도 불구하고, 이 벽과 그 주변에서 기원전 10세기에 건축된 솔로몬 성전의 흔적은 발견되지 않았다.

서쪽 벽에 대한 소유권

유대인들은 알 아크사 모스크 복합단지가 기원전 10세기에 건설된 솔로몬 성전 터였다고 주장한다. 그러나 8세기 초에 우마이야 칼리파 시대에 건설된 알 아크사 모스크 복합단지는 이슬람교 성지였기 때문에 원칙적으로 유대인들이 들어와 종교행사를 할 수 없었다. 그렇기 때문에 유대인들은 알 아크사 복합단지 서쪽을 둘러싼 '서쪽 벽'을 기도 장소로 사용한다. 1930년 12월 예루살렘 서쪽 벽에 대한 무슬림과 유대인의 권리와 주장을 판단하기 위해 영국 정부가 파견한 조사위원회는 다음 보고서를 국제연맹에 제출하여 승인받았다.

알 아크사 모스크에 관한 예루살렘 무슬림의 주장

다음은 2015년 예루살렘의 이슬람 와끄프 위원회가 이슬람교와 역사적인 근거에 토대를 두고 만들어 내놓은 성명이다.

무슬림에게 알 아크사에서의 기도는 다른 어떤 모스크에서의 기도보다 500배의 가치(메카와 메디나 모스크 제외)가 있다고 알려져 있다. 예언자 무함마드가 무슬림을 격려하면서 알 아크사를 순례하도록 했다는 사드 알-리할 전통에 근거할 때 예루살렘에 거주하는 무슬림은 무라비트(이슬람의 영토적 경계의 보호자들)라는 지위를 부여받았다.

이슬람 전승에 따르면, 알 부라끄 벽이라는 이름은 예언자 무함마드가 현재 바위돔 모스크 자리에서 승천한 날 밤에 그의 천마, 알 부라끄를 매어놓은 장소에서 유래했다. 이 벽은 705년에 완공된 알 아크사 모스크의 일부이다. 알 아크사 모스크가 세워진 장소는 이슬람 최초의 기도방향(끼블라)이었고, 예언자 무함마드가 무슬림들에게 순례를 지시했던 장소이며, 메카 소재 대 모스크, 메디나 소재 예언자 모스크와 함께 이슬람 최고의 모스크 중 하나이다. 한편, 이스라엘은 1984년 일방적으로 알 부라끄 벽을 이스라엘 국가 재산으로 등록했다.

시온주의 운동과 예루살렘

시온주의 운동의 목표는 예루살렘(시온)을 중심으로 유대 민족의 국가를 건설하는 것이었다. 19세기 말에 유럽에서 시작된 시온주의 운동은 알 아크사 모스크 복합단지가 3천 년 전 솔로몬 성전 터였다고 주장하면서, 예루살렘을 중심으로 팔레스타인 지역에 유대 국가 건설을 추진했다. 시온주의 운동의 결과 1948년 5월 14일 이스라엘 국가가 건설되었다. 시온주의 운동의 핵심 근거는 예루살렘 구도심에 위치한 알 아크사 모스크 복합단지를 둘러싼 '서쪽 벽'이었다.

역사적으로 서쪽 벽을 일컫는 '통곡의 벽'이라는 용어는 1917년 오스만 제

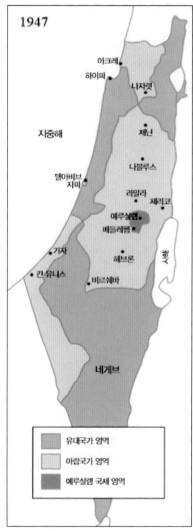

[그림 3] 유엔분할결의 181호

국으로부터 예루살렘을 빼앗은 후에 영국이 도입한 용어이다. 영국의 팔레스타인 점령 이전에는 유대인들도 이 벽을 '서쪽 벽'이라 불렀다. 그런데 1차 세계 대전 이후 영국의 팔레스타인 위임통치 기간 동안, 이 서쪽 벽의 권리에 대한 이주민 유대인과 원주민 팔레스타인인들 사이에 분쟁이 발생했다. '서쪽 벽' 문제는 시온주의 정책을 추진하는 영국의 팔레스타인 점령과 동시에 제기되었고, 유대국가 이스라엘 건설을 위한 전주곡이었다. 영국의 위임통치자들은 이 구역이 이슬람 재산이라는 공식발표와는 달리, 유대인들이 기도하는 동안 서쪽 벽에 대한 무슬림 대중의 접근을 제한했고, 유대인들을 위한 예배 장치들을 설치하는 등 이 벽을 사실상 '유대구역'으로 전환시키는데 도움을 주었다.

　2차 세계 대전 이후 영국의 팔레스타인 위임통치 종결에 앞서, 1947년 11월 '유엔총회 팔레스타인 분할결의 181호'는 팔레스타인 지역을 아랍국가(43%), 유대국가(56%) 그리고 예루살렘 국제통치지역으로 분할했다. 그러나 이스라엘 국가 건설과 동시에 발발한 전쟁에

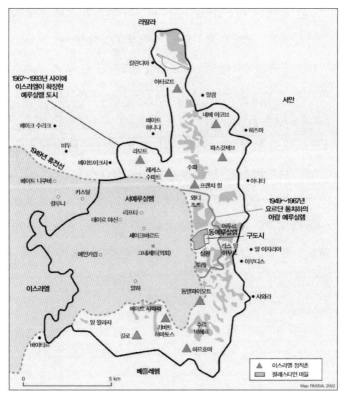

라밀라

1967~1993년 사이에
이스라엘이 확장한
예루살렘 도시

칼란디아

아타로트

알람

서안

베이트
하니나

네베 야코브

히즈마

베이크 수리크

비두

1949년 휴전선

리모트

파스깃제브

베이트이크사

레케스
수미트

수파

아나타

베이트 니구비

프렌치 힐

1949~1967년
요르단 통치하의
아랍 예루살렘

카스탈

칼루니아

서예루살렘

와디
조즈

아투르

리프타

동예루살렘

구도시

데이르 야신

알 이자리아

셰이크바르드

라스 알
아무르

크네세트(의회)

토리

이부디스

예인카림

이스라엘

말하

동텔파이오트

사와라

베이트 사파파

알 왈라자

기버트
하마토스

수그
비헤릭

길로

허르호마

바이티르

▲ 이스라엘 정착촌
▨ 팔레스타인 마을

베들레헴

0   5 km

Map: PASSIA, 2002

[그림 4] 동예루살렘 / 서예루살렘(출처:PASSIA)

서 이스라엘은 유엔 분할결의 181호를 위반하면서 예루살렘의 85% (서예루살렘, 50.5km²)를 점령했다. 반면 요르단은 11% (동예루살렘, 6.5km²)를 차지했고, 4%는 유엔본부가 있는 출입금지구역으로 정해졌다.

1949년 4월 요르단과 이스라엘은 '요르단-이스라엘 정전 협정'을 체결했다. 이 협정에서 요르단은 서예루살렘을 이스라엘 통치 영역으로, 이스라엘은 동예루살렘을 요르단의 통치 영역으로 수용했다. 그리고 1949년 12월 이스라엘 의회는 예루살렘을 '이스라엘의 수도'로 선언했고, 요르단은 예루살렘 국제통치를 거부한다고 선언했다. 이로써, 예루살렘은 이스라엘 통치하의 서예루살렘과 요르단 통치하의 동예루살렘으로 양분되었다. 그 결과 동예루살렘에 위치한 알아크사 복합단지와 성묘교회는 요르단의 통치구역에 속하게 되었다. 1967년 6월 전쟁에서 이스라엘은 동예루살렘이 포함된 서안지역을 점령했다. 1967년 6월 27일 이스라엘은 동·서 예루살렘을 통합하는 법률을 제정하고, 통합된 예루살렘을 '이스라엘의 수도'로 선언했다.

이러한 이스라엘의 불법조치에 맞서, 1967년 7월 4일 유엔은 총회결의 2253호 채택했다. 이 결의는 예루살렘의 상황을 변화시킨 이스라엘의 모든 조치를 무효로 규정하고, 이미 취해진 모든 조치들의 철폐를 요구했다. 1947년 11월 181호 결의 이후 2020년 현재까지, 200번이 넘는 유엔 결의는 모두 예루살렘 유대화 및 이스라엘 점령정책에 반대하는 내용이었다. 현재 미국은 이 지역 정세를 결정하는 가장 중요한 행위자로써 이러한 유엔결의를 무력화시키는데 일조하고 있다.

┌ 키워드 ┐

예루살렘, 유대교, 기독교, 이슬람, 알 아크사 모스크, 솔로몬 성전, 통곡의 벽, 팔레스타인, 알 부라끄

집필자: 홍미정

참고문헌

홍미정. 2018. 『팔레스타인 현대사』, 서울: 서경.

홍미정. 2016. "위기에 처한 예루살렘 이슬람 성지, 알 아크사 모스크", 『중동문제연구』, 15권 1호, 서울: 중동문제연구소, pp. 113-153.

홍미정. 2004. 『팔레스타인 땅, 이스라엘 정착촌』, 서울: 서경.

PASSIA. 2015. *Al-Aqsa Mosque Compound Targetted*, Islamic Higher Waqf Council, Jerusalem: PASSIA. http://passia.org/publications/112(검색일자: 2020년 4월 10일)

HIS MAJESTY'S STATIONERY OFFICE. 1931. *REPORT of the Commission appointed by His Majesty's Government*, LONDON: PRINTED AND PUBLISHED BY HIS MAJESTY'S STATIONERY OFFICE.

Israel Ministry of Foreign Affairs. 2003. *Jerusalem through the Centuries*, 23 Feb 2003.

http://www.mfa.gov.il/MFA/Facts%20About%20Israel/State/Jerusalem%20 through%20the%20Centuries(검색일자: 2015년 12월 5일)

Israel Ministry of Foreign Affairs. 1998. *Archaeological Sites in Israel - The Western Wall and its Tunnels*, 29 Jul 1998.

http://www.mfa.gov.il/mfa/history/early%20history%20-%20archaeology/archaeological%20sites%20in%20israel%20-%20the%20western%20wall(검색일자: 2020 년 4월 11일)

57

오벨리스크
(Obelisk)

오벨리스크는 지중해 지역에 등장한 최초의 기념비였다. 이집트는 고대역사 이후 오벨리스크의 원산지였다. 오벨리스크는 다른 지중해 제국들이 고대 이집트에 이어 이 기념비를 도입했던만큼 지중해 지역문명간 문명교류의 증거로 볼 수 있다. 로마의 오벨리스크가 이를 증명해주고 있다. 또한 오벨리스크는 현대에도 지속적으로 등장하여 특히 지중해 지역의 건축과 인테리어 디자인 발전에 기여했다. 오벨리스크의 영향은 프랑스 정원의 인테리어 디자인에거도 볼 수 있다. 두 번째 사진은 세계의 다른 지역으로 옮겨진 많은 이집트 오벨리스크 중 하나이다.

피터 라코바라는 누비아의 오벨리스크를 예로 들며, 이집트 이외의 지역들에서 발견되는 오벨리스크에 초점을 맞추었다. 특히 런던, 파리, 뉴욕의 오벨리스크와 같이 세계의 다른 지역으로 옮겨진 이집트 오벨리스크에 관해 다룬 연구도 많이 있다. 최근에는 이집트의 오벨리스크를 이집트에서 프랑스로 운송하는 과정을 다룬 '파리 오벨리스크의 비밀생활'이라는 연구가 발표된 바 있다.

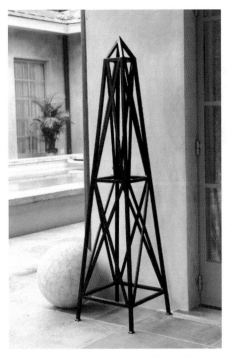 

[그림 1] 현대 미국기업 발라드 디자인의 오벨리스크형 철제 프랑스 정원 장식[1]

[그림 2] 파리로 옮겨진 이집트의 오벨리스크 (높이: 23 m)[2]

오벨리스크의 구조

고대 이집트의 오벨리스크는 높은 탑 모양의 단일 암석으로 되어있다. 고대 이집트 오벨리스크의 기본구조는 한 개의 붉은 화강암으로 만들어졌다. 오벨리스크의 밑면 디자인은 정사각형 또는 직사각형이며 최상단은

---

1 사진 출처: https://www.ballarddesigns.com/avril-metal-garden-obelisk/381587

2 사진 출처: https://en.wikipedia.org/wiki/Obelisk

피라미드 모양으로 장식되었다. 오벨리스크의 구조는 기저부에서 시작하여 점차 최상단의 피라미드를 향해 좁아진다. 요약하면, 밑면은 정사각형이고 옆의 네 개의 면에는 상형문자가 기록되어 있다. 또한 피라미드의 상부는 일반적으로 금 또는 은으로 덮여 있다. 오벨리스크의 구조는 고대 이집트인들이 숭배하던 태양신 '라'에 대한 헌신을 나타내는 글에서 볼 수 있는 종교적 상징을 포함하고 있으며 피라미드 모양 자체도 '라'를 상징했다. 오벨리스크의 모양은 아마도 태양의 빛과 비슷했을 것이다. 이것은 오벨리스크 최상단의 장식으로 피라미드를 선택한 이유를 설명해준다. 오벨리스크 측면의 상형문자는 이집트 시대의 통치자들을 기리는 내용이었다. 보통 이집트의 고대 오벨리스크는 신전 입구의 대문 앞에 한 쌍으로 세워졌다.

　역사적으로 이집트의 오벨리스크는 세계 여러 곳에서 제작되었다. 하지만 오벨리스크의 구조는 계속해서 모방되었다. 로마 트리니타 데이 몬티 성당 앞에 세워진 살루스티아노 오벨리스크의 대표적인 사례이다. 이 오벨리스크는 고대 로마시대에 제작되었으며, 로마의 아우렐리아누스 황제가 통치하던 270년~275년까지 살루스티우스 정원에 있었다. [사진 3]은 1789년 현재의 위치로 이전된 살루스티아노 오벨리스크이다.

[그림 3] 로마 트리니타 데이 몬티 성당 앞에 있는 살루스티아노 오벨리스크[3]

오벨리스크의 역사

오벨리스크라는 단어는 이 기념비의 그리스식 명칭이며, 이를 최초로 소개
한 역사학자는 헤로도투스였다. 이 명칭은 '곳 또는 꼬치'를 의미하는 데, 이집
트어로 오벨리스크는 '찌르다'는 의미의 '테케누'이다. 이는 경우에 따라 오벨
리스크를 영어로 '바늘'이라고 하는 이유를 설명해준다. 최초의 오벨리스크는
초기와 고대왕국 (기원전 3150~기원전 2613) 이후 고대 이집트인들에 의해 만들

---

3 사진 출처: https://commons.wikimedia.org/wiki/File:Roma_Chiesa_obelisco_Trinita_dei_
   Monti.jpg

[그림 4] 세누스레트 1세의 오벨리스크, 헬리오폴리스[4]

어졌다. 최초의 오벨리스크는 높이가 약 3m로, 이후 시기의 오벨리스크와 비교할 때 비교적 작은 것으로 알려져 있다. 그러나 현재까지 원래 위치에 남아있는 최초의 오벨리스크는 이집트 제12왕조의 세누스레트 1세 시대에 제작되었다. 이 오벨리스크는 세워져 있는 오벨리스크 중 가장 오래되었으며 이집트 수도 카이로의 헬리오폴리스에 있다. 이런 맥락에서 고대도시 헬리오폴리스는 태양신 라 숭배의 중심이었다고 할 만하다. 헬리오폴리스에 유일하게 남아있는 오벨리스크는 태양신 라에 봉헌된 다른 많은 오벨리스크 중 하나였던 것으로 추정된다. 이집트에서 전 세계 다른 대도시로 옮겨진 헬리오폴리스의 오벨리스크 중 최소 일곱 개가 아직까지 남아있다.

세계에서 가장 큰 이 오벨리스크는 미완성의 상태로 현존한다. 이집트 남부의 아스완에 있으며 세워지지 못한 채 여전히 뉘어 있다. 이 미완성 오벨리스크 (높이 42m, 무게 1,168t)는 제18왕조 이집트 여왕 하트셉수트 (기원전 1479년~기원전 1458년)의 것이며, 4세기 로마 황제 콘스탄티우스 2세가 로마로 가져간 '라테란 오벨리스크'를 포함한 하트셉수트의 다른 오벨리스크들처럼 카르나크

---

4   사진 출처: https://en.wikipedia.org/wiki/Senusret_I#/media/File:Heliopolis200501.JPG

신전에 설치하려던 것이었다. 이 오벨리스크가 완성되지 못한 이유는 조각하는 동안 금이 갔기 때문이었다고 한다.

오벨리스크의 예술성은 후대의 제국들에 의해 높게 평가되었다. 로마인들은 이집트 예술과 건축의 영향을 받았는데, 이는 오벨리스크를 포함한 많은 이집트의 조각품을 로마로 가져간 사실에서 분명하게 드러난다. 게다가 로마의 황제들은 라틴어로 오벨리스크에 자신의 이름을 새겨 오벨리스크가 더욱 로마의 것으로 보이도록 했다.

[그림 5] 이집트 아스완에 있는 미완성 오벨리스크[5]

---

5 사진 출처: https://www.luxorandaswan.com/blog/aswan-attractions/the-unfinished-obe-lisk/(검색일자 : 2020.07.27).

오벨리스크를 통한 문명교류

고대 이집트의 오벨리스크와 이후시대의 많은 복제품을 포함하여 세계 곳곳에서 볼 수 있는 오벨리스크는 지중해의 문화적 상호작용과 문명 교류를 보여준다. 오벨리스크를 포함해 예술과 건축에서 많은 이집트 전통을 차용했던 로마황제들의 행위를 통해 문화적 상호작용을 확인할 수 있다. 로마인들은 자신들이 제작한 다른 오벨리스크들 외에도 이집트에서 가져온 많은 고대 이집트 오벨리스크 (총 13개)로 제국의 수도를 장식했다. 오벨리스크를 조각할 때 로마인들은 이집트 남쪽에 위치한 아스완의 채석장에서 가져온 이집트의 붉은 화강암을 사용했다. 또한 로마의 오벨리스크 중 일부에는 이집트의 비문이 있는 것도 있고 없는 것도 있었다. 다시 말해, 로마의 오벨리스크는 이집트의 오벨리스크를 보고 복제했지만 크기는 작았다. 라테란 오벨리스크는 현재 로마에 있는 것 중에서 가장 크다. 높이는 40m 이상, 무게는 300t에 달한다. 라테란 오벨리스크는 고대 이집트의 오벨리스크이며 제18왕조 투트모세3세의 것이었다. 이것은 이집트에서 가져온 것으로 산 조반니 인 라테라노 대성당 근처에 세워졌다.

로마의 고대 미술품인 오벨리스크는 이집트와 로마, 이렇게 두 문명 간 접변의 결과물로 볼 수 있으며, 그로 인해 혼합된 양식의 기념비가 제작되기도 했다. 로마인들은 태양신을 기념하는 오벨리스크의 상징적 의미도 차용했다. 이집트의 태양신 라와 같이 로마의 태양신 아폴로에 대한 헌신으로 오벨리스크를 제작한 것이 그 사례이다. 더욱이 오벨리스크가 이집트의 통치자들을 기렸던 것처럼, 로마의 오벨리스크들도 황제들을 기념하는데 사용되었다. 몇몇 오벨리스크들은 대형 원형 경기장에 있는 아우구스투스의 오벨리스크와 같이 황제의 기념비가 되었다. 이처럼 로마인들은 이집트의 오벨리스크를 차용할 때 이집트의 오벨리스크에서 유래한 종교, 정치적 상징성과 의미까지도 차용했다고 할 수 있다. 한편, 로마인들은 그리스어와 라틴어로 비문을 조각하여 로마 원형경기장 안에 배치하는 등 로마의 현실에 맞게 오벨리스크를 적용하기도 했다.

로마의 오벨리스크에서는 로마와 이집트 문명의 상보적 접변을 볼 수 있으며, 종교와 정치 그리고 문화에 영향을 미치는 공통의 요인을 목격할 수 있다. 세계 다른 지역에 세워진 오벨리스크들 역시 각각의 도입배경을 통해 문화적 상호작용과 문명간 접촉의 의미를 증거한다.

키워드

오벨리스크, 피라미드, 카르나크 신전, 헬리오폴리스, 투트모세 3세, 아드리아노플, 그라티아누스 황제, 유스티니아누스 황제

집필자: 모나 파루크 M. 아흐메드

참고문헌

Brier, B. 2018. The Secret Life of the Paris Obelisk. *Aegyptiaca. Journal of the History of Reception of Ancient Egypt.* pp. 75-91.

Chernov, M. 2020. *Sallustiano Obelisk, Rome.* Retrieved from The Ancient History Encyclopedia: https://www.ancient.eu/image/11922/sallustiano-obeliskrome/

Cole, S. E. 2017. *Egyptian Obelisks and Their Afterlife in Ancient Rome*. Retrieved from The getty: https://blogs.getty.edu/iris/egyptian-obelisks-and-theirafterlife-in-ancient-rome/

Curran, C. B., Grafton, A., Long, P. O., & Weiss, B. 2009. *Obelisk: A History*. Cambridge: The Burndy Library/MIT Press.

Encyclopaedia Britannica. 2020. *Obelisk Pillar*. Retrieved from www.britannica. com: https://www.britannica.com/technology/obelisk

Julius, E. 2014. *Obelisks in Late Antiquity: The symbolic and functional meaning of Egyptian obelisks in the Roman world in the 3 rd and 4 th centuries AD*. Papendrecht: Leiden University, Faculty of Archaeology .

Lacovara, P. 2018. Pyramids and Obelisks Beyond Egypt. *Aegyptiaca. Journal of the History of Reception of Ancient Egypt.* pp. 124-137.

Lundstrom, P. 2019. *The Obelisks of Heliopolis*. Retrieved from Archaeology: https:// pharaoh.se/obelisks

Mark, J. J. 2016. *Egyptian Obelisk*. Retrieved from Ancient History Encyclopedia: https://www.ancient.eu/Egyptian_Obelisk/

Neithsabes. 2016. *Obelisk of Senusret I, Heliopolis*. Retrieved from AncientHistory Encyclopedia: https://www.ancient.eu/image/6010/obelisk-of-senusreti-heliopolis/

Tyson, P. 1999. *The Unfinished Obelisk*. Retrieved from https://www.pbs.org/wgbh/nova/egypt/dispatches/990316.html

58

유스티니아누스 법전
(Code of Justinian)

유스티니아누스 황제의『로마법 대전(Corpus Juris Civilis)』은 로마의 판례법 및 학설을 집대성하여 편찬한 전집 형태의 법률책이다. 이 법률책은 편찬 이후 하나의 법전으로 간주되었다. 유스티니아누스 황제는 영토를 넓히기 위한 서방 정복이나 하기아 소피아를 재건하는 것보다 이『로마법 대전』의 편찬을 추진함으로써 불후의 명성을 얻었다. 삼촌이었던 유스티누스 황제와는 달리 학문적 소양이 깊었던 유스티니아누스는 오래전부터 이 작업을 준비해 왔는데 마침내 트리보니아누스라는 백과사전적인 지식을 가진 법전 편찬전문가의 도움을 받았다.

로마법 대전의 역사적 배경

로마법을 집대성하는 작업은 일찍이 438년 테오도시우스 2세가 시도했지만 성공하지 못했다. 그때부터 한 세기가 지난후 유스티니아누스는 이전보다 훨씬 방대한 규모의 법전 편찬을 추진했다. 테오도시우스 2세는 단지 황제의 칙령들을 모으는 것에 만족했지만, 유스티니아누스는 한 걸음 더 나아가 완전히 새로운 법전을 만들고자 했다. 이를 위해 기존 칙령과 법 학설들 간의 모순과 중복을 없애고, 그리스도교의 가르침에 완전히 부합되도록 하며, 혼돈과 혼란을 피하고 간단명료한 체계의 법전을 계획했다. 또한 유스티니아누스는 자신의 시대에 만들어진 법도 포함시키고자 했다.

이 로마법의 법전 편찬은 유스티니아누스 시대의 가장 위대하고 지속적인 업적이었다. 이 법은 오늘날 유럽 대륙의 로마법 토대가 되었으며, 나폴레옹 법전을 통해 동로마(비잔티움) 제국의 법적 수칙들이 라틴 아메리카와 다른 나라로 전파되었다. 그리고 이 법전은 오늘날에도 여전히 영향력을 발휘하고 있다. 로마법은 앞서 언급한 테오도시우스 2세 법전을 비롯하여 그 전에도 여러 차례 법전 편찬이 시도되었지만 모든 법률적 성과를 망라한 체계적인 편집은 529년 이전에는 없었다.

유스티니아누스는 528년 10여 명의 법률 전문가에게 법률을 개정토록 요청했다. 그리고 법률 초안자로 아테네의 재정관 트리보니아누스를 임명했다. 나아가 그의 지휘 아래 특별위원회를 만들고 이 위원회에서 일련의 과정을 거쳐『로마법 대전』을 편찬하도록 했다. 트리보니아누스는 당시 황제의 법률 고문관이었다. 유스티니아누스는 학설휘찬의 반포칙령(頒布勅令)인 Constitutio Tanta (533년 12월 16일) 제 12장에서 이러한 작업을 '인간의 삶을 위한 작업'이라고 선언했다.

로마법 편찬 작업은 제국의 법률을 수록하고 불필요한 법률은 삭제하였으며, 주요한 법적 결정의 원칙을 설명하면서『칙법휘찬』(勅法彙纂, Codex Constitutionum),『학설휘찬』(學說彙纂, Digesta 또는 Pandectae),『법학제요』(法學提要, Institutiones) 그리고『신칙법』(新勅法, Novellae Constitutiones Post Codicem)의 네 분야에 걸친 저술계획으로 구체화되었다. 그런데 이들 법전들은 공포시기가 각각 달랐고, 하나의 책으로 집대성되지 않았다.『로마법 대전』이라는 하나의 책 개념으로 묶은 인물은 디오니시우스 고토프레두스(Dionysius Gothofredus, 1549년

~1622년)였다.

『로마법 대전』은 트리보니아누스의 지휘 하에서 짧은 기간에 완성되었다. 처음에는『테오도시우스 법전』과 디오클레티아누스 치세 때 개인들이 편찬한 법령집들, 『그레고리아누스 법전(Codex Gregorianus)』과『헤르모게니아누스 법전(Codex Hermogenianus)』의 도움을 받아 하드리아누스 시대 이래 효력을 가졌던 제국의 칙령들이 집대성되었다. 이 법령집은 편찬 작업이 시작된 지 14개월 만인 529년 4월 8일에 유스티니아누스 황제의『칙법휘찬』으로 출판되었고, 5년 후 그 증보판이 나왔다. 이『칙법휘찬』은 완성된 지 1주일 만에 시행에 들어가 제국 내의 모든 법정에서 최고의 권위로 인정되었다.

530년 트리보니아누스를 중심으로 두 번째 위원회가 구성되어 또 다른 법전 편찬 작업에 착수했다. 그 결과 533년『학설휘찬』이 출판되었다. 이『학설휘찬』은『칙법휘찬』보다 훨씬 더 큰 성과였다.『학설휘찬』은 제국시대 로마 법률가들의 주요 학설 저작들을 집대성한 것으로, 사실상 기존의 법 학설들을 체계적인 틀 내에서 종합한 최초의 시도였다. 켈수스(Celsus)는 자신의 학설집에서 "법률을 안다는 것은 법률의 문구를 이해하는 것이 아니라, 법률의 효력과 권능을 이해하는 것이다.(Scire leges non hoc est verba earum tenere, sed vim ac potestatem)"(Digesta 1.3.17. Celsus libro XXVI digestorum)라고 주장한 바 있다. 이는 법을 활용함에 있어 법률의 문구보다 법률 운용 사례를 잘 알아야 한다는 것을 말하고 있다. 이와 관련하여『학설휘찬』은 로마법 학자들의 법률 운용 사례를 수집하여 공통 사례와 특정 사례로 분류한 다음, 이 두 가지 분류 사례에 근거하여 법률의 개요를 설명하고 있다. 그렇기 때문에『학설휘찬』은 황제의 사법 사례 모음집이었으며 유스티니아누스 황제는 법률 운용 취지를 잘 활용하여 권력자로서의 확고한 위치를 구축했다. 그런데 이『학설휘찬』에 나타난 황제의 사법 사례들은 제국의 법에 준하는 제2군의 법률이었다.『칙법휘찬』은 이전에 나온 법전들을 훨씬 능가하기는 했지만, 그래도 전대의 예비 작업들에 근거한 것이었다. 이에 반해서『학설휘찬』은 완전히 새로운 업적이었다. 로마법 학자들의 무수히 많은, 서로 상반된 판정들에 정리된 체계를 부여한 것은 이『학설휘찬』이 처음이었다.

533년에는『법학제요(Institutiones)』가 편찬되었다. 이는『칙법휘찬』과『학설휘찬』에서 발췌한 법정 판례 모음집으로 제국의 법학교에서 법학도들이 사용할 필독도서였다. 또한 이『법학제요』는 법률 운용자인 재판관에게 기원후 2세기 이후에 집필된『가이우스(Gaius)의 주석 모음집』까지 첨부하여 과거 로마 제국시대 시민 법률운용 사례를 제시하였다.

유스티니아누스의『로마법 대전』을 완결시킨 것은『신칙법(Novellae Constitutiones Post Codicem)』이었다. 이『신칙법』은 신찬 사법 사례 모음집으로『칙법휘찬』이 출판된 이후에 공포된 칙법들을 수집한 것이다.『신칙법』은 기존 재판 사례 모음집 (Digestum Vetus), 황제 법률 운용 사례 모음집(Infortiatum), 신찬 재판 사례 모음집(Digestum novum)등 3부로 구성되었다.『신칙법』원본은 현재까지 발견되지 않고 있으나 초기 주석자는『신칙법』을 3부로 분류했고, 이 3부 2권이 현존한다.『신칙법』의 제1권은 9책으로 구성되어 있고, 제2권은 3가지 법전(Tres libri Codicis)으로서 '법정의 재판 사례 모음집'인 법학제요(Institutiones)와 '법정의 증거 해석 모음집(Authenticum)' 그리고 '봉건 관습 모음집'(Feudorum liber)과 랑고바르드 법률 모음집(Langobardum leges) 등으로 구성되었다. 이『신칙법』에는 로마제국이 그리스도교와 교회 조직을 수용하는 과정에서 겪었던 여러 가지 과제가 열거되어있다. 이는 황제가 교회조직보다 우월했고, 또한 법률로 확정된 제국의 법률 사례 모음집에서 황제의 권위가 교회 법률을 나타나게 만든 발원지였음을 입증하고 있다.『신칙법』에 의하면 교직자와 자연인은 물론, 그리스도교와 이단자까지도 황제 통치체제에 편입되어 황제 법률의 통제를 받았다.『신칙법』의 목적은 고전시대 사회에서 유지되었던 '신분관습'을 완화하여 종족 구성원을 수평 체제로 결속하는 것이었다. 유스티니아누스 법전은 사회의 구성요소를 직위와 신분으로 구분했다.『신칙법』에서는 제국 구성원의 직위와 신분을 고위 계급(honestiores)과 하위 계급(humiliores)으로 분류했다. 고위 계급에는 원로원 계급, 기사 계급, 참사회 의원 등이 속했고, 하위 계급에는 그 외 모든 다른 시민들이 해당되었다. 이러한 계급 분리는 2세기 말에 로마제국에서 처음 나타났는데『신칙법』은 이 계급 분리를 법으로 수용했다. 또한『신칙법』은 일부 형법과 소송법을 개정했으나 그 개정 법률 부분에서 게르만 종족의 생활 관습을 반영했다. 이는 제국 내에 게르만 종족들이 많이 살고 있었기 때문이었다.

　『칙법휘찬』,『학설휘찬』,『법학제요』는 라틴어로 출판되었다.『신칙법』도 라틴어로 출판되었으나 그 시행 세칙은 그리스어로 작성되었다. 이어『로마법대전』의 주요 부분들에 대해서도 그리스어 번역본과 축약본, 주석집들이 작성되었다. 그럼 왜 이와 같이 두 가지 언어로 법률책이 편찬되었을까? 그 이유는 시대적인 상황을 반영한 것으로 제국의 생활 언어 관습이 바뀌었기 때문이다. 로마제국이 동지중해 지역을 정복할 당시 이 지역은 헬레니즘 문화권으로 그리스어를 생활 언어로 사용하고 있었다. 그 후 로마제국이 서지중해를 정복하자 라틴어를 사용하는 인구수가 급격하게 늘어났다. 하지만 유스티니아누스 시대에는 그리스어를 생활 언어로 사용하는 인구수가 우세하여 라틴어는 법 이외의 분야에서는 거의 사용되지 않았다. 다시 말해 콘스탄티노플을 포함한 동로마(비잔티움)제국의 동지중해 지역은 거의 그리스화되어 있었다. 동로마(비잔티움)제국의 완전한 그리스화는 7세기 초반 헤라클레이오스(헤라클리우스) 황제 때 이루어졌다. 이 시기에는 모든 국민이 그리스어를 사용하고 친 그리스 문화의 민족주의가 등장했다.

이제 로마법의 법전 편찬으로, 중앙집권제의 동로마(비잔티움)제국에는 통일적인 법 토대가 구축되었다. 비잔티움의 법학자들에 의해 마련된 로마법은 추종을 불허하는 사상적 명료함과 정확성을 갖추었고 공사(公私) 전반의 생활을 규정하고 있으며, 국가와 개인 및 그 가족의 생활, 시민들 상호 간의 관계, 그들의 상거래 및 소유 관계를 규정했다.

유스티니아누스의 법학자들은 법에 관련된 로마의 고전들을 요약하는 시도를 했을 뿐만 아니라, 이 저작들에 많은 수정을 시도했다. 이는 법을 법전화하면서 당대의 사회질서를 비롯한 여러 관계를 고려하고, 기독교 도덕의 계율 및 그리스화 된 동부의 관습법들과 조화를 이루기 위한 시도였다. 기독교의 영향 하에서 법 해석은 여러 측면에서 보다 인간적인 방향으로 나아가게 되었는데 이러한 경향은 특히 가족법에서 두드러졌다. 그러나 다른 한편으로 기독교의 교조적 배타성으로 말미암아 다른 신앙을 가진 자들에 대한 그 어떤 법적 보호도 거부되는 결과가 빚어지기도 했다. 따라서 유스티니아누스의 법률 작업이 모든 인간의 자유와 동등함을 선언하고는 있지만, 그렇다고 해서 이 숭고한 이념들의 실제 효과를 과대평가해서는 안 된다.

유스티니아누스의 법에서는 노예들의 처지가 완화되고 그들의 해방이 보다 용이해졌으며 심지어는 권장되기도 했다. 이것이 전적으로 이 숭고한 원칙들과 기독교적 견해의 소산이기만 했던 것은 아니다. 더 중요한 사실은 6세기의 경제생활, 특히 농업에서 노예노동이 단지 부차적인 역할을 하는 데에 불과했다는 점이다. 이미 오래전부터 생산과정을 담당하고 있었던 것은 소작농들이었다. 이들에 대해 유스티니아누스 법은 관대하게 봐주지 않았다. 소작농들은 가혹할 정도로 엄격하게 토지에 예속되었다. 따라서 대다수 농민의 예속이 다시 한번 법적으로 확실하게 규정되었다.

유스티니아누스 입법의 두드러진 특징은 황제절대주의를 강력하게 강조한

것이다. 군주의 권력에 법적인 근거를 제공함으로써『로마법 대전』은 동로마
(비잔티움)제국뿐만 아니라 서방 국가들의 정치적 이념이 발전하는 데에 지속
적인 영향을 끼쳤다. 동로마(비잔티움) 제국의 전 시대에 걸쳐 법 생활은 로마법
에 근거했다. 유스티니아누스의『로마법 대전』은 향후 동로마(비잔티움) 제국의
법 발전에 기초가 되었다. 그에 반해서 서방에서 로마법을 다시 찾게 된 것은
12세기에 와서였다. 서방은 유스티니아누스의『로마법 대전』을 연구함으로써
로마법을 수용하였다. 로마법 수용이야말로 서방의 법, 정치적 견해들이 형성
되는 데에 큰 역할을 했다.

┌ 키워드 ┐

로마법 대전, 테오도시우스 2세, 유스티니아누스, 헤르모레니아누스 법전, 트리보니아누스,
법학제요, 신칙법

집필자: 김차규

참고문헌

Kaiser, Wolfgang. 2015. *The Cambridge Companion to Roman Law*. pp. 119-148 ;
    Tony Honore. 'Justinian's Codification' in *The Oxford Classical Dictionary*. pp.
    803-804.
HF Jolowicz and Nicholas, *Historical Introduction to the Study of Roman Law*. 3rd ed.

1972 Fred H. Blume, C. Summa in "The Annotated Justinian Code", The Annotated Justinian Code website, put together at the end of 2007 by Tim Kearley, Director of the George W. Hopper Law library at the University of Wyoming

Jolowicz, H. F.; Nicholas, Barry. 1972. *A Historical Introduction to the Study of Roman Law*, CUP Archive.

Caroline Humfress. 2005. "Law and Legal Practice in the Age of Justinian," *in The Age of Justinian*, Michael Maas ed.

Wolfgang Kunkel. 1973. *An Introduction to Roman Legal and Constitutional History*, J.M. Kelly trans. 2nd ed.

Pierre Noailles. 1912. Les Collections de Novelles de l'Empereur Justinian. pp. 31-58.

게오르크 오스트로고르스키, 『비잔티움 제국사』(한정숙, 김경연 옮김. 까치. 1996).

움베르토 에코, 중세 1 : 476-1000, 김효정, 최병진 옮김, 시공사, 2015.

이원근, 『서양중세 세계의 역사』(탑북스, 2012).

59

이베리아 민족지
(Iberian Ethnography)

유럽 남서부에 위치하는 이베리아반도는 남쪽으로 지브롤터 해협을 사이에 두고 아프리카 대륙과 마주하고 있다. 대서양과 지중해 사이에 위치한 이베리아반도는 스페인과 포르투갈로 나누어져 있다. '이베리아(Iberia)'라는 명칭은 기원전 6세기부터 그리스인들이 반도 북동쪽에 위치하는 에브로(Ebro)강을 이베루스(Hiberus) 또는 이베르(Iber)라고 부르면서 유래되었다. 그 후 로마인들이 이베리아반도를 이스파니아(Hispania)라고 불렀다.[1] 선사시대부터 이곳은 이베로족, 켈트족, 켈티베로족, 타르테소스 등 여러 종족이 거주하고 있었다. 그리스, 페니키아, 로마, 카르타고 등 식민 민족들은 이베리아반도를 서부 지중해 교역로를 통제하는 주요한 지역으로 여겼다. 특히, 이들은 광물이 풍부한 이베리아를 둘러싸고 패권경쟁을 벌렸다. 이러한 역사적 배경에서 이베리아 문화는 기원전 7세기부터 로마 정복이 확실시되던 기원전 1세기 사이에 형성되었다. 로마가 이베리아반도를 정복하면서 이베리아의 문화적 실체가 서서히 형성되

---

1 히스파니아(Hispania)의 명칭은 에스파냐(España)로 발전되어 오늘날의 스페인을 가리킨다. 반면, 포르투갈의 명칭은 5세기경 이다시오 데 차베스(Idacio de Chaves, 400~469)의 연대기에서 언급된 포르투스 칼레(Portus-Cale)라는 라틴어에서 유래되었다.

[그림 1] 스페인 북부 칸타브리아 지방의 산탄데르(Santander) 동굴에서 발견된 알타미라 벽화는 기원전 40,000년~기원전 1,400년경 사이에 그려진 것으로 추정된다.
https://commons.wikimedia.org/wiki/File:AltamiraBison.jpg(퍼블릭 도메인)

기 시작했다.

이베리아의 기원

선사시대의 이베리아 원주민에 관한 자료는 매우 제한적이다. 오늘날 알려진 이론적 토대와 근거 대부분은 로마시대의 사료와 고고학적 유물, 비명 및 언어학 연구로 입증된 것이다. 원주민들은 내부적으로 정치 통합뿐만 아니라, 통일된 문화적 실체를 구성하지 못한 채 여러 부족으로 나누어져 있었다. 기원전 197년~기원전 195년경 원주민들은 로마의 침략에 강하게 저항했다. 그러나 그들이 단합하여 로마를 물리치기에는 군사력이 턱없이 부족하였다. 결국 원주민들은 로마의 지배를 받게 되었다. 원주민 사회는 선사시대부터 페니키아, 그리스, 로마, 카르타고와 같은 식민 민족들의 영향을 받아 철기 사용, 도자기, 장례 관습 등에서 대체로 공통된 특징을 보여주었다. 그럼에도 내부적으로는 종족마다 영위하는 생활양식이 달랐다. 일반적으로 원주민들은 주거 지역의 지형적 특성과 경제적 어려움을 극복하기 위해 약탈과 전쟁을 일상화하였다. 전쟁에 임하며 매우 호전적인 생활태도를 지니게 되었다. 또한 그룹의 우두머리를 향한 충성 제도가 존재했다. 대장이 사망하면 부하들 모두가 자살을 선택하는 맹목적인 충성심을 보여주었다.

로마에 의해 이베리아 정복이 이루어지고 로마 문화가 확립될 때까지 원주민들은 각자의 고유 언어와 문화를 유지했다. 이베리아반도의 로마화로 원주민 언어들은 정복자의 언어인 라틴어로 대체되었다. 원주민 지역은 다양한 지표에 따라 분류할 수 있다. 언어학적 분류에 따르면 크게 두 개의 지역으로 나누어진다. 이베리아반도 동쪽과 남쪽 지역의 이베로어 지역과, 그 외의 지역인 인도유럽어인 켈트어 지역으로 구분된다. 그 외에도 사용하던 도자기 종류, 철기 분포, 화장 장례법 등의 문화 지표로 주민 생활수준을 분류하기도 한다.

이베리아 원주민은 철기 시대부터 기본적으로 네 개의 그룹으로 나눈다. 첫 번째 그룹에는 구석기 시대에 자연 발생한 프랑코-칸타브리아(Franco-Cantabria) 지역의 고대인, 두 번째 그룹에는 구석기 시대에 지중해-아프리카에서 들어온 동부인이 속한다. 세 번째 그룹에는 신석기 시대에 아프리카에서 이베리아반도 동쪽으로 이동한 함족 기원의 이베로족(Iberos)과 안달루시아 지방에 기원을 둔 타르테소스(Tartessos)이 포함된다. 끝으로 네 번째 그룹에는 중부 유럽에 기원을 둔 켈트족(Celtas)과 켈티베로족(Celtiberos)이 있다.

이베리아 원주민

타르테소스은 기원전 7세기에서 기원전 6세기경 사이 이베리아반도 남부의 과달키비르강(Guadalquivir)을 따라 남서쪽 연안의 우엘바(Huelva), 세비야(Sevilla), 카디스(Cádiz)에 거주하였다. 이들의 실체를 입증하는 자료는 현존하지 않는다. 그러나 구약 성서와 그리스인들의 문헌에는 타르테소를 유럽의 첫 번째 도시 국가이자 문명지역으로 소개하고 있다. 그들은 주변 지역들과 다른 문자를 갖고 있었다. 전성기 이후에도 이집트, 페니키아 등과 문화적 교류를 지속했다. 전설로만 남아있는 타르테소스의 정치형태는 군주제였다. 주민들은 구리, 주석, 은 등의 광물 중개업이나 상업에 종사했다. 타르테소는 지브롤터 해협을 통해 대서양과 지중해 및 아프리카로 연결되는 금속로를 통제했다. 그러나 타르테소는 알라리아 전투(기원전 540년~기원전 474년)에서 자신들의 우군이라 여겼던 그리스가 카르타고에게 크게 패하자 충격을 받았다. 그 후 카

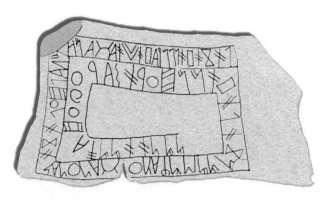

[그림 2] 포르투갈 남부의 벤사프림(Bensafrim) 지역에서 발견된 돌기둥의 비문에는 74개의 타르테소 글자가 적혀 있다.
https://commons.wikimedia.org/wiki/File:I_tarteso.jpg (퍼블릭 도메인)

르타고의 공격으로 타르테소스는 돌연 역사에서 사라졌다.

기원전 10세기경 북아프리카로부터 건너온 이베로족은 주로 지중해를 끼고 반도의 남부와 동부 지역에 거주했다. 이 종족 안에는 예르헤테인(Llergetes), 예르카본인(Llercavones), 에데타노인(Edetanos), 콘테스타노인(Contestanos), 바스테타노인(Bastetanos) 등을 포함하여 26개의 공동체가 존재했다. 이베로족은 카탈루냐 북부에서 시작하여 지브롤터에 이르기까지 다양한 형태의 그룹이나 마을을 형성했다. 여러 부족으로 나누어져 있지만, 이들은 언어, 종교, 풍습 등에 있어서 유사한 삶을 영위했다. 인도유럽어를 사용하는 켈트족과 달리 이베로족은 고유의 언어를 사용하였다. 이베로족은 로마에 의해 정복되기 직전까지도 자신들만의 문화를 유지했다.

호전적인 이베로족은 전쟁 상황에서는 권력과 신분이 분리되는 계급 사회를 유지했다. 특히 귀족들은 전쟁터에서 무장 조직을 이끄는 전사가 되었다. 게다가 다른 종족들을 상대할 때는 우선적으로 이베로족의 경제적 이익을 고려하는 자원 관리자가 되었다. 이들은 종족의 미래를 결정짓는 핵심적인 역할을 했다. 중요한 상업 거래를 위해 만든 초기의 도시 구조 형태들은 도시 기능으로 발전했다. 대부분의 도시 형태들은 길가에 위치하거나 전략적으로 강이나 여러 강이 합류하는 계곡 또는 가까운 언덕에 세워졌다. 우야스트레트(Ullastret), 사군토(Sagunto), 카스툴로(Castulo) 등 지역이 전형적인 초기형태의 도시들이었다.

기원전 6세기경에 제작된 도자기들은 기하학적인 문양, 동식물, 인간 등의 모습을 담고 있다. 이런 토기들은 페니키아인들로부터 도입한 회전 선반을 이용해 제작되었다. 또한 조각품과 도자기는 그리스의 영향을 많이 받았다. 특히 이베로족은 다산과 풍요를 상징하는 여신을 숭배했다. 걸작품으로 엘체의 부인(Dama de Elche), 그란 다마 오페렌테(Gran Dama Oferente), 다마 데 바사(Dama de

[그림 3] 스페인 갈리시아 지방에 있는 초기형 도시 형태로 남아있는 요새화된 군락지를 카스트로 (Castro)라고 부른다.
https://commons.wikimedia.org/wiki/File:Castros.jpg(퍼블릭 도메인)

Baza) 등이 현존한다.

기원전 1000년경 켈트족은 유럽 중부와 동쪽에서부터 적어도 500여 년에 걸쳐 비옥한 땅을 찾아 이베리아반도로 들어오기 시작했다. 여러 부족으로 구성된 켈트족은 각각 고유의 언어, 문화, 조상을 가지고 있었다. 그러나 그들 모두는 인도유럽어라는 공통의 언어를 사용했다. 루시타노족(Lusitanos), 베톤족(Vetones), 갈라이코족(Galaicos), 아스투르족(Astures), 칸타브로족(Cántabros), 베론족(Berones), 카르페타노족(Carpetanos) 등은 주로 이베리아반도의 중앙부 및 서부 지역에 분포했다. 켈트족의 주거지는 켈트 이스파니아(Hispania céltica), 메세타(Meseta), 켈티베리아(Celtiberia), 루시타니아(Lusitania)의 4개 지역으로 나누어졌다. 이들은 정착 과정에서 관습과 사고가 정립되지 않은 원주민들과 결합하였다. 켈트족의 주거지역이 내륙에 위치하다 보니 외부에서 들어오는 식민 민족들과 교류가 부족했다. 따라서 이들은 식민 민족들과 많은 접촉을 한 이베로족과 비교할 때 다소 후진적인 수준의 문화를 갖고 있었다.

켈트족은 로마인들과 교류가 있을 때까지 화폐와 문자를 거의 사용하지 않았다. 고립된 지역에서는 카스트로라고 불리는 요새화된 군락을 형성했다. 초기형 도시 구조를 가진 카스트로는 전략적인 차원에서 공동체 자원인 식량과 가축 등을 보호하기 위해 만들어졌다. 기원전 5세기까지 버팀대 없이 돌들을 가로로 쌓은 담벼락을 갖춘 마을들이 많았다. 켈트족은 주로 농업이나 목축업에 종사했다. 철물을 다루는 데 뛰어난 켈트족은 써레, 낫 등의 농기구들을 제조했다. 또한 시체를 화장하여 매장하는 문화를 갖고 있었다. 이들은 이베로족과 마찬가지로, 전쟁을 중요한 생활 방식으로 여겼다. 전쟁을 영토 보호와 경제적 이득을 챙기는 수단으로 활용했던 것이다. 귀족들은 자신이 보유한 군대를 이끌고 전쟁에 참가하였다. 켈트족의 대표적인 유물로 알려진 아빌라(Ávila)의 토로스 데 기산도(Toros de Guisando)는 화강암으로 제작되었다. 이것은 목축 보호와 종교적 또는 장례 용도로 만들어졌다. 그 외에도 켈트족 유물로 문화 수준이 낮은 장식류들이 다수 남아있다.

켈티베로족은 켈트족과 이베로족의 혼합된 문화를 가진 종족이었다. 고대 그리스 지리학자 스트라본에 따르면 켈티베리아 지역에는 아레바코인(Arévacos), 카르페타노인(Carpetanos), 누만티노인(Numantinos), 루손인(Lusones)과 같은 4개 부족이 거주하고 있었다. 켈티베로족의 대표적인 도시인 누만시아(Numancia)는 로마 침략에 맞서 끝까지 용감하게 투쟁했다. 대표적인 군락지로 테르메스(Termez), 살라망카(Salamanca), 톨레도(Toledo), 세고비아(Segovia)의 코카(Coca) 등이 있었다. 문자를 사용하지 않는 켈트족과 달리 켈티베로족은 이베로족의 알파벳을 사용했다. 또한 이베로족의 영향으로 여러 색상을 지닌 도자기를 제조했다. 켈티베로족 사회는 우호(Hospitium), 보호(Clientela) 충성(Devotio)과 같은 정신적 요인들을 중요시했다. 우호 관계는 상호 간 권리를 보장해 주었다.

원주민 문화 형성: 페니키아인과 그리스인

일명 '식민 민족'이라 불리는 페니키아와 그리스 상인들은 기원전 수 천 년 전부터 서부 지중해에서 경제적 이윤을 추구하며 원주민들과 거래했다. 원주민들은 자신들보다 문화 수준이 월등히 높은 식민 민족들로부터 문자, 화폐와 철기 사용, 도시 건설과 같은 새롭고 중요한 문화적 요소들을 수용했다. 농업, 목축업, 금속 수출업에 종사하던 원주민들은 식민 민족으로부터 생활 도구 제작을 비롯해 어물(漁物)을 염장하는 방법과 채광 기술, 화폐 주조, 도자기 제조 기술을 배웠다. 도시 발전을 위한 기술들을 터득하면서 원주민 생활에 실질적인 변화가 생겼다. 결과적으로 식민 민족들은 예술 분야에 있어서 원주민들에게 동방의 가치를 전달하는 메신저 역할을 했다.

반면, 서부 지중해의 금속로를 둘러싸고 페니키아, 그리스, 카르타고, 로마가 벌이는 치열한 경쟁에서 이베리아반도는 운신의 폭이 좁았다. 지중해 주도권이 페니키아에서 그리스, 그리스에서 카르타고, 카르타고에서 로마로 넘어가면서, 이베리아반도는 결국 로마에게 정복되었다. 로마와 인접한 지중해 연안은 라틴어 사용과 더불어 빠른 속도로 로마화가 되었다. 반면, 내륙과 대서양을 끼고 있는 켈트 지역은 칸타브로인(Cántabros), 아스투르인(Astures), 바스콘인(Vascones) 등의 원주민 반발로 로마화가 매우 더디게 진행되었다. 강력한 해상 국가로 부상한 로마에 의해 원주민 사회는 서서히 붕괴되었다. 이베리아반도는 600여 년에 걸쳐 조금씩 언어, 사상, 종교, 법, 군대 등 로마적 요소를 수용하였다. 이후 서고트 지배의 300년, 이슬람 지배의 800년 세월을 보내면서 다양한 혈통의 조상을 얻게 되었고, 다양성과 독창성이 엿보이는 문화적 환경을 형성하였다.

이베리아반도, 타르테소스, 이베로족, 켈트족, 켈티베로족, 페니키아, 그리스, 로마, 카르타고, 로마화, 서고트, 이슬람, 스페인, 포르투갈

집필자: 권미란

참고문헌

Bermejo Tirado, Jesús. 2007. *Breve historia de los íberos*. Madrid: Ediciones Nowtilus.

Burillo Mozota, Francisco. 2007. *Los celtíberos. Etnias y estados*. Barcelona: Crítica.

Estrabón. 2001. *Geografía*. Obra completa, Madrid: Gredos.

Lorrio Alvarado, Alberto J. 1997. *Los celtíberos*. Madrid: Compobell.

Maluquer de Motes, Juan. 1989. *Tartessos. La ciudad sin historia*. Barcelona: Destino.

Menéndez Pidal, Ramón. 1991. *Historia de España* (dir.). Madrid: Espasa-Calpe.

Robledo Casanova, Ildefonso. 2000. *El ocaso de Tartessos. Cartago y los focences en el Mediterráneo occidental*. Madrid: Historia Web.

Schulten, Adolf. 2017. *Hispania: Geografía, etnología e historia*. Sevilla: Renacimiento.

Wagner, Carlos G. 1983. "Aproximación al proceso histórico de Tartessos", *Archivo Español de Arqueología*, No. 56. pp. 3-36.

https://commons.wikimedia.org/wiki/File:AltamiraBison.jpg (검색일자: 2019년 11월

https://commons.wikimedia.org/wiki/File:I_tarteso.jpg (검색일자: 2019년 11월 30일)

https://commons.wikimedia.org/wiki/File:Castros.jpg (검색일자: 2019년 11월 30일)

60

이슬람 국제관계와 국제법
(Islamic International Relations & Laws)

근현대 이전까지 진정한 의미의 국제관계법은 발현되지 않았다. 지역 및 시대별로 국제관계의 원리를 함축하고 있는 경우에도 국제법의 본질인 정의 원칙에 근거하지 못했으며 자국민에 한정된 극히 제한적이었던 것이 사실이다. 그리스, 로마, 이슬람 이전 자힐리야 시대(Al-Jāhiliyyah; 무지의 시대)의 아랍 국제질서법 경우에도 이러한 한계는 여전했다. 이슬람시대에 무슬림들은 샤리아(Al-Sharīʿah) 국제관계법, 즉 이슬람 국제관계와 국제법을 최초로 정립해 나갔다. 이슬람 세계는 권리와 의무를 동시에 규정하면서, 이를 '알시야르(Al-Siyar)'라는 독립된 분야로 발전시켰다. 알시야르는 외국인들에 대한 지위와 전 세계 비(非)무슬림국가들과의 –역사적으로는 문명 간 교류에 해당하는– 협력을 규정하는 획기적인 수준의 국제관계 관련법 체계이다.

알시야르

알시야르는 사전적으로 행위나 형태를 뜻하는 '시라(Sīrah)'의 복수형이다. 초기 이슬람 시대에 알시야르는 두 가지 의미를 가지고 있었는데, 첫째는 연대기학자들에 의해 일생 혹은 전기의 의미로, 둘째는 이슬람율법학자들에 의

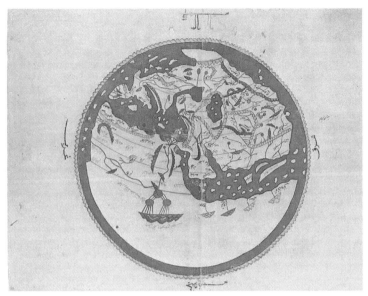

[그림 1] 알이드리시(Al-Idrīsī: 1100년~1165년)의 세계지도

해 공동체와의 관계에 있어 국가(Ummah: 이슬람공동체)행위의 의미로 사용되었다. '시라'는 초기에는 무함마드의 행위, 특히 그가 수행한 전쟁과 관련하여 언급되었지만 이후에는 전쟁, 평화, 중립 등의 관계와 법 관련 무슬림 통치자들의 행위를 규정하는 용어로 정착되었다.

알시야르의 개념화는 선지자 무함마드(570년~632년)의 시대에 이루어지지 않았다. 오히려 수니파 이슬람 율법학자 아부 하니파(Abū Ḥanīfah: 699년~767년)에 의해 처음 시도된 것으로 알려졌다. 당시 국제관계와 국제법 관련 이론은 아부 하니파의 제자이면서 압바스 제국 당시에 유명한 이슬람 학자였던 무함마드 알샤이바니(Muḥammad Al-Shaybānī: 749년~805년)에 의해 정립되었다. 알시야르는 국제사회의 유형, 지역인의 지위, 국제협력의 형태 등 현실이고 구체적인 내용을 규정하고 있다.

국제사회의 구분 및 유형과 관련해서는 다음의 내용을 포함하고 있었다. 첫째는 다르 알이슬람(Dār al-Islām)과 다르 알하릅(Dār al-Ḥarb)이다. 이슬람보편국가도 타 지역에 수많은 공동체가 존재하고 있음을 현실적으로 인지하고 그들과의 관계를 정립할 필요성을 인지하고 있었다. 이슬람은 전통적으로 세계를 두 영역으로 구분하는데, 이들은 다르 알이슬람과 다르 알하릅이다. 전자의 다르 알이슬람 지역은 이슬람의 '정의('Adl)'가 구현되고 이슬람법이 지배하는 지역이었다. 반면, 다르 알하릅은 이슬람이 아닌 다른 질서가 존재하는 비(非)이슬람 지역 전체를 가리킨다. 팍스 이슬라미카(Pax Islamica)로 정의되는 이슬람공동체, 즉 움마(Ummah)인 다르 알이슬람에는 다른 공동체도 공존할 수 있는데, 이는 이슬람의 관용성을 잘 보여 주는 사례이다. 이들은 '딤미(Dhimmī)' 혹은 '성서 추종자(Ahl al-Kitāb)'들에 해당한다. 무슬림은 완전한 시민권을 누렸으며, 딤미들도 제한된 권리를 가지고 있었다. 딤미들은 일정한 세금을 지불하고 자신들의 생명과 재산의 보호를 받으며 자신들의 신앙과 법률에 따라 살수 있었다. 이처럼 이슬람의 알시야르에서는 무슬림과 비(非)무슬림의 관계가 이슬람법의 근간으로 정립되어 있었다. 즉 개인의 신분에 관련된 문제에 있어서도 관용적 종교의 정의와 법을 인정하였다.

둘째는 다르 알술흐(Dār al-Ṣulḥ)이다. 이슬람 국제관계법에서는 다르 알이슬람과 다르 알하릅 외에 다르 알술흐를 설정하였다. 이는 평화지대 혹은 휴전지대로 정의될 수 있으며, 대외적으로 무슬림의 권위에 속하나 내부적으로는 그들의 자치가 어느 정도 인정되는 특수한 형태였다. 이는 이슬람 국제관계법 체계를 보다 현실적이고 구체적으로 다루고 있음을 보여준다. 이슬람 율법학자 중 샤피이 법학파(Shāfi'ī Madhhab)들은 이 개념을 확대하여 제3세계를 정의하였다. 다르 알술흐(Dār al-Ṣulḥ)에 해당되는 지역은 다르 알술흐 혹은 '다르 알

아흐드(Dār al-Ahd: 협정지역)'로 불렸다. 이 지역과 다른 알이슬람 지역과의 관계는 평화조약으로 규정되었는데, 예를 들면 조공의 관계가 그것이었다. 당시 샤피이 법학파들은 이러한 견해를 발전시켜 평화 기간을 10년으로 제한하면서 현실적인 법률 적용의 효율성을 높이고자 하였다.

국제관계 협력 유형 및 세계인의 지위와 관련해서는 다음의 내용을 포함하였다. 첫째는 국제관계의 협력 유형이다. 선지자 무함마드는 위대한 정치인이기도 했다. 그는 조약과 협정서 등의 의미와 중요성을 잘 이해하고 있었다. 무슬림들에 의해 체결된 협정은 확실히 준수되어야 했는데 여기에는 이슬람의 정의관이 반영되었다. 이슬람에서는 샤리아에 근거해, 비(非)무슬림과의 조약, 협정서, 의정서를 준수하는 것을 정당한 것으로 간주하였다. 이슬람 시대에 체결된 조약들에는 다음과 같이 현실성, 구체성, 관용성 등의 특성이 반영되었다.

1) 무슬림 조약들은 대개 일반적이고 간결하며 특히 예언자 무함마드에 의해 이루어짐.

2) 모든 조약의 전문은 '비스밀라(는 '신의 이름으로'를 의미한다)'로 시작되며 체결 당사지 대표자들의 이름이 자신들의 칭호와 함께 기록됨.

3) 이슬람 초기 각 조약은 종교적 교리가 포함되는 등 그 체결 목적에 따라 내용이 다양하지만 평화구축을 최고의 목적으로 함.

4) 대부분의 조약들은 한 쪽이 다른 쪽에 서약하는 형태로 체결되었는데, 이는 새로운 정복자로부터 생활안전, 재산과 종교를 보호받아야 했던 것에 기인함.

5) 비(非)무슬림들과의 조약은 그 유효기간이 설정되어 있었는데, 특히 샤피이 법학파들은 적과의 평화조약을 10년 이내로 제한함.

6) 조약 준수를 확실히 하기 위해 '인질(Rahā'in)'을 확보하는 것이 당시에 일반적이었으며, 이 조약이 위반되었을 때도 그 인질들을 처형하지 않음.

둘째, 딤미(Dhimmī)의 지위와 협력과 관련해서는 다음의 내용이 포함되었다. 딤미는 다르 알이슬람 지역에 합법적으로 거주하는 타 성서의 추종자들이었다. 딤미의 실질적 지위는 아래와 같은 조약내용을 통해서 가늠해 볼 수 있다.

1) 무슬림들은 딤미의 생활안전, 재산, 교회, 종교적 의식을 보장함.

2) 남자, 성인, 자유인, 정상인인 딤미는 협정에 의해 '지즈야(Jizyah: 인두세)'를 납부함.

3) 또한 이들은 소유하고 있는 토지에 대한 세금 즉 '카라즈(Kharāj: 토지세)'를 납부함.

4) 코란에 대한 불신, 예언자 무함마드에 대한 불손 등 이슬람에 대한 공격이 금지됨.

5) 무슬림 여성과 결혼할 수 없으며 성관계도 가질 수 없음.

6) 다르 알하릅 지역을 도우면 안 되며 그들에게 피난처를 제공해서도 안 됨.

7) 새 교회의 건설, 교회종의 타종, 공개적인 십자 표시와 돼지고기 식용을 금지함.

8) '지나르(Zinār)'와 색터번을 사용해 무슬림들과 구별하고 말 타기와 무기 소지를 금지함.

9) 집을 무슬림들의 그것보다 높이 지어서는 안 됨.

10) 자신들의 지역을 통과하는 무슬림 관리(또는 여행객)에게 최대 한 달간 숙식을 제공할 의무가 있음.

셋째, 하르비(Harbī)와의 협력관계에는 다음과 같은 내용이 포함되었다. 하르비는 다르 알하릅에 속하는 사람들을 총칭한다. 이들은 성서추종자들, 다신교 숭배자들, 이교도들 모두를 포함하는 다르 알하릅 지역의 주민들 모두를 포괄한다. 그럼에도 하르비는 '아만(Amān)'으로 명명된 안전통행증을 교부받으면 다르 알이슬람 지역으로 통행할 수 있었다. 하르비는 이러한 특별 허가 증으로 가족과 함께 제한된 기간에 다르 알이슬람에 거주하거나 여행할 수 있었다. 아만은 현대적 의미에서 여행증명서 혹은 비자가 발부된 여권과 비슷한 역할로, 일종의 안전 통행증명서였다. 이 증명서는 하르비가 다르 알이슬람 지역에서 안전하게 여행할 수 있도록 특별히 보장하는 제도에서 비롯되었다. 아만의 유효기간은 1년이었으며 그 이상의 기간 동안 거주하는 경우에는 딤미로의 전환이 필요했다.

아만은 통치자 혹은 그의 대리인에 의해 또는 휴전협정이나 신자에 의해 사적으로 발부되었다. 그 종류는 크게 공식적인 관용 아만과 비공식적인 일반 아만으로 구분되었다. 이 아만은 매우 중요했지만 상황에 따라서는 그의 신분이 해당 지역의 통치자에 의해 영향을 받기도 했다.

알시야르의 근, 현대적 의미

이슬람국가의 최고 통치자는 이슬람법과 정의를 비(非)무슬림 주민들에게 확대하고자 하였는데, 다르 알하릅은 지하드(Jihād: 성전) 개념에서 발전된 것이었다. 하지만 코란에 따르면, 세계는 다르 알이슬람과 다르 알하릅으로 구분되는 않았다. 이슬람법이 구현되지 않는 지역을 포함하는 다르 알하릅에 대한 개념화는 하디스(Al-Ḥadith: 무함마드 언행록)에서 유래되었다.

다르 알이슬람과 다르 알하릅의 관계는 이론적으로 보면, 항구적 적대상황을 구현하고자 한 것이 아니었다. 이러한 상태는 직접적인 교섭이나 협상에 의해 조약이 체결될 수 없다는 의미가 아니었다. 이슬람의 궁극적 목적은 지상의 이슬람화를 실현하여 이슬람 방식의 질서가 실현된 공동체를 확립하고 이를 통해서 영구적 평화와 정의를 구현하는 데 있었다. 또 한편으로는 다르 알하릅이 공적인 사법질서, 즉 구체적인 통치자가 없는 지역이 아니라는 것을 실제로 인정하는 것이기도 했다. 따라서 이슬람 국제관계 및 국제법은 현실세계를 그대로 반영하고 있으며, 실현 가능한 실제의 협력관계를 정립함으로써 그 의미가 크다고 할 수 있다. 이는 현대적 의미로 국제공법 및 사법정신을 아우르는 것이었다.

중세 유럽의 법학자들이 자신들의 저술에서 알시야르의 학문적 영향에 대해 항상 정확하게 기록한 것만은 아니었다. 당시 그들의 관련법은 기독교 왕국들의 일시적인 통합을 위해 새로운 주권국가들의 관계 정립을 규정한 것이었을 뿐이다. 그 이후 유럽기독교문명권의 학자들은 자신들의 관련법이 제한적이었음을 인정하였다. 그리고 이슬람 국제관계법 원리가 안달루시아와 십자군 원정 그리고 초기 오스만제국 시대 등을 통해 유럽으로 전파되었다는 사실을 잘 알고 있었다.

이슬람의 알시야르가 유럽기독교사회에 지대한 영향을 주었다는 사실은 유럽 학자들에 의해 확인된 바 있다. 국제법의 아버지로 알려진 그로티우스(Grotius: 1583년~1645년)도 이슬람 관련 저술에 대해 이미 잘 알고 있었다. 예를 들어 그로티우스는 전후복권(Postlimium)의 개념이 이슬람 국제관계법에 이미 반영되어 있었다는 사실을 인지하고 있었다. 이처럼 알시야르는 이슬람 전성시대에 알샤이바니의 선구적인 노력의 결실이었으며, 이를 통해 당시 국제관계를 주도적으로 정립할 수 있었다. 지난 20세기에도 알시야르에 대한 근, 현대적 해석의 중요성은 마지드 캇두리(Majid Khadduri: 1909년~2007년) 교수의 연구를 통해 반복적으로 강조된 바 있다.

키워드

이슬람 국제법, 국제관계, 알시야르, 다르 알이슬람, 다르 알하릅, 딤미, 하르비, 아만, 알샤이바니

집필자: 하병주

참고문헌

하병주외. 1998. 『비서구문명권의 국제관계사상』. 부산: 부산외국어대학교 출판부.

Khadduri, Majid. 1940. The Law of War and Peace in Islam: A Study in Muslim International Law. London: Luzac & Co.

Doi, ʿAbdur Raḥmān I. 1984. Sharīʿah: The Islamic Law. London: Ta Ha Publishers.

Encyclopaedia of Islam. 6 vols. 1986-Present. New Edition. Leiden: E. J. Brill.

Glasse, Cyril. 1991. The Concise Encyclopaedia of Islam. Second Edition. London: Stacey International.

Hah, Byoung Joo. 1996. The Development of Al-Fārābī's Political Theory. Pusan: Pusan University of Foreign Studies Press.

Schacht, Joseph. 1964. An Introduction to Islamic Law. Oxford: Clarendon Press.

Sharif, M. M., ed. 1966. A History of Muslim Philosophy: With Short Accounts of Other Disciplines and the Modern Renaissance in Muslim Lands Vol. Ⅱ. Kempten: Otto Harrassowitz.

Shaybānī. 1966. The Islamic Law of Nations: Shaybānī's Siyar. Translated with an Introduction, Notes, and Appendices by Majid Khadduri. Baltimore, MD: The Johns Hopkins Press.

61

이슬람 법
(Islamic Law)

이슬람은 무슬림의 신념(존재론), 가치(선과 악) 그리고 율법(행동규범)이다. 교
리의 대부분은 개인, 가족, 사회문제에 관한 법률이다. 이슬람 율법은 코란과
순나의 용어로 '샤리아'라고 한다.[1] 무슬림들에 의하면 이슬람 율법의 기원은
하느님(알라)의 뜻이다.[2] 하느님은 그의 성스러운 가르침을 사람에게 전하기
위해 사자 무함마드 이븐 압둘라를 선택했고 계시천사(가브리엘)를 통해 이슬
람 율법 등의 성스러운 가르침을 사자에게 보냈다.[3] 이 부분은 코란의 여러 부

---

1 "그후 하느님은 그대를 율법의 길 (샤리아) 위에 두었으니, 그대는 그 길을 따르되 알지 못하는 자
 들의 유혹을 따르지 말라."(코란, 45: 18).

2 "무함마드는 너희 가운데 어느 한 인간의 아버지가 아니라, 하느님의 사자이자, 예언자들의 봉인이
 다. 하느님은 실로 모든 것을 알고 계시다." (코란, 33: 40). "하느님은 그대에게 이전에 계시된 것
 을 확인하고 증언하며 성서를 계시하니 하느님이 계시한 것으로 그들은 재판하되 정의에서 벗어
 난 그들의 요구에 따르지 말라. 하느님은 너희 각자 (공동체)에게 율법을 주었으니 하느님의 뜻이
 라면 너희에게 공동체를 형성케 하려 함이라. 그러나 그분은 그것으로 너희를 시험하려 함이니 선
 행에 경주하라. 너희의 모든 것은 하느님께로 귀의하며 너희가 달리하고 있는 것에 대하여 밝혀
 주실 것이다."(코란, 5: 48).

3 "(무함마드가) 그 (자신)의 욕망을 말하고 있는 것도 아니며, 그것은 (그에게) 내려진 계시다." (코
 란, 53: 3~4).

분에서 강조되고 있다.

무슬림의 관점에서 본 이슬람 법학의 특징은 아래와 같다.

- 지혜로운 하느님은 이 세상과 사람을 창조하셨다. 하느님은 당신의 피조물을 잘 알고 계시며, 사람이 현재와 미래에 요구하는 바와 욕구를 모두 알고 계시다. 하느님께서는 사람의 사회적, 개인적 그리고 가족의 요구를 충족시키기 위해 자연과 조화되는 이슬람 율법체계를 만드셨다. 따라서 이슬람은 보편적이고 영원한 종교이며 이에 시간이 율법을 지배할 수 없다.

- 이슬람 율법이 가장 중요시하는 목표 중 하나는 코란에 나온 것과 같이 정의의 집행이다. "분명한 증거와 함께 사도들을 파견하였고, 인류가 정의를 지킬 수 있도록 경전과 저울을 함께 주었다."[4]

- 이슬람 율법의 기본원리는 다음과 같다. 의무는 코란에 나온 대로 능력과 직접적인 관련이 있다. "하느님은 능력 이상으로 무거운 짐을 주지 아니하며[…]" 다른 구절에는, "그 능력에 따라 의무를 준다." 라고 되어있다.[5] 사생활의 강조와 타인에 대한 감시 금지, 타인의 생명, 건강, 명성, 재산을 위협하는 행동의 금지, 사람들은 달리 증명되지 않는 한 무고하다.

- 이슬람 율법은 민법, 상법, 형법에 광범위하게 적용된다.

- 이슬람 법률체계는 코란과 순나에 근거를 두는 것으로, 다른 법률체계와 구별된다.

---

4   코란, 57: 25.

5   코란, 2: 233.

이슬람 율법의 근원

이슬람 율법의 근거란 개인과 사회 차원에서의 권리 및 의무의 근원, 이슬람 행동규범의 근원을 의미한다. 이슬람 율법의 일반적인 원칙도 1차적 근거에서 도출된다. 이슬람 법학에서 '법리학적 증거'라는 용어는 근거에서 찾을 수 있는 본문을 가리킨다. 이슬람 율법의 근거는 1차적 근거와 2차적 근거, 두 개의 주요 범주로 나뉜다. 1차적 근거(코란과 순나)는 이슬람 율법을 설명하는 데 독립적인데 반해, 2차적 근거는 독립적이진 않으나 근거의 신뢰성은 1차적 근거를 바탕으로 한다.

1. 이슬람 율법의 1차적 근거

1차적 근거에는 아래와 같이 코란, 예언의 전통, 추론이 포함된다.

1) 코란

모든 무슬림은 코란이 하느님의 말씀이라고 믿는다. 이는 입법의 가장 중요하면서도 첫 번째 근거가 된다. 코란은 선지자 무함마드가 23년 동안 하느님의 사자로서 사명을 다하는 동안 그에게 서서히 전해졌다. 선지자 무함마드는 일생 동안 코란을 편찬하고 정리했다. 코란의 500개 이상의 구절은 직접적으로 법적문제에 관한 것이다. 그러나 많은 문제에 대한 특화된 코란 규칙은 없다. 이 경우 무슬림들은 선지자 무함마드의 언행인 순나를 따른다.

2) 예언의 전통

순나는 선지자 무함마드의 언행을 의미한다. 순나는 이슬람의 두 번째 입법 근거이다. 코란에 따르면, 무슬림들은 선지자를 따라야한다. "너희가 신앙이 있는 자들이라면 하느님과 선지자에게 순종하라 하셨노라."[6] 코란은 선지자를 모범으로 세우고[7] 선지자의 말씀이 하느님의 말씀임을 강조한다.[8] 선지자의 많은 경외전설(경전 이외의 무함마드의 언행)을 바탕으로, 특히 타칼레인의 유명한 하디스 (무함마드의 말씀)를 기준으로, 시아파 무슬림은 순나의 개념을 확장하여 이맘의 경외전설을 포함한다. 다른 이맘의 경외전설도 인정하는데, 이는 입법의 주요 근거가 된다.[9] 오늘날 선지자와 이맘의 순나는 디지털본과 인쇄본으로 제공된다.

3) 추론

성스러운 지시를 분석한 추론은 이슬람 율법의 세 번째 근거이다. 단, 코란과 순나가 특정 주제에 대해 특별히 정해진 판결을 제시하지 않으나, 추론을 통해 명확하고 구속력 있는 판결을 내릴 수 있는 경우, 법학자들은 이를 하느님의 뜻으로 본다. 선지자의 경외전설에 따르면, 하느님께서는 사람들에게 두 가지 믿을 만한 지침과 권한을 주셨다. 이는 외적인 지침 (선지자와 이맘/코란과 순나)과 내적인 지침(추론) 이다. 그러므로 자격이 있는 법학자 (무지타히드)가 코란과 순나에서 새로 접한 문제에 대한 증거를 찾지 못하는 경우 그는 자신의 추론을 비롯하여 1차적 근거가 지시하고 있는 원칙에 따라 특정 연구방법을 참고하여 적절한 판결(파트와)에 이르게 된다.

다양한 연구방법을 적용할 때 나타나는 의견의 불일치는 시아파 법학과 네

---

6 코란. 8: 20.

7 "진실로 너희에게 하느님께서 보내신 선지자의 훌륭한 모범이 있다". 코란. 33: 21.

8 코란. 53: 3~4.

9 무타하리. 무르타다. 법학과 그 원칙을 가리킨다.

개의 수니파 학파 (하나피, 슈페이, 말리키, 한발리)가 생겨나게 된 이유가 되었다. 이 네 학파 중 하나에 속하는 자격 있는 법학자들은 이전에 아부하니파,[10] 이븐 말리크,[11] 슈페이[12] 또는 아하마드 한발[13]이 개발한 그들만의 연구방법론을 따른다. 시아파와 달리, (코란과 순나를 따르는) 수니파의 법학은 '합의'를 세 번째 법학적 근거로 간주한다.

2. 2차적 근거

2차적 근거는 합의(이즈마으), 유추(끼야스)와 법률상 우선권이다.

1) 합의(이즈마으)

합의(아랍어로 이즈마으)는 법적문제에 대해 자격 있는 법학자들의 만장일치와 보편적 합의를 의미한다. 수니파의 관점에서 합의란 성스러운 질서에 이르는 또 하나의 독립적인 법적 근거이다. 이것은 선지자 무함마드가 "신께서는 우리 공동체가 그릇된 가르침을 따르지 않도록 하실 것이다." 라고 했다는 이븐 우마르의 서술에 근거한다.[14] 그러나 시아파의 관점에서 보면, 법학자들이 이미 판결의 이유를 제시했다면 논증과 이유는 과학적으로나 기술적으로 검증되었을 것이므로, 합의는 유효하지 않다. 단, 1세대 법학자들의 보편적 합의는 그

---

10 아부 하니파 알누만 마르즈반(699년~767년)은 수니 법합작이자 하나피 법학학원의 설립자이다.

11 말릭 이븐 아나스(711년~795년)는 수니 법학자이자 말릭 법학학원의 설립자이다.

12 무함마드 이븐 이드리스 알시페이(767년~820년)는 수니 법학자이자 시페이 법학학원의 설립자이다.

13 아흐마드 이븐 무함마드 이븐 한발(780년~855년)는 수니 법학자이자 한발리 법학학원의 설립자이다.

14 시아파 학자를 포함한 많은 학자들은 이에 대해 의심을 표현했다.

들의 견해(파트와)에 대한 이유를 밝히지 않은 경우, 법학자들이 항상 코란과 순나로부터 자신의 의견을 추론한다는 것을 모두가 알고 있기 때문에 합의가 유효하다. 그러므로 법학자들은 어떤 이유로 손실되어 전해지지 못한 사건 기술에 접근할 수 있었다는 결론을 내릴 수 있다. 그러나 그런 합의가 성립한다면, 합의의 신뢰성은 독립된 근거가 아니라 손실된 사건 기술로 인한 것이 된다.

2) 유추(끼야스) 및 기타 법률상 우선권

논리적으로 볼 때, 유추라는 것은 한 상황이 어느 특정한 관점에서 다른 상황과 유사하다고 보는 추론의 한 가지 형식이며, 다른 측면에서 나타나는 여러 상황들 간에 알려진 유사성을 기반으로 한다. 이슬람 율법 상으로는 코란이나 순나로부터 법적규정을 추론하는 것을 유추(끼야스) 라고 한다. 옥스포드 이슬람 사전은 유추를 다음과 같이 서술하고 있다.

"정통 무슬림 법률가들에게 끼야스는 코란이나 순나가 명시적으로 다루지 않은 사항에 관하여 체계적이지 않은 의견(레이 또는 하와)에 의존하기보다는 법률을 추론할 수 있는 방법을 마련해주었다. 이에 따르면, 선례(아슬)와 새로운 문제(파르)에 같은 효력을 가지는 요인(일라)이 있다면 코란이나 순나의 판결을 새로운 문제로 확대적용 할 수 있다. 일라는 특정 법률을 적용하는 특정상황의 집합이다. 예를 들면, 금주에 대한 일라(효력을 가지는 요인)는 정신을 마비시킨다는 것이며, 따라서 마약과 같이 정신을 마비시키는 것은 끼야스(유추)를 통해 금지된다. 이슬람 역사를 통해 다양한 학파가 유추의 적용에 대한 정당성을 활발하게 논쟁해 왔지만 끼야스는 이슬람 율법 발전의 중심적인 역할을 했다. 네 곳의 주요 수니파 법학대학은 코란, 순나, 합의(이즈마으)와 더불어 이를 네 개의 주요한 율법근거 중 하나로 본다. 그러나 법학대학의 자파리 시이는 아클(이유)을 끼야스 대신 다른 법률적 근거로 본다. 마픔 알나스(본문의 명백한 의미), 탐틸(유사성 또는 닮음), 이스티흐산(법률상 우선권) 또는 이스티슬라(공익에 대한 고려)와 같이 법률을 추론하는 다양한 방법에는 명시적으로 끼야스에 의존하거나 끼야스에 대한 접근방식과 유사한 분석방법이 동반된다."

코란, 무함마드, 이즈마으, 끼야스, 순나, 이맘, 이슬람 율법

집필자: 모자파리 모함마드 하산

참고문헌

al-Kulaini, M. i. 1998. Usoul al-Kafi. Qom: Ilmiya Islamiya. Retrieved from al-Islam: https://www.al-islam.org/jurisprudence-and-its-principles-ayatullahmurtadha-mutahhari/principles-jurisprudence-usul-al-fiqh#sunnah

Al-Kulaini, M. i. 1998. Usoul al-Kafi. Qom: Ilmiya Islamiya.

al-Tabrassi, a. f. I. H. 2003. Majma al-Bayan. Beirut: Dar al-Murtadha.

Analogy. 2020. Retrieved from Dictionary: https://www.dictionary.com/browse/analogy?s=ts

Mahmasani Rajab Subhi, Ismail Golestani. 1980. The Philosophy of Law in Islam. Tehran: Amir Kabir.

Mutahhari, M. 2019. Jurisprudence and its Principles. Retrieved from Al-Islam: https://www.alislam.org/jurisprudence-and-its-principles-ayatul-lahmurtadha-mutahhari/principles-jurisprudence-usul-al-fiqh#sunnah

Muzaffar, M. 1993. Usoul al-Fiqh. Qom: Ismailyan.

Qiyas. 2020. Retrieved from Oxford Islamic Studies: www.oxfordislamicstudies.com/article/opr/t125/e1936

Quran, T. H. 2020. 45:18. Retrieved from Tanzil: http://tanzil.net/#45:18

Shirazi, N. 2008. Tafsir Nemoune. Tehran: Dar al-Kutub al-Islamiya.

62

이슬람의 이베리아반도 정복
(Islamic Conquest of the Iberian Peninsula)

7세기경 아라비아반도를 통일한 아랍인들은 군사 원정을 통해 세력을 확장하면서 종교와 문화를 전파했다. 711년, 북부 아프리카를 통치하던 총독 무사(Musa bin Nusayr, 640년~716년)는 이베리아반도의 유대인 공동체들로부터 군사 개입을 요청받았다. 당시 서고트 왕국은 위티사(Witiza)왕의 갑작스런 죽음으로 왕위를 둘러싼 내분을 겪고 있었다. 무사는 군사 지원을 내세워 군대를 이베리아반도로 파견했다. 이슬람 총독은 즉각적으로 자신의 부관인 타리크(Tariq b. Ziyad, ?~720년)에게 7천여 명의 군대를 이끌고 이베리아반도 정복에 나서도록 명령을 내렸다. 타리크는 유목민족으로 알려진 베르베르족 출신이었다. 타리크의 군대는 지브롤터 해협을 통과해 일명 '타리크 산(Jabal Tāriq 또는 Jab al-Tarik)'으로 불리는 지브롤터에 상륙했다. 그 후 이베리아반도의 남부 지역을 완전히 정복하며 알-안달루스(Al-Andalus)를 구축했다.[1]

---

1 알-안달루스는 중세기 (711년~1492년) 이베리아반도의 이슬람 통치 지역을 가리킨다. 지역 명칭에 관련하여, 어원학적으로 여러 이론이 존재한다. 그중 가장 유력한 주장에 근거하면, 지역 명칭은 409년~429년 게르만 민족의 한 종족인 반달족(Vandals)이 민족 이동 시기에 북부 아프리카로 넘어갔다. 수백 년이 지난 뒤, 이베리아반도로 재진입할 시점에는 이들은 입장이 바뀌어 정복자의 신분이 되었다. 알(al)은 아랍어의 정관사이며 반달족의 V자를 뺀 알-안달루스(al-Andalus)라고 부르

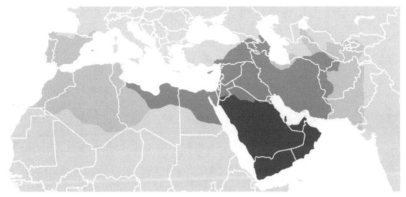

[그림 1] https://es.wikipedia.org/wiki/Expansi%C3%B3n_musulmana#/media/Archivo:Map_of_expansion_of_Caliphate.svg(퍼블릭 도메인)

노란색으로 표시된 지역은 우마이야 왕조(661년~750년) 시대에 이슬람이 정복한 지역이다. 이슬람에 의한 이베리아반도 정복도 이 시기에 포함된다. 아라비아반도 통일은 적갈색으로 표시된 지역으로서 무함마드의 시기(622년~632년)에 이루어졌다. 주황색 지역은 정통 칼리파 시기(632년~661년)에 정복된 영토이다.

이슬람 군사 원정

이슬람 원정기간 동안 칸타브리아(Cantabria)와 아스투리아스(Asturias) 등 서북부의 기독교 일부 지역들은 완강하게 저항했다. 그럼에도 불구하고 이베리아반도의 대부분은 아랍-베르베르 무슬림에 의해 정복되었다. 일부 프랑스 남동부 지역까지도 이슬람세력권에 넘어갔다. 과거의 이슬람 정복에는 아라비아반도 6년, 시리아 4년, 이집트 5년의 시간이 걸렸다. 정복하는데 소요된 기간을 비교한다면 이베리아반도를 정복하는데는 14년이 소요되었다. 그만큼 이베리아 주민들의 반발로 이베리아 정복이 수월하지 않았다.

게 되었다.

무슬림 군대는 10년 동안 이베리아반도의 남부를 비롯하여 중앙부와 북부 지역으로 진군하며 기독교군대를 제압했다. 이슬람 군대는 서고트 왕국의 패배를 받아들이지 않고 반전을 기대하는 주민들의 기대를 꺾고자했다. 711년 7월 19~26일 타리크 군대는 안달루시아 지방의 구아달레테(Guadalete)강 유역에서 서고트 왕국의 로드리고(Rodrigo)가 이끄는 군대와 격돌했다. 로드리고는 서고트 의회에서 선출된 국왕이었다. 구아달레테 전투에서 타리크는 서고트 군대를 물리치고 승리했다. 남부 지역을 장악할 수 있는 교두보를 마련한 것이다. 승리와 더불어 전쟁이 장기전이 될 경우를 대비해 만반의 태세를 준비하였다. 조만간 도래할 서고트 왕국 붕괴이후 알-안달루스 성립 예측할 수 있었다.

타리크는 서고트 왕국 내의 존재하는 이슬람 지지자들 덕분에 안달루시아의 에시하(Ecija), 코르도바(Córdoba)를 비롯해 중부 지역의 톨레도(Toledo), 북부 지역의 레온(León)을 점령했다. 북아프리카 총독인 무사는 이베리아반도에서 승승장구하는 이슬람 군대의 정복 과정을 지켜보았다. 무사는 타리크의 승리를 지원하기 위해 5천 명의 병력을 추가로 지원했다. 그 당시 무사는 70세가 넘는 고령자였다. 그는 아들인 알-아지즈와 함께 만 8천 명의 군사를 직접 이끌고 이베리아반도로 들어왔다. 무사 군대는 타리크가 통과했던 지브롤터 해협을 따라 카디스(Cádiz)에 상륙했다. 그리고 과거 로마인들이 건설했던 도로를 따라 북동쪽으로 전진했다. 무사 역시 타리크처럼 기독교인들로부터 큰 저항을 받지 않은 채 전진할 수 있었다. 타리크가 통과하면서 점령하지 않았던 세비야(Sevilla), 메리다(Mérida) 등 남부 지역을 어렵지 않게 정복했다. 713년 여름, 각자 다른 원정길에 있던 무사와 타리크는 처음으로 톨레도에서 만났다. 이후 이베리아 원정이 끝날 때까지 타리크는 무사의 충실한 부하이자 조력자로서 상관의 지휘를 따랐다. 무슬림 군대는 서고트 왕국의 큰 저항없이 아스

[그림 2] https://es.wikipedia.org/wiki/T%C3%A1riq_ibn_Ziyad#/media/Archivo:Tarik_ibn_
    Ziyad_-.jpg(퍼블릭 도메인)
타리크가 이끄는 이슬람 군대는 로드리고의 서고트 군대를 구아달레테 전투에서 패퇴시키고 이베
리아반도 정복의 기반을 다졌다.

토르가(Astorga) 방향을 따라가면서 사라고사(Zaragoza), 타라고나(Tarragona), 팜
플로나(Pamplona), 갈리시아(Galicia)를 차례로 점령했다. 725년경 이베리아반도
는 아랍무슬림에 의해 완전히 정복되었다.

이베리아 정복을 위한 이슬람 정책

서고트 왕국의 수도인 톨레도가 함락되자 서고트 군대는 투쟁 의지를 상실

[그림 3] https://commons.wikimedia.org/wiki/File:Al−Andalus732.svg(퍼블릭 도메인)
732년경의 알−안달루스. 이베리아반도에서 지속적인 승리를 얻어낸 이슬람 군대는 프랑크 왕국을
침공했다. 그러나 프랑크 왕국의 칼 마르텔(Karl Martell)이 프와티에(Poitiers) 전투에서 이베리아반
도로부터 침입해 온 이슬람 군대를 격퇴함으로써 서유럽의 기독교 세계를 이슬람 세력으로부터 구
원했다.

한 채 심리적 동요와 혼돈에 빠져들었다. 서고트 군대의 반격을 기대했던 주
민들 역시 허탈감에 빠졌다. 전쟁에서 승기를 잡은 이슬람 군대 주요 도시들
에 대한 공격의 고삐를 늦추지 않았다. 714년 타리크는 에브로(Ebro)강 상류
지역을 통과해 북동쪽으로 전진했고, 한편 무사는 서북부 지역인 갈리시아
(Galicia) 지방의 루고(Lugo)에 도착할 쯤에 칼리파 알−왈리드 1세(668년~715년)
의 소환통보를 받았다.[2] 무사는 이베리아반도의 정복을 마무리하지 못한 채

---

2 알−왈리드알 1세는 이베리아반도의 이슬람 원정에 대한 경과보고와 전리품 분배에 대한 명확한

알-아지즈에게 군사 지휘권을 넘기고 다마스쿠스로 향했다.

한편, 알-안달루스의 두 번째 통치자가 된 무사의 아들 알-아지즈는 말라가, 그라나다, 세비야 등 남부 지역을 집중적으로 공격했다. 알-아지즈는 이슬람 군대에 저항하는 서고트 왕국의 도시나 주민들을 지속적으로 통제하는 것이 어렵다고 판단했다. 이슬람 군대의 인원은 소수에 불과하였기 때문이었다. 이에 대해서 알-아지즈는 서고트 주민들에게 칼리파 지배에 순종하고 충성을 맹세하는 대가로 그들에게 자치를 허락하였다. 또한 이슬람 정복을 인정하는 곳에서는 항복 협정을 체결하였다. 서고트 귀족과 고위 관료들에게는 권력 유지를 허용했으며 주민에게는 재산보유와 종교 자치를 허락했다.[3] 알-아지즈는 전략적으로 알-안달루스에서 알라신이 아닌 다른 신앙을 섬기는 공동체의 존재를 인정한 것이었다. 반면, 이슬람에 적대적인 자들에게는 재산을 몰수하는 등 탄압정책으로 일관했다. 정복자에게 저항하는 자들은 잔혹하게 몰살하였다.

유화정책을 추진하던 알-아지즈는 716년 세비야의 메스키타 안에서 살해되었다. 이슬람 지도자의 죽음이 보여주듯이 알-안달루스에는 여전히 정치, 사회적 무질서와 혼란이 지속되고 있었다. 당시 이베리아반도에는 서고트의 흔적을 제거하려는 경향과 이슬람 정복 이전으로 되돌아가고자 하는 흐름이 공존하고 있었다. 그런 상황에서 다마스쿠스의 우마이야 왕조가 멸망하고 새로이 압바스 왕조가 부상했다. 756년 아브드 알 라흐만 1세(Abderraman I)는 정치적 위기를 기회로 만들고자 후우마이야 왕조를 열었다. 이슬람 정복 초기

해명을 듣고자 무사와 타리크를 불러들였다. 그 후 그들은 다시 알-안달루스로 돌아오지 않았다.

3 713년 4월 5일 알-아지즈는 서고트 왕국의 테오도미로(Teodomiro) 백작, 일명 '훌륭한 투사'로 알려진 오리우엘라(Orihuela)의 통치자와 항복 협정을 체결했다. 협정에 따라 서고트 주민들은 이슬람 지배에 승복하고, 대가로 재산과 자치권을 인정받았다.

수도는 세비야이었지만, 알-아지즈의 죽음 이후 알-안달루스의 수도는 코르도바로 변경되었다.

중세 동안 이베리아에서 서유럽 기독교 문명과 이슬람 문명을 이어온 알-안달루스는 1492년 1월 2일 스페인 가톨릭 왕들에게 모든 권한이 양도되면서 무려 8세기 동안의 이슬람 시대를 마감했다.

문명교류의 알-안달루스

711년 이베리아반도에서 시작된 이슬람 정복은 영토 확장을 위한 팽창 정책의 결과였다. 종교는 주민 공동체의 결속과 단합을 위해 필수적인 도구이자 방법이었다. 따라서 이슬람은 정복과 정착을 위해서 신자들을 다스릴 수 있는 정신적 구심점이 되었다. 이베리아반도의 알헤시라스(Algeciras)에 첫 번째 메스키타인 '군기 메스키타(Mezquita de las Banderas)'가 세워졌다. 정복자들은 군대가 통과하는 곳마다 이슬람 정신의 토대를 제공하는 메스키타를 건설했다. 초기 알-안달루스 사회는 무슬림보다 비무슬림의 숫자가 월등히 많았다. 이런 환경을 고려한 이슬람 정부는 인종과 종교를 초월한 관용 정책을 유지했다. 이러한 정책 기조에 따라 코르도바 칼리파 시대에는 비교적 평화로운 공존이 유지되었다.

무슬림과 비무슬림들은 각자의 전통에 따라 공동체의 삶을 유지했다. 그리고 그 과정에서 문화적 교류가 지속적으로 진행되었다. 기독교에서 이슬람교로 개종한 물라디(muladí)는 750년경에는 주민의 10%를 차지했고, 850년경에는 20%, 950년경에는 50%에 달했다. 개종 후 각종 세제혜택을 누리던 물라디들은 이슬람에 동화되어 문화를 보존하고 발전시키고자 하였다. 한편 이슬람으로 개종하지 않는 기독교인들인 모사라베(mozárabe)는 이베리아반도의 북부

지역에 위치한 기독교 왕국의 주민들과 교류를 이어갔다.

코르도바 칼리파 시대에는 사상, 서적, 관습 등을 통해 동부 이슬람 문화권과의 교류가 빈번했다. 특히, 알-하캄 2세(Al-Hakam II, 961년~976년)의 치세에는 이슬람 문화의 영향과 문명접변이 절정에 달했다. 코르도바의 독창적인 이슬람 문명과 문화는 이베리아반도 북부의 접경지대를 통해 유럽의 기독교 왕국들에도 전달되었다. 알-안달루스는 이슬람 세계를 알리는 문명교류의 매개체가 되었다. 또한, 르네상스와 근대로 이어지도록 가교 역할을 했으며 유럽의 근대문화 형성에 큰 영향을 끼쳤다. 이슬람 정복에서 1492년까지, 이베리아반도는 거의 800여 년 동안의 기독교 문화와 대립과 충돌로 이어졌다. 또한 동시에 문화 간 상호영향도 지속되었다. 전시 상황에서도 종교를 초월한 교류와 공존의 공간이 존재했다. 이베리아반도는 서양과 동양 문화의 융합을 위한 문명교류의 여러 실험실 중 하나였다.

키워드

이베리아반도, 알-안달루스, 구아달레테 전투, 무사, 타리크, 알-아지즈, 후우마이야 왕조, 아브드 알 라흐만 1세, 메스키타, 모사라베, 물라디, 이슬람화

집필자: 권미란

참고문헌

Bulliet, Richard W. 1979. *Conversión lo Islam in the Medieval Period: An Essay in Quantitatitve History*. Cambridge: Harvard University Press.

Chalmeta, Pedro. 1994. *Invasión de Islamización. La sumisión de Hispania y la formación de al-Andalus*. Madrid: Mapfre.

James, David. 2009. *Early Islamic Spain. The History of Ibn al-Qutiyya*. London–New York: Routledge.

Molina, Luis. 1994. *Fath al-Andalus (La conquista de al-Andalus), Estudio y edición críticas*. Madrid: Consejo Superior de Investigaciones Científicas.

https://es.wikipedia.org/wiki/Expansi%C3%B3n_musulmana#/media/Archivo:Map_of_expansion_of_Caliphate.svg(검색일자: 2019년 12월 5일)(퍼블릭 도메인)

https://commons.wikimedia.org/wiki/File:Al–Andalus732.svg(검색일자: 2019년 11월 5일)(퍼블릭 도메인)

https://es.wikipedia.org/wiki/T%C3%A1riq_ibn_Ziyad#/media/Archivo:Tarik_ibn_Ziyad_-.jpg(검색일자: 2019년 12월 10일)(퍼블릭 도메인)

63

이집트 건축
(Egyptian Architecture)

역사와 시대를 통한 고대 이집트건축의 영향은 세계 곳곳에서 찾아볼 수 있다. 이집트적인 요소는 고대 그리스-로마 신전부터 이집트 열풍[1]의 영향을 받은 19세기 근대건축물에 이르기까지 많은 곳에서 발견된다. 그 일례로는 피라미드, 오벨리스크, 연꽃문양, 스핑크스, 상형문자 등이 있다.

실제로 고대 이집트역사는 고대 문명에 관한 많은 비밀을 품은 채 수천 년을 견뎌낸 건축물을 통해 전승되었다. 많은 유적들은 고대 이집트인들이 건축분야에서 보여준 뛰어난 기술력을 보여준다. 대피라미드는 건축의 모든 비밀이 아직 밝혀지지 않은 유적 중 하나다. 피라미드는 다른 문명에서도 찾아 볼 수 있지만, 세계 7대 불가사의 중 남아있는 유일한 불가사의이며 수천 년 동안 세계에서 가장 오래되었고 가장 규모가 크다는 점에서 이집트 피라미드의 위대함은 분명하게 나타난다.

대피라미드가 보여주는 웅장함과 다른 고대 이집트 건축물의 독창성에도 불구하고, 기존의 연구를 들여다보면 역사의 모든 건축전문가들이 고대 이집

---

1 19세기 유럽인들 사이에서는 고대 이집트에 대한 매력에 대해 이야기하는 것이 유행이었다. 자세한 사항은,

트 건축물의 가치를 높게 평가한 것만은 아니었다. 그 중 콰트르메어 드 퀸시
(Quatreme`re de Quincy)는 이집트 건축물의 방대함과 거대한 규모는 과학과 창
의성의 결여로 인한 것이라고 했다. 반면, 보다 최근의 연구를 보면, 특히 이집
트의 건축물이 지속적으로 발견된 후에 집필된 연구는 수준 높은 과학기술이
고대 이집트 건축물에 적용되었다는 것을 증명하고 있다. 고대 이집트 건축에
대한 최근의 연구 중, 코리나 로시(Corinna Rossi)의 연구는 이집트 피라미드에
중점을 두고 고대 이집트의 수학과 건축의 관계를 분석하려고 했다. 몇몇 연
구는 천체의 정렬을 바탕으로 고대 이집트건축에 빛과 그림자가 상당히 많이
이용된 것을 입증했다.

고대 이집트 건축의 구분

왕조시대 이전 이집트의 초기 건축물은 벽돌이 사용되기 전에 진흙을 바른
갈대를 사용했다. 따라서 초기 건축물의 모양은 거의 원형이었고, 벽돌이 사
용된 후에는 사각형의 모양을 가지게 되었다. 당시 건조시킨 진흙벽돌로 집과
무덤을 지었으며, 신전 건축에 돌이 사용되기 시작한 이후 초기 왕조시대에도
이 방식이 사용되었다. 제2왕조(기원전 2890~기원전 2670년)시대에 이르러 신전들
이 석조로 건축되기 시작했다. 중왕국 시대에도 여전히 진흙벽돌은 주택 등에
사용되었던 반면 석회석, 사암, 화강암 같은 석재는 신전과 기념물에만 사용되
었다. 이 석조 기념물 중 가장 주목할 만한 것은 오벨리스크이다. 오벨리스크
의 역사는 기원전 3150년~기원전 2613년 경부터 시작되었다. 오벨리스크의
최상단에 있는 작은 피라미드는 파라오를 기리는 무덤으로서 피라미드를 위
한 이집트 건축의 다음 단계가 무엇인지를 보여준다.

이집트 피라미드의 진화 단계를 살펴볼 때, 첫 번째 피라미드가 이집트 제3

왕조 (기원전 2670~기원전 2613년)의 왕 죠세르의 무덤이라는 점을 참고할 때 첫 번째 피라미드는 기원전 2천년 이전에 건설되었다는 것을 알 수 있다. 이후 '마스타바(Mastaba)'라고 불리는 이전의 평평한 직사각형(아래 사진 참조) 구조 대신 피라미드 구조가 파라오의 무덤에 사용되었으며, 고대왕족이 아닌 일반인의 무덤에도 지속적으로 사용되었다.

고대 이집트에서 가장 유명한 건축가는 임호테프(Imhotep)이었으며, 죠세르 왕의 첫 이집트 피라미드를 완성하였다. 계단식 피라미드를 건설할 때, 임호테

[그림 1] 제5왕조 크눔호텝과 니안크크눔의 마스타바, 사카라[2]

---

2 사진 출처: http://www.touregypt.net/featurestories/dsteppyramid1.htm

프는 전통적인 진흙벽돌 대신 작은 석회암 벽돌을 사용했고 6단 피라미드 아래 20m 이상 깊은 곳에 왕의 묘실을 설치했다. 이 피라미드 단지의 많은 부분이 아직 발굴 중에 있으며, 향후 고대 건축물과 관련하여 더 많은 발견이 예상된다. 임호테프가 첫 번째 피라미드 단지를 완성한 이후 고대 이집트 파라오의 무덤은 묘지 가운데 피라미드의 모양을 통해 구별되었는데, 이 점에 있어 그는 이집트 건축의 새로운 전통이 시작된 것으로 평가했다.

[그림 2] 계단식 피라미드 단지, 사카라[3]

---

3 사진 출처: http://www.touregypt.net/featurestories/dsteppyramid1.htm

고대 이집트의 고왕국시대(기원전 2686년~기원전 2181년)는 피라미드 건축가들의 시대였다. 이것은 다흐슈르에 있는 스네푸르 왕의 피라미드(굴절 피라미드 Bent Pyramid, 붉은 피라미드 Red Pyramid, 메이둠 피라미드 Meidum Pyramid)를 비롯한 여러 다른 피라미드를 통해 알 수 있다. 스네푸르는 제4왕조의 시조로 고왕국시대의 전성기를 이끌었다. 스네푸르의 첫 피라미드는 메이둠에 있는 무너진 피라미드이며, 적용된 기하학의 원리들을 고려할 때, 진정한 최초의 이집트 피라미드로 여겨진다. 이 피라미드가 붕괴된 이유는 기본 7단 구조에 기단을 추가했기 때문으로 추정된다. 스네푸르의 굴절 피라미드에서는 많은 기술적 진보가 목격된다. 통로 방향이 변경되었고, 지하 공간이 확장되었으며, 입구를 추가하는 것 외에도 여러 가지의 기술적 혁신이 도입되었다.

스네푸르의 아들 쿠푸는 왕위와 더불어 피라미드 건축의 전통도 계승했다.

[그림 3] 스네프루의 메이둠 피라미드 사진[4]

[그림 4] 스네프루의 굴절 피라미드 사진[5]

4 사진출처: https://commons.wikimedia.org/wiki/File:Meidoum_pyramide_005.JPG

5 사진출처: https://en.wikipedia.org/wiki/Bent_Pyramid#/media/File:Snefru's_Bent_Pyramid_in_Dahshur.jpg

그리스인이 첩스(Cheops)라고 부르는 쿠푸의 이름은 이집트 피라미드 중에서
도 가장 큰 피라미드의 명칭이기도 하다. 이 피라미드에 대한 비밀은 아직까
지도 대부분 밝혀지지 않아 세계에서 유일하게 남은 고대 불가사의로 남아 있
다. 높이가 대략 147미터인 쿠푸(Khufu)의 대피라미드는 기원전 2550년부터
건축되기 시작했다. 각각 무게가 2.5~15t인 암석이 약 230만개 사용되었다.
쿠푸의 아들과 손자도 피라미드 건축의 전통을 계승하여 카이로 기자지구에
세계적인 랜드마크가 된 피라미드 단지를 완성하였다. 이 단지는 쿠푸의 아들
인 파라오 카프레(기원전 2558년~2532년)에게 속하는 두 번째 피라미드와, 사자
의 몸에 파라오 카프레의 얼굴을 상징하는 신비스러운 모습의 거대한 스핑크
스를 포함한다. 기자 단지의 세 번째 피라미드는 그의 아들 파라오 멘카우레
(Menkaure, 기원전 2532년~2503년)의 것이다. 그 밖에도 피라미드 건축의 전통은

[그림 5] 기자 지역의 피라미드와 스핑크스[6]

---

6 사진 출처: https://www.emotoursegypt.com/en/activity/236270/full-day-tour-from-cairo-
    giza-pyramids-sphinx-memphis-and-saqqara

지금까지 이집트 곳곳에 남아있는 124개의 피라미드를 통해 잘 드러난다.

고대 이집트 건축에 반영된 종교

파라오를 비롯하여 많은 신을 숭배했던 고대 이집트인들의 삶에서 종교는 중심적인 역할을 했다. 이는 대부분 무덤이나 신전을 위해 지어진 고대 이집트 건축물에서 나타나고 있으며, 모두 종교적인 신념과 관계가 있다. 다시 말해 종교는 종교적인 기능의 건축물에 이미 반영되어 있었다. 파라오의 무덤을 위해 선택한 피라미드 모양은 고대 이집트의 태양신 '라(Ra)'를 나타내는 많은 종교적인 상징 중 하나였다. 그런 이유로 피라미드는 신전 입구를 장식하는 오벨리스크의 최상단을 장식하는 데에도 사용되었다.

고왕국시대 후기에 파라오를 위한 건축물은 신전과 상대적으로 작은 피라미드를 포함했다. 특정 왕을 위한 피라미드보다 특정 신을 기념하는 신전이 많아진 것은 제사장들의 권력이 증가했다는 것을 보여준다. 따라서 룩소르(Luxor)의 디르 엘 바흐리(Deir el-Bahri)에 있는 멘투호텝(Mentuhotep) 왕의 웅장한 영묘단지부터 중왕국시대까지의 건축물은 그 대부분이 신전이었다. 중왕국 시대의 모든 신전은 특정 신의 석상을 모시는 내실과 의례실, 그리고 여러 방으로 이어지는 주랑(여러 기둥이 늘어선 공간)이 있는 외부 정원으로 설계되었다. 이 구조는 세누세르트1세(Senusert I, 기원전 1971~기원전 1926) 시대에 건축된 '아문-라(Amun-Ra)'신에게 봉헌된 알-카르나크(Al-Karnak) 신전에서 볼 수 있다. 이 신전의 주된 특징 중 하나는 파피루스, 야자 잎, 연꽃을 닮은 모양의 다양한 기둥 디자인을 적용한 것으로, 각각 상징적인 의미를 지닌다. 이런 기둥에 사용된 상징 중에는 제드(Djed)라는 것이 있는데, 이것은 그 자체가 기둥모양을 하고 있으며, 주요 고대 이집트 신 중 하나인 오시리스(Osiris)의 상징이자

[그림 6] 룩소르 신전의 파피루스 다발 기둥[7]　　[그림 7] 아스완 파일리신전의 연꽃 기둥[8]　　[그림 8] 사카라 죠세르 피라미드 단지 내 T신전의 제드기둥[9]

'안정'을 의미하는 일반적인 상형문자이다.

²³⁴

고대 이집트 신왕조 시대 (기원전 1570~기원전 1075)는 고대건축의 황금기이다. 건축이 이집트제국의 번영과 영토확장에 대해 신에게 감사를 표현하는 방법이었기 때문에, 종교도 건축의 발전에 지속적으로 영향을 주었다. 그래서 신전은 웅장하게 보이도록 더 크게, 더 많이 지어졌다. 카르낙 신전은 계속해서 확장된 신전 중의 하나였기 때문에 람세스2세가 추가로 건설한 134개의 거대한 파피루스 다발 기둥을 포함하여 여러 파라오들이 진행한 건축사업의 성과를 포함한다. 제18왕조의 여왕 하트셉수트는 상 이집트의 디르 엘 바흐리에 있는 장제전을 축조한 것인데, 이는 세계에서 가장 탁월한 건축물 중 하나로 간주된다. 신전 내부에는 다산의 여신인 하토르를 비롯한 여러 신들의 신당이 있다.

7　사진 출처: https://commons.wikimedia.org/wiki/File:The_double_row_of_columns_with_papyrus_bundle_capitals_-_The_Court_of_Amonhotep_III_-_Luxor_Temple_(14075179947).jpg

8　사진 출처: https://commons.wikimedia.org/wiki/File:Philae_Temple_in_Aswan.jpg

9　사진 출처: https://www.flickr.com/photos/130870_040871/35084511896/

[그림 9] 룩소르의 카르낙 신전[10]　　　　　[그림 10] 하트셉수트의 장제전[11]

　　신왕조 시대에 파라오의 무덤은 새로운 건축양식의 변화를 보여주었는데, 전대의 파라오가 선택했던 피라미드의 전통에서 탈피해, 거의 모든 파라오와 주요 왕실 인물들을 이후 '왕가의 계곡'이라 불리게 된 장지에 매장하고 무덤을 숨기는 방식이 도입되었다. 무덤 구조의 변화는 풍부한 부장품에 대한 도굴을 우려했기 때문이었다.

　　람세스 2세의 걸작으로 여겨지는 아부심벨(Abu Simbel) 신전은 고대 이집트 건축의 비범한 독창성을 보여준다. 신전은 기원전 1244년에 지어졌으며, 입구에 람세스 2세의 거대한 석상 (높이 69 피트) 네 개가 장식된 두 개의 신전으로 구성되어 있다. 창의력과 천문학에 대한 깊은 지식은 신전의 구조에 반영되어 있는데, 그 결과 파라오 람세스 2세를 상징하는 세 개의 석상에는 1년에 이틀 동안 햇빛이 수직으로 비추며, 신전 안쪽 깊은 곳에 위치한 내실에는 고대 이집트의 두 신, 아문-라와 라-호라크티가 봉안되었다. 또한, 이런 석상들 이외

10　사진 출처: http://www.nilecruised.com/tours/karnak-temple/

11　사진 출처: https://commons.wikimedia.org/wiki/File:Mortuary_Temple_of_Hatshepsut._Egypt.jpg

에 네 번째 석상은 지하세계 장례의 신, 프타(Ptah)를 상징하는 데, 시간에 상관없이 항상 햇빛이 비추지 않도록 되어있다. 또한 이것은 어둠을 지하세계의 신비와 연결하려는 의도를 보여준다. 빛이 비추는 이틀은 10월 22일과 2월 22일이며, 각각 람세스2세의 대관식과 생일을 가리켰다. 이 건축물을 계획하면서 구체적인 날짜까지 고려하는 치밀함은 복잡한 계산이 필요한 것이어서, 고대 이집트인들의 천문학과 산술에 대한 깊은 지식을 증명해 준다. 이 현상은 1874년 에밀다 에드워즈(Emilda Edward)의 관찰로 발견되었다

고대 이집트제국은 외세의 침략으로 몰락하고 그리스시대가 시작되었으며, 이후 로마의 이집트 통치로 이어졌다. 그리스인들과 로마인들은 예술작품에서 많은 이집트적인 요소를 차용하거나 모방하였고 심지어는 이집트의 기념물들을 가져다 자국의 건축물을 장식했는데, 이것을 보면 고대 이집트 건축의 웅장함과 대외적인 영향력을 확실하게 엿볼 수 있다. 오늘날 로마에서 볼 수

[그림 11] 아스완의 아부심벨 신전 입구[12]　　　[그림 12] 아부심벨 신전의 내실[13]

12　사진 출처: https://www.britannica.com/place/Abu-Simbel
13　사진 출처: http://www.izzietrip.com/izt/abu-simbel-february-22-sun-to-illuminate-inner-sanctuary-of-pharaohs-temple/

있는 많은 이집트 오벨리스크가 이를 증명하고 있다.

키워드

오벨리스크, 피라미드, 임호테프, 스핑크스, 룩소르, 파라오, 하트셉수트, 람세스 2세, 아부심벨 신전

집필자: 모나 파루크 M. 아흐메드

참고문헌

Bárta, M. 2011. *Journey to the West: The world of the Old Kingdom tombs in ancient Egypt.* Prague: Charles University . Retrieved from American Research Center in Egypt: https://www.arce.org/resource/search-imhotep-tomb-architect-turned-god-remains-mystery

Dorman, P. F., & Drower, M. S. 2020. *Valley of the Kings.* Retrieved from Encyclopaedia Britannica: https://www.britannica.com/place/Valley-of-the-Kings

Handwerk, B. 2020. *Pyramids at Giza.* Retrieved from National Geographic: https://www.nationalgeographic.com/history/archaeology/giza-pyramids/

Hill, J. 2010. *Djed.* Retrieved from Ancient Egypt Online: https://ancientegyptonline.co.uk/djed/

Homs, G. 2012. *Stamboom Homs: Snefru, Pharaoh of Egypt.* Retrieved from genealogieonline: https://www.genealogieonline.nl/en/stamboom-homs/I6000000003645877978.php

Jarus, O. 2018. *Abu Simbel: The Temples That Moved.* Retrieved from Live Science:

https://www.livescience.com/37360-abu-simbel.html

Khan, G. 2018. *This Temple Honors the Egyptian Queen Who Ruled as King*. Retrieved from National Geographic: https://www.nationalgeographic.com/travel/destinations/africa/egypt/luxor-temple-of-hatshepsut-theban-necropolis/

Maged, M. 2019. *Iconic Egyptologist Zahi Hawass discusses ancient Egypt's 'secrets,' refutes popular myths*. Retrieved from Egypt Independent: https://egyptindependent.com/iconic-egyptologist-zahi-hawass-discusses-ancient-egypts-secrets-refutes-popular-myths/

Magli, G. 2018. *The Beautiful Face of Ra: The Role of Sunlight in the Architecture of Ancient Egypt*. Oxford: Oxford University Press.

Mark, J. J. 2016. *Ancient Egyptian Architecture*. Retrieved from Ancient History Encyclopedia : https://www.ancient.eu/Egyptian_Architecture/

Mark, J. J. 2016. *Mastaba : Funerary Structure*. Retrieved from Ancient History Encyclopedia : https://www.ancient.eu/Djoser/

PBS. 2006. *Egypt Golden Empire: Art and Architecture*. Retrieved from Public Broadcasting Service (PBS): https://www.pbs.org/empires/egypt/newkingdom/architecture.html

Quincy, A. C. 1832. *DictionnaireHistoriqued'Architecture* (Vol. i). Paris: LeCle ´ re.

Rawlinson, K. 2018, Nov. 6. *New discovery throws light on mystery of pyramids' construction*. Retrieved from The Guardian: https://www.theguardian.com/world/2018/nov/06/new-discovery-throws-light-on-mystery-of-pyramids-construction

Rossi, C. 2003. *Architecture and Mathematics in Ancient Egypt*. Cambridge : Cambridge University Press .

SIS. (N.D.). *Sun Perpendicular on Ramses face*. Retrieved from The State Information Service of Egytp: https://www.sis.gov.eg/section/2573/507?lang=en-us

Watterson, B. 1997. *The Egyptians*. New Jersey: Wiley-Blackwell.

64

이혼제도
(Divorce)

고대 그리스, 로마, 이슬람 문명은 지속적이고 유기적인 문명교류를 통해 차이와 다양성이 공존하는 문화정체성을 발전시켰다. 결혼과 더불어, 제도는 과거의 전통들 중에서 삶의 가장 기본적이고 필수적인 요인이었다. 이혼은 환경과 문화의 차이가 삶에 미친 영향을 가장 근본적으로 보여주는 사례이다. 이와 관련해 고대와 중세에 걸친 지중해역사의 대표적인 문명권들에서 형성된 이혼제도 연구는 각 문명권 별 여성의 지위에 대한 평가에 있어 중요한 척도에 해당한다.

고대 그리스 시대의 이혼

고대 그리스 사회에서 이혼은 주로 남편의 요구에 의해 성립했으며 그 이유는 법적인 합의, 간통, 아내의 출신, 채무, 불임 등 다양했다. 딸의 이혼은 부친도 요구할 수 있었는데, 이때 딸의 의사는 철저히 무시되었다. 특히 불임은 이혼의 중대한 사유였다. 그리스 사회에서 결혼의 목적이 가부장 통치 안에 들어가는 오이코스였다는 사실을 감안해 볼 때 불임으로 인한 이혼 요구는 그리 놀라운 것이 아니었다. 그 밖에도 이혼 사유 중 부인의 간통은 남편의 권리에 대한 위반으로 간주되어 즉각 결혼의 무효화로 이어졌다. 부인이 간통을 저지른 경우, 남편이 아내를 살해하거나 부인에게 폭력을 행사한 후에 방에 가두는 경우도 있었다. 여성의 간통이 공식적으로 알려지게 되면 종교의식이나 신전에 들어가는 것조차 금지되었기 때문이다.

부인에게는 남편에게 이혼을 요구할 권리가 거의 없었다. 남성의 간통은 부인의 경우와는 반대로, 정당한 이혼 사유가 아니었다. 남편의 부정은 부인이 먼저 이혼을 요구할 수 있는 사유는 되었지만 이혼으로 이어지는 것은 사실상 불가능한 일이었다. 아내가 이혼을 청구할 때에는 먼저 이혼 서류를 -귀족정 시대에- 최고 관리인 아르콘(Arcon)에게 제출해야 했는데, 그리스 여성은 대개 집안에서 머물렀으며 남성의 허가 없이 외출도 할 수 없었기 때문에 이혼을 위한 서류 준비 및 제출에 있어 상당한 제약을 받고 있었다. 더구나 남편은 별다른 어려움 없이도 부인의 행동을 효율적으로 통제할 수 있었다. 한편 이혼 시 지참금에 대한 남편의 권리는 거의 인정되지 않았다. 이혼을 누가 요구했든 어떤 이유에 의한 것이었든 지참금은 반환되었다. 이혼한 여성이 혼인 전의 거주지로 돌아갈 경우 남성은 결혼 때 신부가 가져왔던 지참금의 전액을 돌려줘야 했다.

그리스 여성은 시대 가부장권 안에서 남편의 통제와 보호를 받으며 생활했다. 이와 더불어 지참금은 합법적인 결혼을 인정받게 해주는 중요한 장치임과 동시에, 여성이 합법적으로 자식을 낳고 가정 내에서 자신의 지위를 공고히 할 수 있게 해주는 역할을 했다. 또한 지참금은 이혼으로부터 부인을 보호하고 가정 내에서 발언권과 재산권에 영향을 발휘할 수 있도록 해 주었다. 부인은 이혼 후에 돌려받은 지참금으로 재혼을 할 수도 있었으며, 그렇지 않은 경우에 지참금은 자식들과 함께 살아가는 경제적 기반이 되었다.

고대 로마의 이혼

로마 초기에 수권결혼을 한 여성은 시댁의 가부장권에 예속되었기 때문에 여성에 의한 일방적인 이혼 요구는 불가능했지만 남편에 의한 일방적인 이혼 요구는 가능했다. 이혼은 자식을 살해하거나, 간통행위를 저지르는 등 중대한 과실에 한해서만 가족회의의 승인을 거쳐 가능했다. 또한 상기의 이유 등으로 이혼이 가능했다고는 하지만 실제로는 거의 발생하지 않았기 때문에 이혼 시 지참금을 반환하는 문제가 사람들에게 크게 거론되지는 않았다. 그러나 공화정 후기부터 여성의 인권이 신장됨에 따라 부인도 비교적 자유롭게 이혼을 요구할 수 있었다. 당시 이혼은 원칙적으로는 남편과 아내 양측이 모두 요구하거나 합의된 경우 어렵지 않게 추진될 수 있었다. 그럼에도 실제로는 주로 남편의 이혼 요구가 많았으며 아내에 의한 사례는 거의 없었다고 한다. 공화정 후기의 주된 이혼 사유는 정치적인 차원에서의 가문 간 이해관계 또는 간통이었다. 특히 이중에서 여성의 간통은 명백한 이혼 사유가 되었다.

이혼이 성립되었을 경우 부인이나 친정아버지는 지참금 반환을 위한 소송을 통해 지참금을 돌려받을 수 있었는데 이를 위한 소송절차는 딸의 동의하에 친정아버지가 진행했다. 이는 지참금 반환의 목적이 친정 가문의 재산 보호에 있음을 명백하게 보여주는 사례이기도 했다. 한편 지참금 반환 소송을 제기한다고 해서 지참금 전액을 돌려받을 수 있는 것은 아니었다. 자녀 양육비, 여성의 행실에 따른 남편의 보유분, 지참금 재산 보존을 위해 남성이 지출한 경비, 증여, 여성이 사용한 남성의 재산 등을 이유로 남편은 지참금의 일부에 대한 권리를 요구할 수 있었기 때문이다. 이 경우 지참금은 남편의 요구에 따라 일부가 공제된 상태로 부인에게 즉시 반환되었다. 지참금 반환의 사례를 통해서 알 수 있는 것은 시댁 가문에 경제적으로 큰 역할을 했던 지참금을 상실하지 않기 위해서라도 남편은 부인에게 부당하거나 가혹한 대우를 할 수 없었다는 사실이다. 이처럼 지참금 반환이라는 법적 장치는 이혼으로부터 여성을 어느 정도 보호하는 장치로 작동되기도 했다. 그러나 공화정 후기에 이혼과 재혼이 빈번하게 일어남으로써 지참금 반환이라는 법적 장치를 통해 여성을 보호한 다는 취지는 무색해졌다. 지참금이 친정아버지의 권리에 속했다는 사실로 미루어볼 때 결혼지참금이 당대의 여권 신장에 크게 기여했으리라고 기대하기는 어렵다.

아랍이슬람 사회의 이혼

이슬람 이전의 '자힐리야(Jahiliyyah)' 시대에 이혼은 대개 남성의 요구로 진행되었다. 남성에 대한 거역이나 불임은 가장 중대한 이혼 사유에 해당했다.

이혼의 형태에는 여러 가지가 있었다. 남성이 말로서 세 번 이혼을 맹세하면 부인과 이혼이 가능한 형태인 '트리플 딸라끄(Triple ṭalāq)', 남성이 여성에게 '당신은 나에게 어머니의 등과 같다'라고 말하고 평생 여성을 가까이 하지 않았던 형태인 '지하르(zihār)', 수 년 동안 여성을 가까이 하지 않았던 형태인 '일라('ilā)' 등이 그것이었다. 트리플 딸라끄는 완벽한 이혼의 형태였지만, 지하르와 일라의 경우 부인은 아내의 입장도, 재혼을 할 수 있는 이혼녀의 처지도 아닌 상황에 처하게 되었다. 당시 결혼이 가문 간, 부족 간 계약이었던 것처럼 이혼 역시 그러했다. 이혼이 성립되기 위해서는 부인이 남편의 집안에 지참금을 반환해야 했다. 이는 결혼 시 남성이 여성에서 지참금을 제공함으로써 여성에 대한 배타적인 권리를 확보했기 때문이다. 만약 남성의 가문에서 지참금 수령을 거부하면 여성은 이혼을 할 수 없었다.

이와 같이 '무지의 시대'로 정의된 이슬람 이전 시대에 결혼 풍습은 다분히 남성 중심이거나 비도덕적인 형태가 대부분이었다. 이는 인류의 평등과 도덕성을 강조하는 이슬람의 교리에 크게 위배되는 것이었다. 따라서 이슬람 시대에는 남성 중심의 결혼 풍습이나 비도덕적인 형태는 대부분 금지되었고, 여성의 권리와 신분 보장을 위한 다양한 제도가 새롭게 마련되었다.

이혼의 관행은 이슬람 시대에 제도화되었다. 코란은 잘못된 판단으로 인해 서로의 생각이나 행동양식, 기질 등이 맞지 않은 상태로 괴로운 결혼 생활을 유지하는 것이 바람직하지 않다고 규정했다. 이러한 생활이 지속될 경우 부부의 불행으로 끝나는 것이 아니라 자녀들은 물론이고 집안 전체에 부정적인 영향을 미친다는 것이 주된 이유였다. 따라서 이혼은 결혼 생활이 회복이 어려울 지경에 도달했을 때 마지막 수단으로 허용되었다.

이혼에는 여러 유형이 존재했다. 이슬람 법학자들은 다음의 세 가지 이혼 형태만을 인정했다. 남편이 이혼을 연속적으로 세 번 선언하는 딸라끄 바드이(ṭalāq bidī), 월경이 없는 기간의 첫 번째 이혼선언, 다음 월경이 없는 기간의 두 번째 이혼선언, 세 번째 월경이 없는 기간에 이혼을 선언하는 딸라끄 하싼(ṭalāq ḥasan), 한 번의 월경이 없는 기간에 이혼이 선언된 후 숙려 기간이 존재하는 딸라끄 아흐산(ṭalāq 'ahsan)이 그것이었다. 이 중 코란은 세 번째 형태인 딸라끄 아흐산을 가장 올바른 이혼의 방식으로 인정했다. 이혼 숙려 기간에 남편은 부인의 생계를 보장해야 했고, 부인은 다른 남성과 재혼을 할 수 없었다. 또한 코란에서는 이혼 숙려 기간 동안 가능한, 재결합을 권유하였다.

이혼은 여러 가지 사유로 성립되었는데, 이들은 부부간의 성생활 불능, 배우자의 종신 옥살이, 실종 등이었다. 한편, 남편의 가족 부양 능력 부재 등 남편에게 유책 사유가 있는 경우에는 부인이 이혼을 요구할 수 있었다. 법적으로 이혼 요구는 남편과 아내 모두가 동등한 차원에서 할 수 있도록 명시되어 있었다. 하지만 실질적으로, 가부장제 가족제도에 기초한 이슬람 사회에서 이혼 요구는 대개 남편에 의해 이루어졌다.

남편이 요구하는 이혼은 딸라끄(ṭalāq), 여성이 요구하는 이혼은 쿨라으 (khuraʕ)였다. 전자의 경우 결혼지참금은 모두 여성의 소유가 되었으며, 쿨라으의 경우에는 합의나 법원의 판정에 의해 일부, 또는 전부를 남성에게 반환했다.

이처럼 이슬람 시대에 이혼은 주로 남성에 의해 추진되었고 결혼지참금은 여성이 차지했다. 이를 통해 지참금은 이혼 후 여성이 경제적으로 독립해서 살아갈 수 있는 토대이자 동시에 사회적으로 안정된 지위를 유지할 수 있는 기반이었다.

키워드

자힐리야 시대, 딸라끄, 쿨라으, 딸라끄 아흐산, 딸라끄 하싼, 딸라끄 바드이, 지하르, 일라

집필자: 김수정

참고문헌

김수정. 2010.『동지중해권의 결혼 지참금 제도』. 부산. 부산외국어대학교
김경희. 1998. "로마의 지참금 제도에 관한 연구".『서양고대사연구』. 6권. 한국서양고 대역사문화학회. pp. 71-103.
김복래. 2007.『속속들이 이해하는 서양 생활사』. 파주: 안티쿠스.
김수정. 2010.『동지중해권의 결혼 지참금 제도-고대 그리스, 로마, 아랍 · 이슬람사회

를 중심으로』. 부산: 부산외국어대학교 대학원.

김효진. 2000.『고전기 아테네 시민 여성의 역할과 지위: 가정을 중심으로』. 광주: 전남
대학교 대학원.

윤용수. 2007. "성경과 코란에 나타난 여성의 지위 연구".『지중해지역연구』. 제9권, 제
1호. 지중해연구소. pp. 145-174.

조희선. 2005.『무슬림 여성』. 서울: 명지대학교 출판부.

최자영. 2007.『고대 그리스 법제사』. 서울: 아카넷.

Al-Qaradawy Yusuf. 1997. *The Status of Women in Ialam*. Al-Ittihad. Vol. 8, No. 2.

Jane F. Gardner & Thomas Widemann. 1991. *The Roman Household*: A Sourcebook.
New York: Routledge.

Roger Just. 1989. *Women in Athenian Law and Life*. Routledge.

65

인쇄술
(Typography)

인쇄술은 글이나 그림, 문양을 잉크를 사용하여 천이나 종이 등에 찍어내는 기술이다. 이는 인류 문명으로 축적된 학문적 지식과 정보, 종교적 진리와 가치를 나누고 전파하는데 목적을 두고 탄생한 기술로, 동양에서 최초로 발명된 후 이슬람 문명을 통해 유럽으로 전파되었다. 구비문화 전통에서 지식과 정보의 보존과 전파 수단이 소리나 말(言)이었다면, 기록문화 전통에서 지식과 정보의 확산은 문자로 이뤄졌다. 구전문화 전통에서는 지식과 정보가 전달자의 주관에 따라 내용이 수정, 첨가될 수 있기 때문에 전파되는 지역과 시간에 따라 객관성이 떨어지고 전파 속도가 느리다는 단점이 있었다. 인류가 글자를 만들어 사용함에 따라 기록의 시대가 도래했음에도 여전히 지식과 정보는 글을 읽고 쓸 줄 아는 소수 지배계층과 귀족을 중심으로 독점되었다. 이는 권력을 유지하는 비밀스러운 힘이었다. 또한 기록문화의 중심을 이루는 책은 문자 즉, 글을 매개로 인류가 축적한 지식과 정보를 공유하고 소통하는 수단이었다. 그러나 인쇄술의 발달과 함께 책이 대중화되면서 사회 여러 분야의 지식과 정보가 손쉽게 전파되었다. 또한 식을 전하는 신문, 소식지, 잡지 그리고 새로운 인터넷 매체들이 등장함에 따라 기록문화는 획기적으로 변화되었다. 이처럼 인쇄술의 발달, 전파, 보급을 통해 인류는 전례없이 지식과 정보의 혁명을 겪고 있다.

동양에서 최초로 발명된 목판인쇄술은 제지술과 함께 유럽으로 전해졌다. 유럽에서는 14세기까지 목판인쇄술이 성행했으나, 15세기 최초로 독일의 요하네스 구텐베르크가 금속활자와 활판인쇄술을 발명했다. 구텐베르크가 발명한 금속활자와 인쇄기는 16세기 초 마르틴 루터의 종교개혁 등을 통해 지중해 문명의 발전에 전기를 제공했다. 16세기에 이르러 활판인쇄술을 바탕으로 책이 대중화되면서 보다 쉽고 정확하며 경제적으로 지식과 정보를 전달할 수 있게 됨에 따라 지중해 문명은 종교적 세계관에서 벗어날 수 있었다. 그리고 점차 유럽에 과학적 세계관이 형성됨에 따라 지중해 문명은 르네상스를 경험했으며, 18세기에 이르러 종교적 권위와 봉건적 특권을 타파하려는 계몽주의를 맞이했다.

동양의 인쇄술

고대 인류는 정보와 지식을 보존하고 계승하기 위해 문자를 만들어 사용했다. 메소포타미아의 설형문자(쐐기문자), 중국의 갑골문자, 이집트의 신성문자 등이 그것이다. 인쇄술은 문자의 등장과 제지술의 발명을 바탕으로 정보와 지식을 좀 더 쉽고 빠르게 그리고 보편화하기 위해 등장한 기술이었다. 고대 지중해 지역에서는 문자를 기록하기 위해 파피루스나 양피지를 사용했으며, 동양에서는 죽간 등이 널리 이용되었다. 그러나 이들은 제작 방법이 복잡하고 휴대가 어려워 제작과 배포에서 경제적이지 않았다. 이를 극복한 근대적 제지술은 105년경 중국의 채륜이 발명했으며, 이후 제지술은 인쇄술에도 영향을 미쳤다. 중국의 제지술은 704년 탈라스 전투에서 중국 당나라 포로들을 통해 압바스왕조의 이슬람세계에 전파되었다. 751년에는 사마르칸트에 제지공장이 설립되었고 793년에는 바그다드에서도 제지공장이 운영되었다. 이후 900 년경 이집트를 거쳐 1100년 무렵에는 스페인에 제지공장이 등장했고, 1189년 에는 프랑스에도 종이가 생산되었다. 15세기 초에 이르러 북유럽에까지 제지 공장이 들어섰는데, 제지술이 이처럼 유럽 전역으로 전파되기까지 오랜 세월 이 걸린 이유는 제지술 자체가 국가 기밀처럼 매우 조심스럽게 다뤄졌기 때문 이었다.

인쇄술의 기원을 정확하게 확인할 수는 없으나, 일반적으로 고대의 복제술 이 바탕이 되었다고 한다. 나무나 금속 등으로 만든 둥근 기둥 모양의 통에 문 자나 그림, 무늬 등을 새겨 진흙 점토판 위에 올려놓고 압력을 가해 굴리는 방 식으로 찍어내는 압인법과 나무, 금속판에 그림이나 무늬를 새겨 천에 찍어내 는 날염법, 비석에 새겨진 그림이나 문자를 찍어내는 탁인법 등이 그 예이다. 이러한 고대의 복제술을 바탕으로 발전한 인쇄술의 시초는 7세기경에 생겨 난 목판인쇄로 알려져 있다. 현존하는 가장 오래된 인쇄본은 목판인쇄본으로, 751년 이전으로 추정되는 통일신라시대 불경 인쇄본『무구정광대다라니경』 (국보 제126호)이다. 반면, 간행 연도가 명시된 것으로 현존하는 가장 오래된 인 쇄본은 중국의 목판인쇄본인『금강반야바라밀경』(880년)이다.

인쇄술은 크게 활자를 만드는 조판인쇄술과 각각의 활자를 배열하여 사용 하는 식자인쇄술로 나뉜다. 조판인쇄술은 재료에 따라 책의 한 면을 나무판에 새겨 넣어 인쇄하는 목판인쇄술과 활자로 문장과 단어를 만들어 찍어내는 활 판인쇄술로 구분된다. 조판은 활자를 만드는 작업을 뜻하며, 제작된 활자로 책 의 내용을 배열하는 것을 식자라고 한다. 조판에 사용하는 활자의 재료로는 흙, 나무, 주석, 납, 구리 등이 사용되었다. 나무판에 그림이나 글자를 새겨 인 쇄하는 목판인쇄술에서 발전한 것이 활판인쇄술이다. 목판인쇄를 위해서는 목판에 새길 내용을 종이에 필사하고 이를 한 장씩 뒤집어 붙인 후 글자를 판각하여 목판을 만들어야 한다. 이와 함께 목판의 재료인 목재를 수급하여 다루고 이를 조각하여 한 권의 책을 만드는 데에는 수년이 소요되었으며, 판각할 때 조금의 실수가 생긴다면 해당 목판을 처음부터 다시 판각해야 하는 어려움이 있었다. 또한 목판인쇄는 시간이 지나면 목판이 뒤틀리거나 갈라지기 때문에 인쇄에 실패하거나 목판을 다시 제작해야 하는 번거로움이 있었다. 목판인쇄술은 이전의 필사 시대에 비해 대량으로 기록(책)을 생산해 낼 수 있었으나, 이처럼 제작과 보관이라는 측면에서 용이하지 못하다는 단점도 있었다.

활판인쇄술은 책의 내용에 따라 활자를 판에 배열하여 인쇄하는 방식으로, 진흙이나 나무 등으로 만든 활자는 인쇄기의 압력을 견디기에는 적당하지 않았다. 이러한 단점을 보완하기 위해 발명된 기술이 바로 금속활자 활판인쇄술이었다. 목판인쇄술은 미리 정해진 하나의 책만 인쇄할 수 있지만, 금속활자 활판인쇄술은 준비된 금속활자를 이용해 인쇄하기 때문에 주조된 같은 활자로 새로운 판을 만들어 여러 종류의 새로운 책을 찍을 수 있다는 장점을 가지고 있었다. 금속활자는 주물사 주조방식, 밀랍 주조방식 등으로 제작되었다. 금속활자는 활자를 섬세하게 주조해야 하기 때문에 높은 수준의 기술을 필요로 했는데, 한국에서는 13세기 초 고려시대에 이미 금속활자를 사용하여 책을 인쇄했다는 기록이 있으며, 『직지심체요절』은 1377년 금속활자로 인쇄된 책이며 현존하는 가장 오래된 금속 활자본으로 유네스코 세계기록유산에 등재되어 있다. 동양에서 금속활자를 이용한 인쇄술은 고려시대를 지나 조선시대이르러 특히 발전하였고 1403년에는 활자 주조를 담당하는 관청인 주자소가설치되었고 개량된 금속활자가 사용되었다. 조선시대의 금속활자 인쇄술은 중국과 일본으로 전래되어 동아시아의 인쇄술 발전을 선도했다. 인쇄술의 전파와 관련된 정확한 경로는 알 수 없으나 1235년 이후 몽골의 유럽 원정을 통하여 지중해 세계로 전파되었거나 또는 이슬람 세계로의 확산과 무슬림의 무역로를 통해 유럽에 전달되었을 것으로 추측된다.

유럽의 인쇄술

14세기까지 유럽에서는 목판인쇄술이 사용되고 있었다. 활판인쇄술 이전시대에 성경은 수도원을 중심으로 수도사들의 필사를 통해 제작되었다. 성경 제작을 위한 필사는 수년이 걸릴 뿐만 아니라, 중세시대 양피지로 제작한 성경의 가격은 소규모 농장 가격에 달했기 때문에 소수의 귀족과 성직자만 소유할 수 있었다. 이처럼 일부 계층에만 성경이 전해졌기 때문에 종교적 세계관이 지배하던 당시의 유럽에서 성경은 지식과 정보를 독점할 수 있는 권력의 상징이었다.

15세기 중반 독일 금세공업자였던 구텐베르크는 유럽에서 최초로 납과 주석을 이용하여 금속활자를 만들었다. 그 당시 유럽에서 사용한 종이는 동양의 종이에 비해 부피가 더 크고 내구성이 떨어져 강한 압력을 가해 눌러야만 인쇄가 가능했는데, 구텐베르크는 이러한 문제점을 극복하기 위해 포도주를 만들 때 사용하는 압착기를 개량하여 목재인쇄기를 발명했다. 이와 함께 구텐베르크는 금속활자 활판 인쇄술에 적당한 종이와 잉크도 발명했다. 그는 1455년 전후 무렵 마인츠에 인쇄공장을 세우고 '면죄부'를 인쇄했으며, 그 후 '구텐베르크 성서'로 불리는 총 2권으로 구성된 '42행성서'를 인쇄했다. 이러한 혁신적 인쇄술은 마인츠를 시작으로 독일 전역으로 퍼져나가 스위스, 이탈리아, 프랑스, 스페인, 네덜란드, 스칸디나비아, 헝가리 등에도 전파되었다. 또한 구텐베르크의 인쇄기는 유럽 사회뿐만 아니라 인도, 일본, 미국 등으로 빠르게 전파되어 산업혁명 시기까지 사용되었다.

구텐베르크의 활판인쇄술 발명을 통해 유럽은 서적을 대량으로 인쇄할 수 있는 기회를 얻게 되었고, 이로써 소수 계층의 전유물이었던 지식과 정보의 보급이 비교적 쉽고 빠르게 그리고 이전 시기보다 더 경제적으로 이뤄지게 되었다. 이후 독일 종교개혁자 마르틴 루터는 가톨릭교회의 부패와 타락을 비판하면서, 면죄부 판매와 남용에 대해 95개 조 반박문을 게시했다. 가톨릭교회의 개혁을 주장한 그의 반박문은 독일 전역으로 전파되었는데, 이는 구텐베르크가 발명한 활판인쇄기 덕분이었다. 그리고 마르틴 루터의 반박문은 독일뿐만 아니라 주변 나라의 모국어로도 번역되어 전파되었다. 또한 각국의 모국어로 번역된 성경이 전파되면서 대중은 보다 손쉽게 성경을 소유하여 읽게 되었다. 이에 따라 교회 비리와 부패에 반박하는 사람이 늘어나면서 교회의 권위가 무너지게 되었다. 또한 종교 언어인 라틴어 대신 각국의 모국어 사용이 늘

[그림 1] 구텐베르크 인쇄기 재현 모습(출처: Aodhdubh@en.wikipedia)

어남에 따라 대중의 지적 수준이 향상되었다. 종교와 지배 권력의 틀 안에 억압된 지식과 진리에 접근하고자 하는 대중의 욕구가 구텐베르크의 활판인쇄술이 도화선이 되어 종교혁명이자 동시에 지식혁명을 불러일으켰다.

앞서 언급했다시피 구텐베르크의 활판인쇄술은 비단 마르틴 루터의 종교개혁에만 영향을 준 것은 아니었다. 인쇄술의 발달로 출판업이 부흥했으며 대중의 지적 수준과 교양이 향상됨에 따라 인문학이 발전했다. 이처럼 인쇄술은 종교개혁, 르네상스, 시민혁명 등 서구 유럽 사회가 미몽의 중세를 벗어나 근대로 향하는 교두보가 마련되었다. 활판인쇄술이 유럽 사회 변화의 발판이 되었던 것에는 당시 유럽 사회가 15세기부터 본격적으로 아프리카, 인도, 중국 등 비서구 세계의 여러 문명과 조우하게 된 것과 관련이 깊다. 대항해 시기인 해외 팽창기 초기 탐험을 주도했던 탐험가, 선교사, 상인은 자신들이 보고 겪은 세계의 종교, 생활양식, 궁궐, 가옥, 도시, 도로 등 물질문화에 지대한 관심을 보였으며 이와 관련한 많은 기록을 남겼다. 이들이 마주한 여러 문명들에 관한 서술은 철학자, 과학자, 사회이론가, 인류학자, 소설가 등 당대의 지식인과 저술가들의 비서구 문명에 관한 저서의 바탕 혹은 인식(관점)을 형성했다.

17세기 후반과 18세기에는 비서구권 문명세계 즉, 신세계에 대한 지적 호기심이 점차 증가했으며, 유럽사회 내부에서는 이에 대한 지식, 정보, 소식에 대한 수요가 증가했다. 따라서 실제 여행기, 서술뿐 아니라 이를 바탕으로 한 소설들의 인기도 함께 높아졌다. 17세기~18세기에 발간된 서적들은 그 이전에 비해 4~5배가 증가했으며, 내용 면에도 더 상세하고 방대한 정보가 다루어졌다. 기독교, 그리스-로마문명이 세계의 중심이라고 믿었던 유럽 사회가 점차 비서구권의 타(他)문명들과 조우하게 되었고 또한 관심을 가지게 되면서 세계를 '다문화'의 키워드로 인식하게 되었다고 해도 과언이 아니다. 유럽 사회에서 활판인쇄술의 발달로 책이 대중화되기 전까지 전문 도서를 소비하는 계층은 지극히 제한적이었는데, 이는 교육의 기회가 상대적으로 적었고 책 가격 또한 높았기 때문이었다. 그러나 활판인쇄술의 발달과 지적 호기심 수요가 맞물려 성경 등 종교 서적뿐만 아니라 다양한 분야의 전문 도서와 백과사전, 역사서, 문학서, 소설 등이 출판되었다. 또한 인쇄술의 발전은 사회의 소식들을 전하는 신문이나 간행물 보급에도 큰 몫을 담당했다. 질적, 양적으로 모든 관점에서 이전 시기에 비해 규모가 커진 출판업의 발전은 책을 대여하는 도서관의 증가에도 결정적인 영향을 미쳤다. 또한 살롱과 커피숍의 등장으로 사상, 철학, 문학 등의 담론과 지식 교류의 문화가 유럽 사회에 확산되었다. 이러한 대중적 분위기를 바탕으로 유럽 사회는 이전의 종교적 세계에서 과학과 기술, 지식이 중심이 되는 새로운 세계로 전환되었다.

[그림 2] 이란 이스파한의 아르메니아 교회당 박물관에 소장된 금속활자인쇄기(출처: 실크로드 사전)

문명 간 교류의 통로, 인쇄술

동양에서 전파된 제지술과 인쇄술을 통해 지중해 문명권은 중세의 종교적 세계관에서 벗어나 과학적 세계관을 맞이했으며, 문예부흥 시대인 르네상스의 토대를 준비했다. 유럽에서 활판인쇄술은 단순히 책을 찍어내는 기술이 아니라 국가 시스템과 종교 권력의 붕괴를 비롯해 개인의 의식을 변하게 만들었기 때문에 지중해 문명권의 근대화를 위한 결정적인 계기로 작용했다.

금속활자 인쇄술로 대량 인쇄가 가능해짐에 따라 여러 인문학적 지식이 책을 통해 전파되면서 대중교육이 확산되었고 이전 문명의 전통과 문화가 전승됨으로써 새로운 지식과 정보가 재생산되었다. 구텐베르크의 인쇄술은 한국의 금속활자보다 약 70년 늦게 발명되었지만, 약 50년 만에 유럽 사회에 급속도로 퍼지게 되었으며, 지중해 문명에 다양한 사회변혁을 가져왔다. 소수 권력층과 지식인층이 점유하던 지식과 정보가 대중과 공유됨으로써 시민의식이 성장하게 되었다. 이는 곧 시민혁명의 발판이기도 했다. 동양의 문명과 조우하고 이슬람 세계와 접촉하며 인쇄술과 제지술을 받아들인 지중해 문명권은 이전 사회와 확연히 구별되는 과학과 기술 중심의 새로운 시대로 진입했다.

키워드

목판인쇄술, 활판인쇄술, 금속활자, 제지술, 구텐베르크, 종교혁명, 탈라스 전투, 직지심체요철

집필자: 양민지

참고문헌

오성상 저. 2013. 『인쇄 역사』. 커뮤니케이션북스.

김동광 역. 1996. 『기술의 진화』. 까치.

남경태 역. 2003. 『구텐베르크 혁명』. 예지.

송성수 저. 2015. 『사람의 역사, 기술의 역사』. 부산대학교출판부.

최경은. 2011. "구텐베르크 서적 인쇄술 발명의 사회문화적 배경", 『독어교육』제51권.
　　　pp. 499-518.

마이클 에이더스 저, 김동광 역. 2002. 『기계, 인간의 척도가 되다』. 산처럼.

66

장례문서
(Funeral Texts)

죽음에 대한 공포는 고대 이집트인들에게도 예외가 아니었다. 현세에서 막강한 권력을 누렸던 파라오들은 사후에도 부활과 영생을 기원하고 현세의 권력을 유지하려는 욕망에서 다양한 방안과 의식들을 고안해 냈다. 죽음 자체는 불가피한 것이라 해도 사후 부활과 영생의 개념을 알게 되자 부활과 영생을 기원하며 각종 장례문서들을 만들어 낸 것이다. 장례 문서는 사후 세계의 안내서이자 영생과 부활을 위한 모범 답안을 기록한 지침서였다. 고대 이집트에서 발견된 장례문서들은 피라미드 텍스트(Pyramid Text)→관구문(Coffin Text)→사자의 서(Book of Death)로 발전해 왔다. 이들에서는 고대 이집트인들의 내세관, 부활 및 심판에 대한 인식이 잘 드러난다.

파라오의 부활을 기원한 피라미드 텍스트(Pyramid Text)

피라미드 텍스트는 파라오들이 사후에도 신으로 다시 태어나기 위해 무덤의 묘실과 벽에 새긴 경문과 부적으로, 내세에 대한 묘사와 내세에 호루스 등의 신들이 파라오를 보호해주기를 원하는 바람을 구체적으로 표현하고 있다. 고왕국 5왕조시대에는 파라오의 무덤에서만 피라미드 텍스트가 발견되었던 반면, 6왕조 이후에는 왕비의 무덤에서도 발견되는 등 점차 확산되는 경향을 보였다. 현재까지 발견된 인류 최초이자 고대 이집트에서 가장 오래된 장례 주문은 기원전 2360년~기원전 2345년경에 기록된 것으로 추정된다. 이 주문은 고왕국 제5왕조의 마지막 파라오였던 우나스(Unas)의 피라미드에서 발견된 피라미드 텍스트였다.

[그림 1] 〈우나스의 피라미드 텍스트〉
https://pbs.twimg.com/media/D9nmWmlXsAUeXxH.jpg

1881년 프랑스의 이집트 학자 마스페로 가스통(Maspero Gaston, 1846년~1916년)에 따르면, 우나스의 피라미드에서 발견된 피라미드 텍스트는 228개의 주문으로 구성되었고, 천국에 대한 묘사, 천국에 이르기까지의 과정과 신들에 대한 찬사 그리고 파라오에 대한 축복 등의 내용을 포함하고 있다. 우나스의 피라미드에서 발견된 피라미드 텍스트의 주요 내용은 아래와 같다.

(267) 하늘로 올라가는 계단을 타고 하늘까지 갔다. 그리고 나는 다시 뭉게뭉게 피어오르는 연기에 올라탔다. 나는 새처럼 날아올라 범선의 텅 빈 왕좌에 안착했다. 나는 당신의 자리에 앉아 천국으로 노를 저어 갔다. 배를 탄 나는 육지에서 점점 멀어졌다.

(480) 신이 하늘로 올라갈 때의 모습은 얼마나 아름다운가. 왕의 아버지인 아툼이 하늘로 올라갈 때 말이다.

(482) 당신은 천국으로 가야 한다. 당신의 아들 호루스가 별이 가득한 하늘까지 동반할 것이다. 하늘은 당신의 것이다. 땅도 당신의 것이다. 천국의 창문이 열려 있다. 신들이 연기와 불꽃 속에서 내려온다. 파라오들은 허락을 받아 신들과 함께 날 수 있다. 사방에서 천둥과 번개가 친다. 모래가 공중으로 치솟는다.

(511) 하늘로 올라갈 때, 나는 기쁨에 미친 듯이 소리를 질렀다. 나를 위해 하늘이 천둥 치고 땅이 흔들리고 해일이 일었다. 나는 세스처럼 울부짖었다.

귀족의 장례 문서 관구문(Coffin Text)

관구문은 중왕조시대(기원전 1100년~기원전 700년경)부터 발견되기 시작한 장례 문서로 귀족이나 부자들이 사후의 행복과 영생을 위해 관 안쪽에 기록한 텍스트였다. 텍스트는 사후 세계의 위험 요소로부터 사자(死者)를 보호하는 주문으로써 오시리스가 지배하는 지하 세계를 묘사하고 내세에서의 영생과 환생을 기원하는 내용이다. 즉, 관구문은 고왕국 시대까지 파라오나 그 왕족들의 전유물이었던 피라미드 텍스트가 귀족 및 사회 상류층으로 확대된 것으로 내용적으로는 피라미드 텍스트를 인용하고 있다.

사자의 서(Book of Death)와 심장의 무게달기

사자의 서는 고대 이집트의 제사장 등에 의해 기록된 것으로 파라오의 장례식에 사용된 문서였다.[1] 이집트 상형문자인 신관 문자, 민중 문자 등으로 작성된 이 문서는 고대 이집트 시대 파라오와 귀족 등의 미라와 함께 관 속에 매장된 사후 세계(死後世界) 안내서이기도 했다. 사자의 서에는 파피루스와 벽화 등으로 사후 세계 심판의 날에 대비한 교훈이나 주문 등이 상형 문자로 기록되어 있었으며, 사후 저승 안내자의 인도 아래 오시리스의 심판을 받기 전까지 경험하게 될 여러 가지 상황과 이에 대한 대처법을 담고 있다.

이집트인들은 육체는 죽어도 영혼은 죽지 않고 다시 돌아온다고 생각하여 죽은 사람의 몸을 미라로 만들어 사자의 서와 함께 피라미드에 묻었다. 그들은 죽은 자가 해 질 무렵 육체와 분리된 많은 혼령을 실은 배(Mesektet)를 타고 공포의 계곡(Duat)을 건너 서쪽으로 향하고, 서쪽에 도착한 죽은 영혼들은 이들을 가로막고 있는 여러 성문의 시험을 통과한 후 오시리스의 법정에 도달해 지상의 삶에 대한 심판을 받게 된다고 믿었다.

---

1 1842년 독일의 동양학자 리차드 렙시우스(1810년~1884년)가 이집트의 무덤에서 발견한 사후 세계에 대한 글과 죽은 자의 영생에 대한 기원문, 신에 대한 찬가 등이 쓰여진 여러 판본들을 수집하여 모음집으로 편찬하고 제목을 '다가오는 날의 책(Book of Coming Forth by Day)'이라고 했다. '다가오는 날의 책'은 후대에 '사자의 서'로 불려졌다. http://historia.tistory.com/622

파라오 세티 1세의 궁중 서기관 휴네페르(Hunefer, 기원전 1300년)가 사후에 심판을 받는 모습을 기록한 사자의 서는 죽은자 사후 모습과 심판의 과정을 생생하게 묘사하고 있다. 휴네페르의 사자의 서에 따르면, 사람이 죽으면 사자를 안내하는 아누비스가 찾아오고 그의 안내에 따라 두아트(Duat)라고 불리는 사후 세계를 거쳐 오시리스의 심판이 기다리는 심판장에 들어가게 된다. 이곳에서 사자는 우선 14명의 신에게 두아[2]의 동작을 취한 채 부정 고백을 하고, 자신의 고백에 대한 심판을 받는다. 심판은 자신의 심장을 한 쪽 저울에 올리고 '마아트'라 불리는 타조의 깃털을 다른 쪽 저울에 올린다. 그 결과 심장 쪽 저울이 무거우면 거짓 고백을 한 것으로 판단되어 대기하고 있던 암무트[3]가 그의 심장을 먹어치우는데 이 경우(자신의 이름으로부터 버림받은 자) 부활과 영생이 없는 사자의 영혼은 지옥에 떨어진다. 반면에 심장과 깃털이 평형을 이루면 그의 고백이 사실로 판정되어(목소리에 거짓이 없는 자) 호루스의 인도를 받으며 오시리스의 판정을 통해 부활하여 영생을 살게 된다. 이 모든 과정은 서기관 호루스에 의해 기록되었다.

부정 고백(Negative Confession)과 모세의 십계명

사자의 서에 따르면 두아트를 건너 심판장에 들어간 사자는 가장 먼저 14명의 신에게 자신의 삶을 부정문 형식으로 고백하게 된다. 전체 42개의 구절로 구성된 부정 고백은 종교, 법률 그리고 일상 생활 전반에 걸쳐 사망 이전 자신의 삶을 스스로 부정문 형식으로 고백하는 것이었다. 이때의 고백은 연이은 심장

---

2 신에 대한 경배로 손을 올리는 동작

3 머리는 악어, 상체는 사자, 하체는 하마 형상을 한 집행관

 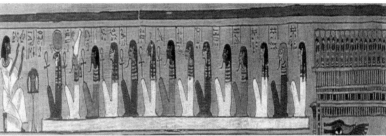

[그림 2] 아누비스에게 [그림 3] 14명의 신에게 부정 고백하는 사자
　　　　 인도된 사자

[그림 4] 심장의 저울 달기 의식과 이를 기록하는 호루스　　　[그림 5] 심판하는 오시리스

[그림 6] 사자의 서
https://upload.wikimedia.org/wikipedia/commons/1/1b/The_judgement_of_the_dead_in_the_presence_of_Osiris.jpg

의 무게 달기 의식에서 검증되고 그 결과에 따라 지옥과 영생이 결정되었다.

부정 고백의 내용은 신에 대한 모독 부정, 사회 법률과 질서 훼손 부정, 인간의 도덕과 윤리 훼손 부정 등 공동체 구성원으로서 지켜야 할 기본적인 의무들을 강조하고 있다. 이러한 부정 고백은 모세가 출애굽 과정에서 시나이 반도의 시내산에서 받았다는 십계명(The Ten Commandments, Decalogus)의 내용과 거의 일치한다. 십계명은 모세가 이집트 시나이 반도에서 하나님으로부터 받은 10가지 계율로 유대교와 기독교 신앙의 핵심 율법이다. 십계명은 본질적으로 구약 성경에 포함된 613개의 계명들을 요약한 것으로 성경의 출애굽기 20장 1~17절과 신명기 5장 6~21절에 기록되어 있다. 이 십계명은 향후 기독교의 분파에 따라 다소간 형식과 내용의 차이는 있으나 전체적인 의미는 일치한다. 십계명과 사자의 서의 내용은 아래와 같다.

사자의 서	십계
나는 신을 모독하지 않았습니다.	너에게는 나 말고 다른 신이 있어서는 안 된다.
나는 신을 모독하지 않았습니다.	너는 위로 하늘에 있는 것이든, 아래로 땅 위에 있는 것이든, 땅 아래로 물속에 있는 것이든 그 모습을 본뜬 어떤 신상도 만들어서는 안 된다. 너는 그것들에게 경배하거나 그것들을 섬기지 못한다.
나는 신을 모독하지 않았습니다.	너의 하나님의 이름을 부당하게 불러서는 안 된다.
–	안식일을 기억하여 거룩하게 지켜라.
–	아버지와 어머니를 공경해라.
나는 사람을 죽인 일이 없습니다.	살인해서는 안 된다.
나는 타인의 아내를 탐내지 않았습니다.	간음해서는 안 된다.
나는 도둑질하지 않았습니다.	도둑질해서는 안 된다.
나는 거짓말을 하지 않았습니다.	이웃에게 불리한 거짓 증언을 해서는 안 된다.
나는 폭력으로 강도죄를 저지르지 않았습니다. 나는 도둑질을 하지 않았습니다. 나는 곡식을 훔치지 않았습니다. 나는 저울의 눈금을 속인 일이 없습니다.	이웃의 집을 탐내서는 안 된다.

상기에서 알 수 있는 것처럼 부정 고백과 십계명은 내용적으로 거의 일치한다. 부정 고백의 내용은 특별한 제약이 아니라 동서고금을 막론하고 공동체의 삶을 유지하는 데 반드시 필요한 기본적인 내용을 담고 있다. 모세의 십계명 역시 탈애굽 과정에서 공동체를 유지하는 데 필요한 최소한의 규약을 담고 있다. 또한 부정 고백은 고대 이집트 사회의 일반적인 사회규범이었다. 모세가 이집트에서 태어나 교육받고 성장했다는 점을 통해서도 부정 고백과 십계명의 관계를 추측해 볼 수 있다. 즉, 부정 고백과 십계는 신앙, 종교적 차원을 떠나 이성적 관점에서 볼 때 공동체를 유지하기 위한 최소한의 질서와 법률 체계였다.

키워드

장례 문서, 피라미드 텍스트, 관구문, 사자의 서, 부정 고백, 심장의 무게 달기

집필자: 윤용수

참고문헌

권오문. 2012. 『신(神)의 시크릿 코드』. 브라운 힐.
김소희역. 2015. 『초고대 문명의 창조자들』. 에리히 폰 데니켄. 청년정신.
서규석(편). 2003. 『이집트 사자의 서』. 문학동네.
최용훈(역). 2001. 『벽화로 보는 이집트 신화』. 해바라기. Melissa Littlefield Applegate. 2000. *The Egyptian Book of Life*. Health Communication Inc. USA.

Wallis Budge E.A. 2008. *The Book of the Dead*. USA. Book Jungle.

Lichtheim, Miriam. 2006. *Ancient Egyptian Literature: Volume II: The New Kingdom* (2nd Ref. Ed.) University of California Press.

https://www.pyramidtextsonline.com/translation.html (우나스의 피라미드 텍스트)

http://historia.tistory.com/622 (사자의 서)

https://upload.wikimedia.org/wikipedia/commons/1/1b/The_judgement_of_the_dead_in_the_presence_of_Osiris.jpg (심장의 무게달기)

67

지도
(Map)

지도

중세 지중해의 문명교류는 유럽 역사 발전의 원동력이었다. 서유럽이 지중해로 다시 진출한 1000년경에는 비잔티움제국과 이슬람 세계가 서유럽보다 월등히 발전되어 있었고 서방 기독교 세계는 동방의 선진문화를 수용해 비약적으로 발전했다. 지중해를 통한 교류와 교역은 유럽 문명 탄생의 중세적 기원이었다고 할 수 있다. 그렇다면 지역 간 교역과 교류를 가능하게 했던 지식과 발명은 무엇일까? 대표적으로 항해술과 선박술 그리고 나침반의 발명을 들 수 있으며 그 중심에는 지도가 있었다.

지도란 우리가 사는 주변 지역을 축소시켜 여러 가지 기호와 문자를 사용해 표현한 것으로, 동물 가죽 위에 주변 지역과 사냥 경로 등을 기록한 고대의 그림 지도에서부터 오늘날 최첨단 우주 지도에 이르기까지 그 형태와 목적이 매우 다양했다. 지도는 생활 속에서 거대한 세계를 친숙하게 접하도록 해주는 가장 대표적인 재현물이며 지도의 역사는 곧 재현의 역사이자 인간이 세계를 인식하는 방식의 역사이기도 했다.

지도의 역사

메소포타미아 지역은 유프라테스 강과 티그리스 강의 주기적인 범람으로 인해 매년 막대한 피해를 입었다. 일부 역사가들은 강의 범람으로 홍수가 났을 때 영향을 받는 땅과 그렇지 않은 땅의 경계를 기록한 것을 지도의 출발점으로 간주했다. 이는 고대 이집트 문명을 건설하는 데 기반이 된 농경 생활의 핵심 환경이었던 나일강의 경우에도 마찬가지였다. 고대의 지도는 토지 관리와 깊은 연관이 있었다. 즉, 농경사회에서의 토지 측량이나 토지 소유의 경계, 생산물과 토지의 효율적인 관리는 통치를 위한 핵심 요인이었고 이것이 지도가 발전하게 된 계기였다.

나일강 유역의 금광 지도와 이집트의 피루스 지도를 참고할 때 가장 오래된 지도는 고대 이집트에서 사용되었을 것으로 추정된다. 또 다른 문서에서는 기원전 7000년경 소아시아의 고대 도시 '차탈 회위크'의 그림 지도가 있다. 그러나 인류역사상 가장 오래된 지도는 문명 성립의 이전으로 거슬러 올라간다. 돌맹이에 지형을 형상화한 이른바 '돌맹이 지도'가 스페인의 한 동굴에서 발견되었는데 이는 신석기 시대 유물이었다. 이 지도는 돌을 다루던 시기에 먹을 것을 찾아 이동하는 데 필요한 지형과 동물에 관한 내용을 담고있다. 이처럼 선사시대부터 지도는 인간의 생존 그 자체와 연관되어 있었다.

현존하는 가장 오래된 지도는 메소포타미아의 수메르 문명을 이어받은 고대 바빌로니아 문명의 점토판 세계지도이다. 바빌로니아 점토판 세계 지도의 중앙에는 자신들이 거주하고 있는 메소포타미아 평원이 유프라테스 강과 함께 그려져 있다. 그리고 이를 중심으로 양쪽을 감싸고 있는 두 개의 원은 바다를 의미한다. 이는 바빌로니아의 지리적 위치 때문이었다. 고대 바빌로니아인들은 자신들이 거주하고 있는 땅을 제외한 사방이 지중해, 흑해, 카스피해, 홍해 등 모두 바다로 둘러싸여 있다고 생각했으며 지도의 가장자리에는 바다 건너편의 미지의 세계도 표현하고 있다. 지도에는 당시의 세계관이 반영되기도 했는데 [그림 1]의 세계지도를 볼때, 고대 바빌로니아 문명이 자신을 중심으로 간주하고 있었음을 알 수 있다.

[그림 1] 바빌로니아의 점토판 세계지도.
출처 : https://ko.wikipedia.org/

지리 지식의 발전

고대 그리스인들은 그리스가 사방이 바다로 둘러싸여 있는 지형이 아님에도 불구하고 세상은 바다로 둘러싸여 있다고 생각했다. 이는 바빌로니아 세계관의 영향으로 보이며 어떤 형태로든 두 문명 간 교류가 있었다는 사실을 증거한다. 또한 이를 통해 동시대의 그리스 문명에 비해 지리학에 대한 지식은 바빌로니아 문명이 앞섰던 것을 알 수 있다.

고대부터 근대까지의 세계사는 전쟁과 정복의 역사라고 해도 과언이 아니다. 지식이 발전되는 양상의 대부분은 필요에 의한 것이었고 지리 지식이 발전하게 된 계기 역시 이러한 양상과 크게 다르지 않았다. 이와 관련하여 고대 그리스인들은 주변 지역을 정복하고 영토를 확장하는 과정을 통해 자연스럽게 지리에 대한 지식을 습득했다. 이와 더불어 지도와 지리학은 해당 시대에 꼭 필요했던 지역 간 교역, 상거래, 항로 개척, 항해술, 선박술, 그리고 나침반 등이 발명되면서 더욱 발전되었다.

마그나 그라키아 지역은 기원전 800년경 그리스인들이 거주했던 이탈리아 남부와 시칠리아 지역을 가리킨다. 이 지역에는 그리스 문명의 많은 잔재들이 남아있으며 일부 사람들은 현재까지 그리스 방언을 사용하기도 한다. 기원전 600년경 프랑스의 마르세유를 식민화한데 이어 기원전 600년~기원전 500년경에는 지리 지식의 발전을 바탕으로 흑해연안과 이탈리아, 프랑스, 안달루시아, 북아프리카 지역을 식민화했다. 이러한 과정에서 습득한 그리스인의 지리 지식은 기록되고 문서화되었으며 이를 통해 자신들만의 방식으로 지도를 그릴 수 있었다.

지도의 역사에 있어 그리스 철학자들은 많은 업적을 남겼다. 아리스토텔레스가 '철학의 아버지'라고 불렸던 그리스 최초의 철학자인 탈레스는 지구가 물 위에 떠 있는 평면의 섬이라고 생각했다. 그의 제자로 알려진 아낙시만드로스는 탈레스의 우주론을 비롯한 자연 철학자들의 철학 체계를 나름의 사상으로 완성했고 이를 바탕으로 지리 지식을 지도로 나타내는 법을 고안하여 최초의 세계지도를 완성했다. 그는 지구를 우주 공간에 떠다니는 큰 돌기둥으로 생각했는데 아마도 탈레스의 우주론의 영향이 아닐까 생각된다. 어쨌든 아낙시만드로스는 세계지도를 만드는 과정에서 지리의 상대적 위치를 측정할 수 있는 '그노몬' 원리를 고안했다고 알려져 있는데 이에 대해 동시대의 철학자와 일부 역사가들은 해당 기술이 고대 바빌로니아인들이 이미 사용했던 원리이며 아낙시만드로스는 그 원리를 그리스로 가져온 것뿐이라고 했다. 여기서도 두 문명 간의 교류의 흔적을 찾아볼 수 있다.

이후 헤카타이오스, 헤로도토스 등이 세계지도를 그렸으며 피타고라스 등의 수학자와 과학자들에 의해 지도 제작술이 좀 더 과학적이고 체계적으로 발전했다. 이렇듯 그리스의 과학자, 수학자, 천문학자들은 지도를 그리기 위한 다양한 기술들을 고안해 냄으로써 지도학 발전에 크게 공헌했다. 특히 에라

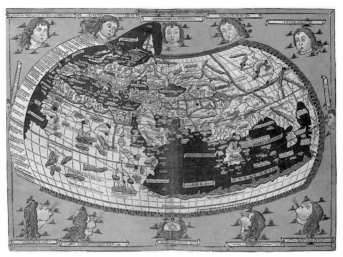

[그림 2] 프톨레마이오스 세계지도 목판본.
출처 : https://ko.wikipedia.org/

토스테네스가 알렉산드리아 도서관에서 투영법을 개발하면서 지도 제작술은
한 단계 더 발전했으며 이후 『천문학 집대성(*Megalē Syntaxis tēs Astoronomias*)』과 로
마제국의 지리학을 집필한 『지리학(*geography*)』은 프톨레마이오스의 지도 제작
술로 집대성되었다. 그는 자신의 저서에 세계지도를 그려 넣었는데 이 저서는
향후 지도 제작 지침으로 오래동안 사용되었다.

지도와 교역

지역 간 교류와 교역에 있어 필수적인 기술들이 있는데, 지도는 그 대표적
인 사례였다. 컴퓨터에 비유할 때, 배나 바퀴 달린 수레 등이 교역을 위한 하드
웨어라면 지도는 소프트웨어에 속한다. 1453년 술탄 마흐메드 2세의 오스만
제국은 콘스탄티노플을 함락시켰다. 이후 수백 년 동안 막강한 군사력을 앞세

위 동부지중해를 비롯해 발칸반도, 흑해, 북아프리카, 중동 지역 대부분을 지배했다. 유럽의 시야는 터키의 지배가 시작되는 지역부터 막혔다. 교역의 의미에서 보면 향신료를 비롯해 서방에는 없던 동방의 주요 생산품들이 유럽으로 들어오는 교역로가 오스만 제국으로 인해 막힌 것이다. 이를 계기로 포르투갈과 스페인은 오스만 제국의 영토를 피해 바다를 가로질러 향신료의 생산지로 가기 위해 대항해시대의 시작을 알리는 새로운 항로를 개척하게 되었다.

중세 지중해에서 항해술과 선박 제작 기술의 발전과 함께 1480년대부터 유럽에서 시작된 신항로 개척을 위한 항해와 측정은 바스코 다 가마(포르투갈)의 인도양 횡단, 크리스토퍼 콜럼버스(에스파냐)의 신대륙 발견으로 이어졌다. 이후 1519년 에스파냐에서 신항로 개척을 위해 출발한 마젤란은 지구를 한 바퀴 돌아 출발지인 에스파냐로 돌아오는 업적을 이룩했다. 이로 인해 지구의 거의 모든 바다와 육지의 형태를 파악하였고 전 세계로 항로를 개척해 나가면서 세계지리에 대한 지식을 완성하였다.

이를 기반으로 1569년 네덜란드의 지도학자 메르카토르는 세계지도를 그리기 위한 투영법으로 원통도법 기반의 메르카토르 도법을 고안하고 세계지도를 편찬했다. 현대까지 가장 일반적으로 사용되는 지도 제작법 중 하나이다. 사실 메르카토르의 세계지도는 단순히 대항해시대와 신항로 개척만으로 이루어진 업적은 아니었다. 로마시대에 제국의 상인들은 프톨레마이오스가 남긴 지도 덕분에 정해진 경로로 항해할 수 있었고 멀리 중국과도 교류했다. 중국 역시 '방격법'이라는 지도 제작술을 보유하고 있었는데 이 시기에 중국과의 교류를 통해 지도 제작술은 더욱 발전하였으며 중국에서는 비단이나 종이를, 로마에서는 유리 등을 수출했다. 프톨레마이오스의 지도를 통해 동서양 간 교류가 활성화되었고 이 과정에서 지도 제작술 또한 한 단계 더 발전하였다. 즉, 지도를 통해 동서양의 문명교류가 가능해졌고 이 교류로 인해 지도 제작술이

꽃을 피운 것이다.

메르카토르 도법 혹은 메르카토르 투영법은 대항해시대에 개발되었다. 학자들은 이 도법으로 그려진 지도에서 유럽과 북미가 실제보다 더 크게 표현되었고 아프리카와 아시아 등지의 크기는 실제보다 작게 그려진 것이 서구의 우월성을 강조하고 식민 지배를 정당화하는 근거가 되었다고 주장했다. 관련하여 독일의 역사학자 아르노 페터스는 메르카토르 투영법의 지도를 유럽중심주의와 식민지주의의 잔재라고 비판했다. 실제로 유럽 대륙이 실제보다 훨씬 크게 그려졌는데 유럽 대륙의 실제 크기는 남아메리카의 절반에 불과하지만 지도에서는 두 배의 크기로 표시되었다. 본래 대항해시대를 뜻하는 'Age of Discovery'는 지극히 유럽중심주의적인 관점이며 침략을 당하는 입장에서의 '발견'은 '고통'이었다.

지도와 근대 유럽 문명

앞서 언급했듯이 지도는 그 시대의 세계관을 반영한다. 기원전 1000년경 베돌리나의 벽화 지도에는 농경사회를 반영하는 토지 위주의 그림이 그려져 있었다. 즉, 주거지와 관련된 정보가 주를 이루었고 교류를 위한 지도는 아닌것처럼 보였다. 바빌로니아의 점토판 세계지도에는 주거지를 중심으로 이를 둘러싼 주변의 바다와 바다 너머의 미지 세계까지 묘사되었다. 세계관이 주거지에서 국가로 확장된 것이다. 이 또한 바다 너머의 지역과 교류를 위한 지도는 아니었다.

프톨레마이오스의 지도는 지중해 일대의 국가 및 지역 간 권역을 표현했다. 세계관이 권역으로 확장되었고 이를 통해 지역과 권역 간 교류가 용이하게 되었다. 로마시대의 지도는 영토 확장과 영광을 널리 알리기 위해 제작되었는데

'포이팅거 지도'가 대표적이었다. 중세시대에는 종교적 색채가 짙은 지도가 활용되기도 했는데 T-O지도가 그것이었다. 이는 지역 간 교역을 위한 지도라기보다는 종교적 이념을 도식화한 것에 불과했다.

지리상의 발견 시대에는 항해술 및 선박술을 기반으로 지리 지식이 고도로 축적되면서 항해를 위한 지도 제작이 발전했다. 이를 통해 지중해의 교역 및 교류는 비약적으로 발전하였다. 이 시기에 지중해 지역에서 이루어진 교역 및 교류들은 근대 유럽 문명의 성립과 르네상스의 근간이 되었다.

키워드

발견의 시대, 지도제작술, 메르카토르, 프톨레마이오스, 지중해 교역, 포이 팅거 지도, 신항로 개척, 향신료, 크리스토퍼 콜럼버스

집필자: 강지훈

참고문헌

• 저서

남종국. 2011.『지중해 교역은 유럽을 어떻게 바꾸었을까?』. 민음인.

조지프 제이콥스 저. 김희정 역. 2017.『세계 지도는 어떻게 완성되었을까?: 탐험과 지도로 쓴 세계사』. 행성b아이들.

이언 골딘, 크리스 쿠타나 저. 김지연 역. 2018.『발견의 시대: 신 르네상스의 새로운 기

회를 찾아서』. Book21 Publishing Group.

송규봉 저. 2011. 『지도, 세상을 읽는 생각의 프레임』. Book21 Publishing Group.

브라이언 M. 페이건 외 저. 강미경 역. 2007. 『고대 세계의 위대한 발명70』. 랜덤하우스.

김정운 저. 2014. 『에디톨로지: 창 · 조 · 는 편 · 집 · 이 · 다』. Book21 Publishing
    Group.

한민 저. 2019. 『우리가 지금 휘게를 몰라서 불행한가』. W. isdomHouse.

• 논문

남종국. "비잔티움 제국의 몰락과 지중해 향신료 무역". 『해항도시문화교섭학』. 18, pp.
    147-181.

68

지브롤터
(Gibraltar)

이베리아반도 남단에는 지브롤터 해협을 마주 보며 남북으로 뻗어있는 바위산, 일명 '지브롤터 바위'가 있다. 지브롤터는 대서양과 지중해를 연결하는 입구에 위치하는 전략적인 요충지이다. 길이 5km, 너비 1.3km, 면적 5.8km²로 이곳에 3만 명이 넘는 인구가 살고 있다. 오래전부터 유럽, 아시아, 아프리카에서 온 사람들이 지브롤터를 넘나들었다. 오늘날 이 바위산은 스페인 영토 안에 있지만 영국령으로 남아있다. 제2차 세계대전 동안 바위 일부를 깎아 비행장이 세워졌고 바위 절벽과 급사면 위에는 영국 해군기지가 들어섰다. 특히 지브롤터 서쪽 지역은 군항 및 자유무역항이다. 지난날 석회암으로 이루어진 이 바윗덩어리를 차지하고자 여러 국가가 쟁탈전을 벌였다. 이를 방증하듯 주민들은 모로코, 스페인, 이탈리아, 영국, 인도, 유대인 등의 다양한 출신들로 구성되어있다.

지브롤터의 기원과 역사

로마시대에는 지브롤터들 '칼페 산(Mons Calpe)'으로 불렀다. 지브롤터의 기원에는 그리스 신화의 최대 영웅인 헤라클레스가 등장한다. 그리고 스페인 국

[그림 1] https://es.wikipedia.org/wiki/Espa%C3%B1a#/media/Archivo:Escudo_de_España_
(mazonado).svg (퍼블릭 도메인)

스페인 국왕이자 신성로마제국 황제인 카를로스 5세(Carlos V) 시대부터 사용한 국가 문장에는 지브롤터를 상징하는 헤라클레스의 두기둥이 세워져 있다.

[그림 2] https://es.wikipedia.org/wiki/Gibraltar#/media/Archivo:Coat_of_arms_of_Gibraltar1.
svg (퍼블릭 도메인)

1502년 이사벨 여왕이 수여한 지브롤터 문장으로 노란색 리본에는 '칼페 산 휘장(Montis Insignia Calpe)'이라는 라틴어 문장이 적혀 있다.

가 문장에는 '지구 서쪽 끝'을 상징하는 지브롤터가 있다. 두 개의 기둥은 "논플루스 울트라(Non Plus ultra)" 즉, "이 지역을 넘어서는 안 된다."는 글이 적힌

띠를 두르고 있다. 15세기 말부터 스페인은 아메리카 발견과 정복으로 탐험 사업에 큰 성과를 거두었다. 한편 신성로마제국의 황제이자 스페인 국왕인 카를로스 5세(1516년~1556년)는 국가 문장의 문구가 국가정책기조에 반대된다고 생각했다. 결국 문장에 적힌 '논(Non)'이라는 글자는 제거되었다. 탐험의 시대에 어울리도록 '플루스 울트라(Plus ultra)'로 변경된 것이다.[1]

지브롤터는 일찍이 오래전부터 페니키아인, 그리스인들의 무역항로로 개척 되었다. 그 후 로마제국과 서고트족에 의해 정복된 바가 있고, 비잔틴 제국에 편입되기도 했다. 711년 우마이야 왕조의 알-왈리드 1세(al-Walid I, 705년~715년)는 이베리아반도를 정복하고자 타리크 장군(Táriq ibn Ziyad, ?~720년)을 지브롤터 로 보냈다. 지브롤터는 타리크가 이 지역을 통과하면서 '타리크의 산'을 의미하는 뜻에서 '자발타리크(Jab al-Tarik)'로 불렸다.[2] 1160년 알모하드족 출신인 술탄이 지브롤터에 요새를 구축한 이후로는 무슬림의 수중에 남았다. 중세에는 지브롤터에 대한 기독교인들의 십자군 원정이 있었다. 1462년 스페인의 메디나 시도니아(Medina Sidonia) 공작은 기독교 군대를 이끌고 지브롤터를 점령했다. 1502년 스페인을 통합한 이사벨 여왕(Isabel la Católica)은 지브롤터에 '칼페 산 휘장(Montis Insignia Calpe)'의 새로운 문장을 수여했다.

---

1 전설에 따르면, 헤라클레스는 과업을 실천하던 중, 지중해로 빠져나가는 길목을 가로막는 거대한 바위를 발견했다. 그는 바위를 두 개의 기둥으로 조각을 냈고, 각각의 기둥을 아프리카와 유럽 입구에 세웠다. 헤라클레스의 기둥이라 부르는 이유이다. 그 중 하나가 유럽 방향으로 세워져 있으며 지브롤터를 한다.

2 영국령이 된 후 영어권 주민들은 지브롤터를 '집(Gib)' 또는 '더 록크(the Rock)'라고 부르고 있다. 반면, 스페인어와 영어를 함께 사용하는 주민들은 지브롤터(Gibraltar)라고 부른다.

스페인계승전쟁(1700년~1713년)과 지브롤터 지협

스페인 합스부르크 왕가의 마지막 왕인 카를로스 2세(1665년~1700년)는 후계
자를 정하지 못한 채 사망하였다. 스페인 왕위계승을 둘러싸고 유럽 국가들은
프랑스-스페인 연대와 영국-오스트리아-네덜란드 연대로 나누어졌다. 일명
스페인계승전쟁(1701년~1713년)이 발발한 것이다. 독일 합스부르크 왕가의 카
를로스 대공을 지지하는 영국, 오스트리아, 네덜란드 동맹국들은 스페인과 프
랑스에 대항하여 공동전선을 펼쳤다. 1704년 당시 디에고 데 살리나스(Diego
de Salinas)장군이 지브롤터를 통치하고 있었다. 디에고는 영국과 네덜란드 함대
의 공격으로 지브롤터의 저지선이 무너질 것을 예상하고 신속한 철수를 결정
했다. 그러나 주민들의 지역 잔류에 대해서는 전적으로 개개인의 결정을 존중
하기로 하였다. 8월 6일 출생, 사망, 결혼 등 주민 행정 서류를 비롯하여 공문
서, 교회 책자, 종교화, 사료, 군기, 인지, 문헌 자료 등을 실은 마차 행렬이 지
브롤터를 빠져나갔다.

1713년 위트레흐트(Utrecht) 조약이 체결되면서 스페인계승전쟁은 종결되었
다. 전쟁에 참여한 영국을 비롯한 연합 동맹국들은 프랑스 루이 14세의 손자
인 펠리페(Felipe) 공작을 스페인의 국왕으로 인정하는 대가로 스페인으로부터
주요한 지역들을 양도받았다. 특히 영국은 스페인에게서 지브롤터와 메노르카
를 획득하였다. 이때부터 영국은 영구적으로 지브롤터를 할양 받아 주권과 소
유권을 갖게 되었다.[3] 그 이후 프랑스와 스페인은 수차례 지브롤터를 되찾고자
노력하였지만 번번이 실패했다. 그 후 지브롤터는 영국의 식민지로 남았다.

18세기에는 황열병이 유행하자 병 확산을 막기 위한 고육책으로 스페인과

---

3 위트레흐트(Utrecht) 조약 10조에 따르면 영국이 지브롤터를 포기 또는 양도할 시에는 스페인이
   우선적으로 지브롤터를 차지할 권한을 가진다.

지브롤터 사이에 지협이라는 중립지대가 설정되었다. 원래 양국 간의 경계선은 지협의 남단 쪽에 있었지만, 몇 차례에 걸쳐 지협 안에 있던 경계선이 바뀌었다. 그러면서 1713년 위트레흐트(Utrecht)에서 합의한 경계선이 스페인 본토 쪽을 향해 훨씬 넘어서 세워졌다. 1938년 영국은 이 지협에 비행장을 설치하여 지브롤터의 면적을 넓혀 나갔다. 스페인은 영국이 위트레흐트 조약을 위반하여 더 많은 지역을 점령하고 있다고 주장했다. 이에 따라 스페인 정부는 영국의 지브롤터에 대한 실효적 지배를 인정하지 않았다. 게다가 지협 경계선은 양국 간의 국경선으로 언급되지 않고 오히려 '울타리(verja)'란 용어로 대체되었다.

　지브롤터의 지리, 전략적 중요성은 이미 수차례 제2차 세계대전을 계기로 입증되었다. 이 지역은 미국의 아프리카 작전기지로 운영되었고, 독일 공군의 폭격 대상이 될 만큼 중요한 지역이었다. 전쟁이후 시간이 지날수록 스페인과 영국은 지브롤터를 둘러싸고 외교적으로 불편한 관계를 지속했다. 오늘날까지도 이 지역은 국제분쟁지역으로 분류되고 있다. 1966년 프랑코 독재정권 시절 페르난도 마리아 카스티에야(Fernando María Castiella) 외무부 장관은 유엔의 반식민지 위원회에 위트레흐트 조약체결의 무효소송을 제기하면서 지브롤터 영토의 반환을 공식적으로 요청했다. 이에 대한 영국의 대답은 지브롤터를 해외의 자국 영토로 전환하는 것이었다. 그리고 지역 행정을 주민들이 직접 선출한 자치 정부에 위임했다. 양국 외교에서 실질적인 진전이 없자, 스페인 정부는 외교와 국방 부분에서 지브롤터와 관련된 법안들을 통과시켰다. 이어서 지브롤터로 연결된 육로를 완전히 폐쇄하였다. 지브롤터 주민들은 육로 통행이 어려워지자 외부세계와 고립되는 불편함을 겪었다. 1982년 스페인 등장한 사회주의 정부의 펠리페 곤살레스(Felipe González)는 스페인과 지브롤터 간 도보자 통행을 허락했다. 2001년 양국은 공동 주권에 합의함으로써 지브롤터 문제를 풀어가고자 하였다. 그러나 주민들은 이 결정을 완강하게 거부했고 결국 공동 주권 합의는 무효화되었다. 지브롤터 영토 문제는 이제 단순히 스페인과 영국, 두 국가만의 문제가 아니라 이곳에 거주하는 주민들의 동의를 얻어야하는 복잡한 구도로 바뀌었다. 영토 주권에 있어 지브롤터 주민들의 요구 사항은 문제 해결에 또 다른 변수가 되었다.

오늘날 지협을 둘러싼 주권 갈등은 수시로 반복되고 있다. 때로는 양국 관계가 원만하지 못해 긴장감이 고조되기도 했다. 이러한 분쟁이 반복된 것은 1713년 체결된 위트레흐트 조약에 할양된 지역을 표시한 지도가 포함되지 않았기 때문이다. 게다가 할양 지역에 대한 명확한 설명이 있지도 않았다. 그러다보니 양국은 서로 자국에 유리한 쪽으로 조약 내용을 해석하며 대립하고 있었다. 영국은 오랫동안 지브롤터를 소유한 것을 근거로 지브롤터와 접하는 지협의 남쪽 지역에 대한 영유권을 주장하고 있다. 반면 스페인은 영국에 할양된 지역이 지브롤터 요새뿐이라는 주장을 계속하고 있다.

지브롤터 문화의 형성

영국령 지브롤터는 북쪽에 위치하는 스페인과 약 800m 길이의 지협으로 연결되어 있다. 이곳은 세계적으로 인구 밀도가 높은 지역 중 하나로 $1km^2$당 4,290명의 주민이 살고 있다. 지브롤터의 원래 면적은 $5.8km^2$이었으나 주민들의 수가 증가하면서 영토 확장에 대한 간절한 열망이 있었다. 따라서 협소한 영토를 넓히기 위해 지브롤터 총면적 3분의 1에 해당하는 면적을 지중해로 뻗어있는 바다를 매립하여 $6.8km^2$까지 확장시켰다. 지브롤터의 주민 구성은 안달루시아 출신을 비롯하여 유대인과 영국, 제노바, 몰타, 포르투갈, 아랍, 인도에서 온 다양한 민족들로 되어있다. 주민들의 3분의 2는 1925년 이전의 태

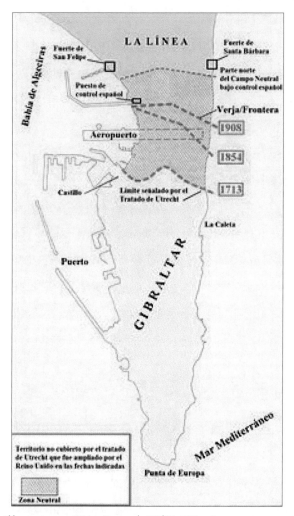

[그림 3] https://commons.wikimedia.org/wiki/File:Gibraltar_map-es.svg#/media/
   File:Xibraltarplano-en.jpg(퍼블릭 도메인)
스페인과 지브롤터 사이에 위치하는 파란색 부분이 지협으로 불리는 중립지대이다. 1713년 위트레
흐트 조약 체결 당시 만들어진 경계선 위로 1854년과 1908년 영국 정부가 세운 경계선이 있다.

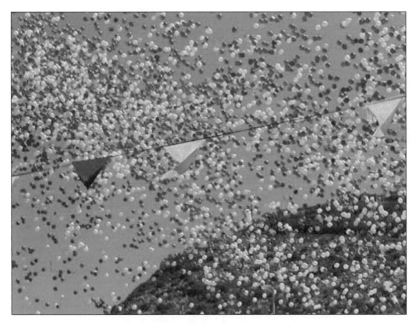

[그림 4] https://upload.wikimedia.org/wikipedia/commons/d/d9/Gibraltar_National_
　　　　Day_2001_balloons.JPG(퍼블릭 도메인)
국경일이 되면 그랑드 카세마테스 광장(Grand Casemates Square)에는 지브롤터 국기를 상징하는
빨강과 흰색의 의상을 입은 주민들이 동일한 색상을 지닌 풍선 3만 개를 하늘로 날려 보내는 축하
행사를 즐긴다.

생이다. 또한, 5분의 1에 해당하는 주민들은 거주증, 즉 지브롤터에서 합법적
체류를 할 수 있는 체류 허가증을 갖고 있는 외국인들이거나, 영국 정부가 보
낸 수비대와 그들의 가족들이다. 스페인 출신 거주자들은 극 소수에 불과하다.
반면, 지브롤터에서 일하는 스페인 출신 노동자들 대부분은 일상적으로 일터
인 지브롤터로 들어갔다가 일과가 끝나면 자신들의 주거지인 스페인 안달루
시아 지역으로 되돌아오는 일상을 반복하고 있다.

　지브롤터는 행정, 교육, 무역, 언론 등의 분야에서 공식 언어인 영어를 사용

한다. 그러나 주민사회에는 영국과 지중해 일부 지역의 영향을 받은 안달루시아 방언을 토대로 성립된 야니토(llanito)어가 함께 통용되고 있다. 또한 스페인에서 들어온 노동자들이 스페인어를 일상 언어로 사용하고 있다. 그런 가운데 지브롤터로 이주한 영국계 주민들이 사용하는 영어와 더불어 때때로 영어-스페인어가 혼합된 새로운 언어 형태가 나타나기도 한다.

지브롤터 주민의 78.09%는 가톨릭이다. 그 외에는 영국 국교 주의를 따르는 개신교(6.98%), 기독교(3.26%), 이슬람교(4.01%), 유대교(2.12%), 힌두교(1.79%), 기타 종교(0.94%)이며 나머지 2.86%는 무교이다. 특히 유대인에는 세파르디(Sefardí) 혈통의 후예들이 포함된다.[4] 1967년 9월 10일 지브롤터 지협을 둘러싼 영토주권 분쟁에서 지브롤터 주민 투표가 처음으로 실시되었다. 3만 명의 주민들이 지브롤터의 운명을 결정했던 만큼 투표일은 주권의 의미를 담아 국경일로 선포되었다.

⌐ 키워드 ⌐

이베리아반도, 바위산, 헤라클레스, 타리크의 산, 레콩키스타, 칼페 산 휘장(Montis Insignia Calpe), 카를로스 5세, 카를로스 2세, 스페인계승전쟁, 위트레흐트(Utrecht) 조약, 펠리페(Felipe)공작, 영국령, 지브롤터 지협, 페르난도 마리아 카스티에야(Fernando María Castiella), 야니토(llanito)

집필자: 권미란

---

4 세파르디(Sefardi)들은 1492년에 추방된 유대인들을 일컫는다. 이베리아문화의 시대적 특성을 유지한 채 주로 이스라엘, 프랑스, 터키 등에 분포되어 있다.

참고문헌

Albareda Salvadó, Joaquin. 2010. *La Guerra de Sucesión de España (1700-1714)*. Barcelona: Crítica.

Census of Gibraltar. 2001. Government of Gibraltar.

Hills, George. 1974. *Rock of Contention. A History of Gibraltar*. Londres: Robert Hale.

Pérez, Joseph. 2009. *Los judíos en España*. Madrid: Marcial Pons.

https://es.wikipedia.org/wiki/Espa%C3%B1a#/media/Archivo:Escudo_de_España_ (mazonado).svg(검색일자: 2019년 10월 5일)(퍼블릭 도메인)

https://es.wikipedia.org/wiki/Gibraltar#/media/Archivo:Coat_of_arms_of_Gibraltar1. svg(검색일자: 2019년 10월 5일)(퍼블릭 도메인)

https://commons.wikimedia.org/wiki/File:Gibraltar_map-es.svg#/media/ File:Xibraltarplano-en.jpg(검색일자: 2019년 11월 5일)(퍼블릭 도메인)

https://upload.wikimedia.org/wikipedia/commons/d/d9/Gibraltar_National_ Day_2001_balloons.JPG(검색일자: 2019년 12월 5일)(퍼블릭 도메인)

69

지혜의 집
(The House of Wisdom)

이슬람 문명사에서 압바스(Abbās) 왕조 시대(750년~1258년)는 이슬람 문명의
황금기로 평가된다. 당시의 통치자들이 다양한 문화를 수용하고 융합하는 정
책을 추진하면서 학문을 장려한 결과 이슬람 문화의 원형이 성립되고 발전했
기 때문이다. 이 시기에 고도로 발달한 제반 학문은 이슬람 세계를 넘어서 유
럽에 큰 영향을 주었다. 압바스 왕조 시대의 문화발전과 파급력의 원동력은
'지혜의 집'에서 찾을 수 있다. 지혜의 집은 도서관, 번역원, 학술원, 대학교, 천
문대 등의 복합적인 기능을 담당했던 왕립 학술기관이었다.

설립과 명칭

지혜의 집의 설립 배경과 시기에 관해서는 다양한 학설이 있다. 이 기관이
압바스 왕조 시대 초기에 입수된 다양한 외래 서적의 보관을 목적으로 시작해
서 칼리파 알만수르(al Manṣūr, 754년~775년 재위)의 번역 정책에 따라 번역 활동
의 토대를 마련했으며, 칼리파 하룬 알라시드(al Rashīd, 786년~809년 재위) 시대에
활동 영역이 확장된 후, 칼리파 알마문(al Maʿmūn, 813년~833년) 시대인 830년
에 체계적인 학술기관으로 성장했다는 학설이 일반적이다. 그 후 칼리파 알무

으타심(al Muʻtaṣim, 833년~842년 재위) 시대까지 활발한 역할을 하다가 칼리파 알 무타와킬(al Mutawakkil, 847년~861년 재위) 시대부터 서서히 그 기능이 위축되어 1258년 압바스 왕조가 멸망할 때까지 도서관의 기능만 유지한 것으로 알려져 있다. 이 기관의 존속 기간 동안 압바스 왕조 제국 내의 여러 지역에는 지혜의 집이라는 명칭을 가진 학술기관들이 다수 설립되었다.

지혜의 집의 위치에 대해서는 정확히 알려진 바가 없다. 궁전 내부에 있었는지 혹은 궁전 근처의 독립된 건물에 있었는지 확실하지 않지만, 아마도 궁전 내부의 특별한 건물에 위치해 있었을 것이라고 추측된다.

지혜의 집의 명칭은 바이트 알히크마(Bayt al Ḥikmah: 지혜의 집), 다르 알히크마(Dār al Ḥikmah: 지혜의 전당), 키자나트 알히크마(Khijānat al Ḥikmah: 지혜의 보고) 등으로 표현된다. '지혜'로 해석되는 히크마(Ḥikmah)는 지식, 이성, 철학을 의미한다. 여기서 철학은 그리스 철학의 동의어였으며, 당시 철학이란 용어는 다양한 학문을 포괄하는 개념이었다.

도서관 기능

도서관으로서 지혜의 집의 관리는 매우 체계적이었다. 업무별로 공간이 분리되어 번역, 감수, 필경, 연구, 열람, 토론 등을 위한 별도의 방이 마련되어 있었다. 열람실과 서고에는 책상과 의자는 물론이고 종이와 펜 등의 필기구가 마련되어 있었다. 학자들을 위한 숙식 시설도 있었고 음악실과 휴게실 등의 복지 시설도 설치되어 있었다.

장서 구비는 다양한 방법과 경로를 통해서 이루어졌다. 초창기에는 이슬람 정복 과정에서 전리품으로 책을 입수하거나 정책적으로 구매사절단을 파견하는 방법을 통해 이루어졌다. 칼리파 알만수르는 로마의 황제들과 화친조약을 맺으면서 낙타 100마리에 책을 싣고 왔으며, 칼리파 하룬 알라시드는 앙카라와 로마와 우무리야(아모리움) 등지에서 책을 구입했다. 그리고 칼리파 알마으문은 그리스 서적을 구하기 위해서 비잔티움 황제에게 친서를 보내거나 그리스어와 시리아어에 능통한 학자를 보내서 336년에 건립된 콘스탄티노플 도서관의 장서를 가져오게 했다.

도서는 주제별로 분류되어 서고에 보관되었고 각 서고마다 도서 제목이 일련번호로 표시되어 붙여졌다. 당시에 이미 오늘날의 도서 목록 체계에 가까운 도서 분류 방식을 적용했던 것으로 추측된다. 그리고 도서 목록에는 포함되어 있으나 실제로는 소실된 책이나 전집 가운데 구비되지 않은 책의 경우는 별도의 설명서를 통해 게시했다. 도서의 대출도 가능했다. 도서관 내부에서의 열람은 별도의 조건 없이 이루어졌고, 외부 대출은 신용이 있는 사람에 한해서 일정액의 보증금을 받고 두 달 이내의 기간으로 가능했다.

지혜의 집의 운영에서 필경사와 번역사의 업무는 매우 중요했다. 당시 대부분의 장서가 필사와 번역에 의해 구비되었다는 점을 보아 필경사와 번역사의 임무 비중이 컸음을 알 수 있다. 지혜의 전당에는 수백 명의 필경사가 상주하며 많은 서적을 필사했다. 당시의 필사 방법은 두 가지로 나뉘는데, 첫째는 한 명의 필경사가 서적을 필사한 뒤 여러 명의 필경사가 그 내용을 검토하는 방법이었고, 둘째는 여러 명의 필경사가 분담하여 서적을 필사한 뒤 함께 검토하는 방법이었다. 당시의 필경사에게는 성실성과 책임감이 필수적으로 요구되었는데, 이러한 이유로 그들은 대중의 선망과 존경을 받는 지위에 있었다.

도서관의 재정은 매우 튼튼했다. 칼리파 하룬 알라시드와 칼리파 알마문을 비롯한 모든 통치자들은 도서관 재정에 막대한 예산을 투입했다. 학자, 필경사, 번역사, 제본가, 총책임자 등의 인건비에 많은 예산이 배정되었으며 그밖에 종이, 잉크, 펜 등의 재료비를 비롯해서 책의 수선 및 유지비, 시설의 보수

영선비에도 적지않은 금액이 투자되었다.

관리 직제는 알카진(al khājin) 또는 알아민(al ʾamīn)이라는 직함의 도서관장과 무슈리프(mushrif) 또는 무나윌(munāwil)이라고 일컬어지는 실무자로 나뉜다. 알카진 또는 알아민은 도서 구입과 도서 목록 점검 그리고 번역사와 필경사들의 관리 등 학술적이거나 행정적인 감독을 맡았다. 따라서 학자나 문인들 가운데서 발탁되는 경우가 많았다. 무슈리프 또는 무나윌은 서가와 열람실의 관리자로서 도서관 이용자들을 서가로 안내하거나 그들에게 책을 찾아주는 역할을 했다.

지중해 문명교류에 미친 영향

이슬람 세계 도서관의 모체가 된 지혜의 집은 동부아랍지역은 물론이고 이슬람세계 전역에 수많은 도서관을 탄생시키고 학문을 부흥시키는 촉매제가 되었다. 그 결과 마그레브 지역의 파티마 왕조와 안달루시아 지역의 우마이야 왕조는 지혜의 집을 모방하여 많은 도서관을 건립하고 동부아랍지역의 압바스 왕조와 경쟁했다. 카이로의 총독 아므루 알라는 '다르 알히크마'라는 명칭의 도서관을 세웠고, 안달루시아 지역 우마이야조 칼리파 알후쿰 이븐 알나시르는 코르도바에 도서관을 설립하고 세계 각처에서 도서를 수집했다. 각 지역 통치자들의 도서관 설립은 폭넓은 파생 효과를 가져와 지역들에 상당한 파급력을 가져왔다. 이 가운데 대표적인 것은 카이로의 알아지즈 도서관과 코르도바의 알자흐라 도서관이었다. 이 두 도서관은 바그다드의 지혜의 집과 함께 도서관의 트로이카를 형성하여 당시의 학문부흥을 주도했다.

번역원 기능

지혜의 집은 외래 학문의 수용과 학문 부흥의 전진 기지였고, 그 중심에는 번역 활동이 있었다. 그리스와 페르시아, 인도 등지의 다양한 학문이 아랍어로 번역되어 심화 연구와 저술을 촉진하며 고유한 학문을 창출했다. 칼리파 알만수르 시대에 추진된 번역 정책은 칼리파 알마문 시대에 정점에 달하면서 약 2세기 동안 지속되었다.

칼리파 알만수르 시대의 번역 정책은 정치적 색채가 강했다. 그는 압바스 왕조 혁명에 동조했던 페르시아 조로아스터교도들의 지원을 확보하여 제국의 안정을 도모할 목적으로 페르시아 점성학 서적의 번역을 장려했다. 그리고 칼리파 알마문 시대의 번역 정책은 종교적 색채가 짙었다. 그는 칼리파를 이슬람교의 수호자로 강조하며 이교도와의 교리 논쟁에서 승리하는 데 필요한 논리학 서적의 번역에 박차를 가했다. 한편 칼리파 알무으타심 시대 이후 압바스 왕조 제국의 중앙집권적 통치가 약화되면서, 번역 활동은 각 군소 국가들의 아미르 또는 술탄을 중심으로 명맥을 유지했는데 이는 학문 활동의 탈중앙화와 지역화를 의미했다.

지혜의 집의 번역사들의 혈통과 종교는 다양했으며, 특히 페르시아인 마왈리(Mawālī)와 시리아 기독교도들의 활약이 두드러졌다. 번역은 매개 언어의 사용, 직역과 의역의 조화, 초벌번역과 전문가의 감수, 기존 번역서의 재번역과 개정 등 정확성과 전문성을 추구할 수 있는 모든 방법으로 이루어졌다. 그리고 각 학문 분야에서 동일한 원전이 다수의 번역자들에 의해 동시대에 번역되거나 후대에 재번역되기도 했다. 또한 원전의 해설과 주석서가 나오고, 원전을 보완하거나 비판하는 저술서가 등장했다. 이러한 서적들은 주로 교육용 교재로 편찬되었다. 번역사는 곧 학자이며 저술가였고 교육자였다.

지혜의 집의 번역 업무는 매우 체계적으로 이루어졌다. 번역 책임자는 업무를 총괄하면서, 이를 학문별, 언어별, 직능별로 구분했다. 각 분과마다 책임자와 조교가 협력하여 번역의 정확성과 효율성을 높였다. 또한 그리스어, 파흘라위어, 시리아어 등 언어별로 전담 부서와 전문 번역사가 있었다.

번역활동에 대한 재정적인 지원은 칼리파에서 시작되어 재상, 군인, 부유한 상인, 지주 계급 등으로 확산되었다. 번역활동의 효용성이 증대됨에 따라서 이에 대한 관심이 높아졌기 때문이다. 예를 들어, 칼리파 알마문은 그리스어 서적을 아랍어로 번역한 사람에게 번역된 책의 무게만큼 금을 하사했고, 그 외의 주요 번역자들에게도 높은 월급을 지급했다. 칼리파뿐만 아니라 유력 계층이나 학자들도 자신들이 원하는 번역서를 얻기 위해 투자를 아끼지 않았다. 이와 같은 안정적인 재정 지원은 더 우수한 번역사와 학자들이 지혜의 집에 모일 수 있게 하는 동기가 되었다.

천문대 기능

칼리파 알마문은 평생 과학과 철학 등 많은 학문에 정통했지만, 그중에서도 특히 점성학에 조예가 깊었다. 그는 830년에 바그다드의 알샤마시야(al shammāsiya) 지역과 다마스쿠스의 까시온(Qasion)산에 천문대를 건설했다. 그는 무슬림으로 개종한 유태인 신드 이븐 알리의 충고에 따라 천문대를 건설하고, 그를 바그다드 천문대의 건설 감독자로 임명했다. 이것을 토대로 바그다드에 지혜의 집의 분소가 일곱 군데 생겼는데, 각 분소는 일곱 개 별의 명칭을 빌려 명명되었다. 이와 같이 분소가 늘어난 것은 천문대를 여러 곳에 설치함으로써 별의 움직임과 천체 운동을 더욱 정확히 측정하기 위한 것이었다. 이러한 점은 지혜의 집의 확산이 천문대 기능의 강화를 위한 것이었음을 입증한다고 볼 수 있다. 그리고 많은 역사가들은 칼리파들의 점성학에 대한 요구가 천문대 발달의 핵심적 이유라고 말한다. 왜냐하면 칼리파들이 천문학자들에게 점성학적 '내부 정보'를 요구했기 때문이다. 즉, 천문대는 점성술에 대한 왕궁의 관심 때문에 설치된 경우가 많았다. 따라서 몇몇 천문대는 궁정 안이나 가까이에 건립되었고 천문학자들과 점성학자들은 칼리파들에게 점성학적 조언을 했다. 결국 천문대의 설치는 정확한 점성학적 예측을 통해 왕권을 유지하고 제국을 확장하기 위한 것이었다.

칼리파 알마문은 천문대에서 천문학자들 또는 점성학자들과 정기적인 토론회를 개최했으며 관측기구를 사용해서 별들의 움직임을 관찰할 것을 명령했다. 그는 신드 이븐 알리에게 지구의 원주를 측정하라고 명령했고, 신드 이븐 알리는 이라크 신자르 사막에 가서 2년간 노력한 끝에 지구의 원주를 알아내서 천문표를 제작했다.

지중해 천문대 건립의 촉매

바그다드의 지혜의 집은 칼리파 알마문 시대 이후에도 여러 칼리파들과 지방 총독들 그리고 학자들과 부유층들이 천문대를 세우고 막대한 재정을 들여 관리하는 전통을 잇게 했다. 그들은 천문대와 천체관측기구들의 운영에 높은 관심을 가졌으며 유명 천문학자들과 개인적 친분을 유지했다.

바그다드의 천문대 다음으로 규모가 큰 천문대는 파티마 왕조 시대에 카이로에 설치된 천문대였다. 칼리파 알아지즈(975년~996년 재위)는 칼리파 위에 오른 지 2년 후인 977년에 무깟담 산에 천문대를 설치하고 천문학자이자 점성학자인 압둘 라흐만 이븐 유누스를 감독자로 임명했다.

많은 천문대에 우수한 점성학자들과 천문학자들이 모여들었고, 이어서 수학자와 물리학자, 지리학자들도 참여하면서 토론과 번역 그리고 저술활동이 이루어졌다. 오늘날 저명한 대학들의 기능처럼 중세 이슬람 천문대와 궁정은 학식이 풍부한 학자들과 교수들을 초빙했다. 그들은 자석과 같은 역할을 하여 이슬람세계 전역으로부터 학생들뿐만 아니라 다른 학자들도 끌어들였다. 천문대는 학술원의 기능을 갖추면서 압바스 제국에서 학문 발전의 중요한 역할을 담당했다.

그러나 천문대의 존속기간은 길지 않았다. 천문대가 이슬람 종교 기금의 혜택을 받지 못했기에 설립 후원자의 죽음과 함께 사라졌기 때문이다. 가장 긴 천문대 존속 기간은 단 30년이었다. 천문대의 상대적으로 짧은 수명은 천문대가 이슬람 종교에는 중요했지만 신앙의 수행에는 필수적이거나 핵심적이지 않았음을 시사한다. 아울러 천문대가 점성학을 위한 도구가 됨으로써 이슬람 신학자들의 지속적인 공격을 받은 점도 간과할 수 없다.

키워드

지혜의 집, 지혜의 전당, 압바스 왕조 시대, 칼리파 알만수르, 칼리파 하룬 알라시드, 칼리파 알마으문, 도서관, 번역원, 천문대, 점성학

집필자: 이동은

참고문헌

이동은. 2014. "지혜의 전당(Bait al-Ḥikmah)이 아랍이슬람세계 학문발전에 끼친 영
향 연구 -도서관 기능을 중심으로-".『중동문제연구』. 제13권, 제1호. 중동문제연
구소. pp. 105-129.

이동은. 2014. "지혜의 전당이 아랍이슬람 세계 학문발전에 끼친 영향 연구 -번역원
기능을 중심으로-".『아랍어와아랍문학』. 제18권, 제1호. 한국아랍어아랍문학회.
pp. 39-70.

이동은. 2017. "압바시야 왕조 시대 바이트 알히크마 (Bayt al-Ḥikmah) 연구 -번역원
기능과 천문대 기능의 상관성을 중심으로-".『한국이슬람학회논총』. 제27권, 제2
호. 한국이슬람학회. pp. 67-90.

'Alī, Sa'īd Ismā'īl.1986. *Ma'ahid al Tarbiyah al Islamiyah*. Cairo: Dār al Fikr al
'Arabī.

'Aṭṭā'Allāh, Khuḍar Aḥmad.1989. *Bayt al-Ḥikma fī 'Asr al-'Abbāsī*. Cairo: Dār al-Fikr
al-'Arabī.

Awad, Kurikis.1986. *Khazā'in al Kutub al Qadīma fī al 'Iraq*. Beirut: Dār al Raid al
'Arabī.

Fakhry, Majid. 2004. *A Hstory of Islamic Philosophy*. New york: Columbia University
Press.

Gutas, Dimitri. 1998. *Greek thought, Arabic culture*. New York: Routledge.

Hamādah, Muḥammad Māhir. 1996. *al-Maktabāt fī al-Islām*, Beirut: Mu'asassāt al-
Risālah.

Ḥasan, Sa'īd *Aḥmad. 1984. 'Anwa' al Maktabāt fī al 'Alamaini al 'Arbī wa al Islamī*.
Amman: Dār al Farqani al Nashr.

al Juburī, Yaḥyā Wāhib. 2006. *Bayt al Ḥikmah wa Dūr al 'Ilm*. Amman: Dār al 'Arab al
Islāmī.

Lyons, Jonathan. 2009. *The House of Wisdom*. New York: Bloomsbury.

Maswood, Ehsan. 2009. *Science & Islam*. London: Icon Books.

Muaḥmmad, Yūsuf. 1996. *al-Injāzāt al-ʿIlmiyah fī al-Ḥadārat al-Islāmiyah*. Amman: Dār al-Bashīr.

Saliba, George. 1994. *A History of Arabic Astrology*. New York: New York Univ. Press Books.

Sibai, Mohamad Makki.1987. *Mosque Libraries: An Historical Study*. London: Mansell publishing.

al ʿUshi, Yūsuf.1991. *Dūr al Kutub al ʿArabiyah al ʿĀmmah* wa shibh al ʿĀmmah. Damascus: Dār al Fikr.

Turner, Howard R. 1995. *Science in Medieval Islam*. Austin: University of Texas Press.

Turner, Howard R. 1995. *Science in Medieval Islam*. 정규영. 2004. 『이슬람의 과학과 문명』. 서울: 르네상스.

70

칼릴라와 딤나
(Khalila and Dimna)

『칼릴라와 딤나』는 아랍문학이 낳은 세계적인 동물우화이다. 다양한 동물들을 통해 삶의 교훈을 흥미롭게 일깨우며 당대의 정치 현실과 사회 부조리를 날카롭게 고발한 이 작품은 아랍문학사에서 풍자문학의 이정표가 되었다. 지혜와 철학이 정치 비판 및 사회개혁 사상과 조화롭게 직조를 이룬 이 작품은 10세기부터 지중해 지역의 여러 언어로 번역되었다. 그리고 이들은 동시대 또는 후대에 또 다른 언어 번역본들의 모체가 되었다. 이 작품은 지중해 지역을 포함한 세계의 문화사에서 문학작품 간 전파와 교류의 실증적 자료로서 높은 가치를 지닌다.

기원과 출현

『칼릴라와 딤나』는 아랍문학의 황금기로 일컬어지는 압바스(Abbās) 왕조 시대 초기에 출현했다. 이 작품의 원전은 산스크리트어로 기록된 인도설화집 『판차탄트라(Panchatantra)』였다. 판차탄트라의 의미는 '다섯 권의 책'이다. 여기에서 '판차'는 다섯을 의미하고, '탄트라'는 책 또는 장(Chapter)을 의미한다. 이 책의 서문에 비슈누샤르만(Vishnusharman)이라는 브라만 현자가 세 명의 왕자를 교육시키기 위해 다섯 편의 이야기를 들려준다는 설명이 나오는데, 이는 이 책이 교훈서일 뿐만 아니라, 정치지침서의 성격이 강하다는 것을 말해준다. 2세기~5세기 사이에 쓰여진 것으로 추정되는 판차탄트라는 서기 570년에 파흘라위어(Pehlevi: 중세 페르시아어)로 번역되었고, 이 판본은 페르시아 혈통의 아랍 작가인 이븐 알무카파(Ibn al-Muqaffaʼ, 724년~759년)에 의해 고전아랍어(현대표준아랍어의 모체)로 옮겨졌다. 이집트의 대문호 타하 후세인(Ṭaha Ḥusein, 1889년~1973년)은 이 작품을 인도인의 지혜와 페르시아인의 수고와 아랍인의 언어가 빚어낸 걸작이라고 평가했으며 그 밖의 많은 학자들 역시 이 작품을 동양의 대표적인 동물우화로 평가했다.

내용과 구성

이 작품은 서문 4장과 본문 16장으로 구성되어 있다. 서문 4개의 장은 작품의 저술 동기와 번역 경위, 번역자(산스크리트어에서 파흘라위어로 번역한 사람)의 전기, 작품 해설 등을 담고 있다. 동물우화를 통해 삶의 지혜와 교훈을 전하고 있는 본문 16개의 장은 '다브샬림'왕과 현자 '바이다바' 간 문답식의 대화체로 구성되었다. 다브샬림왕이 현자 바이다바에게 특정한 주제의 이야기를 청하면 현자 바이다바는 그 주제에 상응하는 동물우화를 들려준다. 다브샬림왕과 현자 바이다바는 허구의 인물이지만 바이다바는 작자 미상인 이 작품의 저자로 알려져있다.

작품의 제목에 나타나는 두 마리 재칼 '칼릴라'와 '딤나'는 본문 제1장과 제2장에만 등장한다. 동물만 등장하는 이야기가 대부분이지만 동물과 사람이 함께 등장하기도 하고, 때로는 사람만 등장하는 이야기도 있다. 본문 16개의 장의 제목은 다음과 같다. 사자와 소의 장(제1장), 딤나의 죄를 수사하는 장(제2장),

멧비둘기의 장(제3장), 올빼미와 까마귀의 장(제4장), 원숭이와 숫거북의 장(제5장), 수도승과 족제비의 장(제6장), 큰 쥐와 고양이의 장(제7장), 왕과 애완조 판자의 장(제8장), 사자와 수도승 재칼의 장(제9장), 암사자와 기수와 재칼의 장(제10장), 일라드와 빌라드와 이라흐트의 장(제11장), 쥐의 왕 미흐라이즈의 장(제12장), 수도승과 나그네의 장(제13장), 여행자와 금세공인의 장(제14장), 왕자와 그의 친구들의 장(제15장), 비둘기와 여우와 백로의 장(제16장).

서술 구조

『칼릴라와 딤나』의 서술 구조는 흥미진진한 이야기들이 겹겹이 펼쳐지며 끊임없이 전개되는 형식이다. 이러한 전개 방식은 틀이야기 서술기법으로서 전설이나 격언, 속담 등을 삽입하여 교훈과 주제를 강조하는 장점을 가진다. 다양한 층위의 서술 구조를 통해서 내용의 심화와 복귀 단계를 반복하다가 결국 틀이야기의 줄거리로 돌아가 결말을 맺는다. 이러한 다층적이고 회귀적인 전개 구도는 순환적 시간 개념에 기초한 윤회 사상의 반영이라고 볼 수 있다.

교훈과 종교사상

다층적인 서술 구조에 담긴 주제 역시 다층적이고 복합적이다. 『칼릴라와 딤나』는 이원적 차원의 주제(표층적 주제와 심층적 주제)를 적절하게 조화시키고 있다. 표층적 주제는 동물 우화를 통해 흥미롭게 다루고 있는 삶의 도리와 교훈이며, 심층적 주제는 흥미와 교훈 뒤에 숨은 정치적 풍자이다. 이 작품의 교훈들은 무조건 착하게 살아야 한다는 절대적 선행을 가르치고 있지 않다. 오히려 약육강식의 논리가 지배적인 냉혹한 현실을 파악하고 이를 잘 극복해서 슬기롭게 살기를 당부하고 있다.

정치적 풍자는 통치자의 도리와 관료들의 자질, 그리고 권력의 속성 등을 우화적으로 다루고 있는데, 특히 당대의 통치자인 칼리파 알만수르(al Manṣūr, 754년~775년 재위)를 겨냥한 흔적이 짙게 드러난다. 이 작품을 아랍어 판본으로 재창작한 이븐 알무카파는 칼리파 알만수르의 독재와 폭정을 비판하고 이상적 개혁안을 제시하면서 무지한 백성들을 계몽하려는 목적을 성공적으로 실현했다.

종교 사상에서도 이원적 특성이 드러난다. 이 작품이 힌두교 토양에서 만들어진 후 이슬람교 환경에서 완성되었으므로 힌두교 사상과 이슬람교 사상이 자연스럽게 융합되어 있다. 힌두교의 요소로는 윤회와 업사상에 근거한 인과응보의 원리를 들 수 있다. 이 밖에도 화장(火葬)의 풍습, 수도승의 빈번한 등장 등을 꼽을 수 있다. 한편 이슬람교적 요소로는 동해보복법(同害報復法: al Qiṣāṣ), 법정에서 증언의 효력, 부활과 심판의 원리, 운명론, 진(Jinn:정령, 도깨비)의 등장이 있다.

지중해 문명교류에 미친 영향

『칼릴라와 딤나』는 아랍에서 출현 당시 귀족층에서 향유되다가 점차 대중에게 전파되었다. 아랍인들의 귀중한 문학적 자산으로 꼽히는 이 작품은 10세기부터 세계 주요 언어로 번역되기 시작했다. 10세기에 현대 시리아어본으로 번역되었고, 11세기에 그리스어본으로, 12세기에 페르시아어본으로, 13세기 중반에 히브리어본, 라틴어본, 중세 스페인어본으로 각각 번역되었다. 이들 초기 외국어 번역본들은 후대 번역본들의 모체가 되어 다양한 언어의 번역본들을 파생시켰다. 예를 들어 11세기의 그리스어본은 이탈리아어본(1583년)과 고대 슬라브어본의 모체가 되었고, 12세기의 페르시아어본은 16세기의 터키어본과 18세기의 프랑스어본을 연쇄적으로 파생시켰고, 13세기 중반의 히브리어본은 13세기 후반의 라틴어본을 파생시켰으며, 이 라틴어본은 1480년의 독일어본, 1493년의 스페인어본, 1552년의 이탈리아어본 등의 모체가 되었다.

서구 세계에서 『비드파이 우화(*Bidpai Fables* 또는 *Pilpai Fables*)』로 알려진 이 작품은 '서구인들 사이에서 성경보다 더 자주 읽힌 책' 또는 '성경 다음으로 많은 언어로 번역된 책'이라는 평가를 받을 만큼 널리 전파되어 읽혀왔다.

문학적 위상

『칼릴라와 딤나』는 작품 자체의 강한 생명력과 아랍인들의 문화 보존 역량을 바탕으로 동양의 문화를 서구로 전파시키는 교량 역할을 하면서 문학적 위상을 드높였다. 이 작품은 첫째, 아랍문학사의 관점에서 볼 때 동물우화를 통한 풍자문학의 효시로서 후세 작품 및 작가들에게 큰 영향을 끼쳤다. 고대 아랍 작가들은 이 작품에서 영감을 받아 많은 동물우화를 창작했으며, 현대 아랍 시인들은 이 작품을 현대적 감각에 맞게 재창작하여 우화시로 표현했다. 이 작품은 모든 아랍 국가에서 산문문학의 귀감으로서 문학적 영감과 소재를 제공하고 있다. 그리고 어린이부터 성인에 이르기까지 각기 수준에 맞는 다양한 판본들이 출간되어 읽히고 있다. 둘째, 중동문학사의 관점에서 볼 때 이란(페르시아)과 터키의 작가들은 오랜 세월에 걸쳐 이 작품을 번역하거나 번안하면서 자신들의 문학 작품으로 정착시키려는 노력을 하고있다. 셋째, 세계문학사의 관점에서 볼 때 이 작품의 틀이야기 서술기법은 『켄터베리 이야기』와 『데카메론』의 서술형식에 영향을 주었고 동물우화의 문학적 영감과 주제는 『라퐁텐 우화』의 성립에 원천적인 역할을 했다.

한국설화와 공통된 이야기들

『칼릴라와 딤나』의 원전인『판차탄트라』는 서쪽으로는 페르시아를 거쳐 아랍으로 전파되었고, 동족으로는 중국을 거쳐 한국에 전파되었다. 불교의 전파와 함께 동진한『판차탄트라』는 한국설화에 많은 영향을 주었다. 따라서『칼릴라와 딤나』와 한국설화는 공통분모인『판차탄트라』의 영향으로 내용과 주제의 측면에서 일치하는 작품들이 적지 않다. 예를 들어『칼릴라와 딤나』에 실린 '원숭이와 숫거북의 이야기'는 한국설화의 '토끼의 간 이야기',『칼릴라와 딤나』의 '신랑감을 고르던 처녀 쥐 이야기'는 한국설화의 '쥐의 신랑 이야기',『칼릴라와 딤나』의 '기름과 꿀을 뒤집어 쓴 수도승 이야기'는 한국설화의 '옹기장수 이야기',『칼릴라와 딤나』의 '은혜 갚은 동물들 이야기'는 한국설화의 '노인과 양자, 사슴, 뱀 이야기',『칼릴라와 딤나』의 '토끼와 사자 이야기'는 한국설화의 '지혜로 호랑이를 잡은 토끼 이야기'와 유사하다. 뿐만 아니라『칼릴라와 딤나』와 불교경전에 실린 설화 간에도 유사성이 존재한다. 그 예로『칼릴라와 딤나』의 서문에 실린 '우물에 빠진 사나이 이야기'는 불설비유경의 '안수정등' 설화와 일치한다. 그 밖에도『칼릴라와 딤나』의 많은 이야기들이『백유경』에 실린 이야기들과 유사하다. 예를 들어『칼릴라와 딤나』의 '원숭이와 콩 한 알 이야기'는『백유경』의 '원숭이와 콩 이야기'와 유사하고,『칼릴라와 딤나』의 '비둘기 한 쌍이야기'는『백유경』에 실린 '숫비둘기 이야기'와 일치한다.

키워드

칼릴라와 딤나, 동물우화, 지혜서, 풍자문학, 바이다바, 다브샬림, 이븐 알무카파, 아랍문학, 한국설화, 판차탄트라, 틀이야기, 압바스 왕조 시대

집필자: 이동은

참고문헌

강성용. 2013. "『빤짜딴뜨라(Pañcatantra)』의 전승과 교훈『도덕(dharma)과 현실(nīti) 사이에 선 삶을 가르치는 인도 고대의 우화".『구비문학연구』37호. pp. 179-223.

권영민. 2008.『풍자 우화 그리고 계몽담론』. 서울: 서울대출판부.

Baydabā. 1987. *Kalīlah wa Dimnah*. 이동은. 2008.『칼릴라와 딤나』. 서울: 강출판사.

이동은. 1995. "칼릴라와 딤나 연구". 한국외대 박사학위 논문. 서울.

이동은. 2015. "칼릴라와 딤나, 판차탄트라, 이솝우화의 공통이야기 연구".『중동문제연구』. 제14권, 제1호. 중동문제연구소. pp. 231-255.

이동은. 2018. "A Comparative Study of *Kalīlah wa Dimnah* and a Korean Classic Novel -The Story of the Monkey and the Tortoise, and *Tokki Jeon*-".『중동문제연구』. 제17권, 제1호. 중동문제연구소. pp. 141-176.

이동은. 2019. "『칼릴라와 딤나』와 한국 민담 비교연구".『중동문제연구』. 제18권, 제2호. 중동문제연구소. pp. 135-176.

이동은. 2020. "칼릴라와 딤나와 불교설화 비교연구 -'우물에 빠진 사나이'이야기와 안수정 등(岸樹井藤) 설화를 중심으로-".『중동문제연구』. 제19권, 제2호. 중동문제연구소. pp. 85-110.

장덕순외. 1987.『구비문학개설』. 서울: 일조각.

장지연. 2008. "동서 문화 교류의 한 접점으로서의 우화 연구 -중세 유럽 라틴어 우화 전통을 중심으로-". 『지중해지역연구』. 제10권, 2호. 지중해연구소. pp. 133-153.

최인학. 1994. 『구전설화연구』. 서울: 새문사.

황인덕. 1988. "불전계 한국민담 연구", 충남대학교 박사학위 논문. 대전.

Baydabā. 1987. *Kalīlah wa Dimnah*. Beirut: Dār al-Kutub al-ʿIlmiyah.

al-Fākhūrī, Ḥannā. 1972. *Ibn al-Muqaffaʿ*. Cairo: Dār al-Maʿārif.

Hamza, ʿAbd al-Laṭīf. 1965. *Ibn al-Muqaffaʿ*. Cairo: Dār al-Fikr al-ʿArabī.

Ibrahim Abdallah, Dawood. 1983. "The Panchatantra, Kalilah wa Dimnah, And Morall Philosophie of Doni : A Comparative Study". Ph.D. dissertation, Indiana Univ.

Keith-Falconer, I.G.N. 1885. *Kalilah wa Dimnah or The Fables of Bidpai*. London: Cambridge Univ. Press.

RAJ, Myrtle Dorai. 1966. "An Indian Source for the Medieval Beast Epic". Ph. Ddissertation. University of California.

Ryder, Arthur W. 1973. *The Panchatantra*. Bombay: Jaico Publishing House.

Saʿda al-Dīn, Laylā Ḥasan. 1989. *Kalīlah wa Dimnah fī al-ʾAdab al-ʿArabī; Dirāsa Muqārana*. Amman: Dār al-Bashīr.

Shams al-Dīn, Majdī Muḥammad. 1991. *al-Ḥikāyat al-Shaʿbiyyah fī Ṣanādiq al-Ḥikma al-Hindiyyah*. Cairo: Maktabat al-Jabalawī.

Viṣṇu Śarma, Rajan. 1993. *The Pañćatantra*. Chandra. London: Penguin Books.

71

커피
(Coffee)

커피의 사전적 의미는 '커피나무에서 생산된 생두를 볶은 뒤 곱게 분쇄하여 물을 이용해 그 성분을 추출한 음료'이다. 커피의 어원은 그 전설만큼이나 다양하다. 그중 가장 신빙성 있는 주장은 '가화(Gahwa)'인데, 이는 처음에는 커피와 와인을 동시에 지칭하는 아랍어로 사용되었지만 이슬람 성립이후 와인을 경계하는 무슬림들에 의해 커피만을 가리키는 용어로 그 의미가 수정되었다. 한편 터키에서는 '카베(Kahve)'로, 프랑스에서는 '카페(Café)'로, 이탈리아에서는 '카페(Caffè)'로 불렸다. 또한 영국에서는 '아라비아 와인'으로 불리다가 1650년경 블런트 경(卿)에 의해 '커피(Coffee)'로 대중화되었다. 단순히 커피 가루를 물에 넣어 끓여 마셨던 터키인들과는 달리, 유럽인들은 커피를 걸러 마시는 도구를 개발해 커피에 심미안적 의미를 부여하면서 대중적인 커피문화를 형성했다.

기원과 전파과정

커피의 기원을 정리해 보면 크게 칼디의 전설, 셰이크 오마르의 전설, 무함마드의 전설, 에티오피아 기원설로 압축된다. 붉은 커피 열매를 먹고 흥분한

[그림 1] 칼디설   [그림 2] 오마르설

염소 떼에 의해 커피가 발견되었다는 칼디의 설, 오마르가 아사 직전 커피 열매를 먹은 후 그 효능을 알게 되어 많은 사람을 치료하는 데 사용했다는 오마르 설, 병상에서 알라에게 기도를 하자 천사 가브리엘이 가져다 준 '검은색의 음료'를 마시고 기력을 회복했다는 무함마드 설 그리고 커피가 본격적으로 기호음료로 정착했다는 에티오피아 설이 그것이다. 오늘날 DNA 분석을 통해 커피나무의 기원이 에티오피아의 고원이라는 사실이 밝혀졌다. 현재도 이곳에서는 토종(土種) 커피나무가 종종 발견된다고 한다. 지금의 에티오피아가 아라비아 반도 남부의 예멘을 공격했던 6세기 경 커피도 자연스럽게 옮겨가게 된 것으로 추정된다.

커피는 르네상스 시대에 들어서면서 유럽인들의 삶에 녹아들기 시작했다. 일찍부터 터키의 수도사들은 커피가 가진 각성 효과를 통해 삶의 활력을 찾고 스트레스를 해소할 수 있었다. 유럽에서 이교도 이슬람의 음료로 배척되었던 커피는 르네상스 시대에 이르러 예술의 대상으로 여겨졌고 이탈리아를 비롯한 유럽 전역에서 대중화되었다. 교황 클레멘스 8세가 커피를 축복한 이후 유럽 전역에 커피하우스가 문을 열었다. 오늘날 세계적으로 가장 사랑받는 음료 중 하나인 커피의 전파 과정은 사실상 문명교류의 흐름과 일치한다.

문명교류 영향

에티오피아에서 유래된 커피나무는 예멘을 통해 유럽과 아시아 그리고 아메리카로 퍼져나갔는데 문헌에 의하면, 당시 예멘은 커피나무를 처음으로 경작한 지역이었다고 한다. 커피나무의 기원은 에티오피아였지만, 예멘을 매개하지 않았다면 커피는 아프리카의 지리적 경계에서 벗어나지 못한 채 세계인의 음료로 자리 잡을 수 없었을 것이다.

1000년경 이미 커피는 에티오피아에서 홍해를 건너 아라비아와 그 주변 지역으로 퍼져갔다. 커피가 예멘에서 재배되기 시작하자 항구도시 모카는 커피 교역의 중심이 되었고, 이 과정에서 모카커피의 상업화가 시작되었다. 이후 터키에 이르러 커피는 대중적인 음료로 정착되었다.

커피 대중화는 14세기경 술탄 술레이만 1세가 이집트를 정복한 것을 계기로 오스만 제국에 커피가 전해지면서 본격화되었다. 이스탄불은 인류 최초로

[그림 3] 커피하우스

[그림 4] 유럽 최초로 문을 연 베네치아의 카페 플로리안

일상적으로 커피를 마시는 '커피제국'의 심장이자, 유럽 커피 문화의 원형을 만들어낸 곳이었다. 그들은 커피하우스를 만들어 커피를 기호음료로 즐겼다. 당시 커피는 이슬람 세력의 보호 아래 아라비아 지역에서만 재배되었을 뿐 외부로의 유출이 철저히 차단되었다.

1615년 커피는 이스탄불을 오가던 베네치아 상인들에 의해 유럽에 처음 소개되었다. 1645년 이탈리아 베네치아에서 유럽 최초로 커피하우스가 문을 열면서 본격적으로 유럽에 '카페 문화'가 대중화되었다. 당시 향신료 무역만으로 부를 축적하는데 한계를 느꼈던 유럽의 상인들은 커피로 눈을 돌렸고 유럽 열강들(독일, 프랑스, 이탈리아, 네덜란드 등)은 식민지에서 커피를 재배하기 시작했다. 이때부터 커피는 '노예 잔혹사'를 불러왔다.

1616년 네덜란드의 한 상인이 모카 항구를 통해 수입한 커피는 이후 네덜란드의 식민지 스리랑카에서도 경작되기 시작했다. 커피 소비량은 날로 늘어났지만, 예멘은 유일한 커피 산지였고 수요와 공급의 큰 차이로 엄청난 이익

[그림 5] 프랑스령에서 자라는 대부분의 커피나무는 루이 14세에게 전달된 커피나무로부터 유래됨.

을 챙기던 때였다. 직접 생산해서 공급하는 것이 낫다는 결론을 얻은 네덜란드 동인도회사는 자신들의 식민지에 커피 플렌테이션을 구축했다. 네덜란드는 스리랑카에 이어 자바에서도 커피를 재배하여 전 유럽에 자바커피의 명성을 알렸다.

암스테르담의 시장으로부터 커피나무를 선물 받은 프랑스 국왕 루이 14세 역시 식민지 섬 마르티니크와 기아나에 커피를 심어 널리 확산시키고자 했다. 이렇게 해서 이슬람이 오랫동안 독점하고 있던 커피는 전세계에 알려지게 되었다.

커피문화의 다양성은 커피의 전파와 커피 도구들을 통해서도 살펴볼 수 있다. 우리가 알고 있는 터키 커피는 원두를 우려내는 방식이다. 이 커피는 곱게 간 커피와 설탕과 물을 '체즈베(Cezve)'라고 하는 작은 황동 주전자에 넣고 끓였다. 그리고 커피의 온기를 유지하기 위해서는 '이브릭(Ibrik)'이라는 주전자에 옮겨 담은 후 마실 때에는 화로 위에 올려놓았다.

이 도구들은 유럽에서 더욱 발전했다. 프렌치 프레스나 카페 티에레로 알려진 이 도구는 분쇄된 커피의 향을 그대로 추출해 내기 때문에 그 향이 고스란히 남아있어 많은 사람들이 선호했다. 이탈리아인 아틸리오 칼리마니(Attilio Calimeni)에 의해 발명된 이 기계의 사용 방식은 의외로 간단하다. 커피를 포트에 넣고 뜨거운 물을 부어 저은 뒤 4분가량 후에 압축 장치로 액체와 커피 가

| 체즈베 | 이브릭 | 비알레띠 | 프렌치프레스 |

루 찌꺼기를 분리한다. 이탈리아에서 가장 보편적인 커피 추출방식은 비알레띠를 이용해 에스프레소를 만드는 것이었다. 커피를 불에 올려 끓이는 스토브탑 방식의 비알레띠는 두 개의 본체로 구성된다. 포트 아래 부분에 물을 넣고, 아래 본체와 위 본체 사이에 끼여 있는 둥근 금속 필터 안에 분쇄 커피를 넣은 뒤 불에 올려두면 위 본체에 진한 향의 에스프레소 커피가 올라온다.

┌ 키워드 ┐

커피, 카와, 카흐베, 예멘, 무함마드, 에디오피아, 칼디, 교황 클레멘스 8세, 유럽, 커피하우스, 콘스탄티노플, 커피문화, 플로리안, 네덜란드, 모카, 이브릭, 비알레띠

집필자: 김희정

참고문헌

탄베 유키히로, 윤선해 역, 2018, 『커피 세계사』, 황소자리.

김경옥, 2005, 『커피와 차』, 교문사.

김지룡, 갈릴레오 SNC, 2012, 『사물의 민낯 1498~2012 잡동사니로 보는 유쾌한 사물들의 인류학』, 애플북스.

김희정, 2009, '커피, 유럽과 지중해를 말하다', IMS Culture, 24호.

남종국, 2011, 『지중해 교역은 유럽을 어떻게 바꾸었을까』, 민음인.

문준웅, 2008, 『Perfect Espresso』, 아이비라인.

박상희, 2008, 『커피홀릭's 노트』, 예담.

박영순, 2017, 『커피 인문학』, 인물과 사상사.

박종만, 2007, 『커피기행』, 효형출판.

유대준, 2009, 『Coffee Inside』, 해밀.

이승훈, 2010, 『올어바웃 에스프레소』, SEOUL COMMUNE.

최재영, 2013, 『세계 커피 기행』, 북스타.

72

코르도바
(Cordoba)

코르도바는 스페인 남부 안달루시아 자치구에 위치한 같은 이름을 가진 주의 수도로써 이 지역을 가로지르는 과달키비르강 유역에 위치하고 있다. 중세에는, 우마이야 지방, 에미레이트(토후국), 칼리페이트(칼리파 통치국)의 수도였으며 특히 9세기~10세기 사이에 이슬람 서부와 서유럽의 문화가 번성한 곳이었다. 세비야와 타이파의 다른 도시들에 비해 잘 알려지지 않았지만, 10세기~11세기 타이파왕국 시대의 주요 지역이었다. 이 도시와 주변 지역은 1236년 카스티야와 레온의 왕 페르난도 3세의 기독교 세력에 의해 정복되어 코르도바 왕국의 영토가 되었다. 코르도바는 왕권의 관할 하에 있었지만 군인과 귀족들은 시민생활을 지배했으며 지방, 특히 과달키비르 이남의 땅에 큰 재산을 축적하고 있었다. 이런 최상위 가문들과 이들의 부하들은 스페인과 에미레이트의 마지막 전쟁이 있기 전까지 중세 250년 동안 그라나다와 함께 코르도바의 국경을 방어했다. 전쟁 중에 이 도시는 왕실군대의 기착지 역할을 했으며, 코르도바의 상류층과 그들이 보유한 인력과 재산은 군사작전에 크게 기여했다. 1492년 이후 코르도바의 귀족과 군인들은 스페인 역사상 가장 상징적인 정복 사업에 착수해 1504년에는 나폴리를, 1509년에는 알제리의 오란을 정복했다.

16세기와 17세기 초반에 코르도바는 약 5만 명의 주민이 사는 중요한 인구 밀집지역으로 성장했다.

코르도바의 역사

일찍이 기원전 3세기 초에 건설된 코르도바는 남부 이베리아 반도에서 가장 중요한 수로인 과달키비르강 인근의 주요 교통로에 위치하고 있었다. 코르도바는 반달족, 서고트족, 비잔티움제국에 의해 정복되기 전까지 로마 히스파니아와 바에티카의 수도였다. 711년, 아랍-베르베르 군대가 점령한 후 코르도바는 우마이야 지방 알 안달루스의 수도가 되었다. 압바스 혁명이 다마스쿠스 기반의 우마이야 왕조를 무너뜨렸을 때, 아브드 알라흐만1세의 자손은 서쪽으로 도망쳐 756년 에미레이트의 형태로 다시 권력을 확립했다. 929년 아브드 알-라흐만 3세가 칼리파가 되면서 코르도바는 두 번째 우마이야 칼리파의 수도가 되었다. 코르도바는 알 안달루스에서 가장 중요한 정치, 경제, 문화의 중심지가 되었고, 중세 지중해에서 가장 큰 도시 중 하나로, 인구는 무슬림, 기독교인, 유대인을 포함해 10만명 이상이었다. 코르도바의 주요 회당인 우마이야 모스크는 아브드 알라만 1세와 그의 후임자들의 지원으로 8세기 후반에서 10세기 후반 사이에 확장되었다. 회당의 크기가 커졌다는 것은 코르도바와 알 안달루스의 무슬림 인구가 증가했고 이베리아와 기독교인들이 점진적으로 이슬람으로 개종했다는 것을 의미한다. 코르도바 도시체계의 또 다른 주요 요소에는 다른 모스크들, 칼리파 궁전, 공관, 막사, 조폐국, 교도소, 주요 인사들의 저택, 그리고 주거지역, 산업지구, 시장, 목욕탕, 정원, 묘지가 포함된다. 수십만 권의 책을 소장한 대학과 도서관, 음악학원, 기타 문화교육기관을 통해 코르도바는 서구 이슬람 세계의 저명한 학문중심지로 성장했으며 이븐 하즘

(994년~1064년)과 이븐 루시드(1126년~1198년)와 같은 무슬림 학자들과 유태인 철학자 마이모니데스(1135년~1204년)를 배출했다.

칼리파 아브드 알라만 3세는 코르도바의 정치적 우월성, 인구밀도, 남쪽 과 달키비르강과 북쪽의 시에라 모레나 산 사이에 압착된 좁은 공간을 감안하여 도시에서 서쪽으로 약 10km 떨어진 곳에 메디나 알자라로 알려진 별도의 왕궁 단지를 건설하도록 했다. 칼리파의 행정기구는 코르도바에서 메디나 알자라로 옮겨졌다. 건축적, 예술적, 원예장식적 요소로 꾸미고 소리, 빛, 물의 극적인 사용으로 더욱 멋스러워 보이는 장소에서 열리는 눈부신 행사와 구경거리는 이 궁전의 특징이었다. 우마이야 왕조는 1008년부터 내전, 불안, 쇠퇴의 시기를 거치게 되었고, 코르도바는 1031년 우마이야 왕조가 무너질 때까지 왕위를 놓고 대결하던 사람들과 그들의 파벌, 군대에 의해 점령당했다.

또한 코르도바는 오랜 기간 동안 무슬림, 기독교인, 유대인의 일상적인 교류 장소였다. 전세계 무슬림, 사하라 이남 아프리카와 유럽북부의 노예, 외교관, 첩, 여행자들이 도시 삶에 기여했다. 무슬림과 기독교의 볼 때 코르도바는 851~859년 동안 몇몇 기독교인들이 이슬람 신앙과 선지자 무함마드를 공개적으로 비난하는 여러 사건이 일어난 장소였다. 칼리페이트 당국은 그들을 처형했고 그들은 '코르도바의 순교자'로 알려지게 되었다. 많은 사람들이 칼리페이트 정부에서 관리를 포함하여 높은 정치, 사회적 지위를 누렸으며 일부는 이슬람으로 개종했거나 개종하는 과정에 있었기 때문에, 이와 같은 사례는 당시 상황과 어울리지 않는다. 역사가들은 이런 사건을 기독교인에 대한 무슬림의 박해라기보다는, 이슬람으로의 개종 등 더욱 아랍화되는 경향을 보이며 수가 줄어들고 있는 기독교인들에 대한 경계를 강화하기 위해 기독교 작가들이 사적인 경험을 바탕으로 일종의 경고성 글을 쓴 것으로 해석하기에 이르렀다.

1236년, 페르난도 3세의 군대는 타이파, 알모라비드, 알모하드 시대 이후 지난 영광의 자취를 담고 있는 이 도시를 정복했다. 이 도시의 점령은 과달키비르 하곡 지역에 대한 기독교인들의 첫 번째 주요 공격이었고, 계속해서 그들은 주변 지역인 하엔(1246년), 세비야(1248년)와 그 밖의 지역을 정복하였다. 페르난도 3세와 그의 장군들은 카스티야-레온의 지배 하에 코르도바 왕국을 추가하여 도시를 기독교화 했다. 이들은 대모스크를 도시의 성당으로 봉헌하고, 성전의 상징적인 기둥과 줄무늬 말굽모양 아치는 보존했지만 모스크의 다른 부분은 기독교인 전용 예배당으로 변경했으며 고딕예술로 장식했다. 아치와 돔이 있는 미흐라브(벽감) 공간은 산페드로 예배당이 되었다. 16세기에는, 예배당 한가운데에 르네상스식 성당을 세웠으며, 플라테레스크양식의 건축적, 예술적, 장식적 요소를 모스크였던 사원에 추가하였다. 도시를 더욱 기독교화하기 위해, 정복 후 도시를 14개 교구로 나누고 교구 교회를 세웠다. 1492년에는, 지방에도 수도원과 수녀원을 세웠다. 히에로니무스 수도회의 산 제로니모 데 발파라이소 수도원은 15세기에 메디나 알자라가 내려다보이는 언덕에 세워졌다.

1236년 정복 후, 도시는 특별법 (자치법)을 설립하고 장교 (시의원과 배심원)로 구성된 시의회를 구성하였다. 무슬림과 유태인 주민은 추방되었고 많은 사람들이 주변 지방으로 강제이주되었다. 1265년의 무슬림반란 후 지역에 남아 있던 사람들도 추방되었고, 그라나다와 북아프리카에서 많은 난민이 발생했다. 토지 재분할과 재정착과정으로 도시와 지방에 대한 기독교 식민지화가 시작되었다. 재산은 교회, 군단, 정복에 참여한 전사들에게 배분되었고 이들 전사의 후손은 이후 중세와 근대 초기 코르도바와 지역을 지배했던 페르난데스 데 코르도바 일가를 형성하였다.

14세기와 15세기, 페르난데스 데 코르도바 일가는 지방관직을 도맡았고 도시저택을 짓고 과달키비르강 바로 남쪽의 비옥한 캄피냐 지역에 큰 재산을 축적했으며 그라나다 에미레이트와 접해 있던 최남단의 시에라 수베티카 고원에 성을 세웠다. 네 세대에 걸쳐, 페르난데스 데 코르도바 일가의 주요 구성원과 관련 구성원들은 네 개의 주요 가문을 이루었고, 사유지 이름을 따서 아귈라, 에스페호, 카브라, 몬테마요르의 영주로 불렸다. 시간이 지남에 따라 가문의 이름이 바뀌게 되었는 데, 16세기 초 새로운 사유지가 생기고 작위가 부여되면서 각각 프리에고의 후작, 코마레스의 후작, 카브라의 백작, 알카우데테의 백작으로 불리게 되었다. 하엔, 세비야, 무르시아 왕국에 땅을 가지고 있었던 다른 귀족들에 비해 페르난데스 데 코르도바 일가는 그라나다와 인접한 남부지방의 땅을 거의 독점했다. 이와 대조적으로, 군사집단과 종교재단은 엑스트레마두라와 카스티야라만차에서 더 많은 땅을 차지했다.

시에라 수베티카 고원은 그라나다 에미레이트의 수도에서 가장 가까운 기독교 지역이었다. 이러한 근접성 때문에, 카스티야의 여왕 이사벨과 아라곤의 페르난도 왕과 같은 가톨릭 군주들은 그라나다 전쟁 동안 코르도바에 군대를 소집하여 군인, 무기, 장비를 동원했다. 군인과 화물은 캄피냐를 통과해 그라나다로 옮겨졌다. 코르도바의 군인 귀족들은 부하들은 곡물과 같은 자원과 마차꾼과 같은 인력을 제공하여 전쟁물자확보에 크게 기여했다. 이 코르도바 장교들은 전쟁에서 수훈을 세웠고, 이후 특히 지중해와 북유럽에서 스페인제국의 군사작전을 지휘했다. 곤잘로 페르난데스 데 코르도바 (이후 세사 공작)는 1503년부터 1504년까지 스페인군을 지휘해 나폴리를 정복하는 위업을 달성해 "대장군"으로 불렸다. 그의 사촌 디에고 페르난데스 데 코르도바 (이후 코마레스 후작)는 알제리 서부에서 스페인의 메르스 엘케비르(1505년)와 오란(1509년) 침공을 이끌었다. 16세기 디에고 페르난데스 데 코르도바의 후손과 부하들은 북아프리카에서 스페인의 가장 중요한 식민 전초 기지였던 오란의 정부와 행정부를 지배했다.

키워드

우마이야 왕조, 과달키비르강, 서고트, 아브드 알 라흐만 3세, 마이모니데스, 페르난도 3세, 안달루시아, 시에라 수베티카 고원

집필자: 리앙(Yuen-Gen Liang)

참고문헌

Acién Almansa, M. and A. Vallejo Triano. 1998. "Urbanismo y estado islámico. De Corduba a Qurtuba-Madinat al-Zahra". Genèse de la ville islamique. Madrid: Casa de Velázquez and Consejo Superior de Investigaciones Científicas.

Glaire Anderson. 2013. The Islamic Villa in Early Medieavl Iberia: Architecture and Court Culture in Umayyad Córdoba. Burlington: Ashgate.

Susana Calvo Capilla. 2002. Urbanismo en la Córdoba islámica. Madrid: Edilupa Ediciones.

John Edwards. 1982. Christian Cordoba: The City and its Region in the Late Middle Ages. Cambridge: Cambridge University Press.

José Manuel Escobar Camacho. 1989. Córdoba en la Baja Edad Media. Córdoba: Caja de Ahorros de Córdoba.

Richard Fletcher. 1992. Moorish Spain. New York: Henry Holt and Company.

José Ignacio Fortea Pérez. 1981. Córdoba en el siglo XVI: Las bases demográficas y económicas de una expansion urbana. Córdoba: Monte de Piedad y Caja de Ahorros de Córdoba.

Yuen-Gen Liang. 2011. Family and Empire: The Fernández de Córdoba and the Spanish Realm. Phildelphia: University of Pennsylvania Press.

Christine Mazzoli-Guintard. 2003. Vivre à Cordoue au Moyen Âge: Solidarités citadines en terre d'Islam aux Xe-XIe siècles. Rennes: Presses Universitaires de Rennes.

Manuel Nieto Cumplido. 1998. La Catedral de Córdoba. Córdoba: Obra Social y Cultural de Cajasur.

Antonio Urquízar Herrera. 2001. El Renacimiento en la periferría: La recepción de los modos italianos en la experiencia pictórica del Quinientos cordobés. Córdoba: Universidad de Córdoba.

Kenneth Wolf, Kenneth. 1988. Christian Martyrs in Muslim Spain. Cambridge: Cambridge University Press.

73

코멘다 계약
(Commenda)

코멘다 계약은 일종의 해상 투자 계약으로 중세 지중해 세계에서 널리 활용되었다. 12세기~13세기에 이탈리아 상인들은 코멘다 계약을 활용해 지중해 원거리 교역에 참여했다. 이 투자 계약은 지역에 따라 다른 명칭으로 불렸는데, 베네치아에서는 서로를 함께 묶는다는 의미의 콜레간차(Colleganza)가, 제노바에서는 소키에타스 마리스(Societas maris)가 그것이었다. 명칭만 달랐을 뿐 이 계약의 핵심 내용과 구조는 대동소이했다. 일반적인 코멘다는 본국에 머물면서 자본을 제공하는 투자자와 -자본 중 일부를 투자하거나 노동력을 제공하여 경제활동을 수행하는- 상인이 체결한 일종의 상업 투자 계약서였다. 이 계약서는 자본금이 부족한 상인들에게 지중해 원거리 교역에 참여할 수 있는 기회를 제공했다. 덕분에 십자군을 계기로 지중해 원거리 무역은 크게 활성화될 수 있었다.

코멘다 계약의 기원

코멘다 계약의 기원과 법적 특성 그리고 경제적 기능에 관한 모든 것이 명확하게 밝혀지지는 않았다. 명칭을 둘러싼 논란도 완전히 해소되지 않았다. 코멘다 계약과 거의 일치하는 계약들이 지역에 따라 Accomendatio, Collegantia, Societas maris, Entica 등 다양한 이름으로 불렸기 때문이다. 다양한 어휘의 계약들을 동일한 계약으로 간주할 수 있는지에 관한 이견이 남아 있다.

코멘다 계약의 기원에 관해서는 크게 두 가지 주장이 있다. 하나는 중세 이탈리아 상인들이 창안한 금융 제도였다는 설이고, 다른 하나는 이슬람 세계가 발명했다는 설이다. 코멘다 계약의 형식과 내용이 그렇게 복잡하지 않다는 점을 고려할 때 이 계약이 중세 지중해 여러 문명권에서 독자적으로 개발되었다는 주장도 설득력이 있다. 반면 중세 지중해 교류사 전문가인 우도비치(Udovitch)는 "훨씬 나중에 코멘다로 유럽에 알려진 경제, 법적 제도와 동일한 상업적 협정의 최초의 예는 이슬람식 계약 형태였다."라고 하면서, 중세 유럽 기독교 상인들이 활용했던 코멘다가 이슬람 세계로부터 받아들인 것이라고 주장했다. 실제로 이슬람 세계에서 통용되던 무카라다(Muqarada)라 불리는 투자 계약이 코멘다의 원형으로 간주된다. 십자군 전쟁 전후로 이슬람 세계의 선진적인 상업 기술과 제도들이 서유럽 기독교 세계로 흘러들어왔다는 사실을 고려한다면 이러한 주장은 충분한 설득력이 있다.

코멘다 계약과 중세 지중해 원거리 교역

게르만족의 대이동과 서로마 제국의 몰락으로 지중해를 통한 교역은 로마 제국 전성기와 비교해 활력을 상실했다. 벨기에의 역사학자 앙리 피렌느의 주장처럼 이슬람의 지중해 진출이 지중해 교역을 완전히 중단시키지는 않았지만 8세기에 이르면 지중해 교역량이 현저히 줄어들었다. 8세기 지중해에서 난파한 선박의 수가 상대적으로 적었다는 사실이 이를 뒷받침한다. 이슬람의 빠른 팽창이 완화되고 세력 균형이 안정을 찾으면서 9세기 지중해 교역은 점진적으로 활기를 되찾기 시작했다. 이 시기 베네치아, 아말피, 제노바, 피사 등의 이탈리아 항구도시들이 본격적으로 지중해 교역에 뛰어들기 시작했다. 십자군 전쟁은 이슬람 세계와 기독교 세계의 전쟁이었지만 두 세계 사이의 교류와 접촉을 확대하는 역할을 했다.

중세 서유럽 기독교 세계가 지중해 교역에 활발하게 참여할 수 있게 만든 가장 중요한 기반 중의 하나가 바로 코멘다 제도였다. 서지중해에서 코멘다가 본격적으로 사용되기 시작한 것은 10세기부터였다. 코멘다 계약의 당사자들은 동업자라기보다는 돈을 빌려주고 받는 채무자와 채권자의 관계에 가까웠다. 이 투자 계약은 주로 일회성 사업을 위한 것이었다. 본국에 남아 있는 투자자는 장사를 떠나는 상인에게 자금이나 상품을 제공하고, 이를 받은 상인은 해외로 나가 장사를 하고 다시 본국으로 귀환하여 합의한 비율로 이익을 나눴다. 일반적인 코멘다 계약에 따르면 투자자는 총 수익금의 4분의 3을, 상인은 4분의 1을 받았다. 만약 사업에 실패하게 되면 투자자는 투자금을 잃게 되고 상인은 자신의 노동력에 대한 보상을 받지 못했다. 때론 상인도 사업 자금을 공동으로 투자했다. 중세 제노바에서는 투자자가 사업 자금의 3분의 2를, 상인이 3분의 1을 공동으로 출자하고, 최종 수익금을 반씩 나눈 사례가 있었다.

제노바 코멘다 계약서

1163년 9월 29일 제노바.

증인들: 시모네 부쿠치오, 오제리오 펠로소, 리발도 디 사우로와 제노아르도 타스카.

스타빌레 가라톤과 안살도 가라톤은 코멘다 계약(원문에는 소키에타스)을 체결했다. 그 계약에 따르면 그들이 상호 합의한 것처럼 스타빌레는 88 제노바 파운드를 출자했고, 안살도는 이 돈을 가지고 튀니스나 아니면 그가 타고 갈 선박, 즉 발디쪼네 그라소와 지라르도의 선박이 가는 곳에서 장사를 할 것이다. 안살도가 장사를 마치고 본국으로 귀환하면 수익금의 분배를 스타빌레나 아니면 그의 대리인에게 맡긴다. 두 당사자는 투자 원금을 공제하고 나머지 이익금을 반으로 나눈다. 이 계약은 1163년 9월 29일 성당 참사회 사무실에서 체결되었다.

추가로 스타빌레는 안살도가 가장 편리한 귀국 선박을 이용해 수익금을 제노바로 보내는 것을 허용했다.

코멘다 계약의 쇠퇴

12~13세기 이탈리아 상인들이 일상적으로 활용했던 코멘다 계약은 한 번의 사업 여행을 위한 일회성 계약이었다. 십자군 당시 지중해 원거리 교역은 아직은 위험요소가 많은 모험사업이었다. 난파와 해적의 위험, 적대적인 이슬람 세계와의 교역, 현지 군주와 관리들의 변덕과 강압 등 여러 가지 어려움이 산재해 있었다. 그렇지만 위험부담만큼 기대 이익도 높았다. 한 번의 사업 여행에서 성공하면 큰 이익을 얻을 수도 있지만 실패할 가능성도 그만큼 높았다. 실제로 상인들은 다수의 사람들로부터 소규모 금액을 투자받아서 자본금을 마련했다. 투자자들은 한 상인에게 자금을 몰아서 투자하기보다는 여러 상인들에게 자본을 분산해서 투자했다. 이 모든 것은 실패할 경우를 대비한 투자 전략이었다. 그런 점에서 코멘다 계약은 모험사업에 적합한 투자 계약이었다.

12~13세기 이탈리아 상업 도시들에서 활발하게 사용되었던 코멘다 계약은 14세기에 접어들면서 사용빈도가 현격히 줄어들었다. 중세 후반의 제노바 상업사를 전공한 케다르(Benjamin Z. Kedar)는 제노바에서 체결된 상업 계약서를

분석해 중세 말 코멘다 계약 건수가 현격히 줄어들었음을 보여주었다.

[표 1] 1200~1441년의 제노바 코멘다 계약

기간	총 계약 건수	코멘다 계약 건수	코멘다 계약 비율
1200~1249	581	136	23.4%
1250~1299	956	160	16.7%
1300~1349	589	85	14.4%
1350~1399	374	27	7.2%
1400~1441	821	25	3.0%

코멘다 계약이 줄어든 것은 제노바만의 현상이 아니었다. 14세기 후반 이후 베네치아에서도 코멘다 계약은 현저히 줄어들었다. 왜 이런 현상이 발생했을까? 두 가지 측면에서 그 원인을 찾을 수 있을 것이다. 첫 번째는 지중해 교역이 이전 시기와 비교해 안전해 졌다는 것이다. 위험요소가 줄어들면서 투자 수익률이 낮아졌다. 실제로 14세기 지중해와 흑해보다 불안요소가 높았던 아시아와의 모험사업에 코멘다 계약이 상대적으로 많았다는 사실이 이를 증명한다. 두 번째는 이제 충분한 자본력을 갖춘 상인들이 나타나기 시작했다는 것이다. 12~13세기 모험사업을 통해 자본을 축적한 국제적인 규모의 상인들이 이제 소규모 투자자들에게 덜 의존할 수 있게 되었다. 세번째는 사업 조직의 변화가 코멘다 계약의 이용 빈도를 하락시켰다. 이탈리아 상인들은 이전까지 지중해 여러 지역들을 돌아다니면서 장사를 했던 순회 상인에서 정주 상인으로 변화했다. 정주 상인들은 해외 시장에 대리인을 상주시키고 본국에서 자신은 사업 전반을 통솔하는 역할을 하였다. 이들은 일회성 모험사업이 아니라 규칙적이고 지속적인 교역을 함께 할 동업자를 선호하게 되었다. 이를 위해서

이탈리아 상인들은 가족들끼리 아니면 동업자와 함께 상사를 조직했다.

문명교류의 영향

코멘다 계약은 11세기 본격적으로 지중해 무역에 뛰어들기 시작했던 이탈리아 상인들이 초기 투자자금을 마련하는데 중요한 역할을 하였다. 십자군 당시 서지중해 지역의 기독교 상인들은 지중해 교역에 경험이 거의 없던 신참들이었다. 이전까지는 유대 상인과 이슬람 상인들이 주도했었기 때문이다. 이러한 상황에서 십자군 기간에 충분한 자본을 확보하지 못했던 기독교 상인들은 코멘다 계약을 통해 지중해 동서 교역에 참여하는데 필요한 자본 등의 재정적 기반을 마련할 수 있었다. 소규모 자본 투자자와 상인을 연결해 주는 코멘다 계약은 12~13세기 지중해 교역의 확대를 가능하게 만든 중요한 대부제도였다. 하지만 중세 말에 접어들어 상인들이 충분한 자본을 확보하고 지중해 원거리 교역이 안정됨에 따라 코멘다 계약의 활용은 점차 줄어들었다.

코멘다 계약은 이슬람 문명권에서 유럽에 도입된 새로운 상업 기술이었다. 그런 점에서 코멘다 계약의 역사는 지중해를 통해 동방의 선진 기술과 지식이 서유럽 기독교 세계로 전파되었음을 보여주는 대표적인 사례라 할 것이다.

┌ 키워드 ┐

코멘다, 콜레간차 (colleganzia), 모험사업, 순회 상인, 베네치아 상인, 제노바 상인, 무카라다 (Muqarada), 정주 상인, 지중해 교역, 이슬람

집필자: 남종국

참고문헌

David Abulafia. 2011 *The Great Sea: a human history of the Mediterranean*. 이순호 옮김. 2013.『위대한 바다』, 서울: 책과 함께.

David Abulafia, ed. 2003. *The Mediterranean in history*, London: Thames & Hudson.

John M. Hobson. 2004. *The Eastern origins of Western civilization*. 정경옥 옮김. 2005. 『서구 문명은 동양에서 시작되었다』, 서울: 에코리브르.

Benjamin Z. Kedar. 1976. *Merchants in crisis. Genoese and Venetian men of affairs and the Fourteenth-Century depression*, New Haven and London: Yale University Press.

Robert S. Lopez and Irving W. Raymond. 1967. Medieval trade in the *Mediterranean world*, New York: W. W. Norton & company.

Janet Abu-Lughod. 1989. Before European Hegemony: The World System A.D. 1250-1350. 박흥식, 이은정 옮김. 2006.『유럽 패권 이전 : 13세기 세계체제』, 서울: 까치.

Robert S. Lopez. 1976. *The commercial revolution of the Middle Ages, 950-1350*, Cambridge.

Federigo Melis. 1972. *Documenti per la storia economica dei secoli XIII-XVI*, Firenze.

Y. Renourd. 1968. *Les hommes d'affaires italiens du Moyen Age*, Paris.

74

코셔
(Kosher)

먹고 마시는 것은 인간의 삶에서 가장 기본적인 요소이다. 유대교를 특징지우는 일곱 가지 요소 가운데 하나가 그들의 음식 율법이다.[1] 유대교의 코셔는 유대인이 먹기에 적합한 것과 적합하지 않은 것을 구분한다. 코셔의 가장 대표적인 특징은 육류와 유제품 간의 구분이다. 유대인들의 코셔는 이후에 이슬람교의 음식 율법인 할랄에 영향을 미친 것으로 보인다.

코셔의 기원

코셔는 '음식으로 섭취하기에 적합하다'라는 뜻의 히브리어 형용사 카쉐르(Kasher)가 아쉬케나지의 유대인 방식으로 발음된 것이다. 유대교 음식법을 의미하는 카슈루트(Kashrut)과 어근이 같다. 보통 코셔는 카슈루트의 의미로 사용된다. 유대교 음식법은 그들의 성문 율법과 구전 율법에 근거한다. 유대인의 성문 율법인 구약성서의 첫 다섯 권은 토라로 불린다. 토라에는 유대인들이

---

[1] 보통 유대교를 특징 짓는 요소로 다음 일곱 가지를 꼽는다: 유일신 사상, 선민 사상, 유대교 경전, 유대식 신앙생활, 음식 율법, 이스라엘이 유대교 신앙의 구심점인 것, 메시아 사상.

일상의 삶에서 지켜야 하는 613개의 율법 조항이 담겨있다. 일상에서 해야 할 것과 하지 말아야 할 것은 각각 365개와 248개의 조항으로 정리되어 있다. 이 율법 조항들은 먹고 마시는 것과 관련된 가이드라인이다. 코셔와 관련된 율법 조항은 주로 레위기와 신명기에 기록되어 있다. 기본적으로 사람이 먹을 수 있는 것과 먹을 수 없는 것이 제시되었고 먹을 때 어떻게 먹어야 하는 지도 언급되었다. 코셔와 관련하여 토라가 자세히 언급하고 있는 사항들은 유대인들이 가진 구전 율법에 제시된 방식을 따른다.

레위기 11장과 신명기 4장은 먹을 수 있는 것과 먹지 말아야 할 것을 명시하고 있다. 동물의 경우 새김질을 하고 발굽이 갈라진 짐승은 코셔다. 소와 양과 염소 같은 가축과 엘크나 버팔로 같은 동물이 코셔에 해당한다. 하지만 돼지의 경우 발굽이 갈라져 있지만 새김질을 하지 않고, 토끼의 경우 새김질을 하지만 발굽이 갈라져 있지 않아서 코셔가 아니다. 하지만 코셔에 해당하는 가축과 동물의 경우에도 그 짐승의 모든 부분을 코셔라고 하지 않는데, 동물의 생식기 부분과 힘줄 부분이 그러하다. 그리고 코셔에서 동물의 피를 먹는 것은 철저히 금기시되었다. 새들의 경우 맹금류에 속하는 모든 조류는 코셔가 아니다. 닭과 칠면조와 메추라기 등은 코셔로 여겨진다. 곤충류의 경우 특정 종류의 메뚜기는 코셔이다. 물고기의 경우 지느러미와 비늘이 있는 생선만이 코셔에 해당한다. 고등어의 경우 지느러미는 있지만 비늘이 없어서 코셔가 아니다. 문어와 낙지, 새우와 조개 그리고 우리가 아는 대부분의 해산물은 코셔가 아니며 지느러미가 있고 비늘이 있는 생선이라도 회로 먹는 것은 코셔가 아니었다.

코셔의 실제

가축이나 동물을 식품으로 처리하는 과정도 유대교 음식법에서 중요하다. 모든 가공절차가 율법적으로 적합한 고기만이 코셔가 될 수 있다. 율법적으로 훈련된 도축자가 정결한 도구를 사용하여 정해진 순서를 따라 짐승을 잡아야 한다. 그리고 피를 빼기 위해서 도축 후 30분 이내에 소금물에 담가 한 시간 동안 소금으로 헹구어 내야 한다. 물고기의 경우 가공과정에서 피를 빼는 절차를 따로 정하지 않았다.

율법적으로 문제가 없는 식재료라도 이방인이 요리하면 그 음식은 코셔가 아니었다. 이방인이 마개를 열거나 따르거나 만진 포도주, 유대인의 관리 없이 이방인이 짠 우유, 이방인이 구운 빵 모두 코셔에서 제외되었다. 이방인이 생산한 올리브유의 경우에는 특정 단계까지는 코셔가 아니지만 그 후에는 코셔로 여겨졌다. 유대인이 불을 피우고 요리 기구를 불에 올려놓는 등 요리에 참여하는 경우에는 이방인의 손을 탄 요리라도 코셔로 여겨졌다. 코셔가 되기 위해서는 꼭 지켜져야 하는 중요한 원칙이 존재했다. 이것은 음식의 조리 과정에서 준수되어야 하는 사항으로 새끼염소를 어미젖에 삶지 말라는 율법 조항에 근거한다(출애굽기 23:19, 신명기 14:21). 육류를 요리하면서 우유로 가공된 소스나 재료를 사용하면 코셔가 아니었다. 같이 섞어서 요리해서는 안될 뿐만 아니라 육류와 유제품을 같이 먹는 것도 금지되었다. 한 식탁 위에 고기 요리와 요구르트, 아이스크림 같은 유제품이 함께 올려져도 코셔가 아니었다. 심지어는 고기 요리를 담는 접시와 생선 요리를 담는 접시를 혼용하는 것도 코셔에 어긋났다. 그것은 유대인들의 생선 요리에 보통 우유로 만들어진 소스가 사용되기 때문이었다. 코셔를 지키는 사람들은 보통 아이스크림을 먹거나 우유를 마셨으면 고기 요리는 한 시간쯤 지나서야 먹었다. 마찬가지로 고기를 먹었

[그림 1] 코셔 맥도날드 로고

으면 유제품은 몇 시간 후에 섭취함으로써 이 규정을 지켜야 했다. 유대인들이 출입하는 코셔 식당은 스테이크 등의 고기 음식을 파는 식당(브사리)과 유제품이나 그 소스가 들어가는 생선 메뉴를 제공하는 식당으로 나누어진다(할라비). 브사리 식당의 디저트로는 아이스크림이나 카페 라떼가 제공되지 않는다. 코셔를 지키는 맥도날드의 메뉴에는 치즈버거 종류가 빠져 있다.

고기와 우유를 함께 요리하는 것을 금하는 배경에 대한 설명 중 하나는 고대에 행해졌던 우상숭배 관습이다. 확실한 증거는 없지만 다양한 우상숭배에서 염소 새끼를 그 어미의 젖으로 요리하는 풍습이 있었던 것으로 보인다. 사막에 사는 베두인들 사이에는 오늘날까지도 귀한 손님들이 올 때 특별히 대접하는 '어미젖의 염소새끼'라는 음식 전통이 남아 있다. 이 조항이 언급된 것은 이스라엘 백성들로 하여금 당대 주변지역에서 널리 행해진 우상숭배에 물들지 않도록 하기 위함이었다.

유대인들이 먹는 코셔 음식은 크게 브사리와 할라비로 대별된다. 하지만 육류도 유제품도 아닌 음식들이 존재한다. 대표적으로 물고기의 경우가 그러하다. 물고기는 육류도 아니고 유제품도 아니다. 이런 부류의 식품들을 '파르베(Parve)'라고 칭한다. 계란의 경우 동물성 제품이지만 파르베로 간주된다. 젤라틴 종류도 파르베이다. 유대 음식법은 주식으로 먹는 빵을 파르베로 간주한다. 이에 따르면 케이크가 아닌 일반 빵에는 속에 고기를 넣거나 유제품 반죽이 들어가지 않아야 한다.

코셔 준수의 한계와 판단

코셔에는 농산물과 관련된 조항들이 있다. 일부는 이스라엘에서 자라는 식물들에 제한적으로 적용된 것이고 일부는 지역에 상관없이 적용된 것이다. 농산물과 관련된 코셔에는 더 이상 지켜지지 않는 조항도 있고 여전히 지켜지는 조항도 있다. 이스라엘에서 수확되는 모든 작물은 원칙적으로 가장 먼저 제사장에게 주어져야 했다(거제물). 그리고 십 분의 일은 레위인에게 주었다. 그리고 다시 레위인은 자기들이 받은 것에서 십 분의 일을 제사장에게 주게 된다. 농부는 두 번째 십일조도 드려야 했다. 규정을 따라 제사장과 레위인에게 주지 않은 농산물은 '테벨'이라고 불렸다. 유대인들은 테벨을 먹을 수 없었다. 하지만 성전이 존재하지 않고 제사장과 레위인도 따로 없는 오늘날 테벨은 더 이상 지켜지지 않는다.

농작물의 재배 과정에서 지켜져야 할 코셔 조항도 있다. 이것은 두 가지 종류의 작물을 같은 밭에서 재배하지 말아야 한다는 것이다. 의도치 않게 그런 상황이 생기면 한 작물은 뽑아내야 했다. 포도원에도 다른 작물을 같이 심어서는 안되며 그렇지 않을 경우 포도원 소출은 금기시되었다. 농산물 코셔와 관련된 다른 주요 이슈는 과일과 야채에서 발견되는 부정한 벌레에 관한 것이다. 과일 속에 있는 벌레는 문제시되지 않지만 땅에서 기어올라오는, 즉 눈에 보이는 벌레들은 유의해야 한다. 무화과나 딸기 그리고 콜리플라워의 경우 쉽게 벌레들을 타게 되는데 이것들을 구입하고 먹을 때는 벌레들을 잘 씻어내야 한다. 밀가루나 쌀을 가지고 요리하기 전에도 채를 사용하여 벌레가 없는지 확인해야 한다. 고대에는 없었지만 현대 사회에 와서 이슈가 되는 농산물과 관련된 코셔 사항들도 존재한다. 마리화나의 경우 의학적인 목적으로 사용될 때만 코셔이다. 담배는 보통 1년 단위로 코셔 인증을 해준다. 유전자 조작

식품의 경우 서로 다른 종을 섞는 경우가 아니라면 코셔로 인정된다.

코셔 인증 제도와 법적 장치

코셔에 대한 유대인들의 이해와 접근은 단일하지 않다. 대표적으로 아쉬케나지 유대인 공동체의 방식과 미즈라히 유대인 공동체의 방식 사이에는 차이가 있다. 차이의 한 예는 '글라트 코셔'에 관한 것이다. 도축된 짐승의 폐가 갈라진 틈이나 구멍이 없이 매끄러우면 아쉬케나지 유대인들은 그것을 매끄러운 고기 '바사르 글라트'라고 부르면서 정결한 육류로 받아들이고 먹었다. 그러나 미즈라히 유대인들은 아쉬케나지 유대인들보다 훨씬 더 엄격하게 도축된 짐승의 폐를 살폈다. 따라서 미즈라히 유대인들은 아쉬케나지 유대인들이 승인한 코셔 고기를 먹지 않았다. 요리과정에서 이방인이 개입된 경우에도 아쉬케나지 유대인들은 유대인이 화덕에 불을 붙이는 것으로 충분하다고 판단했지만 미즈라히 유대인들을 불을 붙이는 것뿐만 아니라 유대인이 화덕에 직접 솥을 올려야 그 음식을 먹을 수 있다고 판단했다.

이스라엘에는 코셔가 아닌 특정 식품의 유통을 줄이기 위한 일련의 법이 제정되어 있다. 그중 하나는 돼지사육 금지법이다. 1994년 제정된 이 법은 이스라엘 최고 랍비위원회에서 코셔 인증 없이는 육류 및 육가공품을 이스라엘로 수입할 수 없다고 규정했다. 산업통상부 장관이 코셔 인증이 없는 육류 수입을 허가할 수는 있지만 그 권한은 제한적이었다. 그리고 코셔 사기 금지법도 제정되어 있다(1983년). 이 법은 국가가 공인하는 랍비위원회만이 코셔 인증서를 발행할 수 있도록 제한하고 있다. 모든 음식점은 코셔 인증서를 걸어 두어야만 코셔 음식점이 될 수 있고 코셔 음식점은 코셔가 아닌 음식을 팔지 않았다. 이에 대한 관리는 랍비위원회가 파견하는 감독자들이 주관했다. 그러나 유대인들 가운데 초정통파나 소수파 종교 그룹에 속하는 많은 유대인들은 공인 랍비위원회에서 발행하는 코셔 인증보다 더 엄격하게 코셔를 관리하는 민간 랍비 기관들의 코셔 인증을 선호한다. 이런 기관들은 '바다쯔'로 불리는데 바다쯔는 '베이트 딘 쩨덱'(공정법원)의 약자이다. 바다쯔들이 제시하는 코셔 인증은 '메하드린(Mehadrin)'으로 불리는데 특히 육류와 관련되어 있다. 메하드린 인증 표시가 붙은 육류는 일반적인 코셔 인증 고기보다 더 비싸게 팔린다. 이스라엘의 유수한 제빵회사나 식품회사가 많이 사용하는 바다쯔 코셔 인증 중 하나는 '바다쯔 하에다 하하레딧'이다. 이 회사들이 공인 랍비위원회의 코셔 인증 대신에 바다쯔를 사용하는 것은 엄격한 코셔 인증을 얻을수록 소비자층이 넓어지기 때문이다. 코셔를 지키는 유대 소비자들은 슈퍼에서 식료품을 구입할 때 그것이 어느 수준의 코셔 인증인지를 확인하고 구입한다. 코셔 인증 관리가 공적인 기관과 민간 기관으로 나누어져 진행되지만 혼선을 야기시키지는 않는다.

[그림 2] 바다쯔 하에다 하하레딧 코셔 인증 표시

키워드

카쉐르, 카슈루트, 브사리, 할라비, 파르베, 글라트 코셔, 바다쯔, 아쉬케나지, 미즈라히

집필자: 신성윤

참고문헌

Rabinowiez, Harry. 1974. "Dietary Laws". Encyclopaedia Judaica. vol. 6. pp. 26-45.

https://en.wikipedia.org/wiki/Kosher_foods (검색일자: 2020년 3월 10일)

https://he.wikipedia.org/wiki/כשרות (검색일자: 2020년 3월 10일)

https://brunch.co.kr/@juneleerk9b/36 (검색일자: 2020년 6월 1일)

콘비벤시아
(Convivencia)

콘비벤시아는 스페인어로 '공존'을 의미한다. 이 학술용어는 711년 이슬람 우마이야 왕조의 아랍-베르베르 군대가 지브롤터 해협을 건넌 이후 그라나다 (Granada)가 이베리아의 기독교 왕국들에 의해 함락된 1492년까지의 이베리아 역사에 대한 하나의 해석을 대변한다. 이 연구에 따르면, 해당 기간에 이베리아의 무어인 왕국들에는 기독교인, 무슬림 그리고 유대인들이 비교적 평화적이고 안정적인 공존의 삶을 유지하고 있었다. 무슬림이 지배하던 이베리아, 특히 10~11세기에 코르도바(Córdoba)는 '관용(Tolerance)'의 상징적인 키워드로 대표된다. 18세기에는 이베리아 반도의 통일을 열망했던 포르투갈의 작가로 이베리즘(Iberism)을 주장했던 호세 사라마고(José Saramago)가 이베리아의 중세를 공존의 시대로 정의한 바 있다.

반면 해석을 달리하는 학술연구도 적지 않다. 예를 들어 데이빗 니렌버그 (David Nirenberg)와 같은 학자는 당시의 역사가 평화로운 공존과는 거리가 있다고 주장하면서 중세 이베리아반도에서 폭력은 항상 존재했다는 사실을 지적했다. 또한 19세기에 유대인 학자 하인리히 그레츠는 콘비벤시아가 유대인들을 적대시했던 기독교인들에 의해 만들어진 조작된 신화에 불과하다고 하였다.

중세 이베리아의 역사에 대한 해석에서는 공존과 관용의 이면에 레콩키스타(Reconquista)의 시각이 존재한다. 레콩키스타는, 이 주제에 대한 연구에 따르면, 시기나 기간에 있어 아랍-베르베르 무슬림의 이베리아 정복과 대동소이하다. 사실상 재정복은 무슬림에 의한 이베리아 지배와 더불어 중세 800년 이베리아 역사의 온전한 퍼즐을 구성한다.

역사의 변천은 하나의 측면만이 드러나거나 하나의 방향으로만 흐르지도, 일관된 흔적만을 남기지도 않는다. 역사에는 가능한 모든 의미의 사건들과 현상들이 함께 동반된다. 우리의 삶이 그러하듯이 이를 반영한 역사도 표리부동(表裏不同)하다. 역사해석은 우리의 선택일 뿐 표리의 모든 것을 보여주지는 못한다. 다만 우리의 선택에 따른 역사해석만이 있을 뿐이며, 보편적이고 지배적인 흐름만이 있을 뿐이다.

이슬람의 이베리아 정복

[그림 1] 8세기 전반의 안달루시아

711년 타리프 이븐 말리크(Tarif ibn Malik)의 아랍-베르베르 군대는 지브롤터 해협을 건너 이베리아 정복을 시작했다. 같은 해 타리크 이븐 자야드(Tariq ibn Ziyad)는 과달레(Guadalete) 강변에서 로데리고의 서고트 군대를 패퇴시켰다. 이슬람 군대의 진격은 상당히 신속했다. 톨레도와 코르도바도 함락되었다. 서고트 왕국 통치에 불만이 컸던 유대인 공동체들의 적극적인 지원도 이슬람 정복에 큰 보탬이 되었다. 725년에는 안바사 이븐 수하림 알-칼비(Anbasa ibn Suhaym al-Kalbi)가 카르카손(Carcassonne)을 공격해 서고트 왕국에 대한 프랑크 왕국의 지원을 원천적으로 차단하였다. 732년 이슬람 군대는 피레네 산맥을 넘어 프랑크 왕국을 공격했다. 알 라흐만(Abd al-Rahmān ibn ʿAbd Allāh al-Ghāfiqī)의 군대는 투르(Tours)까지 진격했지만 푸아티에(Poitiers) 전투에서 당시 프랑크 왕국의 집사장인 칼 마르텔(Karl Martel)에 의해 저지되었다. 후대의 역사가들은 이 전투를 유럽을 구원한 세 번의 승리 중 하나로써 유럽기독교문명과 중동-북아프리카 이슬람 문명 간 지리적 경계가 형성되는 계기로 평가했다.

15세기 말 이베리아 반도가 경험한 지역 문명 간 공존의 실험은 이베리아 기독교 왕국들의 재정복(Reconquista)과 유대인 추방, '피의 순수성' 등으로 인해 미완의 과정으로 남았다. 인종 간, 문화 간, 종교 간 공존의 실험은 그라나다의 함락(1492)과 지리상의 발견 이후 이단과 이교도에 대한 종교탄압과 종교재판 그리고 십자군을 계기로, 단절과 충돌의 역사로 점철되었다.

중세 이베리아의 다인종 다문화 유일신 종교 간 문명교류

중세 이베리아의 역사는 문명 간 교류에 따른 명암의 양면성을 모두 가지고 있다. 이들은 교류의 보편적인 과정에 동반되는 필연적인 결과이다. 상반공존의 개연성은 이미 관계구도의 성립 단계부터 존재했다. 교류의 진행에 따른 명암의 균형과 비중은 연구에 있어 어떤 측면이 더 크게 지적되는가에 따라 달라질 뿐이다.

8세기 이후 지중해는 이슬람의 지브롤터 상륙을 통해, 이베리아와 시칠리아 그리고 예루살렘을 연결하는 문명 간 경계의 바다로 새로워졌다. 중세 이베리아의 상이한 문명들 간 공존은 지중해의 새로운 문명 간 경계의 서단(西

端)에서 성립되었다. 중세 이베리아는 상이한 문명들을 구분하는 폐쇄적인 의미의 경계(Border)이자, 열린 통로로서의 경계(Frontier)였다. 개방성은 거울에 비추어진 폐쇄성의 또 다른 모습이다. 지난 800년에 걸친 다인종 다문화의 역사는 단절과 교류의 상호보완성 원리로 작동하면서 새로운 이베리아 문명의 정체성을 지향하던 경험이었다. 교류는 변화에 있어 결코 일방적이지 않았으며, 그 과정의 본질은 '쌍방향의 상반된 구조'에 있었다.

중세 이베리아 800년의 문명 간 교류는 비록 아랍-베르베르인들의 군사원정으로 시작되었지만 공존에 있어서는 로마인, 서고트인, 아랍인, 베르베르인과 다른 아프리카 주민들, 슬라브인, 프랑크인들이 함께 거주하는 다인종 다문화의 글로벌 역사였다. 종교적으로도 유대교, 그리스도교 그리고 이슬람의 세 유일신 종교가 공존했으며 상호 간의 영향은 불가피했다. 다인종, 다문화의 측면에서도 중세 이베리아에는 사실상 유럽과 북아프리카 그리고 중동의 문명들이 다양한 유형으로 공존하고 있었다. 그럼에도 중세 이베리아의 문명 교류는 아랍-무슬림 공동체와 이베리아-서고트 공동체의 관계구도를 중심으로 진행되었다. 반면 유대공동체는 이들 사이에서 정치적으로나 문화적으로 부차적인 위치에 있었다.

중세 이베리아의 역사는 정치와 종교의 차원에서 이념 간 대립과 갈등의 역사로 해석되었으며 그 과정에 대한 기술에서는 군사적 충돌에 따른 승리와 패배 그리고 정복이 강조되었다. 문명 간 갈등과 충돌의 겉으로 드러난 모습은 교류에 대한 온전한 설명이 아니다. 그 이면에는 승리와 패배에 따른 결과들이 서로에 대한 인식과 영향의 원인으로 작용한 사례들이 적지 않았다. 포로나 노예들은 전쟁의 전리품이나 노예무역의 결과였다. 이들은 적군의 군대에서 복무하는 것으로 목숨을 부지하거나, 여성들의 경우 오랜 기간 생소한 문화권에서 자신의 고유한 문화정체성을 다양한 모습으로 드러내는 삶을 살았다. 다시 말해 새로운 환경에서 살아가는 이들의 삶 그 자체가 문명 간 교류의 저변이었다.

　정치, 이념적 구도에서도 교류의 흔적은 명백하게 드러났다. 대표적인 사례는 권력을 장악한 자들과 이들의 지배 하에서 자신의 고유한 신앙을 유지하고 종교의식의 제한된 자유를 누리면서 그 대가로 자신들에 대한 지배의 조건들을 수용하는 자들의 공존을 위한 제도적 합의에서 찾을 수 있다. 이처럼 이베리아의 무슬림과 유대인, 기독교인들의 공존은 딤미제도(Dhimmitude)에 근거했다. 후자 그룹의 사람들은 지즈야(Jizya)와 같은 특별한 세금을 대가로 보호와 안전을 제공받았다. 재정복의 시기에 기독교인들이 무슬림 주민들인 무데하르(Mudéjar)와 새로운 관계를 설정한 것도 같은 맥락에서 이해될 수 있다.

　이슬람의 이베리아 정복과 이베리아 기독교왕국들에 의한 재정복은 시기나 영토에 있어 상당부분 중복된다. 이러한 상황에서 두 정치-종교 세력 간 잦은 전쟁과 영토 경계의 변경은, 특히 유일신 종교들의 공존이라는 측면에서 주민들의 잦은 이동을 불가피하게 했다. 자신이 거주하는 지역을 정복한 정치세력의 종교가 달라진 경우, 많은 주민들은 같은 신앙을 가진 통치자들의 지역으로 이주하거나, 지배세력의 종교로 개종을 결심하거나, 또는 새로운 지배세력의 문화 전반을 모방하면서 내면적으로는 자신의 고유한 신앙을 유지하는 등 다양한 방식으로의 현실적응을 시도했다. 이러한 변화는 특히 이베리아 기독교왕국들에 의한 재정복의 시기에 빈번했다. 기독교 왕국에서는 아랍스타일 또는 안달루시아 혼종 문화의 일부로 정착된 새로운 의상을 즐겨 입는 군주들이 나타났다. 특히 안달루시아의 기독교인들과 유대인들이 무슬림 지배세력의 사회문화적 모델, 언어, 복장 등에 적응하는 것이 그 반대의 경우보다 더 빈번했다. 중세 이베리아 문명 간 공존의 시기에 아랍풍의 이름을 사용한 기독교 주교나 재판관들은 당시 이베리아 혼종문화를 상징하는 인물들이었다. 유대인들은 복수의 종교문명이 공존하는 시기에 문화간 경계에 머물면서 자신들의 능력과 세련된 문화감각을 발휘하여 문화접변의 실질적인 중재를 담당하였다.

중세 이베리아 문명교류의 단계별 유형 변화

문명 간 교류의 관점에서 중세 이베리아의 역사를 바라볼 때, 이 시기의 역사는 다음의 세 가지 관계구도의 성립과 변천의 과정으로 이해할 수 있다.

첫째의 관계유형은 로마제국의 몰락이후 이베리아 반도를 정복한 서고트족과 로마-이베리아 주민들의 관계구도이다. 이들은 모두 기독교인이었지만, 예수의 인성을 둘러싼 종교적 갈등과 경제적 착취로 인한 심각한 충돌의 양상에 직면해 있었다. 특히 서고트 왕국의 지배세력은 유대인들을 적대시함으로써 훗날 이들에 의해 이슬람 정복이 보다 용이해지기도 했다. 궁극적으로 서고트 왕국과 로마-이베리아 원주민 간 관계는 양측 간의 문화 수준차이와 일방적이고 강압적인 정책으로 인해 심각한 갈등에 직면했다. 당시 이러한 상황에서 이베리아 반도의 유대인 공동체와 북아프리카의 유대인 공동체가 연합한 것은 무슬림의 이베리아 정복을 상대적으로 용이하게 했다.

둘째는 711년 지브롤터를 건너 시작된 아랍-베르베르 무슬림의 이베리아 정복을 계기로 성립된 무슬림과 서고트-이베리아 주민들의 새로운 관계구도이다. 새로운 관계구도의 성립에서 이슬람은 서고트와 로마-이베리아 주민들 간 교류유형의 변화를 자극하는 새로운 요인으로 등장함과 동시에 또다른 교류 유형의 성립과 그 이후의 변천에서 중재의 역할을 담당했다. 이 시기는 후대의 학자들에 의해 평화적인 공존(Peaceful Coexistence)의 기간 또는 이베리아 북부의 기독교 왕국들에 의한 재정복으로 해석되었다.

셋째는 이베리아 기독교왕국들의 재정복을 통해 무슬림의 지배가 청산되는 기간이다. 당시 이슬람 세력은 1031년 후우마이야 왕조의 칼리파가 통치하던 코르도바의 중앙권력이 붕괴된 이후 정치적으로 분열하여 소규모 영토의 권력단위들로 재구성되었다. 이슬람 권력의 약화는 이베리아 기독교 왕국들의 군사적 재정복을 용이하게 만든 요인이었다. 당시 모든 타이파가 종교-이념적 논리에 따라 기독교 왕국들에 적대적이지는 않았다. 오히려 정치-군사적 상황에 따라 이들은 기독교세력들과도 연합에 참여하는, 이른바 독자적인 노선의 이해관계를 추구하고 있었다.

문명교류 패러다임의 전환

안달루시아는 유대교, 기독교, 이슬람 간 문명 공존의 역사적 모델이었지만 동시에 기독교왕국들의 재정복으로 야기된 문명 간 갈등과 차별의 사례이기도 했다. 재정복이 진행되는 기간에는 무슬림과 유대인들에게 어느 정도의 종교적 자유가 주어지고 있었다. 하지만 1478년에 스페인 종교재판소가 설치되고, 1492년에 그라나다가 함락된 직후에는 알함브라 칙령(Alhambra Decree)에 따라 기독교로 개종하지 않은 유대인들은 유대인 집단수용소에 보내지거나 추방되었다. 무슬림에 대한 탄압도 예외는 아니었다. 이들 역시 개종을 강요받거나 추방되었다. 1500년과 1502년 그라나다와 카스티야(Castile)의 무슬림이 추방되었으며 1525년에도 무슬림의 종교적 개종이 강요되었다. 무슬림은 기독교로 개종한 이후에도 기독교인들의 탄압과 감시에서 벗어나지 못했다. 그 결과 1609년~1614년 사이에 약 30만명에 이르는 모리스코들이 기독교세계로부터 추방되었다.

키워드

안달루시아(알 안달루스), 관용(Tolerance), 코르도바, 알함브라 칙령, 레콩키스타, 이베리즘 (Iberism), 딤미제도(딤미, 딤마), 무데하르, 지즈야

집필자: 김정하

참고문헌

서영건. 2008.「중세 카스티야 변경 도시와 콘비벤시아(Convivencia)」.『서양중세사연구』. 제21호. pp. 149-177.

_____.「중세 스페인의 재정복과 변경」.『역사와 세계』. 52권. pp. 175-202.

주동근. 2014.「중세 무슬림 스페인의 종교적 관용에 관한 연구 -711년부터 8세기 말까지 코르도바의 종교적 관용을 중심으로-」.『한국중동학회논총』. 제35권 제1호. pp. 151-171.

Al-Maqqari, Ahmed. 2012. *The History of the Mohammedan Dynasties in Spain: Extracted from the Nafhu-T-Tib Min Ghosni-L Andalusi-R-Rattib* Vol. 2. Rarebooksclub.

Dass, Nirmal. 2016. "Review of The Myth of the Andalusian Paradise: Muslims, Christians. and Jews Under Islamic Rule in Medieval Spain". Intercollegiate Studies Institute.

Hughes, Aaron W. 2012. *Abrahamic eligions: On the Uses and Abuses of History*. Oxford University ress.

Americo Castro. 1955. *La Spagna nella sua realta storica*. Firenze. Sansoni.

Denise., Dodds, Jerrilynn. 2008. The arts of intimacy : Christians, Jews, and Muslims in the making of Castilian culture. Menocal, Maria Rosa., Balbale, Abigail Krasner. New Haven: Yale University Press.

Kamen, Henry. 1999. The Spanish Inquisition: A Historical Revision. New Haven, CT: Yale University Press.

Nirenberg, David. 1996. Communities of violence · Persecution of Minorities in the Middle ages. Princeton University Press. p. 9.

Amir Hussain 2003. "Muslims, Pluralism, and Interfaith Dialogue," in Progressive Muslims: On Justice, Gender, and Pluralism, ed. Omid Safi, 257 (Oneworld Publications).

http://euromedi.org/medlab/page/attiv/IIForum/TAVOL_ROT_INTR/GUTIER-REZ.htm(검색일자 2020년 05월 17일).

76

콘스탄티노플
(Constantinople)

콘스탄티노플은 리구스, 비잔티움, 아우구스타 안토니나, 노바로마, 안투사, 콘스탄티노플, 코스탄티니예, 이스탄불 등 여러 이름으로 불려왔다. 그리고 로마제국(330년~395년), 비잔티움 제국(395년~1204년 및 1261년~1453년), 라틴제국(1204년~1261년), 오스만 제국(1453년~1922년)의 수도였다.

역사적으로 모든 주요도시는 설립 초기에는 자연히 평범한 정착지였다. 시간이 지나면서 성장하고 발전했던 대다수 고대도시들은 이후 중요성을 잃거나 규모가 작아졌는데, 비잔티움/콘스탄티노플/이스탄불은 설립이래 전략적, 정치적, 인구학적 특성을 유지하면서도 시간의 파괴적인 영향을 견뎌냈던 몇 안되는 도시였다.

비잔티움은 트라키아 시대부터 있었던 리구스라는 작은 어촌마을의 발달과 기원전 7세기 전반부터 시작된 그리스 식민지 개척자들의 정착으로 '도시국가(폴리스)'라는 명칭과 함께 역사적으로 두각을 나타냈다. 도시를 수계지리학상으로 평가해보면, 안보와 부의 측면에서 가장 적합한 정착지 중 하나로 간주된다. 이 점에서 보면, 고대 비잔티움에서 콘스탄티노플과 현대 이스탄불에 이르기까지 많은 제국의 수도였던 이 도시는 세계적인 주요도시로 정의할 수 있다.

시대를 불문하고 콘스탄티노플은 서유럽 사람들에게는 동쪽과 북쪽의 관문이었으며, 중앙아시아 사람들에게는 서쪽의 관문이었다. 많은 외국관광객과 연구자들은 주로 두 대륙 (아시아와 유럽)과 두 바다 (흑해와 지중해) 사이의 자연적인 위치를 고려하면서 이 도시를 묘사한다. 이런 지적 관심이 때로는 전략적, 군사적, 행정적 관점을 나타내기도 하고, 때로는 섬세한 철학적 견해를 보여주기도 한다. 보통은 매혹적인 설렘과 도시 동서부지역 사이의 관문을 묘사하려는 듯하다.

이 도시에 대한 연구는 선사시대의 정착사를 보여주는 야림부르라즈, 할칼리, 카디코이, 펜디크/피키르테페와 같은 주요 정착촌을 다루고 있다. 원사시대부터 청동기 시대 말까지 도시의 정착사와 관련된 유물이 술탄아흐메트 주변지역에서 발견되었다. 그러나 도시의 역사와 물질문화의 유적에 대한 이해를 돕고 그의 물리적인 묘사를 가능하게 하는 고고학적 발굴은 예상과 달리 매우 제한되어 있다.

기원

도시의 이름은 트라키아를 기원으로 하며 설립자인 비자스의 이름에서 유래했다. 도시가 발전하는 과정에서 기원전 667년경 메가라의 식민지개척자들이 이주해왔다. 이들의 활동에 대한 역사는 '친 그리스' 관점에서 기술되었으며 고대 그리스 도시국가들의 영향력이 집중적으로 조명되었다.

비잔티움

비잔티움은 고전시대와 그리스시대에 페르시아의 지배를 받고 있었다. (기원전 494 년경), 그리스-페르시아 전쟁(기원전 477/476 년경) 이후에는 스파르타가 차지했으며, 펠로폰네소스 전쟁 직후에는 아테네와 스파르타(기원전 405, 403, 400)의 공격을 받았다. 때로는 내부갈등과 배신에도 직면했었다. 때로는 외부 세력들의 도움과 성곽 및 방어시설 덕분에 마케도니아 필리포스 2세의 공격 (기원전 390년)과 레온노리우스에 의한 갈라디아의 공격(기원전 278/277년경)을 막아냈다. 또한 필리포스 2세의 공격(기원전 290년)과 레온노리우스에 의한 안티오쿠스2의 통치하에서는 셀레우코스의 공격(기원전 251년경)을, 프루시아스1세 통치 하에서는 비티니아와 로도스의 공격(기원전 278/277년경)을 그리고 미트리다테 왕조의 공격(기원전 89/88년경, 기원전 73/72년)을 방어해냈다. 그러나 로마공화정시대에는 발레리우스 플라쿠스 (기원전 85)에게 항복했고, 루시우스 파비우스 킬로에 의해 약탈당했으며, 로마제국시대(193년~195년)에 들어서는 오랜 봉쇄를 끝으로 항복했다.

콘스탄티노플

330년 5월 11일 콘스탄티누스 1세가 비잔티움을 로마제국의 새로운 수도로 선포한 것은 이 도시의 역사에 있어 일대 전환점이 었다. 오스만 제국에 정복될 때까지 비잔티움은 지중해와 유라시아 사이의 전략적 위치로 인해 1,000년 이상의 기간동안 지중해 역사의 중요한 한 축을 담당했다. 이 시기에는 정치, 종교, 과학, 예술, 무역의 관점에서 콘스탄티노플과 견줄 만할 도시는 없었다. 당시 콘스탄티노플은 가장 중요한 무역, 예술, 기술 그리고 문화의 중심지였다 (762년 바그다드가 건설되기 이전). 금융시장과 상품거래소에서 상품가격이 결정되었고, 아름다운 건축 및 예술운동이 전파되었으며, 값비싼 상품들이 전시되었다. 또한 무기와 방어체계를 완벽하게 갖추었으며, 작업장에서는 산업이 활성화되었고, 10만 권의 책이 있었다는 제국도서관에서는 사서연구가 진행되었고, 대학에서는 교육과 과학에 관한 연구가 수행되었다. (테오도시우스 2세. 425년 2월 27일), 성스러운 유물(성십자가, 가시 면류관, 십자가의 못)들 외에도 웅장한 교회와 성당(성사도 성당, 임라호르, 아야소피아 성당)에서는 신학적 논의가 끊이지 않았고, 통치자의 궁전(신성궁전, 대궁전, 다프네궁전, 칼체궁전, 카리아 궁전, 블라체르니 궁전, 포르피로게니투스궁전)에서는 대내외적으로 중요한 정책들이 논의되었다.

콘스탄티누스 1세, 테오도시우스 2세, 아나스타시우스 1세는 콘스탄티노플의 성곽을 확장, 재건, 수리하였다. (바다를 향해 우뚝 솟은 일곱개의 탑, 헤라클레스의 탑에서 에우게니우스의 탑을 돌아 바실루스와 콘스탄틴의 탑까지), '클레이스토스 리멘' 항구 (시클라, 포스포리움, 네오리움, 그리고 골든 혼에는 선박 500척이 정박할 수 있었다)는 필요시 봉쇄가 가능했고 방파제를 갖춘 거대한 구조물 (콘스탄틴의 기둥, 갈라타의 탑), 기념비적인 군용 및 일반인용 성문 (골든 / 사투르니누스 / 예수, 레기움, 차리시우스, 성 로마누스, 프로드로무스, 멜라티아스, 아탈루스, 우르비시우스의 아치, 드로운가리우스, 트라키움 성문), 메세와 같은 넓은 거리, 스트라테기움 및 원로원과 같은 입법기관, 모든 길이 로마가 아니라 밀리움으로 통하는 새로운 도로 기준점, 회랑 (콘스탄티누스/아우구스타데움, 테트라손, 타우루스, 보비스, 아르카디우스)으로 둘러싸인 광장, 경기장, 오락시설, 거대한 체육관과 목욕탕 (추시푸스 / 세베루스, 아나스타시아, 에로스/큐피도, 아킬레우스, 디디무스) 등에는 수많은 조각작품이 전시되어 있었다. 세계적으로 유명한 프락시텔레스의 '아프로디테', 뤼시포스와 부팔로스의 '사모스의 헤라', 페이디아스의 금과 상아로 만든 '올림피아 제우스', 뤼시포스의 '크로노스의 머리', 스킬리스와 디포네오스의 '린디안 아테나'와 같은 조각품은 라우수스 정원, 시네기움, 헤라클레스의 숲에 전시되어 있었다. 전차경기장 (청동기둥, 오벨리스크, 중심의 뱀 기둥, 델포이 아폴로의 삼각대, 조각상, 부조)은 **80,000**명의 관객을 위한 야외박물관이나 다름없었다.

콘스탄티노플 방어의 중요성은 건설 당시에도 중점적으로 고려되었다. 그리고 도시의 확장과 더불어 방어체계의 대부분에 해당하는 성곽은 확장되어 더욱 강력해졌다. 하지만 기원후 5세기의 지속적인 정치적 불안정으로 인해 도시 성곽의 일부가 파괴되었으며, 이를 계기로 방어를 위한 새로운 성곽이 증축되었다. 410년, 고트족의 로마 약탈은 콘스탄티노플에게도 엄청난 충격이었다. 이런 상황에서 콘스탄티노플은 발칸반도에서의 새로운 위협에 직면하였다. 방어체계의 중요성은 447년 콘스탄티노플에 대한 훈족의 공격을 통해 다시금 확인되었다. 430년 반달족은 아프리카를 정복하면서 로마에게는 새로운 위협이 되었다. 이에 대한 대응책으로 비잔티움 제국은 439년에 해안 방벽을 건설하였다. 아나스타시우스(507년~512년) 시대에 마르마라 해안 근처의 셀림브리아(실리브리)에서 흑해까지 이르렀던 장벽은 특히 군관구 체계의 수립으로, 트라키아와 비티니아의 야전주둔군과 함께 새로운 방어체계로 구축되었다.

콘스탄티노플은 외부세력 뿐만 아니라 내전 중에도 공격을 받았다. 고대부터 이 도시의 육지 성벽은 발칸반도에서의 공격을 대부분 견뎌냈다. 훈족은 성벽에 이르기 전에 저지되었지만 아바르족은 성벽까지 밀고 들어왔다. 아바르족의 공격은 사산왕조가 참전하면서 국지전에서 세계대전으로 확대되었다. 아바르의 공격 이후 아라비아에서 발흥한 이슬람이 콘스탄티노플의 코앞까지 쳐들어왔다. 동부 지중해에서 지배적 위치를 차지한 무슬림의 콘스탄티노플 공격은 단순히 이슬람과 비잔티움 제국의 갈등이 아니라 지중해지역에 대한 지배권을 위한 충돌이었다. 앞에서 언급했듯이, 비잔티움 제국은 유라시아 차원의 제국이면서도 지중해 제국이었다. 동쪽의 카스피해에서 서쪽의 불가리아 지역에까지 일련의 군사외교관계는 훈족, 아바르족, 돌궐 족을 대신해 새롭게 등장한 불가리아족과 슬리브족 대 비잔티움 제국의 대치구도로 이어졌다. 9세기 불가리아의 콘스탄티노플 '봉쇄'와 10세기 슬라브족의 도발은 동로마 북쪽 지역의 정치 군사적 관계와 관련이 있었다. 십자군 원정이 시작되면서, 비잔티움 제국은 특히 베니스와의 관계에 있어서 '비잔틴 문제'로 정의되는 새로운 국면을 맞이했다. 비잔티움 제국 콤니너스 왕조의 초기 통치자들은 십자군이 수도에 들어오는 것을 허용하지 않았다. 하지만 콘스탄티노플은 1203년과 1204년 십자군의 계략으로 점령되었는데, 여기에는 제4차 십자군의 직접적인 공격도 있었지만 콘스탄티노플의 정치적 내분도 원인으로 작용했다. 이로 인해 비잔티움 제국은 수도를 니케아 이즈닉으로 이전하게 되었고, 1261년 황제 미카엘 8세 팔레올로구스가 수도를 수복할 때까지 여러 번의 공격을 받았다. 콘스탄티노플 주민들의 도시방어 및 첩보활동을 고려해볼 때, 수도의 방어가 실제로 얼마나 융통성 있고 단계별로 설계되어 있었는지를 알 수 있다. 1204년부터 1453년까지, 동로마제국 중심부의 봉쇄시도와 공성전의 핵심은 다음의 몇가지 근본적인 요인으로 구성되었다. 오스만 제국은 콘스탄티노플을 반복적으로 공격했지만 성벽의 강도, 공성전략과 군사전략의 미흡함, 도시의 육지와 해안 지역 모두에 대한 다면적 방어시스템을 붕괴시키지는 못했다.

고대자료

고전시대와 그리스시대의 역사와 문화에 관한 정보를 담고 있는 비잔티움의 고대문헌은 대부분 그리스와 라틴어를 사용하는 작가들이 쓴 것이었다. 그 중에서도 고전시대의 헤로도투스, 투키디데스, 크세노폰, 아리스토텔레스, 테오프라투스, 데모스테네스, 이소크라테스 리시아스, 핀다루스 (기원전 510~기원전 334년), 그리스시대 (기원전 334~기원전 30년)에 비잔티움에 대해 직접 보고 들은 바를 바탕으로 저술한 폴리비우스, 키케로, 디오도루스, 스트라본, 살루스티우스의 문헌이 대표적이다. 한편, 플리니우스, 폴리아이누스, 프론티누스, 멤논, 타키투스, 플루타르코스, 수에토니우스, 파우사니아스, 아폴로니우스 로디우스, 아테나이우스, 아리아누스, 카시우스 디오와 유스티누스와 같은 저자는 몇몇 작품과 그들이 전하는 일화를 통해 도시와 관련해 많은 사실을 전해주었다. 그러나 누구도 비잔티움의 역사를 직접적으로 다루지 않았기 때문에 이들의 이야기만으로 도시의 문화, 역사적 모험을 통일된 전체로 파악하기는 불가능하다. 그러나 이들은 이전 작가들로부터 들은 것이나 그들의 작품에서 읽은 것을 전달함으로써 주제를 확대시켜주었다. 이 중 비잔티움제국의 작가 디오니시우스는 보스포루스 외 다른 도시들에 대해서도 많은 소식을 담고있는 『보스포루스를 따라 올라가는 바다여행(*Anaplous Bosphorou*)』을 집필했다.

또한 아미아누스 마르켈리누스, 프로코피우스, 콘스탄티누스 7세 포르피로제니투스는 자신들이 살았던 시대에 대해 설명하면서 비잔티움-콘스탄티노플 초창기에 대한 유용한 정보를 제공했다. 말라라스, 밀레투스의 헤시키우스, 조시무스, 니케포루스 그레고라스, 조나라스는 역사가의 관점에서 주제에 접근하여 개별적인 정보들을 분류한 후에 연대기와 전기를 집필했다. 한편, 유세비우스, 필로스토르기우스, 소크라테스, 소조메누스의 저서는 신화와 역사적 사건들이 뒤섞여 이를 근거로 콘스탄티노플에 관한 다양한 정보를 기술했다. 유세비우스, 히에로니무스, 말라라스, 크로니쿰 파스칼레, 위-시메온, 포르피리우스, 콘스탄티누스 마나시스, 게오르기우스 모나코스, 파라스타세이스 신토모이 크로니카이, 니케타스 코니아테스와 같은 저자들은 역사적 사실들에 대해 도덕적이고, 종교적인 해석을 시도했다. 이들 외에도 비잔티움의 스테파누스, 밀레투스의 헤시키우스, 수다도 활동하였으며 이들이 콘스탄티노플에 대해 제공한 정보는 이전 작가들의 연대기와는 달리 백과사전 형태로 기술되었다.

지역

비잔티움 주민들의 종교는 그리스 신에 대한 숭배의 영향이 적지 않았던 만큼 동양과의 흥미로운 관련성이 반영되어 있었다. 올림포스의 신들 외에도 아나톨리아와 이집트의 신들도 숭배되고 있었다. 이 중 특히 프리지아의 모신, 이집트 신들 중 하나인 사라피스와 함께 신들의 어머니 마, 그리고 이시스의 숭배가 두드러졌다. 보스포루스는 사람만을 위한 곳이 아니라 모든 신들의 장소였기에 이 해협의 양쪽에는 모든 위대한 신들을 위한 많은 신전과 제단이 있었다. 이런 이유로 이아손은 보스포루스 출구에 열두 신을 위해 제단을 설치했으며 많은 고대 작가들은 보스포루스를 '성스러운 입구'라고 불렀다. 소스트라투스 (Dion. Byz. I. 1 *fr.* 1)에 따르면 보스포루스 자체가 포세이돈의 작품이었다고 한다. 보스포루스의 수호자는 제우스와 포세이돈이며, 포세이돈이 보스포루스의 문을 지키고 있었다는 소문도 있었다. 그의 대리인으로 흑해의 열쇠와 자물쇠를 만든 인물은 비잔티움의 성벽을 건설하고 지키는 포세이돈의 아들 비자스였다. 이와 관련하여 비잔티움의 디오니시우스 (V. fr. 9)와 밀레투스의 헤시키우스 (Patr. const. 15)는 보스포스에 포세이도닌 아크라 (사라이부르누)의 고대신전과 테메노스 (성소) (Dion. Byz. I. 1 fr. 1)가 있다고 했다. 이 신전에는 사이프러스 나무로 만든 '꽃병' (=크라타니온, *DEIP XI.* 479 *f*-480 *a*)을 들고 있는 포세이돈의 조각상이 있었다.

그러나 보스포루스의 황제는 신과 사람들의 아버지 제우스였다. 이러한 사실은 가혹한 상황으로부터 보스포루스를 보호하고 '좋은 바람'(=오우리오스)을 보낸 제우스 신전과 제우스 동상의 존재를 통해 짐작할 수 있다. (Cic. *Verr.* II. (4) 58 [129-130]). 비잔티움제국의 수도에는 헤라, 아프로디테, 코레(페르세포네), 헤스티아, 게아, 셀레네, 헤카테, 하데스의 신전도 있었다. 아크로폴리스에는 제우스, 아테나, 아폴로/헬리우스, 디오니소스의 신전이 있었다 (Dion. Byz. I. 1 *fr.* 1). 비잔티움, 아폴로, 아르테미스(Hdt. IV. 87)를 포함해 보스포루스 연안에는 각각 여섯 개의 신전이 있었다. 포세이돈과 그가 늘 들고 다니는 삼지창, 디오니시우스, 데메테르, 코레/페르세포네, 아폴로/헬리우스, 아르테미스, 아테나, 니케, 그리고 헤르메스의 형상은 그리스시대와 로마제국 시대의 것으로 보이는 비잔티움의 동전에 구조되었다.

또한 이 도시에는 관련된 신화들이 많았다. 비잔티움의 주민은 비자스(Hes. Mil. *Patr. Const* 16; Ps.-Kodin. *Patr. Const.* I. 52)와 폴리데케우스(Hes. Mil. Patr. Const. 15), 암피아라오스(Paus. II. 23. 2), 아킬레우스(Dion. Byz. II. 7 *fr.* 28), 텔라몬의 아들 아이아스(Schol. Dion. Byz. *Bosp.* 46-47 [ad 16. 14-17. 4])뿐만 아니라 메가라의 히포스테네스(Dion. Byz. II. 5 *fr.* 24), 니카이우스(II. 4 *fr.* 21)와 사론(II 17 *fr.* 43) 등 여러 영웅들의 신화를 중요하게 간주했다.

콘스탄티누스 황제가 비잔티움을 로마제국의 새로운 수도로 선포한 후에도 주민들의 신앙은 계속되었고, 도시에는 아야 소피아 테오토쿠스, 세례자 요한, 그리고 팬토크레터 등 정교회를 위해 비잔티움 황제들이 건설한 교회를 포함해 600개가 넘는 수도원과 교회가 있었다.

⌐키워드⌐

콘스탄티노플(비잔티움, 이스탐블), 콘스탄티누스 1세, 보스포루스, 밀레투스, 아프로디테, 고트족

집필자: 무라트 아르슬란

참고문헌

H. Merle. 1916. *Die Geschichte der Stadte Byzantion und Kalchedon von ihrer Grundung bis zum Eingreifen der Romer in die Verhaltnisse des Ostens*. Keil. ⌐

W. P. Newskaja. 1955. *Byzans in der klassischen und hellen⌐istischen Epoche*. Koehler/ Amelang-Leipzip.

ve son zamanlarda kaleme alınan

M. Arslan'ın. 2010. *İstanbul'un Antikcağ Tarihi: Klasik ve Hellenistik Donemler*. İstanbul.

Ed. J. Shepard. 2008. *The Camb⌐ridge History of the Byzantine Empire*. Cambridge.

Ed. Liz James. 2010. *A Companion to Byzantium*. Oxford.

A. Berger. 2013. *Patria, Accounts of Medieval Constantinople*. (Dumbarton Oaks Medieval Library). Harvard.

Ed. C. Yılmaz. *2016. Antik Cağ'dan XXI. Yuzyıla Bu⌐yuk İstanbul Tarihi*. İstanbul.

Eds. M. Arslan & T. Kacar. 2017. *Byzantion'dan Constantinopolis'e İstanbul Kuşatmaları*. İstanbul.

BMC Thrace 94 n° 22-4; 95 n° 25-8; n° 32-3; 96 n° 31-7; 101 no 72; 97 n° 44-7; 50-1; 8 n° 59; 100 n° 69; 101 n° 72; 102 n° 77; 103 n° 84; 104 n° 91; 105 n° 97; 106 n° 103 *etc.*

77

크레타
(Crete)

개요

크레타는 에게 해의 남단에 위치한 그리스의 섬으로, 고대부터 현재까지 유럽과 아시아 그리고 아프리카 간 교류가 이루어진 지중해의 대표적인 공간이자, 유럽 최초의 청동기 문명이 탄생한 곳이다. 크레타의 선사 문명은 초기 그리스 문화의 형성과, 지중해와 레반트 지역의 교류를 이해하는 데에 중요하다. 특히 1900년에 아서 에반스(Arthur Evans)경의 대규모 발굴을 통해서 발견된 크로소스(Knossos) 궁전은 청동기 크레타 섬의 강력한 해상권과 주변 문화와의 연결망을 증명하는 가장 확실한 증거이다.

이 청동기 문화는 전설적인 크레타 왕의 이름을 따서 '미노스 문명'이라고 불리며, 아테네의 아크로폴리스에 이어서 가장 많은 여행자들이 찾는 대표적인 문화유산이다. 크노소스 외에도 파이스토스(Phaestos), 말리아(Malia), 자크로스(Zakros)에서 청동기의 궁전들이 발견되었다. 이 궁전들은 침략과 자연 재해로 인한 파괴와 재건이 반복되었으나, 산토리니(Santorini)로 잘 알려진 테라(Thera) 섬에서 화산 폭발이 일어난 기원전 1,500년경 전후의 시기에 그 대부분이 사라졌다. 청동기 말기에는 그리스 본토에서 온 이주민들에 의해 미케네 문명이 소개되면서 미노스 문화가 막을 내렸다. 이후 크레타에서는 청동기 시대처럼 강력한 세력이 형성되지 못했다. 하지만 크레타는 지정학적 중요성때문에 그리스에서 로마, 비잔티움 제국, 아라비아, 베네치아, 오스만 제국을 거쳐 다시 그리스가 점령할 때까지 지중해 해상 패권을 장악하려는 세력들의 지배를 받았다.

크레타 연표	
신석기	기원전 7000~3200년
청동기	기원전 3200~1050년
철기	기원전 1050~700년
고전그리스	기원전 700~67년
로마	기원전 67년~400년
비잔티움제국	400~828년
아라비아	828~961년
비잔티움제국	961~1210년
베네치아	1210~1669년
오스만제국	1669~1898년
크레타 자치국	1989~1913년
현대 그리스	1913~현재 (나치독일 점령기 1941~1945년)

지리와 자연환경

크레타는 그리스에서 가장 큰 섬으로 동서의 길이가 245km, 남북의 길이는 50km에 달한다. 섬은 전체적으로 높은 산과 깊은 계곡이 특징으로, 세 개의 높은 산(딕티(Dicte) 산, 이다(Ida) 산, 레브카(Leuka) 산맥)이 서쪽을 향해 나란히 위치한다. 높은 산의 정상과 동굴에서는 청동기 시대에 종교적 제의가 거행된 흔적이 발견되었다.

섬의 북쪽과 동쪽은 경사가 완만하여 해안까지 이어지지만, 남쪽과 서쪽의 해안은 경사가 심하고 깊은 계곡이 발달해 있다. 섬의 남서쪽에 위치한 사마리아(Samaria) 계곡에는 크레타 고유의 동식물이 분포하고 있어 1962년부터 국립공원으로 지정되었고, 크레타의 생태계를 보존한 이곳의 가치가 인정되어 1981년에 유네스코 자연유산으로 지정되었다.

섬의 중앙에 위치한 라시티(Lasithi) 평원과 메사라(Messara) 평원은 비옥하여 농경과 목축에 적합했다. 그리고 고대부터 올리브와 포도, 곡물이 풍족했다. 여름에 덥고 겨울에 비가 오는 전형적인 지중해성 기후이고, 여름 강수량은 그리스 지역들 중에서 가장 낮은 편에 속한다.

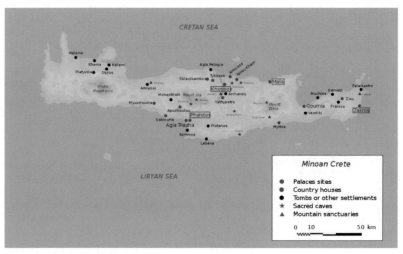

[그림 1] 크레타의 미노스 시 궁전 지도.
출처: https://bar.wikipedia.org/wiki/Datei:Map_Minoan_Crete-en.svg

미노스 문명

청동기의 정착민들은 현재보다 수심이 낮았던 에게 해를 건너 섬으로 이주했고, 주로 북쪽의 해안을 따라 공동체들을 형성하였다. 특히 키클라데스의 섬인 밀로스(Milos)에서 신석기 시대부터 채굴되던 흑요석이 크레타에서도 발견된 사실을 고려할때 에게 해의 섬들과의 긴밀한 문화적 교류가 있었음을 알 수 있다.

기원전 2,000년경부터는 크레타의 여러 지역에서 중앙집권화가 진행되으며 크노소스, 파이스토스, 말리아, 자크로스에 궁전들이 건설되었다. 궁전들은 언덕에 위치하였기 때문에 계단이 많은 것이 특징이다. 또한 이들은 공통적으로 지역 특산물과 사치품을 생산하는 작업장을 가지고 있었다. 이것은 궁전에 사회, 경제적 권력이 동시에 집중되어 있었음을 의미했다. 각 궁전에서 생산된 물품들에는 인장의 표시가 있었다. 초기의 인장은 뼈, 동석(Steatite), 점토, 나무 등에 선으로 모양을 새겨 만들어졌다. 또한 이집트에서 온 풍뎅이(Scarab) 형태의 인장이나 메소포타미아에서 온 원통형 인장을 비롯해 반지에 구상적 이미지를 새긴 원형이나 타원형의 판이 덧붙여진 형태의 인장도 있었다. 크레타의 청동기 궁전에서는 귀금속과 보석류를 비롯하여 동지중해에서 수입한 사치품(상아, 타조알 등)도 발견되었다. 궁전 시대가 끝나가는 기원전 1,400년 이후에는 미케네인들이 크레타로 영향력을 넓히고 동지중해로 세력을 확대하였다. 반면 기원전 1,000년경까지는 크레타에서 미케네 문명이 미노스 문명과 공존하고 있었다.

건축적으로 크노소스는 기둥과 대들보가 벽을 대신했으며, 여러 개의 문이 설치된 구조(Polythyron)가 하나의 벽에 설치되었고, 중정과 채광을 위한 넓은 창과 테라스가 설치되어 있는것이 특징이었다. 또한 복층에 방들을 연결하는

[그림 2] 크노소스 내부.

복도와 계단이 미로처럼 복잡하게 연결되어 있었다. 궁전의 내부 바닥과 벽면
은 화려한 색상과 자연주의풍의 벽화로 장식되었다. 미노스 시대의 궁전 복합
체는 근동의 궁전 건축물에서 영향을 받았지만, 채광을 위해 개방적인 건축
요소들이 강조되었고 규모가 작아진 대신에 내부공간이 생동감 넘치는 자연
의 이미지로 장식된 것이 특징이었다. 이러한 특징들은 미케네의 궁전 건축에
도 영향을 미쳤다.

　미노스 문명에서 사용된 문자로는 신성문자(Hieroglyph), 선형문자A, 선형문
자B가 있었다. 초기의 신성문자는 이집트의 영향을 받은 것으로, 인장에 사용

되었고 그림 문자는 선형문자A로 이어졌다. 선형문자A는 메소포타미아의 쐐기문자의 영향을 받아 점토판에 작성된 음절문자로, 중기 미노스 시대(기원전 1,625~기원전 1,450년경)에 많이 사용되었다. 음절문자의 문서들은 크레타 외에도 키클라데스와 소아시아 지역에서 발견되었는데, 그 내용은 포도주, 올리브유, 무화과, 곡물 등의 물품 목록과 사람의 명단 등, 중앙집권화된 행정에 필요한 내용으로 여겨지나 아직 완전히 해독되지 않았다. 미케네인들이 이주한 크레타에서 선형문자A는 선형문자B로 이어졌다. 선형문자B는 청동기 후기에 미케네 문화가 퍼져 있던 크레타와 펠로폰네소스, 아티카 지역에서 발견되었는데, 특히 크노소스와 미케네, 필로스에서 다수의 사례가 발견되었다. 이것은 20세기 중반에 마이클 벤트리스(Michael Ventris)와 존 채드윅(John Chadwick)에 의해서 해독되었는데, 대부분은 생산물과 교역품을 기록한 문서로 미케네 문명 당시 크레타의 행정과 경제에 대한 내용이었다.

크노소스의 발굴

19세기 후반 이후 그리스에서는 대규모의 고고학 발굴이 진행되었다. 그 가운데 크레타에서의 발굴은 미케네 문명 발견으로 그리스와 유럽의 초기 역사를 바꾼 대표적인 사례였다. 크노소스 언덕은 1870년대부터 크레타 연구자들과 고고학자들에 의해 인지되었던 곳으로, 트로이와 미케네를 발굴한 바 있는 독일인 하인리히 슐리만(Heinrich Schliemann)도 이곳을 발굴하고자 했으나 재정적인 이유와 정치적 상황으로 실현하지 못했다. 결국 1900년 3월 23일 영국인 고고학자 에반스 경은 궁전을 발견하고, 이 청동기 문명을 미노스 문명으로 명명했다.

[그림 3] 크노소스 궁전 모형. 이라클리오 고고학 박물관.
출처: https://commons.wikimedia.org/wiki/File:Knossos_Wooden_model_PA067471.jpg

문명교류의 역사

고전 그리스의 역사에서 크레타는 인상적인 행적을 남기지 못했다. 크레타
는 페르시아 전쟁에도 참전하지 않았고(Herodotus. 7,145; 169-171), 이후에도 아
테네와 스파르타가 맹주로 있던 델로스 동맹이나 펠로폰네소스 동맹에도 가
담하지 않았다. 그리스 고전시대의 중요한 두 사건인 페르시아 전쟁과 펠로폰네
소스 전쟁에도 참여하지 않았던 탓에 크레타에 대한 사료는 극히 제한적이다.

다만 섬의 남부에 위치한 고르틴에서 발견된 일명 '고르틴 법전(Gortyn
Code)'을 통해 당시의 발달된 사회상을 엿볼 수 있다. 이 법전은 기원전 5세기
에 금석문으로 새겨져 남아 있었으며 그 내용은 결혼과 이론, 상속과 친자권
등에 관한 것이었다.

크레타는 기원전 67년에 로마에 정복되어 북아프리카의 키레나이카 지역
과 함께 '크레타와 키레나이카(Creta et Cyrenaica)'라는 이름의 속주에 편입되었
다. 고르틴은 이 속주의 수도로 지정되어 초기 그리스도교 시대까지 번성하였
다. 크레타와 키레나이카의 행정적 연결은 로마 제국 내내 지속되다가 콘스탄

티누스 대제의 의해서 크레타가 '마케도니아 행정구역(Dioecesis Macedoniae)'으로 편입되면서 종결되었다.

824년에 크레타는 무슬림에 의해 정복되었다. 961년에는 비잔티움 제국의 니케포로스 2세(Nikephoros II Phokas)가 아랍무슬림을 몰아내고 섬을 재정복했다. 비잔티움 제국에 편입되었던 크레타는 1204년에 베네치아인들에 정복되었고 그들의 동지중해 무역을 위한 거점으로 활용되었다.

⌐키워드⌐

미노아문명, 미케네문명, 선형문자A, 에반스 고르틴 법전, 크노소스 궁전, 선형문자B

집필자: 김혜진

참고문헌

조은정. 2019. 「크노소스와 에번스: 문화유산의 보존과 운용에 대한 문제들」. 『미술이론과 현장』 28.

존 그리피스 페들리. 2014. 『그리스 미술 고대의 재발견』. 조은정 역. 예경.

최자영. 2010. 「고르틴 법을 통해 본 고대 그리스 여성의 재산권 -크레타 섬과 그리스 본토의 사회체제 비교에 관한 일고」. 『서양사론』 107.

최혜영. 2019. 「크레타의 양날도끼와 메소포타미아 알루(괭이)의 사회 문화적 맥락의 연관성」. 『서양고대사연구』 54.

Claire Smith (eds.) – *Encyclopedia of Global Archaeology* (Springer–Verlag: New York, 2014) s.v. "Crete, Archaeology of"

Brill's New Pauly Online, s.v. Crete; Knossos; Creta et Cyrenae; Minoan culture and archaeology; Zakros; Malia; Diskus of Phaestus; Cave sanctuaries; Linear A; Linear B.

78

키프로스
(Cyprus)

키프로스는 동지중해 문명의 중요한 교차로이자, 선사시대부터 현재까지 유럽과 아시아 그리고 아프리카 대륙을 잇는 해상망의 중요한 거점 지역이다. 키프로스는 그리스 문화를 근간에 두고 유럽과 아시아의 다양한 민족과 문화를 공유하면서 고유한 문화를 발전시켰다. 키프로스에는 기원전 7,000년경부터 사람들이 정착하였다. 기원전 12세기부터는 특히 미케네 문화로부터 영향을 크게 받았고 같은 시기에 그리스인들이 이주해오면서 이들의 문화가 키프로스의 주요 문화로 자리를 잡았다. 현재도 키프로스 주민의 대다수는 그리스계가 차지하고 있다. 섬의 그리스인들이 사용하는 그리스어와 그리스정교회의 전통은 키프로스의 문화적 정체성을 규정하는 중요한 요소이다. 그리스인들 외에도 고대부터 페니키아인, 아시리아인, 이집트인, 페르시아인, 로마인이 키프로스에서 활동하였고, 중세에는 아랍인, 프랑크족, 베네치아인들도 이 섬을 거쳤다. 이후에 오스만제국과 영국의 통치를 받았고, 20세기 중반 북부지역에 거주하는 터키계 주민들을 중심으로 '북키프로스터키공화국'이 선포되었지만 그리스계 주민으로 구성된 '키프로스공화국'만이 국제 사회에서 인정받고 있다.

지리와 자연 환경

키프로스는 전체 면적이 9,250km²로 지중해에서 세 번째로 큰 섬이다. 섬의 동-서는 최장 227km이고 남북으로는 95km에 달한다. 또한 지중해를 건너 북쪽에 위치한 소아시아와의 거리는 65km에 불과하고 동쪽으로 96km 거리에 시리아가 위치한다. 섬의 남쪽에는 트로오도스(Troodos, 최고봉 1,953m) 산맥이 위치해 있고, 이 산맥에서 발원하는 페디에오스(Pedieos) 강은 섬에서 가장 큰 강으로 메사오리아(Mesaoria) 평원을 지나 섬의 북동쪽으로 흐른다.

기후적으로 키프로스는 여름이 매우 덥고, 우기인 겨울의 강수량은 동지중해에서 가장 낮은 편에 속한다. 고대부터 양질의 올리브기름과 포도주를 생산하였고, 충분한 곡물이 재배될 정도로 풍요로운 섬으로 알려져 있다. 섬의 숲에서 얻은 목재로 배를 건조하였고, 기원전 2,000년부터 트로오도스의 기슭에서 채굴된 구리는 중요한 수출품이었다.

섬의 남동쪽에 위치한 옛 파포스(Old Paphos)의 해변은 아프로디테가 탄생한 곳으로 전해진다. 여신의 성역은 청동기 후기부터 형성되었고, 서기 4세기에 이교도의 숭배를 금지하는 황제의 칙령이 공포되기 전까지 유지되었다. 현재 파포스의 아프로디테(Aphrodite Paphia) 성소는 유네스코 세계 문화 유산으로 등재되어 있다. 그 외에도 트로오도스 지역에 위치한 비잔티움 시대의 교회들과 기원전 7천년에서 4천년 경의 신석기 유적이 발굴된 키로키티아(Khirokitia)가 있다.

Figure 9.1 Map of Cyprus with all city-kingdoms and other
cult places mentioned in the text. Drawing Anja Ulbrich.

[그림 1] 키프로스 지도

역사

키프로스의 역사는 기원전 11세기 이래로 주민의 대다수를 차지하는 그리
스계 주민들을 중심으로 구성된 키프로스인들과 외세의 다양한 관계로 점철
되었다. 아시리아, 이집트, 페르시아, 로마, 아랍무슬림, 프랑크족, 베네치아 그
리고 오스만튀르크에서 영국에 이르기까지 키프로스를 차지하려는 외세의 시
도는 고대부터 현대까지 계속되고있다. 외세의 침략과 정복의 역사는 이 섬이
지닌 풍족한 자원과 자연환경 외에도 동지중해에서 키프로스가 차지하는 지
정학적 중요성을 인지하고 해상권을 장악하려는 노력에서 비롯되었다. 키프
로스는 유럽과 아시아, 아프리카를 잇는 동지중해 해상망의 중요한 거점이었
기 때문에 지중해의 패권을 노리는 세력은 키프로스를 동지중해의 전략 거점

으로 삼으려고 하였다.

키프로스 연표	
신석기 I 키로키티아(Khirokitia) 문화	기원전 7,000~기원전 6,000년
신석기 II 소티라(Sotira) 문화	기원전 4,500~기원전 3,900년
청석기	기원전 3,900~기원전 2,500년
청동기	기원전 2,500~기원전 1,050년
초기 철기	기원전 1,050~기원전 700년
아시리아	기원전 700~기원전 570년
이집트	기원전 570~기원전 525년
페르시아	기원전 525~기원전 332년
헬레니즘기	기원전 325~기원전 58년
로마 제국	기원전 58~기원후 325년
비잔티움 제국 (비잔티움-아랍 공동 통치)	325~1192년 (649~680년)
프랑크 왕국	1192~1489년
베네치아 공화국	1489~1571년
오스만제국	1571~1878년
영국 보호령	1878~1960년
키프로스공화국 (북키프로스 분단)	1960~현재 (1974년~현재)

키프로스의 선사시대에 대한 자료는 고고학 발굴을 통하여 체계적으로 연구되어 있으나, 당시의 원주민이나 언어에 대해서는 아직 알려진 것이 없다. 기원전 7,000년경에 최초로 사람들이 정착한 것으로 보이며, 키프로스의 청석기에 속하는 일부 유물과 남부 아나톨리아 지역과의 유사성을 고려할 때, 키프로스의 초기 정착민 중에는 소아시아에서 온 사람들이 포함되어 있었을 것으로 추정된다. 이들 초기 정착민들 중에서 큰 규모의 집단은 키로키티아, 카발라소스-템파(Kalavassos-Temta), 안드레아스-카스트로 곶(Cape Adreas-Kastros)에 형성되었다. 특히 카발로소스-템파에는 신석기 II 시기에 도 촌락이 있었는데,

이곳에서 발견된 가옥은 그 내부에 두 개의 기둥을 세워 갈대나 흙으로 만든 돔 형태의 지붕을 얹은 모습이었다. 이는 팔레스타인 남부지역 가옥의 형태에서 영향을 받은 것으로 보인다.

청석기에는 정착지의 규모가 커지면서 성채와 공동묘지 등이 나타났다. 구덩식 묘(Shaft grave)가 사용

[그림 2] 키프로스 유로 주화 도안
출처: https://commons.wikimedia.org/wiki/
File:Cyprus_(6226649821).jpg

되다가 후에 진입로(Dromos)가 있는 돌방무덤(Chamber tomb)이 나타났다. 무덤의 부장품으로 그릇과 인물상, 장신구 등이 발견되었다. 특히 키프로스의 북서쪽에 위치한 포모스(Pomos)에서 발견된 대리석상은 청석기의 대표적인 유물로, 그 형상이 키프로스에서 발행한 유로화의 주화 도안으로 채택되었다. [그림 2] 참조

청동기 시대의 무덤에서는 부장품의 양도 늘어났는데, 그 중에는 상아, 파이안스(Faience), 설화석고(Alabaster)등의 수입품이 포함되어 있었다. 이는 당시 키프로스 사회가 번영하였음을 의미했다. 그 중에서 기원전 1,400년경에 제작된 미케네의 도기가 발견된 것으로 미루어 볼 때, 이 시기에 키프로스에서 미케네 문화가 영향을 미치고 있었음을 알 수 있다. 반면에 이 시기에 에게 해와 미노아 문명의 흔적은 거의 나타나지 않았다. 청동기 시대에 키프로스에서는 무역과 외교가 발달하였고, 도장이나 원통형 봉인기를 이용한 것이 그러한 사실을 뒷받침한다. 구리의 수출도 활기를 띠었고, 이를 증명하듯이 터키 해안의 해저에서 구리를 실은 난파선이 발견되기도 하였다.

그리스인들은 기원전 1,200년경에 본격적으로 이 섬으로 이주했는데, 이것은 도리스인들이 그리스 본토로 이주(Doric Migration)하면서 미케네 문명이 붕괴된 결과로 보인다. 신화에 따르면 트로이 전쟁이 끝나고 그리스 영웅들이 귀환하면서 이 섬에 도시를 건설하였다고 한다. 펠로폰네소스에서 온 그리스인들의 존재는 아르카디아 방언(Arcadian dialect)의 흔적과 아카이온 악테(Achaion Acte), 라케다이몬(Lacedaemon), 에피다우로스(Epidaurus)와 같은 그리스식 지명이 키프로스에서도 사용된 것을 통해 알 수 있다. 그리스인들에 이어서 기원전 9세기 전후로 페니키아인들이 이주하였고, 특히 티레(Tyre)의 사람들은 키티온(Kition)에 정착했다. 기원전 7세기 말에는 이집트 파라오 아마시스(Amasis)가 키프로스를 잠시 점령하여 이집트의 영향력이 증대하였다. 이 시기에 키프로스의 조각과 건축은 그리스, 소아시아, 이집트의 영향이 융합된 특징을 드러냈다.

기원전 545년에 키프로스는 페르시아의 지배권에 속하였다. 키프로스의 주요한 항구 도시인 살라미스(Salamis)의 왕이었던 오네실로스(Onesilus)가 페르시아에 항거하였으나 실패하였고, 기원전 4세기 전반에 에바고라스(Evagoras I)도 페르시아의 통치에서 벗어나고자 하였으나 성공하지 못했다.

헬레니즘 시기에 니코클레스(Nikokles II)는 프톨레마이오스 왕조와 동맹을 맺고, 옛 파포스에서 16km정도 떨어진 곳에 새로운 파포스(New Paphos)를 격자형 도시로 건설하고 수도로 삼았다. 프톨레마오스 2세(Ptolemaios II)는 이곳을 배를 건조하는 등 중요한 해군 기지로 사용하였다. 헬레니즘 시대에 프톨레마이오스의 집권기 동안 키프로스에서는 그리스 문화의 색채가 더욱 짙어졌다. 이 시기에 포에니키아와 에테오-키프로스 언어(Eteo-Cyprian)가 사라졌고, 그리스식 극장과 김나지움(Gymnasium), 신전 등이 세워지면서 키프로스의 그리스化(Hellnization)가 가속되었다. 또한 이 시기에 키프로스는 그리스어의 코이네化(Koineization)의 과정에서 그 중심지로 기능하였다.

기원전 58년에 키프로스는 로마에 귀속되고, 4세기에는 황제 콘스탄티우스 2세 (Contantius II)의 치하에서 섬의 수도가 살라미스로 옮겨졌으며 지명은 콘스탄티아(Constantia)로 바뀌었다. 살라미스에서 멀지 않은 파마구스타(Famagusta)에서 사도 바울과 성 바나바(Ag. Barnabas)가 그리스도교를 전파하였다(사도행전 13.5). 종교적으로 키프로스는 본래 안티오크 대주교구(Patriarchy of Antioch)에 속해 있었으나, 488년에 독립교회(Autocephaly)의 지위를 얻어 현재까지 유지하고 있다.

문명교류의 키프로스

649년에 아랍인들이 지속적으로 섬을 공략하였다. 680년에는 비잔티움 제국과 아랍무슬리이 조약을 체결하여 섬에서 세금과 항구를 나누어 관리하며 공동으로 통치하였다. 이후에 양 세력의 균형은 965년에 비잔티움 제국이 섬을 수복하면서 종식되었다. 1192년부터 1489년까지 잉글랜드의 왕으로 제3차 십자군 원정에 참여한 잉글랜드의 리처드(Richard I) 사자왕이 키프로스를 점령한 후 템플기사단에게 넘기면서 프랑크족의 왕국이 세워졌다. 이후에는 한 세기 가량 베네치아 공화국에 의해 섬이 점령되어 동지중해와 레반트 무역 거점으로 이용되었다. 1571년에는 오스만튀르크가 서쪽으로 세력을 확장하면서 키프로스를 점령하여 1878년까지 통치하였으나, 같은 해 오스만 제국이 이 섬을 영국에 넘겨주었다. 1960년에는 그리스계와 터키계 주민들의 갈등이 증폭되면서 영국으로부터 독립을 승인받았지만, 1974년에 두 민족 간의 갈등으로 그리스와 터키 정부가 개입하면서 키프로스 전쟁이 발발하였다. 그 결과 키프로스는 그리스계 '키프로스공화국'과 터키계 '북키프로스터키공화국'으로 분단되었고, 국제사회에서는 전자만을 국가로 인정하고 있다.

키프로스, 북키프로스터키공화국, 키프로스공화국, 도리스인, 미케네문명, 프톨레마이오스 왕조, 비잔티움 제국

집필자: 김혜진

참고문헌

Brill's New Pauly Online, s.v. Cyprus; Kypros; Cypriot; Citium; Paphus; Salamis; Eva-goras.

Claire Smith (eds.) - *Encyclopedia of Global Archaeology* (Springer-Verlag: New York, 2014) s.v. "Cyprus, Archaeology of"

Vassos Karageorghis, Hans-Gunter Buchholz. 1973. *Prehistoric Greece and Cyprus: An Archaeological Handbook*. Paidon.

Vassos Karageorghis, Gloria S. Merker, and Joan R. Mertens. 2016. *The Cesnola Collection of Cypriot Art: Terracottas*. Metropolitan Museum Publications.

ΒΑΣΟΣ ΚΑΡΑΓΙΩΡΓΗΣ. 1990. *Κύπρος: Το σταυροδρόμι της Ανατολικής Μεσογείου (1600-500 π.X.)*. ΕΚΔΟΣΕΙΣ ΚΑΠΟΝ.

Βικιπαίδεια s.v. Ιστορία της Κύπρου (https://el.wikipedia.org/wiki/Ιστορία_της_Κύπρου 2020년 5월 30일 검색).

79

페니키아어
(Phoenician Letters)

페니키아 문자는 기원전 10세기경 페니키아 상인들이 무역활동을 위해 만든 문자였다. 이를 계기로 수메르어와 같은 쐐기 문자를 대체하면서 지중해 문명세계의 보편적인 문자로 발전했다. 알파벳은 그리스 문자의 첫 글자인 알파(α)와 그 다음 글자인 베타(β)가 합쳐진 말이다. 처음에는 22개의 자음으로만 표기했지만, 중세에 26자로 확대되었다. 로마인은 페니키아 문자를 근거로 라틴 문자를 완성했으며, 중세에는 서유럽 기독교문명권의 언어로 정착했다. 오늘날 라틴 문자는 전세계적으로 기호 또는 보조 문자로 사용되고 있으며, 라틴 문자에서 파생된 영어는 '세계 공용어'가 되었다. 이처럼 페니키아 문자는 오늘날의 알파벳 문자모델의 기준이 되었다.

지중해 문자에서 세계 문자로

페니키아 문자는 지중해 문명권의 대표적인 문자였다. 역사적으로 레바논 지역 그리스, 키프로스, 몰타, 사르디니아, 북아프리카 등은 페니키아와의 무역을 통해 페니키아 문자의 영향을 함께 받았다. 뿐만 아니라 페니키아어는 히브리어의 모태가 된 가나안 문자와 아랍 문자의 모태인 아람 문자로 분화하기도 했다. 북아프리카의 카르타고 역시 페니키아 문자의 많은 영향을 받았다. 심지어 북아프리카 베르베르 문자도 페니키아 문자의 영향을 받았다고 할 수 있다. 페니키아인이 처음 사용한 문자는 수메르와 아카디아인의 설형 문자였을 가능성이 크다. 주로 무역에 종사하던 페니키아인들이 설형 문자를 사용하기는 불편했기 때문에 습득하기 쉬운 문자를 필요로했다. 그 결과 말소리를 기호로 나타낸 소리글자인 표음 문자에 대한 요구가 이어지면서 음소를 조합하여 표현하고 싶은 모든 글자를 만든, 이른바 '문자의 혁명'를 필요로 했다.

진행과정 및 결과

페니키아 알파벳은 22개의 자음으로 구성되었다. 기존의 설형 문자나 이집트의 상형 문자 등에 비해 소리 나는 대로 적는 표음 문자는 익히기도 쉽고 다양하게 활용될 수 있었다. 북아프리카의 베르베르 문자도 페니키아 알파벳의 영향을 받았다고 한다. 실제, 문자의 차이도 크지 않았다. 단지 페니키아 알파벳이 자음 위주의 언어였다면 베르베르 문자는 일부 모음이 있는 문자 체계였다. 가장 오래된 페니키아 문자는 기원전 11세기경, 비블로스를 통치한 아히람 왕의 지하 무덤에 새겨진 각문이었다.

페니키아 알파벳은 기원전 11세기에서 기원전 10세기경 사이에 그리스에 알려졌다. 그리스어는 모음 표기가 없으면 이해하기 어려웠기 때문에 페니키아의 자음 몇 개를 변형해 모음(α, ε, η, ι, ο)으로 차용했고 여기에 ν (입실론)과 ω (오메가)를 추가해 모두 24자로 구성되었다. 이후 이탈리아 중부지역의 에트루리아인이 그리스인들과 접촉하는 과정에서 이 알파벳을 받아들여 에트루리아어로 사용하기 시작했다. 훗날 로마인은 페니키아어를 수용해 라틴 알파벳,

즉 로마자로 만든 후에 이를 로마 제국 전역에 보급했다. 로마의 라틴 문자는 원래 23자였지만 중세에 I에서 J가 분리되고, Y에서 U와 W가 떨어져 나와 오늘날과 같은 26자가 되었다. 라틴어 계통의 언어들은 대부분 라틴 문자의 알파벳을 수정한 형태를 사용하고 있다. 오늘날 유럽어의 대부분이 이에 해당한다.

문명 교류 영향과 결과

페니키아 문명은 그 어떤 문명보다도 지중해 문명의 대표성을 가진다. 그만큼 지중해 문명의 역사적 근간을 이루는 중요한 요소인 것이다. 그리스-로마 문명은 오늘날 유럽 문명, 나아가 서구 문명의 근간으로 평가되고 있다. 이는 역사를 다분히 유럽 중심적 시각에서 본다는 비판에서 자유롭지 못하다. 그리스-로마 이전 지중해에서는 페니키아 문명이 그들의 해상무역과 함께 크게 확산되어 있었으며 그 이전에는 수메르 문명이 자리하고 있었다. 그들은 인류의 지적 혁명에 있어 획기적인 변화를 가져다주었는데, 다름 아닌 '문자의 혁명'을 일궈낸 것이다. 문자 혁명은 이후 인쇄술, 정보화 혁명과 더불어 인간의 지적 발전에 크게 기여했다.

문자는 자연적으로 발생한 것이 아니다. 문자의 역사를 대략 6,000여 년 정도로 간주한다면 이는 문명 발전의 역사와도 거의 일치한다. 또한 문명 발상지는 문자의 탄생지와도 일치했다. 문자 체계가 정비된 시기는 대부분의 경우 권력의 전성기와 시기적으로 맞물렸다. 페니키아 알파벳은 메소포타미아를 장악한 아카드인(Akkadians)의 영향을 받았지만,[1] 문명권이 확대되는 과정에서

---

1 고대 오리엔트의 메소포타미아 북부 지방을 지배한 민족. 셈족의 한 갈래인 아카드인은 수메르를 정복하면서 메소포타미아 최초의 통일 국가를 이루기도 했다.

쐐기 문자의 필요성이 사라졌다. 그 결과 페니키아인은 무역 활동의 수월성 제고와 본국과의 교신에서 복잡한 문자를 없애고 음소 문자로 이루어진 알파벳과 같이 빠르게 표기할 수 있는 문자를 고안했다. 페니키아인은 중동은 물론 북아프리카와 스페인에 이르는 방대한 지역들과 교역했으며, 이곳에 자신들의 문자도 함께 전파했다.

페니키아 문자는 그리스 문자에 지대한 영향을 주었다. 페니키아 이후 고대 그리스는 알파벳 문자를 이용한 최초의 사람들이었다. 그리스인은 페니키아의 자음 알파벳을 빌려 그리스어의 특성에 맞게 변형했다. 이후 그리스인은 문자 체계와 더불어 언어를 사고 체계에 반영하고 문법의 논리 구조도 발전시켰다. 그리스 문자는 이후 라틴 문자로 계승되었다.

고대 페니키아 도시[2]　　　영화 〈십계〉 속의 모세[3]　　　페니키아 문자　　　페니키아인의 자기

[그림 1] 페니키아 문명과 문자

2　출처: https://www.ancient.eu/image/122/map-of-phoenicia/(검색일자 : 2020.07.28)

3　출처: https://www.imdb.com/title/tt0049833/mediaviewer/rm475465728(검색일자 : 2020.06.27)

페니키아문자는 히브리와 아랍 문자를 포함한 여러 문자들에도 영향을 주었다. 특히 아프리카-아시아어족 셈어파 가나안 어군에 속하는 페니키아어는 히브리어와도 매우 유사했다.[4] 바빌로니아로 잡혀갔던 히브리인이 함께 잡혀갔던 페니키아 사람에게 영향을 받았기 때문이다. 구약성경 신명기의 기록 방식은 페니키아의 역사 기록 방식과 비슷하다고 한다. 성경은 보통 히브리 문자로 적혀 있지만 신의 이름을 나타내는 부분은 페니키아 문자로 기록되기도 했는데, 이는 초기 성경이 페니키아 문자와 관련이 있음을 시사한다. 출애굽기를 다룬 영화 ≪십계≫에서는 모세가 들고 있는 십계명이 페니키아 문자로 새겨진 것이라고 한다.

한자문화권을 제외한 대부분의 문자는 페니키아 문자에 기원을 두고 있다고 할 수 있다. 페니키아 알파벳으로 기록된 가장 오래된 유물은 비블로스(Byblos)[5]에서 출토되었다. 이 지역에서 발굴된 아히람(Ahiram) 왕(기원전 11세기경 추정)의 석관이 대표적인 유물이다. 여기에는 페니키아 알파벳 22개가 새겨져 있다. 이 석관은 1984년 유네스코 세계문화유산으로 등재되었고, 페니키아 알파벳은 2005년 유네스코 세계문화유산으로 등재되었다.

페니키아인이 해상무역의 민족이라는 것은 새삼스러운 일이 아니다. 그들은 메소포타미아와 이집트 문명을 유럽과 아프리카로 전하는 데 중요한 역할을 했다. 지중해 연안 곳곳에 문자를 포함한 그들의 흔적이 다양하게 남아있다. 페니키아문자의 영향과 전파는 문화전반으로 확대되었으며 그 과정은 문명교류의 차원에서 이후의 역사와 문명발전에 기여했다.

---

4 흔히 성경 속의 가나안족은 바로 페니키아인을 말한다.

5 레바논 베이루트 북쪽 약 40km의 지중해에 면한 고대 도시이다. '파피루스'를 뜻하는 그리스어에서 파생된 말이다. 오늘날 우리가 '성경(Bible)'이라고 부르는 말의 어원이기도 하다.

키워드

페니키아, 문자, 지중해 문명, 문명교류, 비블로스, 라틴어, 쐐기문자, 에트루리아, 카르타고

집필자: 임기대

참고문헌

Mark-Alain Ouaknin. 1997. *Mystere de l'alphabet*. 변광배, 김용석 역. 2008. 『알파벳의 신비』. 살림.

Julia Kristeva. 1981. *Le langage, c'est inconnu*. 김인환, 이수미 역. 1997. 『언어, 그 미지의 것』. 민음사.

Sylvain Auroux. 1995. *Histoire des idees linguistiaues*. Belge. Pierre Mardaga. 연규동. "페니키아 문자: 알파벳 혁명, 세계 문자의 탄생". 『네이버 지식백과: 세계의 문자 사전』.

임기대. 2015. "베르베르어의 자모음 체계 및 특성에 관한 연구 – 카빌어를 중심으로". 『프랑스문화연구』. 제31집. pp. 119-147.

페니키아 지도 https://www.ancient.eu/image/122/map-of-phoenicia/ (검색일 2020.01.23)

〈벤허〉 영화포스터 https://www.imdb.com/title/tt0049833/mediaviewer/rm475465728 (검색일 2020.03.11)

비블로스 유네스코와 유산 http://heritage.unesco.or.kr/%EB%B9%84%EB%B8%94%EB%A1%9C%EC%8A%A4%A4/ (검색일 2020.03.20)

80

포에니 전쟁
(Punic Wars)

기원전 264년~기원전 146년 지중해에서는 에트루리아의 오랜 지배에서 벗어나 공화정 체제의 신흥 세력으로 성장한 로마와, 오래전부터 서지중해의 해상권과 해상무역을 독점하고 있던 북아프리카의 카르타고 간에 전쟁이 벌어졌다. 로마에게 지중해의 새로운 해상 세력으로 등장하는 기회였다면 카르타고에는 강력한 정치, 경제적 영향력을 상실한 채 역사의 무대에서 내려오는 순간이었다.

포에니 전쟁은 세 차례에 걸쳐 전개되었다. 승리한 로마는 이베리아반도를 포함한 서지중해의 연안 지역과 바다를 지배하는 새로운 해상 세력으로 등장했다. 반면 패배한 카르타고는 로마 원로원 의원인 카토(Marcus Porcius Cato)의 말처럼("Ceterum autem censeo Carthaginem esse delendam"), 이후 지중해의 기억에서 완전히 사라졌다. 하지만 카르타고의 수준 높은 문명유산은 전쟁의 결과와는 달리 로마제국의 글로벌 지중해 문명으로 계승되었다.

전쟁의 원인과 경과

카르타고와 로마는 포에니 전쟁 이전에 이미 네 차례에 걸친 협약을 통해 불안한 긴장 상태를 유지하고 있었다. 불안정한 평화가 가능했던 것은 신흥 육지세력이었던 로마와 해상세력이었던 카르타고가 서로의 이해관계를 달리 했기 때문이다. 하지만 로마가 이탈리아반도 남부의 타란토(Taranto)를 정복한 이후에는 양자 간 충돌이 초읽기에 들어갔다.

로마와 카르타고의 관계는 타란토와 카르타고에 대항하던 시라쿠사가 -지금의 그리스와 알바니아 사이 해안 지역에 있는- 이피로스(Epiro)의 왕 피로스(Pirro)에게 지원을 요청하면서 급속하게 냉각되었다. 기원전 275년 로마는 말레벤툼(Maleventum)에서 피로스의 군대를 격파하고 이탈리아반도의 중남부 지역을 점령했다. 반면 시칠리아는 동부의 메시나와 서부의 카르타고에 의해 양분되었다. 직접적인 무력충돌, 즉 지중해의 신흥 육지세력과 전통의 해상세력 간 전쟁은 메시나의 공세에 위협을 느낀 섬 북부지역의 마메르티니(Mamertini)가 카르타고와 로마 모두에 군사적 지원을 요청하면서 시작되었다.

기원전 264년~기원전 241년 시실리에 대한 통제권을 둘러싸고 강력한 해군력의 카르타고와 막강한 보병의 로마가 충돌했다(1차 포에니 전쟁). 당시 카르타고의 해군력은 강력했지만 전력의 대부분은 카르타고 시민들의 지휘를 받는 외국인 용병들로 구성되어 있어 충성심이나 결집력이 약하다는 약점을 가지고 있었다. 로마 역시 강력한 육군을 보유하고 있었지만 해상 인프라와 항해의 경험은 거의 전무한 상태였다. 전쟁은 육지와 바다에서 동시다발적으로 전개되었다. 로마는 기원전 262년 아그리젠토(Battle of Agrigentum)에서 승리를 거두었다. 육상에서 불리함을 깨달은 카르타고는 자신들에게 유리한 해전에 집중하였고 기원전 260년에 에올리아 제도(Lipari Islands)의 앞바다에서 승리했다. 로마는 기존의 전투 방식으로는 이길 수 없다는 판단 하에 전함을 건조하는 등 새로운 전략을 마련했다. 자신에게 유리한 접근전의 전투 방식을 해전에 적용할 목적으로 코르부스(Corvus) 장치를 고안한 로마는 해전에서 전세를

역전시킨 후 카르타고를 협상의
장으로 끌어내는 데 성공했다.
결국 기원전 241년 카르타고는
막대한 전쟁배상금과 함께 시칠
리아까지 로마에 넘겨주었다.

1차 포에니 전쟁 직후 로마는
해상 진출보다는 이탈리아 본토
에서 삼니움 부족, 에트루리아
인, 갈리아인, 그리고 그리스인

[그림 1] 코르부스(Corvus).
출처: https://en.wikipedia.org/wiki/Corvus_
(boarding_device)

들과의 전쟁에 모든 정치력과 군사력을 집중해야만 했다. 로마와의 패권 전쟁
에서 밀린 카르타고도 전쟁배상금 지급과 용병들의 반란(기원전 241~기원전 238)
으로 큰 어려움에 직면하고 있었다. 또한 내부적으로는 주변 지역으로의 세력
확장을 주장하는 농업 세력과 해상무역 그리고 새로운 식민지 개척으로 난국
을 타개하려는 상업 세력이 대립하면서 심각한 분열을 겪고 있었다. 이베리아
반도를 새로운 식민지로 개척하여 난국을 타개하려는 세력의 중심에는 바르
카 가문의 하밀카레(Amilcar Barca)와 그의 장인 아스드루발(Asdrubale)이 있었다.
하밀카레는 본국의 도움 없이 북아프리카의 긴 해안을 거쳐 이베리아반도에
진출한 후 수많은 종족과 영토를 정복하고 새로운 카르타고를 의미하는 카르
타헤나(Cartagena)를 건설하였으며 더불어 로마에 지불할 막대한 배상금도 마
련할 수 있었다. 로마와는 카르타고의 지배를 이베리아의 에브로(Ebro)강 이남
으로 제한하는 조약을 체결했다. 하지만 아스드루발이 살해된 후 권력을 계승
한 한니발(아밀카레의 아들)은 로마에 대한 뿌리 깊은 적대감을 드러내면서 복수
를 위한 군사원정을 결정했다.

2차 포에니 전쟁(기원전 218년~기원전 202년)은 기원전 218년에 발발했다. 전

쟁의 직접적인 계기는 에브로강의 남부에 위치한 사군토(Sagunto)가 카르타고에 포위되자 로마에 도움을 요청한 것이었다. 초기에 로마 원로원은 전쟁에 주저했다(Dum Romae consulitur, Saguntum expugnatur). 하지만 사군토가 함락되자 로마는 카르타고에 한니발의 처벌을 요구했고, 카르타고는 전쟁을 선택했다. 이베리아반도를 출발한 카르타고의 원정부대는 보병 5만, 기병 6천, 그리고 37마리의 코끼리로 무장했다. 알프스를 횡단해 이탈리아 북부의 파다나 평야로 진입한 한니발은 티치노(Ticino)와 트레비아(Trebbia)에 이어 트라메시노 호수의 인근에서 벌어진 전투에서 천재적인 전략을 구사해 로마군단에 심각한 패배를 안겨주었다. 하지만 한니발은 로마를 포위하거나 공격하지 않고 남부의 풀리아(Puglia)로 진출했다. 이후에도 카르타고는 칸느(Canne)에서 로마군을 상대로 또 한 번의 대승을 거두었다.

계속된 승리에도 불구하고, 한니발은 본국으로부터의 지원 없이는, 로마를 상대로 전투에서는 이길 수 있어도 전쟁에서는 이길 수 없다는 사실을 잘 알고 있었다. 그리고 자신의 승리로 로마에 대한 반란과 봉기가 일어날 것이라는 판단도 헛된 기대로 끝났다. 이러한 상황에서 카르타고의 군대는 지역주민들의 반발과 불만에도 불구하고 군수품과 식량을 약탈에 의한 현지 조달에 의존해야만 했다. 이러한 상황은 수세에 몰려있던 로마에 전력을 재정비하여 새로운 전선을 구축할 수 있는 시간을 벌어주었다.

로마는 한니발과의 정면 대결을 피하면서 소모전의 전략으로 맞섰다. 독재관 퀸투스 파비우스 막시무스는 로마군의 피해도 감수해야 했지만 빼앗겼던 도시들을 재정복하면서 적들에게는 더 큰 심리적, 군사적 부담을 주기 시작했다. 한편 로마는 전선을 이베리아반도로 확대하면서 카르타고의 후방 지원을 차단하는 데도 주력했다. 로마군대가 메타우로(Metauro)강 유역에서 한니발의 동생 아스드루발의 보급부대를 격파한 것은 전쟁의 향방을 바꾸는 전환점이 되었다.

이탈리아 본토의 주민들이 로마에 대항해 봉기하지 않은 것은 한니발에게는 결정적인 패배의 원인으로 작용했다. 더구나 로마군에 의해 사실상 포위된 것이나 다름없이 칼라브리아의 산악지역에 머물고 있던 한니발에게는 본국으로 돌아오라는 요청을 받아들이는 것 외의 다른 선택이 남아있지 않았다. 로마의 장군인 스키피오 아프리카누스는 북아프리카에 상륙해 카르타고를 직접 공격하는 모험적인 전략을 수립해 한니발을 이탈리아로부터 완전히 철수시킨 다음, 북아프리카에서 최후의 일전을 준비했다. 로마의 전략은 적중했다. 오랜 원정을 끝내 본국으로 돌아온 한니발은 더이상 패기와 용기 그리고 확고한 목표를 가지고 전략적 천재성을 발휘하던 수십 년 전의 그가 아니었다. 기원전 202년 자마 인근의 나라가라(Naraggara)에서 벌어진 전투에서 로마는 제2차 포에니 전쟁을 마감하는 승리를 거두었다.

자마 전투의 승리에도 불구하고 로마는 카르타고에 대한 의심을 거두지 않았다. 한니발의 이탈리아 원정은 로마인들에게 심적인 두려움을 남겨주었을 뿐만 아니라, 언제든 로마를 위험에 빠뜨릴 수 있다는 생각을 가지게 했다. 로마의 원로원, 특히 카토의 입장은 매우 강경했다. 로마는 카르타고를 완전히 무기력하게 만들 조건들(모든 전쟁 무기의 양도, 도시를 해안에서 10마일 내륙으로 이전하기 등)을 제시했다. 로마의 강경한 태도 그 이면에는 카르타고의 반발을 유도하고 이를 계기로 완전한 승리를 거두려는 계산된 의도가 있었다.

기원전 149년, 3차 포에니 전쟁이 발발했다. 카르타고는 급조된 무기와 5만 명의 군대로 최후의 저항을 준비했지만, 북아프리카의 우티카(Utica) 인근에 상륙한 로마군대(8만 명의 보병과 4천 명의 기병)를 상대하기에는 역부족이었다. 카르타고는 로마군의 오랜 포위로 식량부족과 전염병에 시달린 끝에 결국 기원전 146년, 15일의 처절한 저항을 끝으로 재기가 불가능할 정도로 철저하게 파괴

[그림 2] 포에니 전쟁 이전의 영토 상황

[그림 3] 포에니 전쟁 이후 로마공화정의 영토

되었다.

이질적인 문명들 간 공존의 실천

포에니 전쟁은 고대 지중해 문명교류의 흐름에 전환의 이정표를 제공했다. 전쟁 이전의 지중해 문명은 육지와 바다의 경계가 선명한 이중적 구도를 유지했다[(그림 2)]. 하지만 전쟁 이후 지중해는 로마라는 새로운 단일 문명권으로 재편되었다[(그림 3)]. 로마가 곧 지중해 문명이었고, 바다는 육지로 육지는 바다로 흘러들었다. 인종, 문화, 종교, 그리고 경제의 다중정체성은 때로는 차별과 갈등의 부정적인 현상들을 동반했지만, 궁극적으로는 다양성 차원에서 상호보완의 흐름으로 나아갔다. 이것은 지중해 지역 문명 간 교류의 양태와 유형의 변화로 이해될 수 있었다. 로마는 타지역 문명들의 영향에 본격적으로 노출되기 시작한 반면 더 나아가 유럽지역과 북아프리카 그리고 멀리 중동지역에까지 접변의 변화를 확산시켰다.

포에니 전쟁은 고대 지중해가 잉태한 여러 문명교류 유형들의 결산이기도 했다. 이전 시대의 그리스-페르시아 전쟁과 알렉산드로스의 동방원정 그리고 이후의 헬레니즘 시대가 고대지중해 대-소문명간 접변의 실험이었다면, 포에니 전쟁과 지중해 세계의 통일은 문명의 획일화가 아니라 이질적인 정체성의 문명 간 공존의 실천이었다. 지중해의 로마 문명은 군사적 승리를 대가로 문화적 정복을 허용한 결과였고 포에니 전쟁은 로마의 다인종, 다문화, 다종교의 글로벌 문명을 위한 기나긴 여정의 출발이었다.

⌐ 키워드 ⌐

카르타고, 로마, 스키피오, 한니발, 자마, 카토, 코르부스, 칸느, 사군토, 포에니

집필자: 최춘식

참고문헌

신미숙. 1998. 「한니발과 스키피오」. 『역사비평』. 1998년 봄호(통권 42호). pp. 404-414.

김경현. 2012. 「로마제국의 흥망」. 『서양고대사연구』. No 33. . pp. 33-96.

차전환. 2013. 「포에니 전쟁: 카르타고 문명의 몰락」. 『서양고대사연구』. pp. 77-110.

윤진. 2015. 「한니발(Hannibal)과 자마(Zama) 전투」. 『역사와 담론』 73. pp. 343-367.

차전환. 2016. 『로마 제국과 그리스 문화 -헬레니즘의 수용과 변용-』. 도서출판 길. pp. 289.

Miles, Richard. 2011. *Carthage must be destroyed: The rise and fall of an ancient super-power*. New York: Viking.

Sidwell, Keith C; Jones, Peter V. 1997. *The world of Rome: an introduction to Roman culture*. Cambridge University Press.

Matthew Dillon, Lynda Garland. 2005. *Ancient Rome, From the Early Republic to the assasination of Jiuliu Caesar*. Routledge.

J. F. Lazenby. 1998. Hannibal's War. *A military history of the Second Punic War*. University of Oklahoma Press.

N Bagnall. 2005. *The Punic wars: Rome, Carthage, and the struggle for the Mediterranean*. Pimlico.

81

플라멩코
(Flamenco)

스페인은 선사시대부터 고대 페니키아와 그리스 문화의 영향을 받았다. 그 이후 로마, 서고트, 아랍무슬림 등의 지배를 거치면서 다양한 문화를 간직할 수 있었다. 플라멩코를 발원한 요소들은 이러한 다문화를 포용한 문화적 환경에서 성립되었다. 수세기에 걸쳐 안달루시아 지방의 전통 요소들과 어우러져 조화를 이루면서 융합된 플라멩코라는 결정체가 형성되었다. 기독교를 기치로 통합된 중세 말 스페인에는 주류 사회로부터 떠밀려 소외된 이슬람인, 유대인, 집시 등의 소수민족이 존재했다. 특히. 집시들은 차별과 박해에도 불구하고 플라멩코라는 단조로운 가락과 춤을 지속해서 즐겼다. 그들은 이 민속을 통해 자신들에 대한 사회적 인식을 반영하는 시대 정서를 표출했다. 집시들은 전통문화를 구전으로 전승하며 플라멩코를 보존하는 노력을 기울였다. 그러한 역할 덕분에 플라멩코의 의미와 중요성은 더욱 부각되었다. 2010년 플라멩코는 스페인 전통문화유산의 가치를 인정받아 유네스코 인류무형문화유산으로 등재되었다.

플라멩코와 집시의 어원

스페인은 다양한 문화가 융합된 환경 덕분에 주변 국가들과는 결이 다른 전통과 문화를 발전시켰다. 중세 유럽이 문화적 침체기를 겪고 있었지만, 이베리아반도는 711년~1492년의 약 8세기 동안 아랍무슬림의 지배적인 영향을 받았다. 지역적으로는 생활 전반에 걸쳐 정도의 차이는 있지만, 이슬람 정서가 뿌리내린 문화가 오랫동안 유지되었다. 특히 코르도바 칼리파 시대에는 수도를 중심으로 아랍 문화가 만개한 가운데, 다양한 인종과 종교들이 공존했다. 이슬람의 관용 정책은 기독교에서 이슬람교로 개종한 물라디(Muladí), 기독교인으로 남았던 모사라베(Mozárabe), 유대인, 집시 등, 여러 민족이 함께 공존할 수 있는 기회를 제공했다.

스페인 한림원 사전의 설명에 따르면, 플라멩코란 안달루시아 민중들의 특성과 일치하며 집시들과 연관성이 있는 문화적 표현이다. 플라멩코는 안달루시아에 거주하던 카스티야인, 이슬람인, 유대인, 집시 등 여러 민족이 함께했던 문화 환경에서 탄생했다. 그리고 집시의 열정적인 노력이 뒷받침되어 전통 민속으로 발전했다. 집시들은 세계적으로 많은 지역에 분포되어 있었다. 그러나 안달루시아가 아닌 다른 지역의 집시들에게는 일정한 형식 없이 즉흥적인 흥으로 인간의 내면을 표현하는 플라멩코 춤과 음악이 존재하지 않는다. 그 유사한 방식의 대중문화를 전개한 정황조차 없다. 이는 전적으로 여러 문화가 혼재되어있던 안달루시아 지방에서만 볼 수 있는 특징이다.

플라멩코 어원과 관련하여 19세기 안달루시아 지방을 여행한 조지 보로(George Borrow)에 따르면 플라멩코 명칭은 무식하다는 의미를 지닌 '게르만'이란 어휘에서 시작되었다. 게르만 출신자와 플라멩코 어휘를 구분 없이 사용하다가 안달루시아의 집시를 언급할 때 플라멩코라고 부르게 되었다. 플라멩코 유래에 관련된 주장에는 이념적이고 정치적인 관점에서 농지 개혁을 외친 블라스 인판테(Blas Infante)가 있었다. 당시 공화주의자였던 인판테에 따르면 플라멩코의 명칭은 '방랑하는 농부'라는 의미를 지닌 아랍어 'Felah-Mengus'에서 유래했다. 아랍어인 'Felag (농부)'나 'Mengu (도망자 또는 피난민)'의 발음이 잘못 표기되어 플라멩코란 명칭이 등장했다고 추정된다. 게다가 플라밍고라는 명칭으로 불리는 홍학은 스페인어로 플라멩코다. 이 새의 아름다운 모습이 춤추는 무희와 유사해서 동일한 명칭이 만들어졌다는 주장도 있다. 이처럼 플라멩코의 명칭에 대해서는 유래가 정확하지 않은 다양한 가설들이 존재한다.

플라멩코에는 항상 집시라는 이미지가 따라온다. 이런 현상은 플라멩코와 집시라는 두 개의 어휘 관계가 상당히 긴밀했기 때문이다. 스페인에서는 집시를 '히타노(Gitano)'라고 부른다. 집시 명칭은 산스크리트어에서 유래한 '싱가로(Zíngaro)'의 동일어이다. 원래는 '이집트(Egipto)에서 온 자'에서 시작되어 '에힙타노(Egiptano)'라고 불렸고, 추후 '히타노'로 바뀌었다. 집시 의미에는 다소 대립하는 두 개의 뉘앙스가 존재한다. 하나는 긍정적인 의미로서 여성에게 찬사를 보낼 때 사용한다. 또 다른 하나는 사람들에게서 지지를 받기 위한 재능과 기술을 상징하거나 속임수를 의미하는 경멸조의 구어체로 사용한다. 집시 사회에서 '히타노'의 명칭은 바로 집시 자신을 지칭할 때 사용된다. 이에 대해 같은 민족이 아닌 비집시인들은 '파요(Payo)'라고 부른다. 즉 집시의 관점에서 볼 때, 안달루시아 사회에는 자신들의 집단이 있고 또 다른 하나는 '파요'라고 불리는 비집시들의 집단이 있다. 스페인에서 '촌사람'이란 의미를 지닌 '파요'는 집시 사회에서는 '집시가 아닌 자'들이다. 안달루시아에는 이러한 두 부류가 함께 살아갔다. 이들 사이에는 언어뿐만 아니라 문화, 종교 등과 같은 다양한 분야에서 접촉과 교류가 있었다. 문화간 상호영향을 통해 혼합과 융합의 결과로 안달루시아의 독특한 요소들이 자연스럽게 형성되었다.

[그림 1] 플라멩코는 노래, 춤, 음악적 기교가 융합된 예술적 표현이다. 이 세 가지 요소는 함께 또는 개별적으로 연출된다.

집시 탄압과 플라멩코 탄생

1492년 가톨릭 왕들(Reyes Católicos)은 이베리아를 재통일했다. 그 이후 이슬람인들이 지배했던 알-안달루스(Al-Andalus, 이베리아반도의 이슬람 통치 지역)의 모습은 사라져갔다. 이 지역에 살았던 주민들 대부분은 새로운 기독교 왕국 안에서 과거 이슬람 전성기에 대한 미련과 아쉬움을 느꼈다. 15세기 초 기독교 왕국들은 집시들이 스페인에 도착하였을 때 관대한 정책으로 맞이했다. 왕들은 집시들이 이베리아반도 안에서 유랑 생활을 하도록 허락하였다. 그들에게 통행 허가증을 발급하며 대우하는 것이 관례처럼 되었다. 그러나 시간이 지날수록 집시와 스페인 주민 간 문화적 차이가 드러나기 시작했다. 그러자 스페인 정부는 예전에 베풀었던 관용 정책을 거두어들였다. 국가통합을 목표로 에

[그림 2] 플라멩코 전용 공연 장소를 타블라오(Tablao)라고 한다.

스파냐 왕국은 1492년 3월 유대인 추방령을 공포했다. 그리고 소수민족으로 전락한 무슬림과 집시들에게 차별과 박해로 점차 압박을 가하기 시작했다. 강제적으로 이슬람에서 기독교로 개종한 모리스코(Morisco)들은 음지에서 자신들의 신앙을 유지했다. 같은 공간에 거주하는 집시들과 함께 소통하며 삶의 지혜를 공유했다.

합스부르크 왕가 시대에 소수민족에 대한 정책과 법령들이 지속적으로 공포되었다. 그러다 1609년~1613년에 거의 30만 명의 모리스코들이 추방되었다.[1] 집시들은 서로를 위로하며 삶을 공유하였던 모리스코인들과 헤어지면서

---

1 발렌시아 지방에서 117.464명, 아라곤 지방에서 60.818명의 모리스코인들이 추방되자 일손이 부족한 지역들은 경제 위기를 겪었다.

언젠가 자신들에게도 추방령이 내려질 수 있다는 두려움으로 하루하루를 보냈다. 그런 가운데 집시들의 전통에 따라 일정한 주거지 없이 유랑 생활의 생활방식을 이어갔다. 18세기 들어서서 합스부르크 왕가가 부르봉 왕가로 교체되었다. 부르봉 왕가 역시 예전의 군주들처럼 집시를 차별하고 박해했다. 오히려 그 강도는 더욱 높아졌다. 국가 정책에 따라 집시가 죄인으로 전락하면서 주민 사회는 그들에 대한 부정적인 인식을 가지기 시작했다. 집시들은 스페인 사회에서 불필요한 존재이며 공공의 질서를 해치는 요주의 인물로 취급되었다. 언제라도 스페인에서 추방되고 체포될 수 있는 대상이었다. 페르난도 6세(1746년~1759년)의 치세기간에 '단속(Gran Redada)' 작전이 펼쳐졌다. 집시에 대한 박해는 절정에 도달했다. 전통적으로 집시들이 자주 돌아다니는 안달루시아 지방에서 그들은 저항도 하지 못한 채 체포되었다. 사전 정보를 입수한 일부 집시들은 자발적으로 걸어서 감옥으로 향했다. 부부 집시의 경우에는 체포령에 강하게 저항했다. 스페인 안팎으로 집시정책에 대한 비난이 빗발치자 결국 정부는 집시탄압 정책이 사회적 무리를 일으킨 점을 시인하였고, 그 결과 집시 박해가 종식되었다.

플라멩코와 집시의 공동체적 운명

집시들은 '인간'이란 의미에서 돔(Dom), 롬(Rom), 로만(Roman)이라고 불렸다. 집시들에게는 자신들을 위한 국가가 없었고 거주할 영토조차도 허락되지 않았다. 그럼에도 불구하고 그들은 거주 지역을 초월하여 정신적으로 하나가 되었다. 이런 특징은 지역 주민들의 거부감을 불러왔다. 그리고 집시들은 인종차별과 소수민족에 대한 박해의 대상이 되었다. 이러한 연유로 방랑 생활을 하는지는 불분명하지만 한곳에 오래 정주하지 않는 관습을 선조 대대로 이어왔다. 오래전부터 타지에서 차별과 배척을 당하면서도, 집시들은 지역 문화에 적응하고자 노력했다. '파요'들이 자신들을 공격하면, 이것을 집시의 정체성에 대한 도전이라 여겼으며 정신적으로 더욱 단합된 모습으로 주류 사회에 저항했다.

집시들은 플라멩코가 탄생하고 발전되는 과정에서 이 민속이 생활 중심에 자리매김하는데 주도적인 역할을 했다. 그 결과 주민 사회에는 플라멩코가 집시의 전유물이라는 인식이 형성되었다. 비록 플라멩코 기원을 가리키는 지리, 문화적 환경이 이미 그들이 이베리아반도에 발을 들여놓기 훨씬 전부터 존재했지만, 집시들의 노력으로 18세기 중반부터 플라멩코의 실체가 드러나기 시작했다. 집시들은 사회적으로 열악하고 차별을 받는 환경에서 국외로 추방되고, 구속이 되풀되는 아픔을 겪으면서도 플라멩코를 구전으로 이어갔다. 플라멩코라는 매개체를 통해, 주류 사회에서 소외되었던 삶의 고통과 비애를 잊으며 서로를 위로할 용기를 얻었다. 플라멩코에 의지하며 국가와 사회에서 자행되는 부당한 차별과 박해를 인내했다.

즉흥적이며 독특한 리듬을 타는 플라멩코는 집시 사회에서 남녀노소를 가리지 않고 시대를 초월해 세대에서 세대로 구전되면서 다양한 모습으로 발전했다. 오늘날 지속적인 전개와 발전을 거듭하는 플라멩코는 스페인을 비롯해 세계 도처에서 즐길 수 있는 민속이 되었다. 집시에게 플라멩코는 생존을 위한 수단이었고 마음의 안식처가 되었다. 이 두 요소는 분리될 수 없는 공존공생의 관계에 있었다.

안달루시아, 물라디, 모사라베, 유대인, 집시, 차별과 박해, 히타노, 파요, 모로인, 스페인 통합, 페르난도 6세

집필자: 권미란

참고문헌

권미란. 2019. "스페인 집시를 통해서 본 플라멩코 탄생에 관한 연구: 집시 정책과 법규정을 중심으로". 『스페인어문학』제 93권. 한국스페인어문학회. pp. 177-199.

Borrow, George. 1999. *Los Zincali (Los gitanos de España)*. Sevilla: Portada.

Dominguez Ortiz, Antonio y Vincent, Bernard. 1993. *Historia de los moriscos. Vida y tragedia de una minoría*. Madrid: Alianza.

Gómez Alfaro, Antonio. 1993. *La gran redada de gitanos. España: la prisión general de gitanos en 1749*. Madrid: Presencia Gitana.

Infante, Blas. 1980. *Origenes de lo flamenco y el secreto del cante jondo:1929-1933*. Sevilla: Junta de Andalucia.

Kenrick, Donald. 2000. "Romany Origins and Migration Patterns". *International Journal of Frontier Missions*. Vol. 17, No. 3. Fall. pp. 37-40.

Rodríguez Marín, Francisco. 2010. *El alma de Andalucía en sus mejores coplas amorosas; escogidas entre más de 22.000*. Sevilla: Extramuros.

San Román, Teresa. 1986. *Entre la marginación y el racismo. Reflexiones sobre la vida de los gitanos*. Madrid: Alianza. Compilación de Teresa San Román.

https://dle.rae.es/?id=I2kiw28, Diccionario de la lengua española, Edición del Tricentenario, Actualización 2019 (검색일자: 2019년 11월 1일)

82

함무라비 법전
(Code of Hammurabi)

함무라비 법전은 높이 2.25m, 폭 1.5m의 돌에 새겨져 있다. 거석의 모퉁이에는 태양과 정의의 신, 샤마쉬로부터 석판을 조심스럽게 건네받고 있는 한 남자의 모습이 보인다. 가장 오래된 이 비문은 4,000년 전에 만들어졌다. 서문에서 함무라비는 이렇게 말한다. "아누 신과 벨 신께서는 신을 경외하는 사람인 나 함무라비를 지엄한 군주로 임명하시어 이 땅을 정의로 다스리게 하셨다. 사악한 자와 악행을 일삼는 자들을 없애, 강한 자가 약한 자를 괴롭히지 못하도록 하셨다. 나는 샤마쉬 신과 같이 높은 곳에서 민중을 내려다보며, 온 세상에 빛을 비추어 인류를 복되게 하리라." 282개 조항의 법률은 44열 28문으로 구성되어 있다.

함무라비 법전의 내용

이 법전은 민법, 형법, 상법에 관한 282개의 조항으로 구성되어 있다. 함무라비 법전은 1901년에 현대 고고학계에 의해 발견되었으며, 번역본은 1902년 쟝 뱅상 셰이가 출판하였다. 거의 완전한 손가락 모양의 기념비 형태로 발견되었다. 이 법은 마간(현재의 아랍에미레이트와 오만)을 통해 수메르로 전해진 설형문자의 아카드어로 되어 있다. 비문의 복제본은 고대 이란 박물관에 있으며 원본은 파리의 루브르 박물관으로 옮겨졌다. 메소포타미아의 가장 위대한 통치자 중 한 명인 함무라비(기원전 1792년~기원전 1750년)는 전사, 유능한 정치인, 엄격한 입법자였다. 함무라비의 통치기간에 대해서는 역사가들 사이에 이견이 있다.

함무라비는 집권 초기, 통치의 기초를 다지는데 주력했다. 그가 통치할 당시 바빌로니아는 강력한 정부에 의해 통치되고 있었던 작은 땅이었지만, 40년이 지난 후 메소포타미아에서 무적의 패권국이 되었다. 함무라비 법전은 작성된 날짜때문에 법전의 걸작으로 평가된다. 함무라비 법전의 발견은, 그리스와 로마의 법이 지중해 법전통의 유일한 근원이라는 주장을 일축했다.

함무라비 법전은 당시의 관습과 전통 그리고 사회공익의 준수를 바탕으로 제정되었다. 함무라비 법전의 본문은 간결한 서언과 결언을 포함하고 있다. 서언과 결언 사이에는 49개의 세로 줄에 법조항이 설형 문자로 적혀 있다. 법률은 282개의 조항으로 구성되어 있고, 그 중 35개 조항은 지워져 그 내용을 알 수 없다. 일설에 의하면 엘람의 왕이 돌을 수사 (현재 이란의 후제스탄 지방에 위치)로 가져가 돌에 적힌 법 대신 새로운 법규를 새기려고 했다고 한다. 그러나 페르시아 제국의 키루스 대왕이 바빌로니아와 수사를 정복하고 기록의 사본을 시파르 도서관에 보관했다. 이후 이 기록을 광대한 페르시아 제국의 모든 사람들이 볼 수 있게 공개하였다.

나머지 내용은 남편과 아내의 관계 (제170~177조), 입양 조건 (제185~194조), 물건의 임대 (제272 조), 개인 (제 272 조)에 대한 민법, 상업, 형법 조항으로 구성되어 있다. 이 법전은 형법을 중심으로 하며 범죄행위에 대한 처벌을 규정하고 있다. 함무라비 법전은 법적 중요성 외에 문학적 가치도 가지고 있다. 이 법전의 사본이 니나와에 있는 아시리아 바니팔 도서관의 석판에서도 발견되었기 때문에, 메소포타미아 사람들이 함무라비 법전의 문학적 가치를 잘 알고 있었을 것으로 짐작된다.

발견

함무라비 법전을 포함하고 있는 기둥은 귀스타브 제키에와 후제스탄 수사의 자크 드 모건 탐사팀에 의해 발견되었다. 엘람 왕 쇼트로크 나혼테는 바빌로니아 정복 후 기원전 12 세기에 이 기둥을 시파르에서 가져왔다.

함무라비 법전의 조항

제1~5조: 재판의 원리에 관한 조항

제6~25: 절도와 도둑의 처벌에 관한 조항

제 26~41: 공무원의 임무에 관한 조항

제 42~65: 농사에 관한 조항

제 66~99: 분실 및 관련정보 적음

제 100~127: 사업, 계약, 부채 및 소매업자에 관한 조항

제 128~191: 가족에 관한 조항

제 192~214: 징벌과 처벌에 관한 조항

제 215~252: 의사, 건축사, 농부, 소작농에 관한 조항

제 253~277: 임대

제 278~282: 노예

형벌의 근거

초기에 형벌은 징벌의 원칙에 근거했다. 만일 누군가가 자유인의 이빨을 부러뜨리고 눈을 멀게 하는 경우, 가해자에게 피해자와 같은 피해를 가하는 처벌을 내렸다. 형사처벌의 정도는 종종 가해자와 피해자의 신원과 성별에 근거했다. 이 규범에 따르면 재판은 바빌로니아 사회의 세 계층인 지주, 자유인, 노예에 따라 다르게 진행되었다.

집이 무너져 집주인이 사망한 경우, 건축가나 건설업자는 사형에 처해졌다. "건설업자가 누군가를 위해 집을 지었으나 제대로 짓지 않아 집이 무너져 주인이 사망하게 되면 건설업자는 사형에 처한다." 집이 무너져 집주인의 아들이 사망한 경우, "건설업자의 아들을 처형한다."

누군가 소녀를 때리거나 죽이는 경우, 살인자의 딸을 처형했을 것이다. 귀족이 범죄를 저질렀다면 그의 형벌은 평범한 사람에게 부과되는 것보다 더 심했을 것이다. 한편 귀족에게 범죄를 저지르면 가해자는 엄중한 처벌을 받았다.

가게주인이 동등한 신분의 사람을 때린 경우, '은화' 열 닢을 벌금으로 내야했지만, 신분이 높고 부유한 사람에게 같은 피해를 입혔다면 일곱 배의 벌금을 내야했을 것이다. 이러한 형벌 중에서도 태형이나 처형과 같은 가혹한 벌이 있었다. 예를 들어, 누군가 아버지를 때리면 아들의 손을 잘랐다. "아들이 아버지를 때리면 아들의 양손을 자른다". 불명예, 납치, 강도, 절도, 감금, 도망친 노예, 남편 살인, 간통 등의 경우에는 사형이 선고되는 경우가 많았다.

상품과 용역의 가격결정

정부는 물품의 가격과 임금을 부분적으로 정했다. 예를 들어, 외과의사의 임금은 법으로 규정되었다. 법에 따르면, 남자의 상속재산에 대해 자녀들은 권리를 가지지만 아내에게는 없었다. 미망인은 집과 지참금을 받았으며, 살아있는 한 그 집의 주인이었다. 상속권은 한 자녀에게만 주어지는 것이 아니라, 모든 자녀에게 동등하게 주어졌기때문에 재산은 소수에게 집중되지 않았다. 함무라비 법전은 사유재산과 부동산을 인정했다. 사실 함무라비 법전은 이보다 2백년 전 수메르가 제정한 법과 매우 유사했다.

함무라비 법전은 모든 사람에게 적용되었다. 법전에 따르면, 도둑과 공모자 모두 처벌을 받았다. 배를 잃어버린 경우에도 선주는 승객에게 손실을 보상해야 했으며, 환자를 치료하지 못하고 오히려 더 아프게 한 의사와 수의사도 처벌을 받았다. 이 법의 장점 중 하나는 모든 사람이 자신의 행동에 책임을 진다는 것이었다.

바빌로니아에는 부유한 귀족, 상인, 노동자, 전쟁포로인 노예와 같은 다양한 사회계층이 있었기 때문에 실제로 바빌로니아 법은 모든 사람에게 동등하게 적용되지 않았다. 선거에서 부자의 표는 상류층이나 하류층의 가난한 사람의 표와 다르게 계산되었다. 수도자가 귀족의 손을 부러뜨린 경우, 보상으로 어느 정도의 은을 주면 됐지만, 피해자의 신분이 낮은 경우 처벌은 같은 부상에 대한 벌금의 절반도 안되었다. 노예도 다른 사람과 같이 법으로 보호되었기 때문에 노예도 법정에서 고소할 수 있었다.

자신보다 신분이 낮은 사람을 폭행한 사람에 대한 처벌은, 신분이 같거나 더 높은 사람을 폭행한 것보다 훨씬 가벼웠다. 예를 들어, 의사가 부유한 환자를 죽인 경우 손이 잘리지만 노예를 죽인 경우 재정적 보상만 하면 됐다. 남자는 하인 및 노예와 성적 관계를 가질 수 있었지만 상대인 여자는 벌을 받을 수 있었다. 결혼한 여자는 간통할 경우 가혹한 처벌을 받았다.

키워드

키루스 대왕, 페르시아 제국, 바빌로니아, 수메르, 설형문자, 쇼트로크 나혼테, 함무라비 법전

집필자: 모자파리 모함마드 하산

참고문헌

Ancient Recitations. 2015. Archive.org. Retrieved from The Code of Hammurabi(Full Text):https://archive.org/details/youtube-mChFuXpi3sA

Charles, F. 1915. The Code of Hammurabi: Introduction Lillian Goldman Law Library. Yale Law School.

Claude Hermann, W. 1910. Babylonian Law, the Code of Hammurabi. Retrieved from The Encyclopedia Britannica: https://avalon.law.yale.edu/ancient/hammpre.asp

Fant, Clyde E. and Mitchell G. Reddish. 2008. Lost Treasures of the Bible: Understanding the Bible through Archaeological Artifacts in World Museums. Wm. B. Eerdmans Publishing Co. Retrieved from 2008, Lost Treasures of the Bible: Understanding the Bible through Archaeological Artifacts in World Museums, Wm. B. Eerdmans Publishing Co.

Harper, R. 2020. The Code of Hammurabi. Retrieved from The Online Library of Liberty: https://oll.libertyfund.org/titles/hammurabi-the-code-of-hammurabi

Johannes, M. 2020. Hammurabi. Retrieved from Britannica: www.britannica.com/biography/Hammurabi

Johns, C. 1904. The Journal of Theological Studies, 18. The Code of Ḥammurab, Oxford University Press.

King, L. (Hammurabi's Code of Laws Archived). Hammurabi's Code of Laws. https://

archive.org/details/youtube-mChFuXpi3sA.

Marc, V. 2015. A History of the Ancient Near East. New Jersey: Wiley-Blackwell.

Ragozin, A. Z. 2017. Story OF Chaldea from the Earliest Times to the Rise of Assyria. Forgotten Books.

83

항로(해로 및 해도)
(Course, Seaway, Nautical chart)

항로에는 선박이 지나다니는 해로(海路)와 항공기가 운항하는 공로(空路)가 있다. 원래는 바다의 항로가 원조이고, 항공기가 다니는 하늘의 항로는 20세기에 항공기가 발명되면서 성립했다. 일반적으로 항로는 선박이 운항되는 바닷길을 의미하며, 태평양 횡단과 같이 넓은 해역을 자유롭게 운항할 수 있는 큰 항로부터 폭이 좁은 항로까지 다양한 형태가 존재한다. 항로는 해안에서 떨어져 있는 정도에 따라서 해양에 더 인접하면 해양항로, 연안에 더 인접하면 연안항로로 분류된다. 세계 최대 규모의 항로는 유럽과 북해를 잇는 북대서양 항로이며, 이 밖에 남대서양 항로, 북태평양 항로, 아시아 · 유럽 항로 등이 있다.

해도(海圖)는 바다 깊이나 항로(해로 또는 뱃길), 암초 위치, 항만 시설, 조류, 해도 등 선박이 안전하게 항해하는 데 필요한 정보들을 표시한 항해용 지도이다. 해도에서 물의 깊이와 방향각은 가장 중요하게 표시되어야 하는 정보이다. 해도는 크게 선박이 안전하고 경제적으로 항해할 수 있도록 제작된 항해용 해도와 학술, 생산 및 자원 개발 등에 이용하기 위한 특수도로 구분된다. 후자에는 해저지형도, 어업용 해도, 해류도, 해도 도식 등이 있다.

중세의 항해용 해도

유럽기독교문명권은 11세기에 성지 예루살렘을 이교도인 무슬림들로부터 수복하자는 교황의 주창에 응해 십자군 원정을 시작했다. 이후 성전은 13세기까지 대략 200여 년 동안 지속되었으며 1291년 아크레(Acre)가 무슬림에 의해 함락되면서 일단락되었다. 십자군 원정이 실패하자 교황권이 추락하고 봉건 제후들이 몰락하는 결과가 동반되었다. 반면 이 과정에서 유럽기독교문명권과 이슬람문명권의 지중해 무역활동과 동서교역이 크게 활성화되었으며 중세의 문명교류 과정과 형성에도 지대한 영향을 주었다.

십자군 수송으로 지중해의 해상 교통이 본격화되면서 아드리아 해에 인접한 이탈리아의 항구도시들을 중심으로 항해술이 발달했다. 항해용 나침반도 이 시기에 유럽에서 사용된 것으로 추정된다. 육로의 경우 나무, 건축물, 산, 바위 등 다양한 형태의 지형지물 표식으로 경로나 위치를 파악할 수 있다면, 해로에는 특정 표식으로 인식될 만한 지형지물이 전무하다. 육로에 지도가 필요하듯이 해로에는 해도가 필요했는데 이 시기에는 페리플러스(Periplus)라는 문서가 마치 항해 안내서처럼 사용되고 있었다. 포르톨라노 해도(Portolano chart)는 나침반과 함께 중세의 해상교통에 사용되었는데, 이는 페리플러스가 포함된 해도였다. 포르톨라노 해도는 항해자가 눈으로 직접보고 경험한 내용을 토대로 작성된 지리정보이며 그 내용이 비교적 정확했던 것으로 알려져 있다.

해도에는 해안선이 매우 자세히 묘사되어 있는데 아마도 바닷길을 이용한 상업 활동이나 교역 또는 침략 등을 위한 목적이었을 것이다. 13세기 이탈리아의 피사 해도는 현존하는 가장 오래된 해도로 알려져 있는데 피사 해도를 최초의 지도라고 표현하는 학자들도 적지 않다. 그 만큼 지역문명 간 교류에 있어 해로, 항로, 해도, 항해가 중요하다는 의미로 해석할 수 있다. 피사 해도

[그림 1] 피사해도원본
(프랑스 파리국립도서관 소장)

[그림 2] 유럽 남쪽 지도
(아랍 지리학자 알-이드리시, 1154년 작성)

는 그 정확도와 완성도가 비교적 높은 수준이었는데 이를 통해 포르톨라노 해
도는 피사 해도가 나타나기 훨씬 이전부터 사용되었고 시간이 지나면서 정확
도와 완성도가 높아졌을 것으로 추정된다.

13세기의 포르톨라노 해도는 대략 300년에 가까운 기간, 즉 15세기의 대항
해시대에 메르카토르 투영법의 세계지도가 등장하기 전까지 항해에 널리 사
용되었다.

지중해의 항해

지중해는 문자 그대로 육지들에 둘러싸인 내해(內海)이다. 지중해는 지역적
으로 접근하는 관점에 따라 지중해 지역 국가들을 지중해 바다로 분리하고 있
다고 볼 수도 있고 지중해라는 내해로 밀접하게 연결되어 있다고 볼 수도 있
다. 유럽에서 북아프리카로 갈 수 있는 가장 효과적인 경로는 선박으로 지중
해를 가로지르는 것이다. 이러한 지역적 특징은 지중해지역의 해상 무역 및
교통이 발달하게 된 필연적인 이유가 되었고 또한 여기에 내해의 특징에 따라
어종이 제한되어 있어 어업이 특별히 발달할 수 없었던 점도 상대적으로 해상

무역이 발달하게 된 원인이 되었다.

일찍부터 레반트 지역(고대 레바논, 시리아, 팔레스타인 북북)에서 그 위상을 떨쳤던 페니키아인들은 기원전 2700년 경 부터 이미 항해무역을 시작했고 지중해 지역 문명권들 가운데 가장 먼저 지중해 해상권을 장악했다. 페니키아인들은 동시대 다른 문명권들과 차별화된 선박제작 기술을 토대로 가장 먼저 갤리선을 건조해 사용했으며 북아프리카 해안지대와 카르타고, 이베리아 반도의 남부 해안까지 진출하였다. 이후에 페니키아인들은 이집트 왕 네코의 요청을 받아들여 자신들의 선단을 빌려주기도 했다. 이 선단은 홍해에서 출발하여 희망봉을 돌아 지브롤터 해협을 통과하였고, 나일 강에 도착하는 2년간의 아프리카 대륙 일주 항해에 성공했다.

지중해는 육지에 둘러싸인 바다로, 양(洋)의 거대한 바다와는 달랐다. 지중해 항해에서는 배의 중앙부분에 큰 돛을 달고 바람의 힘으로 운항하는 범선(帆船)보다는 돛을 보조수단으로 사용하면서 주동력으로 노를 저어 운항하는 갤리선(Galley)이 주로 이용되었다. 특히, 페르시아 전쟁, 포에니 전쟁, 십자군 전쟁, 레판토 해전 등의 전쟁뿐만 아니라, 페니키아인의 상업 활동, 이탈리아 해상 도시들의 상업 활동 등의 인적, 물자 수송에는 주로 갤리선이 이용되었다. 지중해 항해에 범선보다 갤리선이 주로 이용된 것은 지중해가 육지로 둘러싸여 있어 바람이 약하고 섬이 많으며 청명한 날이 많아 항로가 일정했기 때문이었다. 또한, 해상에서 돌발 사태가 발생하더라도 노를 저어 섬 기슭으로 빨리 대피할 수 있었고 고대부터 노를 저을 수 있는 노예들을 구하기 쉬운 이유도 있었다.

르네상스 시대에 갤리선은 제노바, 베네치아, 피사 등의 상인들 요구에 따라 배의 길이가 연장되어 30개 이상의 노를 젓기 위한 공간이 확보되면서 대형화되기 시작했다. 이로 인하여 갤리선은 뛰어난 속도와 기동력을 가지게 되었

[그림 3] 토스카넬리(Paolo Toscanelli)가 그린 세계지도   [그림 4] 고대 페니키아인의 배 부조

다. 14세기부터 베네치아는 전투용인 경(輕) 갤리선과 수송용인 중(重) 갤리선을 건조하여 당시 최대의 해상 세력을 유지할 수 있었다. 그러나 16세기 이후부터 원양 항해가 본격화되면서 갤리선을 이용한 항해는 점차 줄어들기 시작했다.

대항해시대

대항해시대(大航海時代)는 15세기 초반부터 18세기 중반까지 서유럽의 항해자들이 전 세계의 바다를 대상으로 이뤄낸 위대한 지리상의 발견이었다. 포르투갈과 스페인에서 시작된 신항로 개척의 여정은 아프리카 대륙을 돌아 아시아로 그리고 아메리카와 오스트레일리아에 이르렀다. 하지만 대항해시대를 항로 개척과 신대륙 발견의 시대로만 보기는 어렵다. 이들에게 신대륙은 곧 식민지를 의미하였기 때문이다. 사실 대항해시대라는 용어는 침략자 관점의 표현이며 하루아침에 삶의 터전이 식민화되는 것을 경험해야했던 입장에서는 결코 위대한 업적이 아니었다. 미국에서 콜럼버스의 동상이 운동가들에 의해 파괴되거나 철거된 사건은 대항해시대의 유럽인들에 대한 역사적 인식의 변화를 반영한다.

대항해시대가 가능했던 것은 범선, 나침반, 그리고 해도의 덕분이었다. 범선(帆船)은 예로부터 바이킹이 바람과 풍랑이 거친 북방의 바다에서 사용했다. 범선은 돛과 노를 함께 갖추고 있다가 순풍에는 돛을 이용하고 그 외에는 노를 활용했다. 15세기부터 유럽의 상업 교역에 따른 원양 항해가 활성화되면서 범선의 규모가 커지고 돛대가 3개인 횡범선이 개발되기도 했다. 범선을 이용한 대양 항해술의 발달에 크게 기여한 인물은 포르투갈의 엔리케(Henrique) 왕자였다. 그는 이탈리아 등 유럽 각지의 우수한 항해자들과 조선 기술자들을 자그레브 궁전으로 불러들여 선체나 범주 장비 개선, 항해 기법 등의 연구에 전념하도록 했다.

한편, 중국에서 전해진 나침반은 유럽에서 항해의 보조수단 정도로 활용되다가 범선이 등장한 후에는 적극적으로 활용되기 시작했다. 대양 항해에서 범선은 낮밤을 가리지 않고 항해하기 때문에 항로를 정확히 알 필요가 있었다. 이탈리아 수학자 카르다노(Cardano)가 나침반 케이스를 지금처럼 카든 링(Cardan ring) 위에 올려놓고 배가 흔들리거나 기울어도 방위 카드만을 항상 유지하는 항해용 나침반을 제작했다. 이런 나침반의 발명은 범선의 안전도와 능률을 현저히 증가시켰기 때문에 대항해시대를 가능하게 했다.

대항해시대의 아메리카 신대륙 발견으로 기존에 유럽에서 보기 힘들었던 농작물이나 금, 은 등의 값 비싼 광물자원이 유럽으로 유입되었다. 이로 인해 유럽의 경제는 대규모 자본주의 방식으로 변화되었다. 또한 대항해시대에 포르투갈의 상선들은 노예무역을 통해 막대한 수익을 얻었다. 이들은 서아프리카에서 총을 노예들로 교환한 후 이들을 다시 아메리카 대륙에 공급하는 방식의 노예무역을 성행시켰다. 대항해는 최초로 신대륙과 본격적인 교역이 시작되었다는 의미에서 세계사적인 차원의 시대를 예고했다.

키워드

항로, 해로, 해도, 대항해시대, 범선, 갤리선, 신대륙의 발견, 항해술, 천문항해술

집필자: 문상호

참고문헌

남종국 저. 2011, 『지중해 교역은 유럽을 어떻게 바꾸었을까?』. 민음.

이덕열 역. 2006, 『배 이야기-인간은 어떻게 7대양을 항해했을까?』. 아이필드.

최파일 역. 2014, 『옮김인류의 대항해』. 미지북스.

84

항해 혁명
(Nautical Revolution)

13세기 말과 14세기 초 지중해에서는 선박, 항해 기술, 항해 도구 등에서의 혁신적인 변화와 발전이 있었는데 이를 항해 혁명(Nautical Revolution)이라 부른다. 구체적으로 새로운 형태의 선박, 수송 능력의 향상, 사각 돛의 채용, 중앙타 도입, 정교해진 해도, 나침반 등이 항해 혁명의 핵심 요소들이다. 물론 바람, 조류, 해안선의 형태와 같은 자연환경의 제약을 완전히 극복하지 못했지만, 이러한 변화와 발전 덕분에 지중해 항해는 이전과 비교해 상대적으로 수월해졌다. 개량된 범선과 갤리선은 더 많은 물건을 수송할 수 있게 되었고, 수송비는 낮아졌다. 나침반의 도입으로 이전까지는 법적으로 금지되었던 겨울 항해가 가능해졌고 덕분에 사업의 순환 속도도 빨라졌다. 만약 나침반이 없었다면 유럽 선박들이 지중해를 넘어 인도양과 태평양으로의 항해를 시도할 수 없었을 것이다. 그런 점에서 중세 지중해 항해 혁명은 근대를 여는 데 핵심적인 기여를 했다.

새로운 유형의 선박 탄생

고대부터 13세기 초까지 지중해 바다를 누볐던 선박들은 기본적인 구조에서 유사했다. 이러한 사실은 배의 구조와 성능에서 큰 혁신적인 발전이 없었음을 의미한다. 고대부터 13세기 초까지 지중해 사람들이 사용했던 선박은 크게 두 가지 유형으로 구분된다. 폭보다 길이가 긴 형태의 선박(Long ship)과 폭이 조금 넓은 둥근 형태의 선박(Round ship)이 있었다. 이 두 유형의 선박은 동력과 용도에서도 서로 차이가 있었다. 전자는 주로 노를 이용했던 반면 후자는 바람을 이용했다. 노를 주동력원으로 이용한 전자는 주로 전투용 선박이었고, 후자는 상품과 사람을 실어 나르는 상선이었다. 전투용 선박으로 사용되었던 대표적인 Long ship은 갤리선이었다. 주로 노예가 갤리선을 저었다는 이야기는 항상 옳은 것은 아니었다. 로마 제국의 갤리선은 노예를 이용했던 반면 중세 베네치아의 갤리선의 노잡이는 자유민 선원이었다.

배의 크기만을 기준으로 했을 때 중세에 들어 오히려 퇴보가 있었다. 왜냐하면 중세보다 고대 로마에서 더 큰 배를 사용했기 때문이다. 전성기에 인구 50만을 보유하고 있었던 제국의 수도 로마는 곡물을 안정적으로 확보하기 위해 이집트 알렉산드리아로 매년 곡물 선단을 파견했는데 이때 사용된 선박은 1,000톤이 넘는 대형 선박이었다. 반면 중세 초 지중해에서 사용된 선박들의 대부분은 100톤이 넘지 않았다.

1300년경 지중해 항해 혁명을 선도했던 곳은 이탈리아 항구 도시들이었고, 특히 제노바와 베네치아가 두드러진 역할을 했다. 제노바가 이룬 혁신은 당시 이탈리아 사람들이 코카라 불렀던 범선의 건조였다. 이 새로운 유형의 선박은 지중해 선박과 대서양 선박의 장점을 혼합시켜 만든 선박이었다. 세부적인 기술 혁신은 이전까지 지중해 선박에서 사용했던 삼각돛 대신에 사각 돛을 도입했고, 측면타 대신(Side rudder)에 중앙타를 사용했다는 것이다. 이 변화로 선박 운영에 필요한 선원을 줄일 수 있었다.

이러한 변화 못지않게 중요했던 혁신은 배가 커졌다는 사실이다. 중세 말 제노바가 활동했던 코카 선은 선적 용량이 천 톤을 넘는 대형 범선이었다. 15세기 말 인도로 가는 항로를 찾아 모험 항해를 떠났던 콜럼버스와 바스쿠 다 가마가 타고 갔던 선박이 150톤 정도였다는 사실을 고려할 때 제노바 선박은 당시 기준으로 초대형 선박임이 분명했다. 그렇다면 제노바는 왜 이렇게 큰 선박을 필요로 했을까? 중세 말 제노바가 초대형 범선을 제작한 이유는 동지중해에서 생산된 염색 재료인 명반을 대서양으로 대량 수송하기 위해서였다. 중세 말 플랑드르 지방과 영국은 모직물 생산 중심지였고, 이들 지역은 모직물 염색에 꼭 필요한 원료인 명반을 가장 많이 구입하는 고객이었다.

제노바가 건조했던 코카 선은 중세 말 캐랙(Carrack)이라 불리는 범선으로 개량된다. 이 대형 범선은 16세기 유럽인들이 인도양과 태평양으로 항해할 때 사용하는 대표적 범선이 된다.

베네치아가 이룬 혁신은 갤리선 개량이었다. 위에서 언급했듯이 원래 지중해에서 고대부터 사용되었던 갤리선은 전투용 선박이었고, 화물을 실을 필요가 없었기 때문에 크지 않은 중소형 선박이었다. 베네치아는 이 전투용 갤리선을 크게 만들어 화물 수송 선박으로 사용했다. 그런 연유로 중세 말 베네치아 갤리선은 '대형 갤리선(Grosse galere)' 또는 '갤리 상선(Galere da mercato)'으로 불렸다. 15세기 베네치아가 대서양 노선에 투입한 갤리 상선은 200~300톤급에 이르렀다. 베네치아 갤리선에 나타난 또 다른 변화는 동력이 노가 아니라 바람으로 바뀌었다는 것이다.

중세 말 베네치아는 이 개량된 갤리 상선을 이용해 유럽 제일의 해상 수송 체계를 만들었다. 이 수송 체계의 혁신성은 갤리 상선의 건조를 국가가 운영

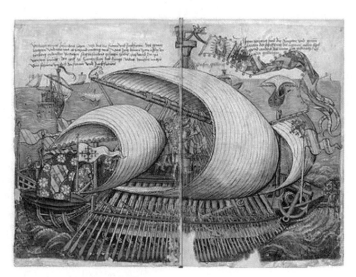

[그림 1] 15세기 베네치아 대형 갤리선

하는 Arsenale이라 불리는 국영 조선소에서 담당했다는 사실이다. 이 베네치아 국영 조선소는 유럽 최대 규모의 산업 단지였다. 베네치아는 이 국영 조선소에서 건조한 갤리 상선을 활용해 14세기 갤리선단 제도를 도입했다. 15세기 베네치아의 대형 갤리 상선단은 지중해, 흑해, 그리고 대서양을 오가면서 상품과 인력을 수송했다. 그리고 별을 이용해서 위치를 추정할 수 있게 해주는 기구인 아스트롤라베, 항해용 나침반, 정교해진 해도 또한 항해 혁명을 구성하는 주요한 혁신이었다. 포르톨라노라 불리는 해도도 정교해졌다. 13세기 말과 14세기 초에 제작된 해도는 지중해의 지리를 정확하게 표현하고 있었다.

나침반의 도입과 겨울 항해가 가능해지다

나침반은 중세 지중해 항해 혁명의 중요 요소이다. 나침반에 관한 역사에는 오래된 오해가 하나 있다. 20세기 초까지 유럽인들은 중세 이탈리아 항구 도시였던 아말피 사람들이 나침반을 발명했다고 알고 있었다. 그런 역사로 아말피는 20세기 초까지 나침반 발명을 기념하는 축제를 매년 개최했었다. 그러나 이러한 인식과 행사는 사료를 잘못 해독한 오해에서 생긴 것이었다. 지금은 나침반이 중국에서 처음 만들어졌고, 이 중국의 발명품이 이슬람 세계를 거쳐 지중해에 도입되었다는 사실은 유럽에서도 일반적으로 알려져 있다. 그러나 정확히 언제 나침반이 지중해에 도입되었는지는 잘 알려져 있지 않다. 그렇지만 13세기 후반 지중해 선박들은 나침반을 사용하기 시작했다. 나침반은 지중해 항해에 큰 변화를 가져왔다. 그 변화는 일 년 중 항해할 수 있는 기간이 늘어났다는 것이다. 이전까지만 해도 지중해 겨울 바다는 항해가 불가능한 바다였다. 중세 지중해 선박들은 상대적으로 날씨가 좋은 여름 낮에는 해를, 밤에는 달을 보고 방향을 측정할 수 있었지만 비, 구름, 안개가 잦은 10월부터 3월까지의 기간은 이러한 방식이 항상 통하지 않았다. 그로 인해 지중해 겨울 항해가 오랫동안 금지되었던 것이다. 그래서 고대 그리스와 로마 사람들은 이 시기에는 배를 항구에 묶어 두었다. 일반적으로 부활절 무렵에 베네치아를 출발한 선박은 동지중해의 항구를 들른 후 9월에 다시 귀환했고, 8월에 출발한 선박은 현지에서 겨울을 나고 다음 해 5월에 귀환했다.

나침반의 도입으로 지중해 선박들은 일 년에 두 번 항해를 하게 되었다. 2월에 베네치아를 출발한 선박은 동지중해의 항구를 들른 후 5월에 다시 귀환했고, 8월에 출발하면 크리스마스 이전에 귀환할 수 있었다. 늦가을과 초겨울 항해가 가능해지면서 또 다른 이점이 있었다. 5월에서 10월 사이에 부는 북풍이나 북서풍이 동지중해에서 서지중해로의 항해 속도를 지연시켰던 반면, 10월과 11월 사이에 부는 동풍은 서지중해로의 항해를 도왔다. 물론 겨울 항해가 가능해졌다고 모든 선박이 겨울 항해를 했던 것은 아니었다. 그렇지만 나침반으로 가능해진 겨울 항해는 점진적으로 일반화되어 갔다. 두 번의 항해는 교역량을 증가시키고 사업의 순환 속도를 배가했으며 겨울에도 선원들은 고용되어 임금을 받을 수 있었다.

또한, 나침반은 지중해에서 대서양으로의 항해를 좀 더 안전하게 만들었다. 이 덕분에 13세기 말 이후 지중해 선박들은 대서양을 정기적으로 오가게 되었다. 그리고 나침반은 원거리 대양 항해를 가능하게 만들었다. 나침반이 도입되기 전 지중해 선박들은 해안선에서 멀리 떨어지지 않는 연안 항해(Coastal navigation)를 주로 했다. 먼 바다로 나가 육지로 기항하지 않고 오랜 시간을 항해하는 것은 어려웠는데, 충분한 식량과 식수를 선적하기 힘들었고 먼바다에서 방향을 항상 가늠할 수 있는 것이 아니었기 때문이다.

문명교류의 영향

1300년경의 항해 혁명은 지중해 수송에 큰 변화를 가져왔다. 항해 혁명을 주도했던 베네치아, 제노바 등의 이탈리아 항구 도시들이 지중해 수송을 주도할 수 있었다. 항해 혁명 덕분에 베네치아는 중세 말 향신료와 면화 수송을 독점하다시피 했고, 제노바의 초대형 범선은 소아시아에서 생산된 명반을 대량으로 대서양까지 수송했다. 반면 중세 말 지중해 수송에서 이슬람 선박의 역할은 상대적으로 축소되었다.

장기적으로는 항해 혁명은 대항해 시대를 여는 데 일조했다. 나침반이 없었다면 콜럼버스와 바스쿠 다 가마는 인도로 가는 긴 모험 항해를 감히 엄두도 내지 못했을 것이다. 중세 말 개량된 범선은 16세기 인도양과 태평양을 누비면서 상품과 인력을 수송했다. 더 나아가 함포를 장착한 유럽의 대형 범선은 세계의 바다에서 군사적 우위를 확보할 수 있었다. 최종적으로 항해 혁명은 유럽 역사에서 지중해의 역할을 축소하는 결과를 초래하기도 했다. 지중해 범선들이 새로운 항로를 개척함에 따라 유럽 역사의 중심 무대가 지중해에서 대서양으로 옮겨가게 되었기 때문이다.

항해 혁명은 지중해를 통한 문명 간의 교류와 접촉이 패권의 변화에 큰 영향을 주었음을 잘 보여준다. 고대부터 지중해는 인간과 상품, 정보, 기술 등이 끊임없이 오가는 교류의 장이었으며, 특히 중세 지중해는 동방의 선진 문화가 서유럽 기독교 세계로 전달되는 통로였다. 항해 혁명을 주도했던 것은 제노바와 베네치아 같은 이탈리아 항구 도시들이었지만 항해 혁명을 가능하게 했던 원천 기술들은 동방으로부터 왔다. 나침반은 중국에서 처음 발명되었으며, 이슬람을 통해 중세 유럽 사회에 도입되었다. 후에 유럽의 범선에서 사용한 화약 또한 아시아로부터 이슬람 세계를 거쳐 유럽에 들어왔다.

⌐키워드⌐

항해 혁명, 나침반, 베네치아, 제노바, 코카, 갤리 상선, 해도, 화약, 이슬람, 연안 항해

집필자: 남종국

참고문헌

David Abulafia, ed. 2003. *The Mediterranean in history*, London: Thames & Hudson.

Amir D. Aczel. 2002. *The riddle of the compass: the invention that changed the world*. 김진준 옮김. 2005. 『나침반의 수수께끼』, 서울:경문사.

Michel Balard. 1973. *La Romanie génoise (XIIe - début du XVe siècle)*, Roma.

E. H. Byrne. 1930. *Genoese shipping in the Twelfth and Thirteenth centuries*, Cambridge.

Carlo M. Cipolla. 1965. *Guns, sails and empires :technological innovation and the early phases of European expansion 1400-1700*. 최파일 옮김. 2010. 『대포 범선 제국: 1400~1700년, 유럽은 어떻게 세계의 바다를 지배하게 되었는가?』, 서울: 미지북스.

John M. Hobson. 2004. *The Eastern origins of Western civilization*. 정경옥 옮김. 2005. 『서구 문명은 동양에서 시작되었다』, 서울: 에코리브르.

Frederic C. Lane. 1934. *Venetian ships and shipbuilders of the Renaissance*, Baltimore: Johns Hopkins University Press.

Frederic C. Lane. 1963. "The economic meaning of the invention of the compass", *The American Historical Review*, Vol. LXVIII, No. 3. pp. 605-617.

A. A. Ruddock. 1951. *Italian merchants and shipping in Southampton 1270-1600*, Southampton University Press.

Doris Stöckly. 1995. *Le système de l'incanto des galées du marché à Venise (fin XIIIe - milieu XVe siècle)*, Leiden, New York and Cologne: Brill.

85

헬레니즘
(Hellenism)

헬레니즘(Hellenism)의 용어는 지난 19세기에 독일의 역사가 요한 구스타프 드로이젠(Johann Gustav Bernhard Droysen)이 처음 사용했다. 그는 자신의 저서 『알렉산드로스 대왕의 역사(*Geschichte Alexanders des Großen*)』(1833)에서 알렉산드로스가 정복한 지역들에 그리스 문화가 식민지화의 일환으로 확산되었다는 사실을 주장하기 위한 근거로 이 용어를 제안했다. 그리스어 헬렌(Héllēn)에서 유래되었고 고대 그리스 문화 중심의 범(汎)세계적인 문화융합으로 정의된 점을 고려할 때, 헬레니즘의 역사적 의미와 배경에서는 고대 그리스 문화의 주도적인 역할과 지배 패러다임, 즉 서구중심의 일방적인 역사 해석이 선명하게 드러난다. 같은 맥락에서 마케도니아의 알렉산드로스는 고대 그리스 문화의 정통 계승자이며 동시에 위대한 전달자로 해석되었다.

문명 간 교류의 관점에서 볼 때, 헬레니즘은 지리적으로는 지중해와 오리엔트의 경계를 열었고, 문화적으로는 지중해의 소규모 문명권과 후자의 대규모 문명권 간 공존의 역사적 실험이었다. 차이는 변화의 동인(動因)이었으며 두 문명권 간 수직-수평 구도의 차이는 헬레니즘의 경우에도 관계의 성립에서 변천에 이르는 전 과정을 관통한 변화의 주된 요인이었다.

헬레니즘의 성립과 확산

헬레니즘의 용어는 고대 그리스 도시국가들과 오리엔트 세계 간 이질적인 문명들의 공존 상태를 가리키는 의미로서, 헬라스(Ελλάς, Ellás)의 어휘에서 기원했다. 연대기적으로는 알렉산드로스의 사망(기원전 323년)에서 로마가 마케도니아와 그리스 본토를 정복한 기원전 146년 또는 헬레니즘 시대의 마지막 왕국인 이집트의 프톨레마이오스 왕조를 정복한 시기(기원후 31년)에 이르는 기간이다. 이러한 이유로 헬레니즘은 헬레니즘 시대 또는 알렉산드로스의 시대로도 불린다. 요한 구스타프 드로이젠에 따르면, 이 표현은 그리스 문명이 지중해, 유라시아, 그리고 오리엔트로 확산되었다는 역사 해석을 전제(前提)한다. 헬레니즘은 문화의 영역에만 제한적으로 적용되지 않았다. 철학과 경제, 종교와 학문 그리고 예술에 이르기까지 당대의 문명 정체성을 대변하는 포괄적인 의미로 사용되었다.

고대 그리스 도시국가들과 페르시아 제국은 알렉산드로스의 등장으로 몰락했다. 하지만 이들의 문명은 알렉산드로스의 동방원정을 계기로 자신들의 지리적 경계를 동서로는 이탈리아 남부와 시칠리아(Magna Graecia)에서 인도 북부 지역에까지 남북으로는 흑해에서 이집트에까지 확대되었다. 이처럼 알렉산드로스의 동방원정은 과거 그리스-페르시아 전쟁으로 촉발된 대(大)-소(小) 문명 간 교류의 토양이 동지중해와 오리엔트 지역으로 확산되는 계기였다. 그리고 상이한 고대 문명들의 접변은 로마의 등장으로 지중해를 넘어 유럽과 북아프리카로 확산되었다.

헬레니즘은 지난 19세기, 알렉산드로스에 의해 성립된 동지중해-오리엔트의 역사를 고대 그리스 문화의 관점에서 연구한 결과였다. 관점을 바꾸어 문명 간 교류의 시선으로 바라보면, 헬레니즘에 대한 지난 역사 해석의 한계는 헬레니즘의 용어에서 이미 잘 드러난다. 같은 맥락에서 그리스-페르시아 전쟁이 고대 지중해 세계에서 전개된 대-소 문명 간 관계에 의한 접변의 사례였듯이, 헬레니즘의 직접적인 공존은 고대 지중해 세계의 탈(脫)도시문명화 그리고 -고대 이집트 문명과는 다른 유형의- 오리엔트 문명이 지중해 세계에 정착하는 역사적 계기로 평가될 수 있다.

실제로 헬레니즘 문화의 역사적 중심지는 고대 그리스 세계가 아니라 알렉산드리아, 레반트 지역의 안타키아(Antiochia), 터키의 페르가몬, 그리스의 로데스 등이었다. 이러한 이유로 헬레니즘은 '알렉산드리아 글로벌 문화'로 불리기도 했다. 지중해 내해의 고대 그리스 세계와 이집트-메소포타미아 문명 간 교류는 알렉산드로스의 동방원정으로 본격화되었다. 이것은 지중해의 지리적 경계와 지중해 문명교류의 문화적 경계가 더 이상 일치하지 않는 것이기도 했다. 다시 말해 헬레니즘의 지중해 문명 정체성은 헬레니즘의 용어에도 불구하고, 내해의 차원에서 벗어나 멀리 인도 북부에 이르는 방대한 지역으로의 혼종 문화 확산이었다.

헬레니즘 문화는 어떤 특징을 가지고 있을까? 문명교류의 시각에서 볼 때, 헬레니즘은 그리스 문명과 복수의 동방 문명들이 혼종된 것이다. 과거의 역사 연구 전통에서는 서구 문화와 동방 문화의 차이가 우열의 논리로 해석된 것이 사실이다. 그럼에도 헬레니즘에 대한 연구는 더 이상 지배-피지배 구도로만 해석될 수 없다. 문화의 영역 이외에도 정치와 종교 그리고 경제의 분야에서도 상호 간 영향에 따른 많은 교류가 있었던 것이 사실이다.

헬레니즘 시대에 이질적인 인종-문화권 간의 지식과 이념들의 교류는 주로 그리스어를 매개했다. 하지만 혼종 시대의 그리스어는 더 이상 고대 그리스 도시국가들의 고유한 언어와는 많이 달라져 있어 사실상 새로운 공동의 언어로 진화되었다고 할 수 있으며 방대한 지역의 많은 저술과 작품들의 전승이 새로운 문화 언어를 매개했다.

헬레니즘은 대-소 문명권들의 교류 차원에서 세계시민주의(Cosmopolitism)로도 불린다. 이 용어는 그리스어의 Cosmo와 Polis의 합성어로 '거대한 하나의 조국'을 가리킨다. 오늘날에 비유하면 다문화 다인종의 글로벌 문명의 초기 원형에 해당한다.

헬레니즘의 정치-지리적 경계와 문화적 경계

역사연구에 있어 지리적 관점과 문화적 관점이 일치하지 않는 사례는 매우 빈번하다. 헬레니즘 연구에서도 관점을 달리하면 차원이 다른 역사 해석이 가능하다. 지중해 동부지역과 그 너머의 방대한 지역에서 혼종의 새로운 문명교류 유형인 헬레니즘이 성립된 근본적인 역사적 계기는 폴리스들 간의 극심한 분열이다. 폴리스들의 내적인 변화를 기대할 수 없는 상황에서 시민들이 느끼는 위기감은 그리스 세계의 평화와 통일이 외부세계의 개입(또는 도움) 없이는 불가능하다고 판단할 정도였다. 그리스 도시국가들의 몰락 조짐은 풍선효과처럼 과거 페르시아와의 전쟁 당시 그리스 문화를 경험한 바 있는 마케도니아의 왕 필리포스 2세의 영향력 확대를 동반했다. 마케도니아의 지중해 진출은 필리포스 2세가 살해된 후 통치권을 계승한 알렉산드로스에 의해 추진되었으며 그 대가는 그리스 도시국가들의 정치적 자유의 상실이었다. 알렉산드로스의 동방원정은 정착과 교역 그리고 경쟁의 지리적 경계가 붕괴되면서 이질적인 문명 간의 교류의 지중해 시대가 새롭게 시작되는 계기였다. 이러한 의미에서 볼 때, 알렉산드로스의 급작스런 죽음은 지중해 문명교류 흐름의 중단이 아니라 가속화를 의미했다.

알렉산드로스의 사후, 제국은 후계자를 자처하는 장군들(Diadochi)에 의해

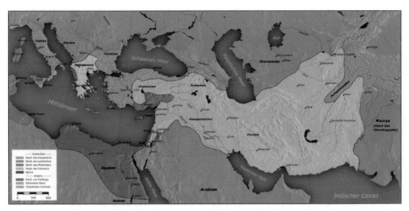

* 붉은 색: 에페이로스 왕조; 노란색: 셀레우코스 왕조, 보라색: 프톨레마이오스 왕조; 파란색: 카산드로스 왕조; 진노랑색: 리시마코스 왕조

분할되었다. 문명교류의 관점에서 볼 때, 오리엔트 대규모 문명권 지역의 헬레니즘 세계에 대한 관심은 아프리카 북동부 지역의 프톨레마이오스 왕조, 중동-오리엔트 지역의 셀레우코스 왕조, 인도북부에 근접한 아시아 남부지역에 집중된다. 특히 프톨레마이오스 왕조는 고대 이집트의 대규모 문명과 그리스 도시국가들의 소규모 문명의 접변을 위한 실험실이었고, 셀레우코스 왕조에서는 메소포타미아 대규모 문명과 그리스 문명이 상호보완의 기능으로 작용했다.

헬레니즘 왕국들에는 그리스-마케도니아 주민들의 유입과 더불어 지배문화의 이름으로 이들의 문화와 관습 그리고 언어도 함께 소개되었으며 새로운 문명 유형의 도시들이 건설되었다. 외부 문화의 유입과 영향은 결코 일방적이지 않았으며 교류와 접변의 상대인 오리엔트 지역 현지 문화의 상대적인 역할이 있었기에 가능했다. 이처럼 헬레니즘은 고대 그리스 문화와 대(大)문명권 간 문화혼종을 일컫는다. 이것은 알렉산드로스의 등장과 죽음을 계기로 촉발된 고대 세계의 극적인 관계구도의 변화를 의미했다. 그리스 세계와 동방 문명의 명암(明暗) 논리, 즉 지배와 피지배의 인식은 헬레니즘에 대한 합리적 역사 해석이 아니다. 전쟁과 정복이 인적교류와 문화 간 접변의 수단인 만큼, 알렉산드로스의 정복은 고대 그리스 문화가 전혀 다른 문명세계의 다양한 지역 문화들과 접변하는 계기였다. 이질적인 문화들 간 접변은 그 확산에 있어 정치적, 군사적 그리고 지리적 경계를 넘어선다. 헬레니즘의 경우에도 예외는 아니었다. 문화, 예술, 언어, 그리고 과학 등 다방면에서 진행된 문화 간 접변의 여정은 지중해는 물론, 유리시아의 많은 지역들에까지 상호 침투성이 강한 문화 섞임의 흔적들을 남겼다.

헬레니즘 시대는 오랜 시기에 걸쳐 점진적으로 진행된 역사 전환이었고 그 종시(終始)는 고대 그리스 세계의 몰락과 로마제국의 등장이었다. 이 시기에 문화, 경제, 사회 그리고 정치제도의 변화가 적지 않았다. 지중해 기반의 경제활동과 개인주의 기반의 사회구조에 근거해 번성했던 고대 그리스의 도시국가들은 그 자체로 완성된 형태의 문명권이었다. 알렉산드로스에 의한 도시국가들의 정치적 몰락은 그리스 문명의 붕괴처럼 보였다. 하지만 그리스 문명의 유산은 자체의 지리적 경계를 넘어 대단위 문명권의 오리엔트로 나아갔고 그곳에서 전혀 다른 정체성의 문명과 일상의 접변을 통해 새로운 세대의 문명을 위한 비옥한 토양이 되었다. 문명 간 교류는 다양한 유형의 관계들을 통해 전개되었다.

헬레니즘 세계의 그리스 통치자들은 관료행정의 방대한 제도를 갖춘 강력한 군주의 지배체제를 수용했다. 또한 고대 그리스 도시국가들의 경제나 인구의 규모를 넘어서는 강력한 경제 인프라와 수공업의 활성화 등은 알렉산드리아, 페르가몬, 안타키아와 같이 생산과 소비의 기반과 거대 자본의 유동성을 두루 갖춘 새로운 도시들이 건설되었다. 이들은 대농장제가 만연한 주변의 방대한 지역들과는 달리 새로운 문화의 산실이었다. 포스트 알렉산드로스의 시대에 지적 활동의 영역에서는 개인주의와 집단주의가 혼종된 정신문화가 성립했다. 고대 그리스의 철학전통은 오리엔트에서 여전히 자신의 역할을 발휘하고 있었다. 4세기에는 에피쿠로스학파와 스토아학파가 새롭게 등장했으며 프톨레마이오스 왕조의 통치하에서 알렉산드리아에는 도서관과 박물관이 세워졌다. 헬레니즘 철학의 가장 핵심적인 특징은 행복(Eudaimonia)이었다. 이는 개인의 사적인 만족과 더불어 세계시민 의식을 지향하면서 자신의 지리적 경계와 전통에만 집착하지 않으려는 인간 지적 활동의 결과였다. 당대의 대표적인 철학자는 헬레니즘 시대의 인식론과 형이상학 그리고 윤리학을 대표하는 피론(Pyrrhon), 스토아학파의 창시자로 알려진 키티온의 제논(Zenone di Cizio), 쾌락주의를 대표하는 에피쿠로스(Epicuro)였다.

종교의 분야에서는 동방의 영향으로 물질적 행복보다는 내면의 행복을 지향하는 경향이 대두되었다. 과거 도시국가들의 삶에서 추앙되었던 영웅이나 위대한 전사의 이미지는 더 이상 인간의 행복을 보장하지 못했다. 정신이 물질에 우선하는 오리엔트 철학의 영향이 확실하게 드러난다. 실제로 느끼는 기쁨이나 물질적 부, 권력보다는 스스로의 자급자족 상태에 대한 확신 또는 내면의 행복과 같은 개인주의적이고 실용적인 경향이 새롭게 강조되었다. 헬레니즘 문학의 정체성은 이 시대의 시인이자 비평가이며 아프리카 출신이었지만 후에 알렉산드리아에서 활동한 칼리마코스(Callimacos), 시라쿠사 출신이지만 알렉산드리아에서 활동한 테오크리토스 그리고 문헌학과 고증학에 조예가 깊었으며 칼리마코스의 제자로서 『아르고나우티카』를 쓴 로도스의 아폴로니오스를 통해 잘 드러났다. 그리스의 예술 전통은 오리엔트의 지역에서 변화와 수용의 과정을 경험하면서 새로운 조형적 특징들을 획득했다. 기원전 323년부터 31년까지 마케도니아 중부의 펠라를 비롯해 시리아의 안티오키아, 알렉산드리아, 페르가몬과 같은 새로운 도시들을 중심으로 헬레니즘 예술이 발전했다. 건축에서도 도리스, 이오니아 그리고 코린트 양식이 지배하던 고대 그리스 시대의 전통에서 벗어났다. 델로, 아테네, 엘레프시나, 밀레토스, 로도스섬, 페르가몬 등에서는 새로운 시대의 혁신적인 스타일이 성립되었다. 조각의 분야에서는 인위적인 아름다움이나 육체적 완벽함을 추구하는 경향이, 평범한 사람의 모습과 정원이나 주택의 전경 같이 자연스러운 느낌을 주는 작품들에 등장했다. 당대의 대표작은 안티오크의 알렉산드로스가 남긴 〈밀로의 비너스〉, 그리스 신화에서 승리를 관장하는 여신을 묘사한 〈사모트라케의 니케〉, 청동으로 제작되었지만 현존하지 않는 죽어가는 〈갈리아인(Dying Gaul: 또는 죽어가는 검투사)〉, 그리고 라오콘과 그의 두 아들이 포세이돈의 저주를 받는 장면을 묘사한 〈라오콘 군상〉이 있다. 학문이 고대 그리스 세계에서 상류계층의 특권을 상징하는 것이었다면, 헬레니즘 시대에는 구체적인 방법론에 근거해 학문과 연구에 몰두하는 직업의 영역으로 재정착되었다. 헬레니즘 시대의 천문연구를 대변하는 안티키티라의 기계는 이 시대의 변화된 학문 풍토를 보여준다. 유클리드는 헬레니즘 시대의 수학과 기하학의 대가였다. 그의 『(유클리드) 원론 (또는 『기하학 원론』)』은 사실상 세계 최초의 수학 교과서로 평가된다. 그 밖에도 지구의 크기를 처음으로 계산했던 에라스토테네스, 알렉산드리아의 도서관에 근무하면서 사실상 세계 최초로 지동설의 이론을 세웠던 사모스의 아리스타르코스는 지리학과 천문학에서 대-소 문명 간 지적 교류의 결실을 보여주었다.

대—소 문명 간 교류의 헬레니즘

권력은 그 정점에서 몰락의 원인을 잉태하기 마련이다. 고대 그리스 도시 국가들은 페르시아의 공격을 막아내는 과정에서 도시국가 문명의 정점에 도달했다. 하지만 이 시기에 아테네는 적이었던 페르시아 제국의 전제적 통치의 이미지를 지향했다. 비록 이러한 경향이 미필적 고의였다고 할지라도 아테네의 제국의 이미지는 도시국가들로부터 수용될 수 없었고 펠로폰네소스 내전을 초래하면서 그리스 도시국가들의 몰락으로 이어졌다. 페르시아 전쟁과 펠로폰네소스 내전은 결국 양측의 정치적 몰락을 가져왔다. 그리고 에게 해의 권력 공백을 초래하면서 마케도니아의 지중해 진출과 알렉산드로스의 동방원정에 계기를 제공했다. 하지만 그리스 도시국가들과 페르시아 제국의 몰락은 문화적으로는 이들의 고유한 문명 정체성이 에게 해에서 멀리 인도북부에 이르는 방대한 지역을 중심으로 접변의 변화를 통해 고대 지중해 세계의 글로벌 문명으로 발전하는 계기이기도 했다.

헬레니즘의 용어는 고대 그리스 도시 문명의 범세계화를 강조하는 유럽 문명 중심의 역사 해석을 보여주는 대표적인 사례이다. 이는 당시의 역사를 우열의 논리로 해석한 결과이며 차이에 대한 −차별의 의미가 아닌 −다양성 차원의 시각이 보완되어야 한다. 헬레니즘은 지중해 내해에서 개인주의 기반의 도시국가들이 이룩한 소규모 문명과 집단주의 기반의 오리엔트 대규모 문명 간 접변의 실험이 어떤 역사적 진보의 결과를 가져왔는지를 보여주는 사례였다.

키워드

헬레니즘, 알렉산드로스, 페르시아, 프톨레마이오스 왕조, 셀레우코스 왕조, 에피쿠로스, 대(大)문명과 소(小)문명, 도시국가

집필자: 최춘식

참고문헌

차전. 2016.『로마 제국과 그리스 문화 -헬레니즘의 수용과 변용-』. 도서출판 길.

백승현. 2009.「인권과 정치사상: 헬레니즘 시대의 정치사상에 관한 연구」.『사회과학 연구』. 35권 3호. 2009. pp. 41-67.

오유석. 2013.「세계시민주의의 기원과 의미 -헬레니즘 세계시민주의를 중심으로」. 『도덕윤리과교육』 제41호. pp. 73-95.

이창우. 2001.「헬레니즘 -정치적 공동체에서 탈(脫) 정치적 공동체로」.『서양고전학연 구』 제 16권. pp. 87-105.

박정경. 2006.「지중해의 보석, 알렉산드리아」.『국토』. 2006년 6월호(통권296호). pp. 74-79.

Giogio Gullini. *L'Ellenismo. 1998. Editoriale.* Jaca Book.

Rosa Maria Cimino(감수). 1994. *Ancient Rome and India: Commercial and Cultural Contracts between the Roman World and India,* Munshiram Manoharlal Publishers.

Berens, E.M. 1880. *The Myths and Legends of Ancient Greece and Rome.* New York: May-nard, Merril & Co.

https://www.penfield.edu/webpages/jgiotto/onlinetextbook.cfm?subpage=1653418

86

흑사병
(Black Death)

흑사병은 1340년대에 중앙아시아 중북부의 몽고 스텝지역에서 중국, 시리아, 터키를 거친 후 유럽의 그리스, 이집트 그리고 발칸반도를 통해 지중해 지역으로 확산되었다. 전염병의 확산속도는 매우 빨랐는데, 불과 몇 년 후인 1347년~1348년에 유럽 대부분의 지역으로 퍼져나갔다. 순식간에 퍼져 나간 전염병은 높은 사망률을 기록했는데, 지역 간 편차를 고려하더라도 당시 유럽 인구의 1/3정도가 사망했다고 한다. 당시 흑사병은 이 역병이 확산되기 이전의 상태를 회복하는데 200여년이 걸릴 만큼 치명적이었으며 그 결과 또한 유럽문명의 흐름을 바꿀 만큼 심각했다. 14세기의 과학의료 수준을 고려할 때, 죽음의 공포에서 벗어나기 위한 유일한 희망은 믿음과 기도였다. 하지만 성직자들 역시 흑사병의 위협으로부터 결코 자유롭지 못했다. 주교들의 사망률은 40%에 육박했으며 부족한 성직자의 수를 보충하기 위해 서품 규정을 대폭 완화해야만 했는데, 이는 교권이 약화되는 원인이기도 했다.

흑사병의 진행과정과 결과

[그림 1] 1353년의 흑사병 전파 현황

인간의 역사는 질병의 역사와 동행했다. 인간을 비롯한 모든 생명체는 각자의 생존 방식과 진화 형태에 따라 서로에게 영향을 주었다. 즉, 인간이 행동 방식이나 주변 환경을 바꿈에 따라 질병도 함께 변화했다. 이처럼 질병과 역사는 긴밀한 상관관계에 있었다. 흑사병은 치명적인 사망자 수와 더불어 유럽과 지중해 주변지역에 심각한 지각변동을 가져왔다. 흑사병 이후 유럽중세 봉건 사회에도 적지 않은 변화가 나타났다. 힘든 노동과 질병에 대한 공포는 농민과 영주 간 새로운 갈등의 원인이 되었으며 장원의 노동력 유출을 막기 위한 고육지책으로 영주는 농민들의 요구를 수용하고 부역을 경감해주기도 했다. 결과적으로 흑사병은 장원경제의 노동력 급감, 농민들의 잦은 사회적 이주, 농민봉기, 임금 및 기타 비용 인상 등의 문제들로 인해 중세 장원경제의 전반적인 쇠퇴와 봉건귀족들의 점진적인 몰락 그리고 상대적으로 왕권이 강화되는 원인으로 작용했다. 그밖에도 흑사병은 교육, 농업, 건축, 종교 등의 영역에 걸쳐 전반적인 변화를 가져왔으며 궁극적으로는 탈(脫)중세문명의 흐름을 촉진했다.

흑사병이 바꾼 문명

14세기 유럽을 휩쓴 흑사병은 사람들의 가치관에도 큰 영향을 주었다. 전염병의 확산과 높은 사망률로 인해, 노동력이 부족해지고 기근과 배고픔으로 인한 기아현상은 재앙으로 인간이 겪을 수 있는 극도의 정신적 공황상태를 조성했다. 흑사병은 중세유럽문명의 후퇴처럼 보이게 하는 심각한 타격을 주었지만 그 이면으로는 새로운 시대문명을 위한 계기이기도 했다.

종교적 측면에서 흑사병은 신분과 계급 그리고 지위의 고하(高下)를 막론하고 모든 사람들에게 타격을 주었다. 신의 은총과 하나님의 섭리에 순종하던 자들은 희생과 봉사의 과정에서 사망했고, 죽음에 대한 공포를 더 크게 느낀 성직자들은 전염병을 피해 도주했다. 교회의 권위는 무너졌고 특권과 영적 권위도 추락했다. 라틴어 성경을 제대로 읽고 해석할 수 있는 성직자의 부재도 심각한 문제로 등장했다.

권력의 행정에서도 변화가 나타났다. 전문적인 행정 지식을 갖춘 관리자들이 사망하면서 통치행위는 사실상 마비상태나 다름없었다. 장기적인 정책이나 전략보다는 당면한 문제를 해결하는 근시안적인 행정이 지속되면서 제도에 근거한 정책은 더 이상 불가능했다.

죽음의 공포는 예술 활동의 후퇴를 가져오기도 했다. 흑사병에 대한 공포의 기록은 더욱더 현실적이고 사실적이었다. 흑사병으로 인해 유럽인들의 공포와 가치관의 변환을 잘 보여 주는 문학 작품으로는 보카치오의 『데카메론』이 있다. 이 작품은 흑사병을 피해 한적한 별장으로 피신한 10명의 남녀가 열흘간에 걸쳐 차례로 이야기가 담겨 있다. 궁극적으로 당대의 비극적인 상황을 표현한 예술 작품들은 궁극적으로 인간 중심의 인본주의를 지향했다. 금욕주의의 중세사상과는 달리, 개인의 욕망 실현과 인간 감정의 이해라는 근대정신의 산물이 생산되기 시작했다.

건축분야에서는 중세전통을 대신해 실용적이면서도 현실적인 상황을 반영하는 양식이 도입되었다. 예술 전반에 걸친 새로운 문화로의 전환은 과학과 이성의 가치관 변화에도 영향을 주었다.

흑사병의 원인을 두고 이단과 신비주의의 각종 설들이 난무했다. 신 중심의 중세유럽사회에 대한 회의가 깊어졌다. 흑사병은 중세기독교유럽의 교권을 무너뜨리면서 세상에 대한 물음과 질문은 자유로워졌다. 그리고 합리적인 이성과 과학은 비극을 경험한 인간에게 희망을 찾게 하는 새로운 원동력이 되었다.

┌ 키워드 ┐

흑사병, 전염병, 봉건사회, 종교관, 보카치오, 데카메론, 과학, 이성

집필자: 김희정

참고문헌

로널트 D. 게르슈테 저. 강희진 역. 2020.『질병이 바꾼 세계의 역사』. 미래의 창.
로버트 B. 마르크스 저. 윤영호 역. 2014.『어떻게 세계는 서양이 주도하게 되었는가』, 사이.
로널드 핀들레이. 캐빈 H. 오루크 저. 하인수 역. 2015.『권력과 부』, 에코리브르.
린다 시비텔로 저. 최정희 외 2명 역. 2017.『인류 역사에 담긴 음식 문화 이야기』, 린.
데이비드 P. 클라크 저. 2020.『질병이 바꾼 세계의 역사』. 원더북스.
발터 샤이델 저. 조미현 역.『불평등의 역사』. 에코리브르.
브라이언 타이어니. 시드니 페인터 저. 이연규 역. 2019.『서양 중세사: 유럽의 형성과

발전(2판)』. 집문당.

수잔 스콧. 크리스토퍼 던컨 저. 황정연 역. 2005.『흑사병의 귀환』. 황소자리.

제러미 블랙 저. 이정민 역. 2019.『인류의 역사』. 매일경제 신문사.

아노 카렌 저. 권복규 역. 2001.『전염병의 문화사』. 사이언스북스.

어윈 W. 셔먼 저. 장철훈 역. 2019.『세상을 바꾼 12가지 질병』. 부산대학교출판부.

존 켈리 저. 이종인 역. 2006.『흑사병시대의 재구성』. 소소.

주디스 코핀. 로버트 스테이시 저. 박상익 역. 2014.『새로운 서양 문명의 역사 상』. 소
    나무.

카를로 치폴라 저. 김정하 역. 2017.『크리스토파노와 흑사병』. 정한책방.

피터 왓슨 저. 남경태 역. 2009.『생각의 역사 I』. 들녘.

필립 지글러 저. 한은경 역. 2003.『흑사병』. 한길사.

김용남. 2017.『대세 세계사 2』. 로고폴리스.

김홍식. 2007.『세상의 모든 지식』. 서해문집.

박용진. 2010.『중세 유럽은 암흑시대였는가?』. 민음인.

87

히브리 문자
(Hebrew Letters)

히브리 문자는 최초로 유일신 신앙을 공식화한 유대교의 구약성서와 미슈나(구전율법인 토라를 기록한 책)를 기록한 문자이다. 히브리 문자는 페니키아 문자에서 기원했으며, 알파벳 형태에 있어서 역사적 변화를 겪었다. 제1성전시대의 히브리 문자는 구불구불한 형태였지만 제2성전시대에는 아람어(Imperial Aramaic) 문자의 영향을 받아 정방형의 형태로 발전했다. 아람어 문자는 후에 페트라 지역 나바티아인들의 교역을 통하여 아랍 문자의 탄상에도 영향을 주었다. 이처럼 유대교의 히브리 문자와 동방 기독교 분파의 아람 문자 그리고 이슬람교의 아랍 문자는 상호 간 영향을 주고받으며 발전했다.

자음 문자

이스라엘 사람들이 이브리트(עברית)라고 발음하는 히브리어는 아프리카-아시아어 그룹에 속하는 셈어 중 하나이다. 셈어는 몇 개의 하위 언어군으로 나누어지는데 그중 하나가 서북셈어이다. 서북셈어는 보통 아모리어, 우가리트어, 가나안어, 아람어로 세분된다. 히브리어는 페니키아어, 암몬어, 모압어, 에돔어와 함께 가나안어에 속한다. 히브리어는 통시적으로 고전 히브리어, 중세 히브리어, 그리고 현대 히브리어로 대분된다. 이들 중에 학문적으로 큰 의미를 가지는 것은 고전 히브리어이다. 고전 히브리어에는 구약성서를 기록한 성서 히브리어, 코란 사본에 나타나는 코란 히브리어, 미슈나 및 랍비 문헌을 기록한 미슈나 히브리어가 속한다.

히브리어는 오른쪽에서 왼쪽으로 쓴다. 히브리 문자는 22개이고 모두 자음이다. 히브리어에는 [아] [에] [이] [오] [우]를 표현하는 다섯 종류의 모음이 있지만 모음을 표현하는 히브리어 문자는 본래 존재하지 않았다. 말할 때는 자음과 모음이 다 사용되지만 기록할 때는 자음으로만 표기했다. 언어 구조상 모음 없이 자음으로만 글을 써도 혼선 없이 읽을 수 있기 때문이다. 오늘날에도 히브리어로 글을 쓸 때에는 자음만을 사용한다.

מגילות ים המלח

ערך זה עוסק בממצא ארכאולוגי. אם התכוונתם למועצה אזורית בשם זה, ראו מועצה אזורית מגילות ים המלח.

מגילות ים המלח, מכונות גם **מגילות מדבר יהודה**, **המגילות הגנוזות ומגילות קומראן**, הן מגילות שהתגלו במערות קומראן, מורבעת, נחל חבר (מערת האימה ומערת האיגרות), נחל צאלים ועל המצדה שבמדבר יהודה ובאתרים נוספים בין השנים 1947–1956. גילוי המגילות נחשב לאחד הממצאים הארכאולוגיים החשובים בארץ ישראל. למגילות חשיבות היסטורית ודתית רבה, מאחר שתקופת כתיבתן של המוקדמות מביניהן משוערת למאה השנייה והראשונה לפני הספירה. כלומר אלו כתבי היד העבריים הקדומים ביותר הכוללים עד נוסח למקרא בעברית[1] שנמצאו, למעט קטע בודד של ברכת כהנים מכסף המתוארך למאה ה-6 לפני הספירה. רוב המגילות עשויות קלף ומקצתן עשויות פפירוס. על אף שחלקים מן הכתוב במגילות ניזוקו ואין אפשרות לשחזרם, רובן נשמרו היטב בשל האקלים הצחיח השורר בבקעת ים המלח. רוב המגילות כתובות בעברית, כשליש מן הממצאי בארמית ויתרתן ביוונית.

[그림 1] 사해사본 항목을 제시하는 히브리어 위키피디아 일부분

한편 히브리어를 사용하는 과정에서 모음이 새로운 알파벳이 아닌 부호형태로 쓰이는 경우가 발생한다. 왜냐하면 자음으로만 기록된 히브리어 구약성서를 읽는데 문제가 발생했기 때문이다. 다시말해 유대인들이 자신들의 땅에서 쫓겨나 여러 지역으로 흩어지고 히브리어가 더 이상 생활언어로 사용되지 않게 되면서 자음으로만 된 구약성서 본문을 읽는데 가끔씩 혼선이 발생하기 시작했다.[1]

경전이었던 만큼 읽기에서 발생하는 혼선은 하나님 말씀이 혼란스러워짐을 의미했다. 이러한 이유로 다섯 종류의 모음을 표시하는 부호가 만들어졌고, 이들을 구약성서 자음 본문에 표시하여 경전 읽기를 통일화시켰다. 이 과정에서 모음부호만 들어간 것은 아니다. 모음부호와 더불어 다소 강하게 발음되거나 중복 발음되는 알파벳을 표시하는 발음기호와 단어의 강세 위치를 나타내는 악센트 기호가 함께 자음 본문 안으로 들어가게 되었다. 이 모음부호, 발음기호, 악센트 기호는 유대인들이 대대로 구약성서를 읽어 오던 전통(히브리어로 마소라 מסורה)을 반영한 것이다. 마소라가 첨가된 히브리어 구약성서 본문은 마소라 본문 또는 마소라 사본이라고 불린다.

히브리어 알파벳과 다른 셈어 알파벳

히브리어 알파벳은 22개이지만 실제로 사용된 히브리어 자음 음가는 22개가 넘었다. 그것은 특정 알파벳이 하나의 알파벳으로 두 개의 소리를 내는데 사용되었기 때문이다. 대표적인 예가 알파벳 שׁ인데, 이 알파벳은 쉰[š]과 신[ś]이라는 이름으로 같이 사용된다. 하나의 자음으로 두 개의 음가를 표현한 것

---

1 בקר의 경우 [보케로]로 읽으면 아침, [바카르]로 읽으면 소, [빅케르]로 발음하면 '살피어 찾다' 의미의 동사가 된다.

이다. 알파벳 ע [아인]의 경우에도 고대에는 두 가지 소리를 표현했던 것으로 알려진다. 이 알파벳은 목구멍 깊은 곳에서 나오는 후음을 표현했지만 가끔은 부드러운 자음[gh]을 표현하기도 했다. 오늘날에도 많이 접하는 성서의 지명 가자(Gaza)는 구약성서에서 עזה [아자]로 기록되어 있다. 현대의 유대인들은 이 단어를 [아자]로 읽지만, 고대에는 [가자]로 발음되었다. 이 사실은 히브리어 구약성서를 헬라어로 번역한 칠십인역을 통해서 확인된다. 구약성서가 번역되었을 때 지명 고유명사는 헬라어로 음역되었다. עזה의 ע [아인]이 당시에는 [gh]로 발음되었기 때문에 칠십인역은 עזה를 Γαζα (Gaza)로 번역한 것이다.

히브리어 알파벳 하나가 두 개의 자음을 표현하는 현상은 히브리어와 다른 셈어 간의 비교를 통해서 잘 설명된다. 알파벳 수를 비교해 보면 아카드어는 21개, 아람어는 22개, 우가리트어는 27개, 아랍어는 28개이다. 일반적으로 여러 셈어는 원 셈어(Proto-Semitic)라고 불리는 하나의 언어에서 분화되어 발전했다고 한다. 기존에 밝혀진 여러 셈어 자료들을 가지고 재구성해본 원 셈어의 알파벳은 모두 29개로 추정된다. 히브리어의 경우 이론적으로 최대 29개까지도 세분될 수 있는 자음소리를 22개의 문자로 표현하고 있는 것이다.

히브리 문자 형태의 변천

히브리 문자의 형태는 역사적인 변화를 거쳤다. 히브리 문자 형태에 대한 통시적 연구는 고고학 발굴을 통하여 발견되는 고대 히브리어 텍스트를 해석하는데 큰 도움을 제공한다. 특정한 고대 텍스트에 나타나는 알파벳 형태가 그 텍스트의 저작 시기를 추정할 수 있게 해주기 때문이다. 히브리 문자의 형태 변천에서 가장 큰 변화는 기원전 6세기에 나타났다. 남유다 왕국의 멸망을 전후로 하는 제1성전시대의 히브리 문자 형태와 제2성전시대의 히브리 문자 형태는 완전히 다른 양상이었다. 제1성전시대에 사용했던 히브리어 알파벳 모양을 대표적으로 보여주는 한 예는 1904년에 므깃도에서 발견된 인장본이다. 약 2,750년 전의 히브리 문자 형태를 보여주는데 알파벳은 현재 이스라엘 사람들이 사용하는 히브리 알파벳 모양과는 많이 다르다.

히브리 문자 형태에 변화가 생기게 된 것은 유대인들이 나라를 잃고 메소포타미아 지역으로 잡혀가면서부터이다. 그곳에서 유대인들은 당대의 국제 공용어로 부상하던 아람어에 노출되었다. 같은 서북셈어에 속했던 아람어 알파벳은 히브리어와 같이 22개의 자음이었고 음가도 유사했다. 다소 울퉁불퉁하게 생긴 히브리어 알파벳에 비해서 아람어 알파벳은 정방형 모양으로, 훨씬 세련되고 발전되어 보였다. 아람어를 생활언어로 사용하기 시작한 유대인들이 22개 아람어 알파벳 형태를 히브리어 알파벳으로 차용한 것은 자연스러운

[그림 2] 제1성전시대의 히브리어 문자로 기록된 므깃도 인장본

결과였다. 그리고 페르시아 제국의 새로운 통치하에서 유대로 귀환한 유대인들이 새로운 형태의 히브리어 알파벳을 가지고 들어오면서 그것이 2,500년이 지난 오늘날까지 이어졌다.

[그림 3] 사해사본 항목을 제시하는 히브리어 위키피디아 일부분

히브리어의 자음

모두가 자음인 히브리 문자의 명칭과 음가는 아래와 같다:

문자	명칭	음가와 발음
א	알레프	초성 'ㅇ'과 유사한 발음이며 [']로 음가를 표시
ב	베트	בּ는 [ㅂ] 음가, ב는 [v] 음가이다
ג	기멜	[ㄱ] 음가이다
ד	달렛	[ㄷ] 음가이다
ה	헤	[ㅎ] 음가이다
ו	봐브	[v] 음가이다 (본래는 와우로 [w] 음가였음)
ז	자인	[z] 음가이다
ח	헷트	목구멍 깊은 곳에서 발음되어 나오는 'ㅎ'이다
ט	테트	[ㅌ] 음가이다 (본래는 'ㅌ'보다 'ㄸ'에 가까운 된 [t] 소리)
י	요드	[y] 음가이다 (아 모음이 오면 [야] 오 모음이 오면 [요])
כ	카프	כּ는 [ㅋ], כ는 [kh]로 발음되며 단어 마지막에서는 ך 모양
ל	라메드	[l] 음가로 종성으로 사용되는 'ㄹ'과 유사하다
מ	멤	[ㅁ] 음가이며 단어의 마지막에 올 때는 ם 모양으로 온다
נ	눈	[ㄴ] 음가이며 단어의 마지막에 올 때는 ן 모양으로 온다.
ס	사멕	[ㅅ] 음가이다
ע	아인	목구멍 깊은 곳에서 발음 되어 나오는 초성 'ㅇ' 소리이며 [']로 표시한다
פ	페	פּ는 [p], פ는 [f] 소리이며 단어의 마지막에 올 때는 ף 모양으로 온다
צ	짜데	'ㅉ'과 'ㅊ' 중간 정도의 음가이며 단어의 마지막에 올 때는 ץ모양이다
ק	코프	[q] 음가로 'ㅋ'과 'ㄲ' 중간 정도의 음으로 발음한다
ר	레쉬	[r] 음가이다
שׁ	쉰	[sh] 음가로 [š]로 표시하며 좌측에 점이 오면 [s] 음가로 [ś]로 표시
ת	타브	[t] 음가이다

히브리어의 모음

히브리어 모음부호의 음가와 명칭은 아래와 같다:

모음	장모음	단모음	파생단모음
[a]	אָ[아] 카마츠	אַ[에] 파타흐	אֲ[아] 하타프 파타흐
[e]	אֵ[에] 쩨레 אֵי[에] 쩨레 요드 אֶי[에] 세골 요드	אֶ[에] 세골	אֱ[에] 하타프 세골
[i]	אִי[이] 히릭 요드	אִ[이] 히릭	
[o]	אֹ[오] 홀람 אוֹ[오] 홀람 봐브	אָ[오] 카마츠 하투프	אֳ[오] 하타프 카마츠
[u]	אוּ[우] 슈류크	אֻ[우] 쿠부츠	

자음문자, 서북셈어, 아람어, 제1성전시대, 제2성전시대, 마소라, 고전 히브리어

집필자: 신성윤

참고문헌

Kautzsch, E. (ed.). 1910. *Gesenius' Hebrew Grammar*. A.E. Cowely (tr.). Oxford.

Saenz-Badillos, A., A *History of the Hebrew Language*. 최명덕 박미섭 역. 2011.『히브리 어 발달사』. 서울: 도서출판 기혼.

Tur Sinai, N. H. 1962. "Ketav Ivri, Ketav Ashuri", *Encyclopaedia Biblica*, Vol. 4. pp. 377-378.

권성달. 2018.『생생한 성경 히브리어 울판』. 서울: 솔로몬.

박미섭. 2009.『성서 히브리어 문법』, 서울: 기혼.

신성윤. 2017.『원문읽기 성서 히브리어』. 서울: 한국외국어대학교 지식출판원. pp. 22-47.

https://he.wikipedia.org/wiki/%D7%90%D7%9C%D7%A4%D7%91%D7%99%D7 %AA_%D7%A2%D7%91%D7%A8%D7%99 (검색일자: 2020년 6월 1일)

https://en.wikipedia.org/wiki/Hebrew_alphabet (검색일자: 2020년 6월 1일)